新闻与传播学译丛·国外经典教材系列

美国电视史

The Columbia History of
American Television

[美] 加里·R·埃杰顿 （Gary R. Edgerton） 著

李银波 译

苏 晖 校

中国人民大学出版社
·北京·

"新闻与传播学译丛·国外经典教材系列"
出版说明

"新闻与传播学译丛·国外经典教材系列"丛书，精选了欧美著名的新闻传播学院长期使用的经典教材，其中大部分教材都经过多次修订、再版，不断更新，滋养了几代学人，影响极大。因此，本套丛书最大限度地体现了现代新闻与传播学教育的权威性、全面性、时代性以及前沿性。

在我们生活于其中的这个"地球村"，信息传播技术飞速发展，日新月异，传媒在人们的社会生活中已经并将继续占据极其重要的地位。中国新闻与传播业在技术层面上用极短的时间走完了西方几近成熟的新闻传播界上百年走过的路程。然而，中国的新闻与传播学教育和研究仍然存在诸多盲点。要建立世界一流的大学，不仅在硬件上与国际接轨，而且在软件、教育上与国际接轨，已成为我们迫切的时代任务。

有鉴于此，本套丛书书目与我国新闻传播学专业所开设的必修课、选修课相配套，特别适合新闻与传播学专业教学使用。如传播学引进了《大众传播效果研究的里程碑》，新闻采访学引进了《创造性的采访》、《全能记者必备》，编辑学引进了《编辑的艺术》等等。

本套丛书最大的特点就是具有极大的可操作性。不仅具备逻辑严密、深入浅出的理论表述、论证，还列举了大量案例、图片、图表，对理论的学习和实践的指导非常详尽、具体、可行。其中多数教材还在章后附有关键词、思考题、练习题、相关参考资料等，便于读者的巩固和提高。因此，本丛书也适用于对新闻从业人员的培训和进修。

需要说明的是，丛书在翻译的过程中提及的原版图书中的教学光盘、教学网站等辅助资料由于版权等原因，在翻译版中无法向读者提供，敬请读者谅解。

为了满足广大新闻与传播学师生阅读原汁原味的国外经典教材的迫切愿望，中国人民大学出版社还选取了丛书中最重要和最常用的几种做双语教材，收入"高等院校双语教材·新闻传播学系列"中，读者可以相互对照阅读，相信收获会更多。

中国人民大学出版社

说起美国电视，我们并不陌生，像著名的家庭影院（HBO）、探索频道（Discovery）、音乐电视（MTV）、有线新闻电视网（CNN）① 等美国电视频道及其节目，在世界上具有广泛的影响，对许多中国观众也具有超强的吸引力。然而这些频道和节目只是美国电视史长河中的点滴而已。

美国电视的发展史不仅丰富多彩，而且也轰轰烈烈，有时还惊心动魄。美国电视诞生不久就迅速超过电影、广播、报纸和期刊而成为美国媒体的领袖及新闻事业的核心。美国的社会和历史因电视而变得辉煌灿烂，电视也成为美国社会发展和历史变革的强劲动力，第二次世界大战以后美国社会几乎所有方面无不深深留下了电视的烙印。美国的电视还像一阵阵海涌，不断冲击着世界各国的社会、政治、经济和文化，成为全球化的重要驱动力量。因此，不了解美国电视史就无法真正把握美国的新闻传播史，就无法认识二战后美国的社会和文化，也无法认识战后，尤其是 20 世纪 80 年代以来国际社会的种种现象。

美国学者加里·R·埃杰顿（Gary R. Edgerton）出版的著作《美国电视史》［原书名为《哥伦比亚美国电视史》（*The Columbia History of American Television*，2007）］，为我们生动而又深刻地讲述美国电视从一种设想变为一种技术发明，从"电视网时代"到"数字时代"的发展历史。该书一出版便在美国学术界引起了强烈反响，受到许多学术期刊的高度评价，还获得了 2008 年美国文化协会颁发的"约翰·G·卡韦尔蒂图书奖"，具有很高的学术价值。

我有幸成为该书的翻译者，现谨将我阅读和翻译该书的体会写出来与广大读者分享，并聊以为序，或许对读者理解该书和美国电视产业有所裨益。

一

《美国电视史》在结构布局上是依据几个层次不同且相互交织的线索来组织内容的。首

---

① 也译作有线电视新闻网。——编者注

先，作者根据美国电视产业的发展规模和影响范围，将美国电视发展的历史分为四大阶段："走向大众"阶段（1947年以前）主要考察电视技术的发明和电视媒体的创办；"走向全国"阶段（1948—1963）则讲述电视媒体由以纽约为中心的美国东北部向全国迅速扩展，以及美国电视节目制作中心也由东部的纽约市转移到西海岸的好莱坞的历史；"走向世界"阶段（1964—1991）认为美国电视因通信卫星的发展和美国电视节目的海外发行而对国际社会产生了越来越大的影响；"席卷全球"阶段（1992年至今）则认为互联网席卷全球也使美国电视的影响遍及全球。其次，作者又根据美国电视产业发展的不同形态，将美国电视发展的历史分为五个时期：电视技术孕育期（1940年以前）主要探讨电视技术的发明和成熟；地方性电视期（1941—1947）主要讲述早期电视台的创办及它们在电视技术方面的进一步完善和在电视节目方面的探索；"电视网时代"（1948—1975）主要叙述和分析哥伦比亚广播公司、全国广播公司、美国广播公司三大电视网的发展及它们在节目、人才、收视率等方面的竞争；"有线电视时代"（1976—1994）则主要讲述美国有线电视的兴起及其对三大广播电视网的冲击；"数字电视时代"（1995年至今）主要探讨计算机和互联网的发展给美国电视带来的新变化，它一直讲到了2007年该书出版时美国电视发展的最新情况。最后，作者还根据美国社会、政治、经济和文化的发展变化及美国电视在业务上的变化，将"电视网时代"细分为电视网的建立期（1948—1954）、成长期（1955—1963）和鼎盛期（1964—1975），分别讲述每个时期各电视网的节目设置与美国社会、政治、经济和文化之间的联系。这种多线索的构思反映了作者审视美国电视产业的多重视角，其中尤其重视美国电视产业的规模与影响力。

二

《美国电视史》一书在编纂上采取的是一种通俗性与学术性相结合的路径。将通俗性与学术性完美地结合，是学者们在创作学术著作时梦寐以求的境界，也是大多数学者难以做到的事。该书可以说做到了这一点，这是它的成功之处，也是其一大特色。

首先，该书具有很强的通俗性。其通俗性是由美国电视节目和电视产业本身具有动人的魅力和强烈的戏剧性决定的，是由美国电视在美国和世界各国具有广泛的吸引力和影响力决定的，也是由该书的读者定位——以广大非专业的普通大众为目标——决定的。该书的通俗性表现在以下几个方面：第一，它以叙事为主，其叙事是以最重要的、最具代表性的人物、节目或事件等为对象，不是注重情节的完整性，而常常是选取它们最精彩的瞬间，用绘画中的速写技法，将其简明、生动而令人印象深刻地描述出来。这些人物、节目、事件等就像美国电视史画卷上无数鲜明的点，这些点共同构成了美国电视史画卷的基本轮廓；而且各个点之间的连接和过渡非常自然，让读者不知不觉地由一个点转入另一个点。该书虽以叙述一系列的点为主，但并没有忽视面，而是点面结合，在适当的时候谈一谈某个时期或某个方面的总体情况，有时用一些统计数据来说明。虽然以点为主的做法使叙事具有很强的选择性，但这种点面结合的方法又使该书的叙事具有一定的全面性、完整性和连续性。第二，该书的通俗性还表现为其语言非常生动形象，富有幽默感。作者在叙事中尽量采用具体形象的表达，减少抽象的、专业性的表达，有时还使用生活语言或流行语言；作者还经常引用一些演员、节目主持人、电视公司的经营管理人员或政府官员的话，不仅增强了该书在叙事上的真实性、趣味性和感染力，也增加了其在语言上的生动性和个性。第三，该书的通俗性还突出地表现为它使用了大量的图片，几乎每个重要的人物或节目都配有图片。这些图片与文字内容相结合，不仅使读者对美国电视史上的重要人物和事件有了真实、具体而深刻的印象，而且也增强了叙事的生动性和通俗性。

该书在强调通俗性的同时，也同样重视学术性。该书在本质上是一部具有重要价值和创新的学术著作，而不是供人消遣的通俗读物。其学术性主要体现在以下几个方面：第一，作者治史严谨。该书中所有人物、事件等素材都非虚构，而是客观真实的史实，作者对所有这些素材的来源都标明了出处，并附有详细的参考文献。从参考文献可以看出，作者的素材主要是来源于第一手资料，如日记、传记、回忆录、新闻报道、调查报告等。作者在选材时不仅考虑其生动性和趣味性，更重视其重要性和代表性。尽管作者以生动通俗的语言来叙述这些史实，但没有改变其真实性。另外，作者治史严谨还表现在书后附有详细的专有名词索引和电视节目索引（西方严谨的学术论著都会在书后附有注释、名词索引，而一般通俗读物是没有的）。第二，史论结合，在叙事的同时进行相应的分析和客观公正的评论。作者在叙述每一个人物或事件的时候，几乎都给予相应的评论，有些是作者自己的评论，但更多的是他人的评论，包括电视史学家、电视批评家、演艺人员、媒体人士、政府官员、观众等的评论，其中既有正面的观点，也有反面的看法。这些多元的观点不仅使评论客观公正，而且使内容更加深入。对这些具体人物或事件的评论一般都是相当简短的，常以夹叙夹议的方式出现。但当作者在叙述一个大的时代、大的现象、大的趋势时，他常常花较多的篇幅进行专门的分析和论述。例如，在第一章中作者深入分析了推动美国电视诞生的四种社会力量，即工业革命、城市革命、经济革命和传播革命；第五章对全国广播公司的节目设置大师西尔威斯特·韦弗（Sylvester Weaver）的离任原因分析和评价得非常充分；第七章深入分析了推动美国电视由电视网向有线电视转型的政府立法因素；最后一章揭示了"数字时代"电视的七大趋势，等等。为了更充分、更深入地探讨美国电视史上某些重大问题，作者在每一篇中还安排了一章由其他学者写的专论，即第一篇第三章"学会与电视共处：技术、性别与美国早期的电视观众"，第二篇第六章"电视与总统：艾森豪威尔与肯尼迪"，第三篇第九章"不断变化的电视景观：特纳广播系统"，第四篇第十一章"世界上最伟大的电视节目：《科斯比秀》与美国情景喜剧在全球电视市场上的走俏"。这些分析和论述的视野非常开阔，它们分别从社会历史与文化背景、技术革新、公司战略、经营管理、节目制作、节目内容、艺术审美、理论走向、文化潮流、市场营销、政府政策、国内外影响等角度进行探讨。所有这些分析和论述使读者不仅看到了美国电视产业的特点、因果、本质和规律性，也看到了作者及其他学者在电视研究方面所做的探讨，从而使这部美国电视史显得很厚重、很深刻，具有很高的学术价值。第三，引征广博。该书非常引人注目的一个特点就是其大量的引征，无论是在叙事中还是在分析论述中，都旁征博引。该书在引用方面有一个独特之处，就是常常将引文与作者的文字融为一体，或是在一个句子中的一部分是作者的文字，一部分是引文；或是直接以引文来叙事或论述，将引文与自己的句子混在一起，衔接得非常自然，浑然一体。作者这样做，既显示出其运用引文的高超手法，更表明其学识渊博，参阅广泛，同时也使该书具有浓厚的学术性。

三

从《美国电视史》所依据的媒体观和历史观来看，该书明显属于传播学批判学派的阵营。该书应用并体现了早期法兰克福学派学者马克斯·霍克海默（Max Horkheimer）和特奥多尔·阿多诺（Theodor Adorno）提出的"文化产业"理论，将电视媒体作为美国的一种文化产业来研究，而不像我国学者主要将电视作为一种新闻事业来研究。因此，作者一方面全面关注电视媒体的技术、业务、人事、机构、节目内容、经营管理等，另一方面将研究重点放在节目内容上，从商品生产和销售的视角来审视节目的制作与播出，并关注节目的社会文化影响，尤其是电视在制造社会共识方面的作用。该书重点考察了各电视网黄金时间的电视剧（包括情景喜剧、肥皂剧、西部片、警匪剧等），同时也关注了体育节目、新闻节目、游戏节目、综艺节目、电视电影等，介绍了一些重要节目，如《德士古明星剧院》、《我爱露西》、《现在请看》、《今夜》、《甜心查利》、《达拉斯》、《科斯比秀》等的制作和播出情况及产生的效果和影响，分析了各电视网的节目设置策略及它们之间为争夺收视率和广告收入而展开的激烈竞争，还揭示了各电视网的经营理念的发展历程，即从电视网时代的大众市场模式、有线电视时代的目标市场模式到数字电视时代的个人使用市场模式的演变。由于法兰克福学派是西方马克思主义的一支，它基本上采取了马克思主义的历史唯物主义史观，这种史观也体现在该书中。例如作者在分析电视由一种梦想变成技术现实的历史背景时，揭示了19世纪出现的工业革命、城市革命、经济革命和传播革命这四种社会力量；在分析第二次世界大战后推动电视在美国迅速发展的因素时，谈到了战后出现的经济繁荣、退伍潮、婴儿潮、郊居潮，等等。这些分析实际上是肯定了生产力和生产关系在电视产业发展中的作用。该书的这种理论倾向是它不同于其他同类著作的一个显著特点。

作者对美国电视产业中的商业主义、种族主义及美国政府中的反共主义、侵略主义等许多现象持批评态度，也反映了作者的传播学批判学派理论倾向。例如，作者对美国无线电公司总裁戴维·萨尔诺夫为获取菲洛·T·法恩斯沃思（Philo T. Farnsworth）持有的电视专利而对菲洛采取种种压制和攻击行为进行了批评，对哥伦比亚公司在二战结束时的公司打劫行动进行了揭露，对各广播公司的经营管理人员和演艺人员为了薪酬而频繁跳槽进行了嘲讽，对各广播公司的电视剧迟迟不反映美国20世纪五六十年代的种族歧视和民权运动进行了披露，对哥伦比亚广播公司的爱德华·默罗反对美国政府中的麦卡锡主义势力及沃尔特·克朗凯特反对美国政府的越南战争政策表示了肯定，对"9·11事件"后美国各电视网所爆发出的爱国主义热情和出现的叙事模式进行了冷静的批判，对《科斯比秀》在全球走红的殖民主义和种族主义背景进行了深入剖析，等等。这些都显示出作者具有一定的传播学批判学派的倾向。当然，这些观点和态度主要是通过引征其他学者的言论来表达的，但这些引征也折射出了作者自己的立场和观点。然而，作者大都只是就事论事地批评，态度较温和，在大多数情况下是点到为止，还没有像法兰克福学派的主流学者那样上升到对美国资本主义制度和美国政治制度本身的批判，也没有上升到对美国电视帝国主义或文化帝国主义的批判。

四

加里·R·埃杰顿的《美国电视史》一书出版后，立即受到美国学术界的欢迎和高度评价。《广播与电子媒介学刊》（Journal of Broadcasting and Electronic Media）评价说，像埃里克·巴尔诺（Erik Barnouw）、克里斯托弗·H·斯特林（Christopher Sterling）等人的丰碑式著作一样，"埃杰顿对美国电视的大众文化进行了综合性研究"，该书"应置于每一位电视史学者、大众文化学者以及非专业人士的书架上"。《美国历史学刊》说，"埃杰顿超越埃里克·巴尔诺之处，在于他精心撰写了一部融入了本领域更精深的学术成果的、整体化的历史，这部作品极具可读性地叙述了电视这一复杂的产业和文化形式。"《美国文化学刊》说，该书"简明、全面、有可读性，是最新研究成果，它从电视的孕育讲到其在全球媒体时代中的地位，并将电视置于文化背景之中。它注定要成为该领域的经典"。《美国研究学刊》说，"埃杰顿讲述电视媒体令人激动的历史。他的书既可作为一般读者的入门读物，也可作为学者（尤其是外国读者）了解美国电视体系的历史、形态与经营的指南，其详细引征将引导读者作进一步探讨。"《美国新闻业》说，"该书严谨而又卓越。它专门研究电视，资料丰富、论述充分、插图精当，该书无疑将为以后的岁月树立一个标准。"

对中国传播史学者来说，尤其是对中国电视史学者来说，该书不仅为我们学习和研究美国电视史提供了一个新的基点，还为我们提供了研究电视史的新视野、新路径和新方法。而对我国广大的美国电视爱好者来说，该书则为认识那丰富多彩、无比迷人而又激动人心的美国电视产业打开了一个精彩的窗口。

致中国读者

To Chinese Readers

美国电视史

亲爱的中国读者：

　　我欣喜地看到拙著《美国电视史》被译成中文并呈献给中国读者。本书虽然关注的是美国，但旨在成为一个更庞大、更纷繁的全球故事的一部分，其中所有人民的生活和文化已被电视这一独特媒介所革新。我希望本书能对你们有所裨益，也希望其能为你们所喜爱。

　　在此我要向李银波教授致以深深的谢意，感谢他承担了将拙著翻译成中文这一具有挑战性的工作。我也感谢中国人民大学出版社的编辑们，感谢他们支持出版这部精美的译著。我欢迎你们就此书提出疑问和反馈意见，也愿意听取你们对贵国电视所进行的个人思考。你们可以通过我的个人网站（www. garyedgerton. com）首页上的电子邮件地址随时与我联系。

　　谢谢你们对拙著的兴趣，并向你们致以最美好的祝愿！

加里·R·埃杰顿

Gary R. Edgerton

2012 年 6 月 4 日

Gary R. Edgerton，Ph. D.

Professor and Dean of the College of Communication

Butler University

U. S. A

目 录

序 言
Preface

美国电视史

> 一个不看电视的人是不可能理解美国的主流文化的。
>
> 卡林·詹姆斯（Caryn James），《纽约时报》（*New York Times*），2000 年[1]

在电视作为一种技术出现之前，电视这一观念早已存在。人们在 19 世纪就已经有了跨越长距离传送声音与图像的梦想；而在 1844 年第一条电报线路开启现代通信时代之后，这一梦想更成了美国和欧洲的科学家们与发明家们的共同追求。在一个半世纪以前，信息与意象还仅仅只能以人们携带它们所能达到的速度和距离被传递；而今天，我们无处不见数字语言的即时传播，这基本上可以说是电视和电脑发展的结果。仅在北美，电视和电脑的数量加在一起就达近 10 亿台。许多社会理论家描写了自第二次世界大战以来美国与其他西方社会的人们及其文化发生了多么巨大的变化，他们用一系列时髦的词汇来形容发生在这时期的各种变化及其带来的新时代，如"后工业"、"后现代"、"信息时代"等。无论我们怎么称呼这一时期，美国自 1946 年以来已经发生了深刻的变化，人们的家庭生活方式、工作方式及休闲方式，人们作为公民与消费者的行为方式，人们对充满图像的世界的理解——这一世界在很大程度上是电视空前范围的影响的产物——等等，都有了新的意义。

电视融入美国人生活的速度超过了此前的任何一种技术。电视进入美国 3 500 万家庭只用了 10 年时间，而电话用了 80 年，汽车用了 50 年，连无线电广播也用了 25 年。而且，在 1983 年，一个典型美国家庭的电视平均每天开机时间达 7 个小时以上；20 年后，这一平均值又上升到每天 8 个小时，而且还在上升。尽管早已有"沙发土豆"①这一刻板说法，实际上各行各业的所有美国人仍旧在花费大量的时间观看电视。虽然人们因年龄、性别、种族、经济社会背景、教育水平等不同而存在些许差异，但总的来说，一个典型的美国人每天要观看大约 4 小时的电视。当伴随电视成长起来的第一代人，即"婴儿潮的一代"，成长到 65 岁时，他们花在电视机前的时间

---

① "沙发土豆"（couch potato）指老坐在电视机前的人。——译者注

将达到9年之多；而对他们的孩子辈——无论他们是"未知的一代"还是"千禧的一代"①——来说，这一数字肯定会变得更高，而且该数字还不包括他们用于其他新旧媒体上的时间。过去60年中的一个核心悖论就是：电视的图像与声音之流是如此浩大，而我们将电视作为一种技术、一个产业、一种艺术形式、一种制度力量所进行的历史性与批判性理解却基本上处于大多数人关注的边缘。

最早打破这一长期趋势的是埃里克·巴尔诺撰写的具有高度影响力的奠基性的三卷本美国广播史，即《巴别塔》（*A Tower of Babel*，1966）、《黄金网》（*The Golden Web*，1968）与《图像帝国》（*The Image Empire*，1970）。[2]该三部曲的开创性影响不可低估。《电影与历史》（*Film and History*）杂志于1991年有一期是关于"媒体史研究的未来"的特刊号，其中，克里斯托弗·H·斯特林记述了他对巴尔诺的开创性著作的诚挚感激之情：

从我走进麦迪逊市威斯康星大学附近的一家老"大学合作社"书店，去找一本关于1933年前美国广播兴起的书《巴别塔》算起，到现在几乎刚好是25年的时间。我花了8.5美元买了一本，而当时，我几乎是连一本按零售价出售的书也买不起的（那时我刚刚上研究生一年级）。我将该书带回家中，花了两三天时间一口气读完了，恨不得将每个字都吞到肚子里，我如饥似渴地寻查其如珍宝一般的文献目录，这些文献几乎都是我闻所未闻的。特别令我激动的是，我发现一个严肃的学者和一个大学出版社在出版一套令我鼓舞的学术丛书（还有两卷即将问世）——但我猜想极少有其他人关注这一话题。这或许就是一个合理的研究领域！[3]

巴尔诺的三部曲的确是当时的一个非凡之举。当时也出现了一些美国广播史著作[4]，然而它们在内容的广度、研究的深度和可读性方面无一能与《巴别塔》及其两部续集相媲美。巴尔诺也熟悉阿萨·布里格斯（Asa Briggs）的丰碑式的英国广播电视编年史的前两卷，它们像巴尔诺的三部曲一样，也是由牛津大学出版社出版的。[5]而且，巴尔诺通过参阅既存的关于电影与新闻的文献，实际上找到了更多更成熟的模式来构建其广播通史。[6]在当时，既有的关于电影与报纸的历史研究无论是在数量上还是在质量上都远远超过关于广播与电视的研究。为了填补研究文献方面的巨大空洞，巴尔诺将其三部曲中关于电视的资料压缩进他于1975年出版的《万象管》（*Tube of Plenty*）一书中（这是一部关于电视历史的单卷本，后来分别于1982年和1990年两次修订出版）。[7]与巴尔诺的该书形成对照的是，克里斯托弗·H·斯特林在前文中将广播称为一个"研究领域"，他所指的是，它是一个新生学科，在开始时具有强烈的社会科学性质，研究者们主要对其从事民意调查、媒体效果的实证研究、内容的定量分析等。这就是克里斯托弗·H·斯特林与约翰·基特罗斯（John Kittross）于1978年出版《继续收听：简明美国广播史》（*Stay Tuned: A Consise History of American Broadcasting*）（以下简称《继续收听》）第一版的学术背景。

当时，我们青年研究生中的许多人都欢迎《继续收听》一书的出版，几乎像斯特林在此前十几年欢迎《巴别塔》的出版一样热烈。巴尔诺是我们参阅的起点，但《继续收听》在叙述作为产业和作为机构的广播与电视之间相互关联的故事时更为详尽、更为全面，以前所未有的深度和手法勾画出了"事件"的广阔范围。巴尔诺在其视野开阔的三卷本叙事中采用了一种多维手法来处理材料。斯特林与基特罗斯继承了巴尔诺的模式并扩展了他的整体构思，因为他们在《继续收听》第一版中，并继续在后来于1990年和2002年的两次修订版中，所做出的历史编纂选择，反映更多的是过去几十年中在广播领域占主导地位的社会科学视角，其间，广播研究逐渐成为一个"合法"的学科。[8]已故的巴尔诺的确在许多方面都是先驱，他在回忆录中描述了他在漫长而多变的一生中所担任的一系列令人眼花缭乱的职位：先是当演员、舞台监理、歌曲作词家、翻译、新闻记者、广播作家、导演、制片商，后来又成为大学教授、博物馆馆

---

① "婴儿潮的一代"（baby boomer）指在1946—1964年出生的美国人。"未知的一代"（Generation X）指生于1965—1983年的美国人，又称"无名的一代"。"千禧的一代"（Millennials）指生于1984—2002年的美国人。——译者注

长、档案保管员、杰出的广播史学者，并出版了他的三部曲。[9]他为斯特林与基特罗斯研究并撰写《继续收听》一书确立了一个基准。

巴尔诺的历史叙事总是首先反映他在广播业与广告业中工作的亲身经验；而斯特林与基特罗斯的叙述则更富有学术性，他们有意识地设置了一种历史编纂方法，这种方法可被描述为发展的观点和经验主义的观点。在采用发展的观点看待广播和电视史时，斯特林与基特罗斯成为历史意识第二次浪潮的最佳典范，他们展现了广播这一新出现的研究领域（后来还有电视研究）。他们第二次写作、修订和更新《继续收听》一书，主要目的仍然是要以容易处理的单卷本形式为其学术同行和学生们详尽地描述这一新学科的特定轮廓与传统。这两位作者在《继续收听》第三版第一章的结尾处写道："为了明智地影响未来，我们必须了解过去的准则、趋向、决策与事件。"[10]这样，关于任何主题的发展史总是具有双重功能：一方面向那些进入某一特定研究领域的人提供知识，另一方面又将他们社会化。《继续收听》的实践维度还使这一广播电视史怀有一个更明确的目的，因而，当该书首次出版时，它与广播专业较强的职业倾向实现了极佳的吻合。

实际上，发展的观点常常与一个或多个其他观点相结合，以构成一种更为实际的历史编纂方法。就《继续收听》来说，斯特林与基特罗斯是通过设计与贯彻一个经验主义广播史的经典例子来体现其社会科学的本质的。对一个持经验主义立场的历史学家来说，这一工作就是要详尽地收集"史实"，并将其组合到一个可识别的模式之中，该模式要能基本反映其领域中的人（以及两位作者自己）对研究主题的常识性看法。在安排该研究议题时，斯特林与基特罗斯总是尽可能地努力保持一种公正和中立的姿态。他们在《继续收听》一书的序言中说："我们试图提供能帮助你们做出决定的资料，但我们并不狂妄自大想充当法官。我们俩虽是普通电视迷，却十分明白大的趋势要比人物、时间、地点、仪器等细节更为重要。"[11]因此，在《继续收听》一书中，斯特林与基特罗斯成为出类拔萃的研究者，他们在一本书中收集并安排了一个合理的模本，该模本现在被接受并被称作美国广播史的标准版本。这本书在经过两次修订出版后，篇幅增加了85％以上（从562页到705页再到975页），这表明其在研究主题的支撑材料方面有了相当大的扩展。

《继续收听》是一部发展的、经验主义的历史绝作，并一直是检测其他无数美国广播电视史专著的一个无价基准。尽管下一代的电子媒体史学家们已经开始重新思考并修改由《继续收听》第三版最佳地体现出来的电视史（及其与广播和互联网的密切关系）的既定方法和议题，目前还没有任何一本书能超越《继续收听》。因此，斯特林与基特罗斯作为经验主义者处在历史编纂过程的一端；而处在另一端的则是那些批判性的、后现代主义的年轻一代电子媒体史学者，他们开始从一系列相当不同的假设出发，重新阐释电视这一领域。经验主义者们努力保持一定程度的客观性，而后现代主义者们在理论观点方面则明显是主观的；经验主义者们将史实视为客体，可以收集它们并对其分类，而后现代主义者们则将所有史实视为历史批判者的相对立场的体现；经验主义者们珍视其作品的全面性、可靠性和有效性，而后现代主义者们则表现出片面性、独特性和偶然性。因此，社会科学的视角和方法不能再像一二十年前一样主宰广播和电视研究领域。

这些更具人文科学倾向的电视研究方法使得关于电视研究各个方面的学术著作显著增多，如研究电视的历史、理论、批评、体裁与风格、作者、政治经济、体制结构等方面，以及研究电视的文化事务方面，如性别、种族、民族性、阶级性等。除了《继续收听》外，目前已经出版了好几部关于广播和电视的通史。[12]例如，《唯有连接：美国广播文化史》（*Only Connect*：*A Cultural History of Broadcasting in the United States*，2002）（以下简称《唯有连接》）就是其中的一部，该书作者米歇尔·希尔姆斯（Michele Hilmes）在序言中承认她受到斯特林与基特罗斯的巨大影响，她说，《继续收听》"为美国广播史提供了一个基本的参照点，并依旧是美国广播史的一个最全面的信息来源"。《唯有连接》既不是发展性的，也不是经验主义的，它所采用的一种探讨问题的方法被其作者称为"干预主义的历史，不仅寻求提出问题，同样也寻求提供答案"。与斯特林和基特罗斯不同，她的主要目标不是要记录和描述一个机构、一种产业和一种职业的演进；相反，她公开声称的意图是要"转移或削弱某些反动事件的影响，因为这些事件将会阻碍民主和多样性的原则"[13]。希尔姆斯是从政治参与的角度来写作《唯有连接》一书的，其中历史被理解为一种社会变革的工具，而不仅仅是对过去的记录，无论历史是多么深刻地被表述出来。

第三波历史意识明显兴起于电子媒体史学者群体。自1978年《继续收听》面世后，有几十部目标更具体的历史批判性研究论著出版，随后就出现了这批电子媒体史学者。这类著作不仅包括电视在美学、传记、文化、产业、理性、国际、政治、社会、技术等方面的历史[14]（但这时期的大多数著作不再包括广播），实际上同时也包括数以百计的观点相似的书和文章，它们构成了一个越来越大的学术文献资料库。正如米歇尔·希尔姆斯在《唯有连接》第一章中所问："我们该从哪里开始记述这一历史？我们该怎样划定其范围以便将其纳入一本书中？总之，我们办不到。20世纪后现代主义的知识遗产之一就是要承认这一事实。"[15] 在目前被广泛持有的这种思想状态下，在电子媒体研究领域受过正式教育的第二代学者写出了其第一本广播概论教材《唯有连接》。随着这一领域的不断成熟，必将有更多的、从各种不同角度、针对各种不同读者而写的电视史相继问世。

就《美国电视史》（*History of American Television*）一书来说，它源自哥伦比亚大学出版社的前执行编辑詹姆斯·沃伦（James Warren）的一个点子。他的想法是要委托某人来撰写一部简明的一卷本叙事型美国电视史，所面向的读者是有文化的普通大众。我们的共识是，电视是大多数美国人的主要关注对象，因此我们最想服务的读者是那些非专业人士。然而我们的打算则是要撰写这样一部历史纪事：它既要充分体现学术成就，又要同时保持这一具有内在戏剧性的电视史的易读性及其对受过教育的广大读者的吸引力。为此，我处理《美国电视史》的方法，就像在该书中所显示的那样，是构建一种阐释性而不是详尽性的叙事。我的意图既不是要写一部像《继续收听》那样全面而又详尽的历史，也不是要写一部像《唯有连接》那样的概况式教材。我能立即想到的最接近的模式，可能是埃里克·巴尔诺的《万象管》、苏珊·道格拉斯（Susan Douglas）的《倾听》（*Listening In*）和罗伯特·斯克拉（Robert Sklar）的《电影塑造的美国》（*Movie-Made America*）。[16] 这些叙事型历史的巨大价值在于，它们既具有强烈的全面性，又巧妙地整合了许多历史编纂路径，主要是传记的、技术的、经济的、社会政治的和文化的路径。

同样，我的首要选择也是全面性，不仅仅是列举每一个重要的发明者和记录每一个新现象（当然，本书也充满足够多的具有开创性的人物和事件，以构建一部翔实的电视史），而是更重视去表述事件的联系性与连续性。《万象管》、《倾听》和《电影塑造的美国》长期以来既面向受过教育的普通读者，也面向学生和学者，其做法就是通过突出一些精选的例子来阐述那些重要的进展与趋势。像这些书一样，"《美国电视史》也是旨在成为其叙述对象的一部历史，但不是最终的、唯一的历史。而且，这一历史叙事是按时间顺序来组织的，其目的在于，要将一些基本的文化焦点编入其中，如大众不断变化的兴趣、价值观、生活方式等问题，并同时强调它们之间的诸多相互关联，而不是对它们一个一个孤立地进行探讨。将这些大的文化议题联结在一起的纽带就是叙事，在此我遵循着一条叙事线索，该线索再现了电视是如何最终成为一种融合型技术，如何成为一个全球性产业，如何成为一种具有生命力的艺术，如何成为一种社会催化剂，如何成为一种综合而动态地反映美国人思想与性格的方式的。

同时，不可否认的是，《美国电视史》也具有片面性和选择性。鉴于电视这一主题的范围是如此宽泛，我只能选取那些具有代表性的例子，尽管我一直明白还有大量其他的事件、节目、人物，但由于本书篇幅的限制而不能将其包括进来。本书的每一章都可以独立成书。因此，我必须做出选择（如重每日黄金时间的节目而轻其他时间的内容），并寄希望于其他的电视学者们能最终填补历史文献方面的许多现有空白。在一个如此年轻的研究领域，仍有许多工作有待完成，这是不言而喻的。

尽管本书也经常评估电视在国外的发展和趋势与美国电视的关系，并将其作为叙事的一个重要组成部分，但这一特定历史著作还是从美国电视的角度来编写的。而且，本书是按美国电视成长的历程来编写的，即美国电视从地方性媒体发展到地区性、全国性、国际性，最后到全球性媒体的历程。在作为国际性媒体期间，美国电视在走出国门后具有选择性和片面性。然而在目前阶段，它与美国的经济、文化和政治力量一起成为一种全球性的存在。今天，美国电视实际上已遍及地球上的每一个国家。

最后，本书还一直将电视视为一个更大的传播革命的一部分。电视位居各种媒体之首达半个世纪之久，直到 20 世纪 90 年代中期以后，电视才被迫同迅速崛起的互联网分享"秋色"。但至少在 21 世纪的头 10 年中，电视还依然是美国文化的核心部分。现在，电视正在适应互联网的巨大威力和影响，就像 20 世纪 40 年代末 50 年代初广播、电影、报纸、期刊、图书等各种媒体被迫适应电视的到来一样，这一适应使得全美国人民的媒体习惯和偏好也出现彻底转变。时评家们在整个 20 世纪下半叶一直在探讨着原子时代，而起源于第二次世界大战的唯一最重要的技术发展或许是计算机，它要比原子弹更重要。电视在 20 世纪 20 年代还处于实验形态，于 1934 年在费城富兰克林研究所举办的展览会上，及在 5 年后于 1939 年举办的纽约世界博览会上，才正式向公众揭开面纱。个人电脑与电视机一起，已经以一种较为无形但却更为基本的关注点取代了我们的核困扰，在我们正远离紧张的冷战时代时尤其如此。当前的全球性传播革命将在 21 世纪更具重要性。《美国电视史》将传播革命视为最重要的催化剂，因而强调它的支配地位。该书记载了电视是如何作为一个观念出现，在第二次世界大战结束时时机来临，直到 20 世纪下半叶最终成长并成熟为美国文明中最具影响的社会力量的。我们习惯性地用遥控器一挥，就将有史以来对民族文化最全面的演示召至家中。这种图像和声音的瞬间流动也包含着关于我们的许多线索提示：如我们是谁，我们的价值观是什么，我们的未来通向何处等。《美国电视史》这部一卷本历史就是探讨这些基本问题的一个起点。而且，本书还包括大量关于其他历史著作的附加参考文献，我希望它能鼓励读者去继续思考电视在过去的 70 年中对我们每个人及对我们国家的命运所产生的深刻而具有变革性的影响。

第一篇

走向大众

第1章

一种观念终得其时
1940 年以前的电视畅想

 抢占"明天的世界"

今天，基于想象力，基于科学研究，也基于所取得的成就，我们处在创立一种新产业的前夕。现在，我们准备兑现曾向公众许下的诺言。

戴维·萨尔诺夫（David Sarnoff），《一个产业的诞生》（*The Birth of an Industry*），1939 年[1]

随着电视的出现，人们发起了美国历史上所有的大众媒体中最广泛、最喧哗的一系列公关活动。在 20 世纪的整个 20 年代和 30 年代的大部分时间里，没有任何一种新的传播方式比电视更为新闻界所期盼——当时电视服务由于各种技术的、经济的、文化的原因一再被推迟。戴维·萨尔诺夫，这位 48 岁，曾一度被驱逐但权力却越来越大的美国无线电公司总裁，在 1939 年春安排并出席了多次关于电视的新闻发布会，这些新闻发布会常常伪装成科学展览。而在前一年，美国无线电公司"为主要是由工业界、广告界、工程界和新

闻界的重要代表构成的观众"举办了 134 次这类电视展览。[2]他既对电视媒体具有为其公司带来巨额收益的潜能感兴趣，又同样真诚地相信电视媒体具有改变大众生活的可能性。萨尔诺夫以近乎传教士的热情坚决拥护美国的下一次大型社会及消费产品创新博览会，并树立了承诺电视未来的公众形象，在这方面美国没人能比得上他。一些商业报纸甚至开始称他为"电视人"。

在萨尔诺夫的领导下，美国无线电公司十多年来一直是电视的议程设置者，不论是在电视作为一种正在出现的技术方面，还是在其作为一种

即将到来的商业服务方面。当然,其他的竞争者也为这一进程做出了巨大贡献,有些人所取得的技术突破甚至比美国无线电公司在新泽西州卡姆登市的第一研究实验室所取得的任何成就都更加根本、更为重要,例如,发明家菲洛·T·法恩斯沃思(Philo T. Farnsworth)发明了具有开创意义的全电子电视系统。而且,萨尔诺夫天生的公关技能及他对自我提升的终生执迷也具有传奇性。他的这些秉性是自少年时代起磨炼出来的,那时,他还在纽约市东城区谋求从贫困中爬出来的可能性。他从俄国移民到美国时才9岁,当时他连英语都不会说;而现在,在不到40年之后,他成了美国最有权势的工业家之一。用任何理性的标准来衡量,他攀升到社会顶层的确令人惊奇。

例如,在1912年4月远洋客轮"泰坦尼克号"沉没事件中,萨尔诺夫夸耀说,他当时是协调救援行动并用无线电报转发"泰坦尼克号"幸存者所发出的信息的唯一电报操作员。他说他在岗位上持续操作达72小时,其工作地点位于纽约市曼哈顿市中心归马可尼所有的沃纳梅克公司百货商店的楼顶。这类美化宣传对推进萨尔诺夫青云直上的职业生涯明显起了关键作用,尤其是当他面临同事们的虐待时。他的同事们有时甚至嘲弄地称他为"犹太男孩"。"有一个故事说,萨尔诺夫的同事们想骚扰他,将所有劳而无功的额外工作放在他的办公桌上。他们驻足发现,他毫无怨言地完成所有工作⋯⋯而且还形成了对公司更好的掌控⋯⋯胜过马可尼公司中的任何人,包括公司的总裁。"[3]

结果,萨尔诺夫很快成了公司首脑古列尔莫·马可尼(Guglielmo Marconi)的宠儿。马可尼是著名的无线电报发明者,他亲自当这位年轻人的初期导师,并成为他的终身朋友。萨尔诺夫在公司的职位阶梯上迅速攀升,从办公室工友到马可尼的私人助手,最终成为整个美国马可尼公司的商务经理。美国政府因担心其在国外的无线电通信权益过多地落入一个由外国控制的公司手中,于1919年迫使英国马可尼公司将其美国子公司卖给美国的通用电气公司,因此,在美国无线电公司刚刚组建时,萨尔诺夫又被打落到公司的最底层。

美国海军部经考虑后,明智地放弃了建立由官方垄断经营的无线电通信的打算,而是建立了一个私营的托拉斯公司——美国无线电公司,并与该公司共享其在第一次世界大战期间所取得的所有无线电专利。最初,美国无线电公司只由通用电气公司的资源及其刚刚从美国马可尼公司吸收的资源构成。但在几个月之内,另三家美国公司——威斯汀豪斯电气公司、美国电报电话公司、联合水果公司(它是船对岸通信的早期开发商)——与通用电气公司联合达成了交换使用专利的协议,以便这四个美国伙伴公司能在美国无线电公司的庇护下分享2 000多个电信专利。

在这一大胆而具有决定性的行动中,美国政府炮制了一个本土的私营垄断公司,它立即成为美国无线电通信方面的领袖。这一决定还巩固了美国无线电公司的内部形势及其惊人的财政地位,使它从此得以深刻地影响了美国广播和电视的发展及其性质。30岁的戴维·萨尔诺夫被选为美国无线电公司的商务经理,这正是他此前在美国马可尼公司中所担任的职位。"后来人们将萨尔诺夫描写成为既是美国无线电公司的创始人又是全国广播公司(美国无线电公司于1926年成立的一个子公司)的创始人,实际上他两者都不是",媒体史学家路易丝·本杰明(Louise Benjamin)证实说,"这些错觉长期存在,是因为萨尔诺夫后来的成就如此之多,以致任何无稽之谈都变得可信。但他的远见卓识和他的公司经营才能的确促进了传播业的发展,尤其是电视。"[4]

到1937年秋,戴维·萨尔诺夫全力探索将全国广播公司从实验电视转入美国第一个商业电视系统的捷径。他于该年8月去欧洲旅行,以便亲睹电视媒体的状况。他在伦敦的经历——尤其是英国广播公司已于大约10个月前,即于1936年11月2日,开始向普通公众定期播出电视——使他确信:现在美国已像英国一样做好了准备,可以启动将电视带入全国家庭这一漫长而艰巨的程序。

萨尔诺夫于1937年9月25日回到纽约时,兴致勃勃地走下"巴黎号"轮船并走向一群记者。他遇到的第一个问题是每个人都想问的问题:"英国在电视方面走在美国的前面吗?"他回答说,美国无线电公司实质上与英国同行处于同样的技术起点,因为交换使用专利的协议使两国的公司共享着同样的电视专利。然而更为中肯的是,萨尔诺夫认识到美国的商业电视最终须建立一个可行的播送网络，而不仅仅是发展技术性基础设施。他接着说："我坚信美国的私营企业体制，而不是官营公司。"并将全国广播公司和英国广播公司的供给结构做了对比。他还说，他确信"在适当的时候我们将找到可行的办法来解决那些阻碍电视先驱者的前进道路的实际问题"[5]。在此，萨尔诺夫的言下之意是：他是电视的主要开路人。这就是他多年来一直小心培育的公司形象。在那个凉爽的星期六下午听过他讲话的人中，很少有人怀疑他钢铁般的意志。

6　　不到一个月，戴维·萨尔诺夫就组办了一次推销性电视广播，由全国广播公司的实验电视台 W2XBS 从位于纽约市洛克菲勒中心的"无线电城"3H 演播室播出。他后来就是在这个实验电视台里签署了一份确保美国无线电公司参与 1939 年纽约世界博览会的协议。当然，这种公司参与总是不可避免的事。这次国际博览会被命名为"明天的世界"，它是纽约市一批商界要人想出的点子，这些人中包括大通曼哈顿银行、统一爱迪生公司、制造商信托公司、纽约信托公司、梅西公司的最高行政主管，还包括纽约市长菲奥雷拉·拉瓜迪亚（Fiorella La Guardia）。他们最初于 1935 年经济危机处于巅峰时将这次博览会作为一个大胆而鼓舞人心的动议提出来，认为该博览会将既推动地区和全国的经济发展，又刺激未来的投资增长。

萨尔诺夫因其美国无线电公司总裁的身份，被邀请参加这次世界博览会的执行规划委员会。他早已准备要在这次博览会上让电视扮演更宏大的角色，要远远超过电视在美国无线电公司展览会上的揭幕式上的声势。他知道，全国广播公司将于 1937 年 12 月推出美国第一个移动电视台，它由两辆大型汽车构成，这个移动电视台很快就可用于户外电视播出。一旦世界博览会开始，这个移动电视台将可进行类似的现场报道。萨尔诺夫"研究过 1876 年在费城展览会上亚历山大·格拉罕姆·贝尔（Alexander Graham Bell）的电话展出所产生的巨大影响，他也指望（用电视）在大众兴趣方面点燃一场类似的森林大火"[6]。

萨尔诺夫在 3H 演播室一个由美国无线电公司制造的大型电视摄像机前主持了一次风趣的谈话。他坐在一张大木桌后面；他右边坐着伦诺克斯·

R·洛尔（Lenox R. Lohr）少校，此人原是一名军队工程师，当时刚被任命为全国广播公司总裁；萨尔诺夫左边坐着格罗弗·惠伦（Grover Whalen），他是世界博览会公司的总裁。由于这次世界博览会对萨尔诺夫来说具有日益突出的重要性，他于 1936 年雇用了洛尔少校，因为这位前美军军官成功地组织并指挥了 1933—1934 年度芝加哥"进步的世纪博览会"。但才过了一年，萨尔诺夫就对洛尔少校感到失望，"他对自己的公关顾问爱德华·L·伯奈斯（Edward L. Bernays）吐露说洛尔显得不够精明"[7]。

萨尔诺夫再次掌控局势，他坐在洛尔与惠伦之间，成为大家注意的中心。他们的背景是一张设想中的世界博览会地图；他们前面的桌子上放着一个名叫"三角塔"的三棱尖塔模型和一个名叫"正圆球"的圆球模型。萨尔诺夫转向惠伦——他曾是纽约市警察局局长，后来又担任罗斯福总统的全国复兴署的署长——请他评论一下桌子上的模 7 型。衣着优雅，上唇留着小胡子的惠伦开怀大笑，他解释说，实际有 700 英尺（1 英尺约为 0.3 米）高的"三角塔"和有 200 英尺高的"正圆球"将由一个名叫"曲形坡道"的巨大斜坡连接起来，它们将成为整个世界博览会的中心；这些具有未来主义性质的纪念碑将被置于参观者进入"明天的世界"世界博览会的入口处，它们将被涂成纯白色。他还说，"三角塔"和"正圆球"已经成为即将到来的世界博览会的最显眼的标志，它们象征着光明而美好的未来就在美国的面前，它们还象征着科技的力量，这种力量将解决当前的许多问题，并提升大多数美国人的日常生活水平。惠伦最后称，这次世界博览会是一张进步的蓝图。富态的萨尔诺夫笑着向惠伦表示赞同，认为他自己对电视的设想与惠伦对"明天的世界"世界博览会的乐观而充满希望的看法是完全一致的。

上面只是全国广播公司所有实验性电视播出中的一个例子，其观众相当少，主要包括两三百名新闻界人士及政府官员，另外还有全国广播公司的几十个行政官员和工程师通过该公司分布在纽约市各处的电视机收看这些电视播出。全国广播公司的 3H 演播室本是为无线电广播设计的，但萨尔诺夫却于 1935 年下令将其改装为电视演播室。"那是一个有两层楼的房间，长 40 英尺，宽 20 英尺，控制间位于二楼，房间的一个玻璃窗户特别引人注目。"[8]由于该演播室空间有限，那些来参观的新闻界人士由人陪同，到美国无线电公司大楼各会议室或大厅中舒服地观看这些早期具有推销性的电视节目。这些电视节目通过美国无线电公司生产的各种型号的电视模型播出，有 5 英寸（1 英寸约为 25 毫米）、9 英寸和 12 英寸的荧光屏。

此时，美国无线电公司电视系统的整个画面质量比以前高了，画面的分辨率已从每秒 30 幅 343 行增到每秒 30 幅 441 行。当时，记者们对所见到的技术展示留下了足够深刻的印象，但他们中的大多数人对通过世界博览会开幕式将商业电视推销给普通美国人的前景感到十分怀疑，他们在此前已听过太多类似的豪言壮语。萨尔诺夫清楚地知道，仍然存在在法律上和经济上妨碍其公司的障碍，但是他已经向其高级职员们下达了前进的命令；而且他衷心希望能在 1939 年 4 月 30 日的世界博览会开幕式上向普通大众推介其电视，不管态度冷淡的华盛顿联邦通信委员会将提出什么要求，也不管美国无线电公司在工业界的主要竞争对手们在电视方面会提出何种挑战。

萨尔诺夫和他的领导班子专心于幕后工作已经有一年多，四处游说请求将其电视系统采纳为工业标准。取得这种标准地位非常重要，它既能使美国无线电公司在与主要对手——尤其是法恩斯沃思公司、菲尔科公司、杜蒙公司、天顶公司、哥伦比亚广播公司——的竞争中取得优势，又能减少在消费者中出现的混乱状况。如果存在多个不相容的电视系统的结局是彼此在市场中相互排斥的话，消费市场必然会出现混乱，这对各方都不利。最终，在电视正式开始播出任何类型的广告之前，联邦通信委员会还须正式同意在美国开办商业电视。

早在 1931 年，美国无线电制造商协会就制订了其最初的非约束性但得到普通认可的电视标准，即每秒 15 幅 41 行的画面，以规范当时显得很混乱的技术状态。五年之后，无线电制造商协会在美国无线电公司及其他公司的敦促下又插手干预，对现存的各种不同电视系统进行评估并试图确定可行的最佳格式。最后联邦通信委员会将对无线电制造商协会的推荐进行评价并做出自己的选择。一如既往，联邦通信委员会在这次评价过程中仍心照不宣地欢迎无线电制造商协会的工程专家与法律顾问。

联邦通信委员会自其于 1927 年作为联邦无线电委员会——它在 1934 年《联邦通信法》（Federal Communication Act）通过后改为联邦通信委员会——成立以来，一直面临着来自官方和私人两方面的特殊利益集团的压力。就电视来说，各公司已投入的巨额时间和金钱更是导致了不同寻常的竞争与争吵局面。无线电制造商协会的工程分委员会最终推荐的电视标准是每秒 30 幅 441 行的画面，这一标准主要是由美国无线电公司和法恩斯沃思电视与广播公司于 1938 年 9 月提议的。这种分辨率更高的图像"要比 1931 年的图像清晰 40~50 倍……相当于 16 毫米的家庭电影的清晰度"[9]。441 行的电视系统的确达到了艺术状态，因而，最初联邦通信委员会非正式地暗示说它可能会准许商业电视开始在美国运营。

出于各种各样的原因，菲尔科公司、天顶公司、哥伦比亚广播公司和发明家爱德华·霍华德·阿姆斯特朗（Edward Howard Armstrong）都向管理当局强烈反对由无线电制造商协会推荐的方案。菲尔科公司和天顶公司指责无线电制造商协会的工程分委员会过度偏向美国无线电公司并受其影响。哥伦比亚广播公司则反对打破现有广播网中存在的微妙平衡，认为如果给予全国广播公司按其自己的标准来开办商业电视体系的机会，它将变得更加具有垄断性。阿姆斯特朗则指责说，与目前所推荐的电视标准相联系的无线电波频谱分配将最终会阻碍他在全美国发展调频广播。

所有受害方各自都有合理的理由。最终的局面是，任何商定的标准都会有利于某些公司的电视实验，但却会损害其他的一些公司。由于存在太多的分歧和太少的共识，联邦通信委员会明显地倾向于中间立场，它一方面称赞此前所取得的技术进步，但另一方面却要求在无线电制造商协会所推荐的标准的基础上做进一步的实地测试。而且，联邦通信委员会还认为没有必要急于开办商业电视并警告说："电视还没有达到在全国范围提供公共服务的水准……还没有出现在商业基础上立即开办电视服务的前景。"[10]这样，由于在私营企业领域中存在关于确立何种技术标准的激烈竞争，由于联邦通信委员会不愿采取一种引起争议的立场，将电视推向美国家庭的努力基本上被搁置下来了。这种争权夺利的局面与英国当时的状况形成了鲜明对比，在英国，英国广播公司这时已经向英国公民提供了近两年的公共电视服务。

美国无线电公司及全国广播公司的管理人员对联邦通信委员会的无所作为当然感到很失望。萨尔诺夫以一种独特的方式作出反应，他对此提出严厉批评。在无线电制造商协会于 1938 年 10 月 20 日召开的年会上，他说："现在国内的电视在技术上是可行的……我相信电视这种艰难而又复杂的艺术所面临的问题，只有通过实际的运营经验才能解决，而运营经验又需要从服务公众家庭的实践中才能取得。因此，美国无线电公司建议采取进一步的措施来解决这些问题，即除了实验室研究和试验性电视播出之外，还向公众提供有限的节目服务。"[11] 实际上，"萨尔诺夫采取了一种或成之或毁之的态度。若无联邦通信委员会采纳商业标准，仅仅靠一个不允许出售商业时间的试验执照作为一个实验机构来经营，他是在冒险让公众的热情来践踏美国无线电公司系统背后的产业和使命"[12]。

萨尔诺夫决定回避联邦通信委员会，主要是因为美国无线电公司面临经济上的困难。1938 年 1月，据粗略估计，"在美国已经花在电视工作上的资金处在 1 000 万到 2 000 万美元之间"[13]。萨尔诺夫声称美国无线电公司已经花了 2 000 万美元，但大多数公正的工业观察家则认为，这个电子产业巨头的实际花费还不到 1 000 万美元。然而，若从当时毫无生气的经济萧条形势来看，就是这个经修订的数字也说明美国无线电公司在电视上的累计投资是惊人的。就美国无线电公司来说，它处于一种令人羡慕的地位，因为它能够利用其全国广播公司在广播业务方面的相当一部分利润来负担其电视实验。它的任何一个竞争者都远远不能筹集到像美国无线电公司在电视方面所拥有的那么多资金。另外，萨尔诺夫之所以感到必须强行转入商业电视，还因为持续消耗美国无线电公司及全国广播公司的资金似乎没有一个尽头。

在 1939 年 10 月的一期《舆论季刊》（*Public Opinion Quarterly*）上，一位工业分析家简要地为美国无线电公司及其在电视生产方面的所有商业竞争者们指出了一种显而易见的解决方法：

这是一个循环性的问题。资助电视节目的成本是广播的 10 到 15 倍……如果这种娱乐不能出现，电视机就卖不出去；如果电视机卖不出去，商业界就不会通过电视来做广告；如果商业界不做广告，与广播节目相当的电视节目就不会出现。必须找到打破这一循环的方法。答案是否存在于为销售电视机而成功进行的广告宣传中呢？[14]

萨尔诺夫想的当然也是如此。他于 1939 年年初"宣布到该年年底，美国无线电公司将售出 10万台电视机"[15]。《福布斯》（*Forbes*）杂志于 1939年 5 月的一期——该期的出版恰逢 1939 年世界博览会——报道说，"经过多年的研究，电视即将成为美国的商业现实。人们在电视上已经投入了大约 1 300 万美元，今年有十几个制造商将生产电视机。生产电视机的收入取决于批量销售，而批量销售又取决于电视的娱乐价值"[16]。

实际上，美国无线电公司及全国广播公司已为这一时刻的到来准备了多年。萨尔诺夫决定以又一次推销性电视广播来抢占世界博览会，这是他在经营上虚张声势的再次体现。在世界博览会于 1939 年 4 月 30 日开幕式之前一个半星期的一天，萨尔诺夫公开将其命名为美国无线电公司展览会。该展览会并不是要同世界博览会的盛大开幕式庆典竞争，因为美国总统及几十位来访的要人和名流要参加世界博览会开幕式，相反，萨尔诺夫与其公关顾问爱德华·L·伯奈斯精明地决定，要通过举办一场他们自己的预演报道来使美国无线电公司的新闻报道达到影响最大化，该预演报道只突出展现萨尔诺夫和令人惊奇的全国广播公司电视运作新景观。该计划实施得很完美。

"美国无线电公司新的电视服务的加冕时刻本应在 10 天后播出罗斯福总统的开幕式致辞时开始"，戴维·费希尔（David Fisher）和马歇尔·费希尔（Marshall Fisher）在他们的《显像管：电视的发明》（*Tube：The Invention of Television*）一书中总结说，"但萨尔诺夫再次抓住了聚光灯。在此后几十年中作为美国定期电视广播开端的标志性形象，将不是富兰克林·D·罗斯福（Franklin D. Roosevelt）的形象，而是他（萨尔诺夫）自己的形象。"[17]

11 美国无线电公司总裁戴维·萨尔诺夫在 1939 年世界博览会上的电视形象将作为美国电视诞生的标志性形象。（刊载此图获戴维·萨尔诺夫图书馆的准许）

美国无线电公司的工程师们自 16 个月前首次引入移动电视台开始，就一直在实地测试为迎接这一天的到来所需的相关电视技术。这个户外摄制组主要由两辆相互连接的汽车组成，一辆充当工作演播室，另一辆充当一个功率强大的大型发射台，将电视信号转播到 8 英里（1 英里约为 1 609 米）以外安装在"帝国大厦"楼顶的电视天线上。例如，"在 1939 年 2 月 26 日，在尚未完工的世界博览会现场进行的一次测试播放的是演员化妆成黑脸表演的《阿莫斯与安迪》"[18]。这种将广播节目搬上屏幕表演的排练，其目的一方面是为了吸引观众，扩大影响；另一方面则是要看看全国广播公司在"明天的世界"世界博览会上制作电视节目的情况如何。由于这次实验性节目摄制所产生的室内反响良好，因此为报道定于 1939 年 4 月 20 日的美国无线电公司展览会正式命名典礼的准备工作启动了。

全国广播公司从世界博览会现场进行的第二次电视播出实际上是以著名体育播音员格雷厄姆·麦克纳米（Graham McNamee）的中景镜头开始的，镜头中他安然坐在位于纽约市洛克菲勒中心的"无线电城"3H 演播室中的一张桌子后面，向观众们打着招呼。接着镜头切换到纽约市昆斯区"冲刷草场公园"中的世博广场，在那里的一个户外摄制组提供了一个"三角塔"和"正圆球"

12

的远景镜头。当时的观众估计有 300 人，他们是应邀来自市政府、报业界和工业界的客人，他们在世界博览会、"无线电城"及在遍布纽约市各地的家中观看电视。[19] 电视播出的整个过程也同时由全国广播公司的电台进行报道，其中，新闻记者乔治·希克斯（George Hicks）同时为广播听众和电视观众提供连续报道。在摄制节目时，那台笨重的电视摄像机及其操作员被置于一个手推车上面，被人推着沿爱国者大街前进，为观众抓拍了世博广场上的许多节日般的景观。摄像机一直前行，直到最后在美国无线电公司的展馆前停下来。美国无线电公司的展馆是一个设计得非常引人注目的结构，形状像一个巨形真空管。

全国广播公司总裁洛尔站在一个临时讲台前，以问候的方式开启了这场正式仪式。他的讲台上覆盖着一面黑色旗帜，旗上饰有白色的美国无线电公司徽标"RCA"，讲台上有两个置于三脚架上的旧式全国广播公司麦克风。几分钟后，洛尔介绍萨尔诺夫入场。萨尔诺夫信心十足地大步走到讲台前，对着镜头微笑片刻，于是这位美国无线电公司总裁根据早已准备好的讲稿开始了正式演讲。画面被固定为中景，身着炭灰色西装、头发微秃、身材矮小结实的萨尔诺夫看上去是一个地地道道的工业大亨。他的演讲舒缓而清晰，只是有一点点异国口音。他讲了大约 10 分钟，最后他说道："现在，我们不仅广播声音，而且还要广播图像。此刻我怀着无比谦卑的心情宣布：在美国，一种新的艺术诞生了。这种艺术的意义是如此重大，以致它必将影响整个社会。在一个充满麻烦的世界里，这种艺术就像是一个希望的火炬光芒四射。"[20]

尽管萨尔诺夫的演讲词藻华丽而鼓舞人心，但他认为电视具有改变社会的力量这一信念在此后的几年中远没有得到实现。在那个充满阳光的下午，他的观众没有人能想到电视很快将成为美国文化的中心，尤其是到下一代会成为 90% 以上的美国家庭中一个必不可少的固定设施。对大多数美国人来说，如果他们曾花时间思考过这一媒体的话，他们在 1939 年春更主要地是将电视视为一种令人惊奇的技术新品。当时不论是在国内还是在国外，都存在着许多更为紧迫的事情。

在 1929 年股市大崩溃 10 年之后，美国经济仍顽固地保持一种萧条状态。在欧洲，绥靖政策对希特勒毫无作用，因为德国继续发动对其邻国的侵略。意大利也同样好战，刚刚入侵了阿尔巴尼亚，此时，墨索里尼（Mussolini）正准备同德国签订一个军事同盟条约。日本发动对中国不宣而战的野蛮战争已经进入第二年。"越来越大的危机感为期盼已久的电视到来投下一层不祥的阴影"，广播史学家埃里克·巴尔诺回忆说，"但电视如期向前发展，并引起了某些其被期望带来的激动人心的变化。"[21]

戴维·萨尔诺夫于 1939 年 4 月 20 日为在 1939 年世界博览会上的美国无线电公司展览命名时宣布："现在，我们不仅广播声音，而且还要广播图像。"（刊载此图获戴维·萨尔诺夫图书馆的准许）

对 1939 年世界博览会开幕式的报道开始于 1939 年 4 月 30 日中午 12：30，那是一个阳光明媚但透着凉意的星期天。全国广播公司移动摄制组以远景拍摄"三角塔"和"正圆球"开始世界博览会的电视报道，这一镜头现已经成为该世界博览会的必播画面。接着，镜头扫过壮丽的反射池以展现那高高跃起的喷泉，无数旗帜在微风中奋力飘扬，成群结队的观众数以千计。美国第一个电视特别节目开始时是一个一小时的游行，并给那些来自博览会各展馆的代表人物特写镜头。电视镜头从一个可识别的名人跳跃到另一个，他们或是在游行队伍中行进，或是在大看台上观看庆典。例如，"纽约市长拉瓜迪亚带着游行队伍径直来到镜头前，那些在'无线电城'观看电视的纽约人很容易就认出他来……在移动摄影车上的工程师们称拉瓜迪亚先生是'纽约市最适于电视广播的人'"[22]。

这次长达近三个小时的电视节目的高潮是时任美国总统罗斯福的首次电视亮相。下午 2 点整，罗斯福总统夫人在总统席中入座，她身着协调的套服，套服上精致地饰着许多"三角塔"和"正圆球"的小图案。过了大约两分钟，富兰克林·D·罗斯福总统以引人注目的方式乘汽车抵达，随行的还有一辆警察护送车，于是和平厅中所有人全体起立。美国军乐队演奏起激动人心的国歌《星条旗之歌》，接着，世界博览会公司总裁格罗弗·惠伦走向麦克风并自如地担当主持人，直到仪式结束为止。

惠伦欢迎总统上台致辞，于是，富兰克林·D·罗斯福总统正式宣布 1939 年世界博览会开幕，并在讲话中谈到进步与世界和平的主题。此后惠伦还邀请了多位地方官员上台讲话，其中包括纽约州州长赫伯特·莱曼（Herbert Lehman）、纽约市市长拉瓜迪亚等。戴维·萨尔诺夫也被邀请上台讲了几句。惠伦先重述了这位美国无线电公司总裁的传奇故事，说他年轻时如何"转发来自正在沉没的'泰坦尼克号'的无线电信号"，接着将他称为"美国无线电之父"并请他上台致辞。[23] 根据《纽约时报》的报道："遍布在纽约周围半径为 50 英里的接收前哨发来的报告表明，由电视提供的壮观景象是极其成功的，一种新的产业已经进入了'明天的世界'。据估计，当时有 100～200 台电视机在收看世界博览会，通过电视观看世界博览会开幕式典礼者可能有 1 000 人；当时在世界博览会现场的观众估计有 60 万人，而通过广播专心收听关于开幕式的现场报道者更多达数百万人。"[24]

在美国无线电公司的展馆里，有 4 种不同型号的电视机陈列在"电视厅"供展出，即屏幕规格分别为 5 英寸、9 英寸、12 英寸的落地柜型电视机和另一种外形更小，屏幕为 5 英寸的桌面型电视机。当时由美国舆论研究所进行的一次全国范围的调查证实了萨尔诺夫以前的预测，即"有大批潜在的消费者观众期待着新的电视工业"。美国舆论研究所虽然承认电视"在一段时间内将局限于大都市里，但该研究所估计全美国约有 400 万家庭——或者说有八分之一的家庭——认为自己有购买家庭电视机的良好前景"[25]。

为了刺激电视机的销售，美国无线电公司主办了一个电视的"首夜"节目，该节目由全国广播公司资助。在此前的几年中，电视的室内机生产商一直在通过实验性电视播出来试探电视生产的极限，并尽可能地适应原来广播节目的式样与风格。当"首夜"节目于 1939 年 5 月 3 日（星期三）晚 8 点整开播后，女主持人海伦·刘易斯（Helen Lewis）介绍了参加这次首播的"广播、电影和舞台明星"。这些客人包括"弗雷德·韦林（Fred Waring）及其宾夕法尼亚州的朋友；理查德·罗杰斯（Richard Rodgers）和马西·韦斯科特（Marcy Wescott），他们分别是《锡拉丘丝的小伙们》（The Boys of Syracuse）及沃尔特·迪斯尼（Walt Disney）的新作《唐纳德的表兄格斯》（Donald's Cousin Gus）的作曲家和特色歌星"[26]。

电视新闻也在当晚正式亮相，是由广受欢迎的实况播音员洛厄尔·托马斯（Lowell Thomas）播读当天的"电视话题"，就像他在全国广播公司蓝色广播网每晚 6∶45—7∶00 播读新闻一样。当晚，媒体还在世界博览会美国无线电公司的展馆前进行了现场电视采访，这次电视采访成为早期电视播出的一个永恒写照。采访中，一位女主持人温柔地邀请参观者们谈谈其对世界博览会的整体印象，当时每位受访者都得了一张由美国无线电公司展馆馆长乔·达戈斯蒂诺（Joe D'Agostino）签名的卡片，以证明他们在纽约世界博览会的美国无线电公司展馆接受了电视采访。[27] 这一片段很快成为全国广播公司节目单中较受欢迎的内容之一。

尽管有这样一个吉祥的开端，电视机的销售自开始以来仍一直没有起色。全国广播公司的常规电视节目定在每周星期三和星期五的晚上 8∶00—9∶00 继续播出，而起源于世博广场的户外电视节目也分别于每周星期三、星期四和星期五下午播出。而且，可用的节目素材数量也有限，这与消费者为购买一台新的电视机所支付的相对花费很不协调。美国无线电公司各型号电视机的价格不等，一台 12 英寸的落地柜型电视机价格为 600 美元，而一台 5 英寸的桌面型电视机价格为 199.5 美元。这些价格对 1939 年的大多数美国人来说是令人望而却步的，因为当时人们的年平均工资仅为 1 850 美元。[28] "美国无线电公司的电视机由梅西公司、布卢明代尔公司和沃纳梅克公司在纽约市区的百货商店出售。尽管购物者对电视机很好奇，但电视机的销售状况直到第二次世界大战爆发时仍然令人失望"[29]。在 1939 年估计仅有 3 000 台电视机出售，这与萨尔诺夫在该年初预言要销售 10 万台电视机的数字相差太远。[30]

在 1939 年世界博览会上人们对电视所怀有的激动与奢望终究还是合理的，然而当时仅仅只有少数人能认识到这一媒体的深远意义。例如，自 1922 年起担任《纽约时报》（*New York Times*）广播专栏作家的小奥林·E·邓拉普（Orrin E. Dunlap Jr.）总结说："当广播人员们研究其日常工作和多周规划时，他们会将 1939 年 4 月 30 日作为与 1920 年 11 月 2 日——这一天是广播日（即匹兹堡 KDKA 电台的首次晚间新闻广播），是'广播时尚'的开端——具有同样意义的一天记录下来。"[31]

直到整个世界博览会展览于 1940 年 10 月 27 日结束为止，美国无线电公司的展览一直是这次世界博览会中观众最多的地方之一。美国无线电公司甚至还在其展馆里设计了一个电视实验室，以宣传其世界级的科研团队所取得的最重大发明，尤其是首席工程师弗拉基米尔·兹沃雷金博士（Dr. Vladimir Zworykin），他被吹捧为电视的发明者。的确，兹沃雷金及其同事们多年来在不断改进其光电摄像管（iconoscope）和真空显像管（kinescope）方面取得了重大创新。然而，该电视实验室对世界上第一个全电子式电视系统的主要研制者菲洛·T·法恩斯沃思（Philo T. Farnsworth）却只字不提。法恩斯沃思的名字明显地在"明天的世界"世界博览会上所有关于电视的展览中被略去。[32]毫无疑问，法恩斯沃思的名字被省略是人们有意为之，这反映了电视从一开始就存在着激烈的竞争。

弗拉基米尔·兹沃雷金博士坐持其真空显像管。（刊载此图获戴维·萨尔诺夫图书馆的准许）

16

梦想的编织

此前我一直在谈论可能性。现在请允许我问问读者……对梦想中的一项科学成就的兴趣……今天在纽约市出生的一个孩子，他人到中年的时候将去访问中国，他在那里的屏幕上将看到当时正沿着纽约市百老汇大街前进的游行队伍，游行现场的任何举动、任何色彩，或明或暗都看得清清楚楚。　17

一条电话线还将让他的耳朵听到游行队伍的音乐和脚步声。当美国的盛大游行在朝阳普照下走过时，其阳光也在黑夜中的亚洲屏幕上闪耀。图像与声音将毫无限制地穿越地理空间。

　　查尔斯·H·休厄尔 (Charles H. Sewall)，《哈泼斯周刊》(Harper's Weekly)，1900 年[33]

　　在电视于 20 世纪二三十年代成为可行的实验技术之前，报纸专栏作家查尔斯·H·休厄尔就想象出了电视，他是许多这类美国人中的一个特例。休厄尔为《哈泼斯周刊》——这是美国 19 世纪最重要的插图报纸——撰稿，他于 1900 年 12 月 29 日在该报上发表了一篇文章《长距离通信的未来》(The Future of Long-Distance Communication)，文章配有几幅平版画，以说明他的电视构想。第一幅画的标题是《纽约的游行》(A Procession in New York)，描绘的是一个行进中的乐队在一系列飞起的褐石房屋前列队前进，在画面右上角一个房屋的窗台上有一个飘动的美国国旗非常显眼。第二幅画是第一幅画的再现，但要小得多，而且是发光的，因此画面好像是从装在一个高高的黑色框子上的显像管中发出来的。该画所附的标题是《可在北京的屏幕上看见》(Visible on a Screen in Peking)。对像休厄尔这样的一个纽约人来说，在过去的半个世纪中亲眼目睹了一个接一个的神奇通信革命后，他似乎认为在不久的未来将世界范围内的事件向中国进行现场电视播出是明显可能的。在这篇文章中，休厄尔将其梦想中的机器贴切地称为"光报" (optograph)，暗指电报 (telegraph)，因而生动地说明每一个新技术的思想基础"是起源于对现存技术的改进和综合使用"[34]。

　　科学家、发明家和普通人总是将电视视为早期电子通信形式的直接产物，它可追溯到 1844 年 5 月 24 日美国开通从巴尔的摩到华盛顿特区的第一条电报线，当时塞缪尔·莫尔斯 (Samuel Morse) 敲入了他的重要问题："上帝创造了什么？"经过当时报纸的广泛报道，莫尔斯的演示起到了与在 1939 年世界博览会上推出电视相同的作用。这次精心安排的电报演示标志着电报的初期实验阶段的结束，现在该媒体基本上走出实验室并永久地走上公共舞台。这一事件开启了"美国现代通信的新时代"，历史学家丹尼尔·J·齐特罗姆 (Daniel J. Czitrom) 解释说："在电报诞生之前，交通与通信是彼此不分的，信息只能以携带它的信使所能达到的速度传递。电报打破了这种

结合，它迅速在大陆上延伸并形成了第一个巨大的通信网络。"[35]

　　自 1844 年起，塞缪尔·莫尔斯就被公认为是"第一个实用的电磁式电报"的发明者，尽管还有许多人也为充分实现这一技术的可能性做出了重要贡献，如"法国的安德烈·安培 (André Ampère)，俄国的席林 (Schilling)，德国的施泰因海尔 (Steinheil)，英国的戴维 (Davy)、库克 (Cooke) 和惠特斯通 (Wheatstone)"等。[36]同样，对于大多数通过参观 1939 年世界博览会了解到电视的人，尤其是那些通过媒体对美国无线电公司展厅里展示的各种电视的相应报道了解到电视的人来说，他们所留下的明确印象就是戴维·萨尔诺夫是"电视之父"，而弗拉基米尔·兹沃雷金是电视的发明者。由于美国无线电公司那支一流公关小组老练而有效的宣传，公众的这一不准确的印象从此一直保持了近 50 年的时间。

　　关于所有对电视的发明做出贡献者的真实故事，远远要比美国无线电公司在第二次世界大战前夕所编制的那个故事更为具体、更为复杂。而且第二次世界大战后美国媒体爆炸式的增长与扩散又进一步掩盖了这样一个事实，即电视的研制一直是一个世界性的事件，并且"或许是第一个由委员会做出的发明"[37]。有理由认为，塞缪尔·莫尔斯的确发明了电报，尽管此前的科学家和工程师的工作也有助于这一媒体的产生。同样，亚历山大·G·贝尔作为电话的发明者、马可尼 (Marconi) 作为无线电的发明者而被记入史册，但是这些著名人物也是在一系列以前的发明家所奠定的基础上完成其发明的。

　　电视的出现也受到了此前电子媒体的历史与发展的深刻影响。电视技术与电报和电话一样也是以基本的电学理论为基础的。电视史学家艾伯特·艾布拉姆森 (Albert Abramson) 记述道："走向即时通信的最初旅程实际上是由 17 和 18 世纪的科学家们完成的，如路易吉·加尔瓦尼 (Luigi Galvani)、亚历山德罗·伏打 (Allesandro Volta)、汉斯·C·奥斯特 (Hans C. Oersted)、安德

烈·安培（André Ampère）、乔治·S·欧姆（George S. Ohm）、迈克尔·法拉第（Michael Faraday）、詹姆斯·C·麦克斯韦（James Clerk Maxwell）等，他们发现电流能通过某些物质，同时能与磁力相互作用。"[38]莫尔斯在 1844 年那个历史性的日子，以光速从巴尔的摩向华盛顿发送经编码的信息时，他所应用的也是这些基本原理。

19　　电视的起源是极为复杂的，那种独自一人发明电视的神话，是与孕育电视这种革命性的新传媒所必需的不断延伸的关系网络绝不相符的。近些年来许多国家的电视支持者们都已提出了各自的"电视之父"，包括英国的约翰·L·贝尔德（John Logie Baird）、德国的卡尔·布劳恩（Karl Braun）、俄国的鲍里斯·罗辛（Boris Rosing）、日本的高柳健次朗（Kenjiro Takayanagi），以及美国的戴维·萨尔诺夫、弗拉基米尔·兹沃雷金和菲洛·T·法恩斯沃思。电视的观念从一开始就是一个国际性的构想，电视观念的出现主要应归因于存在一个队伍不断壮大、范围与影响力也不断增长的国际科学群体。在美国，电视的梦想尤其激励人心。在整个 19 世纪从根本上重塑美国人生活和文化的四种社会力量，同样也是支撑电视梦想的主要力量。

　　第一种或许也是最难以抗拒的力量就是工业革命。工业革命早在 18 世纪中叶就在英国开始了。这一前所未有的革命在 1790 年后也逐渐在美国产生影响，该年，塞缪尔·斯莱特（Samuel Slater）生产了第一个美制的蒸汽动力棉花处理机。而仅仅过了 8 年，伊莱·惠特尼（Eli Whitney）又发明了机械切割机，并生产出了毛瑟枪，枪的各部分是由可互换的标准化零部件组成的。在使生产过程机械化的信念的激励下，工业革命在初始阶段就开始淘汰那种商品与服务主要靠手工制作的家庭手工业，取而代之以工厂制度，这种制度主要是以大生产方式、不断提升的机械技术、受大众消费驱动的文化为基础的。

　　利奥·马克斯（Leo Marx）在其经典著作《花园中的机器》（The Machine in the Garden，1964）一书中写道："由于迅速工业化，进步的观念也变得盛行，人人都有'改进'的想法。因此，从前人们只对看不见的神和看得见的自然景观所怀有的那种敬畏之情，在 19 世纪被赋予了科

技。"[39]但是，在社会某些群体中，人们对为工业革命所付出的越来越大的代价所怀有的一种矛盾心情，也不可否认地在慢慢增长。社会批评家们，像亨利·D·梭罗（Henry David Thoreau）在《瓦尔登湖》（Walden，1854）一书中所写的一样，警告那种因"无数'现代进步'"而产生的"错觉"，指出"习惯上我们的发明都是些漂亮的玩具，它们转移了我们对重要事情的注意力"[40]。梭罗所暗指的更为重要的事情，包括城市中令人窒息的生活条件、为了某些无节制的商业利益而对环境的恣意滥用等。工业革命的确改善了许多中层和上层美国人的生活质量，然而工人阶级和穷人却在为微薄的报酬而忍受着长时间的单调工作，20 而且还要承受城市革命——这是当时改变美国的第二种主要力量——所带来的日益增长的压力。

　　从 1870 年到 1890 年，美国的总人口数翻了一番。从前的村庄变成了小镇，从前的小镇变成了城市。从 1860 年到 1910 年，费城的人口增长到原来的 3 倍；纽约的增长到 4 倍；而芝加哥的增长到原来的 20 倍，其居民达到 200 万人。移民是这些人口额外增长的最主要因素。尽管移民的数量在内战结束后的 10 年中实际上下降了，但却在此后的几十年中爆炸式地增长。在 1860 年，国外出生的人仅占美国总人口的 1%，但是到 1910 年就猛增到 38%。从 1900 年到 1910 年间，每年有 100 万移民涌向美国。而且，美国农民这时也开始批量涌入城市。农民在 1880 年占美国总人口的 50%，到 1922 年时他们的比重下降为 10%。总而言之，数百万计的人口集中在不断扩张的城市中。他们最终成为大众消费者，成为电话的广泛采用、大城市报纸的激增、好莱坞电影的出现、无线电广播的诞生的积极支持者，也成为即将问世的电视的热烈支持者。

　　而且，电视的出现还取决于巨额的投资。直到 1926 年，发明家李·德福雷斯特（Lee de Forest）——他自称是"广播之父"和"电视之祖父"——还在声称："电视虽然在理论上和技术上是可行的，然而在商业上和资金上，我认为它却是不可能的。"[41]与此不同的是，一些工业家们，如戴维·萨尔诺夫及其在广播方面和电视机生产方面的竞争者们，却愿意冒险为发展电视投入相当大数额的资金。对此，美国无线电公司的前执

行副总裁、萨尔诺夫的密友及传记作者总结说：

萨尔诺夫的经历为建设性地理解美国商业管理的发展提供了各种不同的启示。他或许是那种引人注目的个人主义企业家——如洛克菲勒（Rockefeller）、福特（Ford）、安德鲁·卡内基（Andrew Carnegie）、弗里克（Frick）、哈里曼（Harriman）等——中的最后一位，其工业寡头式的专制统治损害了企业自由竞争的观念，但却促使美国经济在19世纪末20世纪初喧嚣增长。[42]

21　19世纪重塑美国社会结构的第三种巨变——经济革命——也塑造了萨尔诺夫及其工商界同仁。这一特定转型的出现，在很大程度上是由于美国内战时期工业增长所产生的强大商业驱动力。在1860年之前，全美的百万富翁还不到1 000人，但到1865年就增加到1万人以上。亨利·詹姆斯（Henry James）在多年后写道，经过内战的美国人"吃过了智慧果，而且味道将永远存留在他们的嘴中"[43]。在此，詹姆斯既是指美国不断增长的实利主义思潮，也是指美国人丧失了天真和体面的事实，而这两者都是两种新的哲学观的副产品，当时许多在美国最有影响力的政界和实业界领袖的品行都受到这两种哲学观的激励。

"社会达尔文主义"（Social Darwinism）是由英国人赫伯特·斯宾塞（Herbert Spencer）在19世纪60年代带到美国的一种理论。根据这种理论，市场就是一个达尔文式的热带丛林，在这种高度竞争性的商业环境中，那些白手起家的强者和智者将作为最适于生存者而获胜。实业资本主义的信奉者们热情接纳这一说教，因为该说教为他们的成功提供了一种近乎命中注定的合理性，而那些失败者则成为其自身存在着道德与个性欠缺的现行标志。而且，这一观点通过如下一些出版物得以迅速推广和广泛流传：像钢铁大王安德鲁·卡内基写的《财富的信条》（Gospel of Wealth），及霍拉肖·阿尔杰（Horatio Alger）写的许多白手起家的故事。

特别是"社会达尔文主义"为美国人提供了一种清晰然而却是歪曲的尺度，它被用来衡量人们的商业才智，因而那些在市场上不太成功的人只能归咎于自己，而不能怪罪任何人。由于"社会达尔文主义"会产生太多的危险，于是查尔斯·C·皮尔斯（Charles C. Peirce）和威廉·詹姆斯（William James）——他是亨利·詹姆斯的哥哥——又提出了第二种补充性哲学，即"美国实用主义"（American Pragmatism）。这种观点认为，真理和善在时间上和场合上都是具有相对性的。这种观点后来被浓缩和过分简化成为一句普通格言，即"目的决定手段"。"社会达尔文主义"与"美国实用主义"一起使美国企业向国内市场释放出潮水般的能量，这股巨大的能量是美国在19世纪的最后25年中在经济上取得成功并走向泛滥的重要因素。

在美国，政治和文化从此屈从于经济。美国人的典范不再是林肯（Lincoln）、格兰特（Grant）、梭罗、惠特曼（Whitman），而是出现了摩根（Morgan）、范德比尔特（Vanderbilt）、卡内基、洛克菲勒等一系列新的完美典范。马克·吐温（Mark Twain）与查尔斯·D·沃纳（Charles Dudley Warner）在他们于1873年出版的一部名为《镀金时代》（The Gilded Age）的讽刺小说中，提 22 供了一幅美国的时代画面：当时的美国到处是生活奢侈腐化的商人，社会上充满阶级冲突，穷人与富人的差距越来越大，城市中心存在着贫民窟。[44]正是在这个时候，第二阶段的工业革命到来了，其中，电能取代了原来靠煤和水产生蒸汽来驱动的机器。文化批评家詹姆斯·凯里（James Carey）宣称："当工业化的现实取代机械乌托邦的梦想时，一个新的思想流派出现了，该学派认为：在机械学与电学之间、在机械与电子之间、在机械化与电气化之间存在着量的差异。从电子中，人们突然找到力量来拯救那些曾被机器所背弃的梦想。"[45]

在前面所说的永久性改变美国面貌的四种力量中，最晚出现也最不易看见的力量就是传播革命。在电子媒体方面，第一个重大进展就是电报的出现，但当1866年横跨大西洋的电报线路成功铺设完毕后，人们新的热情再次被点燃了。由于美国取得了像托马斯·爱迪生（Thomas Edison）的白炽灯泡和留声机之类的技术突破，美国日益强烈的民族自豪感在整个19世纪70年代也获得越来越大的动量。许多美国人就像其19世纪初的前辈们一样相信：技术具有改善其生活的力量，只不过此时是通过奇迹般的电力显示出来。

亚历山大·G·贝尔于1876年发明了电话，可通过电线从一地向另一地远程传送声音与音乐，这一成就远远超越了由点与线组成的莫尔斯电码。美国还"早在1891年就向有限的观众"展示电影，然而电影史学家杰拉尔德·马斯特（Gerald Mast）和布鲁斯·卡文（Bruce Kawin）在其《电影简史》（*A Short History of the Movies*）一书中承认，"还很难确定在美国最早公开放映投影电影始于何时"[46]。古列尔莫·马可尼又于1901年用莫尔斯电码建立了第一个横跨大西洋的无线电报通信。由于人们已经能够通过无线电波来传送声音，于是全世界的科学家和发明家们开始转而面对另一项巨大挑战，即以类似的方式通过尚未成功的传播技术来传送运动的图像。当时，人们对这一技术的名称还没有达成一致意见。

尽管电视这一观念早在电视作为一种可用的设备发明之前就已经存在，但是在电报发明之前，制造一个可从一地向另一地远程传送运动图像的设备的想法，并没有被人们认真地考虑。当出现电报这种"首次应用电能的通信后，19世纪的最后25年具有特别重要的意义"，因为"20世纪有五种原生大众媒介是在这一时期发明的，即电话、留声机、电灯、无线电报、电影"。[47]这些新的传播技术在思想方面及在电子与机械技术方面所打下的基础，又进一步激发了人们创造性的思想和行为，使其如巨潮般猛增，并于半个多世纪后在电视的诞生时达到顶点。

但是，这些想法中的一些被证明是空想，还有许多是胡夸。例如，于1880年6月5日出版的一期《科学美国人》（*Scientific American*）杂志报道说，贝尔"向富兰克林研究所正式提交了'一种可视电报方法（a method of seeing by telegraph）的秘密描述'"。这一声明激起两名英国科学家约翰·艾尔顿（John Ayrton）和威廉·佩里（William Perry）的公开答复，他们在1880年9月23日出版的一期《自然》（*Nature*）杂志上说："虽然我们还不知道这一发明的实质，但还是应该指出的是，科学界人士早已知道一种可视电报的完整方式。"在美国、葡萄牙、法国、俄国、英国和意大利还有许多类似的吹嘘，甚至还有关于各发明家与企业家制作的实用电视模型的报道。但

对于尚处在电视史前史的这一早期阶段的人们来说，"所有这些都是幻觉与想象"[48]。

想看到遥远事物的真实景象这一梦想在19世纪末变得更加普遍，该梦想不论是在美国还是在其他国家，都能找到一系列艺术的或科学的表达。例如，法国的插图画家（间或也是科幻小说作家）阿尔贝·罗比达（Albert Robida）于1882年制作了一系列图画来描绘一种"电话镜"。其中一个画面描述的是一个中产阶级家庭在家中的客厅里静静地观看一个大型长方形屏幕，屏幕上显示的是在一片异国沙漠上，有两支骑着骆驼和战马的军队正在交战。另一个画面展示的是一个中年男子放松地斜靠在起居室的一张躺椅上，口中叼着一支雪茄烟，正在欣赏着"电视播出"的《浮士德》表演；他的妻子爱慕虚荣，要购买丝绸，于是一个售货员出现在她面前的镜子中，展示各种丝绸的样品供她挑选；还有一位"19世纪80年代的少女"，正在她的书房中学习，她书房的墙上有一个椭圆形屏幕，屏幕中一位数学教授站在黑板前正在讲课，而这位少女正在认真听课做笔记。[49]现在回顾起来，罗比达的这些时髦而有趣的插图画具有惊人的预见性，为整个家庭预先描绘出了多种节目选择，包括新闻、娱乐、广告、甚至电视教学等。

回首过去，在电视的史前史阶段，那些科学家和艺术家们给电视这种新出现的技术所取的各种各样的名称也具有重要意义，这些名称突出了以前各种电子传播形式对电视的影响。一个重要的例子就是"电子望远镜"（electric telescope），它是由保罗·尼普科（Paul Nipkow）于1883年设计的，当时他还是生活在柏林的一个23岁的工程专业大学生。他将其电视观点写进了一份名为《电子望远镜》（*Elektrisches Teleskop*）的专利申请书中，该申请书在第二年得到德国政府的批准，并从此成为"机械式电视"（mechanical television）的理论基础。尼普科电视设计的关键在于采用了一个转动的布满小孔的圆盘，该盘类似于比利时人约瑟夫·普拉托（Joseph Plateau）和奥地利人西蒙·施坦普费尔（Simon Stampfer）于50多年前同时发明的一个"转盘活动影像镜"（phenakistoscope，在希腊被称为"假象镜"）中的那个圆盘。"转盘活动影像镜"是一个光学玩具，其中有

一个转动的圆形纸板,其边缘钻有一系列小孔,因此当观看者透过这些小孔观看时,会产生一种错觉,即镜中的一系列图像会混合成一幅运动着的景象。

与"转盘活动影像镜"相比,尼普科的"电子望远镜"构想要先进很多。他论证说,来自一个物体上的光将透过转动着的多孔圆盘,落在一个由硒元素制作的感光器上。该"尼普科盘"(Nipkow disk)可机械式地扫描其所面对的任何景物,并将所接收到的光线转变成电流。然后电流被传送到一个相同的同步接受圆盘,该圆盘可在一个小型显像管上将电流还原成原来景物的图像。可是,尽管当时这一设计非常高明,尼普科的建议却基本上仍停留在一种推测状态,因为他本人从未能制作出一个实用的"电子望远镜"模型。然而他的确为机械式电视的最终形成提出了一种可行的理论,并激发出了新一代的科学家、发明家和各种类型的幻想家,他们开始相信,那些"可视电报"、"可视电话"或"视听机"不久将成为可能。[50]

据记载,"电视"(television)一词最早出现在一篇题为《电与电视》(Television by means of electricity)的文章中。该文章的作者是一个俄国物理学家康斯坦丁·珀斯基(Constantin Per-skyi),他撰写此文并于 1900 年 8 月 25 日在法国巴黎的国际电学大会上宣读了该文。这次持续了一周的会议是由 1900 年巴黎展览会赞助召开的。这次展览会是法国在不到 25 年的时间中在其首都巴黎连续召开的第三次这种重要会议。1878 年的巴黎世界博览会第一次进行了户外电灯照明表演;1889 年的巴黎世界博览会则展示了第一辆汽油动力汽车。1900 年的巴黎展览会是特意为预告一个新世纪的到来而设计的,尤其是在越来越电气化和现代化的欧洲和美国。有数以万计的好奇观众见证了交通与通信方面的许多最新技术,其中包括即将出现的飞机、令人激动的电影奇观以及在欧洲大陆上从未有过的最豪华的电灯表演。总而言之,1900 年的巴黎展览会让那些参观者们作好了准备,期待着在不久的将来会有更令人惊奇的发明出现。[51]

在 19 世纪与 20 世纪之交,美国人的生活也在以前所未有的方式发生急剧变化。由于交通的发展——尤其是在 1869 年美国第一条横贯大陆的铁路通车后,也由于半个世纪以来出现的各种新的媒体技术,美国人已经开始充分认识到美国乃是一个整体。从前将美国分割成具有独立性的不同地区的重要因素是那巨大的空间距离和似乎不可逾越的时间差距,而现在,交通与通信方面的各种创新弥合了这些差距。而且,休闲与娱乐在人们生活中的重要性也在不断上升。劳工们现在也联合起来要求改善工作条件。因此,休闲时间变得比以往任何时候都更为流行、更具民主性。

许多现代发明还被改装以适合于个人及公共消费,电话和汽车就是两个最典型的例子。在 19 世纪与 20 世纪之交,美国人口超过 7 600 万人,但只有 140 万部电话,而电话早在 23 年前就已经投入商业生产。[52]但到 1920 年,电话已经达到"几乎是无处不在"的程度,远远超出了政府、商业部门等专业性的有限领域,并最终成为美国普通家庭中不可缺少的一部分。[53]同样,经注册的汽车数量也从 1900 年的 8 000 辆上升到 1910 年的 19.4 万辆,而到 1920 年则达到 800 万辆,这时汽车旅行已经成为美国的一个普遍现象,甚至是许多中产阶级家庭的一种时尚。

因此,电话和汽车是在 20 世纪开始时美国社会变革的两个重要先兆。而且,对绝大多数美国人来说,当他们不时地考虑在他们的日常生活中要选择哪些发明,如何才能更好地应用这些陌生的新技术时,现代性已经慢慢来临。例如,电话花了将近 60 年的时间才进入 1 950 万美国家庭;同样,汽车也花了 40 年的时间才成为 2 500 万美国家庭的标准交通方式。[54]卡罗琳·马尔温(Carolyn Marvin)在其《假如旧技术是新的》(When Old Technologies Were New)一书中解释说:"从现在来反观历史,这是每一个时代的倾向;我们常常将历史看作一个我们的祖先寻找我们并最终发现我们的过程,而不是看作各个有不同面貌的社会的一个连续发展过程,其中每一个社会都有自己的关注和自身的完整性。"[55]

这方面的一个典型例子就是电灯,它最初是被用作一种传播媒体,于 19 世纪最后 25 中在美国和欧洲各国以各种各样的官方或商业照明来吸引规模各异的受众群。卡罗琳·马尔温提醒我们说:"电灯在成为私人住宅中的一种普通设备之前,或在成为任何其他东西之前，它只是一种公共景观。"[56]她接着说："在现代电视中，这一景观成分使人回想起从前的电灯表演，那是19世纪末电学实验中最激动人心的传统。"[57]马歇尔·麦克卢汉（Marshall McLuhan）在其《理解媒介》（Understanding Media）一书中也支持这一观点，在其中，他指出电灯最初是"一种没有信息的媒体，后来被用于表示一些文字型的名称或广告"。他进一步断言说："人们之所没有注意到电灯是一种传播媒体，只是因为它没有'内容'……然而它正如广播、电报、电话和电视一样，消除了人际联系中的时间和空间因素。"[58]

电视与以前的电子传播形式之间在思想上的联系于20世纪最初的几十年中变得更加明显。"电视"一词第一次在出版物中出现是在1907年《科学美国人》（Scientific American）刊载的一篇文章中，该文章报道了德国物理学家阿图尔·科恩（Arthur Korn）发明的"传真电报"（photo-tele-graph），他于1904年用传真电报从慕尼黑向纽伦堡通过电报线路成功传送了照片图像。该报道的标题是《电视的问题》（The Problem of Television），描述了电视研究的现状，并就涉及有线图像或"真正的无线图像"的可能解决方案提出了建议。[59]而且也是在1907年，俄国人鲍里斯·罗辛"为一种在摄像端使用机械式扫描器而用一个冷阴极管作为接收机的系统"申请了一个电视专利证书。[60]罗辛对未来电视发展的主要贡献在于他吸收了一位德国科学家卡尔·布劳恩在此前的发现。布劳恩于1897年"发现了从一个真空管的一端通过它向位于其另一端的屏幕上发射一束电子光（或阴极光）的方法"[61]。罗辛积极工作以改进布劳恩的阴极射线管，最终于1911年得以通过机械式电视发送一个粗略的黑白侧面像。从长远来看更为重要的是，罗辛的一位学生弗拉基米尔·兹沃雷金于1910年参与了他的研究工作。兹沃雷金在圣彼得堡理工学院他老师的实验室一开始工作就立即对电视产生了终身兴趣。

另一个具有非凡影响力的人物是胡戈·根斯巴克（Hugo Gernsback），他是一位编辑、出版商兼作家，有时也是一位发明家，他以自己的电视幻想激励了一代人。他是一位最出类拔萃的幻想家兼企业家。"《生活》（Life）杂志曾称他为'太空时代的巴纳姆（Barnum）'，而1967年《纽约时报》刊登的他的讣告则称他为'现代科幻小说之父'。"[62]根斯巴克出版了50多种杂志，包括《广播新闻》（Radio News）、《广播行业》（Radio Craft）、《电学实验者》（Electrical Experimenter）、《科学与发明》（Science and Invention）、《实践电学》（Practical Electrics）等。他于1908年创办了他的第一种刊物《现代电学》（Modern Electrics），并在该刊1909年12月号上撰写了一篇题为《电视与传真照片》（Television and the Telephot）的文章，在文中他预言了一种联体式人际电话—电视通信媒体。[63]他还于1927年创办了《电视大观》（All about Television）和《惊奇故事》（Amazing Stories）两种杂志，后者一直是最受欢迎的科幻小说杂志之一。他的讣告中写道："在根斯巴克先生于1911年写作并连载发表的小说《拉尔夫124C 41＋》（Ralph 124C 41＋）中，他描写了他及他的同事们的后来称为雷达、定向仪、太空旅行、杀菌射线、微缩胶卷、双向电视、夜间棒球、磁带录音机、不锈钢、作为结构材料的镁、荧光照明、人造丝和人造羊毛之类的东西。"[64]

在根斯巴克的许多崇拜者中，有一位是年仅12岁的农场少年菲洛·T·法恩斯沃思，当他家于1919年从犹他州搬到爱达荷州斯内克河谷的新农庄时，他发现了一批"无主财宝"般的旧科技杂志，其中许多是由根斯巴克出版的。三年后，他从《科学与发明》中读到了一则"扣人心弦"但却过早的消息说"电视现在已经成形了"。法恩斯沃思这时虽然只有十几岁，但却感到他的生命在呼唤，完全体会到了发明家查尔斯·F·詹金斯（C. Francis Jenkins）对"无线电视"（radio vision）的那种疯狂迷恋，并对"他（詹金斯）只是在通过无线电发送静止照片方面取得成功"感到好奇。[65]

实际上，詹金斯追踪"通过无线电遥视远方……不同于有线电视"的隐约可能性已近30年之久。[66]他最初想象"通过电流……传送图像"的可能性是在1894年，当时他正与伙伴托马斯·阿马特（Thomas Armat）一起，要以托马斯·爱迪生与W. L. K. 迪克森（W. L. K. Dickson）的放映机或西洋景为基础，专心致力于生产出第一部可行的电影放映机。[67]他们于第二年实现了目标，发明了一个被詹金斯称为"梦幻放映机"（phantascope）的电影放映机，可是这一实用模型放映机却被他的经济赞助人从他家中偷走，卖给了甘蒙连锁剧院，然后甘蒙剧院将其作为托马斯·爱迪生老式放映机在全世界推销。詹金斯因此于1896年打了一场艰苦而又代价昂贵的官司，结果是他仅仅得到2 500美元作为发明"梦幻放映机"的补偿。这年他29岁，但对此事却很达观，他说："资本家得到了发明，而发明家得到了经验。下一次我会变聪明。"[68]

28　　尽管詹金斯是菲洛·T·法恩斯沃思的上一代人，但他俩的经历如出一辙。詹金斯也是在农场长大，少时也是对各种机械性的东西怀有强烈兴趣，并成为一名痴迷的技术师。詹金斯主要是在印第安纳州其家乡的乡村学校读书，最后在里士满的厄尔汉学院上了一年学。他总体来说是一位自学成才的发明家，是一个样样都会的多面手，他除了在自己创办的一些公司工作外，没有在别的公司任职。在他漫长的一生中，他所做出的各种各样的发明总共取得了400多项美国专利，这些发明包括为货车轮子涂油的千斤顶、剥豆机、一次性圆锥形纸奶瓶、无马马车（即一种可乘24人的汽车），并于1922年3月22日发明了一个能传送无线电图像的机械式电视原型。[69]

除了"梦幻放映机"外，詹金斯与媒体有关的另一项突破性发明就是"棱镜圈"（prismatic ring），这是一种经过改进的新扫描装置，主要由两个朝相反方向转动的玻璃棱镜组成，因而它工作起来要比"尼普科盘"更快更有效。在1920年时，詹金斯还是唯一一位研究机械式电视的重要美国发明家。他于1921年在美国首都华盛顿开办了"詹金斯实验室"，并在此后的几年中几乎是独自一人引发了电视领域中白热化的公开角逐，参与角逐者包括美国许多最重要的电子通信公司，如美国电报电话公司、威斯汀豪斯电气公司、通用电气公司和美国无线电公司。詹金斯之所以处在这一电视风暴的中心，是因为他不仅是一位天才发明家，而且还是一位老练的"机械式扫描电视的倡导者"，正是他"于20世纪20年代及30年代初在美国引发了对电视的强烈兴趣"。[70]

詹金斯作为一位独立发明家，与美国成千上万的业余无线电操作者广交朋友，打成一片。正是这些业余无线电爱好者推动了无线电时尚风行全国。詹金斯以这些业余人士为目标，他倡导机械式电视的计划就是要影响这些追随者，他先是为新闻界举办一系列的电视公开演示，后来又开始常规性地定期进行电视播出。他第一次展示无线电视，即法恩斯沃思在《科学与发明》上所读到的报道，那是在1922年5月19日，那天他用无线电传送了一些照片，当时詹金斯将这些传真称为"无线电照片"。这次演示给那些来其实验室参观的记者们以极深刻的印象。但好戏还在后面，那是在大约三年后，一群更杰出的观众重返这里来观看后被新闻记者们称为"风车广播"的演示。

1925年6月13日（星期六）下午，阳光灿烂，詹金斯向来访者们揭开了他那粗制的机械式电视机的帷幕。参观者中有美国海军部长柯蒂斯·D·威尔伯（Curtis D. Wilbur），有标准局局长乔治·M·伯吉斯（Dr. George M. Burgess）博士，有来自海军研究实验室的海军上将D. W. 泰勒（D. W. Taylor），还有几位其他政府要人，此外屋子里还挤满了来自各报纸和杂志的记者。詹金斯设计的实验是一个10分钟的电视播出，其中一架转动风车的运动图像从海军部的阿纳可斯蒂亚电台横贯全城被传送到詹金斯的实验室。第二天早上，《华盛顿星期日明星报》（*Washington Sunday Star*）在首页上对这一电视奇观进行了详细报道："官员们昨天下午所看到的是一个小型十字架在一缕阳光中转动的图像，那阳光闪耀着从NOF电台的感光器前穿过……那图像虽不清楚，但却很容易辨识。"该报还赞誉说："这是历史上人们第一次通过神奇的无线电真正看到远方运动着的东西。"[71]《科学美国人》预言说这是"一个新时代的开端"。胡戈·根斯巴克在其《广播新闻》中报道说，他刚刚看到了"这个时代最奇妙的发明"。而《纽约时报》则将詹金斯冠以"电视之父"之名。詹金斯是第一个获得"电视之父"称号的人，但在以后的15年中还有好几位发明家也要求获得这一殊荣。[72]

尽管詹金斯及其无线电视获得了公开赞扬，但苏格兰人约翰·L·贝尔德却抢在了美国人的前面，于三个月前向公众展示了其临时电视装置。贝尔德也是一位执迷的发明家，同时也是一位过于乐观的机械工，有许多不切实际的快速致富设想，如生产果酱、防水袜、肥皂等，但在此之前，他的经历基本上是失败的。他于 1922 年生了一场重病，卧床好几个月，病愈后转向研究电视。第二年他为自己设计的机械式电视系统取得了英国专利，该电视系统主要是以"尼普科盘"为基础的。迈克尔·里奇（Michael Ritchie）在《请待命：电视史前史》（Please Stand By：A Prehistory of Television）中说："他（贝尔德）从未声称发明了电视，但他却是让电视走出实验室并展示给公众的第一人。"[73]

　　贝尔德多彩的形象和其演示的电视很容易成为新闻报道的极佳素材，因为这两者放在一起构成了一道风景。发明家贝尔德身上有一种吉罗·吉尔勒斯（Gyro Gearless）的气质：他外表不羁，衣着皱乱，圆圆的肩膀，满头浓密而松垂的红发，一副金属边框的眼镜从长发中探出，一双眼睛爱死死地盯着好奇的观众。他那自制的硕大电视机也同样是一个独一无二的新发明，"旧自行车链轮、饼干盒、纸板盘、凸透镜等等，所有的东西用线绑在一起并用蜡封好"，《无线电广播》（Radio Broadcast）杂志报道说。结果贝尔德于 1925年 3 月 25 日在伦敦牛津大街塞尔弗里奇百货商店进行的首次电视演示"产生了相当大的轰动"[74]。但这次传送的仅仅是"一个简单面具的 16 行模糊图像"[75]。大不列颠无线电协会的一位成员描述说："很粗略很闪动，仅仅是一些轮廓。"[76]然而该年 10 月 30 日，贝尔德在弗里思大街其梭哈公寓中成功地用电视播出了"一个名叫斯图基·比尔（Stooky Bill）的木偶"可辨识的脸，接着他又播出了处在隔壁房间一个名叫威廉·泰恩顿（William Taynton）的青年律师职员的闪动的脸。贝尔德后来回忆说，这位律师职员"是第一个从电视上被看到的人，这为了成为历史，我得用半个王冠来贿赂他"[77]。

　　广播史学家克里斯托弗·H·斯特林解释说，约翰·L·贝尔德"在电学方面并没有受过很好的教育，他的思考和实验常常因他缺乏基本知识而受到限制"；"从 1923 年起……贝尔德制作了一系列可以扫描（并传送和接收）运动图像的机械式视频系统，这些装置可提供粗略的画面（从 1929年到 1935 年的分辨率为 30 扫描行）"。[78]而此时，美国人查尔斯·F·詹金斯的无线电视则早已能显示 48 平行，因此可提供更高质量的图像。然而贝尔德顽强的决心，加上他丰富的想象力，使他得以取得一系列真正的突破，例如雏型留声盘（phonodisc，视频录制盘的原型）、早期彩色电视系统、大屏幕电视等。他还继续改进他的"电视机"，并在英国邮电局——它当时监管英国的有线与无线业务——的要求下迫使英国广播公司于 1930 年与他签订一项合作协议，由英国广播公司为他的电视实验提供工作空间和频率空间。然而，英国广播公司最终选择了全电子式电视系统——这是由马可尼电子与音乐有限公司研制的电视系统——作为其标准，并于 1936 年 11 月开始公共电视播出服务。

　　与此同时，在美国，查尔斯·F·詹金斯及其两个主要竞争对手，即美国电报电话公司中的赫伯特·艾夫斯博士（Dr. Herbert Ives）和通用电气公司中的厄恩斯特·F·W·亚历山德森博士（Dr. Ernst F. W. Alexanderson），在将机械式电视引向广大公众的日益激烈的竞争中也面临着同样的命运。专门研究电视史前史的电视史学家唐纳德·戈弗雷（Donald Godfrey）说："1926—1929年是詹金斯电视公司的巅峰年份。"[79]美国联邦无线电委员会——联邦通信委员会的前身——于 1928 年 2 月 25 日向由发明家转为企业家的詹金斯授予了美国第一个实验电视台执照，即在华盛顿特区的 W3XK 电视台。W3XK 电视台于该年 7 月 2 日开始提供服务；到 1929 年年底，据《纽约晚间世界报》（New York Evening World）·报道，"在华盛顿市和新泽西州的泽西城约有 2.5 万电视爱好者在定期收看詹金斯电视台的电视广播"。泽西城位于哈得孙河西岸，离纽约市曼哈顿岛 5 英里，詹金斯后来又在这里取得了一个实验电视台执照，电视台呼号为 WZXCR。[80]

　　1929 年 10 月 24 日"黑色星期四"的股市崩溃是詹金斯电视公司走向灭亡的开端，也宣告该公司在国内市场上的初期繁荣阶段结束，宣告它在美国消费者中建立电视立足点的努力结束。W3XK 电视台在华盛顿取得成功使詹金斯受到鼓舞，他于 1928 年 12 月将其公司推向公众，"在普通股方面集资达 1 000 万美元"[81]。他简单地将其银行资金作为赌注押在他的一个信念上，即他相信在他电视台的收视范围内，会有足够多的业余电视爱好者愿意购买价格可以承受的无线电视成套部件，并自己组装电视机。经过大张旗鼓的推销，詹金斯电视公司最初在增加观众方面的确取得成功。但是它的丧钟也随着大萧条的爆发而响起，因为危机使电视对绝大多数潜在的购买者来说变成了一种望而却步的消费。而且，联邦无线电委员会还限制 W3XK 电视台和 WZXCR 电视台宣传其"无线电视机"，称这种推销性的公告为广告，而不是詹金斯想说的公共服务公告。于是，"在 1932 年，詹金斯电视公司破产了，其资产被德福雷斯特无线电公司收购，该公司也在进行电视播出实验。但不到一年，德福雷斯特无线电公司也停业了"，因为其所有公司股份，包括詹金斯和德福雷斯特的电视专利，都被美国无线电公司以 50 万美元的价格收购，"因而广播业中的两个竞争对手消失了"。[82]

从这次收购回溯到 7 年前，那时，美国无线电公司的总裁戴维·萨尔诺夫还在专心致力于开办并拓展全国广播公司的红色广播网与蓝色广播网，因而他无暇关注早期的任何电视实验，无论这些实验是由像詹金斯这样的独立暴发户进行的，还是由像美国电报电话公司这样的公司竞争者进行的。在美国电报电话公司中，由赫伯特·艾夫斯博士领导的一组科学家于 1927 年 4 月 7 日在位于纽约曼哈顿市中心贝休恩大街 55 号的贝尔实验室举办的一次公开电视演示取得了极大的成功。当时，任美国商业部长同时也是美国总统候选人的赫伯特·胡佛（Herbert Hoover）与美国电报电话公司副总裁 J. J. 卡蒂（J. J. Carty）处在位于华盛顿特区的演播室中，他们的图像通过电话线一直传送到了纽约市。对此《纽约时报》记述道："说话者与听众相距 200 多英里，但这一距离被美国电报电话公司贝尔实验室研制的电视装置变为零；当电视图像被投射到一个 3 英寸长 2 英寸宽的屏幕上时，那图像好极了。那简直就像一张照片突然间变活了，照片上的人开始说话、微笑、点头，还东张西望。"[83]

胡佛在其简短的讲话中预言将出现一个"新时代"，而卡蒂则祝贺艾夫斯及其同伴们的工作取得成功。"下面是一个综艺节目"，该表演是通过无线电从位于新泽西州惠帕里市附近的另一个演播室播送的。这个节目由一个名叫 A. 多兰（A.

Dolan）的喜剧演员表演，他"开始出现在观众面前时是一个爱尔兰人，留着络腮胡子，叼着一支破烟斗，用爱尔兰土腔说着独白。接着他很快换装成为一个黑人回到舞台，用黑人的方言说一些俏皮话"。会集在贝尔实验室的政治家、银行家、公司管理人员、编辑和记者们或是通过一些小型电视，或是通过一个 3 英尺长 2 英尺宽的较淡的投影来观看电视节目，他们被这些恶作剧表演逗得高兴极了。这类民族的或种族的成见是当时舞台综艺节目表现的基本内容，不久之后广播也是如此。尤其是第二年的广播剧《阿莫斯与安迪》在芝加哥的 WMAQ 电台首播成功后，全国广播公司于 1929 年 8 月也播出该节目，于是该广播剧立即成为全国最受欢迎的节目。《纽约时报》那篇关于美国电报电话公司电视的报道在结尾附言中总结说，至于"电视的商业前景，如果它有的话，将在于公共娱乐和超级新闻短片，这些新闻短片将于事件一发生就向观众迅速播报"[84]。

赫伯特·艾夫斯博士进行的有线电视和无线电视联合演示所取得的成功，很快就被通用电气公司中的厄恩斯特·亚历山德森博士随后的实验超过。亚历山德森是位于纽约州斯克内克塔迪市的通用电气公司总部在研究与传输设施方面的首席顾问工程师。现在，美国电视竞赛的重心开始由那些小企业家们，如詹金斯、德福雷斯特、芝加哥的乌利塞斯·萨纳夫里亚（Ulises Sanabria）、波士顿的霍利斯·贝尔德（Hollis Baird，与英国的约翰·L·贝尔德无关）等，转移到那些为大公司所聘用的电子工程师们身上，这些电子工程师拥有高级学位，他们能轻易地召集到更多的人力和财力资源来支持其研究。亚历山德森是一位来自瑞典的移民，于 1902 年来到美国，此后一直为通用电气公司效力。他几乎一到公司就立即显示出作为发明家的才能，根据委派的任务研制出一个供长波传输用的高频发电机，即"亚历山德森交流发电机"。正是这种发电机使得加拿大人雷金纳德·费森登（Reginald Fessenden）于 1906 年圣诞节前夜主办了第一次无线电广播，当时他从其位于马萨诸塞州布朗特罗克的海岸线电台播送了人的声音［即他自己朗读出自《路加书》（Book of Luke）的圣诞故事］和音乐（即他自己用小提琴演奏的《啊，神圣之夜》）。

亚历山德森于 1923 年开始从事将机械式电视由希望变为现实的工作。三年后，他所在的通用电气公司（占 30% 的股份）联合美国无线电公司（占 50% 的股份）和威斯汀豪斯电气公司（占 20% 的股份）一起建立了全国广播公司。[85] 这三家公司当时被称为"无线电集团"，它们不再像以前那样与美国电报电话公司和联合水果公司合作——它们曾一起于 1919 年成立美国无线电公司，"因为它们对联盟协议的解释存在分歧"，特别是在涉及商业权力问题时，例如，这些公司中谁有权通过无线电广播做广告、谁有权批量生产无线电收音机、谁有权经营广播网等。而且，所有这四家原始公司都受到了联邦贸易委员会的指控，说它们"联合起来并阴谋策划以达到在无线电设备的制造、购买和销售方面限制竞争和建立垄断的目的"[86]。随着 1926 年 11 月 15 日全国广播公司的成立，该联盟内部存在的商业争执和外部受到的法律指控也有了解决办法，即让美国无线电公司总裁戴维·萨尔诺夫买断美国电报电话公司在电台所有权中的股份，但他仍需同意长期租用美国电报电话公司的电话线路。这样，无线电集团与电话巨头美国电报电话公司之间清楚地划定了界线，各方对此都很满意。

对亚历山德森来说，他立即利用无线电集团这一关系，于 1927 年邀请美国无线电公司总裁萨尔诺夫及其最杰出的工程师西奥多（又称特德）·A·史密斯（Theodore/ Ted A. Smith）来斯克内克塔迪市"观看其机械式电视"，目的是在未来的电视研制方面要与美国无线电公司更紧密地合作。亚历山德森的电视分为两种型号：一种是较大的家用落地柜式电视，将电视机与收音机装在一起；另一种是较小的八角形电视，可放在任何高于 3 英尺的收音机上面。这两种电视的雏形都采用典型的"尼普科盘"，而其屏幕则实际上只是放大镜，以放大图像；其声音系统是一个同步的无线电信号，由另一种波长来传送。特德·A·史密斯回忆说："我与萨尔诺夫一起去看亚历山德森的操作。他们的演播室很小，他们在此制作了这些初级节目。我们对他的电视系统印象不深。当我们驱车回来时，萨尔诺夫说，'这是一个重要进展，但我们不能推销它。'"[87]

亚历山德森勇敢无畏，奋力前进，只是偶尔

同萨尔诺夫及美国无线电公司接触，并从那里得到一些资助。亚历山德森及其在通用电气公司中的同事们于 1928 年 5 月 11 日开始，通过位于斯克内克塔迪市的 W2XAD 电视台，在每周星期二、星期三、星期四每天提供 90 分钟的常规性定期节目。当时，他们发送的是每秒钟 16 幅 24 扫描行的电视图像，其清晰度只达到詹金斯的电视机图像的一半。接着，亚历山德森还研制出了便携式摄像机，并于 1928 年 8 月 22 日进行了第一次户外电视摄制，摄录了纽约州州长艾尔弗雷德·E·史密斯（Alfred E. Smith）接受民主党总统提名的演说。当州长史密斯在奥尔巴尼市州政府前搭起的一个平台上发表演说时，通用电气公司的户外摄制组获准将其摄影装置安放在史密斯左侧仅 20 英尺远的地方。他们用电视和无线电广播进行联播，以不同的频率向 15 英里外的斯克内克塔迪市通用电气公司总部传送图像的和声音的报道。对所有涉及者来说，整个实验取得了令人狂喜的成功，因为亚历山德森及其同事们现场迎接了一次挑战，即为展示电视的新闻采访潜能充当首批广播人员。

此后不到一个月，亚历山德森又开始考虑通过 W2XAD 电视台上演电视剧。拉塞尔·B·波特（Russell B. Porter）在《纽约时报》的头版上宣告说：

1928 年 9 月 11 日，戏剧表演在历史上第一次通过广播和电视同时播出。在长达 40 分钟的播出中，声音与动作完全同步地一起穿越空间。这次上演的是 J·哈特利·曼纳斯（J. Hartley Manners）的独幕剧《王后信使》，这是一个旧的间谍情节剧，多年来一直是业余演员们的最爱。该剧之所以被选来进行这次实验，是因为它只有两个角色，他们可以在电视镜头前轮流出现。[88]

尽管使用了三部摄像机的装备——这在后来成为电视演播室的标准做法，但《王后信使》从摄制风格上讲还是很原始的。这部最早的电视剧完全是男女主角的近景戏，其间穿插一些剪景，主要是手势，偶尔还在镜头前戏剧性地摆弄各种道具，如酒杯、钥匙、手枪等。在 WGY-W2XAD 电视台广播演播室外的走道上，放了一排通用电气

厄恩斯特·亚历山德森博士是纽约州斯克内克塔迪市通用电气公司的研究与传输设施问题首席顾问工程师。他正在观看其大号家用落地柜式电视与收音联体机（1928年）。（刊载此图获戴维·萨尔诺夫图书馆的准许）

公司品牌的八角形电视机，这些电视机一个挨一个地放在美国无线电公司生产的橱柜大小的无线电收音机上，以供尽可能多的来访记者们观看戏剧播出。广播专栏作家及早期电视爱好者奥林·邓拉普描述说，电视图像"大约有邮票那么大（长和宽都是3英寸），有些模糊和混乱"[89]。如果不考虑审美因素，观众对《王后信使》的反应总体上是肯定的，由此引起的报纸和杂志报道远远超过了通用电气公司中所有人的想象。

在这些大张旗鼓的电视展示的刺激下，公众的电视意识在20世纪20年代末和30年代初继续增强。据估计，到1930年，联邦无线电委员会已经授出了两打（24个）实验电视台执照。这些实验电视台中的绝大多数是在东北各州，如纽约州、新泽西州、宾夕法尼亚州、马萨诸塞州等，此外还有像华盛顿、匹兹堡、芝加哥、洛杉矶等一些分布很广的城市。全国的新闻评论也开始衡量电视的到来，例如，《费城大众纪事报》（Philadelphia Public Ledger）预言了"无线电电影的迅速发展——这是向感到惊奇并有些怀疑的世人成功展示电视的结果"；纽约州的《尤蒂卡观察报》（Utica Observer）预言说："无线电电影可有效地让人们留在家中，就像汽车曾将人们带到户外一样"；而《密尔沃基日报》（Milwaukee Journal）预言说："我们引入的机械时代一直在催促着我们，现在将是家中的无线电电影。"[90]

亚历山德森也预见到了电视的未来将与电影相联系，但是他的电视设想不是一种家庭应用，而是一种改进的新式公共娱乐形式。特别是他想象"在全国或全世界将出现一系列的电视剧院，那里没有演员、乐师、换景师或置景员，各剧院将通过无线电视从一个中心电台收看到同样的戏剧或音乐表演"[91]。他认为色彩最终将是这些戏剧

36

第一部电视剧《王后信使》是于 1928 年 9 月 11 日在纽约州斯克内克塔迪市的 W2XAD 电视台（后改为 WRGB 电视台）摄制的。（刊载此图获戴维·萨尔诺夫图书馆的准许）

景观的一部分，但在眼下他决定先让他自己的闭路式大屏幕豪华娱乐表演于 1930 年 5 月 22 日在斯克内克塔迪市的普罗克托剧院面世。亚历山德森采用了他新研制的机械式电视投射系统，其分辨率为每秒钟 16 幅 48 行的画面，用由德国合作者奥古斯特·卡罗卢斯（August Karolus）设计的高强度弧光灯来驱动。[92] 由此产生的长与宽各 6 英尺的图像使当晚所有的观众感到激动，其中有一个观众向《观点与独立者》（Outlook and Independent）撰文描述整个表演：

人物有真人大小，脸部相当清楚，图像还算稳定，因此电视向前迈了一大步，并效命于纽约州斯克内克塔迪市的剧院观众。站在一英里外的电视演播室里的一个管弦乐队指挥出现在剧院的屏幕上，指挥着那些坐在乐队席里的乐师们。有了广播和电视的帮助，综艺节目的表演者们来回地逗笑，一个是在舞台上，另一个则是在屏幕上。相距一英里的女高音歌手与女低音歌手表演二重唱。屏幕上的表演者可以听见来自观众的掌声，报以微笑并鞠躬致谢。[93]

厄恩斯特·亚历山德森对观众的这一反应感到欣喜，但这却是他作为一个电视发明者听到的最后喝彩声。普罗克托剧院的观众们"只是对电视运行的演示印象很深刻"，但"美国无线电公司中的评估专家们却是更为苛刻的观众"[94]。亚历山德森是无可指责的。他的那些盲目致力于机械式电视的竞争者们，如詹金斯、贝尔德等，以及那些成绩较小的工程师和技术师们也是无可指责的，戴维·费希尔和马歇尔·费希尔解释说：（机械式电视）这种模式"自一开始就注定要失败"；"'尼普科盘'实在是不够快，它上面的孔不可能做得太小太密，因而不能产生一种足够好的系统以让电视成为人们生活中不可缺少的一部分。"[95]

有趣的是，电视方面的竞赛现在也重复着工业革命史上的那种明显模式。电视于 1920 年同样也开始于机械式阶段，这一阶段在 10 年之后于大萧条期间也不可避免地进入了一个死胡同。经过一个短暂的平静期后，电视竞赛因技术方面取得突破而于 1934 年重新掀起。这些技术突破是由菲洛·T·法恩斯沃思和弗拉基米尔·兹沃雷金博士取得的，只不过这一次是利用了电流的光速潜能。电视的未来是属于电子式电视的，也是属于那些狂热地研制这一更高技术形式的发明家的。机械式电视的时代已经彻底地过去了，留在人们记忆中的是曾由它引起的无限希望于 20 世纪 30 年代初突然化为失望。广播史学家埃里克·巴尔诺总结说："詹金斯、贝尔德、亚历山德森这些构建机械式电视系统的发明家们，让人们为电视的发展前途而激动，使人们接受了电视乃必然趋势这一观点，尽管当时的电视还是如此明显地不尽如人意。

这些发明家的重要性就在于此。"[96]

 ## 放任无缰

既存在享有专利的专家，也存在着骗子，该死的骗子，该诅咒的骗子。
厄恩斯特·F·W·亚历山德森（Ernst F. W. Alexanderson），《电视》（The Box），约 1930 年[97]

出于各种原因，美国在 20 世纪 20 年代经历了一个空前的经济增长时期。从第一次世界大战中爬出来的欧洲山河破碎，伤痕累累，而战后美国的投资和制造业却开足马力全速发展。美国的哈定（Harding）政府与柯立芝（Coolidge）政府也相应地支持一种亲商业政策，如削减企业税、对外国商品征收保护性关税，并尽可能地遵循一种放任哲学，还对本国形成的垄断与独占睁只眼闭只眼。在"柯立芝繁荣"（1923—1929）的背景下，电子方面的发明、扩散与消费也猛烈增长。当时的总体情况是：

新技术有助于推动繁荣。汽车、公路建设、电影、无线电、家具等产业的发展也有助于形成世界上第一个消费者经济。美国专利局所颁发的专利证书直到 1911 年才达到 100 万个，但到 1925 年就达到了 200 万个。最令人震惊的发展之一就是电力的增长：在 1912 年，只有 16% 的美国家庭使用电力，但到 20 年代中期就上升到 63%；美国当时生产的电力比世界上其他国家所生产的电力总和还要多。[98]

菲洛·T·法恩斯沃思的家于 1919 年搬到爱达荷州比必村他伯父拥有的一个新农场时也用上了电，并成为当地较早用电的家庭之一。他的祖父老菲洛·T·法恩斯沃思本是俄亥俄州人，十几岁时就改信了耶稣基督后期圣徒教会（又称"摩门教"），并于 1848 年追随布里格姆·扬（Brigham Young，又译杨百翰）来到大盐湖东部山谷。老菲洛的儿子刘易斯·E·法恩斯沃思（Lewis E. Farnsworth）继承了家庭的迁徙式生活方式，带着

妻子和孩子在犹他州中南部先后搬了六次家，最后接受了居住在爱达荷州的亲戚们的建议，率家北上到植被更为丰茂的牧场。小菲洛·T·法恩斯沃思继承了其祖父的名字，他于 1906 年 8 月 19 日生于犹他州小镇比弗附近、印第安河旁的一个小木屋中。当菲洛很小的时候，他的父母几乎不能维持家庭的生计，因为当地是干热的沙漠，频频干旱，气温变化很大。当他的父亲刘易斯和母亲塞雷娜·B·法恩斯沃思（Serena Bastian Farnsworth）决定离开犹他州去爱达荷州的斯内克河谷寻找更好的农场时，12 岁的小菲洛已经充满了梦想，"要走托马斯·爱迪生和亚历山大·G·贝尔的道路"。多年后，菲洛回忆说："我猜我决定当一名发明家，是在我第一次看到手摇式电话和留声机的时候，这些东西对我来说充满了魔力。"[99]

长大后成为爱迪生和贝尔，这是菲洛·T·法恩斯沃思和许多与他同龄的男孩们的一个共同的梦想。然而，在他的同龄人中却极少有人具有像他那样的科学天赋，并具有像他那样一心一意、坚定不移地追求卓越的精神。菲洛的生平是如此不可思议，以至于最初听起来像是传奇。从他的具体情况来看，他在发明电视方面的贡献不亚于任何人，这一事实经过他于 20 世纪 30 年代打的那场漫长官司的冷漠而严厉的审查，被证明是成立的。很简单，当菲洛·T·法恩斯沃思第一次想象电子式电视如何工作时，他还是一个十几岁的摩门教腼腆少年，生活在爱达荷州的一个小乡村，从未见过世面，然而他却智力超群。他通过阅读那些大众科学杂志而张开了想象的翅膀，他尤其喜欢那些准技术性的报道，如描写电的神奇性、通过无线电传送图片的可能性的报道。他的灵感

来临时刻是 1921 年春天的一个早上，当时他才 14 岁，正在他家农场犁一块干草地。他坐在一个由三匹马拉着的单轮耙子上，像平常一样做着白日梦。"突然，一幅惊人的未来景象闪现在他的眼前：那是一幅由电子束以水平线的方式扫描一张图片而形成的电视图像。他可以像犁地一样一行一行地生成图像，由于电子扫描的速度极快，肉眼将立刻看到一张完整的图片。他是如此惊喜，以至于几乎不能安坐。"[100]

后来，菲洛·法恩斯沃思写道："空旷乡野中的孤寂最有利于沉思。"[101]而且，他在这次"草地事件"中的心不在焉也表明他不适合于家庭农场中的工作。大约 25 年后，盐湖城的《犹他新闻》（Deseret News）上有一篇特写文章进一步阐述了这一点：

> 刘易斯（菲洛的父亲）看见他站在耙子上，手中只握着一条缰绳，其他缰绳拖在地上，那三匹马步履艰难地在地里行进。假如这些马受惊的话，菲洛将无法控制它们，他将被拉倒在地上，头先钻进耙子那转动的刀片里面。刘易斯奔到现场，抓住马的嚼子以避免一场极可能发生的悲剧。他正准备痛斥菲洛一顿，但菲洛先开口了："爸，我想到了！我真的认为它能行！"他父亲只好忍住了斥责。[102]

菲洛·法恩斯沃思的父母和兄弟姐妹们都深情地称他为"工程师"，因为他轻而易举就掌握了给他们家庭和仓库供电的"德尔科"发电机，并且是他们家中唯一能全凭自己来维持农场的整个电力系统的人。[103]这一年秋天，菲洛·法恩斯沃思开始在附近的里格比上高中，从家到学校要骑马走四英里，每天都是如此。"由于他对电和电子入了迷，他恳请他的化学老师贾斯廷·托尔曼（Justin Tolman）给予他特别指导，并让他旁听高年级的课程。你可以读从现在直到 22 世纪①的科学家传记，但你在他们当中找不到第二个颂扬一个高中老师的例子。"媒体批评家尼尔·波斯特曼（Neil Postman）断言道，"但是法恩斯沃思做到了这一点，他认为托尔曼不仅提供了必要的知识，

而且还提供了鼓励。"就托尔曼而言，他却一直很谦虚地看待自己对少年法恩斯沃思的成长的影响，说他对这个男孩来说只不过是一个有声黑板。而且，托尔曼还花时间为法恩斯沃思提供额外的课后辅导，与他讨论一些观点，并推荐他读某些化学、物理和电学方面的书籍。[104]

1922 年春天的一个下午，15 岁的菲洛·法恩斯沃思走进里格比高中的一个空教室里，将他在一个作业本上写了几个星期的等式和模型全写到了黑板上，"托尔曼的黑板上布满了他写画的图形、图表、数学公式……这些东西表达了他那惊人的电子式电视的新观点"[105]。这位少年向托尔曼脱口说道："我告诉过你我想当一名发明家，这就是我的发明。""我得告诉你这些，你是唯一能理解我的人。"[106]托尔曼对这孩子的表现大为吃惊："回头看黑板"，"我发现几乎他问过我的所有问题都与电视有一些关系。我现在看到，所有的知识都在他的脑瓜中汇集到了一起。"[107]菲洛·法恩斯沃思还激动地交给他导师一张画有草图的纸，就是这张草图最终成为他五年后研制出的"图像析像管"（image dissector）——电视摄像机——的蓝图。更有意义的是，当美国无线电公司于 1932 年提起指控法恩斯沃思侵犯专利的诉讼，并利用其公司的力量来对付他时，这张草图对法恩斯沃思来说就如同天降救兵一般。

然而在此之际，机械式电视的实验却是新闻报道的重点，而在 20 世纪 20 年代早期和中期的所有公众考虑中，电子式电视还只是一个备选方案。菲洛·法恩斯沃思反对这种传统的观念，并早已认为"任何机械性的东西都不能运转得足够快……以在屏幕上产生出运动的图像"，他对他的兄弟姐妹们及托尔曼如此说道。不久，他父亲刘易斯·法恩斯沃思又于 1923 年率全家从爱达荷州比必村搬到了犹他州的普罗沃市，希望再换一个新地方来为妻子和孩子们谋取更好的生活。[108]普罗沃市还为菲洛·法恩斯沃思提供了上布里格姆·扬大学的机会。尽管菲洛·法恩斯沃思在爱达荷州的里格比高中只上了高二，但他经过六个月的补课之后还是考入布里格姆·扬大学。可是，他的正规教育在 18 岁时突然结束了，他的父亲因患肺炎

---

① 原书如此。——编者注

于 1924 年 1 月意外去世，迫使他在大学二年级结束后离开大学开始工作。在此后的两年中，菲洛·法恩斯沃思替普罗沃当地一家家具店运送并安装收音机。接着，他们家又搬进了盐湖城，他在这里当一名收音机修理工。当法恩斯沃思在盐湖城遇到了乔治·埃弗森（George Everson）和莱斯利·戈雷尔（Leslie Gorrell）两人后，他的一切都发生了变化。埃弗森和戈雷尔是当地社区福利基金的筹款人，他们为法恩斯沃思的电子式电视梦想所折服，也相信法恩斯沃思的保证——他说其发明可让他们都变富，于是他俩决定为这位电子奇才及其未来的计划投资 6 000 美元，这是他俩辛苦工作的积蓄。当时法恩斯沃思只有 19 岁，但他显得更成熟，而且当他谈论电视时，他明显头头是道，而且是带着一个真正信仰者的热忱在谈论的。

于是，法恩斯沃思于 1926 年 5 月离开盐湖城，带着他年方 18 岁的新娘埃尔玛·G·法恩斯沃思（Elma Gardner Farnsworth）——昵称佩姆（Pem），是他于三年前他们家刚搬到普罗沃时通过他的姐姐阿格尼丝（Agnes）认识的——乘火车来到洛杉矶。佩姆成为菲洛·法恩斯沃思的研究助手，他俩幸福地将个人生活与事业融为一体。小

两口抵达南加利福尼亚后，将他们在好莱坞新租住的带家具的房间变成了一个临时实验室。但他们进展得很慢，并开始认识到，发明电子式电视的花费和挑战远远超过了法恩斯沃思原先的想象。在同埃弗森和戈雷尔商议后，法恩斯沃思买了一套新西装，并再次进行筹资。他终于说服北加利福尼亚的克罗克第一国家银行的业主们给他投资 2.5 万美元。法恩斯沃思对电视的热情具有不可否认的感染力。法恩斯沃思夫妇于 1926 年 9 月底 10 月初，将其研究活动搬到了旧金山格林大街 202 号的克罗克研究实验室，这是一个装备简单而经济的实验室。1927 年 1 月 7 日，法恩斯沃思就向美国联邦政府提出了几项专利申请，并最终于 1930 年 8 月 16 日获得批准，这些专利涵盖了他当时的全电子式电视系统。他还是第一个通过电子式电视传送运动图像的发明者，于 1927 年 9 月 7 日用电子式电视传送了"画在一块玻璃上的一些黑线、一个三角形和一个美元符号"[109]。他的朋友兼投资者乔治·埃弗森在这次里程碑式的实验刚刚开始时赶到了，实验之后他们俩"奔至电报局向在洛杉矶工作的莱斯利·戈雷尔发了一份电报，只有四个字：心想事成！"[110]。

菲洛·法恩斯沃思与他最初的两位投资者莱斯利·戈雷尔（左）和乔治·埃弗森（右）。（刊载此图获亚利桑那州立图书馆的准许）

在此后的 12 个月中，法恩斯沃思和他的工作人员们——他雇用了七个全职实验员——慢慢地改进电视摄像机和接收机的图像质量，直到法恩斯沃思与他的投资者们决定可以为新闻界主办一

个公开展示会为止。法恩斯沃思与他的伙伴们知道，"筹集资金和吸引买家的关键在于宣传"[111]。结果，发明者法恩斯沃思于 1928 年 9 月 1 日向来访的记者们首次公开展示了他的全电子式电视系

统。《旧金山纪事报》（*San Francisco Chronicle*）的一位记者这样描述其所见：

> 该电视系统与目前运行的所有电视系统存在着根本性区别……目前使用的所有电视系统都是机械式的……法恩斯沃思的电子式电视系统没有使用任何活动零件。他不是通过移动机器，而是通过改变掠过图像的电流，就完成了必要的扫描。因此该系统简单之极，并排除了电视走向完善中的一个主要机械障碍。[112]

当关于法恩斯沃思的成就的报道在 1928 年年底传遍全美国时，詹金斯、贝尔德、亚历山德森及所有机械式电视的其他支持者们却仍然认为自己已经发明了最好的电视系统。然而，"宣传将许多国内甚至是国际的注意力吸引到了格林大街的实验室"。例如，当时任美国无线电公司代理总裁的戴维·萨尔诺夫对此越来越感到好奇，而在威斯汀豪斯电气公司挣扎的电子研究员弗拉基米尔·兹沃雷金则警惕地关注此事。[113]

所有这些机械式电视和电子式电视的先驱者们只不过是一个更为根本的文化转型的代表，而这一文化转型又是几十年来繁密的科学活动的新表现。"在 19 世纪末，随着美国在地理上的边疆消失"，历史学家丹尼尔·凯夫利斯（Daniel Kevles）宣称："于是发明家、企业家及公司越来越多地转向一个新的边疆——实验室。"[114]

1893 年，弗雷德里克·J·特纳（Frederick Jackson Turner）提出了他那具有重要影响的"边疆论"。他是在向芝加哥世界哥伦布博览会中的美国历史协会提交的一份报告中提出该论点的。他在其题为《边疆在美国历史上的意义》（The Significance of the Frontier in American History）的报告中论述说："最初的美国经历结束了。"他指出，1890 年的人口普查宣告美国的边疆地区正式结束，根据这一次人口普查，他声称此前的美国历史主要是由欧洲人创造的，"欧洲人沿着一条想象的文明与边疆的分界线不断地对抗新大陆"。而且，特纳还断言，美国"例外论"——美国的独特性、生命力、丰富的资源、善于创造发明——起源于文明与野蛮的碰撞。但文化批评家杰克·纳赫巴尔（Jack Nachbar）总结说，弗雷德里克·

J·特纳的边疆论"对美国历史的界定不如它为欧裔美国人界定其历史上的中心神话那样充分"[115]。

当历史进入 20 世纪时，一个日益多样化、城市化和在技术上成熟化的美国正在形成之中。这种日益增长的现代化，造成的结果之一就是"科学与技术故事"也成为"美国叙事"中的一个必要组成部分。被称为"门洛公园的奇才"的托马斯·爱迪生"已经通过他的'发明工厂'表明了这一点"。到 1910 年，"美国几家高新技术公司，如著名的美国电报电话公司、通用电气公司、杜邦公司等，已经建立了工业研究实验室"[116]。甚至连那些单个的、没有认可资格的机械师和工程师们，如查尔斯·F·詹金斯、菲洛·法恩斯沃思等，也在那广为流传的、将研究实验室颂为美国新边疆的神话的影响下，积极建立自己的自为式工作场所。"法恩斯沃思尤其是一位独立实验者、一位具有感召力的科学家、一个有识之士——他能想出点子并说服投资者。然而他的主要关注点则一直是在实验室里"[117]。然而，"对普通大众来说还不太明显的……是发明过程的性质发生了变化"，法恩斯沃思与萨尔诺夫两人合传的作者丹尼尔·斯塔绍威尔（Daniel Stashower）总结说，"就像英国哲学家阿尔弗雷德·N·怀特黑德（Alfred North Whitehead）所观察的，'19 世纪最伟大的发明就是发明了发明的方法'，这意味着发明将从孤立实验室中的单个发明者向那些资金充足、组织良好的大型研究中心转移。"[118]

弗拉基米尔·兹沃雷金的生平就像菲洛·法恩斯沃思的一样也是不可思议的。他于 1919 年 1 月 1 日乘"S. S. 卡曼尼亚号"轮船抵达美国。但兹沃雷金不像此前的数百万其他移民，这位 29 岁的青年是乘坐头等舱进入纽约港的，并详细参观了自由女神像。这种高级享受反映了他优越的家庭背景：他的父亲在沙皇俄国时代是一个富商。兹沃雷金于 23 岁时在圣彼得堡理工学院的电视先驱鲍里斯·罗辛的指导下获得了电子工程学士学位。罗辛的混合型电视实验既有机械成分，也有电子成分，但以后者为主，因为他采用了卡尔·布劳恩新发明的阴极射线显像管的原始版本。罗辛让年轻的兹沃雷金首次了解到了电视的可能性。而在 20 世纪 20 年代初兹沃雷金到达美国后不久，他又读了苏格兰人艾伦·A·C·斯温顿（Alan

Archibald Campbell Swinton）于 1908 年写的著作，该书"极详细地描述了建立一个全电子式电视系统——该系统在传送器与接收器中都使用阴极射线——所需要的东西"[119]。所有这些因素，再加上兹沃雷金从 1912 年直到 1914 年第一次世界大战爆发在巴黎的法兰西学院所进行的 X 射线技术方面的高级研究，使他深信电子的神奇潜能及电子式电视的光明未来。

在 1917 年俄国十月革命后，兹沃雷金变成了一个没有国家的人。他经过哥本哈根和伦敦来到美国后，最初找不到工作，于是待在纽约市布鲁克林区的寄宿处补习英语，其间他临时性地"在纽约俄国采购委员会当过机械式加法机的操作员"。他于 1920 年接受了"位于匹兹堡的威斯汀豪斯研究实验室提供的工程师职位，薪金只有他后来工资的一半"。他急忙赶赴匹兹堡工作，"决定当一名工程师来谋生"，"最终于 30 岁时才真正开始其职业生涯"。[120]但他最初是为威斯汀豪斯电气公司研制无线电真空管和光电管，而不是研制电视。不过两年后他得到了专门研制电视的机会，并于 1923 年 12 月向美国专利局提交了他的第一个全电子式电视系统的初步计划。这次专利申请的内容是他的光电摄像管（iconoscope），但还仅仅只是一个设计理念。而且他的电视方案还与其他的专利计划与现存技术有许多相似之处，因此他的这次申请在此后的 15 年中一直处在不断的评估和诉讼之中。

弗拉基米尔·兹沃雷金很顺利地适应了美国生活。他于 1924 年成为美国公民，并开始在匹兹堡大学攻读物理学博士学位。他于 1925 年秋已研制出他的光电摄像管和真空显像管（kinescope）的可用雏形，并主办了一次室内演示会，参加者有威斯汀豪斯电气公司副总裁兼总经理哈里·P·戴维斯（Harry P. Davis），有威斯汀豪斯研究实验室主任同时也是兹沃雷金的直接上司塞缪尔·金特纳（Samuel Kintner），还有公司中的其他重要人士，以及公司的一些专利律师。兹沃雷金成功地传送了一个静止的"十"字形的 2 英寸见方的模糊图像，他将这次实验"视为一个巨大的成功"。相反，公司总经理戴维斯却"本来期待一些更值得他注意的东西"。在事后讨论中，兹沃雷金"天真地详细描述了还需要解决的技术困难、需要多

45

长时间、还需要花多少钱等，结果是'自己拆自己的台'"。戴维斯审慎地告诉实验室主任金特纳说，"最好让这个家伙干一些更有用的"，并暗示公司的整个电视计划将移交给他最喜欢的工程师弗兰克·康拉德（Frank Conrad）。康拉德曾通过威斯汀豪斯电气公司的实验广播电台 8XK（即后来的 KDKA 电台）报道了于 1920 年 11 月 2 日举行的美国总统选举的结果，并以此开启了美国的无线电广播。[121]

兹沃雷金尽职地为威斯汀豪斯电气公司的其他项目工作，并于 1926 年完成了博士学业。他还静静地观察比他年长 15 岁的公司老将弗兰克·康拉德的工作。康拉德研制的是一个更为传统的机械式电视装置，后来于 1928 年 8 月 8 日向无线电集团的高层要员（包括戴维·萨尔诺夫）和新闻界进行了"无线电电影"的演示。当时展现的电视图像为每秒钟 16 幅 60 行的画面，图像通过线路从威斯汀豪斯研究实验室传送到两英里以外位于匹兹堡东部的 KDKA 电台，然后该电台再将图像用无线电播送回来，"图像像普通报纸上的网目版插图那样清晰"[122]。尽管这次实验取得成功，"鉴于当时最先进的技术的状况……威斯汀豪斯电气公司的机械式电视最终还是从历史中消失了"[123]。

当兹沃雷金明确感到他在威斯汀豪斯电气公司的同事们不会改变他们对电子式电视的看法时，他于 1929 年 1 月的第一个星期约见了戴维·萨尔诺夫，当时兹沃雷金正在纽约参加无线电工程师研究院的年会并做了报告。当兹沃雷金走进萨尔诺夫的办公室时，他来到美国已经有 10 年了。他向刚被任命为美国无线电公司总裁的萨尔诺夫概述了他的电子式电视设想，解释了它相对于机械式电视的优越性，并描述说终会有一天电视机将像收音机一样普遍出现在美国人的家庭中。"当萨尔诺夫问研制一个可用的电视系统将花多少钱时，兹沃雷金回答说他只需要几位工程师和少许设备，他希望在大约两年后完成研制，估计花费为大约 10 万美元。萨尔诺夫回答说：'好吧，它值那么多。'"[124]美国无线电公司的内部人士肯尼思·比尔比（Kenneth Bilby）披露说，"事实证明，这是技术史上最经典的成本低估案例之一——低估了 5 000 万美元——但萨尔诺夫当时和以后从没有为此事争吵。"而且，比尔比还认为"萨尔诺夫与兹

46

沃雷金的相遇也是工业史上最具有决定意义的事件之一。电视方面最佳的发明家与最佳的管理者走到了一起，他们将引领电视的发展"[125]。

对萨尔诺夫来说，现在是万事俱备了。作为一个世界级的工业家，萨尔诺夫具有一切所需要的才能：他勤奋努力，社交老练，能抓住事情的要旨；他还是一个风险资本家，不仅愿意做深思熟虑的冒险，也愿意凭直觉冒险。他和兹沃雷金都是俄国移民，都是靠个人奋斗而成功的。但萨尔诺夫对他的这位来访者感到最为认同的却是"这个有浅浅的沙黄色头发、戴着镜片厚厚的眼镜、一双蓝眼睛闪闪发亮的发明家那诚挚的追求"，他"发现了一个与自己如出一辙的人"。[126]萨尔诺夫还是一个经验丰富而效率高超的管理者，在必要的时候甚至达到残酷无情的地步。例如，当他与特德·史密斯于 1927 年参观亚历山德森在通用电气公司斯克内克塔迪实验室的电视演示时，他一方面向发明家亚历山德森象征性地提供一些研究资金，并"公开地宣称"他（亚历山德森）是"电视方面的马可尼"，另一方面却同时命令特德·史密斯"在纽约建立一座电视台"，因为他认识到美国无线电公司与通用电气公司早晚会分道扬镳。[127]一如既往，萨尔诺夫做好应对各种情况的准备，尽管他对亚历山德森的电视系统不感兴趣，但还是向他投资，然后悄悄地领导美国无线电公司进入电视研发领域，因为他相信：如果你想要"赚各种钱"，你就得总是"抢在前面"。[128]

特德·史密斯及其手下人于 1928 年春建立了美国无线电公司及全国广播公司的第一个实验电视台，即 W2XBS 电视台，位于纽约市的新阿姆斯特丹剧院，该台于 1930 年 6 月 30 日开始运行。此时，兹沃雷金在完善他的光电摄像管方面已经取得了明显的进展，而他现在被任命为美国无线电公司在新泽西州卡姆登市新并购的研究场所的电子研究主管。尽管亚历山德森于 1930 年 5 月 22 日在普罗克托剧院的电视播出取得成功，但萨尔诺夫及其工程人员现在坚信电子式电视才是未来的潮流。因此兹沃雷金现在取代了亚历山德森成为美国无线电公司资助的主要对象，该年兹沃雷金"及其阴极射线研究"获得的经费占该公司电视研究预算的 90%。"只是由于通用电气公司管理层坚持认为其电视系统仍是有价值的，加上亚历山德

森也很卓越，他们才得到美国无线电公司 10% 的资助。"[129]

戴维·萨尔诺夫还是一位谈判高手。在他成 47 功度过美国司法部于 1930 年发起的反托拉斯诉讼案的那两年中，他的这一才能得到最为充分的体现。当时美国司法部反对美国无线电公司及其伙伴结成同盟，要求它们"终止于 1919—1921 年达成的专利协议"，要求美国无线电公司、通用电气公司、威斯汀豪斯电气公司、美国电报电话公司"解除彼此之间的关系"，包括任何"连锁董事会"。[130]萨尔诺夫于 1930 年 5 月 30 日晚接到美国执法官送来的法庭传票，当时他正准备参加一个庆祝他于五个月前升任美国无线电公司总裁的晚宴。[131]美国无线电公司的所有伙伴也都受到意外打击。但这次反托拉斯行动却是柯立芝总统时期过度放任政策的一个直接后果，也是当时股市崩溃和世界性的金融危机的直接后果。

当所有被告都明白美国政府在要求拆散美国无线电公司托拉斯这一问题上不会妥协时，美国电报电话公司于 1931 年年底成为首先签订"同意判决书"的伙伴。此后，萨尔诺夫取得控制权并成为幕后中心人物，他起草了一份解散托拉斯的计划，据此，通用电气公司和威斯汀豪斯电气公司将从美国无线电公司退出并因此得到优厚的补偿。于是托拉斯其余的伙伴于 1932 年 11 月 21 日签订了最终的"同意判决书"。埃里克·巴尔诺在《万象管》中说："不可思议的是，美国无线电公司因此成为一个独立的强大实体，不再被其他的公司所拥有，它将命运掌握在自己手中"；"它虽以债券的形式承担着一些重要的新义务，但它拥有两个广播网（全国广播公司现在是它的全资子公司）、一些广播电台和制造设施"，还拥有无数其他资产，包括其实验室；而"处在公司顶点的就是戴维·萨尔诺夫"。[132]戴维·费希尔和马歇尔·费希尔也完全赞同巴尔诺的说法，说："戴维·萨尔诺夫在美国无线电公司中再也不会与人分享权力。"[133]

萨尔诺夫宣告美国无线电公司进入美国商业、工业和文化最高等级的一个最重要的做法，就是于 1933 年 6 月将公司总部迁至有 65 层高的洛克菲勒中心综合建筑群，而此时却正是大萧条最黑暗的时期之一。当时美国的失业率已从 1929 年的

3％猛增到 1933 年春的 25％，失业人数超过 1 300万人，全国人口有一半以上生活在贫困线以下。从 1929 年到 1933 年，美国有 1 万家银行关闭，占全国银行总数的 40％。尽管如此，萨尔诺夫还将全国广播公司迁到"无线电城"，这是洛克菲勒中心最新式的中心建筑。而且，他"看到兹沃雷金的研究有了足够的进展，因此做出了电视史上可能是最重要的决定。他决定摆脱半个世纪以来所积累的知识，抛弃前一阶段支持电视兴旺发展的旋转盘，而将电视产业引入到开发一种新的全电子式电视系统中"[134]。戴维·萨尔诺夫现在决定全力以赴以赢得电视竞赛，而且一如既往，他仍将是一个具有重要影响力的人物。

弗拉基米尔·兹沃雷金已经知道他在研制电子式电视方面的主要竞争对手是菲洛·T·法恩斯沃思，自 1928 年以来他一直在专业性报纸和大众报纸上不断读到关于法恩斯沃思的文章。在他与萨尔诺夫建立了重要关系之后才三个月，他就决定去旧金山拜访那位年轻的发明家法恩斯沃思并见识其图像析像管。乔治·埃弗森说，法恩斯沃思是"兴高采烈地"期待着见到兹沃雷金，尽管"他宁愿在美国没有工程师来看他的研究结果"[135]。法恩斯沃思、埃弗森及他们的伙伴知道兹沃雷金有重要的公司背景，他们希望兹沃雷金的来访将给他们目前的努力带来新的经济资助。兹沃雷金于 1930 年 4 月 16 日抵达旧金山那简陋的克罗克研究实验室。法恩斯沃思及其伙伴们陪他参观了这个位于格林大街 202 号基本上是工厂阁楼的实验室，并毫无保留地向他介绍了他们的电子式电视系统。法恩斯沃思的妻子佩姆后来承认他们毫无防备的展示是一个错误："菲洛友好地向一个被他认为是科学同行的人谈得太多了。"[136]艾伯特·艾布拉姆森在《兹沃雷金：电视的先驱》(Zworykin, Pioneer of Television)一书中详细写道：有一刻，"兹沃雷金高度赞扬了法恩斯沃思，他拿起一个析像管并说道，'这个仪器很漂亮，我真希望它是我发明的。'"当兹沃雷金回到美国无线电公司的卡姆登实验室后，他向其上司写了一份报告，"称赞（法恩斯沃思的）图像析像管"，但评论说"法恩斯沃思的显像管还很差劲"。

兹沃雷金还直接开始研制一个他自己的新摄像管。"1930 年 5 月 1 日，兹沃雷金提出了一个专利申请……这是他自 1925 年 7 月以来第一次申请摄像管专利，这次与上一次的计划完全不同。"[137]

一年多后，戴维·萨尔诺夫于 1931 年 5 月亲自来到旧金山参观这位年仅 24 岁的发明家的电视装置，这是美国无线电公司对菲洛·T·法恩斯沃思感兴趣的一个表现。当时法恩斯沃思不在场，他出城与菲尔科公司（全称为费城蓄电池公司）洽谈可能的商业协议去了，因此"由埃弗森留下来安排参观。萨尔诺夫看了电视演示，好像对其 7 英寸的电视图像印象特别深刻"。后来，萨尔诺夫提出用 10 万美元购买法恩斯沃思的"专利与服务"[138]。令萨尔诺夫非常吃惊的是，法恩斯沃思及其伙伴们竟然拒绝了他的商业建议。在萨尔诺夫看来，法恩斯沃思是夫妻开店，尤其是考虑到在当时的经济形势下，他向这位青年发明家的出价也很慷慨。但是菲洛·T·法恩斯沃思却想控制他自己的专利。然而，美国无线电公司则一直遵循的一条不成文政策就是从不在任何情况下向任何人付专利税。由于各自坚守的轨道必然发生碰撞，这位发明家与这家公司因此发生矛盾。佩姆后来将这一形势描述为"大卫与歌利亚①之间的对抗"[139]。

杰夫·基塞尔洛夫(Jeff Kisseloff)在《电视：口述电视史（1920—1961）》(The Box: An Oral History of Television, 1920—1961)中概述道："萨尔诺夫敬重法恩斯沃思——甚至喜欢他，萨尔诺夫后来说道——但是他公事公办，决定教训一下这个摩门青年。他立即双箭齐发：第一，他推动美国无线电公司自己的电视研究全速前进；第二，他指导他的律师采取一切必要措施阻止法恩斯沃思的电视研究"，打算让这位发明家陷入漫长的法律诉讼的泥沼之中，并以他明显不能承受的昂贵诉讼费重负来迫使他屈服。[140]兹沃雷金于 1933 年年初成功研制出他的第一个全电子式电视系统，当时，美国无线电公司通过减少公开电视演示基本上将其电视研究项目隐藏起来。同时，美国无线电公司的律师队伍希望"将法恩斯沃思驱赶到昂贵的专利澄清案中……于是发表声明说

---

① 大卫（David）与歌利亚（Goliath）是《圣经》中的人物，其中牧羊人大卫杀死了巨人歌利亚。——译者注

兹沃雷金应被称为全电子式电视的发明者，因为他于 1923 年就提出了这样的专利申请"。[141] 兹沃雷金也"于 1932 年为一个经改进的析像管申请专利"[142]。法恩斯沃思果然中了圈套，他提出了一个干预诉讼，申辩说美国无线电公司最近的电视系统侵犯了他以前的电视专利。詹姆斯·格莱克（James Gleick）在其《刚发生了什么：信息前沿纪事》（What Just Happened：A Chronicle from the Information Frontier）一书中论述道：总的来说，"人们普遍以为专利应保护那些孤单的发明家，那些处在车库中的先驱天才不受那些大公司的掠夺。但从历史上看，事实恰恰相反；随着 20 世纪电子、电话、广播等基础工业的发展，那些大型公司学会建立相互联系的专利库，既用来当矛，又用来当盾"[143]。

菲洛·法恩斯沃思决定将事情掌控在自己手中，因此与菲尔科公司——这是美国最大的收音机制造商——签订了为期两年、可以续签的合同。法恩斯沃思携妻子佩姆及手下的五名工程师于 1933 年 6 月将其小小的电视运作活动东迁到费城。菲尔科公司向他们提供了工作场所和不少资金，让他们在位于市中心的公司制造厂开展研究工作。作为回报，法恩斯沃思授予菲尔科公司非独家使用其电视专利的权力，因此菲尔科公司不仅可以批量生产收音机，也可批量生产电视机。菲尔科公司急于想摆脱美国无线电公司的束缚，因为它一直以来要为所生产的每一台收音机向美国无线电公司支付昂贵的专利税。法恩斯沃思及其人员于 7 月份就重新开始了电视研究工作，他们不久还接收位于新泽西州卡姆登市的美国无线电公司实验室所进行的实验性电视播出，该实验室离费城不到 10 英里，中间隔着一条特拉华河。接着，菲尔科公司也为法恩斯沃思购置了一个实验性电视台，即 W3XE 电视台。同样，兹沃雷金及其有 60 多人的研究队伍也开始监视其竞争对手的进展。佩姆后来回忆说："美国无线电公司想从我们的秘书那里获取信息，经常向他们提供酒会。"当法恩斯沃思应邀在当地做公开演讲时，美国无线电公司的雇员有时还骚扰他。[144] 最终，菲尔科公司于 1933 年也没有续订它与这位发明家签订的合同。法恩斯沃思"后来了解，当萨尔诺夫发现法恩斯沃思与菲尔科公司计划将电视商业化时，他威胁

要废除这家费城公司使用美国无线电公司的专利来生产收音机的许可证，这实际上将使菲尔科公司关门停业"[145]。作为回应，法恩斯沃思及其小小队伍于 1933 年 12 月成立了法恩斯沃思电视公司，将它们简单的实验室搬迁到费城的郊区，并决心在美国无线电公司越来越大的压力下团结起来继续努力。

八个月后，法恩斯沃思享受到了他"最大的成功喜悦"，唐纳德·戈弗雷在其《菲洛·T·法恩斯沃思：电视之父》（Philo T. Farnsworth：The Father of Television）中写道："这一成功不在于他不断增长的专利名单，不在于他精细的电视图像，也不在于其实验室的实验，而在于世界上第一次全面公开展示全电子式电视系统。"[146] 1934 年初夏，法恩斯沃思应邀参加费城令人景仰的富兰克林研究所新开办的自然博物馆的开幕式并致辞。开幕式的目的是要促进公众对科学的兴趣和理解，而法恩斯沃思是最合适的人选。法恩斯沃思的出场受到了极大的欢迎，因此富兰克林研究所主席拿单·霍华德（Nathan Howard）邀请这位发明家在该夏天过些时候再回来暂住以展示其电视装置。法恩斯沃思将所提议的电视展示视为极好的宣传机会，因此同意回来待 10 天，从 8 月 24 日星期一开始一直待到 9 月 2 日星期三为止。为了这次展示，法恩斯沃思构想了一个有趣的奇招，以便自一开始就抓住人们的注意力。他在展示厅的入口处安置了一个轻便实况电视摄像机对准来访的参观者，于是这些参观者们立即看到自己的电视形象出现在旁边位于拱门内侧的屏幕上。这种简单而有效的电视运行展示让人们十分激动，并诱使他们每人花 75 美分参加为时 20 分钟的电子式电视循环展示。电视展示在有 50 个座位的博物馆礼堂中进行，展示于每天下午 2 点持续到晚上 10 点，但 8 月 29 日星期六是从上午 10 点开始持续到晚上 10 点。

大约在美国无线电公司于 1939 年世界博览会上推介兹沃雷金的光电摄像管和真空显像管之前五年，菲洛·T·法恩斯沃思及其全电子式电视系统在富兰克林研究所已引起轰动。这位 28 岁的发明家和他紧密团结的家庭及朋友们在这次为期 10 天的展示中需要大量节目内容来填补时间，因此他们预先准备了一些可选择的节目，这些节目也

是 10 年到 20 年后电视网的节目设计者将会做出的选择。法恩斯沃思及其人员所安排的节目大多数是歌舞综艺式的表演，偶尔点缀一些高度文化性的精彩片段或体育性的片段。当所有节目仍不够用时，法恩斯沃思还临时进行各种户外实况拍摄。具体来说，那些站席观众们观看到了歌舞团女孩、喜剧演员、口技演员、受过训的狗、会跳舞的熊的表演等等，他们听到了流行歌手和经典歌手演唱的歌曲，还被来自附近斯沃司莫学院的一位音乐教授逗乐了，这位教授在表演大提琴时弄断了两根琴弦。观众们还看到了美国戴维斯杯队的两位明星成员在"交谈、挥舞网球拍并展示他们最喜欢的发夹"。法恩斯沃思还带着他的便携式摄像机在合适的间歇爬到屋顶去拍摄都市风景或夜空，为此还赢得了《基督教科学箴言报》（*Christian Science Monitor*）大加赞美的评论："再现月亮的形象是这位年轻发明家的另一个令人激动的创举。"[147] 所有这些试验性的电视节目都展现在一个 1 英尺见方的电视屏幕上，电视图像为每秒钟 30 幅 240 行的画面。针对法恩斯沃思高质量的电视图像，《纽约时报》宣称说："一些观看过的科学家们说这是目前已发明的最灵敏的设备。"[148] 法恩斯沃思在这 10 天中既兴高采烈又十分疲惫。特别的是，他从未想到向富兰克林研究所管理人员要表演费或要求从售票收入中提成。不幸的是，由于在此后岁月中面临着几乎不可想象的困难，法恩斯沃思再也没有因其所取得的成就而享受到类似程度的公众认可和赞美。

相反，电子式电视的未来属于美国无线电公司。该公司由具有拼搏精神的企业家戴维·萨尔诺夫掌权；它拥有丰富的财源，因其全国广播公司拥有蓝色和红色两个广播网；它还拥有并经营许多电台。现在，它又聘用了一位世界级的电子发明家弗拉基米尔·兹沃雷金，他拥有成功所需要的所有人力和设备。结果，兹沃雷金在相当短的时间内取得了迅速进展。他于 1930 年在美国无线电公司所继承的电视系统是一个全机械式的系统，只能提供一个 2 英寸见方的模糊图像，其分辨率为每秒钟 24 幅 60 行的画面。此时，美国无线电公司在电视方面为人们所知的不是其图像的质量，而是其试播的形象，即一个用制型纸做的 13 英寸高的玩偶"费利克斯猫"（Felix the Cat），它在一

个录放机的转盘上不停地转动着。到 1931 年初，美国无线电公司的工程师们将其原来的机械式扫描机与一个电子式阴极射线接收机相结合，这表明兹沃雷金在电视研究方面产生了越来越大的影响。由此得到的每秒钟 24 幅 120 行的画面比美国无线电公司以前所取得的效果要好，但与法恩斯沃思已经达到的效果相比则很差。

到 1933 年，兹沃雷金开始在美国无线电公司中有了更大的发言权，他说服同事们彻底放弃机械式扫描，而采用了全电子式系统，这极大地提高了图像的质量，达到了每秒钟 24 幅 240 行。他于 1934 年年底又取得了重要突破，成功地将分辨率提高到每秒钟 30 幅 343 行。使这一新电视系统增强的一个关键因素就是采用了一种被称为"交错扫描"（interlacing）的技术，"它是这样一种扫描过程：先扫描所有的奇数行，然后回到版的顶端再扫描所有的偶数行，以构成一幅完整的图像"[149]。这一程序使图像更为清晰，并几乎彻底消除了闪烁。兹沃雷金及其同事们在美国无线电公司卡姆登研究实验室所取得的进展极大地鼓舞了萨尔诺夫，以致他于 1935 年 5 月决定在全纽约市区的"实验领域……投资 100 万美元"。《纽约时报》在其头版上报道说，萨尔诺夫现在邀请他的"研究专家们从他们离群索居的科学巢穴中走出来，利用广大的露天空间作为试验场所"。萨尔诺夫简明地宣布了三点计划，提出了建立商业电视的必要基础：

1. 建立美国第一个现代电视发射台……位于合适的人口中心，并靠近美国无线电公司的研究实验室、制造厂及其位于"无线电城"的广播中心。

2. 制造有限数量的电视接收装置，并将其置于有战略意义的观察点，以便电视系统在实际服务条件下能得到测试、调整和改进。

3. 利用必要的演播室技术来开发试验性的电视节目服务，以确定最合适的电视节目形式。[150]

在很短的时间内，一个"体现同类设施中最高水平的"崭新发射器被安装到离地面 1 285 英尺高的帝国大厦楼顶，而帝国大厦是当时世界上最高的摩天大楼。美国无线电公司还生产了大约 100

台电视接收机，并将它们安置在发射器周围 50 英里以内的"美国无线电公司的工程师和管理人员的家中和办公室中"，这些地点除包括纽约市的五个区外，还包括几十个社区，如纽约州威斯特彻斯特县的柏油镇，新泽西州的西奥兰治、法明代尔、里奇伍德，康涅狄格州的韦斯特波特，等等。[151] 于是频繁而认真的实地测试于 1936 年 6 月 10 日开始了。由于测试结果非常乐观，因此该公司邀请了新闻界参加于 1936 年 11 月 6 日在"无线电城"3H 演播室进行的公开电视播出。这一历史性的节目由贝蒂·古德温（Betty Goodwin）主持，出席的明星有歌星希尔德加德（Hildegarde）、"墨水渍"（黑人演唱队），有喜剧演员埃德·温（Ed Wynn），有第一个原始电视剧《爱巢》的演员埃迪·艾伯特（Eddie Albert）和格雷斯·布兰特（Grace Brandt）——艾伯特是该电视剧的编剧。在此后的 18 个月中，"由兹沃雷金领导的美国无线电公司的科学家们通过实际使用来消除症结"，因此，"图像扫描行的数量增到每幅 441 行，使图像的细节变得极为清晰"[152]。

相比之下，在部署电视运作以使它将来成为可营利的企业方面，法恩斯沃思的能力要差得多。具有重要意义的是，他于 1935 年 6 月 22 日在对兹沃雷金的专利干预诉讼案中获胜，这使他对他的图像析像管保持了完全控制权，"并让低速扫描措施用于美国无线电公司的'正析摄像管'（orthicon tube）"[153]。自从萨尔诺夫于 1931 年试图收买这位年轻的发明家起，"法恩斯沃思与美国无线电公司之间的激烈竞争基本上转移到了美国专利局，在此，美国无线电公司尽了一切努力，尤其是利用专利干预措施以图控制图像析像管"[154]。使该案转向有利于法恩斯沃思的因素是直接证据与间接证据的结合，特别是法恩斯沃思与妻子佩姆在一系列的笔记本中详细记录了每天的进展，并辅以说明性的图表，这些日记支持了法恩斯沃思的说法，即他于 1927 年就发明了图像析像管。而且，法恩斯沃思的律师还取得了他高中老师贾斯廷·托尔曼的出庭作证，托尔曼讲述了法恩斯沃思于 1922 年在黑板上向他概述其电子式电视系统的故事，他甚至还向法庭提供了法恩斯沃思当年制作的图像析像管的原始草图。此外，还有几位见证人也证实当兹沃雷金于 1930 年第一次看到图像析像管时，他曾赞叹说："这个仪器很漂亮，我真希望它是我发明的。"但最重要的是，法恩斯沃思提供了其发明的原始版本，而兹沃雷金则只是凭"完全口头的"证据，他还"经不起法恩斯沃思的律师的交互讯问"。[155] 尽管美国无线电公司对法庭的判决提出了上诉，但对大多数讲道理的观察者来说，最终的结果还是维持原判。

然而，那长时间拖延的诉讼，加上日常的工作需要和不断的资金困扰，都对菲洛·法恩斯沃思产生了严重的不良影响。"他几乎每天都工作到凌晨，有时完全废寝忘食，经过长达 10 年的工作"，他的健康开始恶化。[156] 他的姐姐阿格尼丝回忆说："大约是在 1935 年，我看到我的弟弟出现了一个变化……他变得越来越沉默寡言……他会一直埋头于一件事情而不知道停歇。"[157] 尽管他是一个摩门教徒，但他开始将过量饮酒作为唯一的消遣办法，以便从与美国无线电公司的持续冲突中解脱出来，从其过度专注的工作压力下解脱出来。"他寻求医生和精神科专家的帮助，这些医生都劝他放慢节奏并休养身体，他们甚至建议他喝酒和抽烟，最终还给他开一种治疗失眠的药叫'水合氯醛'（chloral hydrate）"，但是这些药方时间长了都使他上瘾。[158]

法恩斯沃思及其工程人员于 1936 年 12 月在宾夕法尼亚州的温德莫尔建立了 W3XPF 电视台，这是美国实际播出的第 16 家实验电视台。[159] 该电视台位于费城的郊区，由法恩斯沃思电视公司经营。在该台开办后的两年中，由发明家转变为商人的法恩斯沃思一直在为其向美国联邦通信委员会申办一个商业执照，但是由于美国无线电公司的极力反对，他的请求最终被拒绝。于是法恩斯沃思及其人马决定，下一步要做的最好事情就是对公司进行改组，在从事电视研发和播出的同时，将重点放在电视制造方面。这时法恩斯沃思还第一次开始认识到，他可能会失去对兹沃雷金及其同事的竞争优势，因为美国无线电公司的电子式电视系统的质量现在已经达到了与自己相当的水平。他还感到他那最初于 1930 年签发的电视专利证书很快会过期。他的妻子佩姆解释说："问题是专利将于 17 年后进入可免费使用的公共领域，菲洛担心我们在专利过期之前还不能开办商业电视。"[160] 带着所有这些思想包袱，法恩斯沃思携家于 1938

年离开费城，搬到了宁静而充满田园风光的缅因州，那里可为他提供一点点放松呼吸的空间。他的当务之急是要恢复他那虚弱的身体，治疗他那越来越严重的抑郁症和酒精中毒症。

美国无线电公司的官员与重组的法恩斯沃思电视与广播公司于 1939 年 10 月 2 日签订了一个专利许可协议，其中，美国无线电公司同意为使用法恩斯沃思的专利而在 10 年内向他支付 100 万美元，此外还支付其所有专利的专利税。两家公司间的正式谈判开始于 1939 年纽约世界博览会盛大开幕式之后的一个星期，令人精疲力竭的艰难谈判持续了四个月之久。戴维·萨尔诺夫没有出席协议的签字仪式，他让他的密友、主管专利工作的公司副总裁奥托·谢勒（Otto Schairer）来达成这一协议。萨尔诺夫曾一贯吹嘘说："我们的工作就是收取专利税，我们不支付专利税。"但是这一次却没有回旋的余地，因为法恩斯沃思"持有电视的 6 个基本专利"，没有这些专利，任何全电子式电视系统都不可能充分有效地运营，任何配套的电视机都不可能生产。[161]萨尔诺夫感到很惭愧，但是他也很现实。"他曾试图采用各种手腕来挫败其貌似弱小的对手——收买官员、司法挑衅、专利回避、阴谋诽谤，而每一次法恩斯沃思都显示出惊人的弹性。"[162]菲洛·法恩斯沃思受到了重创，但他并没有死掉。

像萨尔诺夫一样，法恩斯沃思也没有出席协议的签字仪式。他于该年 6 月得了神经崩溃症，经在波士顿短期住院治疗后，他又回到缅因州的家中休养。代表他参加谈判的是他的终生好友唐纳德·利平科特（Donald Lippincott）律师和法恩斯沃思电视与广播公司的新总裁埃德温·尼古拉斯［Edwin Nicholas，又称"尼克"（Nick）］。尼古拉斯此前本是美国无线电公司的专利部主管，他于一年前加盟到法恩斯沃思的公司，当时法恩斯沃思在全国范围广泛搜寻并选择了他任公司的新总裁。由于尼古拉斯了解美国无线电公司人事和制度的内情，他在这次复杂而漫长的谈判中起了不可估量的作用。[163]法恩斯沃思的妻子佩姆后来透露说："这个协议非常接近我们的要求，菲洛很满意。"[164]为了追寻法恩斯沃思的全电子式电视系统的梦想，法恩斯沃思夫妇在平安度过一场终生考验之后，渴望着与新的公司一起一切从头开始。

毕竟，法恩斯沃思还年轻，只有 33 岁。然而，还有许多人也同样全身心地投入了这场电视竞赛，既包括那些投资者及其所支持的工程师们，也包括那些工业家和他们的律师们。例如美国无线电公司的首席谈判者奥托·谢勒，他从内心深处感觉到"除专利税外还有更多东西面临危险"，丹尼尔·斯塔绍威尔在《神童与大亨》（The Boy Genius and the Mogul）中叙述说。谢勒"在将兹沃雷金于 1920 年引进到威斯汀豪斯电气公司的过程中起了重要作用"，他认识这位发明家已经很多年了；而且，除了他的老盟友萨尔诺夫和兹沃雷金外，没有任何人"在美国无线电公司的电视项目上的个人投资"比谢勒更多。而当他以前的同事埃德温·尼古拉斯签署了协议"并将协议从谈判桌上推过来"时，奥托·谢勒"被一种伤心欲绝的失败感所淹没。这位律师在俯身签字时，眼睛充满了泪水"。[165]

就萨尔诺夫来说，他努力"摆脱签订专利税协议的羞辱感，并率领全国广播公司的（电视）广播全速前进"。从童年起，他的一贯作风就是找到办法来变暂时的挫折为前进道路上的更大胜利。他清楚知道"公众是看不出来法恩斯沃思在所有必要的电视专利中所占的比例的，因为他们的电视机上只带有全国广播公司的标志"[166]。在他看来，该协议中蕴涵的光明就在于他现在可以自由地开发全国广播公司电视网的商业潜力。他于 1939 年 4 月 20 日在纽约世界博览会上的讲话预言说，"会有一天，电视的奇迹……将把场景和事件的'视觉图像'带入人们的家庭，这些场景和事件到目前为止还是由人类的声音唤起并以'想象'的形式在那里出现的。"此后，他指导全国广播公司的移动摄制组制作了一系列的"首个"电视节目，这些节目通过其位于洛克菲勒中心"无线电城"中的 WNBT-TV 电视台（后来改名为 WNBC-TV 电视台）播出。[167]例如，全国广播公司的现场拍摄组于该年 5 月 17 日拍摄了首个棒球赛节目，是普林斯顿大学与哥伦比亚大学之间在纽约市贝克菲尔德进行的比赛；于 6 月 1 日拍摄了首个拳击冠军赛节目，是洛乌·诺瓦（Lou Nova）与马克斯·贝尔（Max Baer）之间在扬基运动场进行的比赛；于 6 月 10 日向斯克内克塔迪市的 WRGB-TV 电视台传送了首个广播网节目，是英国国王乔治六世

（King George VI）与女王伊丽莎白（Queen Elizabeth）访问 1939 年纽约世界博览会的报道；于 8 月 26 日拍摄了首个联盟棒球赛节目，是辛辛那提的红队与布鲁克林的道奇队在艾贝茨菲尔德进行的比赛；于 10 月 22 日拍摄了首个职业橄榄球赛节目，是费城的老鹰队与布鲁克林的道奇队之间的比赛，等等。这些"首个"节目一个紧接一个地不断涌现。

法恩斯沃思也同样关注着未来。在专利协议签订后不久，法恩斯沃思就携妻子和孩子们迁居到印第安纳州的韦恩堡市，但仍然保留他在缅因州的住宅作为家庭的休养所。法恩斯沃思电视与广播公司于 1939 年 2 月购买了凯普哈特公司在韦恩堡市的留声机厂，将其用来生产收音机和录放机，同时也生产电视机。法恩斯沃思目前的新头衔是负责研究的公司副总裁，他现在可以将更多的时间用在实验室而不是董事会会议室中，他对此感到很满意，也很释然。然而"他与他的专利一直都是法恩斯沃思电视与广播公司存在的基础"[168]。《时代》杂志宣称，法恩斯沃思电视与广播公司"是除美国无线电公司外在电视方面专利最雄厚的公司"；而且，"如果不采用他的某些专利，任何电视发射机和接收机都不能生产"[169]。但"反之亦然，法恩斯沃思也需要采用美国无线电公司拥有的兹沃雷金的专利"[170]，唐纳德·戈弗雷提醒说。

出于各种各样的目的，电子式电视于 1939 年底在美国已经开始投入使用。1934 年 8 月盛夏在费城富兰克林研究所有 50 个坐席的博物馆里，菲洛·T·法恩斯沃思首次向普通大众公开展示了电子式电视。不到 5 年后，戴维·萨尔诺夫领导美国无线电公司和全国广播公司全力以赴，在 1939 年纽约世界博览会上向全世界的公众再次推介了这一媒体。萨尔诺夫安排的电视面世会的历史意义是如此重大，令法恩斯沃思先前的成就显得黯然失色，并使之在人们的记忆中迅速销声匿迹。人们的这种集体健忘症并不是偶然的，"其主要原因在于美国无线电公司的专利部门与宣传部门对待法恩斯沃思的方式，这些部门声称实际上是美国无线电公司独自发明了电视，而拒绝让任何其他的发明家或公司分享一丝荣誉"。在此后的半个世纪中，戴维·萨尔诺夫、弗拉基米尔·兹沃雷金以

及他们的美国无线电公司获得了最大份额的金钱和荣誉，而"法恩斯沃思则基本上被贬降到了历史的垃圾堆中"[171]。

今天，人们正在进行一项翻案工程。近 10 年来，出现了越来越多的书和文章，还有一部为时 1 小时的纪录片，它们评价菲洛·T·法恩斯沃思和弗拉基米尔·兹沃雷金谁优谁劣，并争论两位发明家谁更适合"电视之父"这一称号。[172]尽管事实上两位发明家都对电视的发明做出了不可缺少的关键性贡献，但在这些学术性和大众性的文献中，法恩斯沃思常常成为胜利者。这主要是出于人们对这位少年天才的同情，他的故事好得几乎令人难以置信。同时也是出于人们对美国无线电公司于 20 世纪 30 年代对他粗暴而可耻的迫害感到强烈不满。"法恩斯沃思的成就是令人完全难以置信的"，埃里克·巴尔诺也惊叹说，"这孩子在那里装配了第一台电子式电视，而且当时正是这样一个时代，即每个人都认为从此以后发明将属于大公司的实验室。"[173]

反观历史，电视竞赛既有令人惊奇的一面，又有不光彩的一面。以前是电视工程师而现在是历史学家的艾伯特·艾布拉姆森证实说，兹沃雷金给当今电视技术状况所留下的印记可能要超过任何其他的人，"他的摄像管（即光电摄像管）和显像管（即真空显像管）很明显是当代摄像管和显像管技术的先驱"，而"法恩斯沃思的摄像管（即图像析像管）没有储存能力，因此埋下了自我毁灭的种子"[174]。然而，与法恩斯沃思的工作相比，兹沃雷金的研究与开发得到巨型公司的资助和支持要多得多，资助的时间也更长，受到外界压力、骚扰和阻碍也要少得多。当然，电视不是由某一个人发明的，相反，有许多人为电视的诞生作出了贡献。电视作为一种技术，它不仅仅只是一个摄像机加上一个接收机，而是由构想、发明、商业化、节目生产、不断革新等环节构成的一个过程。电视的诞生既需要独一无二的发明家，也需要平凡的工程师；既需要有远见卓识的工业家，也需要第一线的公司管理人员；既需要创新型人才，也需要勇于采纳并接受新技术的消费者。

最终，电视的诞生并不是仅仅延续 19 世纪的研究，而是一个周期性的再发明过程，这一持续过程一直到今天仍在继续。而且，电视的历史与发

58 虽然发明了第一个全电子式电视系统，但菲洛·法恩斯沃思的摄像管（即图像析像管）因没有储存能力而受到限制。（刊载此图获马里兰大学美国广播图书馆的准许）

美国无线电公司对弗拉基米尔·兹沃雷金研究的资金与人力支持使他于 1939 年发明了新一代的摄像管——"正析摄像管"。（刊载此图获马里兰大学美国广播图书馆的准许）

59　展还一直受到美国文化的引力与推力作用。例如，当美国无线电公司与法恩斯沃思电视与广播公司的代表于 1939 年秋签订他们的专利协议时，美国正从 1938 年的萧条中稳步恢复过来。而当美国的商业前景正在好转时，欧洲突然爆发了冲突。德国于 9 月 1 日不宣而战入侵波兰，由此开始了第二次世界大战。英国和法国于 9 月 3 日以对德宣战作为回应，美国也一步步卷入了这场国际性战争。罗斯福总统于 11 月 4 日签署了《1939 年中立法案》（Neutrality Act of 1939），允许美国向英、法及其盟国出售武器，以防德国闪电战的到来。当法恩斯沃思、兹沃雷金、萨尔诺夫以及成千上万的其他人正忙于将电视变为一种新兴产业和艺术形式时，上述这些形势变化成为他们的一个似乎

遥远但却不祥的背景。克里斯托弗·H·斯特林与约翰·基特罗斯在《继续收听：简明美国广播史》中写道，电视在 20 世纪 40 年代初即将兴起的想法不过是一场空喜。[175] 在电视这一新兴产业中的人，像其他美国人一样，他们谁也没有想到在短短两年之后，他们所有的专业力量全都将投入到战时舆论和动员中。在整个 20 世纪 40 年代，电视技术将得到重新思考和改进，以适应第二次世界大战中的生死搏斗及电视产业的最终商业化。在此后的几十年中，当电视一次又一次地面临类似的危机和挑战时，也莫不如此。

第2章

计划失灵
危机时期的电视重塑
(1940—1947)

即将来临

电视是从一开始就在户外、在充满怀疑的公众面前形成的少数科学之一。

《纽约晚间世界报》（*New York Evening World*），1929 年 12 月 15 日[1]

在纽约世界博览会于 1939 年 10 月 31 日关门越冬之前，参观者的数量在夏末与秋初已经逐渐减少，参观的总人数比预期的要少很多。电视接待普通公众的情况明显地如此类似。《星期六晚邮报》（*Saturday Evening Post*）指责说，"电视受害于它自己的先知们"，"太多的预言反而使得这个魔箱成了败兴之物"。[2] 的确如此，自从最初于20 世纪 20 年代中期展示詹金斯的"无线电视"和贝尔德的"电视"起，来自社会各领域的人为电视的到来做了太多的许诺，以至于美国有许许多

多的民众和记者对那些没有实现的期待早已变得厌倦。例如，《新闻周刊》（*Newsweek*）于 1935 年2 月警告说："电视'即将来临'已经喊了有七八年了。"[3] 在三年后，该周刊又说："无线电台与广播网在 20 世纪 20 年代的迅速膨胀，使有奇迹思想的人民大众首次相信电视即将来临……但是什么也没有发生……自 1925 年以来希望已经破灭了无数次。"[4]

1934 年 12 月，美国市场研究公司对东海岸和中西部的消费者意向进行了为期一个月的广泛调

查，以正确估计公众的电视意识及其对采纳这种新技术的兴趣。该公司的研究人员在其于 1935 年 2 月发表的报告中发现：美国有 91% 的人口已经听说过电视，有 51% 的人口"希望电视在四年又三个季度或更快的时间内进入家庭"[5]。《科利尔》（Collier's）杂志的副编辑欧文·P·怀特（Owen P. White）在 1935 年问道："电视已是实验室中的既成事实，为何我们不能在家中享有？"[6]1936 年 1 月 9 日，《纽约世界电讯报》（New York World-Telegram）披露说："联邦贸易委员会昨日告诉国会一个惊人的消息，说电视实际上已经可供公众使用。"而《综艺》（Variety）杂志则于一个星期后宣称："商业电视在 1937 年是有明确可能性的，而到 1938 年就不止是可能性了。"[7]

然而当 1938 年 1 月逼近时，《纽约世界电讯报》又抱怨说："电视是 20 世纪发明天才生养的一个顽童，它至今仍在同其主人玩令人费解的躲猫猫游戏。"[8]不论是公司研究人员还是独立发明家们，他们都试图谨慎地奉行一条模糊的路线：一方面他们通过公开声明预告电视的到来，另一方面却又试着不夸口说出到底何时能将这一媒体提供给消费者。然而情况常常是他们被一些夸大的赞美之词击倒，当他们在整个 20 世纪 30 年代不断地描述电视即将到来时，他们自己的热情明显害了他们。

这方面的一个典型例子就是由新闻工作者唐·沃顿（Don Wharton）设计并广泛流行的一个方案。唐·沃顿"从几十个来源获取信息，然后对这些信息进行筛选、审核、汇总"，设计出一份"今后五年商业电视时间表"。该时间表发表在 1937 年 2 月的《斯克里布纳杂志》（Scribner's Magazine）上，并于一个月后被一个专业杂志《无线电经纪人新闻》（Radio Jobber News）转载。唐·沃顿在文中预言说，"到 1938 年 1 月"，纽约和费城有可能出现商业电视，其中"费城将比人口更多的芝加哥先行一步，因为菲尔科公司、美国无线电公司和法恩斯沃思电视公司的研究机构集中在费城—卡姆登地区，并且菲尔科公司、美国无线电公司的电视接收机也将在这里生产"。"到 1939 年 1 月"，纽约和费城"相当有可能"出现商业电视，"而芝加哥和洛杉矶也有一点可能性，但出现会稍晚一些"。这四个城市的观众一共将达到近 2 000 万人。

"到 1940 年 1 月"，商业电视还将会在"波士顿、旧金山、克利夫兰、底特律、巴尔的摩（其发射器将覆盖华盛顿）、匹兹堡、圣路易斯播出，同时也可能在……密尔沃基、布法罗、明尼阿波利斯、辛辛那提和堪萨斯城播出"。[9]

"到 1941 年 1 月"，一个或多个"电视网出现在东部沿海地区并不是不可想象的事"。最后，"到 1942 年 1 月"，东部沿海地区的"潜在电视网"将"在五大湖地区也不难找到相匹敌的电视网"，五大湖地区的电视网将连接芝加哥、密尔沃基、底特律、托莱多、克利夫兰、匹兹堡、布法罗等城市。[10]尽管商业电视的实际发展比唐·沃顿所设计的商业电视发展蓝图晚了五到七年，但他的蓝图明显具有预见性。他合理地发现"你所在的城市越大，你将越早享有电视"，他还准确地预言了电视将开始于"地方性的服务"。[11]然而，唐·沃顿及其他人在 20 世纪 30 年代所做的预言，迫使那些不情愿的广播商们也不得不开始探讨开办电视业务的可能性，如哥伦比亚广播公司总裁威廉·S·佩利（William S. Paley），尽管他不可能自愿地更早采取这一步骤。

当威廉·S·佩利于 1928 年 9 月 26 日接掌哥伦比亚唱机广播公司的领导权时，再过两天才是他的 27 岁生日。当时哥伦比亚唱机广播公司是一个很小的、处在为生存而挣扎的广播网，威廉·S·佩利在他父亲塞缪尔·佩利（Samuel Paley）的帮助下购入了该公司的大部分股份。塞缪尔·佩利是一个百万富翁，他此前在费城成立了国会雪茄公司。年轻的威廉·佩利最初尝试通过哥伦比亚唱机广播公司位于费城的 WCAU 电台为他家的"佩利"牌雪茄烟做广告，由此产生了对广播的兴趣。威廉·佩利具有经营广播业的天分，他于 1929 年将公司的一小部分权益出售给派拉蒙电影公司后，将公司更名为哥伦比亚广播公司，并获得了现金储备和信用等级来将该公司重建为一个越来越受欢迎的广播网，成为一个能与全国广播公司的红色及蓝色广播网匹敌的广播网。多年后，威廉·佩利和美国无线电公司总裁戴维·萨尔诺夫都承认，他俩之间长期以来的关系是友好的，然而却是高度竞争性的。"从广播肇创起，那时他是'元老'而我还是'聪明活泼的孩子'"，威廉·佩利在 1979 年的回忆录中写道，"我们就一直是朋友、知己、激烈的竞争对手……我一直认为，他的力量在于广播和电视的技术与物质方面，而我的力量则在于理解才能、节目制作和播出内容。"[12]

当戴维·萨尔诺夫努力将电视作为一种技术和工业来加以扩张时，威廉·佩利感兴趣的却是制作高质量的娱乐节目并在收视率方面超过全国广播公司。哥伦比亚广播公司很不情愿地于1931年7月21日涉足电视领域，使用的是从詹金斯电视公司购买的一个无线电视及其他机械式电视技术。但该公司通过其在纽约的W2XAB电视台进行的这些早期实验于1933年停止了，直到该公司于1935年年底聘用匈牙利发明家彼得·戈德马克（Peter Goldmark）建立一个全电子式电视系统时才恢复了电视实验。在20世纪30年代的整个中后期，哥伦比亚广播公司严重依赖从美国无线电公司购得的电视摄像机、接收机和配件，甚至还从其强大的竞争对手那里购买了一个实验性发射器，将其安装在克莱斯勒大厦楼顶。当时克莱斯勒大厦是纽约市的第二高摩天大楼，仅次于帝国大厦——全国广播公司已经在其上安装了一个"基本上一样的装置"并通过它进行电视播出。[13]此后威廉·佩利指示彼得·戈德马克及其领导的四名工程师建立了一个纽约市最大的电视演播室，该演播室位于"纽约市大中央车站候车厅上面的顶楼"。[14]彼得·戈德马克回忆说："打败美国无线电公司及其统治者戴维·萨尔诺夫的强烈愿望是哥伦比亚广播公司中一种压倒一切的力量，这种力量实际上也开始塑造我的人生方向。"[15]

在美国无线电公司位于新泽西州卡姆登市的研究实验室中，弗拉基米尔·兹沃雷金及他领导的庞大工程队伍在电视竞赛方面似乎具有哥伦比亚广播公司中彼得·戈德马克及其助手不可逾越的优势。戈德马克及其同事们在20世纪30年代后半期一直在奋力追赶。然而1940年3月，发明家戈德马克在观看电影《乱世佳人》（Gone with the Wind）时受到了强烈震撼。"这是我看到的第一部彩色电影，色彩华丽极了"，戈德马克吐露说，"我几乎不能想象再回到那普通黑白电视的磷光图像。在那长达四个小时的电影播放期间，我一直沉浸在将色彩运用于电视的思考之中。"[16]

在此后的6个月中，戈德马克持续工作以研制一种混合型电视系统。该系统在菲洛·T·法恩斯

沃思的图像析像管中装入了两个带有红、绿、蓝三色过滤器的机械盘，这些过滤器在电视的摄像机端与接收机端进行了同步化，这两个旋转的滤色盘可将基本颜色加入到全电子式电视图像上。戈德马克于1940年9月向联邦通信委员会展示了其新的电视装置，并要求将他的彩色电视系统作为工业标准，而不是既存的、并同样处于考虑之中的黑白电视系统。但哥伦比亚广播公司的所有主要竞争者，包括美国无线电公司、法恩斯沃思电视与广播公司、菲尔科公司、杜蒙公司、天顶公司等，都表示反对，他们争辩说戈德马克的混合型电视系统中的机械成分将会限制电视的质量与长期可行性。联邦通信委员会将哥伦比亚广播公司高级工程主管的要求纳入考虑之中，威廉·佩利希望戈德马克的这一最新发明能至少减弱美国无线电公司咄咄逼人的气势，因为美国无线电公司正寻求按其自己的标准实现电视的商业化。

自1939年4月30日纽约世界博览会开幕式起，戴维·萨尔诺夫及其在美国无线电公司和全国广播公司中的同事就迫切要求尽快将实验电视转为商业电视。萨尔诺夫于1939年秋季和初冬一直在向联邦通信委员会施加外部压力，直到该主管机构于1939年12月21日终于提出了开办有限商业电视播出的新规则。联邦通信委员会在这一行动之后，于1940年1月中旬举行了公开听证会，并于2月底正式采纳了有限商业化的政策，决定将该年9月1日作为所有有兴趣的广播商开办商业电视的官方开始日。[17]戴维·萨尔诺夫对联邦通信委员会的这一决定很满意。

但戴维·萨尔诺夫却得寸进尺。美国无线电公司不是慢慢地转入商业电视，而是于1940年3月12日在全国范围发布新闻报道大肆吹嘘"一种新的电视服务"，接着又于3月20日在纽约市所有报纸及主要无线电专业杂志上刊登整页广告，宣传其一系列落地柜式和便携式电视机。[18]萨尔诺夫希望以优惠的价格销售至少"2.5万台电视机"[19]。联邦通信委员会立即作出反应，暂停其已同意的9月1日期限，要求于4月再次举行听证会"以确定美国无线电公司的行动是否过度阻碍了电视的研究和实验，是否阻碍了电视传送技术取得更高标准"[20]。萨尔诺夫被联邦通信委员会的突然声明惊呆了，他低估了该机构新任主席詹姆斯·

L·弗莱（James Lawrence Fly）的决心。如果形势允许的话，这位新主席将立即证明他会与美国无线电公司总裁直接对抗。

詹姆斯·弗莱是来自得克萨斯州的一位新政开明人士，于1939年9月1日被罗斯福总统任命为联邦通信委员会主席。联邦通信委员会在其前五年中就像其前身联邦无线电委员会一样，当它遇到那强大的广播企业的越轨行为时，尤其是当它遇到厚颜无耻的美国无线电公司时，它的行动基本上是软弱而混乱的。相反，詹姆斯·弗莱把联邦通信委员会引入了一个短暂的主动期，极大地扩张了其管理权限与影响力。他认为广播商们是获得许可的受托人，他们"肩负着服务公众利益的使命"。同时，他认为自己作为联邦通信委员会主席，职责就是要确保将"听众的权益"作为"主要关注对象"。[21] 这些理想实际上在1934年的《联邦通信法》中已清楚说明，但在此之前，联邦通信委员会极少承担起保护消费者的责任。

这一点在詹姆斯·弗莱的任期内发生了重要变化。弗莱于1940年3月24日告诉《纽约时报》说，"美国无线电公司目前的推销宣传"表明它完全"不顾本委员会的看法和建议"；他称美国无线电公司的推销活动"无视'应慢慢来'的建议"；增加了"将传送标准凝固在现有水平"的"危险"，"获得了相对于竞争者的不公平优势"，并可能导致"它们放弃有利于公众的进一步研究和实验"。[22] 4月2日，弗莱又通过"彼此广播网"和美国无线电公司自己的全国广播公司蓝色广播网"宣布说：国会授权联邦通信委员会负责签发许可证、促进研究与发展、鼓励取得更高的标准"，并负责确保"某个广播商的活动"，不致让它"自己的装备居垄断地位"。[23] 联邦通信委员会主席詹姆斯·弗莱最终于该年4月10日在华盛顿美国参议院州际商业委员会中将美国无线电公司的突击推销行为指为"闪电战"的实证。[24]

戴维·萨尔诺夫得到了消息，并立即改变对策。几个星期以来，他被那些公司竞争者们和联邦通信委员会称为不可信的人和失去控制的产业大享，被一些行业新闻人士称为不切实际的幻想家，《每日广播》（Radio Daily）的一个记者甚至称电视是"萨尔诺夫干的蠢事"[25]。于是，美国无线电公司总裁萨尔诺夫也发起了自己的公关攻势。

他率领其公司内部的公关队伍，并联合纽约的艾姆斯与诺尔公司，让各印刷媒体充斥着自由放任主义的言论，论述了为何应准许美国无线电公司尽快将电视送到美国人民手中。结果在此后的几个星期中，"全国的报纸将联邦通信委员会的立场描述为'有史以来联邦政府骄纵作风的一个最荒唐例子'；是'专横的管制'；是'毁灭自由企业体系'；是'武断和独裁'；是'商业圈套'；是'商业复兴的痉挛'；是'愚蠢的官僚主义的新高潮'"。[26]

很自然，萨尔诺夫在与联邦通信委员会的公开辩论中有失也有得。面对所有的外部压力，联邦通信委员会退让了一点，它于该年夏天召集了"另一个委员会"，即国家电视系统委员会。国家电视系统委员会是"由无线电制造商协会任命，由来自整个电视行业的工程专家组成的"，它将形成关于电视标准的最终共识，并将共识提交给联邦通信委员会，由其做最后批准。通过这一行动，詹姆斯·弗莱及联邦通信委员会的其余成员表示，如果国家电视系统委员会的工作进展顺利，他们稍后将迅速批准商业电视。[27]

国家电视系统委员会于1940年7月底开始其商讨，并在此后的6个月中不倦地工作，以打造出一个能为所有相关发明家和广播商都可接受的妥协方案。该委员会由德高望重的通用电气公司研究工程师沃尔特·R·G·贝克（Walter R. G. Baker，斯克内克塔迪市的WRGB电视台后来是以他的名字命名的）任主席，委员会考虑了各种建议，包括处于低端的美国无线电公司的黑白电视系统（每秒30幅441行的图像，调幅声道）、处于高端的杜蒙公司的系统（每秒15幅625行的图像，调频声道）、处于中间的哥伦比亚广播公司的彩色电视装置。贝克与其在国家电视系统委员会的同事们拟订出了一个几乎得到一致同意的行业共识，即采用每秒30幅525行的图像和调频声道，并于1941年3月8日向联邦通信委员会提交了建议案。另外，他们搁置了彩色电视问题，以期进一步改进。联邦通信委员会就该建议案举行公开听证会后，于5月3日宣布接受国家电视系统委员会的标准，同时决定将1941年7月1日作为美国商业电视的开办日。"漫长的争斗突然结束了"，戴维·费希尔与马歇尔·费希尔在《显像管：电视的发明》中叙述道，"虽然所采纳的标准不是美国无线电公司的，但戴维·萨尔诺夫又一次获胜了。美国无线电公司能够轻而易举地改变其发送标准，而商业电视——这是美国无线电公司旨在获利的东西——终于要出现了。"[28]

可是于 1941 年 5 月 2 日，联邦通信委员会在其《关于联营广播的报告》（Report on Chain Broadcasting）中，又向美国无线电公司、哥伦比亚广播公司及广播行业所有其余的公司发出了一个惊人的消息。作为一个"根深蒂固的反垄断主义者"，詹姆斯·弗莱及其委员会成员们提出了消除广播网中非竞争性形势的新规则，旨在消除一个公司拥有"两个以上的广播网"及广播网向其附属电台实施不谐调的控制等。[29]据历史学家 J·弗雷德·麦克唐纳（J. Fred MacDonald）记载：

詹姆斯·弗莱遇到了强烈的抵制。联邦通信委员会要求在地方台与全国性广播网之间的结构性关系方面给予地方台更大的自由，哥伦比亚广播公司总裁威廉·佩利利用其政界朋友和公司中的律师来抵制这一命令，但失败了。联邦通信委员会要求全国广播公司出售其部分业务，戴维·萨尔诺夫一直上诉到美国最高法院以寻求撤销联邦通信委员会的这一命令，他也失败了。结果大公司与其附属机构之间的联系变得更加公平合理，全国广播公司也于 1943 年出售了蓝色广播网，不到两年这个分离出来的广播网成为美国广播公司。[30]

电视在美国作为商业和产业的模糊轮廓逐渐成形了。全国广播公司原来的实验电视台 W2XBS 于 1941 年 7 月 1 日下午 1∶30 正式改为商业性电视台 WNBT。该台播出的第一个节目是联合服务组织的筹资公告，接着播出的是一系列竞答节目和游戏节目，如由拉尔夫·爱德华（Ralph Edward）为"象牙肥皂"主持的《真相还是后果》的一个视频测试片断。WNBT 电视台最初的"广告收费标准是晚间节目赞助费为每小时 120 美元，白天节目为每小时 60 美元"[31]。例如，洛厄尔·托马斯播读的 15 分钟晚间广播新闻摘要也通过电视同步播出，该节目由太阳油公司资助，资助费为 30 美元。莉诺·詹森（Lenore Jensen）是一位女演员，她曾"主持过几个早期妇女电视节目"，她回忆说，"第一个纯粹广告"播出的是"一块'布洛

瓦'手表的表面，它有一个扫动的分针。当他们在播放《一分钟华尔兹》时，镜头将聚焦于该表一分钟的时间"。[32]

在第一天的商业电视服务中，全国广播公司在从客户那里接收广告方面与其竞争者相比处于遥遥领先的地位。"哥伦比亚广播公司还没有成队的赞助者"，但威廉·佩利及其公司也于 7 月 1 日将其纽约实验电视台 W2XAB 改为商业性的 WCBW 电视台（后来成为 WCBS 电视台），它播出了"一次舞蹈课、一个新闻广播和一个艺术展览"。杜蒙公司继续通过"自己的实验性电视台 W2XWV""非商业性地播放电影和现场节目"，W2XWV 电视台是杜蒙公司于 1940 年 4 月在"在位于麦迪逊大街 515 号的一个市中心办公大楼"开办的。[33]从此以后，全国广播公司、哥伦比亚广播公司和杜蒙公司"直到 20 世纪 40 年代末一直支配着纽约和整个东海岸的电视"[34]。在 1941 年夏，全国实际上"有 23 个电视台，它们或是已在播出，或是正在建立过程中"，"每个带有演播室装备的电视台"估计造价为"大约 50 万到 75 万美元"[35]。电视好像要"终于准备起飞了"，但是它再一次"遭到外部力量的干预，又被放回到冷藏室中"。[36]

1941 年 12 月 7 日，日本帝国空军偷袭了位于夏威夷珍珠港的美国海军基地，美国军民死亡近 2 500 人，伤 1 175 人，击沉战舰 18 艘，摧毁飞机 188 架。第二次世界大战终于猛烈而惊人地来到了美国的大门前。当天哥伦比亚广播公司的 WCBW 电视台进行了"9 个小时的报道"，由迪克·哈贝尔（Dick Hubbel）主持"提供了第一个即时特别电视新闻节目"，"当时哥伦比亚广播公司电视台是美联社无线电消息的唯一电视订户，它有两名新闻人员"。[37]第二天美国向日本宣战，当天罗斯福总统在国会参众两院联席会议上讲话，称 12 月 7 日"将作为丑恶的一天记入历史"。在日本偷袭美国四天后，德国于 12 月 11 日向美国宣战，激起美国公众支持罗斯福总统在欧洲、北非、太平洋岛屿及日本全线出击。

当 12 月 7 日珍珠港袭击的消息传到纽约市戴维·萨尔诺夫的耳中时，这位美国无线电公司总裁立即向罗斯福总统"发出一份电报"说："我们的所有设施已准备好随时为你服务，我们等候你的命令。"此前，罗斯福总统已于该年夏天召萨尔

诺夫到白宫进行了一次私人会晤，由于当时预期美国最终会卷入战争，因此没有演奏正式访问的常规军乐。在那次面对面的会晤中，这位工业家向总统保证"美国无线电公司的全球传播网可迅速与军事渠道整合。他告诉罗斯福说，美国无线电公司作为世界上最大的电子管生产商，准备一夜之间将其工厂、机器和人力转入战时生产"[38]。第二次世界大战使每一个人都将商业电视的发展

置于次要地位，尽管第二次世界大战巨大地刺激了与电视有关的研究与开发。事后发现，"阴极射线管是在赢得战争胜利中起了重要作用的秘密武器之一"[39]。美国无线电公司、通用电气公司、美国电报电话公司、杜蒙公司以及几十个其他较小的电子公司"紧张的研究努力""在电视技术方面实现了巨大的飞跃，使电视在战争结束后进入到一个新时代"。[40]

68

好久不见

　　到 1941 年夏，我确信我们不能避免战争，而且我知道美国无线电公司将处在战争最激烈之处。我们的技术将是军事通信不可缺少的。只是我们进入电视游戏太晚了。

戴维·萨尔诺夫，《将军》（*The General*），1967 年[41]

　　从 1942 年开始，美国电视业羽毛刚刚丰满准备起飞，电视业中的许多年轻人就或参军入伍或被征募，因此人力缺乏极大地限制了美国为数极少的几家电视台的经营。该年 5 月 12 日，美国战时生产委员会又在全国禁止电视的进一步扩展，这一官方禁令在战争结束前一直有效。战时的限制将美国获准的电视台数量冻结为 9 个（纽约市 3 个、斯克内克塔迪市 1 个、费城 1 个、芝加哥 2 个、洛杉矶 2 个），其中有 7 个台最终得以播出并坚持到了最后。[42] 为了让许可证维持有效，联邦通信委员会要求各电视台至少每周播出 4 小时。然而，由于几乎不可能找到可替代的工人和零件，这一很低的要求对许多电视台来说也一直是个挑战。到 1945 年战争结束时，美国 7 个尚存的电视台分别是：全国广播公司的 WNBT 电视台、哥伦比亚广播公司的 WCBW 电视台、杜蒙公司的 WABD 电视台（由以前的 W2XWV 电视台于 1944 年改名而来），这 3 个台位于纽约市；通用电气公司的 WRGB 电视台，位于斯克内克塔迪市；菲尔科公司的 WPTZ 电视台，位于费城；巴拉班与卡茨公司的 WBKB 电视台，位于芝加哥；唐·李公司的 W6XAO 电视台，位于洛杉矶。[43]

　　尽管长期存在人力与设备上的不足，但战前和战争期间的美国电视状况要比世界其他任何地方的

电视更为优越。这一状况与先前人们的普遍看法大相径庭。早在 1935 年，《广播》（*Broadcasting*）及美国其他的行业报纸报道说，"欧洲注意到了电视"，并在让电视成为"一种像广播一样的实际娱乐媒体"方面远远超过美国。[44] 一些大量发行的期刊，如《商业周刊》（*Business Week*），也宣称"在电视商业化方面……德国走在前面……一个发射台网络正在兴建，并已经在提供每日节目服务。有五个德国公司在生产电视机……德国和英国在这方面的经验表明，人口稠密的国家与我们辽阔的领土相比具有优势"。[45]

　　当然，也有些行业专家建议人们不要相信上述那些夸张的说法，其中包括《广播行业》杂志的编辑胡戈·根斯巴克。根斯巴克警告读者"不要被今天欧洲的情况所蒙蔽。在英国、德国和法国，电视并没有出现任何重大进展"[46]。在英国、德国和法国，同时还有俄国和日本，它们各自只有一家政府经营的电视台，这些电视台全靠政府资金支持；而美国目前已组建了 7 个私营的电视台，它们竞相争取观众和赞助者，另外还有几十家电视台即将出现。而且，在战争爆发时"英国只有大约 4 000～6 000 个电视机在使用中"，此后由于战争优先和资源限制措施，全世界的电视机生产实际上都停止了。与此相比，当时"德国处

69

于使用中的电视机还不到 500 台",法国、俄国和日本的更少;相反,美国全国却有 8 000 台以上的电视机。[47]

在"珍珠港事件"后,美国的广播业自告奋勇地将电视由商业运营转为以力所能及的方式为战争服务。例如,大多数电视节目具有越来越强的公共服务倾向——"成千上万的民防志愿者及其他人员是通过电视机来训练的,这些电视机被安置在教室、消防站、警察局甚至私人住宅"。当时电视播出的课程包括"战时灯火管制、毒气战、消除污染的程序等主题"[48]。电视台还"为住院治疗的美国兵播放"大学篮球赛和职业拳击赛,这些医院的电视机是人们捐赠的。[49]而且,电视的研究与开发现在是围绕着其新的应用来进行的,如作为高科技监视手段、战场环境中的远距离观察手段、某些精确打击武器的关键部件等。

雷达(radar)是第二次世界大战期间运用阴极射线管的最新奇发明之一。"一个人在芝加哥可以观看到纽约的球赛,通过对这一原理的稍加改变,一个处在军舰上的观察员也可看到从几百英里外飞来的飞机,飞机上的飞行员也可看到海上的船只,即使船只被云雾和夜色覆盖。"[50]在战争开始时由电视技术演变而来的另一个监视装置就是远航仪(loran),它通过测算两个以上安装在战略位置的发射台所发出的低频无线电信号抵达的时间,可准确标出船只或飞机的位置。在第二次世界大战中诞生的、将阴极射线管用于观察目的且用途最广泛的一种发明可能要算示波仪(oscil-lograph)。示波仪可扫描从机器到岩石结构的一切东西,就像 X 射线可透视人体一样。例如,示波仪可校准手表、测定照相机快门的速度、测量发动机的点火速度、检测桥梁和电梯缆绳的弹性、测量无线电干扰的效果、测量闪电对电力线路的影响,等等,这里列举的只是示波仪无数实际用途的少数几种而已。

在以其他方式来延伸视力方面,美国无线电公司的研究者们试验将他们在电视中使用的红外线图像管改用于其他各种不同目的,如用于夜间观察,或用于提高军队神枪手的射击精度等。莱斯·弗洛里(Les Flory)是美国无线电公司电子式电视研究组的最初成员,他回忆说:"我们在钢盔上的双筒望远镜里装上小型红外线图像管……

可利用红外线灯在夜间开车;我们还制作了一种红外线瞄准镜(sniperscope),它是一个装在红外线图像管上或红外线灯上的单筒望远镜,将其安在步枪上,你就可以用红外线灯照明目标并通过望远镜看到它,而你所瞄准的对象却一点也看不见你的灯光。"[51]弗拉基米尔·兹沃雷金监管其工程小组研制这些极端秘密的图像增强器,而美国陆军和海军早于 1943 年就在战场上使用夜视镜(snooperscope,用于夜间侦察)和红外线瞄准镜(用于高精度瞄准)。

兹沃雷金还提出了用电视控制武器的最初设想。他于 1934 年在一篇论文《带电子眼的飞行鱼雷》(Flying Torpedo with an Electric Eye)中首次提出了这种应用建议。但是直到 1939 年秋第二次世界大战最终在欧洲爆发为止,"美国无线电公司的科学家和工程师们"没有开发和测试"必要的技术,例如极轻的可装在武器上飞行的电视摄像机"。到 1940 年,"美国政府开始资助美国无线电公司的研究工作,这些工作是在隐蔽中秘密进行的,其代号为'龙'和'鹈鹕'"[52]莱斯·弗洛里在美国无线电公司中的同事洛伦·琼斯(Loren Jones)证实说:"这是兹沃雷金的主意","他实际上是第一个提出这一建议的人,即认为在飞弹离开炮管后可以改变它的轨迹"。美国无线电公司的工程副总裁特德·史密斯也说:"该项目是由我和洛伦·琼斯负责,我们说服海军电视对他们有用。我们签订的一项协议就是要造一种没有发动机的小型胶合板飞机,可挂在一个飞机上,它上面装有一个电视摄像机,因此人们可从地面对它进行控制。关键在于要在它里面装上炸药,然后通过遥控让它撞击敌人的目标。"[53]

使这种电视引导的武器变得可行并且达到 50% 左右的有效率的,是正析摄像管(orthicon)的研制和改进。于 1939 年生产的第一代正析摄像管要比菲洛·T·法恩斯沃思的析像摄像管和兹沃雷金的光电摄像管灵敏 10～20 倍。然而,1944 年生产的正析摄像管结合了其前身的"所有优点",它"比最初的正析摄像管要灵敏 100 倍以上",因此要比析像摄像管和光电摄像管清晰 1 000 倍以上,它仅仅靠一根火柴的光亮就能显示可接收的图像。正析摄像管的改进主要由美国无线电公司中年轻一代的工程师负责,如艾伯特·罗斯(Albert Rose)、哈罗德·劳

（Harold Law）、保罗·怀默（Paul Wymer）等。在这几年，兹沃雷金"不再密切参与，他处在管理岗位，担任美国无线电公司电子研究实验室主任，不再作为科学家积极工作"[54]。

虽然如此，美国无线电公司的整个研究小组，包括兹沃雷金在内，都对正析摄像管的研制感到极为自豪。他们开始趣称正析摄像管为"伊米"（Immy），后来又将该绰号女性化，改为"埃米"（Emmy）。"埃米"后来还成为美国电视艺术与科学学会于 1949 年开始授予的年度创新与制作奖的名称。保罗·怀默回忆说："艾伯特·罗斯让我和哈罗德·劳与他一起工作。我们在整个战争期间一直从事这项工作，目标是研制由电视引导的鱼雷，但结果却是正析摄像管被用于电视，从 1946 年一直使用到 1965 年或是 1970 年，而使用期达到 25 年的装置并不是很多。他们实际上将正析摄像

管称为'电视的原子弹'，因为它使电视成为可行的东西。"[55]

然而，从 1943 年到 1945 年，正析摄像管的主要功能却是为高精度武器提供导向。在整个欧洲战场和太平洋战场，"电视技术被用于引导炸药去打击和摧毁敌人的目标"。事实上，美国无线电公司共生产了大约 4 000 个正析摄像管，"以供陆军和海军用在无人炸弹和其他飞行武器上"[56]。敌人的作战部队也采用了类似的策略，但各自的方式不同。例如，日本人启动一种载有炸药的"神风飞机"，结果不仅打死了受害者，也导致其飞行员"自杀"身亡。德国人部署了"V-1"和"V-2"火箭，但这些飞弹既不是靠人也不是靠电子引导系统引导的，因此它们相当不精确，尽管它们在平民人口中具有让人十分害怕的效果，因为它们在发挥威力前会发出巨大的轰鸣声。

电视的相关技术，如由摄像机引导的飞弹，成为第二次世界大战期间各种高精度武器的基础。（刊载此图获戴维·萨尔诺夫图书馆的准许）

72

电视引导鱼雷最著名的使命可能要算美国空军上尉小约瑟夫·P·肯尼迪（Joseph P. Kennedy Jr）及其飞机副驾驶员于 1944 年 8 月 12 日所做的致命尝试，他们的任务是要摧毁德军在比利时海

岸建立的针对英国的主要"V-1"飞弹发射基地。小约瑟夫·P·肯尼迪是后来美国总统肯尼迪的哥哥，他自告奋勇驾驶"一架'海军解放者 PB4Y'轰炸机，机上装载了 2.2 万磅（1 磅约为 0.45 千克）炸药，是战争期间到此时为止一架飞机装载炸药量最多的一次"。根据计划，当飞机越过英吉利海峡时，肯尼迪上尉与其同伴将"在启动遥控引导与武装系统后，让飞机进入无人驾驭状态，由其后面的一架跟踪轰炸机遥控"，而肯尼迪上尉与同伴则跳伞逃离。可是当飞机还在英国东南部靠近海岸的萨福克地区上空时，"一个友好的无线电信号"错误地启动了"电子引爆装置"，炸毁了肯尼迪上尉的飞机，一具尸体也没有找到。[57] 这突出地表明了这些绝密使命所具有的高度危险性，以及电视相关技术所具有的实验性特点。

73　　　到 1943 年，第二次世界大战的局势已明显朝有利于盟国的方向转变。美国与澳大利亚的军队终于在南太平洋发起进攻，经过激战在瓜达尔卡纳岛、伦多瓦岛、新乔治亚岛获胜后，于 8 月底收复了所罗门群岛。轴心国军队于 5 月在北非投降，接着美军和英军于 9 月初对南意大利展开了两栖进攻。同时，盟军的飞机也开始对德国鲁尔河谷的城市和军工厂进行昼夜不间断的轰炸袭击；而苏军则突破了纳粹的东部阵线，在斯大林格勒和库尔斯克取得了一系列决定性的胜利，最终将又饥又乏的希特勒军队向西赶出了乌克兰。到 1944 年 2 月，德怀特·D·艾森豪威尔（Dwight D. Eisenhower）将军被任命为"盟国远征军"的"盟军最高司令"，在他的领导下，盟军开始规划并实施期待已久的西欧解放使命及随后进攻纳粹德国的使命。

　　艾森豪威尔在建立诺曼底登陆战所需的各指挥中心时，于 1944 年春向美国战争部发送了一份"紧急请求"，恳请战争部高层领导人推荐谁将是"可找到的最好通信专家，以协助他组建和协调那错综复杂的无线电通信网；当进攻欧洲的战争开始后，盟军将需要这些通信网既服务于军事目的，又服务于新闻目的"。[58] 戴维·萨尔诺夫立即被作为最佳人选被挑选出来，而这位美国无线电公司总裁也毫不犹豫地接受了任命。早在 25 年前，在第一次世界大战期间，萨尔诺夫就曾"申请为海军通信效命，结果被拒绝。政府表面上的

理由是他的无线电工作对战争是必要的，但萨尔诺夫则怀疑是出于反犹太主义"。[59]

　　尽管如此，萨尔诺夫还是从 1924 年起在美国陆军信号兵后备部队中作为一名中校忠诚地服役；而在第二次世界大战爆发前，他由衷地对"纳粹分子反犹太主义的威胁感到惊骇"。[60] 当美国政府于 1942 年两次与萨尔诺夫接洽要求他"协助为军队提供装备和供应"时，他真是求之不得。[61] 他的传记作者和密友肯尼思·比尔比解释说，"他渴望被接纳为美国人，为了实现这一终生心愿，他强烈地感到在其接纳国处于巨大的危险时期，穿上接纳国的军装是无比必要的"。他的这一愿望终于实现，他获得了在艾森豪威尔将军手下服役的机会。作为回报，他勤奋工作，并出色地完成自己的任务，"1944 年 12 月 7 日，即'珍珠港事件'三周年的日子"，他被提升为准将。从此以后，萨尔诺夫让美国无线电公司"各级公司职员"知道"他宁愿被称呼"为"将军"，他采用了英国人的做法，将军队里的头衔带入平民生活中。[62]

　　当战争的结局对盟国来说显得更为乐观时，74 全国广播公司、哥伦比亚广播公司和杜蒙公司在 1944 年秋季和初冬为即将在美国恢复商业电视而召开了内部规划会议。回顾起来，第二次世界大战实际上为全美国数百家电子装备公司带来了一个大发意外之财的时期，这些公司当然也包括那些在早期电视的研发方面最著名的公司，如美国无线电公司、通用电气公司、美国电报电话公司、威斯汀豪斯电气公司、菲尔科公司、天顶公司、杜蒙公司等。例如，美国无线电公司的收入在 1942 到 1944 年间增长了三倍，而其利润则增长了两倍多。[63] "但这并不意味着美国无线电公司的行为是不合适的或不爱国的，而是像所有其他的国防承包商一样，它的利润在战争期间也有了重大增长"，商业史学家罗伯特·索贝尔（Robert Sobel）解释说。[64] 甚至连法恩斯沃思电视与广播公司也在第二次世界大战期间享受了一个短暂增长与繁荣的喘息之机。然而像许多其他小公司一样，当政府的订购合同终止时，法恩斯沃思电视与广播公司就发现，它在与那些比自己远远强大的对手竞争时处境极其艰难。结果是法恩斯沃思电视与广播公司在第二次世界大战结束后还苦撑了几年，但最 75 终于 1949 年被国际电话与电报公司吞并。[65]

萨尔诺夫于 1944 年被提升为准将，从此以后他宁愿被称呼为"将军"。他采用了英国人的做法，将军队里的头衔带入平民生活中。（刊载此图获戴维·萨尔诺夫图书馆的准许）

　　哥伦比亚广播公司与大多数其他涉足电视领域的大公司相比情况相当不同，因为它主要是一个广播网，而不是一个像美国无线电公司那样成熟的电子工业巨头。但威廉·S·佩利和戴维·萨尔诺夫也一样是来自俄国的犹太人，他也同样愿意并渴望作为一个广播商为盟国的反纳粹事业贡献自己的时间、才能和独特的经验。从 1943 年开始，佩利先是"作为战时情报局的一个民事顾问"在北非和意大利的美军中服务，并"穿上了荣誉上校的制服"。后来，他被委派到艾森豪威尔将军的司令部中任"心理作战局无线电广播处处长"，主要任务就是"要向全世界广播"关于 1944 年 6 月 6 日的诺曼底进攻战役及其后果。[66]据人们说，佩利"干得很出色"，但据报道，他"抱怨他仅仅只是个上校"，而萨尔诺夫却于 1944 年年底荣升为准将。[67]当艾森豪威尔的欧洲统帅机构解散后，威廉·佩利最终于 1945 年 8 月回到了纽约，准备继续担任他在哥伦比亚广播公司中的领导职位，其公司也重新开始与全国广播公司争夺在广播领域的优势地位。

　　威廉·佩利在 1945 年秋遇到的第一个挑战就是要决定在电视方面该怎么办。在那时，哥伦比亚广播公司只是一个无线电广播网，它既不生产电视机，也不像其主要竞争者全国广播公司那样致力于电视。而且，在 1945 年 5 月和 6 月，联邦通信委员会发布了关于在美国恢复商业电视所允许的技术标准和频率分配的最新决定。

　　一方面，美国无线电公司与所有其他原电视机生产商一样，如通用电气公司、菲尔科公司、杜蒙公司、天顶公司等等，都基本上都主张"立即采用战前标准建立战后电视"[68]。这一立场意味着装配线式电视机生产的闸门将被打开，各公司将依据以前获准的国家电视系统委员会的指导方针，生产黑白图像的、每秒 30 幅 525 扫描行的、采用调频声道的电视机。

　　另一方面，哥伦比亚广播公司及其唯一一个相当不成熟的同盟者美国广播公司，则反对 1941 年的那些标准。美国广播公司于 1943 年被白手起家的糖果大亨爱德华·J·诺布尔（Edward J. Noble）以 800 万美元购得，它作为一个羽翼初丰的广播网，刚刚立足未稳，因此它只能给予哥伦比亚广播公司象征性的支持。哥伦比亚广播公

76 司当时要求放慢启动商业电视的时间表，以整合战时新出现的与电视有关的一些技术革新，同时重新考虑将新改进的哥伦比亚广播公司彩色电视系统作为工业标准。

对此，那些对立者们强烈反对，说他们根据国家电视系统委员会的标准已在电视设施与装备方面投入了数百万美元的启动资金；他们宣称，较早而不是较晚实现电视商业化是推动战后经济的重要的第一步；他们还说，哥伦比亚广播公司的彩色格式与所有现存电视机不兼容，因此将使那些已经购买了黑白电视机的普通美国消费者们蒙受损失；最后，"正如菲尔科公司的管理官员所说，在研究仍在进行的同时，没有正当理由不让公众享用我们现有的电视"[69]。

不出所料，联邦通信委员会考虑了这些理由后，赞同美国无线电公司及其余大多数公司的要求，决定维持现状。弗雷德·麦克唐纳在回顾时说："联邦通信委员会很难作出别的决定，在战争结束时抑制对电视的需求将是阻止公众对尽快享用电视的期待。"[70]而且，从1945年夏到1948年6月，愿意且准备投资于电视的企业家数量猛增，联邦通信委员会在此期间已经接收到425个以上的电视台申请，而它只批准了123个新的电视台，其中12个台获得营业执照，25个台获得播出许可，其他的86个台获得待建许可。[71]然而联邦通信委员会1945年的决定还是极大地限制了广播和电视在未来的发展。根据克里斯托弗·H·斯特林和约翰·基特罗斯的观点，在决定下一代美国广播业的最终形态时，"要过分强调1945年决定的重要性是很困难的，因为这些决定产生于这样一些听证会"[72]。

就电视来说，联邦通信委员会将甚高频（very high frequency/VHF）波段（即第2到第13频道）分配给电视，这完全不能满足电视持续增长的需要，因为它将任何一个市场上的电视台数量限制到仅7家。为了满足其彩色电视系统的需要，哥伦比亚广播公司建议采用超高频（ultra high frequency/UHF）波段（即从第14到第83频道）作为电视频道，这将使每一个电视台都有大量的电视频道可用。实际上，联邦通信委员会"是批准已完全成熟的电视利用严重不足的频道数量"，因此将美国的商业电视置于这样一条道路上，该道

路"一直持续到20世纪80年代有线电视繁荣为止……当该委员会最终于1953年开放超高频波段时，有意义地利用这一波段已经为时太晚"。此时，各电视网"已承诺……用甚高频播出"，而且到20世纪50年代初，全国广播公司、哥伦比亚广播公司、美国广播公司、杜蒙公司作为当时的垄断者已经"控制了美国的电视"。[73]

就无线电广播来说，将"调频上调到另一个"77甚高频波段使得"战前的收音机变得过时，引起了收音机所有者的反对，给企业增加了巨大的转产成本，还使调频收音机延期了很多年"，广播史学家埃里克·巴尔诺记述道，"但美国无线电公司和全国广播公司对此感到高兴，该上调有利于保护广播业的现状，同时还为扩展电视业留出了频率空间。"[74]当戴维·萨尔诺夫从军队退役回来后，他主要关注的是电视的发展。他于1944年12月底召集美国无线电公司中"15位高管"开了一次"幕僚会议"，给他们下达了进军令："先生们，美国无线电公司有一个优势，即电视。你们需要的任何资源都将得到满足，这一次我们将取得成功。广大的市场就在眼前，我们将先于任何人占领这一市场。"[75]

毫不奇怪的是，联邦通信委员会具有重大影响的1945年决定一发布，萨尔诺夫的公司指令就取得成功。他与他的同事们于1946年夏揭幕了他们的最新产品："美国无线电公司630-TS型电视机，即'T型'电视机，该电视机立即走下了生产线。到该年年底，这种有10英寸屏幕的电视机已经售出了1万台，每台售价为385美元。第二年美国共售出了25万台电视机，其中有五分之四是美国无线电公司的产品。"在此期间，哥伦比亚广播公司的彼得·戈德马克博士于1946年年初向联邦通信委员会及其新任主席查尔斯·丹尼（Charles Denny）展示了其不断改进的彩色电视系统，而哥伦比亚广播公司也再一次要求联邦通信委员会将该系统采纳为工业标准。对此，美国无线电公司则用它自己虽然较差但却是可兼容的全电子式彩色电视系统来加以抵制；同时，所有电视机制造商的律师们也都抗议说哥伦比亚广播公司电视系统的机械成分是一个极大的局限，因而也是该拒绝的理由。最初，联邦通信委员会还鼓励戈德马克，"但后来，未经提醒，就已经转为反对哥伦

比亚广播公司。1947 年 1 月 30 日，联邦通信委员会宣布说哥伦比亚广播公司的系统不成熟，还需要进一步测试才能得到认可"。在此期间，美国无线电公司继续"以其黑白电视机充斥市场，使哥伦比亚广播公司的彩色电视系统越来越不实用"[76]。

尽管"哥伦比亚广播公司对联邦通信委员会的裁决反应激烈：它关闭了其 WCBS 电视台演播室，解雇其摄制组，还解散其研究实验室"[77]，但这一反应只是暂时的。过了不到一年，威廉·佩利及其公司又重新开启了其在大中央车站的摄制场所，他在富有才华的制片人、作家兼导演沃辛顿·迈纳（Worthington Minor）的身上又重新找到了信心，并挑衅性地任命他为演播室主任。电视并没有很快就消失，哥伦比亚广播公司也是如此。佩利曾预言说战后年代将是一个无情竞争的

时代，然而连他也感到惊奇的是，到 1947 年 10 月形势竟然变得如此可怕："联邦通信委员会主席查尔斯·丹尼——他曾负责通过亲美国无线电公司的决定——现在从联邦通信委员会辞职，去担任全国广播公司的副总裁兼总顾问。"[78] 这一调动引起了整个行业的愤怒与抗议，但佩利只是为加强他的广播网准备作长期斗争。他于 1946 年担任哥伦比亚广播公司董事会的主席，而 38 岁的弗兰克·斯坦顿（Frank Stanton）被选为公司的新总裁。"斯坦顿专注于公司的组织和政策性问题，而将娱乐节目的制作和人才的发现与培育工作留给董事长威廉·佩利。"[79] 他们俩成为哥伦比亚广播公司在此后 25 年中的最佳搭档，并向全国广播公司、美国广播公司、杜蒙公司发起全面出击，在电视网领域掀起了适者生存之战。

78

1946 年夏，美国无线电公司的 630-TS 型电视机，即"T 型"电视机，开始走下生产线，到 1947 年底售出 2 万多台。（刊载此图获戴维·萨尔诺夫图书馆的准许）

79 全是地方电视台

在 1948 年秋以前，所有电视节目都是地方性的，只有偶尔的一个特殊事件一时是由一个以上的电视台播出的。即使那些由广播网拥有的电视台也是作为地方台独立运作的。

克里斯托弗·斯特林、约翰·基特罗斯，《继续收听》，2002 年[80]

1946 年，38 岁的弗兰克·斯坦顿（如图所示）被选为哥伦比亚广播公司的新总裁，而威廉·S·佩利则成为公司董事会的主席。

日本于 1945 年 9 月 2 日在东京湾美国的"密苏里号"军舰上向盟国无条件投降，标志着第二次世界大战正式结束。这次全球性冲突也从此改变了美国的文化。早在 1941 年 2 月，《时代》（*Time*）、《财富》（*Fortune*）、《生活》等杂志的出版商亨利·卢斯（Henry Luce）就在《生活》杂志上发表社论说："20 世纪是美国的世纪。"[81] 在经历了近五年的战争之后，美国在国外获胜而在国内却未受到损害，因此美国作为世界上一个势力不断增强的国家比以往任何时候都更加自信。从 1947 年起，战后经济的繁荣使全国的富裕又上升到一个新的水平。对鞋子、黄油、轮胎实行的配给制已于

1945 年结束了。但是当 1 500 万美国老兵一下子回到美国本土时，美国出现了长期的住房和工作短缺。为了让这些青年士兵回到社会中，美国国会于 1944 年 6 月 22 日就富有远见地通过了《士兵权利法案》（G. I. Bill of Rights），让那些数百万在国外服务的男女青年们通过老兵事务局的低息贷款，可以买得起房子并上得起大学。其结果是美国的生活水平在下一个十年中猛涨，郊区习俗盛行，由电视引导的一系列新的消费产品出现在全国各地的商店中。

从第二次世界大战的胜利中走出来的美国人的信心也明显倍增，然而这种信心被一种广泛存

80

在的基本恐惧削弱，这种恐惧就是经济萧条会在现在的和平时期再次降临。美国的商业和工业迅速地从战时经济转变为消费者经济，就像那些制造商似乎一夜之间就从生产武器转为生产家用商品一样。摆脱了多年的拮据生活后，美国人现在随便乱花他们的积蓄，以前所未有的规模去购买各种商品。由十余年的经济萧条和第二次世界大战导致的消费需求萎缩，让位于空前的长达几十年的经济景气。技术变革也改变了美国人的日常生活，并推动了消费主义的蔓延。电视通过强调消费的重要性、增加舒服的程度、增加共识等，帮助了美国人迅速适应这一不断变化的文化环境。战后拼图中的最后一片就是那巨大的婴儿潮。1940 年美国有大约 255.9 万婴儿出生，而在 1946 年出生的婴儿人数急剧上升到 331.1 万人，而且这还仅仅是增长的开始。在美国人的想象中，技术的用武之地明显由军事领域转到家庭功用和欲望的满足。电视在这一急剧转变中扮演了主角，其中哥伦比亚广播公司、全国广播公司、杜蒙公司基于它们在战时的生产经验，于战后最初几年的和平与繁荣期间在倡导电视商业化中起着开路先锋的作用，而美国广播公司暂时还被"远远地抛在后面。"[82]

在同其他的广播网竞争时，哥伦比亚广播公司的一贯作风就是采用创新性节目战略。这一非凡倾向的早期例子就是威廉·佩利于 1937 年 9 月 16 日雇用了批评家、编辑、剧作家兼电影制片人吉尔伯特·塞尔德斯（Gilbert Seldes）担任哥伦比亚广播公司的首任电视主管。塞尔德斯于 4 个月前在《大西洋月刊》（Atlantic Monthly）上发表了一篇题为《电视的"错误"》（The 'Errors' of Television）的思考性长文，其中他熟练地描述了电视这种新媒体的一系列技术的、美学的、商业的问题，该文章不仅体现了他对电视的深入理解，也体现了他对电视的热情信念：即电视终有一天将"取代……广播和电影"[83]。这篇文章给佩利以极深刻的印象。塞尔德斯是美国文化精英的真正代表，他在当时最为人们所知的是他那兼收并蓄的主张和强烈的民主意识，例如他拥护喜剧演员查利·卓别林（Charlie Chaplin）和《疯狂的猫》（Krazy Kat），还拥护巴勃罗·毕加索（Pablo Picasso）和尤金·奥尼尔（Eugene O'Neill）。据他

的传记作者迈克尔·卡门（Michael Kammen）说，"哥伦比亚广播公司明确认为它雇用塞尔德斯是一个成功之举。"塞尔德斯自从于 1924 年出版了其最畅销的书《七种充满活力的艺术》（The Seven Lively Arts）后，他因大量批评性评论文章和著作而广为人知并受到尊重。[84]

在此后的 8 年中，"塞尔德斯当然是个节目制作人"，哥伦比亚广播公司的总助理卡尔·拜尔（Carl Beier）回忆说。吉尔伯特·塞尔德斯的节目制作兴趣包括从信息类节目［如新闻、艺术展、《战时妇女》（Women in Wartime）杂志型系列节目等］直到娱乐类节目（如原始的独幕电视剧、体育、关于图书的竞答节目等）的广泛范围。"塞尔德斯的职责使他不仅在演播室中忙碌，而且也在演播室外忙碌。"哥伦比亚广播公司早期的节目制作人兼主管吉姆·利曼（Jim Leaman）回忆说："当我开始作节目时，塞尔德斯告诉我说他想让电视成为世界的一个窗口，他认为除非电视能走出演播室，否则它寸步难行。"哥伦比亚广播公司的摄影师兼剧作家爱德华·安哈尔特（Edward Anhalt）观察说："塞尔德斯是一个真正的视觉艺术家，我认为任何人都不会采用他的形式来制作新闻节目。他的理念就是以电影切入，他还使用地图和模型。"另一位哥伦比亚广播公司的节目制作人鲁迪·布雷茨（Rudy Bretz）也证实说："他会想出一些极好的小格言，例如'不要忘了你是在从事一种邮票艺术'。塞尔德斯是一个令人愉快的人。"[85]

吉尔伯特·塞尔德斯作为一个行政官员的能力就像是一个有创造力的"正片"制片人，而不是一个实际操作的经理或"真正的'公司人'"。[86]百老汇的前制片人兼理事沃辛顿·迈纳于 1939 年被引入到该公司任塞尔德斯的助手，尽管他俩的自我意识有时会发生冲突，但他们一起在哥伦比亚广播公司中促成了一种重视自由和试验的文化氛围，这种氛围与全国广播公司那种将广播电台的综艺节目搬到电视台的方法形成鲜明对比。当然，"沃辛顿·迈纳在电视方面的成就也不可低估……他负责为摄制组成员安排职位并规定这些职位的职责……他利用电视台的有限技术和资金资源，发展出了新的舞台实践，并发明了一些摄影技巧，如强调近景等"[87]。塞尔德斯和迈纳的许多开创性的摄制与导演观点具有重要影响，并且

至今仍在使用。但是，"尽管塞尔德斯在公司中取得成功并具有越来越突出的地位，哥伦比亚广播公司还是于1945年解除了他的节目主管职务。塞尔德斯于大约25年后在写回忆录时，正确地总结说：'我一直不知何故，但我想是由于我缺乏管理能力，而不是缺乏制作节目的想象力。'"[88]而这两种能力沃辛顿·迈纳却都有，因此威廉·佩利转而选择他担任哥伦比亚广播公司下一任电视演播室主管。

在1948—1949年这个节目安排圆满的第一个"电视年度"开始之前，沃辛顿·迈纳与哥伦比亚广播公司一起紧张忙碌以便为公司建立一个可行的节目基础。这些节目中有新闻节目，如启动了由道格拉斯·爱德华兹（Douglas Edwards）主持的《哥伦比亚广播公司电视新闻》；有体育节目，如播出纽约市区各种职业比赛及较不著名的业余比赛，其中，哥伦比亚广播公司各种现场摄制组尝试采用一些新的技巧，例如适当运用伸缩镜头；有幽默谈话节目，该节目有时是由本土成长的广

播明星阿瑟·戈弗雷（Arthur Godfrey）出任电视主持人，他被《新闻周刊》"于1947年称为……哥伦比亚广播公司最有价值的人才"；有精美的戏剧，如对广播电台的《第一演播室》进行培育以期于1948年秋首播。[89]然而，哥伦比亚广播公司未来最大胆的节目却一直深藏于公司董事会会议室的秘密角落之中。早在1936年威廉·佩利"就认识到，有一个办法可战胜全国广播公司的广播，那就是抢劫其有才华的演员队伍，因此他花费了大量的金钱并施展了巨大的个人魅力去笼络全国广播公司中广受人们喜爱的明星，如阿尔·乔尔森（Al Jolson）、埃迪·坎托（Eddie Cantor）及爱德华·鲍尔斯少校（Major Edward Bowles）"[90]。现在，佩利与弗兰克·斯坦顿又在静静地权衡他们的选择，因为这位哥伦比亚广播公司董事会主席认为需要采用同样的策略，才能保证其广播网以最快速度重返市场并全力争夺在美国电视中的优势地位。

批评家、编辑、剧作家兼电影制片人吉尔伯特·塞尔德斯于1937年9月16日被聘为哥伦比亚广播公司的首任电视主管。塞尔德斯于30多年后在写回忆录时，承认是他在管理上的缺点，"而不是缺乏制作节目的想象力"，导致他于1945年被解职。（刊载此图获马里兰大学美国广播图书馆的准许）

82

与此不同的是，在二战后初期，艾伦·B·杜蒙（Allen B. Du Mont）更关注的是杜蒙电视网的生存问题，而不是取得优势地位问题。[91]杜蒙是一位富有才华的电子工程师，他以前在威斯汀豪斯电气公司中任生产经理，后又在德福雷斯特无线电公司任负责研究与制造的副总裁。杜蒙于1931年在经济大危机期间，在位于新泽西州上蒙特克莱市其住宅的地下室中建立了杜蒙实验室。从这样一个卑微的开端出发，杜蒙"与他的三个助手能够生产出一种寿命长达1 000小时的显像管，这比当时的标准长10倍，因此使电视走出了实验室并进入家庭"。就像大多数其他独立发明家一样，杜蒙也长期受到缺乏资金的困扰，最后他于1938年与派拉蒙电影公司结成了伙伴关系。派拉蒙电影公司最初向杜蒙实验室提供了一些急需的运转资金，但同时也为其长期发展带来了束缚，因为派拉蒙电影公司的代表在杜蒙公司的董事会中进行干预。而且，这家好莱坞电影公司也从未履行其许诺，即将其拍摄的娱乐片提供给杜蒙实验电视台及其后的杜蒙商业电视网。"杜蒙与派拉蒙的联合本应在建立电视网方面取得巨大进展"，杜蒙公司的研究总监托马斯·T·戈德斯密斯博士（Dr. Thomas T. Goldsmith）记述道："但我是一个科学家，艾伦·杜蒙也是一个科学家，我们都是华尔街的新手，我们不懂行话。如果我知道将发生什么的话，我是绝不会同意的。"[92]

杜蒙公司于1938年年初开始在其位于新泽西州的实验室中播出电视，两年后它位于纽约市的实验电视台开播。杜蒙公司还是第一家生产并向公众出售全电子式电视机的制造商，它生产的"180型"电视于1938年年底开始在纽约和新泽西州的各种百货商店中出售。具有重要意义的是，杜蒙公司是美国唯一一家不是建立在无线电广播基础上的电视网，因此该公司计划通过生产和出售电视机及其他电子设备来为其发展电视网提供资金。在这种情况下，"军事合同"使杜蒙公司"在获得战后发展的资金方面的处境大大改善。尽管杜蒙公司仍是一个小公司，在1940年的销售额为17.6万美元，但其生意在战争年代起飞了……当该公司的战时生产于1944年达到顶峰时，其销售额超过900万美元"。而且，"杜蒙公司在1940年底只有120名雇员，但到1946年6月时其雇员人数增长了10倍以上"[93]。

尽管杜蒙公司的资金状况改善了，但它缺乏可用的人才和高质量的节目，而全国广播公司、哥伦比亚广播公司及美国广播公司的电视台却能从自己的广播电台源源不断地得到所需的人才和节目。针对这一状况，杜蒙公司的反应是变本加厉地利用得到的机会，以致几乎达到错误的程度。"它更加强调特别为视频而设计的节目样式。杜蒙电视网不是去发展源自电台的有奖竞赛节目，而是尝试提供旅行纪录片，如《魔毯》（Magic Carpet），和轻松烹调指导，如《与玛莎·曼宁购物》（Shopping with Martha Manning）"。这些临时性节目大多数是"廉价的填充物"，其主要特点是"廉价、视觉化、制作容易"。[94]尽管如此，杜蒙公司却是"美国第一个长期性商业电视网"，它于1946年4月15日开始通过同轴电缆，从其位于纽约市的旗舰电视台WABD电视台（以艾伦·B·杜蒙的名字命名）向其华盛顿新创办的附属台W3XWT电视台（不久更名为WTTG电视台，是以托马斯·T·戈德斯密斯的名字命名的）进行持续的两城电视联播。《新闻周刊》评论该电视网的首播"完全像高中生的作品那样热情而粗鲁"[95]。接着杜蒙公司又于1947年6月16日首播了由沃尔特·康普顿（Walter Compton）主持的《华盛顿新闻》，这也是"首次晚间新闻联播……但该节目只持续了11个月"[96]。当杜蒙公司开始生产质量最高、价格也最贵的电视机，并在20世纪40年代四处销售这种电视机时，杜蒙公司的广告标语说，杜蒙牌电视机是"电视中的第一也是最棒的"。然而具有讽刺意义的是，杜蒙电视网的节目却是蹩脚货，尤其是当它与具有创意和艺术魅力的哥伦比亚广播公司及具有众多受人喜爱的明星和节目的全国广播公司相比时更是如此。

全国广播公司既有人才又有资源来制作商业电视中最早的火爆节目，这并不值得惊奇。该广播网最初是以观众而闻名，麦迪逊大街则是以该广播网的电视体育报道而闻名，而电视体育报道这种节目式样最终将美国一些顶级广告商吸引到了全国广播公司。"1944年9月29日星期五，（全国广播公司）首播了第一个成功的、历时长久的商业网电视节目《吉列体育马队》。"[97]当天晚上，世界次轻量级拳击冠军威利·佩普（Willie Pep）

用了 15 个回合击败了乔基·赖特（Chalky Wright）。吉列剃刀公司在此后的 16 年中继续赞助该"等级友谊赛"系列。拳击赛是当时观众最喜爱的电视节目，从出现时到 1948 年是地方台的主要节目内容，后来就成为四大电视网直到 20 世纪 50 年代的固定栏目。这一时期各个级别的拳击比赛都得到了电视台的赞助和播出，同时拳击赛中最著名的人物，如乔·路易斯（Joe Louis）、休格·R·鲁宾逊（Sugar R. Robinson）、罗基·马西亚诺（Rocky Marciano）等，也出现在《吉列体育马队》节目中。

例如，全国广播公司与吉列剃刀公司于 1946 年 6 月 16 日主办了乔·路易斯与比利·康恩（Billy Conn）之间在纽约市扬基运动场进行的拳击重量级冠军赛，比赛在全国广播公司的首个地区性节目中播出。全国广播公司试验实行四市联播（即纽约市的 WNBT 电视台、斯克内克塔迪市的 WRGB 电视台、费城的 WPTZ 电视台及杜蒙公司在华盛顿的 W3XWT 电视台）。虽然路易斯远远胜过康恩，在第八回合就击倒了康恩，但当时"有 14 万美国人观看了格斗"，致使《费城每日新闻》（*Philadelphia Daily News*）宣称说："胜利者是电视！"[98]当时的另一个评论预言说："让人们去购买电视机的正是这种事件，而不是那似乎出现在每个频道上的烦人的烹调节目。"[99]拳击几乎成了"早期电视的一个惯例"。实际上，从 20 世纪 40 年代末期直到 50 年代，"五个或六个电视网的拳击赛节目在同一个星期连续几晚上播出，这是很平常的事"[100]。

从一开始，全国广播公司的节目摄制者就认识到拳击赛的独特性：其限定的竞技场很小，参与者只有两个人。对在技术上和美学上存在局限的早期电视来说，拳击赛的这一特点使它比棒球赛容易控制得多，因为棒球赛的运动场很大，运动员散得很开，运动的速度快而不可预料。然而，棒球赛是全国性娱乐，而且自从全国广播公司的户外摄制组拍摄了首个体育节目，即普林斯顿大学与哥伦比亚大学之间在纽约市贝克菲尔德进行的大学棒球赛之后，全国广播公司就一直在报道棒球赛。在第一个棒球赛节目播出后的第二天，《纽约时报》评论了该事件，并总结说：该节目"制作得相当好"，尽管"运动员像白色的蝴蝶一

样飞过那 12 英寸长 9 英寸宽的屏幕"。[101]这次电视播出的相对成功在很大程度上要归功于比尔·斯特恩（Bill Stern），此前他已经因广播工作而闻名。然而回顾起来，这次棒球赛的电视报道构想很差，也跟不上比赛的动作，因为只采用了一台带有固定镜头的摄像机。两天后另一位《纽约时报》的记者简要分析了当时以有限的技术拍摄棒球赛所遇到的挑战："唯一一台摄像机固定在一个地方，它看不到整个运动场，留下许多东西靠人们来想象。拍摄棒球赛需要三到四个摄像机，它们的图像可根据动作的需要加以混合。"[102]

全国广播公司拥有拍摄人才、技术创新能力和财政资源，它在 20 世纪 40 年代中后期摄制并播出了数百次棒球比赛，通过不断摸索也磨炼出了自己的技艺。这时期播出的棒球赛大多数都是地方性的，而 WNBT 电视台现场摄制组可随时采访纽约扬基队、纽约巨人队和布鲁克林道奇队。最早的棒球赛播音员同时也是纽约扬基队的长期代言人梅尔·艾伦（Mel Allen）吐露说："我们最初拍摄的棒球赛节目都是广播和电视的联播节目，你得加以调节，将你的广播报道删去一点，以便你在电视报道时不至说得太多。"全国广播公司的棒球节目主管哈里·多伊尔（Harry Doyle）接着说："当你将自己置身于棒球场的看台上时，哪里是最好的座位？是本垒板的后面，因此你应将你的主摄像机安放在这里。棒球是最难拍摄的运动……你不知道球要往哪里跑，我们是按大致比例来拍摄的。"[103]很多年后，全国广播公司户外拍摄组的一位节目制作人伯克·克罗蒂（Burke Crotty）回忆早期电视报道中的困难时说："那时候，电视还是娱乐花园中的一株臭草。公众视我们为稀奇，广播电台中的人视我们为怪类。我们根本没有一点威信。"[104]

于 1947 年 9 月底到 10 月初举办的世界职业棒球大赛首次通过电视播出后，人们对电视的普遍看法开始明显改变。在这次大赛中，纽约扬基队与其同城对手布鲁克林道奇队比赛，而杰克·鲁宾逊（Jackie Robinson）在当年的赛季中还是新手。雷德·巴伯（Red Barber）任全国广播公司的赛场播音员。全国广播公司还是通过四市电视网传送节目的，不过这次在华盛顿的电视台是全国广播公司在此新建的 WNBW 电视台（后更名为

WRC 电视台）。[105] 吉列剃刀公司和福特汽车公司赞助了 1947 年秋的经典比赛，向职业棒球大联盟支付了 6.5 万美元以取得比赛的广告权，它们期望至少有 50 万观众会收看比赛。该赛季共进行了七场比赛，一系列比赛非常激烈，而且常常激动人心，最后是乔·迪马乔（Joe DiMaggio）的纽约扬基队获胜。《综艺》杂志报道说，电视已"最终证明它要比广播优越，甚至要比第一排的座位优越，尤其是到了戏剧性时刻出现时"[106]。而且，"观众对这次世界职业棒球大赛的反应，要比一年前对乔·路易斯与比利·康恩之间的拳击赛的反应更加强烈。电视观众估计达到了至少 380 万人，而据报道说零售商在 10 月初的电视机销售量猛增"[107]。比赛的后期效应还在继续徘徊，因为在 1947 年 11 月 "又有 2.5 万美国人购买了电视机"，因而开始了一个持续的 "电视繁荣期"[108]。现在全国已购买的电视机总数是 "每 4 个月翻一番"[109]。

在 1946—1947 年，全国广播公司的综艺节目和戏剧节目的电视首播也同样不仅吸引了最好的赞助者，也吸引了最广大的观众。电视综艺节目产生于广播综艺节目。经过一系经久不衰的广播明星的努力，如弗雷德·艾伦（Fred Allen）、杰克·本尼（Jack Benny）、鲍勃·霍普（Bob Hope）、埃德·温等等，综艺节目已经成功地被引入了广播电台并成为其传统节目。而当全国广播公司与标准布兰兹公司、蔡斯与桑伯恩咖啡公司、弗莱施曼酵母公司、嫩茶叶公司于 1946 年 5 月 9 日共同主办《计时器》节目的首播时，无线电广播网正处于其收听率的顶峰。具有重要意义的是，《计时器》节目被 J·沃尔特·汤普森公司广告代理公司挂住了，这表明广告公司对电视作为一种广告媒体的潜力越来越感兴趣。《计时器》是一个在多方面具有里程碑意义的节目，"它是为电视网制作的第一个为时一小时的系列娱乐节目；是第一个塑造自己明星的节目，其明星即海伦·帕里什（Helen Parrish）；是第一个大型综艺系列节目；是到当时为止所尝试过的最富有雄心壮志的节目"[110]。海伦·帕里什从前是好莱坞的童星，她是一个性格活泼、善于逗乐的女主持人；而全国广播公司老导演埃德·索博尔（Ed Sobol）一直在该节目的形式方面提供帮助。该节目典型地"借鉴了广播综艺节目"，例如它包括 "喜剧中的滑稽

短剧、舞厅中的舞蹈片段、音乐歌曲、一部关于南美舞蹈的电影、还有一个关于咖啡的长广告"。[111]

从 1946 年 5 月到该年 11 月，《计时器》只是通过 WNBT 电视台面向纽约市的观众播出，但此后这个于星期四晚上 8 点开始的系列节目也通过全国广播公司在费城和斯克内克塔迪市的附属电视台在当地播出，直到该节目于 1947 年 3 月被取消为止。在此期间，全国广播公司的一些一级和二级广播明星也在该节目中出现，如口技演员埃德加·伯根（Edgar Bergen）和查利·麦卡锡（Charlie McCarthy），喜剧演员伯特·拉尔（Bert Lahr）、杰里·科隆纳（Jerry Colonna）和杜多斯·韦弗（Doodles Weaver），歌星丹尼斯·戴（Dennis Day）和佩姬·李（Peggy Lee）。标准布兰兹公司为该系列节目为期 10 个月的播出一次投资 20 万美元，而当该水平的投资得不到支持和维系时，《计时器》就变为以缩略的形式播放。而且，"美国音乐家联合会主席詹姆斯·C·彼得里洛（James C. Petrillo）……宣布了一个规定，要求美国音乐家不得以任何价格为电视台工作"，直到他的联合会与电视网之间达成协议为止。彼得里洛在他 "首先弄清电视的发展方向" 之前甚至不愿意开启谈判，这使得形势更加恶化。[112] 其间，电视的导演和歌星们不得不使用预录的音乐。然而，"节目的制作者和赞助者都知道他们已经想到了一个成功的节目式样，如果当时的观众再多一些的话，该系列节目或许会继续播放下去。事实上，一些其他的节目将沿着《计时器》开辟的道路继续前进"[113]。全国广播公司立即开始设计其下一个综艺节目，尽管当时该广播网同时也开启了 1 小时的戏剧节目式样。

全国广播公司前电视导演艾拉·斯库奇（Ira Skutch）证实说：《计时器》是一笔大生意"，"它是一个电视网节目，它完全是由广告公司赞助制作的，而且它还有广告。这就是它如此重要的原因，它表明有钱可赚。J·沃尔特·汤普森公司很喜欢该节目，因此他们又引入了《卡夫剧院》，这是第一个大型现场戏剧集节目。"[114] 就像电视台从广播电台的综艺节目中发展出了综艺节目一样，全国广播公司首先走向百老汇以制作其黄金时间的戏剧节目。哥伦比亚广播公司的沃辛顿·迈纳

自 1925 年起就在纽约当演员、导演、制片人。在全国广播公司中，节目制作人兼导演埃德·索博尔则于 1945 年 4 月 15 日星期日这一天引入了《全国广播公司电视剧院》节目，播出了"根据罗伯特·舍伍德（Robert E. Sherwood）获普利策奖的作品《阿贝·林肯在伊利诺伊》（*Abe Lincoln in Illinois*）改编的三集戏剧"的第一集。而当埃德·索博尔于一年后离开《全国广播公司电视剧院》节目去导演《计时器》节目时，他的 32 岁助手弗雷德·科（Fred Coe）接替了这一现场戏剧集节目的导演工作。到 1947 年，全国广播公司的戏剧系列吸引了一个赞助商，即卡夫食品有限公司，于是开始了一个新的星期三之夜，从此《全国广播公司电视剧院》更名为《卡夫电视剧院》，该节目每周播出达 11 年之久。这个系列节目"由三个节目制作组轮流制作……它利用来自纽约市剧院的男女演员，就像沃辛顿·迈纳在 10 个街区以外的（哥伦比亚广播公司）WCBW 电视台的做法一样"[115]。

然而值得注意的是，尽管沃辛顿·迈纳在哥伦比亚广播公司具有崇高的声望和创新性的措施，但全国广播公司的电视网却以其稳定性和影响力为其戏剧赢得了赞助商。J·沃尔特·汤普森公司以前的广告主管阿尔·杜兰特（Al Durante）吐露说："他们（指卡夫公司）有一种叫作'奶酪高手'的新产品要推出来。他们讨论如何推介该产品，当时的决定是尝试通过戏剧节目达到目的。这就是《卡夫剧院》出台的原因。"[116] 这一常规性推销决定的结果，就是全国广播公司的现场戏剧集节目式样于 1947 年 5 月 7 日商业性地更名为《卡夫电视剧院》。该节目是"电视节目中最有名的典范之一，赢得最高的收视率，获得了许多奖，成为周三晚上的一个惯例"，到该节目于 1958 年 10 月 1 日终止播出时，"它播放了 650 多个剧，既有戏剧又有喜剧，既有原始电视剧又有改编成的电视剧。"[117] 更为重要的是，《卡夫电视剧院》实际上为在此后 15 年中出现的几十个类似的系列戏剧节目奠定了基础，这些系列戏剧节目大多数片长是 1 小时，当然也有少数片长是 30 分钟或 90 分钟的。而且，这些作为一种节目式样的现场戏剧集——这意味着节目的剧情、人物、主题每周都有变化——也是"有效体现当代舆情和价值观的

晴雨表"。在当时，现场电视剧"承担起了探讨大多数美国人所面临的社会现实和家庭问题的责任"[118]。

在 1948 年年初，电视在全美国人民的生活中扮演了越来越重要的角色。媒体史学家道格拉斯·戈梅里（Douglas Gomery）辩解说："电视的观众群是在 20 世纪 40 年代末形成的，而不是以前的研究者们对我们所说的 50 年代；早期电视机的拥有者们主要是生活在城市中或在城郊，那些不是太穷或是太富的人更倾向于购买电视，购买者们相对来说教育良好、年轻，他们家里有两三个孩子，而且对新技术接纳很快。"[119] 唐纳德·戈弗雷与迈克尔·默里（Michael Murray）补充说道："关于电视早年的许多著述似乎让人感到：一切东西都是先出自电视网然后再传到各地方电视台的，然而事实上则是许多电视节目和名人先是在地方获得成功后再向全国传播的……地方电视台的节目创新多得不计其数。"[120]

1948 年春，电视处在从其萌芽阶段的地方性媒体转为更大的地区性媒体的关口。当时绝大多数电视观众居住在东部沿海走廊地带。实际上在 1950 年，"所有电视观众中有五分之一"是生活在纽约大都市地区。[121] 当全国广播公司、哥伦比亚广播公司、杜蒙公司、美国广播公司与美国音乐家联合会之间达成协议后，长达三年的不许现场表演音乐的禁令于 1948 年 3 月 20 日最终被取消。于是，全国广播公司再次让其节目制作人兼导演埃德·索博尔为电视重新排演火爆的综艺系列节目《德士古明星剧院》。《德士古明星剧院》起源于 1940 年 10 月为弗雷德·艾伦在全国广播公司电台中安排的一个节目，后来该节目于 1942 年搬到了哥伦比亚广播公司。弗雷德·艾伦现在不打算转到电视台工作，因此德士古公司与威廉·莫里斯才子社联合选择将该节目连同其几位主持人一起又转到全国广播公司，这些主持人是米尔顿·伯利（Milton Berle）、亨尼·扬曼（Henny Youngman）、杰克·卡特（Jack Carter）、莫里·阿姆斯特丹（Morey Amsterdam）、哈里·里奇曼（Harry Richman），他们每周轮流主持节目。

《德士古明星剧院》于 1948 年 6 月 8 日首播，"德士古公司的（首播）预算开支为 1 万美元……埃德·索博尔用这笔钱来雇用珀尔·贝利（Pearl

具有开创性的制片人、作家、导演沃辛顿·迈纳于 1939 年加入了哥伦比亚广播公司，他为 20 世纪 40 年代创新性电视节目确立了标准。（刊载此图获马里兰大学美国广播图书馆的准许）

Bailey）、喜剧演员阿尔·凯利（Al Kelly）、口技演员塞尼奥·文塞斯（Señor Wences），此外还有舞蹈演员、管弦乐队，甚至还有少数马戏表演。就像广播综艺节目一样，马戏被安排来表演综艺并构成了几个高潮"[122]。米尔顿·伯利主持了最初的几个片段，他最终于这年 9 月 21 日成为该节目的常任主持人。一年多后，《纽约人》（New Yorker）宣称说米尔顿·伯利开启了"一个极其重大的现象"[123]。米尔顿·伯利于 1949 年 5 月 16 日出现在《时代》杂志的封面上，该杂志说伯利与《德士古明星剧院》在 1948—1949 电视年度期间的星期二晚上 8:00 吸引了"大约 75％ 的电视观众，即约 500 万人"[124]。《纽约时报》的电视评论家杰克·古尔德（Jack Gould）于前一个夏天声称说："美国人的家庭正处在革命的开端，其诱因就是电视"[125]。到 1950 年年初，全美国有 9％ 的家庭，或者说估计有 387.5 万家庭，已拥有电视机。[126] 而且，这些早期电视接纳者平均每家每天收看电视 3 小时 24 分钟。[127] 数百万早期电视机拥有者们已将电视变成了其生活中的一部分，结果是：电视逐渐成为美国迅速变化的战后文化的中心。

90

91

第3章

学会与电视共处
技术、性别与美国早期的电视观众

凯瑟琳·H·富勒-西利（Kathryn H. Fuller-Seeley）

在冷战时期的头 10 年中，电视如风暴一般席卷美国，令其观众和评论家们时而入迷，时而惊愕。"它可能会有损于我们的价值观"，一位感到茫然的观察者于 1950 年报告说，"但是电视机是给数百万美国人的日常生活带来最大影响的技术，其影响远远超过原子裂变。"[1]其他观察者则将第二次世界大战结束时商业电视的到来称为"对家庭的入侵"，有一位声称："电视就像一个有时令人愉悦、但经常令人震惊、完全捉摸不透的大嗓门客人，开始占据美国人家中的起居室。"[2]

过于苛求的电视在家中打乱了人们就餐、做家庭作业和就寝的时间表。"电视将统领你的生活并改变你孩子们的习惯"，一位母亲警告说，"当然，这个奇妙新玩意儿步入你孩子的生活时会引起极大的兴奋。你自己也会感到很激动，或许你

们在观看电视的最初几晚还难以入睡。"[3]当家庭成员都入迷地坐在他们新购置的电视机前时，人们开始担忧电视会破坏传统的家庭关系。"当电视刚进入家里后，"另一位母亲抱怨说，"我发现那些反对者是正确的，我们家人间的交流没有了。我们一言不发地吃着晚饭，把食物洒落在地，惊愕地看得目不转睛。我们没有意识到我们已在黑暗中一坐就是数小时，除了说声'谁去接一下那该死的电话？'外什么也不说。"[4]

然而，由这个新入侵的媒介所引起的变化并不是单向的，观看电视的家庭同样也塑造或培育了电视以及关于电视的公众讨论。正如媒介史学家们所说，新技术的出现并不是简单地像在海滨升起的金星那样已经完全成形并可随时投入使用，它们的功用也不能完全由其生产者预先决定。人

类在采用新的工具时，也会对工具做出反应并将其改用于一些难以预料的目的。技术既是在社会、文化和历史关系中发展的——在美国则是在追求利润的资本主义体系中发展的，同时也是在性别、家庭、阶级和种族等结构中发展的。[5]这些关系塑造并制约着技术的运作和意义。当电视机于 20 世纪 40 年代中期在美国出现时，它不是作为公共设施，而是作为起居室装备来推销的，它将把大量的娱乐、教育和启蒙带入家庭这一私人领域中来。然而，要想真正成功地完成这些任务，电视还必须学会适应既存的性别习俗和家庭观念。

在电视广播发展的最初 10 年中，置于美国人家庭中的电视是如何影响其家庭观念的？反过来，社会关系又是如何塑造电视媒介的？在 1945—1955 年广播与电视在全国走向普及期间，这一过程又是如何进行的？电视改变并加强了家庭中的性别角色和预期，将新的社会前景带入私人领域，并产生了观众与媒介互动的新方式。电视媒介还产生了全国范围的观众，他们在这 10 年中不时地联合起来，以应对技术的变革、消费文化的扩张、节目的选择及产品营销策略等。[6]

全家都在看电视

就像电力、电话、广播、电脑以及其他进入美国家庭的新技术一样，人们是怀着复杂的心情迎接电视的到来的：既有乌托邦式的希望，也有恐惧性的期待。媒体史学家林恩·施皮格尔（Lynn Spigel）揭示，电视的支持者们（包括播音员、电视台老板和电视机制造商）希望电视将用一种更新的家庭价值观来帮助凝聚战后城郊新生的中产阶级核心家庭的成员。理想新家庭的成员在闲暇时间里将一起待在家中，而不是各自在城镇里到处逛。当所有家庭成员都聚集在起居室的新“电子壁炉”前时，他们就会形成更强的情感联系和共同的兴趣。施皮格尔指出，“电视不仅显示其可恢复人们对家庭和睦的信念”，而且也“在消费资本主义的光芒之中”做到了这一点。[7]

第二次世界大战结束时席卷美国的深刻社会变革，特别是城郊化和生育高峰，使电视引起的转型也成为可能。空前数量的人从战场返回、结婚，并从内地移居大都市从事新的工业生产。人们成立家庭并生育孩子的比例远远高于大萧条时期。战后全国性的住房紧张，加上夫妇们购买单户型房屋的迫切愿望，导致了新的郊区住房迅猛发展，这些住房是由像亚伯拉罕·莱维特（Abraham Levitt）这样的企业家们在城市周围的耕地上建造的。媒体史学家道格拉斯·戈梅里记述说，这些人口的、经济的和社会的因素共同作用，吸引了大批的中产阶级和工人阶级家庭远离大城市公共场合的娱乐，到郊外自己家中享受私人生活的乐趣。这些夫妇们想为以家庭为中心的生活方式投资的愿望，使他们更愿意选择电视娱乐而不是去城市中心的电影院，而后者却是在此前几十年中人们常会做出的选择。[8]

当战后电视倡导者们吹嘘说观看电视可产生新的“家庭和睦”时，社会批评家们则担心电视会“对家庭关系和家庭的有效功能产生一系列毁灭性的影响”，施皮格尔写道。[9]一方面，教育学家们警告说，过多地观看电视会导致儿童沉溺于电视而不能自拔，他们变得消极被动、苍白虚弱，眼睛变成“甲虫眼”；另一方面，他们还担心年轻人过多地观看牛仔枪战等电视暴力场景会形成危险的攻击性。起居室中那个发光的盒子还会取代父亲传统的权威言论。批评家们也担心丈夫们的注意力会从他们妻子身上转移到具有诱惑力的体育节目上，转移到电视中衣着裸露的歌舞女演员身上。批评家们担忧，那些整天待在厨房里洗洗煮煮的家庭主妇们会希望走出家门去寻找欢乐，而厌世的丈夫们下班回家后却想从公共领域中解脱出来进入私人的电视房，这时将会出现夫妇之间的不和睦。最初，批评家们针对电视对孩子们的影响提出了尖锐警告。对 20 世纪 40 年代末的这种状况，《纽约时报》记者多萝西·巴克利（Dorothy Barclay）回忆道：

93

面向核心家庭推销，电视机必须适合于二战后大多数美国中产阶级家庭的体面环境。（刊载此图获戴维·萨尔诺夫图书馆的准许）

它的到来与日常家庭生活习惯发生冲突，给当时时尚的父母们带来了大量的新问题，同时也触发了比当时任何其他影响孩子成长的单个事件更为广泛的电视观看警报。人们必然认为，被早期电视魅力节目如《豪迪·杜迪》迷住的年轻人，将会从积极的"行动者"变为被动的"观众"，从"不可抗拒的力量"变为"不可移动的物体"，他们的想象力和身体发育将受到损害；他们将忽视功课，放弃业余爱好，泯灭天生的创造力；他们将忘掉如何阅读，并很可能永远学不会如何交流。他们将在身体上、心理上和情感上受到抑制。这是一个令人悲观的景象。[10]

教育学家们调查发现，与其他任何消遣方式相比，包括听广播、读滑稽书和看电影，孩子们更喜欢电视这一新的娱乐方式。伊利诺伊州的一

位教师报告说，孩子们在学校不再要求"课间休息"，而是要求"电视时间"。[11]另一位教师则抱怨说，她的学生"在星期一总是有电视遗留症，因为他们在星期日晚上睡得太晚"。调查结果显示，孩子们每周看电视的时间高达30小时，而在上学日的晚上也会超过3小时，这些调查结果引起相关教育家们的谴责。一位天主教会的大主教警告父母们说，过多地观看电视会使孩子们出现眼睛疲劳、头痛、"精神极度紧张并无法在课堂上集中注意力"[12]。一位批评家呼吁说："电视的魔力是广播的两倍。"另一位批评家说得更严重，声称电视的影响力是广播的3到20倍，并悲叹说："从来没有任何'花衣笛手'① 如此令人难以抗拒。"[13]他们指责说，应该谴责的是这一视觉媒体的生动情节。一位批评家担忧道，年轻人在听广播时还能做别的事情，但是电视却要求孩子们全神贯注，而且

95

① "花衣笛手"（pied piper）是中世纪德国下萨克森地区传说中的一位魔法笛师，他先帮一个城镇祛除鼠疫，用笛声将全城老鼠引至河中淹死；因该城拒绝给他报酬，又用笛声将全城孩子引走，不知去向。——译者注

在一个节目结束后更难将他们从电视机前拉开。[14] 有鉴于此，一家电视机制造商甚至推销一种新型电视机，它替父母装了一把锁，以强制孩子离开电视。[15]

然而大多数教育家建议说，父母不要采取这些激烈的方式，而应对孩子采取更高明的控制方式，如规定观看电视的时间，确保作业和家务已经完成，与孩子一起检查电视节目时间表以确定合适的节目，全家一起观看节目等。林恩·施皮格尔注意到，一些电视网"通过让电视观看行为成为一种新的日常生活习惯来积极谋求改变人们日常家庭生活的节奏"[16]。它们的这种努力最终是很成功的，因为到 20 世纪 50 年代中期，当一个地区的大部分家庭都购买了电视机后，电视的新奇性减少了，社会也适应了电视。尽管孩子们观看电视节目的时间仍像从前一样多，但是人们关于电视对孩子的有害影响的担心减少了。教育家保罗·威蒂（Paul Witty）观察到，在伊利诺伊州的埃文斯顿市，最终连教师们也变得更加适应有电视的生活，而在 20 世纪 50 年代初教师购买电视的几率只有学生家庭的一半。"随着电视拥有量的增加"，他指出，"人们对电视的反应也改变了。家长和教师们逐渐接受了电视并认识到电视的潜力。"[17]

电视还影响家庭的活力和父母的威信。尽管在大多数战后工人阶级和中产阶级的家庭中父亲在选择休闲活动方面仍起着主导作用，但郊区男性还专注于日常生活事务，如做庭院工作、尝试新的业余爱好、去大城市里上班等。父亲们很少有机会在电视机前消磨时光，他们在工作日通常不能在家观看白天节目。而当许多父亲在晚上控制电视的调节器时，他们"民主的"家庭成员就会挑战他的节目选择行为。虽然在家里可能会出现父亲与妻子、孩子之间为控制电视机的争夺战，至少在电视的早期是如此，但男人们在家外却另有观看电视的重要场所。电视之所以取得成功，部分应归因于它能适应既存的社会习俗，例如能打入专门的男人集会场合。一些主要城市都已形成了各族工人阶级男性在酒吧、共济会大厅及理发店集会的牢固传统，许多男人都是在酒吧里第一次观看电视节目的，这些酒吧打出显眼的标示说"我们有电视"。[18]

俄亥俄州的克利夫兰市就是众多城市中的一个典型，该市的第一批电视（在 1947 年至少有 300 台）大多数都被安置在酒吧和家电商店里。克利夫兰市的一份报纸预言说，"早期电视品味将在公众场合形成，而体育将成为重要的节目形式。"甚至连政府也试图从这些流行的聚会中获益，例如北肯塔基的官员于 1948 年宣称他们有权向辛辛那提市郊那些用电视来招引顾客的酒吧征收入场费税。[19] 据估计，早期电视节目有 60% 是体育赛事，这些节目主要是想吸引成年男性，其次才是妇女和孩子。美国东海岸的六家电视网都播出了 1947 年世界职业棒球大赛的第一场比赛，由纽约扬基队与布鲁克林道奇队对阵，体育电视播音员声称这场比赛吸引了近 400 万电视观众，他们大多数是在酒吧观看比赛的。[20] 新泽西州霍博肯市的警察向一位慷慨的酒吧老板施压，因为他于工作日晚 5 点至 6 点间把定期来看体育节目的顾客赶走，以让邻居的孩子们来观看《豪迪·杜迪》。[21] 体育赛事在 1949 年仍然是地方电视节目的主体，包括大学棒球赛、职业棒球赛、拳击、保龄球、摔跤等节目。纽约市的三个电视频道都播出职业摔跤赛，旨在吸引工人阶级男性观众。而 WABC 电视台由于预算紧张无力负担职业体育比赛的播放权，就发明了"滚筒比赛"，雇用了选手并组建了参赛队，据说该电视台还能够决定谁是获胜者。[22]

在电视播出的最初几年，观看电视节目明显具有公众性和参与性。对任何一个社区中最早购买电视机的家庭来说，其拥挤的起居室自然会像酒吧一样热闹。一群群好奇的朋友和邻居家的孩子挤满了那些幸运之家，以观看某些特别节目。电视本可将公共娱乐变为私人体验，但这些临时观众们却将家庭这一私人领域变成一种"家庭影院"。在公众场所观看电视的时期的确影响了早期电视台的节目决定，也影响了人们关于这一新媒体及其观众的讨论，但这一时期是短暂的。中产阶级和工人阶级家庭将电视机视为他们最向往的消费品，1949 年电视机被列进了西尔斯—巴罗克（Sears Roebuck）的《许愿书》（Wish Book）的目录。而到 1950 年，在可以收看到电视的地区，已有 45% 的家庭购买了电视机。对许多男性来说，在家里观看电视之舒适还是比在酒吧观看电视之同志情谊更加重要，他们家中的其他成员也不再抱

98

电视与美国既存的性别观念已无缝融合，就像麦考尔公司于1951年11月的广告《我梦想我带着"少女型胸罩"在电视中扮演主角》所展示的那样。（此图来自凯瑟琳·H·富勒-西利的个人收藏）

怨在看电视方面被忽略。在社区中因首批购买电视机而受到侵扰的房主们也解脱了，因为他们不必再每晚做东在起居室里招待十几位同仁。[23]

不像男人享有观看体育节目的权利、孩子享有观看木偶节目的权利，女人们观看电视的合适性却成为一个富有争议的问题。与家中其他成员相比，妇女观看电视的问题引发了更多的社会争论。令许多社会评论家担心的是，如果妻子们全神贯注地观看电视，她们将会停止履行家庭责任。第二次世界大战后的美国文化极少区分家庭主妇的劳动时间和休闲时间，因为虽然家务不是"真正的"工作，但它仍需要家庭主妇付出不断的努力。尽管评论家们早在20世纪30年代初就开始担心收音机会转移妇女们做家务的注意力，然而广播这一新的娱乐媒介学会了与其女性听众彼此相互适应。白天的广播节目很短暂，因此家庭主妇们收听片刻不会有负罪感。这些广播节目经常讲述家庭话题，如烹饪、洗涤、健康和家庭护理等，所以女性听众会争辩说这些时间花得值得。以肥皂剧著称的连续播出的系列情景剧都很简短（只有15分钟），而且是重复播出的，因此如果听众错过了一集，剧情还不会跑得太远。这些节目（在广播高峰期有65个不同的节目）专注于妇女和家庭问题，并创造出想象的朋友和家庭以在家中陪伴妇女们。收音机成为家庭主妇们与外部世界之间的重要桥梁。[24]

但是电视能满足妇女们同样的需求吗？支持者和批评者们最初都认为，电视需要观众专心的程度比收音机更高，因而他们担心妇女不能从家庭职责中解脱出来以专心地观看电视。20世纪40年代末的电视机广告反映了这种文化焦虑，广告中的女人站在厨房里洗盘子，而家中其他成员则在隔壁房间观看电视；或者，妻子仍忙着为客人准备茶点，而客人则全神贯注地观看电视。林恩·施皮格尔特别提到，在1952年有一种电视和壁炉的巧妙结合机在市场上出售，以让妇女能将家务和娱乐结合起来。在此前20年就出现了将收音机引入家庭的过程，通过这一类似过程，电视将被整合到既存的性别习俗中，同时将这种习俗进行重构以确保电视成为美国家庭生活的核心部分。[25]

99

虽然电视网及地方电视台寻求女性观众，但妇女最初只是到晚间的家庭节目时才受到青睐。由于缺少广告收益（这是对妇女普遍神经过敏的另一个标志），早期电视网是几乎没有白天节目的，甚至连地方节目也极少。当一些谨慎的地方电视台在 20 世纪 40 年代末开始拓展白天节目时，他们以妇女为目标观众推出了廉价的现场节目，如烹饪节目、购物节目，关于女性话题、社区话题和公共服务的谈话节目，这些节目都是在电视台的小型演播室里制作的。[26]第一个电视网肥皂剧是于 1950 年 12 月始播的。《今日》节目作为一个针对女性观众的杂志型新闻与家庭生活节目是于 1952 年 1 月开播的。电视就像其先驱收音机一样，随着国内广告收入的增长，电视节目于 20 世纪 50 年代中期终于填满了白天节目时间表，并可以以分心的方式来观看。妇女们可通过调大音量，或在心爱的节目时间里休息一会儿，或是在能听见和看见电视的范围内做熨衣和补衣之类的家务等，将她们的日常家务工作与电视娱乐协调起来。她们还可在错过一小段肥皂剧之后仍能很快地跟上剧情的发展。[27]

学会与电视共处

电视这种新技术进入美国家庭后，产生了许多问题，如在哪里安装它，如何观看它。电视机本身也须经精心装饰才能进入人们家庭中的正式空间。因此制造商们将早期电视机设计得像昂贵家具的样子，并将它们作为家用电器销售，而不是将电视作为高科技奇迹去彰显其科学成就。电视机的屏幕、显像管、线路都被隐匿在精心制作的木匣子中，它被当作一种雅致的装饰品来推销。摩托罗拉公司提供了一种"手工磨制的家具型匣子，增添了现代家庭的实用美"；而天顶公司则兜售"一种用进口红桃木镶面，美得让人惊叹的落地柜电视"。大型电视机还装有门，当电视关机后，门可遮掩屏幕，以降低电视对生活空间的入侵。[28]电视机会让房主们觉得不安，感到这个新的"电子眼"在背后盯着自己，尽管电视屏幕只是个很小的眼睛。媒介批评家阿瑟·A·伯杰（Arthur Asa Berger）回忆他在邻居家第一次看电视时说："他是最早拥有电视机的人之一，电视的直径最多不过 8 英寸，但是对我们来说，它好像很庞大，其魔力令人敬畏。"[29]一些企业家试图通过出售置于小小电视屏幕前的放大镜以提高电视的可视性。一些早期电视观众还记得人们在电视屏幕表面放一些五颜六色的胶纸以模拟"彩色"电视。

早期电视需要相当复杂的安装和调整程序，包括将大型天线固定到屋顶上、挪动电视机以获得最清晰的图像等，这些都是男人干的活。每次还得有人从沙发上站起来，走过房间去转动频道选择盘并小心地重置电视机上的"兔耳朵"天线。观众们还为一些持续不断的问题所困扰，如模糊的静电干扰、图像闪动、由雷暴（或有人使用真空吸尘器）引起的"鬼影"和"雪花"，以及很难与远处的电视台保持同步等。对任何一个想使用电视机的人来说，调试电视机就是对他耐心的最严峻考验。[30]

仅将电视机引入家中就需要重新安排起居室的家具，例如要把钢琴、壁炉、唱机和大型收音机等从起居室以前的传统中心位置挪走。许多家庭由于房间拥挤而将钢琴搬走了，而钢琴曾是多少代以来中产阶级儒雅的象征。郊区新房建筑商也将电视这种新技术包括在其建筑设计中，把正式的起居室变为非正式的私室或"家庭娱乐室"。莱维特镇的购房者可选择在其位于科德角的新房里将电视机直接安在"家庭娱乐室"的墙上。[31]电视的到来还带来了家庭生活的配套革新，例如在安放于"电视房"的折叠式"电视快餐盘"上享用"电视餐"（始于 1954 年）。制造商们还销售"电视椅"，即一种躺椅，他们声称用它可极舒服地观看电视。《电视指南》（TV Guide）周刊于 1953 年 4 月 3 日面世，其发行量在最初的 10 个城市里至少有 150 万份，该杂志很快就扩展为 20 个城

100

101

企业家们试图通过出售各种设备来提高电视的可视性，如刊登在《广播最佳与电视》杂志（*Radio Best and Television Magazine*）上的这个《拯救你的眼睛!》广告中的"无强光"电视过滤器。（此图来自凯瑟琳·H·富勒-西利的个人收藏）

市的专刊。电视维修这一新职业成为高校辅导员的一个重要术语，也是一些业余爱好杂志封底广告中的重要术语。教育家们担忧培训不能满足不断增长的需求，因为在1955年只有10万个电视修理工，可是需要维修的电视机却有2 850万台。调查发现，大多数电视机拥有者都太依赖于他们的电视机，以至于他们把刚装好或刚更换才三天的电视机就弄坏了。[32]

尽管电视开始显得很必要，但在20世纪40年代末，电视对大多数家庭来说仍然是奢侈品。早期电视的价格相当于一辆新汽车的四分之一（杜蒙公司最昂贵的20英寸电视机在1947年的售价为2 495美元）。购买一台电视对工人阶级和中产阶级家庭来说意味着要为新娱乐支出一大笔。[33]如果

电视要成为一种大众媒体而不再局限于富裕家庭和酒吧老板的圈子内，电视机必须为人们负担得起。在电视制造商提高了电子技术和经济规模以降低生产成本之后，杜蒙公司最大型号电视机的价格在一年内降到了999美元。[34]美国消费者也宁愿选择较大型号的电视机，而不是违心地选择较经济的8英寸屏幕电视机。调查表明，77%的电视机购买者坚持要16英寸或更大型号的电视机。[35]二战后美国的经济膨胀使制造商们得以出售更多的电视机，因为工人的平均工资增长了60%。[36]在1946年到1951年之间，消费者在电器和家具方面的花费飙升了240%。尽管通货膨胀将大多数耐用商品的价格抬高了40%，但电视机的平均价格却下降了50%，这一事实表明电视制造商在这10年

102

中取得了惊人的成功。制造商们成功地将电视机出售给了广大民众。1950 年的一次调查显示，在所有已出售的电视机中，不断增长的"中等收入群体"的购买量占 68%，"低收入群体"的购买量占 17%，而富人的购买量却只占 15%。消费者在这 10 年的其余几年里连续每年购买 600 万到 700 万台电视机，从而将电视制造业推到了美国电子工业的领导地位。[37]

电视席卷全国

电视在美国城市家庭中被采用的速度比此前任何新的传播技术都要快。在 1946 年，电影和广播所服务的受众数量都达到了空前的规模；而当时播出的电视节目为数极少，每周只在晚间播出几小时，能收看节目的电视机也只有数千台，陈列在家电商店、酒吧和大城市中的幸运家庭里。仅仅 9 年之后，电视成了大众娱乐的主宰——全国有 400 多家电视台在运营，有近三分之二的美国家庭拥有电视机，而人们的所有其他公共活动（从看电影、点播唱片、阅读杂志到去图书馆借书等）都减少了。[38]然而美国最初的几千台电视机并不是同时安装的。早期的电视观众既不是在全国平均分布的，也不能代表所有的美国人口。电视广播的覆盖范围是有限的，尤其是在 1946 至 1953 年间；同时，有影响力的美国第一批电视观众也是为数极少的，并且他们在地理上都集中在城市里，这些因素影响了公众对电视的普遍认识。

在 1946 年，全美国只有 6 个电视台在运营，其中纽约有 3 个，斯克内克塔迪（通用电气公司总部）、芝加哥和费城各 1 个，并且全国一共只有 2 万台电视机。费城电视台的一名老员工回忆当年的情景时说："我在电视台的第一个工作就是给费城地区 500 名左右拥有电视机的人写明信片，告诉他们我们在下周将播出的节目。我们整个星期的节目都写在一张极便宜的明信片上。"[39]

在 1947 年，电视仍然只集中在美国东海岸、中西部和西海岸最大的 11 个城市中，即纽约、斯克内克塔迪、费城、芝加哥、巴尔的摩、华盛顿、克利夫兰、底特律、密尔沃基、圣路易斯和洛杉矶。这一年只有 18 个电视台向不到 5 万台电视机发射信号，但到该年底，电视机总数增长到 25 万台。在 1948 年 7 月，全国有 75% 的电视机仍位于东海岸的城市中，而纽约市区就占了电视机总数的 50%。[40]到 1949 年，电视台的数量增加了一倍多，并且仍在持续增加。然而在 1950 年以前，全国只有不到 10% 的人能收看到电视。当时纽约市居民有 6 个电视台可选择，华盛顿市居民享有 4 个电视台；但全国大部分其他观众得到的服务很有限，只能接收一两个电视台，且这些台每周只播出四到六个晚上，每晚只播放三到四个小时的节目（见表 3—1）。[41]

表 3—1　　　　　　　　早期电视的发展

年份	美国电视机的数量（万台）	拥有电视机的家庭所占比例（%）	电视台的数量
1946	2	0.02	6 个台，位于 4 个城市
1947	4.4	0.04	18 个台，位于 11 个城市
1948	35	0.66	30 个台，位于 29 个城市
1949	100	2.0	69 个台，位于 57 个城市
1950	390	8.1	104 个台，位于 65 个城市
1951	1 030	21.5	107 个台，位于 65 个城市
1952	1 530	32.0	108 个台，位于 65 个城市
1953	2 040	42.5	198 个台，位于 241 个城市
1954	2 850	59.4	380 个台，城市数不详
1955	3 050	64.0	458 个台，城市数不详

由各地方电视台组成的能同时播放全国广播公司、哥伦比亚广播公司、美国广播公司和杜蒙公司的电视节目的全国性电视网，其发展是断断续续的。在 1947 年，美国电报电话公司的技术人员铺设了一条从波士顿经纽约到华盛顿的电缆，另外还铺设了一条从旧金山到洛杉矶的电缆。随着电视广播从其最初出现的大城市向外扩展，电视网的电缆系统也沿着东海岸缓慢向南延伸。美国南方腹地的第一个电视台，即亚特兰大的 WSB

电视台，是于 1948 年 9 月开播的，向当地 750 至 1 000 台电视机发送信号。为了在开播的第一个月中激起公众对电视的兴趣，该台向该市商业中心的里奇百货商店陈列的 60 台闭路电视每天额外提供四小时的现场节目。佛罗里达州的第一个电视台，即位于迈阿密的 WTVJ 电视台，于 1949 年 3 月开播时所覆盖的电视机有 2 000 台，并引起了消费者的极大兴趣。当地的一位观察者记述说，大多数电视机位于公众场合，如酒吧、伯丁斯公司的展销厅、家电商店等，围观的人群"挤在一起多达六七层"。虽然当地只有一个电视台在运营，而电视网电缆于 1952 年 6 月才抵达佛罗里达州南部，但在头两年中，当地拥有电视机的家庭从 2 000 个猛增为 3.4 万个。[42]

中西部城市的电视发展模式如此类似。克利夫兰市的 WEWS 电视台于 1947 年 12 月开始运营时，覆盖的半径为 40 至 50 英里，覆盖的电视机只有大约 300 台。辛辛那提市的 WLW 电视台于 1948 年 1 月开播，每周向当地 100 多台电视机提供 20 个小时的节目。该台一位早期员工回忆说："在 WLW-T 电视台最初的日子里，其节目是一个大杂烩，有电影、游戏节目、烹饪课、短片等，还有许许多多的体育节目——像高中与大学的足球赛、保龄球、拳击、棒球、垒球，当然还有一

个主项，即摔跤。" WLW 电视台与全国广播公司电视网于 1948 年 4 月签约（最初接收的节目是摄制好的电视纪录片），并于 1949 年 9 月接入该电视网的电缆系统；但是就像早期其他电视台一样，WLW 电视台的大部分节目安排并不是由电视网提供的，WLW 电视台在 1950 年有超过 65％的节目都是本地制作的。[43]

本地电视节目能够在电视台与其观众群体之间建立起密切联系：如从出现在星期六早间节目中的"童子军"，到"县扩建代理商"的展示，再到出现在谈话节目中倡导近期事项的花园俱乐部成员或"家长与教师协会"成员等。青少年会在下午冲进家门观看他们最喜爱的当地高中"明星"表演的青春歌舞节目。本地版《室外音乐舞台》在华盛顿、新港、巴尔的摩、费城及纽约市都很受欢迎。[44]值得注意的是，这些"虚拟的"本地社区基本上全是由白人和中产阶级组成的，而非裔美国人、移民及都市穷人几乎没有被谈及，甚至没有得到承认。道格拉斯·戈梅里关于华盛顿特区地方电视节目的研究强调了种族划分：该市电视台主办了能够吸引城郊马里兰州和弗吉尼亚州白人的乡村音乐或西部音乐节目，但是直到 20 世纪 60 年代末都没有为当地黑人观众制作节目（即使他们构成哥伦比亚特区居民的大多数）。[45]

105

在 1947 年，美国只有 4.4 万台电视机，包括密苏里州圣路易斯市的这个早期电视机。向它们提供节目的是 18 个电视台，分别位于美国最大的 11 个城市中。（刊载此图获戴维·萨尔诺夫图书馆的准许）

联邦通信委员会考虑到电视台之间的信号干扰问题而于 1948 年 9 月停止向任何电视台颁发新的执照，当时有数百家新电视台正在争办执照。从 1949 年到 1952 年 4 月（暂停令被取消），只有 107 个电视台在 65 个城市中运营。当这些幸运地区的观众数量在持续不断地增长时，那些因仍不能收看到电视台节目而气恼的美国人却在焦急地等待着。因而当艾奥瓦州埃姆斯市的 WOI 电视台于 1950 年开播时，它受到了 3 500 个已购买电视机的家庭的欢迎。在随后的一个星期中，家电商店和百货商店又出售了 5 600 台电视机。到该年底，艾奥瓦州中部地区已有 3 万个家庭购买了电视机。[46]同时美国电报电话公司的电视网电缆将圣路易斯和密尔沃基与芝加哥、克利夫兰、匹兹堡和布法罗等城市连接起来了。就在杜鲁门（Truman）总统于 1949 年 1 月的就职典礼前夕，东部和中西部地区在费城和匹兹堡之间实现了连接，因而可及时地报道就职典礼。电缆在南部和中西部继续迂回前进的同时，也在西海岸扩展，南至圣迭戈，北达西雅图。在 1951 年，由于电缆从奥马哈市延伸至丹佛、盐湖城、里诺最后抵达旧金山，美国的东海岸和西海岸最终连接起来。美国实现了全国连接，到 1952 年年底全国三分之一的家庭已购买了电视机。[47]

106　　当联邦通信委员会停止颁发新电视台执照的决定于 1952 年 7 月被废除时，随即出现了开办新电视台的巨潮。得克萨斯州的拉伯克市以拥有 7 万居民的国内第一个“小市场”城市得以建立一个电视台，在其电视台开播之前就经历了一场持续数月的电视机抢购风潮。当地一位居民回忆说：“在 KDUB 电视台开播之前，我们常常呆坐在电视机周围，观看电视的测试模式。我们偶尔也会翻动一下频道，并随意找到一些台。有一次我们意外地搜到了一场足球赛。”该电视台老板“新手”W. D. 罗杰斯（W. D. “Dub” Rogers）回忆说：“我们开播了大约两三个小时，这时我们得知人们去商场购买电视机就像他们去商店买一打鸡蛋一样，而商场很晚都在营业出售电视机。这真难以置信。”他于是走到市商业中心去观看这场骚动景象。“一个人守在车里，另一个人则跑进商场购买

电视机，他带着仍放在包装箱里的电视机回来，直接将其放进车后的行李箱，开车离开，这样的汽车一辆接着一辆。这种景象持续了好多天。”此前已存在的电视台则继续壮大，得以覆盖当地更多的观众。1953 年 WEWS 电视台的功率增强，使其覆盖范围在俄亥俄州东北地区扩展到 150 英里，给它带来了超过 100 万的潜在观众。[48]

更强的信号和更高的电视塔使迈阿密电视台的覆盖范围扩展到 16 个县。当 1954 年艾奥瓦州中部开办第二个电视台时，该州的电视机数量从 3 万台增加到 24.8 万台。到 1953 年 10 月，全国有 347 个电视台在播出。1946 年至 1953 年间，电视机制造商已向全国经销商输送了 2 850 万①电视机。全国有 60% 的家庭现在是“电视家庭”。这些全国统计数据虽然令人印象深刻，却掩盖了在电视有效性方面存在的地区差异。在人口密度最高、电视台也最多的东海岸各州，在 1953 年年底这里的电视机拥有率达到 84% 以上。在加利福尼亚州和中西部工业州，60%～72% 的家庭拥有电视机；但城市地带的电视机已达到饱和，而更为偏僻的内地的电视机却为数极少。由于受地理环境偏远、居民居住分散、农业收入较低以及居民对商业大众文化的保守思想等因素的影响，住在山区和农村的美国人在 1953 年年底仍然没有开始电视革命。[49]

从得克萨斯州到北卡罗来纳州大约已有 33% 的南方家庭购买了电视机，但在阿肯色州和密西西比州只有 15% 的家庭“安装了电视”[50]。在西部山区、北部草原各州和新英格兰北部，自 20 世纪 30 年代初起收音机就已普及，然而这里的电视信号却极为稀少。在南北达科他州、蒙大拿州、爱达荷州、内华达州和怀俄明州，只有 7% 到 18% 的 107 家庭拥有电视机；而在南部、中西部和太平洋沿岸的其余几个州，也只有三分之一到二分之一的家庭拥有电视机。尽管不平衡的电视机拥有率到 20 世纪 50 年代末期被抹平，但当我们在考虑美国早期的电视观众时，不能忘记这种暂时的差距。在电视播出的最初但却意义重大的年份里，即米尔顿·伯利、厄尼·科瓦奇（Ernie Kovacs）、《我爱露西》和《剧院 90》的年代，“全国的”电视观众还较少，且以城市居民为主，因此还不足以代

---

①　原书如此，疑为 2 040 万台，见本书 65 页表 3—1。——编者注

表整个国家。还有大量美国人怀着许多期盼和些

许焦虑，在继续等待着电视走进他们的家庭。

 总结

在联邦通信委员会取消电视台冻结令以允许新电视台开播之后的三年中，营运中的电视台的数量猛增为原来的四倍，到 1955 年时达 450 多个。全国范围的电视观众在 20 世纪 50 年代后期连为一体，其在全国分布的广度和对电视的忠诚度让人感到震惊：美国家庭拥有电视机的比例从 66% 上升到了 90%；观众通常每天平均看 3 至 3.5 小时的电视。电视广播在全国的扩展更加彻底，深入到各州的中型和小型城市，而较大的城市则拥有两个或更多的竞争性电视台。随着电视台数量的增长，小城镇和农村的居民也加入到他们城市同胞的电视社群之中，他们在屋顶上安装了巨大的电视天线，试图从附近的大城市电视台获得雪花般的图像。[51]

哥伦比亚广播公司总裁弗兰克·斯坦顿于 1955 年提议，让与应用社会研究署有关联的学者们对"目前电视在公众心目中的地位"问题进行深入研究。在 1960 年春天，加里·A·斯坦纳（Gary A Steiner）和一组访问员在全国范围选择了 2 500 名男女城市居民进行调查。电视网和研究者们都认为电视观众是一个仅仅存在有限的阶级和性别差异的全国性群体（这些态度明显地体现在他们的节目策略中）。斯坦纳没有调查因地区、民族、种族、政治或城乡文化等引起的差异问题，而是将其研究限定在电视对观众休闲生活的影响上。他指出："争论的焦点现在已从最初对科技领域的敬畏、媒介的发展与潜能，明显地转移到媒体的内容和使用上。"[52] 调查员询问了电视机相对于其他娱乐和资讯来源的价值、观众观看电视的原因、电视给他们家庭带来的满足感和挫败感等问题。

斯坦纳在其研究结果报告的开头，记述了观众对电视机的态度问题做出的两种不同回答：

电视棒极了——就是棒极了。为什么？因为电视带给我整个世界。我就是喜欢它。我喜欢它

的一切。我喜欢看我们的总统，这是我永远做不到的事。并且我喜欢故事片和西部片，我喜欢它的每一分钟。这是我一生中最令人激动的事。

电视工程师将因他们的所作所为而在地狱中永远受到烘烤。[53]

斯坦纳发现上述这些态度只是两种极端。他发现，典型的美国观众已将电视如此充分地融入他们的生活，以至于他们每天平均要看 3.5 小时的电视，却大体上将电视媒体视为理所当然。就像稳定地食用淡而无味的糖果一样，电视可供消磨时间，但却很乏味；而且斯坦纳发现人们对电视的消费出于习惯的成分似乎要胜过出于热情。虽然普通观众"已开始大量依赖于每天的例行观看——或许是因为他有电视——然而电视并不总是让人非常激动"，斯坦纳报告说，"最初电视'的确是人们谈论的对象'；而现在观众极少提供关于这两种极端反应的证据。观众对他所观看的东西既不感到惊慌失措，也不经常感到无聊或厌恶。"[54]

当人们被要求列出他们在被迫只保留一件现代"生活必需品"而抛弃所有其他东西达两三个月的情况下将保留什么时，42% 的男性认为他们的汽车是最重要的现代工具，而 56% 的女性则认为她们的冰箱是最不可替代的，在男性和女性中都只有 5% 的人将电视视为他们不可缺少的东西。所以那些文化批评家们或许根本没有什么值得担心的。然而令斯坦纳感到惊讶的却是回答者对其"电视最近一次出了故障时的情况如何"这一问题的反应。在斯坦纳看来，这些答案极具戏剧性，接近于一部《美国的新悲剧》：

我们要发疯了。我丈夫说："我在电视前面做什么？"我们呆坐在这儿。孩子们说："把它拿去修好。"我们不能做任何事，甚至不想尝试读报，

只是沉思着走来走去。

109　　我到一家又一家去看电视，或是跑到汽车加油站，或是因为无事可做而早早地上床睡觉。

　　我几乎要发疯。日子是如此漫长，我不能忍受错过我的连续剧。[55]

　　在该研究的一个结语中，杰出的传播学研究者保罗·拉扎斯菲尔德（Paul Lazarsfeld）担心这些反应显现了一种全国性的电视依赖症："当电视最初在美国出现时，我们将这种大量使用归因于所谓的新奇效应。到现在这种新奇性肯定已经消失了，然而人们的电视使用率却没有显示出下降的迹象。会不会是电视已经具有致瘾性，人们虽在第二天早上悔恨自己的行为，然而当夜幕降临时却又忍不住一切依旧？"[56]

　　它是一种狂热的癖好还是一个无聊的习惯，是祸还是福？所有这些都是电视在冷战早期取得惊人成功的表现，其间，电视得以全面进入美国人的家庭，适应男人、女人和孩子们各自不同的习惯和品味，取悦于富人、中产阶级和工人阶级。同时，电视还彻底重塑了所有人的日常生活模式。电视既具适应性又具革命性，既是让人入迷的技术奇迹又是一个喋喋不休的笨重家具。电视成为城乡家庭的中心、可靠的儿童保姆、苦恼主妇们的朋友、疲惫丈夫们的体育伙伴。

　　电视是一种想象的"防空洞"式避难所，展现歌舞女演员和舞蹈木偶，这对一个担心门外有共产党而床下有颠覆分子的国家来说犹如一服极佳的镇静剂。然而它却将真实的世界、现实的战争和政治带进淳朴的传统家庭。电视史学家霍勒斯·纽科姆（Horace Newcomb）于 20 世纪 50 年代初在密西西比州的一个小镇中长大，他记得他 9 岁时电视"闯进"了他的生活并不可逆转地改变了他的经历，他称当地文化为"闭塞文化"，即一个受到宗教意识、种族态度和地方主义"严重限制"的文化。观看非裔美国人的职业拳击、戏剧和喜剧、关于朝鲜战争的新闻报道、原子弹爆炸等一系列电视节目，"（给纽科姆）提供了一个关于世界的总视野，而在其他媒介和其他形式中很难找到这种视野"。他总结说："我，还有其他人，接纳了那种更广阔视野的许多方面，并知道我们的生活已经改变了。"[57]

　　电视被誉为"家庭和睦"的巨大促进者，它高度珍视 20 世纪 50 年代家庭的稳定状态。"当然，110它将家庭圈子又带回到了起居室"，一位曾经对电视持批评态度的女士惊叹地说，她建议其他父母将晚餐时间后移以适应儿童节目时间，让孩子们坐在电视机前 8 英尺远的地方，并和他们商量要在晚间节目开始前完成家庭作业。[58]然而，人们仍经常指控电视扼杀了家中富有意义的交流并窒息了创造性的思维。由于在 20 世纪 50 年代中期普通美国人每天平均要看 3.5 小时的电视节目，相关批评家们知道他们在电视这个家庭入侵者面前没有获得任何胜利，而且自电视被引入家庭的那个喧闹时刻起，观众对电视的兴趣丝毫没有减少的迹象。恰恰相反，在美国家庭生活的优先事务和习惯正在迅速改变的过程中，电视与观众的生活现在已经融合为一种永久性的关系。

第二篇

走向全国

第**4**章

这就是电视

重塑美国生活 （1948—1954）

 电视综艺时期

当歌舞综艺①消亡时，电视就是其葬身之处。

鲍勃·霍普（Bob Hope），《纽约人》（New Yorker），1949 年[1]

流浪艺人米尔顿·伯利在 1948—1949 年度难以置信地成为第一位真正的电视巨星的候选人。伯利本名门德尔·伯林杰（Mendel Berlinger），于 1908 年生于一个犹太移民家庭，少时住在纽约曼哈顿西北部黑人居住区一栋五层楼的无电梯公寓里。其父莫·伯林杰（Moe Berlinger）和其母萨拉·伯林杰（Sarah Berlinger）极其贫穷，为抚养五个孩子而挣扎着。突然有一天，门德尔的妈妈"在五岁的门德尔于街头即兴模仿了卓别林之后，借了 20 美分的车费送他参加一个业余比赛"。他当即获得成功，"于是妈妈立即开始致力于他的事业，好像这是一个神圣的使命"[2]。从此以后，母子俩的个人生活与职业生涯就融为一体。门德尔的妈妈将门德尔的姓名改为米尔顿·伯利，而将她自己的姓名改为桑德拉·伯利（Sandra Berle）。妈妈以疯狂的热情激励米尔顿，他在此后的一生中也将这种热情带入到他的表演之中。他于 6 岁时就在由珀尔·怀特（Pearl White）主演的《危险的波林》（1914）中担任儿童演员。此后他出演了 50 多部无声电影，包括与查利·卓别林一起出演

---

① 综艺（variety），俗称"杂耍"，原是西方民间表演艺术，是包括小品、歌舞和杂技等的联合演出。——译者注

由麦克·森尼特（Mack Sennett）主演的《蒂利破灭的爱情》，以及由道格拉斯·费尔班克斯（Douglas Fairbanks）主演的《佐罗的标记》（1920）等。

受他自称的"巨大的征服欲"所驱使，米尔顿·伯利成长为一个喜剧万事通，活跃在歌舞综艺舞台上、有声电影中及无线电广播中，并在20世纪40年代作为一名夜总会表演者取得了巨大成功。到米尔顿·伯利在全国广播公司主持《德士古明星剧院》电视节目时，他已是一位35岁的演出界老将，他后来承认说，他之所以在电视上如此成功，是因为他所接受的歌舞综艺训练和他对成功的执着追求。因此，"当他于（1948年）6月8日走出来主持第一期《德士古明星剧院》电视节目时……电视仿佛脱胎换骨了"[3]。米尔顿·伯利被尊称为"电视先生"，"他重新利用他在歌舞综艺——这在多年前已经消失——道路上无数个夜晚所留下的节目碎片：有'史密斯与戴尔式'的砰嘣滑稽短剧，有出自《查利的姑妈》中的花衣恶作剧，有自作聪明的冒犯幽默等。这些几乎都不是原创"，但二战后的电视观众仍旧喜欢，就像桑德拉·伯利一样——她一直是她儿子的最大戏迷。[4]她坐在洛克菲勒中心6B演播室的现场观众席中，对她儿子骇人的逗笑风格放声爆笑，有时被摄像机录下而被家庭观众看到。伯利夫人忠诚地参加《德士古明星剧院》——后更名为《别克-伯利秀》——每一个星期二晚上的演出，直到她于1954年去世为止。她若活着是无论如何也不会错过这些舞台表演的。多年"作为儿子的经纪人、厨师、捧场者、激励者和启示者，与他一起游历了10万余英里"之后，她与她的宝贝儿子共同拥有但似乎不可能实现的明星梦终于变成了现实。[5]

正当全国广播公司、哥伦比亚广播公司、美国广播公司、杜蒙公司开始安排一周所有七天的节目时，《德士古明星剧院》开播了，该节目的收视率在1948—1951年在全国排名第一，1951—1952年度降为第二，1952—1953年度又降为第五。《综艺》杂志在其1948年5月26日的封面上预言说，"歌舞综艺的'东山再起'即是电视的火热发展"，并将这一新的趋势诙谐地称为"电视综艺"。该行业周刊接着说："歌舞综艺回归的第一个标志就是《德士古明星剧院》在全国广播公司的首播。"[6]就像二战前的歌舞综艺一样，《德士古明星剧院》是出自美国以前的一种旧式娱乐，它向观众提供了他们在第二次世界大战刚刚结束时暂且渴求的一种惬意的逃避和娱乐。该节目每集60分钟，一开始是演员和摄制人员名单，镶在舞台前的拱顶上，接着是四个"快乐的德士古先生"（当时人们这样称呼他们）唱着他们的简单叠句："今晚我们是众人瞩目的风流人物，明天我们将为你们修车服务。"这时米尔顿·伯利会突然破幕而出，来到现场演播室尖叫的观众面前，他衣着奇异怪诞：或是装扮成巴西歌手卡门·米兰达（Carmen Miranda），或是装扮成一个六月新娘，由配角法特索·马尔科（Fatso Marco）扮演其又矮又蠢的丈夫。

米尔顿·伯利于1948—1949年度在《德士古明星剧院》节目中成为第一位真正的电视巨星，此时他已是一位35岁的演出界老将。（刊载此图获马里兰大学美国广播图书馆的准许）

在米尔顿·伯利闪亮登场之后，他通常会像连珠炮似的抛出一大串俏皮话，咧开他那张弓形的嘴巴并露出其笑得合不拢嘴的暴牙。他在舞台上是一个眼圈鼓起、精力充沛的人，不时用右手的小指去拨动一下左眼皮，从牙缝间发出口哨声，当他面前的观众被一系列老掉牙的笑话逗乐得前俯后仰像波涛一样此起彼伏之后，他甚至会将双116手合在一起做出一种用摄像机拍摄的姿态。身着真正的歌舞综艺装束，米尔顿·伯利与其配角为博得一笑而无所不为。他们表演蠢事，相互推打，将苏打水喷向观众，用奶油饼相互抹对方的脸。观众尤其喜欢的是，米尔顿·伯利在表演期间突然发出"化—妆—品"的高叫声，于是有人拿着喷粉器朝他或法特索·马尔科或一位观众演员如丹尼·托马斯（Danny Thomas）的脸上喷击一下，被喷者就装作痛苦的样子在舞台上蹒跚着来回走动。批评家理查德·科利斯（Richard Corliss）多年后写道："如果有可能"，米尔顿·伯利"将用头刺穿电视屏幕——就像魔术箱一样——伸过来舔你的脸。"[7] 每周星期二晚，米尔顿叔叔都会呈献一份丰盛而又混乱的喜剧大餐，只是偶尔伴有音乐间歇，在该节目播出的前三个年度中，它吸引了美国70%的电视观众。

　　《德士古明星剧院》的超级成功为此后几年中创办其他黄金时间的歌舞综艺型节目开辟了道路。哥伦比亚广播公司是接纳电视综艺节目的第二个电视网，它于 1948 年 6 月 20 日开播了《城中名人》，由《纽约每日消息报》（*New York Daily News*）的漫谈专栏作家、从前的体育作家埃德·沙利文（Ed Sullivan）担任主持人。沙利文曾短期主持过一个类似的广播节目，主要是展现他在演艺界的熟人，预约像杰克·本尼、欧文·伯林（Irving Berlin）、弗洛伦兹·齐格菲尔德（Florenz Ziegfeld）之类的人演出。哥伦比亚广播公司演播室主任沃辛顿·迈纳解释他选择沙利文来主持《城中名人》的原因是他想要一个"久经证明富有识别人才的天赋"者来负责该节目。[8] 威廉·S·佩利则更坦率地承认说："埃德·沙利文于 1948 年被聘为我想要的综艺节目的临时主持人，是因为哥伦比亚广播公司节目部找不到一个像米尔顿·伯利这样的人。"《城中名人》在当时没有赞助者，而沙利文"了解演艺界，而且他保证说他能制作出既出色又廉价的节目。我们打算一找到我们可接受的专业主持人就将他换掉"[9]。尽管沙利文在

身着真正的歌舞综艺装束，米尔顿·伯利为博得一笑而无所不为。（刊载此图获马里兰大学美国广播图书馆的准许）

舞台上既死板又笨拙，但事实证明他确实是一位一流的人才发掘者，也是《城中名人》的一位合格的执行编辑。正如喜剧演员艾伦·金（Alan King）后来开玩笑说："埃德什么也没做，但他比在电视上的任何其他人都做得更好。"[10]

　　《城中名人》的第一期节目就是一个典型的例子，埃德·沙利文"制作它只花了微不足道的1 375美元，而支付的才艺费只有 375 美元，两位年轻的明星迪安·马丁（Dean Martin）和杰里·刘易斯（Jerry Lewis）拿走了其中的大部分——200 美元。但是埃德表现很出众。出演该首次节目的还有钢琴演奏家尤金·利斯特（Eugene List）、理查德·罗杰斯、奥斯卡·哈默斯坦二世（Oscar Hammerstein II）以及'琼·泰勒舞蹈队'的 6 名原班人马"[11]。批评家们逐渐喜欢上了这个节目，117但是令他们感到困惑的是这位衣着考究、肩膀圆实、手臂有刀伤的主持人反复地提醒其观众说他们正在观看"一场真正的盛大表演"。例如，《纽约时报》的杰克·古尔德在该系列节目首播后两个星期提醒说："选择埃德·沙利文作为主持人似

乎欠考虑。"[12]沙利文那木讷并有些阴沉的电视形象使他成为米尔顿·伯利的反面角色。对此他心甘情愿地承认说："我不会唱歌、不会跳舞、不会讲笑话、不会翻跟斗、不会玩杂耍、也不会训练野兽。"[13]但沙利文知道如何约请艺人并将其活动合理地安排成一个娱乐之夜,从而使《城中名人》——后于 1955 年更为《埃德·沙利文秀》——成为哥伦比亚广播公司星期日晚上的一个固定节目长达 23 年之久。

《德士古明星剧院》和《城中名人》于 1948 年夏天的首播,似乎打开了泄洪闸门,到 1951 年歌舞综艺类节目几乎占所有黄金时间节目的三分之一。这一年,《看》(Look)杂志发表了一篇特写报道吹捧"新旧电视明星",并在封面上刊登了一组明星照片,包括弗雷德·艾伦、杰克·本尼、鲍勃·霍普、格劳乔·马克斯(Groucho Marx)、埃迪·坎托、肯·默里(Ken Murray)、埃德·温、博比·克拉克(Bobby Clark)、乔治·伯恩斯(George Burns)、格雷西·艾伦(Gracie Allen)、吉米·杜兰特(Jimmy Durante)等。这些旧时的歌舞综艺演员中有许多人是在 20 世纪三四十年代的广播电台中取得明星地位的,现在他们转入电视领域,使他们得以在荧屏上利用他们的面部表情、身体语言和标志性服装等所有的手段。雷德·斯凯尔顿(Red Skelton)就是一个极好的例子,他是一个马戏团小丑的儿子,十几岁就开始在印第安纳州表演滑稽剧和歌舞综艺,最终在纽约市演艺界攀升到头号地位,因而由他于 1941 年在全国广播公司开始主持的广播节目也以他的名字命名。他是一个热情、可爱、常常令人眩晕的演员,成为广播中的热门人物,但他"基本上一直是一位视觉型喜剧演员"[14]。《雷德·斯凯尔顿秀》于 1951年 9 月 30 日在全国广播公司电视台上首播后,在其第一个年度就跃居全国第 4 位,并盘踞黄金时间达 20 多年,其中有 17 年是与哥伦比亚广播公司联合播出的。

雷德·斯凯尔顿在电视上遵循的是一种典型的喜剧综艺模式,以一段长篇独白为开端,由客座喜剧演员或歌手表演节目,而滑稽短剧则由每周的访问艺人或由他自己表演。斯凯尔顿在歌舞综艺方面建立了一个"有固定角色的常备剧目",并将这些剧目改编成广播节目;但这些剧目更适

合在电视上表演,因为有了视觉效果。在斯凯尔顿最著名的角色中"有'邋遢的尿童',他走到哪里,哪里就变得一团糟,他最喜欢说:'这是我干的';有克莱姆·卡迪多霍伯(Clem Kadiddlehopper),他是一个糊涂的乡巴佬;有'瞎眼警长',他是西部的祸害;有拳击手考利弗劳尔·麦克帕格(Cauliflower McPugg);有酒鬼威利·伦普伦普(Willie Lumplump)",以及"格特鲁德(Gertrude)和希思克利夫(Heathcliffe)",他们都是斗鸡眼。"在雷德的电视节目角色名单中还有一个重要角色就是'爱占便宜的弗雷迪',他是一个从不说话的流浪汉。"斯凯尔顿有弗雷迪角色出现的常规节目"总是演成哑剧,因此可能完全不为广播听众所理解"[15]。斯凯尔顿也是"跳槽到哥伦比亚广播公司的超级巨星之一……这在后来被称为'佩利打劫'",这一打劫行动开始于 1948 年 9 月,当时饰演《阿莫斯与安迪》的弗里曼·F·戈斯登(Freeman F. Gosden)和查尔斯·科雷尔(Charles Correll)为了 200 万美元而离开了全国广播公司。[16]接着,全国广播公司的杰克·本尼、埃德加·伯根(带着他的木偶查利·麦卡锡)、奥齐·纳尔逊(Ozzie Nelson)与哈丽雅·纳尔逊(Harriet Nelson)夫妇、斯凯尔顿及美国广播公司的宾·克罗斯比(Bing Crosby)也相继离开来到哥伦比亚广播公司。

二战后,无线电广播网"经历了两三年的好时光",但经过"一个对一流节目和人才的激烈争夺战"之后,无线电广播最终屈服于电视。"电视协助发起了 1948—1949 年对广播电台的'人才打劫'。哥伦比亚广播公司发动了这次打劫行动,因为它认识到它在电视设备的竞争方面处于劣势地位。其董事长威廉·佩利具有吸引公众注意力的天赋,在他领导下的哥伦比亚广播公司认识到广播电台的明星或许在电视上也会受欢迎,并想出了对税收法的一种新解释。"[17]佩利说服全国广播公司和美国广播公司的几位一流演员将他们自己的节目并入哥伦比亚广播公司,同时宣布说他们自己是公司的雇员和主要股东。佩利于是彻底买下他们的节目,让他们"宣称他们的工资是资本收入,因此大大降低了他们的税费……有了这些名流演员的阵容,哥伦比亚广播公司具备了在电视网方面以及在广播网方面同全国广播公司竞争

歌舞综艺型节目在 1951 年几乎占所有黄金时间节目的三分之一。这里是乔治·伯恩斯（左）和其最好的朋友杰克·本尼（右）在电视上同台表演。（刊载此图获威斯康星电影与戏剧研究中心的准许）

的实力"[18]。埃里克·巴尔诺总结说，威廉·佩利"因此取得了对一大批电视时代的主要演员的控制权。没有人说这种做法是政治家作风，但却认为这样做很精明"[19]。

尽管哥伦比亚广播公司"在 1949—1950 年度取得了广播收听率的领导地位，'佩利打劫'却是 20 世纪 40 年代广播网收听率大战中的最后一举。于 1948 年兴起的电视机购买潮，开始吞噬广播的听众"[20]。全国广播公司也进行反击，在 1949—1950 年度将鲍勃·霍普、格劳乔·马克斯、凯特·史密斯（Kate Smith）、埃德·温从哥伦比亚广播公司引诱过来。"具有讽刺意义的是，该措施对广播网并没有产生长期效果，因为广播网在五年后已不再有生机，但该措施却加强了哥伦比亚广播公司在电视方面的资金和节目资源。"[21]而且，全国广播公司和哥伦比亚广播公司都与它们许多黄金时段的一流人才签订了长期协议，以防止他们进一步跳槽到其他的广播电视网。由于害怕损

失最成功的明星，全国广播公司与米尔顿·伯利于 1951 年商谈了一项协议，要求伯利担任节目制作人和表演者进行排他性服务，而全国广播公司为此将在此后的 30 年中每年向伯利支付 20 万美元。这一交易很快被证明是不成熟的，因为伯利在星期二晚上的火爆节目到 1956 年时彻底熄火了，这迫使全国广播公司于 1965 年与伯利重新商谈协议，将其总报酬由 600 万美元降至 480 万美元。[22]电视综艺到 20 世纪 50 年代中期已不再是王牌节目了。美国电视观众的构成发生了变化，因而美国人的节目偏好与品位也随之发生了明显变化。

回顾起来，《德士古明星剧院》的终止要归因于三个相互关联的因素。第一个因素很简单，就是在每一个电视年度中，米尔顿·伯利都面临着来自他同辈以及年轻一代演艺人才的越来越强劲的竞争。广播界一些最红的明星开始转行到电视界，哥伦比亚广播公司的阿瑟·戈弗雷（Arthur Godfrey）于 1948 年 12 月 6 日通过广播和电视同时播出其节目《天才发掘者》，从而发起了这一行动。在此后的三年中，所有的广播精英都效法照做。其他一些节目形式也在 1948—1950 年的黄金时段开播，与综艺节目展开了竞争。这些节目形式包括情景喜剧，如《戈德堡一家》、《妈妈》；现场戏剧，如《菲尔科电视剧院》、《第一演播室》；西部片，如《孤单巡警》、《霍帕隆·卡西迪》；儿童节目，如《库克拉、弗兰和奥利》、《视频上尉》；智力竞赛节目，如《20问》、《我怎么看？》；以及许多其他形式的节目。而且，在 1950—1951 年，电视综艺方面的革新也层出不穷，这包括：在美国西海岸出现了一个迅速增长的新的电视节目制作中心，《高露洁喜剧时光》就是出自好莱坞的第一部商业性电视系列节目；还出现了一些杂交节目形式，如《杰克·本尼秀》结合了综艺和情景喜剧；节目的内容和风格也有了更高水准，这是由马克斯·利布曼（Max Liebman）导演，由锡德·西泽（Sid Caesar）和伊莫金·科卡（Imogene Coca）主演的《你的精品秀》发起的，它于 1950 年 2 月 25 日的首播立即提升了电视综艺节目在作品的价值和精致性方面的标准。

《你的精品秀》实际上经过了在 1949 年 1 月至 6 月间的演练，在当时被称作《舰队司令百老汇表演剧》，在星期六晚上的一小时盛大演出，"是同

120

时在两个电视网播出的少数主打节目"[23]。全国广播公司和杜蒙公司分摊了该节目每集1.5万美元的成本，这一成本比当时一部综艺节目的平均成本高2.5倍。[24]"喜剧大概是第一次在电视上"谋求具有时尚性、精致性和主题性的风格。这是百老汇（和以前纽约市波施特地区）的节目制作人兼导演马克斯·利布曼的主意，他"认识到直到当时为止电视上播出的大多数节目实际上是源自综艺和夜总会，或是广播节目的延伸"[25]。"舰队司令百老汇表演剧"节目打破了电视痴迷于一般喜剧和简单综艺模式的局面。它还敢于嘲讽现代绘画、精神病学、电影史诗、广告"[26]及以前电视所没有触及的其他主题。而且，《舰队司令百老汇表演剧》作为一部现场剧，在纽约国际剧院上演时给人的印象比在电视上播出时给坐在家中的观众的印象要更好。例如，"利布曼喜欢让剧组人员在观众席远远地摄录舞台，而不是要求将摄像机摆得很近"。他在第一年的电视制作和导演工作中通过反复试验学会了大量的东西，"当他在下一个年度中带着重新构思的节目版本回来并将节目更名为《你的精品秀》时，他获得了更大的成功"[27]。

尽管舰队司令电视公司放弃了《舰队司令百老汇表演剧》，因为它"认为用于该节目的钱可用于更好的用途，即生产更多的电视机"，但全国广播公司的新任节目副总裁"帕特"西尔威斯特·韦弗（Sylvester "Pat" Weaver）却请求利布曼于下一个年度开设一个在每周星期六晚播出的长达两个半小时的豪华娱乐节目，以与《明星马队》节目相媲美。[28]《明星马队》是杜蒙公司电视网的一个一小时喜剧综艺型火爆节目，它否定了人们的传统想法，即认为人们不会在星期六晚上待在家里看电视。利布曼拒绝了将节目时间设定为150分钟的想法，但同意开设一个90分钟的百老汇式表演剧，其条件是韦弗要提供一个每年200万美元的预算，以便他能将明星演员锡德·西泽和伊莫金·科卡、首席作家梅尔·托乌金（Mel Tolkin）和露西尔·卡伦（Lucille Kallen）、编舞詹姆斯·斯塔巴克（James Starbuck）、布景师弗雷德里克·福克斯（Frederick Fox）、乐队指挥查尔斯·桑福德（Charles Sanford）请回来，同时还要扩大他的写作队伍和乐队——卡尔·赖纳（Carl Reiner）、霍华德·莫里斯（Howard Morris）不久也加入了他

的乐队。韦弗不仅取得了萨尔诺夫对利布曼的巨额预算的批准，而且还从《明星马队》节目那里挖来了由综艺演员转变而来的电视节目主持人杰克·卡特，由他主持排在《你的精品秀》之前的一个一小时综艺节目。而杰克·卡特的跳槽为杰基·格利森（Jackie Gleason）崛起为电视明星扫清了道路，杜蒙公司最终于1950年7月雇用了杰基·格利森来代替杰克·卡特。于是，在《全国广播公司星期六晚表演剧》的庇护下，从芝加哥播出的《杰克·卡特秀》与从纽约播出的《你的精品秀》于1950年2月25日晚8:00至10:30分别进行了现场首播。但与《你的精品秀》相比，杰克·卡特的节目相形见绌，它只持续了一年多的时间，而《你的精品秀》却实现了电视综艺的现代化，它为新一代的电视观众播出了四年的时间。

"《你的精品秀》的确是到当时为止最雄心勃勃的电视壮举。它是一个每周90分钟的现场原创节目。"[29]除了马克斯·利布曼的卓越导演外，该系列节目无疑还聚集了到当时为止最庞大的电视节目编剧队伍。这个队伍由梅尔·托乌金、露西尔·卡伦、锡德·西泽、卡尔·赖纳领导，后来又增加了梅尔·布鲁克斯（Mel Brooks）、尼尔·西蒙（Neil Simon）、拉里·格尔巴特（Larry Gelbart）等不少成员。这些核心人才根据他们自身的经历来创作，并以能引起那批新兴郊区消费者的积极共鸣的方式来编剧——美国每周出售10万台以上的电视机，其中大部分是由这批消费者购买的。梅尔·托乌金回忆说："记住，我们所有人在起步时都很年轻，工资也很低。但是随着这个节目变得火爆，我们也开始获得一些东西，我们可以利用我们所经历的事情来制造大量的幽默。"[30]例如，锡德·西泽和伊莫金·科卡"常常聚焦于日常生活中的一些小小危机"，如怀孕期间的夫妻，在开学第一天开车送孩子上学，购买家用汽车，在豪华酒店如何给小费等等。在外表上，西泽和科卡就形成了鲜明的对照：西泽是一个个子很高、身形较胖、脸如橡皮的男哑剧演员和方言专家，而科卡则是一个身材娇小、小精灵般的女演员，有一双淘气的大眼睛，常优雅地在西泽身边飘来飘去。他们常常扮演"一对错配的夫妻，即希肯卢珀夫妇（the Hickenloopers），多丽丝·希肯卢珀（Doris Hickenlooper）是一位现代的、

一心要向上爬的美国女人，而查利·希肯卢珀（Charlie Hickenlooper）则是一位普通的美国粗汉"[31]。

锡德·西泽比米尔顿·伯利更能吸引那些较年轻的观众，因为他比伯利年轻14岁，当《你的精品秀》首播时他才28岁。他还是一位退伍美国兵，与妻子和小宝宝生活在郊区，就像其数百万刚成为父母的观众一样，这些观众在每周六晚上的全国广播公司节目中观看他和伊莫金·科卡嘲讽郊区中产阶级的生活。与此类似，卡尔·赖纳常常扮演一个油腔滑调、有些自命不凡的白领专业人士；而霍华德·莫里斯则扮演赖纳的一个身材矮小的助手，总想在任何时间、任何场合向任何人显露自己。他们四个人一起构成了一个小型剧目公司，他们从不低估观众，总是认为家庭观众就像他们自己一样懂得笑话。

122

在外表上，《你的精品秀》中的锡德·西泽和伊莫金·科卡形成了鲜明的对照：西泽是一个又高又壮、脸如橡皮的男哑剧演员和方言专家，而科卡则是一个身材娇小、小精灵般的女演员，有一双淘气的大眼睛，常优雅地在西泽身边飘来飘去。（刊载此图获马里兰大学美国广播图书馆的准许）

例如，他们嘲笑歌剧，如《非非弄臣》（No Rigoletto）；讥讽外国电影，如日本的沟口健二（Kenji Mizoguchi）的《雨月物语》（Ugetsu）变成了《犹比丘》（Ubetchu），意大利的维多里奥·德西卡（Vittorio De Sica）的《自行车窃贼》（The Bicycle Thief）变成为《拉拜西克塔》（La Bicycletta）；挖苦好莱坞史诗片，如《谢恩》（Shane）变成了《奇怪》（Strange），《走向永生》（From Here to Eternity，又译《乱世忠魂》）变成了《走向无名》（From Here to Obscurity）等。此外，该节目还"展现芭蕾舞片断和大型歌剧的场景，给节目以一种明确的'古典'气氛"[32]。这些或轻松的或严肃的手法与《德士古明星剧院》大相径庭。而当得克萨斯石油公司和库德勒广告社在1952—1953年度期满之后拒绝继续资助伯利的节目时，伯利叔叔以及他的大批效仿者们似乎已经大势已去。取而代之的是，得克萨斯石油公司同意在1953—1954年资助另外两个为时半小时的星期六晚情景剧与综艺混合节目，即《唐纳德·奥康纳/德士古秀》和《吉米·杜兰特秀》，从而削减了资助的经费。但全国广播公司和得克萨斯石油公司仅在一个年度之后就将这两个节目也取消了。

《德士古明星剧院》从1948年至20世纪50年代中期逐渐走向衰落的另一个原因是电视经济的转变。到1952—1953年度时，米尔顿·伯利是在以白领的价格来提供蓝领的娱乐服务。马克斯· 123 利布曼通过《你的精品秀》在电视上引入了一种新的百老汇高质量综艺节目。同一节目类型的竞争需要采取类似的产品价格以跟上形势。例如，当《德士古明星剧院》于1948—1949年度首播时，在黄金时段平均每小时的综艺节目仅花费0.59万美元，戏剧为1.08万美元；但是到了1952—1953年度，综艺节目的价格猛增到3.59万美元，而戏剧也增长到2.11万美元；到1955—1956年度时，即《米尔顿·伯利秀》播出的最后一年，综艺节目的价格又涨到每集高达6.77万美元，而戏剧仅涨为每集3.41万美元，是第二昂贵的节目类型。[33]结果，在每个电视年度中，综艺节目由于要价太高而逐渐失去了市场，只有那些位于节目排行榜前20名的极少数系列节目除外，如哥伦比亚广播公司的《杰基·格利森秀》和《城中名人》，全国广播公司的《玛莎·雷伊秀》和《乔治·戈贝尔秀》等；偶尔也有一些从前的盛大演出节目成为例外，如马克斯·利布曼当时为全国广播公司节目副总裁西尔威斯特·韦弗制作的特别节目。

在西尔威斯特·韦弗于 1949 年 9 月被全国广播公司聘为电视节目副总裁之前，他已经是一个在广播界和广告界有 20 年经验的老将，他先是在美国烟草公司任职，后来又在扬与鲁比肯公司任职。韦弗在全国广播公司的主要责任就是拓展公司羽翼刚丰的电视网并为其安排节目。该电视网在 1949 年秋还只拥有 25 个附属电视台，绝大多数分布在美国东海岸地区。当时他发现自己就像一只处在鸡舍中向外观望的狐狸。随着时间的推移，韦弗谋求将电视的重心由赞助商及其广告代理机构转移到电视网本身，因为这些赞助商及广告公司已经深深地卷入了电视节目的开发。他打算采取的措施就是或者最终取消全额赞助制——当时系列电视节目以赞助商的名字来命名的做法仍很普遍，或者改变赞助安排（其中由两个公司按星期来分摊节目的费用，就像星期六节目《菲尔科电视剧院》和《古德伊尔电视剧院》在 1951—1955 年的做法一样），取而代之以参与广告制，也就是他所称的"'杂志理念'，在这一体制下赞助商只能购买节目中的插入式广告，而节目由电视网制作，或是由独立制作商在电视网的监控下为电视网制作"[34]。

韦弗最初是想在 1950 年的《你的精品秀》中引入参与广告制，因为该系列节目的生产成本非常高。"自从我第一次设想该节目时起，我就担心其推销问题"，韦弗在其回忆录中写道，"我想在播出该节目时也配播一些循环式广告，这些广告将保证每一个赞助商在每半个小时的节目中至少出现一次。但联邦通信委员会最初拒绝采纳这一计划"，那些相关的赞助商和广告公司也表示反124 对。[35]于是韦弗与它们在《你的精品秀》节目上达成妥协，其间他提出了一个新的概念，"即分享赞助制，其中每一个赞助商控制节目的一个片断。这一安排削弱了赞助商对节目的一些控制"，因为利布曼将在全国广播公司的主管下主要负责其系列节目的制作，而各个赞助商则可以提供一些插入内容，但绝不能再像他们全额资助一个节目那样对节目实施直接控制。[36]与此不同的是，《德士古明星剧院》就被一个全额赞助协定锁住。当得

克萨斯石油公司因该节目的制作成本上升但收视率下降而于 1953 年 6 月取消对这个节目的赞助时，该节目就更名为《别克-伯利秀》，在 1953—1954 年度仍在星期二晚的同一时间段播出。而当别克公司在 1954—1955 年度之后转向赞助杰基·格利森的节目时，《米尔顿·伯利秀》又坚持了一年，"与玛莎·雷伊（Martha Raye）、鲍勃·霍普、史蒂夫·艾伦（Steve Allen）的节目交替播出"[37]。此后伯利的电视生涯每况愈下，例如他在全国广播公司于 1958—1959 年主持的《卡夫音乐厅展现米尔顿·伯利》和于 1959—1961 年主持的《巨奖保龄球，由米尔顿·伯利主持》等，再也没有重现他电视生涯早期那种高居黄金时间明星之首的辉煌。

米尔顿·伯利及其《德士古明星剧院》不可避免地走向衰落，最重要的原因在于美国电视的增长超越了其在 1948 年以前的地方性根基，到 20 世纪 50 年代初已经成为一个连接东部和中西部的地区性电信系统，正全力发展并于 20 世纪 50 年代末成为一个真正的全国性媒体。在伯利主持其于星期二晚播出的喜剧综艺节目的 8 年中，即从 1948 年 6 月到 1956 年 6 月，美国商业电视台的数量从 16 个增加到 441 个，而拥有电视机的家庭则从 94 万个增加到 3 490 万个，拥有电视机的居民所占比率也从 2.3% 上升到 71.8%。[38]"人们认为，伯利于电视媒体的早期在刺激电视机的销售方面胜过任何一个机构。人们会聚集在拥有电视机的朋友家里，或是站在家电商店外面将脸紧贴在门窗的玻璃上观看伯利那滑稽可笑的表演，然后回家去购买一个属于自己的电视机。"[39]全美国大型和中型城市的郊外社区在迅速扩展，因而电视机制造商和家具制造商一样也从全国范围的回家运动中大获其利——这场回家运动也因婴儿潮的不断高涨而加强。

"具有讽刺意义的是，正是伯利的城市综艺喜剧类型既成为他崛起的因素，也成为他没落的因素"，历史学家阿瑟·沃特海姆（Arthur Wertheim）论述说，"其高收视率实际上意味着伯利的城市化喜剧风格与规模和范围都很有限的城市观众之间达到了完美契合。"[40]"而当电视这一新媒体由美国东北部走廊地带向美国内地扩展时"，一个更加庞大的郊区和农村观众群迅速出现，"而这

些观众对像伯利这样毫无羞耻的犹太人喜剧形象并不是很感兴趣。恰逢此时，富尔顿·希恩（Fulton Sheen）主教在杜蒙公司电视网上布道，成为在伯利的节目时间损害其收视率的最早竞争者之一。"[41]希恩主教的 30 分钟节目《生活值得》于 1952 年 2 月 12 日首播，其观众群在 1955 年初达到顶峰时有 550 万个家庭，而当时每台电视机平均有 3 位观众同时观看。"富尔顿·希恩主教一直是 20 世纪 50 年代首屈一指的偶像"，玛丽·A·沃森（Mary A. Watson）提示说，"他敏锐地察觉到现代美国人的空虚感，他感觉到他们的失意和迷惘。"[42]

尽管美国人有各种各样富裕和成功的表面迹象，但是许多美国人却在探索他们生活的新意义，即使当他们在城郊追求一种更加现代而更少传统的美国梦时也是如此。同样，他们当时在电视上观看到的景象，既反映了他们高涨的期望，也反映了他们深藏的不安全感。随着二战后消费文化的扩展，观众们越来越指望电视能帮助他们顺利度过他们正在经历的转变，即从上一代的传统与价值观向他们自己那种努力向上攀爬的中产阶级观念的转变，以及向未来的转变。《电视指南》杂志于 1953 年 4 月 3 日创刊，其首期封面上刊登着露西尔·鲍尔（Lucille Ball）与她刚出生的儿子小德西·阿纳兹（Desi Arnaz Jr.）的照片。在此，《电视指南》本身连同美国电视新任头号超级巨星一起，成为美国的预兆，预示着美国正在成为一个与二战前的那个国家迥异的国度。

后来居上

电视，在其仅仅五年多的商业应用期间，给美国社会和其经济习惯带来了自汽车问世以来无可匹敌的影响。

杰克·古尔德（Jack Gould），《纽约时报》，1951 年[43]

电视在 20 世纪 40 年代末 50 年代初的商业成功要比无线电广播在 20 世纪 20 年代中期的商业成功更加迅捷、更加声势浩大。根据主要电影发行商的估计，到 1950 年底，全美国电影院的入场人数猛跌近 30%。纽约市区的电视机已达到饱和状态，从电视对无线电广播的影响来看，电视已居于纽约市媒体中的领头羊地位。1949 年，电视在纽约市的听众与观众中所占的份额只相当于前 10 名广播节目的听众所占份额；但到 1951 年，该市电视观众所占份额上升到 80%，而广播听众所占份额下降到 20%，电视观众远远多于广播听众。同一时期费城的黄金时间广播听众也减少了 25%。[44]二战后向电视媒体转变的迹象无处不在。例如，在《星期六晚邮报》杂志 1949 年 11 月 5 日这一期的封面上，商业画家诺曼·罗克韦尔（Norman Rockwell）描绘了在一幢于 19 世纪维多利亚时代修建的旧房子那摇摇晃晃的人字屋顶上竖立"电视天线"的情景。"在洛杉矶的亚当斯街附近，诺曼·罗克韦尔发现了一幢旧房子，而它从前曾是最新式最华丽的设计"，杂志内容页的文字说明写道："这就是美国的方式——今天真正的新东西总是被挂在昨天最新的东西上。"[45]

诺曼·罗克韦尔是美国最著名的插图画家之一，1916—1963 年为《星期六晚邮报》——它在一个多世纪中一直是美国发行量最大的大众杂志——创作了 300 多幅封面画。他在第二次世界大战前专攻高度怀旧而富有情感的小镇生活画，但在 1945 年后则专注于描绘美国社会向一种新的郊区消费文化的转变。其作品《新电视天线》（New Television Antenna）就是他绘画生涯后期的最佳例子。画中的景象好像是位于美国任何一个城镇，而不是在洛杉矶。画中房子的杉木屋檐摇摇欲坠，人字屋顶在画面下部占了五分之三的位置，而朦胧多云的苍白天空在画面上部占据了三分之二的位置。画中一位 60 多岁、穿着白色衬衫和吊带裤的老汉从一个小窗中探出身来，与坐在他屋顶上安装电视天线的一位 20 多岁的年轻修理工正兴致勃勃地交谈。诺曼·罗克韦尔既是一个杰出的风俗画家，也是一个故事讲述者。画中那位老汉用手指着室内一个发光的黑白电视机笑得很开心。而那位工人身着淡红色衬衫，将袖子高高卷起，他对自己的服务更讲究实际。很明显，他认为电视会正常工作，而他正在专心致志地完成手头的

活儿。在远处还有两个较小的建筑。一是教堂的尖塔，这在从前曾是附近一带最高的景观，但现在可能只是地面上的几个景观之一。另有一个处在几英里外的长方形摩天大楼，画中可隐隐约约地看见它的一角。画中这幢饱经风雨的老式房子现在是人们注意的中心。还有更多的美国家庭已加入到向电视进军的行列。

诺曼·罗克韦尔的《新电视天线》装饰了《星期六晚邮报》1949 年 11 月 5 日这一期的封面。（刊载此图获罗克韦尔家族代理机构的准许）

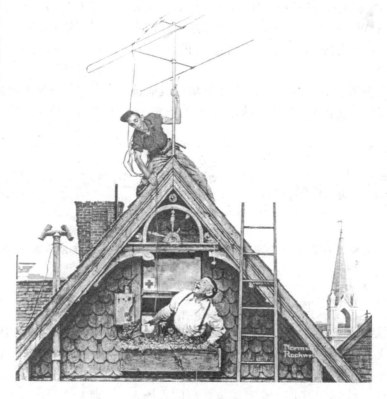

就像《新电视天线》这幅画所表现的一样，电视接纳者包括各个年龄段的人。画中的那位老汉显然属于"迷惘的一代"（于 1889—1907 年出生）；而那位电视机技术员则因太年轻而算不上"大兵的一代"（于 1908—1926 年出生），因而《时代》周刊在 1951 年 11 月 5 日这一期的封面故事中将他们这一代人称之为"沉默的一代"（于 1927—1945 年出生）——他们在第二次世界大战结束时已成年，当时正在朝鲜打仗，并与他们的兄姊们一起正在制造"婴儿潮的一代"（1946—1964 年）。《时代》周刊的编辑们写道："这年轻一代最令人惊异的事实就是其沉默，他们想结婚、生子、找房子……今天的这一代人，或是出于害怕和消极被动，或是出于信念，他们乐于随大流。"[46] 威

廉·曼彻斯特（William Manchester）于其 1973 出版的《光荣与梦想》（The Glory and the Dream）一书中也写道，"'沉默的一代'是 20 世纪 50 年代的一种现象，就像其尾鳍型汽车后挡板和白色雄鹿皮鞋一样，成了当时的特征；美国青年从来没有如此内向、如此小心谨慎、如此缺乏创见、如此冷漠、如此缺乏冒险精神并如此沉默。"本人属于"大兵的一代"的曼彻斯特继续写道："为了得到美好生活的所有权力与特权，也就是经济安全，他们愿意在其衣着、语言、信仰、朋友选择、发型，尤其是在其思想上服从社会的规定。"[47]

没有任何人于 20 世纪中期对二战后大众社会的运行方式的理解，能胜过社会学家戴维·里斯曼（David Riesman）与他的同事拿单·格莱泽

（Nathan Glazer）和罗伊尔·丹尼（Reuel Denney）于 1950 年出版的著作《孤独的人群》（The Lonely Crowd）。该书出乎意料地成为最畅销图书，其书名是由其出版商建议的。"'孤独的人群'现已成为人们熟悉的术语，在这个'孤独的人群'中有三种主要社会角色，即遵从传统者、遵从自我者和遵从他人者，这三种角色与西方特别是美国的社会发展阶段相适应，并与人口的变化相关。"[48]"遵从传统者"抵制变革，并顽固地遵循古老而神圣的信念和习俗；"遵从自我者"则更富有目的性、更加固执地独立自主、更愿意凭个人努力取得成功；"遵从他人者"则倾向于过分寻求准许，喜欢集体行动胜于个人行动，使他们自己的需要和愿望服从于群体的意旨。戴维·里斯曼与其同事认识到，20 世纪 50 年代的时代精神"与过去几十年的有很大不同，尽管美国人在表面上很成功，但许多美国人现在是遵从他人者，过着一种内心空虚而绝望的生活"[49]。《孤独的人群》还批评了公司文化及那些"四海为家却无处是家"的人。该书拥有大量的读者和支持者。斯隆·威尔逊（Sloan Wilson）的著作《身着法兰绒西服的男人》（The Man in the Gray Flannel Suit，1955）和威廉·怀特（William Whyte）的著作《机构人》（The Organization Man，1956）也引起了类似的共鸣，但是《孤独的人群》却进一步揭示了"文字与图像"在当代美国急剧增强的重要性，其中"人们与外部世界的关系及与自我的关系越来越强烈地受到大众传播信息流的影响"[50]。

电视成为战后美国"核心家庭"的理想媒体。核心家庭是由一个工作的爸爸、一个基本上待在家中的妈妈和一个或几个孩子组成的家庭，它们脱离"大家庭"（由祖父母及伯叔姑姨等组成）的传统，居住在城市的郊区，这样的家庭现在是全美国大多数人的生活方式。据报道："单户房主在 1946—1956 年的增长量超过了此前一个半世纪的增长量。到 1960 年，62% 的美国家庭拥有他们自己的住宅，而在 1940 年这样的家庭只占 43%。这时期有 85% 的新住宅修建在郊区，在此那些核心家庭有了获得隐私与和睦的机会。"[51]因此离婚率和私通率下降，正如伊莱恩·泰勒（Elaine Tyler）报告说："核心家庭的分离有时有助于夫妇和睦。"[52]而且，斯特凡尼·孔茨（Stephanie

Coontz）在其《我们原来如此》（The Way We Were）一书中声称，"大多数人认为 20 世纪 50 年代的家庭是一种发明；'大萧条'和'第二次世界大战'强化了大家庭的纽带，但却是以大多数人所经历过的那种令人厌倦和郁闷的方式来强化的。"作为同时代的一个替代，来自"大兵的一代"和"沉默的一代"的那些郊区房主们现在将核心家庭誉为"社会最基本的机构"。[53]

历史学家丹尼尔·布尔斯廷（Daniel Boorstin）将二战后美国不断变化的景象描写为"无处不在的社区"从东海岸向西海岸不断扩张的国度。从 20 世纪 40 年代末开始直到 20 世纪末，全美国的城市与郊区一直都在发展类型相似的互换式街坊、购物商城、特许零售经销公司、快餐连锁店等。生活在郊区的美国人"当他们在全国迅速地到处挪动时，当他们迅速提高消费水平时，他们也相互依赖"。他们对以水准越来越高的舒适性、方便性和可预知性为标志的美好生活有着不断攀升的需求，在追求这种美好生活的过程中，属于"大兵的一代"和"沉默的一代"的人以及他们的"婴儿潮的一代"孩子们，通过摄影、录音机、电影、广播和电视分享着一种共同的文化，即"可重复的经验"。丹尼尔·布尔斯廷在其《美国人》（The Americans）一书中写道："正如印刷机在五个世纪以前使学习开始民主化一样，现在电视机将使经验民主化。"到 20 世纪 50 年代初，"分享社区经验的通常方式就是你待在家中起居室的电视机旁"。观看电视是"更加平等"但却"更为孤立"地使用休闲时间，到 20 世纪 50 年代结束时也逐渐成为所有美国人的行为。[54]

电视的迅速增长改变了全美国数以千计的城郊社区，这些社区是由大批量修建的数百万房屋及公寓综合建筑群组成的。林恩·施皮格尔在《为电视让位》（Make Room for TV）一书中解释说："在这新的郊区里有一种既被连接又被隔绝的奇怪感觉，那一系列无穷无尽、相互分隔但却彼此雷同的住宅，在一片土地上就像一棵圣诞树上的无数灯泡与一个中央开关串连在一起。这个中央开关就是不断增长的通信网，通过它人们可以消除与世界的距离，同时也可以想象他们的家庭是与一个更加广大的社会结构连接在一起的。"[55]到 20 世纪 50 年代初，电视已经作为美国全国性大众媒体网络的中心而登场，而到 50 年代末就很快成为美国文化的核心。现在没有任何娱乐像电视那样能让美国的消费者全神贯注，而且人们看电视越多，他们就越会根据他们在那个小小屏幕上所看见的东西来了解世界。"现实生活中所发生的事情与人们在电视上所看见的事情，这两者之间的界线开始消融"，戴维·哈伯斯塔姆（David Halberstam）在《五十年代》（The Fifties）一书中断言说："许多美国人现在都远离他们的家族而生活在全新的城郊，在此他们连其邻居都几乎不认识。有时他们会感到与在电视上所看见的人要比与他们的邻居和他们远方的家族更加亲密。"[56]

130   体现电视在人们生活中日益增长的重要性的一个最佳例子，就是从 1947 年到 50 年代中期人们对情景喜剧的早期接收。情景喜剧开始于 20 世纪 20 年代中后期无线电广播网肇创期，但是"情景喜剧"一词的最初使用却为时很晚，是在第二次世界大战期间为一些出版物如《综艺》、《广播》等进行剧本创作的行话中出现的。这种戏剧类型的基础是为每个节目创造一个简单的喜剧前提（例如一个妻子对人们想让她成为快乐的家庭主妇的期望进行反抗），戏剧由扮演各种角色的一套演员班子表演（常常是一个家庭，或一伙半家庭式的邻里或工友），场景安排在一个反复出现的地方（经常是在家中或在职场）。第一个电视情景喜剧《玛丽·凯与约翰尼》是于 1947 年 11 月 18 日在杜蒙公司首播的，它描写的是一对年轻迷人的新婚夫妇与他们的宝贝儿子在其"格林威治村"公寓中的不幸遭遇，该剧由一对真实夫妇，即妻子玛丽·凯（Mary Kay）和丈夫约翰尼·斯特恩斯（Johnny Stearns），及他们的新生儿子克里斯托弗（Christopher）主演。剧情围绕着玛丽·凯展开，她是一个性情温和的怪人，总把家里到处都弄得一团糟，只有稳重的丈夫每周来收拾，因此这与广播情景喜剧属于同一个模式。

在另一类情景喜剧中，许多最成功的早期情景喜剧描写的是城市中少数民族工人阶级家庭为维持生计而挣扎的故事。例如，哥伦比亚广播公司的《戈德堡一家》（于 1949—1954 年播出）和《妈妈》（于 1949—1956 年播出，全国广播公司的《赖利的生活》（于 1949—1950 和 1953—1958 年播出）和《阿莫斯与安迪》（于 1951—1953 年播出），

以及杜蒙公司的《度蜜月者》。《度蜜月者》于 1951 年开始作为每周一期的滑稽短剧在杜蒙公司的《明星马队》节目中播出；而当杰基·格利森（Jackie Gleason）于 1952 年跳槽到哥伦比亚广播公司主持以他的名字命名的喜剧综艺节目时，他将《度蜜月者》也带过去了，后来该节目又改为一个 30 分钟的系列节目《度蜜月者》（于 1955—1956 年播出）。这些广受欢迎的家庭喜剧描绘了从东海岸到西海岸各种各样的种族和背景。"戈德堡一家"是生活在纽约市布朗克斯区的犹太人，"妈妈"的一家是旧金山的挪威人，"赖利"一家是洛杉矶市的爱尔兰人，"阿莫斯与安迪"是纽约市黑人区的非裔美国人，而"度蜜月者"是纽约市布鲁克林区的爱尔兰人。而且，这五个节目中有四个节目（除《度蜜月者》外）源自广播节目。就像乔治·利普希茨（George Lipsitz）在《时间隧道》（Time Passages）一书中所指出的，它们在改编为电视剧时"更重视核心家庭而轻视大家庭的亲缘关系和种族性"[57]。

总而言之，利普希茨认为数百万战后电视观众将这些描写城市少数民族工人阶级家庭的情景喜剧作为让自己顺利过渡到更高的中产阶级郊区生活方式的一种途径。这些传统家庭定位的情景喜剧每周将其观众邀请回来，例如或是回到"特里蒙特东大街 B 号公寓"观看"戈德堡一家"通过在梅西公司购买新家具慢慢提升他们的生活水平，或是回到"汉森一家"，观看他们围坐在饭桌旁讨论爸爸最近被提升为工头、女儿卡特林（Katrin）想当作家的美梦，而妈妈则又泡了一壶   131 马克斯韦尔公司的咖啡（"好咖啡就像这样共度家庭时光，好到最后一滴"）。与电视综艺的喧闹而高调的幽默明显不同，这种低调的、如实反映现实生活侧面的喜剧描写了"那些争取物质满足和不断进取的家庭"，但同时，美国工人阶级生活中重要的组成部分，如那些未解决的冲突、不平等和歧视等，几乎都被忽视了。因此，"在非凡的社会变革中，电视成为美国文化中最重要的话语媒体。同样电视也被赋予了一些特殊使命，就是要广大观众感到新的经济和社会关系是可信的、合法的"，这些观众数以千万计，他们正在适应"20世纪 50 年代的消费主义现实"。[58]

杜蒙公司的《度蜜月者》于 1951 年开始作为每周一期的滑稽短剧在《明星马队》节目中播出；而当杰基·格利森于 1952 年跳槽到哥伦比亚广播公司并主持以他的名字命名的喜剧综艺节目时，他将《度蜜月者》也带过去了，后来该节目又于 1955 年被改为一个 30 分钟的情景喜剧。（刊载此图获马里兰大学美国广播图书馆的准许）

哥伦比亚广播公司于 20 世纪 50 年代初在电视收视率方面的不断攀升是与情景喜剧的崛起同步的。由于威廉·S·佩利和弗兰克·斯坦顿的坚定而雄心勃勃的领导，哥伦比亚广播公司电视网最终于 1955—1956 年度超过了全国广播公司而成为第一大电视网，并在此后的 21 年中一直稳居第一。对哥伦比亚广播公司攀升到黄金时间的最高地位起到最大作用的系列节目也是 20 世纪 50 年代最受欢迎的节目——《我爱露西》（1951—1957）。露西尔·鲍尔（又称"露西"）在进入电视界之前在电影和广播界都有很深的基础。她是一位较成功的好莱坞资深配角演员，在 20 世纪三四十年代先后为米高梅电影制片公司、无线电—基思—奥菲姆电影公司、哥伦比亚电影公司、派拉蒙电影公司演了至少 75 部电影。像她的许多同时代人一样，露西在最初进入电视行业工作时的确感到内心很矛盾，担心此举会损害她在电影方面的利益。甚至在她与理查德·丹宁（Richard Denning）一起在哥伦比亚广播公司主演广播情景喜剧《我至爱的丈夫》（于 1948—1951 年播出）后，露西仍在通过德西露制片公司进行游说，以图在好莱坞出演重要电影角色。德西露制片公司是露西与她的丈夫、音乐家兼乐队领班小德西·阿纳兹于 1948 年组建的一家独立制片公司。该公司最初打算为德西夫妇开发大屏幕影片，但在《我爱露西》取得

令人瞩目的成功之后，该公司就将工作重点转向电视节目的制作和联合发售上，到 20 世纪 50 年代末终于成长到在规模和声望上可与好莱坞最大的制片公司匹敌的地位。

尽管露西以作为一位幽默而演艺超群的大屏幕演员而出名，但当她于 1948 年 7 月第一次主演《我至爱的丈夫》时，她在广播方面独特的喜剧才华还是很出人意料的。当她面对演播室的观众为广播进行现场表演时，她完全认识到了露西那富有魅力、滑稽可笑而不负责任的舞台形象。她那个制作《我至爱的丈夫》节目的创造性班子——其中包括制片人杰斯·奥本海默（Jess Oppenheimer）、首席作家马德琳·皮尤（Madelyn Pugh）和小鲍勃·卡罗尔（Bob Carroll Jr.）——为她提供了最合适的媒体和节目样式来充分展示她作为喜剧演员的才华。正是这个班子，还有她那位被小瞧的搭档、德西露制片公司的总裁德西·阿纳兹，将这个基于洛杉矶的火爆广播节目变成了更成功的电视节目。与电视综艺不同，许多电视情景喜剧是以女明星为中心的，例如由格特鲁德·伯格（Gertrude Berg）饰演莫莉·戈德堡（Molly Goldberg），由佩姬·伍德（Peggy Wood）主演《妈妈》，由格雷西·艾伦主演其在哥伦比亚广播公司的《乔治·伯恩斯与格雷西·艾伦秀》（于 1950—1958 年播出），等等。当《我爱露西》于 1951 年

132

10月15日星期一晚9:00—9:30第一次播出时,露西也立即成为上述这群精英的一员。《我爱露西》被安排在《阿瑟·戈弗雷的天才发掘者》——这是一个收视率在当时居第一位的节目——之后播出。但不到一个月,《我爱露西》每周就吸引了1 400万观众,而到1952年1月又上升到1 600万,并在继续上升。

与电视综艺不同,许多电视情景喜剧是以女明星为中心的,例如在哥伦比亚广播公司的《戈德堡一家》节目中由格特鲁德·伯格饰演莫莉·戈德堡。(刊载此图获马里兰大学美国广播图书馆的准许)

当《我爱露西》首播时,露西尔·鲍尔已40岁,她在电影与广播界长期而丰富的经历对她在电视上成功扮演露西·里卡多(Lucy Ricardo)非常有帮助。露西的电视形象是多维而富有弹性的,既有影星那光彩夺目的美丽,又有女喜剧演员那古怪的言语表达;既有默片哑剧演员那种毫无顾忌的尽情展现——巴斯特·基顿(Buster Keaton)是她最亲密的专业导师之一——又有普通女人的脆弱,这些使她对电视观众来说具有不可抗拒的魅力,这一魅力长达30年之久。该电视节目的第一集标题是《姐妹们想去夜总会》,描写的是露西的控诉。在弗雷德·默茨(Fred Mertz)与埃塞尔·默茨(Ethel Mertz)夫妇结婚18周年纪念日这天爆发了一场"性别大战",埃塞尔——由维维安·万斯(Vivian Vance)扮演——想在夜总会庆祝,弗雷德——由威廉·弗劳利(William Frawley)扮演——就与妻子争吵起来。而弗雷德和埃塞尔是里基(Ricky)和露西的房东和最好的朋友,可想而知,男人们和女人们结成相互对立的两派。这一集剧情分为两幕加一个简短尾声。在第一幕中,弗雷德和里基不同意带他们的妻子到夜总会去,于是埃塞尔和露西便自己想办法,露西想出了一个计划,其中女士们可以找到约会对象并由其陪同去任何地方。针对此举,弗雷德和里基决定也找自己的约会对象,并秘密尾随以监督他们的妻子。

在一个伊丽莎白时代戏剧式的情节转折中,一位双方共同的朋友让露西和埃塞尔化装成村妇,然后通过盲约的方式让这两对夫妇重新配对,于是因弗雷德和里基无法识别出他们的妻子而引发了一系列喜剧性错误。第二幕是一个莫里哀(Molière)式的大闹剧场面,其中男人们和女人们一起唱歌、跳舞、开玩笑、相互戏弄,但却又相互回避。在这8分钟的片断中,露西充分展示了她卓越的才华,包括她幽默的面部表情、灵巧的嗓音、灵活的身体、充沛的精力、甜美的天真、善良的愿望等。而当丈夫们最终看破他们妻子的伪装时,剧情达到了高潮:两对夫妇坐在一起发生口角的短暂场面。露西和埃塞尔相互依偎着,感到极度厌腻和凄凉,她们都身着晚礼服,打扮得花枝招展,却无处可去。从该节目总体来看,一个特别之处在于这些妇女们在经过20多分钟的激情狂欢之后,终于又被控制住。当露西和埃塞尔发现她们回到了她们在剧情开始时的出发点,即她们不愿服从她们丈夫的意旨时,露西的妙计也就不可避免地落空了。然而,弗雷德和里基对他们妻子的控制似乎只是一个暂时的休战,而不会是一种永久状态。露西是如此桀骜不驯,因此观众感觉到她会于下个星期一晚上9点渴望再一次挣脱出来。对正在各自生活中受到同样社会期待的限制的数以百万计美国人来说,露西每周的反叛行动如同一阵清风。

回顾起来,《我爱露西》及德西露制片公司突显了20世纪50年代发生在美国文化和美国电视行业中的变革。从文化的角度来看，"露西·里卡多和里基·里卡多（Ricky Ricardo）夫妇成功的模式也为二战后美国其他人所效仿。这对年轻的城市夫妇逐渐富裕起来，购买了电视机和洗衣机，有了孩子（在 1952—1953 年度），冒险来到好莱坞并看到了大牌明星（在 1954—1955 年度，由于里基欣欣向荣的电影生涯），最终迁居到了郊区（在 1956—1957 年度，从他们在纽约东 68 街的棕石公寓搬到了靠近康涅狄格州的地方），自始至终一直充满着露西设计的古怪而滑稽的复杂情节"[59]。在这一系列节目中最普通的戏剧冲突还包括露西想进入演艺界的不断尝试。这方面最著名的一个例子发生在第一电视年度的第 30 集《露西做了一个电视广告》，其中里基雇来一名女演员以拍摄一个"维生素小子"的现场广告，露西将这位女演员支走了。结果露西取代了这位女演员，但露西在排练时却非常滑稽地喝醉了，因为她吞下几匙标准酒精度为 24 度的强身剂，后来在正式播出时也是如此。她醉酒的毛病立即断送了她的演出生涯，这一毛病在该节目播出的 6 年中也反复出现。《我爱露西》的收视率在其播出的第一年度中即居第 3 位，而在此后的 4 年中则一直稳居第 1 位，但在 1955—1956 年度降为第 2 位，仅仅落后于哥伦比亚广播公司的《6.4 万美元一问》。《我爱露西》还创造了年度收视率的历史最高纪录，于 1952—1953 年度达 67%（平均每集的观众有 3 100 万人），超过了此前由米尔顿·伯利的《德士古明星剧院》于 1950—1951 年度创造的纪录，即 62%。

135　　而且从电视的角度看，《我爱露西》也是一个过渡性节目，即从 20 世纪 40 年代末 50 年代初的都市少数民族工人阶级情景喜剧——这体现在里基·里卡多与露西·麦吉利卡迪（Lucy MacGilli-cuddy）的异族通婚中——向纯粹的英裔美国白人倾向的、中产阶级的室内喜剧过渡。这种室内喜剧最初出现在哥伦比亚广播公司，如《父亲最懂》（于 1954—1963 年播出）和《留给比弗》（于 1957—1963 年播出）等。在这两部情景喜剧中，母亲在被置于越来越高的偶像地位的同时，也被推回到故事的边缘。露西尔·鲍尔在《我爱露西》中则一直是注意的中心。她是郊区兴起以来的第一位脱颖而出的电视巨星，她反映了数百万美国人——无论是男人还是女人——所感到的那种矛盾心理：一方面他们对家庭和孩子感到很满意，另一方面却又感到失去了自由和增加了责任。《我爱露西》含蓄地承认了快乐的家庭主妇式刻板观念给女人提供的有限选择。露西绝不后悔当一个妻子和母亲，她只是想同时也拥有自己的职业。因此，该情景喜剧模式驯化了露西的丰富天资和职业追求，在每一集结尾时她总是归于服从丈夫并重新履行起作为妻子和母亲的责任，从而捍卫了核心家庭的神话。

露西最大的愿望就是进入演艺界，例如在《露西做了一个电视广告》中，露西支走了里基雇来拍摄"维生素小子"现场广告的一名女演员。（刊载此图获哥伦比亚广播公司的准许）

　　在《我爱露西》节目中最受观众喜爱的一集是《露西上医院》，这一点并非偶然。剧中里基、136 弗雷德、埃塞尔起初忘了露西在家里，于是他们忙跑回家去接她并忙乱地将她送到医院的产科病房，以便她能生下"小里基"。这一集是于 1953 年 1 月 19 日播出的，其收视率竟惊人地达到 71.1%，有 4 400 万美国人通过露西与里基的个人遭遇看到了他们喜剧性展现的"婴儿潮"，因此这一集将美国的全国性趋势真实地转化为美国广大观众可以理解且具有娱乐性的电视情节。"该节目甚至抢了"德怀特·D·艾森豪威尔总统就职典礼的镜头，他于"第二天就任美国总统，尽管不是在黄金时间，但只有2 900万人观看"。[60]《纽约时报》的批评家杰克·古尔德说，露西尔·鲍尔现在应被视为"所有电视节目中最杰出的公众人物"。他写了一篇文章专题介绍了十位杰出的女电视喜剧演员：属哥伦比亚广播公司的有露西、格雷西·艾伦、主演《我们的布鲁克斯女士》的伊芙·阿登（Eve Arden）、出演《我至爱的丈夫》的琼·考尔菲尔德（Joan Caulfield）、主演《私人秘书》的安·萨森（Ann Sothern）、主演《我的朋友伊尔玛》的玛丽·威尔逊（Marie Wilson）；属全国广播公司的有伊莫金·科卡、玛莎·雷伊、主演《我娶了琼》的琼·戴维斯（Joan Davis）；属美国广播公司的有主演《从我这儿拿走》的琼·卡罗尔（Jean Carroll）。在该文章中，杰克·古尔德对由露西尔·鲍尔引发的这一新现象感到惊叹，而在此之前，男性"无论是在舞台上还是在屏幕上"都是在数量上超过女性的，"电视上女喜剧演员的崛起可能要归因于电视媒体本身的性质。由于电视的观众是在家中，因此以家庭妇女为中心的室内喜剧是一种很自然的形式"。[61]

情景喜剧形式本身也深深地植根于声频广播。全国广播公司、哥伦比亚广播公司和美国广播公司的无线电广播网为电视的发展提供了培育环境，这包括：它们提供了稳定的财政资助，它们以最好的方式组建和运作电视网，它们提供了创新性人才和其他类型的人员、它们还提供了节目先驱。电视在其发展的第一个10年中就是从这样一个培育环境中成长起来的。米歇尔·希尔姆斯在《广播之声》（Radio Voices）中认为，"与某些说法相反，并不是广告商抛弃了广播而引起了广播网的资产迅速从旧媒体转向新媒体；在第二次世界大战结束后的几年中，仍然兴旺的无线电广播网的利润被拿来直接用于电视的成长。"在向电视转变的过程中，无线电广播的全体听众在晚上仍占55%~60%，而在白天则超过70%，希尔姆斯认为其中"女性占大多数"。[62]如果有区别的话，战后妇女们从职场上被轮换下来，进入那迅速增长的家庭领域，这相对地增加了女性观众在电视企业管理者眼中的地位，这些管理者们将妇女们视为重要的裁决者，她们将决定哪些节目类型最可

取，哪种节目样式最适合于典型美国家庭的亲密氛围。哥伦比亚广播公司到20世纪50年代中期之所以能在电视收视率上最终超过全国广播公司，除了其通俗的平民主义节目策略和1948—1949年"佩利打劫"的剩余效应外，还有一个关键因素，那就是它敏锐地利用了占观众多数的女性，为此它提升了女明星和女性友好型男演员，如阿瑟·戈弗雷、杰克·本尼、阿尔特·林克莱特（Art Linkletter）、加里·穆尔（Garry Moore）等。哥伦比亚广播公司转运之快令人瞩目。它在1947年短暂尝试彩色电视后就暂时关闭了其在大中央车站的节目制作场所，但在第二年初它又卷土重来。联邦通信委员会于1948年9月29日签发了停止颁发新电视台执照的公告，这给予了哥伦比亚广播公司喘息的机会，使它得以为其附属电视台——这些台或是已经在播出节目，或是电视台一旦建成就将运转起来——开发一系列具有竞争力的节目。联邦通信委员会本来计划实行6个月的冻结令，结果持续了近4年之久，因为联邦通信委员会需要时间来减少慢性的信号干扰问题，要开辟更多的频率空间［准许使用超高频（UHF）波段中第14到第83频道］，要解决彩色电视争端（联邦通信委员会曾于1950年令所有人震惊地批准了哥伦比亚广播公司的混合式彩色电视技术，但它最终屈服于外部行业和市场的压力，自我否定并于1953年12月采纳了美国无线电公司的全电子式彩色电视系统），并为未来发展教育电视预留一小部分广播频率。

反而观之，"'冻结'一词具有误导性"，威廉·博迪（William Boddy）在《五十年代的电视》（Fifties Television）一书中写道，"尽管联邦通信委员会从1948年9月到1952年4月间暂停批准电视台执照，但使用甚高频（VHF）播出的电视台数量仍从50个增加到108个，人们拥有的电视机数量也从120万台增加到1 500万台，拥有电视机的家庭所占百分比也从0.4%增加到34%，电视在广播公司的广告收入中所占份额也从3%增加到70%。"[63]总的看来，联邦通信委员会的这一行动基本上是在维持电视业的现状，但全国广播公司和哥伦比亚广播公司从中获益最大，而美国广播公司尤其是杜蒙公司则因此更加落后。例如，"1949年，全国广播公司和哥伦比亚广播公司的电

视网收入之和为 990 万美元，到 1952 年增为 1.533 亿美元，占所有电视网总收入的 84％ 以上；而同期美国广播公司和杜蒙公司的收入之和仅从 240 万美元增为 2 850 万美元"[64]。换一种说法，在电视执照冻结期开始时的既存 63 个电视台中有 51 个台只拥有一个或两个执照，这些台分别成为全国广播公司或哥伦比亚广播公司的附属机构，或是两者的共同附属机构，而美国广播公司和杜蒙公司只得到其余的 12 个台，这使全国广播公司和哥伦比亚广播公司在 20 世纪 40 年代末 50 年代初的电视网中实际上形成了双头垄断的局面。

从产业角度来看，《我爱露西》和德西露制片公司倡导了一系列重要革新，这些革新在电视冻结期结束后不久就成为电视行业的标准。《我爱露西》这部连续剧确立的主要风格和许多技巧成为情景喜剧在以后多年中的主要特征。露西也成为电视界最具吸引力的人物，而情景喜剧在她的带动下则成为首要的节目内容，哥伦比亚广播公司就是借此同全国广播公司争夺每年黄金时间的主导权。而且德西露制片公司也在这 10 年中发展成为一家独立的电视制片与联合发售公司。但所有这些发展都不是命中注定的。当菲利普·莫里斯公司和拜奥广告公司最初对赞助《我爱露西》表示出兴趣时，他们只想让该剧在纽约现场拍摄，且他们不想让德西·阿纳兹演露西的配角。但露西坚决要求由德西演配角，而且他俩都建议将该连续剧拍摄成胶卷，这样他们既可以待在离家——位于洛杉矶西北部郊区——很近的地方，又可避免该节目在全国播出时因存在 3 个小时的时差而引起任何问题。露西与德西倾向于这一解决办法，是因为他们已经在让德西露制片公司为其开发电影道具，他们只需扩展公司的业务范围以将电视包括在内。当德西夫妇提议说如果让他们自己摄制《我爱露西》他们便可以少要一些费用时，哥伦比亚广播公司、拜奥广告公司和菲利普·莫里斯公司最终同意了摄成胶卷的做法。就像他们所说，其余的事就成了电视史。

当联邦通信委员会于 1952 年 4 月宣布取消冻结令（该命令于 1952 年 7 月 1 日生效）后，电视作为一种全国性媒体的潜能慢慢得以实现。《我爱露西》在推动这一趋势方面起了关键作用，并使情景喜剧的发展超出了其发源地广播。从制片角度出发，德西、杰斯·奥本海默及其在德西露制片公司的队伍将其位于洛杉矶市中心洛帕尔玛大街简易的通用摄影棚改装为一个现场演播厅，其露天看台可坐 300 人；他们还雇用得过奥斯卡奖的摄影师卡尔·弗罗因德（Karl Freund）——他是露西于几年前在米高梅电影制片公司认识的——来设计一种革命性的"无层次"照明装置，它可以服务于整个舞台，而不必像电影所需要的那样为每一次拍摄重新组织灯光；他们将拉尔夫·爱德华兹（Ralph Edwards）及其摄制协调人阿尔·西蒙（Al Simon）的"多镜头"技法应用于现场电视摄制，其中两个或多个摄像机从一系列有利地点同时摄录剧情。爱德华兹和西蒙最初在游戏节目《真相还是后果》中使用了这种技法，该游戏节目于 1950 年在哥伦比亚广播公司首播，它也是由菲利普·莫里斯公司通过拜奥广告公司赞助摄制的。当美国无线电公司改进了装置从而使多个胶片可同步摄录后，多镜头技法在德西露制片公司也得到优化，因而提高了喜剧叙事所需要的编辑精度。所有这些制片革新使《我爱露西》在当时具有一种先锋派的风格；而且，这些因素运用得如此恰当，以致它们构成了此后 20 年中电视喜剧摄制的一系列通用指导方针。

而且，德西露制片公司的规模也出人意料地增长，到 20 世纪 50 年代末达到了可与好莱坞最大的电影公司匹敌的地位，因此表明电视相对于好莱坞电影来说具有越来越大的优势。迟至 1954—1955 年度，在所有电视网节目中有 87％ 的节目仍是现场拍摄而不是用胶卷录制的，而电视节目制作从东海岸向西海岸转移也正方兴未艾。[65] 德西露制片公司在《我爱露西》节目取得成功之后即成为美国少数先驱电视节目公司之一，与哈尔·罗奇公司、共和国公司、美国音乐公司下属的表演剧公司、哥伦比亚电影公司下属的银幕精品公司、齐夫电视节目公司等一起开始为电视网开发新的室内电视节目。德西露制片公司生产的情景喜剧还有：《我们的布鲁克斯女士》（1952—1956）、《我的小玛吉》（1952—1955）、《十二月新娘》（1954—1958），以及一个《法网》式的克隆节目《阵容》（1954—1960）。德西露制片公司还向其他独立制片公司出租其摄影棚，这开始于丹尼·托马斯的半自传体情景喜剧《为老爸让位》（1953—1964）。然而最重要的却是德西露制片公司于 1955 年 4 月开始向电视网联合发售其《我爱露西》节目，直到四年后为止，它向哥伦比亚广播公司出售了该节目的全部内容共 180 集，为此它于 1956 年 10 月从哥伦比亚广播公司获得 450 万美元，另外它还因《十二月新娘》节目的逆向权力从哥伦比亚广播公司得到额外的 50 万美元。联合发售制被证明是国内国外电视行业的一个金矿，然而当《我爱露西》于 1951 年夏天开始拍摄时，哥伦比亚广播公司和德西露制片公司都没有意识到这一辅助市场的营利性。

就德西·阿纳兹来说，他将自己和露西的大部分利润返回到德西露制片公司，这使他们得以于 1957 年 12 月仅以不到 620 万美元的低价收购了无线电—基思—奥菲姆电影公司。他们最大的梦想终于实现了。他们最初想出"德西露制片公司"这个名称，他们自称是想向"皮克费尔"（Pickfair）致敬——"皮克费尔"是玛丽·皮克福德（Mary Pickford）和道格拉斯·费尔班克斯用来给自己在贝弗利山上的宅第命名的缩写形式，皮克福德和费尔班克斯曾于 20 世纪 20 年代作为好莱坞最有权力的夫妇在此"坐朝"。在 30 年之后，露西尔·鲍尔和德西·阿纳兹自己也成了城中名人。尤其是对露西来说，一切都是那样圆满。在 20 年前，她还只是无线电—基思—奥菲姆电影公司里许多签约演员中的一个；可是现在，她与德西却

是这家以前美国主要电视制片公司的常驻超级明星和影业大亨。他们通过"德西露制片公司"取得的职业成就，反映了 20 世纪 50 年代电视在迅速变化中的好莱坞不断上升的总体趋势。

在整个 20 世纪 50 年代当露西的影业生涯不断飙升时，她所经历的唯一一场职业恐吓发生在 1952 年 4 月至 1953 年 9 月期间。当时她受到了美国众议院非美活动调查委员会的调查，因为她曾于 1936 年在其外祖父——他是一名终生社会主义者——的要求下作为一名共产党人登记参加选举。电视和电影业因在公众中具有相当高的影响力而受到了众议院非美活动调查委员会特别严密的审查。不幸的是，露西尔·鲍尔是当时落入该委员会监视中的最大明星。露西尔最终被免除了指控，但不久她又受到美国几家保守报纸的攻击，还受到了富有影响力的闲谈专栏作家兼电台评论员沃尔特·温切尔（Walter Winchell）的攻击——此人是一位坚定的反共分子，并是威斯康星州参议员约瑟夫·R·麦卡锡（Joseph R. McCarthy）的强力支持者。露西这一可怕经历的结果就是她在余生中再也不参加任何选举投票。"红色恐惧"既给她留下了不可消除的印记，也给新生的电视业留下不可消除的印记。她在此后的四分之一世纪中为电视事业贡献了自己大部分的创造性精力。

荒谬年代的守护神

在电视改变美国人生活的无数方面中——如家庭、友谊、休闲、读写能力、消费习惯、共同记忆等——扩大表达自由和容忍人类差异应包括在其最有教益的遗产之中。在冷战期间，电视将美国变成一个更加开放、更加包容的国度。

托马斯·多尔蒂（Thomas Doherty），《冷战，冷媒体》（*Cold War, Cool Medium*），2003 年[66]

《华盛顿邮报》（*Washington Post*）和《新闻周刊》（*Newsweek*）以前的出版商菲利普·格雷厄姆（Philip Graham）曾有一个著名的描述，他说新闻是历史的初稿，而此前没有任何媒体能比电视更迅速更亲切地提供这种即时印象。最早的电视新闻和电视纪实节目可以像黄金时间最好的戏

剧节目一样令人激动；它们既可以是冷漠无情的活动，也可以是现场播出的胡吹活动。早在 1940 年 6 月 24—6 月 28 日，全国广播公司和菲尔科公司就通过三个城市（包括费城、纽约市和斯克内克塔迪市）的电视台联播的方式从费城播出了共和党全国大会。这次会议为期 5 天，其中，温德

尔·威尔基（Wendell Wilkie）于会议最后一天晚上12点多意外获胜并最终获得了共和党的总统提名。估计有至少4万人观看了这次会议的部分报道。一个月后，民主党在芝加哥也举行会议，但当时在这美国的第二大城市还没有电视台，因此关于富兰克林获得前所未有的第三次总统提名的新闻短片被送到东部，通过一个特别安排的费城—纽约—斯克内克塔迪临时电视网于第二天播出。1944年的两党大会都安排在芝加哥举行，因此与之相关的电视报道再一次局限于通过几家互连的东海岸电视台播放前一天的录像。

然而在第二次世界大战结束后，无线电广播网的新闻机构慢慢扩展其节目，越来越多地将电视新闻现场采访也包括在内。例如，全国广播公司于1947年1月2日举办了东海岸7城（包括费城、纽约、斯克内克塔迪、波士顿、巴尔的摩、华盛顿、里士满）联播国会开幕式；接着该公司又于同年10月5日第一次从白宫播出电视节目，报道杜鲁门总统向美国人民发表的一个充满激情的演说，呼吁他们支持新制订的耗资庞大的"马歇尔计划"，以便于在1950年初以前在西欧重建那些非共产主义国家。大多数美国人发现战后年代是一个令人焦急不安的时期，美国向和平转变的过程受到一系列事件的阻碍——这以美国和苏联之间迅速升级的紧张关系为开端。苏联在第二次世界大战结束后已夺得了大部分东欧，当时正对该地区实施霸权统治。美国国内的反苏恐惧导致了美国众议院非美活动调查委员会于1946年作为一个常设委员会重新建立起来，该委员会于第二年开始调查美国本土可能存在的共产主义机构及其影响。

包括有各种政治倾向在内的大多数美国人，甚至是激烈争夺政府控制权的共和党人和民主党人，基于他们共同的反共主张，他们对通过公司资本主义实现经济进步的信仰，以及他们对美国生活方式具有内在好处和优越性的坚信，现在达成了一个松散的"冷战"共识。既令华盛顿官方也令美国普通人民感到震惊的既成事实是苏联于1949年8月29日引爆了第一颗原子弹。苏联一下子就与美国一样成了世界上拥有原子弹的国家。美国不再垄断原子武器的消息震撼了美国的普通民众，许多人还对未来产生了悲观的想法，认为

美国与苏联之间在未来某个时间的核战争是不可避免的。其次是中国，它在第二次世界大战期间还是美国的盟友，现在也加入了共产主义阵营，在那里毛泽东于1949年10月1日建立了中华人民共和国。所有这些发展的一个结果就是美国众议院非美活动调查委员会更加有力地开展其调查活动，追查一系列高度引人注目的间谍案件，例如开始于1948年的阿尔杰·希斯（Alger Hiss）案指控美国前国务院官员希斯向俄国人传送机密。而且，美国众议院非美活动调查委员会还花费大量的时间和精力对国内的电影和电视行业进行详尽的查问，追查关于可能有共产主义渗透的证据和传闻。

事态突然变得更加糟糕：朝鲜人民军的9万正规军于1950年6月25日对韩国发动了突然袭击，于是开始了为期三年的代理人战争，战争的一边是受中国和苏联支持的东方国家，另一边是由美国领导的西方国家。朝鲜战争以1953年7月27日签订的《朝鲜停战协定》告终，双方达成和局，这标志着超级大国在国外长期对峙的开始，同时在美国国内也出现了一股不安与怀疑的暗流，这股暗流在日常生活的表面下涌动着。20世纪40年代末50年代初在向美国人民报道这些故事方面，报界和广播界的新闻人士是公认的新闻业领导者。但在电视新闻方面，全国广播公司是最杰出的先驱，它在这方面投入的时间和资金最多，它与福克斯有声电影公司合作，于1948年2月16日开始播出第一个连续的晚间新闻节目《骆驼新闻影院》。哥伦比亚广播公司立即回应，于1948年4月28日开播了《道格拉斯·爱德华兹与新闻》节目，该节目由奥尔兹汽车公司赞助，由《电视新闻》节目组提供插播新闻录像。美国广播公司也于1953年10月开办了一个类似的晚间电视新闻节目，并将哥伦比亚广播公司享有声望的广播通讯记者约翰·戴利（John Daly）挖去主持这一节目（但他仍在哥伦比亚广播公司主持一个火爆的黄金时间竞答节目《我怎么看？》，该节目开始于1950年）。这三家广播公司的电视新闻播报都只有15分钟，都安排在晚餐时间播出，基本上都是由一个人朗读新闻材料，并佐以专为电视编辑的戏剧性新闻短片。实际的机构内部的新闻采访被压至最低限度，因为那会增加费用。

　　全国广播公司比其两大竞争对手进行了更多的现场报道试验，并建立了海外新闻片交换关系，例如它与英国广播公司、百代公司、意大利广播公司签订了协议。杜蒙公司由于资金紧张而没能制作一个连续的电视新闻节目，其持续了11月的《华盛顿新闻》节目被《录像新闻提要》节目接替，后者开始于1948年1月，但也只持续了2年时间。全国广播公司的专业优势是很明显的，它使用的是它自己生产的35毫米宽的视像质量更高的胶卷，而哥伦比亚广播公司和美国广播公司却仍依赖廉价得多的16毫米宽粒状胶卷。这些电视网之间有时也开展合作，例如它们于1948年共享它们对共和党全国大会的报道（从6月21—6月25日共报道54小时）及此后不久对民主党全国大会的报道（从7月12日—7月14日共报道41.5小时）。但全国广播公司在这些电视报道中明显占 [143] 主导地位，它有更多的人员，有更先进的电视技术。例如，在上述两次会议期间，全国广播公司的东海岸17城联播有40万个家庭收看，其观众总数超过125万人。全国广播公司在开创其他电视新闻节目样式方面也居领导地位，它于1947年11月20日开播了《面对新闻界》节目，该节目是从公司附属的WNBW电视台（现在为WRC电视台）在华盛顿的演播室播出的。《面对新闻界》起源于全国广播公司于1945年10月5日开播的一个广播节目，由主持人玛莎·朗特里（Martha Rountree）和编辑兼专题组成员劳伦斯·斯皮瓦克（Lawrence Spivak）创办。《面对新闻界》自一开始就在采访新闻模式方面定下了很高的标准，因为当时所有重要的政治家和公众人物不时出现在节目中，他们要面对一组训练有素的新闻记者的提问。

　　"全国广播公司的晚间新闻节目于1949年2月16日改为《骆驼新闻大篷车》，由轻松愉快、西服上别有胸花的约翰·C·斯韦兹（John Cameron Swayze）播报"，该节目与原来相比不那么严肃沉重。这个以其赞助商命名的晚间新闻节目"保持一种轻快的节奏。在每一期节目临近结尾时，斯韦兹都会以无限的热情喊道：'现在让我们跳过新闻报道来看一下新闻标题！'接着就是一组已经发生但却很遗憾没有拍摄到的消息，每个消息似乎都必须用一句话说完。最后斯韦兹会说：'各位，故事到此为止。很高兴我们相聚。'"[67]尽管其报道

有些轻率，但全国广播公司是在1951年以前唯一维持自己的电视新闻和纪实服务的电视网，并以其26集广受欢迎的连续纪录短片《海上的胜利》取得了第一次重要成功。《海上的胜利》于1952年10月26日星期六下午开播，它由亨利·"P"·萨洛蒙（Henry "Pete" Salomon）及其"项目20"剧组制作，这一雄心勃勃的大型纪录片记述了第二次世界大战期间美国海军所进行的战斗，是一部长达约13小时的档案专题片。尽管全国广播公司是电视新闻和纪实节目几乎所有早期技术和节目样式的开创者，但是这些非虚构节目样式的电视网主管部门却于1954年在收视率方面落后于竞争对手哥伦比亚广播公司。"由于全国广播公司是第一个建立新闻采集机构的电视网，它经历了大量的事故和失败的试验"，新闻史学家克里斯廷·B·卡尼克（Kristine B. Karnick）记述说，"哥伦比亚广播公司于20世纪50年代初建立其电视新闻机构时，能够从全国广播公司所得到的教训中受益，并避免了许多错误。"[68]

　　在哥伦比亚广播公司的电视新闻和纪实节目的崛起过程中，没有任何人能超过爱德华·R·默罗（Edward R. Murrow）所起的作用。默罗因其在第二次世界大战期间从欧洲进行的广播报道而早已成为国际名人，他最初并不愿意转行到电视界。在1940年的不列颠之战中，他多次站到屋顶 [144] 上进行广播，他那雄浑、洪亮而富有感情的声音开始吸引美国听众的注意力。他经常用无线电波来复活并普及许多民主的观念，如言论自由、公民参与、捍卫个人的权利和自由等。在伦敦闪击战期间向真正信仰民主的广大听众宣传这些美好信念的确是一件极具戏剧性的事件，因为极权主义的威胁因纳粹轰炸而成为事实，而这一威胁一直是他广播的背景。默罗的公众形象因此在美国国内确立起来，他代表了西方民主国家的政治传统，并向美国人民树立了一个具有号召力的英雄形象。爱德华·R·默罗只是从第二次世界大战中涌现出的许多英雄人物之一，但是他成为广播界的一个杰出象征。在将电子新闻采集发展成既是美国的一种职业也是一种艺术方面，他的节目具有开创性的力量。

　　默罗在哥伦比亚广播公司雇用了一大批年轻新闻记者，例如埃里克·塞瓦赖德（Eric Sevareid）、查尔斯·科林伍德（Charles Collingwood）、霍华德·史密斯（Howard K. Smith）、拉里·勒叙厄尔（Larry LeSueur）、温斯顿·伯德特（Winston Burdett）、比尔·唐斯（Bill Downs）、马尔温·卡尔布（Marvin Kalb）以及许多其他的人，默罗作为他们富有魅力的领导人也为他们树立了榜样。当默罗第一次尝试性地进入电视业时，"默罗的那些孩子们"也很快尾随而至。这批新闻人才的涌入实际上改变了哥伦比亚广播公司在 20 世纪 50 年代初期和中期的电视新闻报道。默罗早在报道 1948 年共和党全国大会和民主党全国大会期间就出现在电视镜头中，尽管当时"广播仍然是王"，而且"对全国大多数人来说"这些政治事件"仍然是声频大会"。[69] 但默罗仍然主要还是一位广播新闻评论员，直到他开始负责电视新闻与纪实节目《现在请看》（1951—1958）为止，这是他经美国铝业公司请求后做出的决定，该公司想赞助他的第一个定期播出的电视系列节目。这个每周一次的电视节目是对哥伦比亚广播公司一个很受欢迎的广播节目《现在请听》的改编，该广播节目也是由默罗与弗雷德·W·弗兰德利（Fred W. Friendly）制作的。《现在请看》于 1951 年 11 月 18 日星期六下午开播，默罗以他特有的简洁和直率开始播出说："这是一支尝试学习新行业的老

队伍。"1952 年 4 月 20 日，哥伦比亚广播公司将该系列节目移至黄金时间播出，直到 1955 年 7 月 5 日为止，期间其每期节目的观众平均达到令人瞩目的 300 万人，有时其最引人注目的内容甚至吸引多达 700 万人。

此外，默罗还主持了最初的尝试性名人电视新闻节目《人物专访》（1953—1961），该节目由他独立经营，由他与约翰·阿龙（John Aaron）和杰西·祖斯摩尔（Jesse Zousmer）一起制作。每逢星期五晚 10：30，默罗将与一系列的知名政治家、电影明星、作家、音乐家、运动员等在这个极受欢迎的系列节目中进行非正式交谈。该节目的收视率经常徘徊在第 10 名左右，通常情况下吸引的观众有 1 800 万到 2 100 万人。他主持《人物专访》节目一直到 1958—1959 年度，他登门访问过的客人包括如下有新闻价值的人及名人：哈里·杜鲁门总统、约翰·肯尼迪总统夫妇、马龙·布兰多（Marlon Brando）、玛丽莲·梦露（Marilyn Monroe）、杜克·埃林顿（Duke Ellington）、弗兰克·西纳特拉（Frank Sinatra）、约翰·斯坦贝克（John Steinbeck）、罗伊·坎帕内拉（Roy Campanella）、罗基·马西亚诺等。默罗是一位如此高超的谈话者和故事讲述者，因而他在《人物专访》开播一年后获得了一个电视界艾美最杰出名人奖。

145

爱德华·R·默罗在《现在请看》（于 1951 年 11 月 18 日开播）节目上说的第一句话是："这是一支尝试学习新行业的老队伍。"该节目的制作者弗雷德·W·弗兰德利坐在右侧。（刊载此图获马里兰大学美国广播图书馆的准许）

然而，他在早期电视中取得的最大成功却是在《现在请看》上面，在此他个人获得了 4 次艾美奖①，包括艾美最佳新闻评论员奖和艾美最佳新闻分析员奖，而该系列节目本身也获得了 4 次艾美奖，包括艾美最佳新闻节目奖和艾美最佳公共服务节目奖。当时《纽约先驱论坛报》（New York Herald Tribune）电视批评家约翰·霍恩（John Horne）"将默罗主持的这两个电视节目分别用'高默罗'和'低默罗'两个词加以区分"[70]。

事后观之，对美国第一个伟大电视新闻记者的最生动最持久记忆更多地是保存在"高默罗"中，而不是在那个名人访谈节目中。戴维·哈伯斯塔姆在其《掌权者》（The Powers That Be）一书中观察说，爱德华·R·默罗"是那些好得令人难以置信的少数传奇式人物之一"[71]。他明显受到了现代自由主义的民主信念和有更多人信奉的美国清教世界观的驱使。默罗的哥哥杜威（Dewey）曾描述过他们的贵格会（Quaker）②父母对他们严厉的宗教和道德教导："他们在我们身上刻下了他们自己的良知。"[72]

146

默罗对这些宗教和世俗信仰体系的痴迷，迫使他将这些当代的价值观整合进他自己的个人品质之中并达到如此程度，以致他实际上实现了其公司在公共服务方面所追求的目标——成为"美国广播业之守护神"。默罗在现场直播时的形象不同于任何人的电视形象。他几乎总是坐在阴影里，身着正式而保守的细条纹西装，手里总是持着香烟，眼睛从香烟后面怀疑地凝视着你，仿佛他因某种莫名的恐惧而惊呆了。他的衣着和姿态显示出他的经验和智慧，但他的忧郁和反讽意识则显示出他的不安全感和幻灭感。在当时注重电视的轻松性、故事性和根深蒂固的表现主义的背景下，默罗却呈现出一种更加忧郁、更加困苦、几乎因意识而麻痹的风度。对娱乐演员来说，这种表情很快就会让观众厌腻；但对一个新闻播报员和评论员来说，它向观众提供了一种强烈的戏剧性因素，无论新闻主题本身是多么枯燥和平淡。

爱德华·默罗还主持了最初的尝试性名人访谈电视新闻节目《人物专访》（1953—1961）。（刊载此图获塔夫特大学法律与外交学院默罗中心的准许）

《现在请看》节目有许多次播出在其首次露面时，立即就被认为是电视媒体的突破。例如，其延长为一小时的报道《这是朝鲜……1952 年圣诞节》（于 1952 年 12 月 28 日播出）是在当地制作的，"试图表现战争的面貌和那些战斗者的面貌"。不像越南，朝鲜的战争并不是一个起居室战争。在《这是朝鲜……1952 年圣诞节》播出前，所有的电视网都是仅仅依靠来自华盛顿的情况简报和政府提供的相关纪录片来报道这场战争的。与此不同，《现在请看》节目不仅通过其相关纪录片将美国观众带到朝鲜半岛，而且还向他们提供这场战争的近景特写——这是一场基本上无最终期限的战争，一场以地面部队的平凡牺牲来进行的战争。默罗身着军装，很容易地就与那些年轻的美国兵混在一起，这些美国兵或是在冰冻的土地上挖战坑，或是尽其所能试着庆祝节日，期间他们要完成他们乏味的任务，有时是危险的任务。默罗访问他们

147

———————————

① 艾美奖（Emmy），始于 1949 年，美国电视的最高荣誉奖。——译者注

② 贵格会（Quaker），又称公谊会或者教友派，是基督教新教的一个派别。贵格会成立于 17 世纪的英国，创始人为乔治·福克斯，因一名早期领袖的号诫"听到上帝的话而发抖"而得名"贵格"（Quaker），中文意译为"震颤者"，音译为贵格会。但也有说法称在其初期宗教聚会中常有教徒全身颤抖，因而得名。贵格会反对任何形式的战争和暴力，主张和平主义和宗教自由。——译者注

爱德华·默罗迫使他自己实际上实现了其公司在公共服务方面所追求的目标——成为"美国广播业之守护神"。（刊载此图获马里兰大学美国广播图书馆的准许）

关于他们在美国国内的家庭和恋人的情况，或是关于他们得到的日常命令，当时镜头中有一个巡逻兵正步履艰难地走向那寒冷的未知世界去对付敌人。"这次报道没有结论"，默罗在结束节目时实事求是地说，"因为这场战争没有尽头。"《纽约时报》的杰克·古尔德称这一集是"一篇视觉诗，它反映了朝鲜前线生活的艰辛、挫折和决心"，并总结说"这是人们至今在电视上看到的最好节目之一。"[73]

148　　《现在请看》节目在其播出的 7 年中，关注和处理的问题包括刚刚发生的事件（如密西西比河沿岸的飓风洪灾）、有争议的问题（如在默罗家乡北卡罗来纳州的种族隔离学校）、国际问题（如第三世界贫困的严重性），以及新的科学发现（如抽烟与肺癌的关系）等。默罗还周游世界，采访了各种类型的外国领导人，如南斯拉夫的铁托元帅（Marshal Tito）、以色列的戴维·本-古里安（David Ben-Gurion）总理、中国的周恩来总理等。《现在请看》最著名的内容在 1953—1954 年度播出，当时默罗、弗雷德·W·弗兰德利及他们的节目制作小组关注了约瑟夫·R·麦卡锡及麦卡锡主义对国家和人民的影响问题。节目表明，纠缠着美国的反共歇斯底里浊浪导致麦卡锡崛起为全国性要人，这碰巧发生在他于 1950 年 2 月 9 日在西弗吉尼亚州共和党妇女促进俱乐部发表的一个"林肯日"

演说之后，当时他拿出一张纸并声称他有一份在美国国务院工作的 205 个已知颠覆分子的名单。该指控引发了新闻界的爆炸式反应，这一反应因麦卡锡在此后两年中不断提供一系列半真半假、歪曲，甚至是完全捏造的材料而愈演愈烈，一直到 1952 年举行地方级、州级和全国级选举为止，尽管他的证据常常是不完全的，或者是根本不存在的。

麦卡锡很快成为美国最重要、最激进的反共分子。他在第二次世界大战期间是一位海军轰炸兵，他的支持者和诋毁者们都称他的绰号"尾炮手乔"，但他却是一位令人憎恶的政治窝斗者。他那残酷的人身攻击鼓舞了全国的极端保守分子，却伤害了那些自由主义民主人士——他们或被指为共产主义的同情者，或被归为过于天真的、陈旧的新政人士。他那反动的、极端化的言论刺激了人们模糊但却可以感知的恐惧感以及人们对美国的脆弱状态的不满情绪——这在今天被简单地称为"麦卡锡主义"，从而为他取得全国性权力奠定了基础。由于他的突然崛起，共和党领袖们于 1952 年将他任命为强有力的参议院常设调查分委员会主席，由此麦卡锡可以自由行动并攻击共产党，只要他和他的人员怀疑他们可能隐藏在美国政府内部。他将注意力投向了"美国之音"、国务院、国防部等，最后还投向了陆军信号部队，因为他推测那里有一个间谍线路在工作。麦卡锡以极大的兴致执行其委员会的任务，常常欺侮和恐吓证人，诉诸影射和诽谤，并定期发表夸夸其谈的演说攻击与他持不同政治和社会见解者。

尽管电视不属于麦卡锡的职权范围，但是这一行业早已遭受了多年类似的恐惧和偏执的侵扰。在美国众议院非美活动调查委员会的鼓励下，有三位前联邦调查局情报官于1947年开始出版一份名为《反击》（Counterattack）的简报，这是一种篇幅为4页的周刊，它呼吁"要将'卖国的'演员、制作人、导演、播音员、作家及其他娱乐界人士列入黑名单"。然而广播和电视网及电影公司的管理人员却非常认真地对待这一草率的刊物："尽管《反击》的指控是无根据的、歪曲的、断章取义的、从有疑问的报纸引文中裁剪下来的，但这并不重要。"[74]1950年6月22日，前联邦调查局情报官西奥多·柯克帕特里克（Theodore Kirkpatrick）与电视节目制作人文森特·哈尼特（Vincent Harnett）合编了一本213页的小册子，题目是《红色频道：关于共产主义在广播和电视中的影响的报告》（Red Channels: The Report of Communist Influence in Radio and Television），并在《反击》周刊的赞助下出版。《红色频道》列出了广播界的151名人才及人员，指控他们可能属于或支持有共产主义倾向的组织。其结果是，凡是被《红色频道》提到的人都被立即解雇或沦为不可聘用者。哥伦比亚广播公司命令所有员工于1950年12月签署一份忠诚誓约，以缓解来自公司外部的压力，并声明说该广播网只不过是有自由主义倾向的"共产主义广播体制"。全国广播公司也要求所有新员工做出类似的宣誓。而美国广播公司则成立了一个内部安全部门，其工作人员与众议院非美活动调查委员会密切合作。"红色恐惧"因此在所有主要广播网的权力部门中泛滥。

在纽约市哥伦比亚广播公司的41号演播室，默罗和弗兰德利一直等到1953年10月23日才谈论"米洛·拉杜诺维奇中尉案"中的麦卡锡主义风潮问题。米洛·拉杜诺维奇（Milo Radulovich）是来自密歇根州德克斯特市的一位26岁空军军官，他因其移居美国的父亲和姐姐可能是共产主义同情者——因为他们积极参加联合汽车工人俱乐部当地分部的活动——而作为潜在的危险分子被迫退伍。《现在请看》节目组制作了一个30分钟的节目，认为米洛·拉杜诺维奇仅仅因其家庭关系而受到不公正的判决和惩罚。节目中坦率而令人同情的米洛·拉杜诺维奇出现在屏幕上，他解释说他被要求对"多年来与我的爸爸和姐姐保持持续而亲密的关系"负责。他年老的父亲也发言了，他在这充满感情的场面用带有很重的塞尔维亚口音说道，无论是他还是他的工会"都不想要任何成分的共产主义分子"。他在发言结束时还出示了他给美国总统写的一封信，要求"公正地对待我的儿子"。默罗总结说："我们相信'子不承父过'，哪怕其过错得到证实。而在这一案件中情况并非如此。"公众对这一期节目的反应不仅迅速，而且声势浩大。哥伦比亚广播公司收到了"约8 000封来信……其中拉杜诺维奇的支持者与其反对者的比例是100比1"[75]。弗雷德·弗兰德利回忆说："这是默罗和我们所有人第一次认识到电视的力量。"[76]

5个星期后，美国空军部长哈罗德·E·塔尔博特（Harold E. Talbott）出现在《现在请看》节目中，他宣布说，经过认真审查，"保留拉杜诺维奇中尉是符合国家安全利益的"。默罗和弗兰德利在这一经历的鼓舞下信心越来越高，他们要求《现在请看》节目组的人员开始收集并编辑关于约瑟夫·R·麦卡锡行动的影像剪辑。1954年3月9日，《现在请看》节目播出了其对参议员麦卡锡的调查，"主要是通过他自己的语言和图像来说明"。这一集构思很巧妙，对麦卡锡的草率和欺诈策略提供了致命的指控。"该节目的'基础论点'是：如果反对共产主义的斗争变成了反对美国两大政党的斗争，那么其中一个政党很快就会被摧毁，因而共和国也将不再存在。这些话出自参议员麦卡锡自己的一个演说"，即他于1952年底做的一个演说。[77]节目中麦卡锡的形象并不是美好的，他以那阴暗而肥大的身躯恐吓证人，曲解他们的话，威胁性地傻笑并说恶意的俏皮话。例如，在摄于1952年10月27日的一段录像中，麦卡锡在总统选举之前两个星期的一次竞选演说中故意将民主党候选人阿德莱·史蒂文森（Adlai Stevenson）与已经宣判的间谍阿尔杰·希斯联系起来，说道："阿尔杰，我是指阿德莱。"观看放肆的麦卡锡半小时对绝大多数观众来说就像好奇地观看一辆汽车残骸一样具有神奇的吸引力。在该集节目的结语中，默罗直言不讳地说：

> 我们不想在恐惧中行走，不管是哪种恐惧。我们也不想被恐惧逼入一个荒谬的年代……没有一个熟悉本国历史的人能否认国会委员会是有用的……但是调查与迫害之间的分界线是很细微的，而来自威斯康星州的这位参议员反复地跨越了这条分界线……无论是反对麦卡锡参议员的手段者，还是其支持者，都不能再保持沉默……来自威斯康星州的这位参议员的行为在我们的盟国中引起了恐慌和失望，却给予我们的敌人以极大的慰藉，那么这到底是谁的过错？其实这不是他的过错。他并没有制造恐惧的形势，他只是利用了这一形势，并且非常成功。卡修斯（Cassius）说得对："亲爱的布鲁特斯（Brutus）①，过错不在我们的星相，而是在我们自己身上。"[78]

这期节目之后，人们对爱德华·R·默罗的描述开始超越了他于伦敦闪击战期间在英国捍卫民主的行动和原则时人们对他所形成的那个更为世俗的形象。例如，杰克·古尔德写道："上个星期可以作为广播业重获其灵魂的星期而被载入史册。"[79]相反，麦卡锡的支持者们却对默罗发起攻击。一个典型的例子就是纽约市的《美国人报》（Journal-American）的电视批评家杰克·奥布赖恩（Jack O'Brian），他报道说他的报纸像其他报纸一样"接到潮水般的电话"反对那个"仇视麦卡锡的电视节目"。[80]然而，节目播出 24 小时后，"哥伦比亚广播公司及其附属台就收到了 1 万个以上的电话和电报，几天之内公司的大厅就堆满了一箱箱的信件。这些电话、电报和信件的总数最终达到 7.5 万个以上，这是该公司有史以来其单个节目所引起的最强烈反应。对这些反应的统计结果是默罗的支持者占绝大多数，其支持者与反对者的比例是 10：1"[81]。《现在请看》节目的播出导演、后为《60 分钟》节目的创办者和执行制作人的唐·休伊特（Don Hewitt）回忆说："那一晚（即 3 月 9 日播出关于麦卡锡的一集）电视长大了，电视现在是世界上必须加以认真对待的一支真正力量。"[82]

默罗、弗兰德利和哥伦比亚广播公司向麦卡锡参议员提供同样的时间让其辩驳，麦卡锡在 4 个星期后于 1954 年 4 月 6 日做出了回应，但其反驳从长远来看对他自己来说是弊大于利。他在节目中对默罗发起荒唐的攻击，说默罗是"狼群中的领袖和最狡黠者，任何敢于揭露共产党人和卖国贼的人，都会被他咬住喉咙"。他在节目中大喊大叫了 22 分钟，指责默罗过去曾是世界产业工人组织的成员，而该组织却是"一个恐怖主义组织"。他还指责默罗年轻时在国际教育研究院工作过，而"该工作通常是由俄国秘密警察干的"。他滔滔不绝地指责的高潮是他高高举起于 1954 年 3 月 9 日出版的一期《工人日报》（Daily Worker）——这是美国共产党的报纸，指出该报称赞默罗于 3 月 6 日的《现在请看》节目并支持其观点，即默罗认为麦卡锡的行为"给予敌人以慰藉"。在其有力的结语中，麦卡锡总结说，如果默罗和《工人日报》是对的，那么他就"不应再待在参议院；如果反之，是默罗先生在给予敌人以慰藉，那么哥伦比亚广播公司就不应让数百万美国家庭再看到他"。可是麦卡锡的这一招没有奏效。默罗虽然在新闻界受到强烈冲击，但是哥伦比亚广播公司的要员们支持他。更为重要的是，麦卡锡在《现在请看》节目上的表演加深了公众的这一印象，即这位参议员是一台失控的大炮，他基本上是自主行事，而没有受到联邦和州政府官员通常所应受到的监控和制衡。[83]

然而默罗却总极度贬低《现在请看》节目在阻止约瑟夫·R·麦卡锡暴行上升中所起的作用，例如他在 5 年后接受《纽约邮报》（New York Post）的采访时，他解释说那些电视报道的"时机很合适"，但该系列节目或许得到了"太多的赞誉"。[84]默罗并不是第一个批评麦卡锡参议员的美国记者，但他却是最杰出的一个，也是影响最大的一个，因为他的质疑是出现在黄金时间的电视上，而不是在报纸、期刊或广播上。在此过程中默罗、弗兰德利和《现在请看》节目组成员开始认识到电视媒体的巨大威力和影响力。但广播史学家埃里克·巴尔诺坚持认为，最主要的是这一节目"为默罗与麦卡锡之争准备了时机"[85]。在麦

151

152

---

① 　卡修斯和布鲁特斯均为古罗马时期的人物，阴谋刺杀恺撒，失败后自杀。——译者注

卡锡于《现在请看》节目上出现两个多星期后，"陆军部对麦卡锡"听证会召开了。举行这一调查的目的是要探讨对驻扎在新泽西州福特蒙茅斯的几位美国陆军成员的阴谋指控，据说这几位军人与共产党有联系。这次听证会从 1954 年 4 月 22 日一直开到 6 月 17 日，共开了 71 次为期半天的会议。美国广播公司和杜蒙公司对这次听证会从头至尾进行了 187 小时的全程报道，而全国广播公司和哥伦比亚广播公司则主要是在晚间新闻时间或在次要时间中播放听证会的精彩片段，而不是打乱其正常节目安排来报道这次听证会。

从经济的角度来看，对这次听证会进行持续报道而没有播出广告这一现实"使全国广播公司和哥伦比亚广播公司有理由担心节目的成本。据报道，美国广播公司因这次报道损失了 60 万美元。杜蒙公司的损失使它面临的一大堆其他问题更加恶化"，并将该电视网推向了破产的边缘，它在此又危险地徘徊了一年后，于 1955 年春末夏初最终彻底停业。[86]然而，从节目接收的情况来看，在这次听证会开庭时有 3 000 万美国人收看；而在整个会议期间，每周估计有 2 000 万不重复计算的观众收看，白天的正常收视率为 10%。对麦卡锡参议员来说，该听证会使他的个人生活和职业都陷入了困境。尤其是在 6 月 9 日，讯问达到了高潮，麦卡锡因其"肆无忌惮的暴行"而被美国陆军部法律顾问约瑟夫·N·韦尔奇（Joseph N. Welch）彻底击败。会上麦卡锡指控韦尔奇有一位低级律师"是一个组织的成员……已有多年"，这"成为共产党的法律屏障"。韦尔奇反击说："先生，你还有最后一点廉耻吗？你没有留下任何廉耻感吗？"会场经过片刻鸦雀无声之后，参议院决议庭的人和旁听席的观众慢慢开始鼓掌。"约瑟夫·麦卡锡的品行完全暴露在电视这只明亮的眼睛面前"，他的欺诈和反复无常的表现"对他的政治未来则是更大的打击。在'陆军部对麦卡锡'听证会结束之后，民意调查显示这位参议员的支持率骤降。"[87]

实际上，约瑟夫·R·麦卡锡的政治生涯于 1954 年 12 月 2 日发生了一个极不光彩的大转折，这天，他的参议院同僚们以 67 票赞成 22 票反对决定对他进行审查，因为他"滥用参议院的权力"和"其行为倾向使参议院蒙羞"。麦卡锡被这一指责沉重击倒，再也没有恢复其在国会中的影响，

153

他的健康从此也严重受损。他在短短的 7 年之中既迅速崛起成为国家要人，又同样迅速跌落到了一个极丢脸的结局，最终于 1957 年 5 月 2 日因过度饮酒而死于神经错乱，享年仅 48 岁。他崛起的速度和跌落的速度的确令人惊叹。托马斯·多尔蒂观察说："电视与麦卡锡主义是美国历史上的两个旅伴，电视媒体的上升弧线与麦卡锡的跌落弧线的交叉点对双方来说都是关键的时刻。"[88]而且，麦卡锡与默罗将在美国人对 1954 年的集体记忆中被永久地绑在一起：一个是罪人，一个是圣人，彼此永远争执不休。在埃里克·巴尔诺看来，尽管"默罗的纪实片有助于电视成为人们不可缺少的媒体"，且"现在极少有人敢不要电视"，但爱德华·默罗的未来也同样并不光明。[89]

弗雷德·W·弗兰德利在其回忆录《迫于形势》（*Due to Circumstances Beyond Our Control*）中记载了一个不太可信的轶事。当他与同伴们正在观看《6.4 万美元一问》节目——这个新节目被安排在星期二晚 10 点播出，刚好在《现在请看》节目之前——于 1955 年 6 月 7 日首播时，"默罗，他极少观看排在我们节目之前的任何节目，这时看得目不转睛，并对所看到的东西感到惊恐。他的直觉，像往常一样准确，使他在这半小时的节目结束之前就认识到：该巨款问答比赛预示着游艺场工作人员很快将主宰电视播出"。露华浓公司为播出《6.4 万美元一问》节目向哥伦比亚广播公司每集支付 8 万美元。而美国铝业公司给《现在请看》节目的赞助每集只有 5 万美元。弗兰德利回忆说："在控制室中默罗向我探过身来问道：'现在想打赌猜一下我们能保持这一时间段多长时间吗？'"[90]不到一个月，《6.4 万美元一问》就成为电视上的头号节目，并迅速催生出一系列黄金时间的竞答节目，直到三年后一个全国性的丑闻才使这类节目增长的速度停止下来。当哥伦比亚广播公司将《现在请看》削减为 7 个 1 小时的特别节目并将其不定期地安排在 1956—1957 年度时，美国铝业公司也决定将其广告费转到别处。因此有几位电视批评家及广告主管将《现在请看》系列节目诙谐地称为《有时请看》。[91]

1958 年 10 月 15 日，爱德华·R·默罗采取了一个灾难性步骤，他在于芝加哥召开的美国广播与电视新闻主管协会年度宴会及颁奖典礼大会上

154

发言，公开斥责广播业是"肥厚、舒适而自满的"行业，而电视"被用来贬低、欺骗、娱乐和隔离我们"。他的讲话就像是"不仅在业界内而且也在业界外突然投掷了一个炸弹。电视本来在这年秋天就开始接受关于竞答节目丑闻的调查，现在它又受到自己的一位超级巨星的揭露和谴责"[92]。哥伦比亚广播公司的部门主管会议在接到默罗的发言稿时感到被默罗的言论出卖了，而默罗在新闻界的几位最尖锐批评者则开始将他称为"毁灭之声"。位于纽约市第 52 大街的哥伦比亚广播公司总部的领导阶层对默罗也越来越持一种矛盾的心情。默罗的老朋友和上司威廉·S·佩利将他称为"哥伦比亚广播公司的良知"，而弗雷德·W·弗兰德利记述说，"哥伦比亚广播公司对他的态度是：'默罗何必每个星期都要拯救世界呢？'"[93] 在这次争议之后，默罗在哥伦比亚广播公司中慢慢失落，这一悲剧源于他有这样一个明显的需要，即要赋予他自己的职业以更高的追求。默罗早就沉迷于充当广播业的"耶利米"①。他那急切而鼓舞人心的报道风格适合于人们在世界大战期间那种生死存亡的心态，同样也适合于后来麦卡锡危机时期的形势。然而到了 1958 年，广大的观众和电视行业已不太想再接受一次道德鞭挞，更何况他在美国广播与电视新闻主管协会中的演说是针对他们及他们的缺点的。由于电视事业在整个 20 世纪 50 年代呈天文数字式增长，默罗视为应优先考虑的事情已变得逐渐不合时宜了。

在哥伦比亚广播公司纽约市总部的大厅里有一小块铭文牌，上面有默罗的雕像和这样的铭文："他确立了卓越的标准，至今仍无人超越。"默罗在他的 25 年新闻生涯中，包括广播和电视一起，他所做的播出达 5 000 次以上。更无人能及的是他创建了电视新闻的传统。他与哥伦比亚广播公司的同事们一起使电视新闻从其在广播和剧院新闻影片的卑微源头中走了出来。默罗、弗兰德利及《现在请看》节目组从根本上创立了电视纪实节目的雏型。后来，他们在《小世界》（1958—1959）节目中延伸了电子新闻采集的技术及范围，该节目使用全球同步联播以实现多位国际意见领袖之间的即兴讨论。而且，默罗在《现在请看》节目中的大多数同事后来被重新召集来制作《哥伦比亚广播公司报道》节目。该节目于 1959 年开播，尽管默罗只是偶尔参与这一系列节目。多年来，默罗给哥伦比亚广播公司招致了太多的困难局势，因此该公司的领导层有意识地决定降低他的形象。默罗最终于 1961 年 2 月离开了哥伦比亚广播公司，接受了肯尼迪总统的邀请担任其政府的美国新闻署署长。爱德华·R·默罗与后来人们对他的纪念方式之间具有明显的讽刺意味，就是那个最终不能容纳他的行业却仍然将他奉为自己的模范成员，称他为"美国广播业之守护神"。

---

① "耶利米"（Jeremiah）是公元前 6 世纪至公元前 7 世纪的希伯来大预言家。——译者注

第5章

美好的年代
超出所有人的狂想(1955—1963)

额叶行动①

> 我刚到全国广播公司后不久，就开始致力于发展一个文化项目，该项目暂时定名为"额叶行动"……我呼吁全国广播公司中那些有创见的人构想一些节目，即可用娱乐来丰富、激发和启迪观众的节目。

西尔威斯特·韦弗（Sylvester Weaver），《家中上座》（*The Best Seat in the House*），1994 年[1]

对数百万美国复员军人及其家庭来说，1944年的《士兵权利法案》促进了以拥有房子和过上美好生活为主要内容的美国梦走向民主化。这是"新政"的最后一份大礼，它使接受高等教育和职业训练，并通过低息贷款购买房屋、土地和从事小本生意等，成为许多退伍士兵力所能及的事情，否则他们是无力负担这些昂贵开销的。例如，到1947年，美国的所有高校中有 49％的注册学生是第二次世界大战的老兵。这些退役人员接受各种高等教育的机会增加，这不仅缓和了美国的失业问题，而且还有助于他们在结束学业后能找到待遇更好的工作并改善他们的生活条件。在第二次世界大战前，美国既存的大多数郊区只是上层和中上层美国人居住的世外桃源。但在第一个《士兵权利法案》执行期间（从 1944 年 6 月 22 日到1956 年 7 月 25 日），有数百万计的中层、中下层

---

① 额叶指大脑的前叶，负责注意、记忆、计划与动机等活动。"额叶行动"意指理性行动。——译者注

甚至工人阶级的老兵及其家庭也离开了他们的城市公寓和乡村农庄加入到全国性的郊居大潮中，这对上几代人来说简直是不可想象的。

总之在这一时期，在总数为 1 544 万人的美国退役军人中有 780 万人以上接受了某种教育或职业训练。实际上，这些新入校的学生中有数百万人培养了对文化和艺术的兴趣，这是他们在大学里学习的，有许多东西还是第一次了解。最终有 223 万退役军人获得了大学学位。同时，大多数老兵在毕业后开始成家立业时，也将一些更加传统的、与阶级有关的生活方式和偏好带到了郊区。结果，正值电视在美国飞跃发展之际，美国的文化也进入了一个迅速转型的时期，其中旧的社会等级区分变得越来越模糊。电视在 20 世纪 40 年代末和整个 50 年代向全国范围的观众提供了越来越多的节目选择，这进一步刺激了美国文化不断加强的兼收并蓄倾向。美国社会的流动性不断增强，其中一个普遍表现就是人们重新热衷于品味文化，广泛关注并试图弄清在美国社会体系中哪里最适合自己。

例如，早在 1949 年 2 月，拉塞尔·莱因斯（Russell Lynes）就为《哈泼斯杂志》（Harper's Magazine）写了一篇被广为谈论的文章《高雅、庸俗与通俗》（Highbrow, Lowbrow, Middlebrow）。这篇稍带讽刺性的散文是他另一篇文章《品味塑造者》（The Taste-Makers）的续篇，后者在他于 1947 年 6 月就任《哈泼斯杂志》总编辑后不久发表。《品味塑造者》在艺术界引起了广泛赞同，该文声称某些文化监护者在进行质量评判并决定其赞助对象时，他们将自己的现代主义高标准强加给社会中的其他人口。在《高雅、庸俗与通俗》一文中，拉塞尔·莱因斯"将批判的矛头指向更广泛的领域，认为"美国社会"以"财富和家族"为基础的"旧结构""在日益衰落"。他认为在美国决定地位和荣誉的最大因素不再是阶级，而是"高尚的思想"或"品味"。他嘲讽地指出是品味导致了"一种社会结构，其中高雅者是社会上层人士，通俗者是中产阶级，而庸俗者是普通百姓"[2]。除了这三种基本类型外，莱因斯还将通俗者分为上层通俗者和下层通俗者。作者的这些划分引起了强烈反响，并不是因为这些分类反观起来完全正确，而是因为它们突出了二战后美国一个急剧变化的领域，其中文化实际上变得更加层次不清，而不是更加层次分明。

两个月后，"《生活》杂志——它总是适应大众兴趣的趋势——发表了一篇特写报道……它不仅概括了莱因斯关于美国人品味的令人困惑的结论，而且还通过其最擅长的方式——将一个事件或问题变为一个高度视觉化的现象——为莱因斯的观点赢得了一大批公众"[3]。《生活》杂志于 1949 年 4 月 11 日发表的文章的标题同样也是《高雅、庸俗与通俗》，文章的开头是一张照片，照片中有三个人背对镜头而立，他们在看三幅对比强烈的肖像画：那个个子最高、身材细长、身着北苏格兰毛料西装、神态安详的高雅人士正聚精会神地凝视一幅毕加索的画；而那位个子最矮、粗壮结实、肩膀浑圆、身着衬衣和吊带裤的庸俗者则在观看一位穿着超短裙的下流美女照片；那位中等身材、姿势僵直的绅士是一位通俗者，他向前直视其感兴趣的作品，人们一眼就看出来这是格兰特·伍德（Grant Wood）的那幅名画《美国哥特派》（American Gothic）。因此莱因斯的分类通过一幅通用图片得到简明表达。在接下来的两页中，流行艺术家汤姆·芬克（Tom Funk）设计了一个表格，详细描述了高雅者、上层通俗者、下层通俗者和庸俗者各自在衣着、家具、娱乐、阅读及许多其他方面的偏好，更准确地说明了莱因斯的品味水准。[4]有趣的是，发表在《生活》杂志上的这篇有 4 页篇幅的图片散文，其中配有自称是高雅人士的资深作家温思罗普·萨金特（Winthrop Sargeant）写的简短文字说明，却根本没有提及电视。尽管电视大潮在 1949 年冬时已经澎湃向前，但莱因斯也只在其前一篇《哈泼斯杂志》文章中两次附带提及电视。

尽管如此，人们还是写了大量关于电视的内在潜力的文章，认为电视会让美国多样性的文化景象要么变得更加丰富灿烂，要么变得更加简明单一。作家与批评家 E. B. 怀特（E. B. White）早在 1938 年 10 月就预见性地记录下了这种矛盾心理，当时他在《哈泼斯杂志》上预言说："电视将是现代世界的考验，在这个能看到超越我们视力范围的机会中，我们将发现新的普遍和平或是天空中的拯救光芒。我们在电视面前不成则毁，这一点我很确信。"[5]媒体史学家詹姆斯·鲍曼（James Baughman）叙述说，于 20 世纪三四十年代经常评论美国电视前景的那些社会批评家们，他们绝大多数将电视想象成"受广告商资助而漠视进取的另一种大众文化媒体……"，因此他总结说，"他们看到了电视表演"，"但却没有留下印象"。[6]不同意这种主流观点的人主要是那些被拉塞尔·莱因斯称为上层通俗者的人士，他们"将电视作为一种潜在的新型艺术形式来谈论"[7]。在这一类人中，极少有人能比得上全国广播公司富有创见的节目主管西尔威斯特·韦弗。他于1954年说，"电视是一个奇迹"，因此"必须广泛用来提升人性"。韦弗首先认为电视"必须是家庭的灿烂中心"[8]。

韦弗很自然地说出这些理想主义的、富有远见卓识的语言，反映出了他的优越背景。他的父亲是洛杉矶的百万富翁，经营屋顶修建业务。他在达特茅斯学院接受了古典人文教育，主修哲学，是优秀学生联谊会成员，并于1930年以优异成绩毕业。他既才华出众又富有魅力，是电视的难得人才，他能在较守旧的审计管理业务与不循常规而富有创造性的生意业务之间游刃有余地行动。他身高6.4英尺，清瘦而精力充沛，一头卷曲的红发剪得很短，长着一双明亮的灰蓝色眼睛和一对突出的大耳朵。当韦弗走进一个房间时，人们通常都会注视他。他是于1949年6月来到全国广播公司的，当时他41岁，脑子里充满了点子。基本上他是从头做起的，当时美国的电视台一共只有51个（他所在的公司拥有其中的49%），拥有电视的家庭一共还不足100万个。美国无线电公司总裁戴维·萨尔诺夫委韦弗以重任：让全国广播公司（超越东中部轴心）走向全国；建立一个公司内部的节目制作机构；并要将节目表从公司电视网的黄金时间扩展到上午、下午和深夜的时间段，就像广播网中的既有做法一样。韦弗为自己的任务感到激动，同时也全力以赴投入工作。当时他的一位管理同事说："他可能是我们公司出现的第一位这样的上层人物：既能构想出一个重要节目，又能将其想法抛售给赞助商；既能想象出节目的戏剧形式，又能为其取得合理的预算、合适的剧作家、合适的演艺人才、合适的播出时间以面对真正的竞争。他是一位样样都行的多面手。"[9]

从1949年到1956年，韦弗在全国广播公司最初任副总裁，然后任总裁，最后任董事会主席。他既是一位鼓舞人心的领导者，又是一位热心的

公司便条写作人，常常对其管理人员有感即发。他的这些管理人员在公司内外渐渐被称为"韦弗追随者"，韦弗给他们安排一个基本的日程表，激励他们奋勇向前，将他们进展中的计划变成电视网的可行现实。例如，在1949年9月10日，他建议他的同事们考虑"电视将如何由行动来决定，就像所有现实一样。它没有固定的模式可遵循，也没有不可阻挡的发展。相反，我们中的一些人将决定并指导这一媒体的发展"。两个月后，他又接着提出："我们将比任何其他的人类群体更多地创造电视的未来……在美国有一个好处就是电视被委托给那些曾用广播这种家庭娱乐工具来服务公众的监护人。"[10]韦弗的这种使命感部分是由于他在其位而谋其政，部分则是由于他坚信电视具有"改变社会历史"的潜力。[11]"在韦弗和罗伯特·萨尔诺夫（Robert Sarnoff，戴维·萨尔诺夫的儿子）的领导下，全国广播公司在20世纪50年代初雇用了一批管理人员，他们是从接受过常春藤联盟学校教育的美国战后知识贵族中选拔出来的。可以说这一群人的思想塑造了20世纪50年代初的电视节目。"[12]

全国广播公司的节目执行人员是电视中最好的也是最聪明的，他们效法韦弗的战略目标，即将商业的规则与一系列国内公共服务计划相结合。这些公共服务计划包括以下代号："寓教于乐"计划，其中像儿童系列节目《库克拉、弗兰和奥利》播放了关于品味文化、交通安全、参议院及其他教育性主题的专集；"智慧行动"计划，它鼓励制作电视纪实节目，以及其他类型的信息节目，如与成功人士的谈话节目，参与该谈话节目的有诗人罗伯特·弗罗斯特（Robert Frost）、人类学家玛格丽特·米德（Margaret Mead）、建筑师弗兰克·L·赖特（Frank Lloyd Wright）等；"额叶行动"计划，它反映了韦弗真诚但却带有家长式作风的"大设计"，即让电视"培育出一种贵族阶级——一种人民的、特权无产阶级的、雅典式大众的贵族阶级，使平凡的人变成不平凡的人"[13]韦弗体现了"大兵的一代"的最高追求，即根据自由多元主义的共识——这种共识在当时的美国正在逐渐形成——来改善美国的社会和文化。约翰·F·肯尼迪总统在10年之后会将一个类似的实用理想主义带入白宫。但最重要的是，韦弗既

相信电视作为一种事业和产业具有大发意外横财的潜力，也相信电视具有启迪、提升数千万美国观众并增进其权力的前景。

从 1949 年到 1956 年，西尔威斯特·韦弗在全国广播公司最初是任副总裁，然后任总裁，最后任董事会主席。（刊载此图获马里兰大学美国广播图书馆的准许）

在美国电视的古典发展时期，即电视在 1948—1963 年这不到 20 年的时间内从地方性发展到地区性到最终成为全国性媒体的时期，韦弗是杰出的节目设计师。具体来说，韦弗致力于提供积极娱乐的总战略，该战略包括四个相互协调的商业性和创新性策略。第一，他力争过渡到参与广告制，其中多家赞助商在同一个节目中可购买 60 秒、30 秒和后来为 15 秒的广告插播。对此他说："当我于 1949 年进入全国广播公司时，其电视网只不过是那些大型广告公司用来播出其节目的机构，这些节目是由它们生产、所有和控制的……到我离开时，全国广播公司已拥有其播出的绝大多数节目，而其他的电视网也开始仿效。"[14] 第二，他提倡一种强烈持有的公共服务观，即让电视来提升战后美国的大众文化。第三，他强力提倡各种类型的现场直播节目，包括综艺、戏剧、音乐、喜剧、

儿童节目、新闻与公共事务、谈话等，他认为这是电视区别于电影或好莱坞制作模式之所在。

根据上述三个准则，韦弗与其管理队伍主要依赖纽约市的戏剧传统（如百老汇和歌舞综艺）和新出现的"芝加哥派"电视制作方式。芝加哥派的电视制作是"一种富有想象力的手法……它的出现是迫于无奈。由于缺乏大笔预算、精制装备和大牌演艺人才"，芝加哥派"专注于他们所谓的'简化现实主义'和'即兴表演剧'。通过禁止观众进入演播室，他们得以利用每一个场景的房间，使用近景拍摄来有效建立舞台表演者与家庭观众之间的亲密人际联系"。[15] 尽管芝加哥所有的早期电视台对芝加哥派都有贡献，但附属于全国广播公司的 WNBQ 电视台在 20 世 40 纪年代末 50 年代初"是来自芝加哥的独特电视制作风格背后的创造性力量，其贡献胜过任何其他电视台"[16]。从 1949 年到 1951 年，全国广播公司有 13 个电视节目源自芝加哥，其中包括以下系列节目：儿童节目《库克拉、弗兰和奥利》，由戴夫·加罗韦（Dave Garroway）主演的一个谈话与综艺节目《加罗韦的自由空间》，由斯塔斯·特克尔（Studs Terkel）扮演一个邻里酒吧老板表演的一个谈话、综艺和戏剧节目《斯塔斯的地盘》，肥皂喜剧《霍金斯·福尔斯》（Hawkins Falls），采访纪实节目《美国写照》。

基于芝加哥的节目制作，其尾声"开始于 1951 年 12 月，这时全国广播公司放弃了《加罗韦的自由空间》以支持《雷德·斯凯尔顿秀》。于是加罗韦来到纽约以接掌《今日》节目，而芝加哥其余的一流表演人才、节目制作人才、导演、写作人才也很快离开芝加哥，"来到东海岸和西海岸，在纽约和好莱坞的新节目中谋职"。事后观之，芝加哥那朴素而富有创新性的节目制作技术及其不落俗套的杂交式"节目形式实际上更具有地区性特征而非全国性特征"，因此全国广播公司、哥伦比亚广播公司、美国广播公司和杜蒙公司最终将美国第二大城市的革新纳入了他们更加精美更加专业的电视节目风格。[17]例如，《加罗韦的自由空间》"将成为全国广播公司的《今日》节目后续发展的样板"[18]。到 1958 年时，已没有一个电视网的节目产自芝加哥，因此，《星期六评论》（Saturday Review）的电视批评家罗伯特·

L·谢昂（Robert Lewis Shayon）推断说，这一发展是一个更大趋势的组成部分，"其中，地区性日益消失于我们大众经济的标准化之中"[19]。如果说韦弗作为公司中负责电视节目的副总裁和负责电视网扩展的主管，他的主要任务是最终实现全国广播公司的全国性覆盖的话，那么韦弗在他为期7年的任期内成功地完成了公司的这一委托，将该公司附属电视台的数量由原来的25个扩展到了189个。

与他提倡现场制作所有节目类型的政策紧密一致，韦弗提倡的第四个也是最后一个策略，就是鼓励在节目形式、制作技术和时间安排方面的创新。韦弗重塑全国广播公司节目的方式既反映了他那新一代人的敏感性，也反映了他的胆略——他大胆探索电视媒体的极限，尝试何种节目和审美策略最适合于电视媒体固有的优势和缺点。他最早的成就之一就是对极庸俗的电视喜剧综艺节目形式进行了现代化的处理，于1950年2月开播了更多受到百老汇影响的节目《你的精品秀》。该节目像韦弗及其团队所开发的许多系列节目一样，这一广受欢迎的重大成功既是一个创新，但同时其成本也比任何其他类似的电视节目更加昂贵。这种强调持续创新并以慷慨的预算加以资助的做法，是韦弗作为全国广播公司节目主管的一贯作风。

韦弗信赖创新与高资本投入相结合的又一个例子，是他于1952年开始倡导制作并战略性利用黄金时间的特别节目。在此后的4年中，韦弗平均每月至少安排一次他所称的"盛大演出"，作为吸引数百万观众到全国广播公司的一种措施。"该电视网提供了一系列特别节目分别针对不同的观众群体，如《彼得·潘》针对孩子，《理查德三世》针对那些热衷于气派节目的成人，《绸缎与马刺》针对百老汇音乐传统的爱好者，《阿迈勒与黑夜访客》针对假日家务工作者。"[20]"当'盛大演出计划'——韦弗喜欢这么称呼该促销活动——在20世纪50年代中期达到巅峰时，全国广播公司平均要为每个90分钟的特别节目花费25万美元，而黄金时间同样长度的综艺或戏剧节目平均只花费大约7.5万美元。"在短期内，韦弗希望有尽可能多的电视观众来体验全国广播公司的黄金时间节目安排。韦弗的一位同事风趣地说："我们让他们来吃鱼子酱（喻阳春白雪），而他们却留下来吃面包

和黄油。"[21]然而最重要的是，韦弗的长期目标则是通过该电视网在无处不在的电视上提供最高质量的、最有创意的节目，来确立全国广播公司在电视行业中的身份和地位，并吸引全国范围的观众。

韦弗最持久的革新可能要算其"T-H-T"计划。这一计划是为将全国广播公司的节目播出从黄金时间（晚上7:00—11:00）扩展到广播日的其他时间段，当时只有电台和地方电视台提供了这种服务。"T-H-T"计划是指韦弗对三个标志性节目的构想，即《今日》、《家》、《今夜》，它们将支撑每个工作日中非黄金时间段的节目表。他是创造性地思考并开发可以与观众每天特定时间的家庭活动相契合的系列电视节目的第一位电视网主管。例如，《今日》在每天清晨（早上6:00—9:00）于7:00开始的一个杂志型节目，适合于人们起床并准备去上班或上学时的情况；而于11:00开播的《家》将支撑上午（早上9:00—12:00）的节目表，是针对妇女的公共服务类谈话节目。《今夜》是喜剧、综艺及谈话类节目，它将支撑傍夜（晚上11:00—11:35）和深夜（晚上11:35—凌晨2:00）的节目表，而大多数电视台到深夜时主要是播出地方娱乐节目、重播老电影或者什么节目也不播。[22]韦弗的"T-H-T"计划的经济理由就是要将所有时间段的可能观众群最大化，从而使电视成为那些较不富裕的客户的可用广告媒体，这类客户的数量要比那些现在已经在电视上推销其产品的客户数量多得多。因此，那些"《财富》500强公司"将继续赞助黄金时间的节目，但那些中型和小型公司将能够轻松地负担并购买其想要的较廉价的时间段，如清晨、上午、下午（中午12:00—下午4:00）、傍晚（下午4:00—7:00）、傍夜、深夜等。

韦弗最早的"T-H-T"试验是一个短命的节目《百老汇开放日》，该节目于1950年5月29日开播，但只持续了15个月，到1951年8月24日停播。这是一个深夜节目，于晚上11:30开始，它是一个明显的复旧节目，播出粗俗刺目的喜剧，由杰里·莱斯特（Jerry Lester）和莫里·阿姆斯特丹（Morey Amsterdam）轮流任主持人，但后者在几周后就离开了。该节目由一组固定表演人员支撑，包括播音员韦恩·豪厄尔（Wayne Howell），音乐指挥米尔顿·德拉格克（Milton Delugg），还有一位个子高高、身材丰满的金发美女达

1955 年由玛丽·马丁（Mary Martin）主演的《彼得·潘》是韦弗最成功的电视"盛大演出"之一。（刊载此图获戴维·萨尔诺夫图书馆的准许）

164

165

格玛（Dagmar）等。达格玛的婚前名为珍妮·刘易斯（Jennie Lewis），她在节目中装傻瓜，每晚用一串带有性挑逗的短笑话逗得观众很开心。《百老汇开放日》最初是一个一小时的现场即兴节目，在阿姆斯特丹离开后扩展为 90 分钟。兴高采烈的莱斯特即兴表演一些歌舞综艺大杂烩，包括俏皮话、视觉笑话、打闹剧等等，穿插一些他与其他演员及当晚客人的对话。莱斯特于 1951 年仲夏也离开了该节目，据说是因为达格玛成为该节目最受欢迎的明星。回顾起来，《百老汇开放日》还是赚钱的，尽管它没有成为一个主打火爆节目，也没有实现韦弗的最初设想，即开设一个于晚上 11 点后播出的、面对中青年人的、具有创新意义的喜剧综艺节目。"电视网很无奈地将该节目时间段归还给地方附属电视台。全国广播公司证实了深夜电视节目的可行性，但也发现为该时间段找到合适人选的重要性。"[23]

韦弗将"T-H-T"计划变为现实的第二次尝试是于 1952 年 1 月 14 日开播的《今日》节目。该节目在其播出的最初几个月中就差点办不下去，直到节目主持人戴夫·加罗韦奇怪地将一只名叫 J·

弗雷德·马格斯（J. Fred Muggs）的黑猩猩作为其节目的吉祥物，与其结伴主持，才引起了观众的兴趣。这一开创性的系列节目是从位于纽约市第 49 街上很小的维克托剧院——它以前是美国无线电公司的电视机展销厅——播出的，过路行人可从街上观看该节目的摄制过程。《今日》节目的芝加哥式亲切感与《百老汇开放日》那种较正式的台前即兴表演明显不同。韦弗与其团队也第一次认识到了"T-H-T"计划具有异乎寻常的潜力。他们将《今日》设计为一种兼具《加罗韦的自由空间》和形式自由的早间无线电广播节目两者特点的节目，它包括新闻、娱乐、面访、特写报道和低调闲聊等内容。因此韦弗将电视带入到了一个未知的领域。其结果是，许多批评家对《今日》节目表示出高度怀疑，将其称为"韦弗的蠢事"。《纽约人》于 1954 年报道说："一方面，该节目于早上 7 点开始播出，而当时没有人想到在这个时间看电视"，"另一方面，人们认为，即使该节目成功地吸引了某些观众，早上 7 点也绝不是吸引人们购物的时间。"[24]然而，加罗韦却是一位和蔼可亲的推销员，他身材高大潇洒，有一种幽默感，他使这个高度分割的系列节目保持稳定状态，在需要时他会转向那只穿着翻领毛线衫和橡皮裤子的黑猩猩寻求一点可笑的解脱。在两年多一点的时间后，《今日》节目取得了漂亮的成功，这时该节目不断上升的受欢迎度使其成为全国广播公司所有节目表上最盈利的节目。

韦弗又接二连三地取得了巨大成就。《家》节目于 1954 年 3 月 1 日开播，该节目是一个面向妇女的多用途电子杂志。阿琳·弗朗西斯（Arlene Francis）任该节目的主持人兼主编，由能干的芝加哥移民休·唐斯（Hugh Downs）协助。休·唐斯后来在 1957—1962 年成为《杰克·帕尔今夜秀》的播音员，在 1962—1971 年任《今日》节目的主持人。《家》在与哥伦比亚广播公司的一系列肥皂剧竞争时处于有利地位，它是突破性的系列节目，"是一个全国性的电视网用一个女主持人和一种严肃的信息形式在白天来吸引妇女观众——妇女观众在上午和下午时间段的所有观众中平均占 70％——的第一个重大举措"[25]。韦弗竭尽全力来开发该节目，花了 20 万美元专门为该节目建立了一个全新的技术最先进的演播室，其中有一个旋转式摄影场。《家》节目的背景是漂亮、现代而精致的，它是更加高档的纽约式节目，而不是那种简朴的芝加哥式节目。该节目形式主要包括愉快的谈话、面访，偶尔穿插音乐间歇以变换节目内容。节目中消费者定位的内容强调食物、时装、美容、儿童护理、装潢、园艺和休闲活动等。《家》"立即成为一个火爆节目，并统治上午节目时间三年半之久"[26]。该节目于 1957 年 8 月 9 日停止播出的决定"不仅令公司的工作人员震惊，也令许多观众震惊，该决定至今仍然笼罩着迷雾"。阿琳·弗朗西斯被告知说该节目的收视率开始下降，但其他的人则认为是戴维·萨尔诺夫在韦弗于 1956 年 9 月离开全国广播公司后想"清理门户并清洗由韦弗倡导的节目"[27]。

166

大多数关于韦弗的学术性或通俗性著作都是高度称赞他的，将他描写成全国广播公司的"思想领袖"，说他"开发了节目并形成了商业战略，这些将在以后多年中为其他电视网所仿效"[28]。然而也有少数修正的说法将他描述为"技艺高超的强行推销员"，或是将关注的重点由韦弗这位"电视的大胆想象者"转移到更大的背景，这些背景可

基于芝加哥的、由戴夫·加罗韦主持的《加罗韦的自由空间》于 **1949 年 4 月 16 日**开播，成为全国广播公司《今日》节目的模板。（刊载此图获马里兰大学美国广播图书馆的准许）

更好地解释电视为何于 20 世纪 50 年代和 60 年代初在宏观上成长为一种事业和产业。例如，媒体史学家万斯·凯普雷（Vance Kepley）论辩说："韦弗于 1955 年底的卸任，与其说与他的个人地位有关，不如说是与电视行业的重大转变有关，到 20 世纪 50 年代中期电视市场已经显示出了稳定的迹象……强调公司稳定而不是公司扩张的政策将在 50 年代后半期居主导地位。"[29] 然而，传记还是很重要的。个人的作用既容易被贬低，也同样容易被夸大，这对 1980 年以前的许多第一代电视史学家来说是经常的事情。个人是他们时代的产物，要受到更广大的历史潮流的影响，这些潮流也会将他们吞没。然而，他们有时的确协助决定事件，而其他人在同样情况下将只有很小的影响或毫无影响。因此，韦弗不仅仅是一个"能干的经理"，他也是一位富有魅力的领导者。他在全国广播公司的几年中，不仅在电视网领域内工作，而且还通过"额叶行动"和他在电视网中的其他主要计划对他

167

的同时代人产生的影响，通过他与其管理人员选定并推行的战略，通过他们最终制订的策略，扩展了这一领域。

同样，韦弗之所以于 1956 年初秋被踢出全国广播公司，实际上主要还是与"个人地位"有关，而不是由于在该电视网中和在电视产业中总体上强调"稳定"要重于"扩张"。正当电视在 20 世纪 50 年代中后期从创新期转向一个更高的标准化期时，韦弗也在此时成为媒体宠儿，他日益攀升的声名甚至超过了戴维·萨尔诺夫本人的名望。例如，在韦弗担任全国广播公司总裁的短暂任期内（从 1953 年 12 月 4 日到 1955 年 12 月 7 日），他出现在《新闻周刊》的封面上，他与他的家庭也被《生活》杂志进行图文报道，爱德华·R·默罗还于黄金时间在哥伦比亚广播公司的一期《人物专访》节目中采访了他。他还作为全国广播公司的公开代言人，经常向《综艺》、《电视》等各种行业刊物提供专论稿，经常由于管理职务而公开露面，例如于 1954 年 6 月 5 日在《你的精品秀》节目的最后一集中，他在数千万观众面前登场向该节目的演员和工作人员致谢，感谢他们在四年半的播出中所取得的一切成就。

事情发生"在 1954 年夏，当时《纽约人》杂志与我们的新闻部接洽，要做一个关于我的名人传略"，韦弗在其回忆录中记述说，"然而该杂志从没有介绍我们公司中真正的沽名钓誉者——萨尔诺夫将军。"萨尔诺夫"与《纽约人》杂志的出版商拉乌尔·弗莱施曼（Raoul Fleischmann）是朋友，他多年一直试图让该杂志介绍自己"[30]。韦弗想请求免除这一安排，甚至建议该杂志去报道美国无线电公司的总裁萨尔诺夫。但《纽约人》杂志的一位编辑告诉韦弗说，无论他是否合作，这篇文章都将照写，于是韦弗最终接受了采访，结果该杂志于 1954 年 10 月发表了一篇高度赞美他的文章。以前美国无线电公司的内部人士兼萨尔诺夫的传记作者肯尼思·比尔比吐露说："韦弗的不寻常吸引了新闻界，而对萨尔诺夫来说，这并不是一个好现象。在美国无线电公司的天空中突然出现了两个明星，而长期以来这里一直只有一个明星……萨尔诺夫决定在提升韦弗的幌子下剥夺他的权力，而不是简单地解雇高度引人注目的韦弗并由此引起全国广播公司中新一轮的管理混乱。"[31] 归根到底，韦弗在全国广播公司的问题，与其说是产生于从革新与增长向稳定与标准化的政策转变（尽管这一转变在 20 世纪 50 年代下半期的确出现），不如说是因为心胸狭隘的忌妒导致他与萨尔诺夫间的职业关系破裂。戴维·萨尔诺夫于 1955 年 12 月初任命自己儿子罗伯特·萨尔诺夫为全国广播公司的总裁，表面上提升韦弗任电视网董事会主席。韦弗任此职直到 1956 年 9 月 7 日，然后从这个基本上是挂名的职位上辞职了。

同样，韦弗留下的影响也常常被一些学者误解。几乎没有什么争议的是，韦弗是全国广播公司的电视从一个地区性网络成长为一个全国性网络的驱动力量。他还是确立参与广告制并使其得到广泛接受的主要负责主管，因此加强了电视网在开发和安排节目问题上同广告商和赞助商进行交易的地位。他成功地将全国广播公司的节目时间表从早上 7:00 扩展到下午 1:00。他鼓励电视制作的纽约派与芝加哥派合并以扩展现场直播电视的范围并提升其质量。在这方面，韦弗的影响在许多传统节目式样中表现得很明显，如在喜剧方面，他在《高露洁喜剧时光》节目中培育了一群活跃的明星，如弗雷德·艾伦、鲍勃·霍普、迪安·马丁、杰里·刘易斯等等；在戏剧方面，他支持弗雷德·科在《古德伊尔电视剧院》及《菲尔科电视剧院》中的突破性工作。回顾起来，更为重要的是，他与其富有创见的同僚们还专门为电视媒体发明了许多新的节目形式，尤其是"T-H-T"计划及数十个一次性盛大演出。于 1953 年开始，他还通过《豪迪·杜迪》节目首倡了全国广播公司向彩色电视的转变，该节目在当时的白天节目中排名第一，并成为第一个用彩色制作和播出的定期系列节目。而吉安·C·梅诺蒂（Gian Carlo Menotti）的歌剧《阿迈勒与黑夜访客》则是电视在黄金时间的首次彩色播出。韦弗在此后的两年中通过成本高昂的"盛大演出"继续推动彩色电视播出，这些"盛大演出"是由《你的精品秀》节目的导演马克斯·利布曼制作的。

然而，关于韦弗的最大误解却在于长期以来人们将他描写为一位在不懂文艺的电视网中工作的高雅者或上层通俗者，虽然面临着几乎难以战胜的困难却仍然试图提高电视的质量。这一误解部分应归因于韦弗那傲慢且常常是夸张的煽动性言论。这一误解是他因在全国广播公司中被边缘化而引起的同情，当时他还没有来得及充分认识他的高尚追求，即将电视塑造为既提供娱乐又提供公共服务的媒体。长期以来人们没有认识到的是，韦弗在全国广播公司所留下的遗产就像J·弗雷德·马格斯在《今日》节目中、像玛丽·马丁在《彼得·潘》节目中、像巴勃罗·毕加索在《智慧》节目中一样多。当时"有相当数量的批评家和知识分子"指责他以某些理由将太多的全国广播公司节目安排献给那"最小公分母"。[32]例如，在他的指导下，《你的精品秀》会很容易地就从电视综艺的滑稽逗笑风格转变到由锡德·西泽和伊莫金·科卡作为希肯卢珀夫妇表演的威尔第咏叹调。对韦弗来说，平凡乏味的电视娱乐是一个既成事实，因此他的主要贡献将是拓宽全国广播公司的节目范围。但他在电视界中并不是一条没有水的鱼，他在这一文化多样性的环境中发达起来，电视也立即决定着他的升贬沉浮。

看待韦弗的另一种方法就是将他视为二战后这样一批人的先锋派之一，这批人现在被社会学家理查德·彼得森（Richard Peterson）和罗杰·克恩（Roger Kern）称为"杂食者"，或者按赫伯特·甘斯（Herbert Gans）的说法，这批人"有钱、有时间、有教养来从多种品味层次中选择更多的文化，让所有形式和风格的文化成为他们潜在的狩猎场，成为为他们服务的那些文化供应商的狩猎场"。[33]韦弗就是那些早期的文化供应商之一。《纽约人》的传略抓住了他兴趣的杂质性，将他的"谈话方式"描述为"由准社会学术语、麦迪逊大街的广告谈话、百老汇的唠叨、商业行话、间接哲学引征等混在一起的一个惯用语赋格曲，所有的东西汇合成一种轻快活泼的对位旋律"。[34]并不只韦弗一人是文化兼容主义者。例子之一就是他找到了一个志趣相投者来主持《今夜》节目（该节目在其第一次现身时就包含了一个惊叫点），从而最终完成了他的"T-H-T"计划。史蒂夫·艾伦（Steve Allen）这个人很机灵、有创见、有趣，有时甚至有点傻，但决不愚蠢。他是一个幽默家、作曲家、音乐家和健谈者，非常适合于这个不断变化的喜剧综艺与谈话节目。当史蒂夫·艾伦于1954年9月27日晚11：30首次在钢琴旁坐下来开始与观众们开玩笑时，深夜电视节目就不再是从前那个样了。

170 初露端倪

　　我与韦弗早已成为相互仰慕的朋友。他非常友好，不仅将我置于他电视网中那个每周5个晚上、每晚90分钟的节目上，后来还请我做一个更加重要的、每周一次的全国广播公司黄金时间喜剧系列节目……但是现在必须一次性地了断，即他与创建《今夜》节目毫不相干。

　　　　　　　　　　　　　　史蒂夫·艾伦（Steve Allen），《嘿嗬，史蒂夫里诺！》（Hi-Ho, Steverino!），1992年[35]

《今夜》节目的源头可追溯到史蒂夫·艾伦于1948年在KNX电台——这是哥伦比亚广播公司在洛杉矶的一个附属广播电台——主持的一个30分钟的音乐与谈话型深夜广播节目。该广播节目最初的名称是《打破所有纪录》，直到艾伦的即兴现场表演成为该节目中最受欢迎的部分时，该节目最终更名为《史蒂夫·艾伦秀》。哥伦比亚广播公司的地方管理人员决定将该广播节目改编为电视节目供KCBS电视台播出，该电视台与KNX电台共享好莱坞市中心的哥伦比亚广播公司哥伦比亚广场。于是，《史蒂夫·艾伦秀》成为一个地方电视谈话节目并于1950年圣诞节首播。在当时，要在电视界获得成功就意味着要从西部来到东部的纽约市——这是美国毫无疑问的电视生产中心。（有趣的是，在1957年左右，人才的流动转向了，主要是向西迁移。）1953年，史蒂夫·艾伦接受了节目制作人马克·古德森（Mark Goodson）及其伙伴比尔·托德曼（Bill Todman）的邀请，取代幽默演员哈尔·布洛克（Hal Block）成为哥伦比亚广播公司的电视节目《我怎么看?》的节目组成员。这个获过艾美奖的竞答节目为艾伦的即兴表演提供了一个高度引人注目的平台，例如他的开头一问"比面包箱大吗?"一举成为一个全国性口头禅，同时他也毫不费力地就与多萝西·基尔加伦（Dorothy Kilgallen）、阿琳·弗朗西斯、贝内特·塞尔夫（Bennett Cerf）、竞赛主持人约翰·戴利（John Daly）分享舞台。由于越来越多地在真正黄金时间的火爆节目中露面，艾伦被全国广播公司旗舰电视台 WNBT-TV（不久改名为 WNBC 电视台）的总经理特德·科特（Ted Cott）邀请去主持其西海岸地方版的深夜喜剧综艺与谈话节目。该节目于 1953 年 6 月开播，是一个每周 5 个晚上、每晚 45 分钟的节目，于晚上 11:15 开始播出。该节目的首次播出即在纽约市引起轰动，最终引起了韦弗的注意，他当时仍在为其电视网的深夜时间段寻找节目设置的办法。

由于韦弗在全国广播公司中的重要职位所产生的深远影响，他在创建《今夜》节目中的作用长期以来在学术著作和大众读物中被一次又一次地夸大了。[36]这一误解之所存在如此之久，是因为韦弗是一位一流的革新者。他在全国广播公司中的许多成就之中就包括他最初提出了"T-H-T"计划，然后又深深地卷入了《今日》和《家》两个节目的制作中。然而，韦弗绝没有像前两个节目一样插手《今夜》节目的制作。在《百老汇开放日》节目停播后的 3 年多时间中，韦弗曾认真考虑过在深夜时间开设"一个新闻性杂志型"节目，基本上顺着《今日》节目的路子做，因为该节目取得了巨大成功。这时，根据《今夜》节目的制作人比尔·哈巴克（Bill Harbach）的回忆，韦弗开始观看"令纽约市所有人着迷的那个地方古怪小节目"。当韦弗看到那个节目时，他知道了他想要的是什么，他认为将《史蒂夫·艾伦秀》作为一个全国性节目列入全国广播公司的节目表可能会立即生效。哈巴克解释说，"下班时"，史蒂夫·艾伦来了，"真是疯狂、古怪、有趣、轻松——'轻松'才是最关键的字眼"。[37]这对史蒂夫·艾伦来说也是一个终生难得的机遇，他明白这一点。他的伙伴兼代理人、其节目的执行制作人朱尔斯·格林（Jules Green）要求他与他的客户保留对《史蒂夫·艾伦

秀》节目的完全所有权，以保证艾伦对该节目的超常控制。相应的，韦弗则要求将其节目的名称改为《今夜》，并将节目延长为 90 分钟。格林与艾伦愉快地同意了，于是他们立即与比尔·哈巴克、导演德怀特·赫明（Dwight Hemion）、喜剧作家斯坦·伯恩斯（Stan Burns）和赫布·萨金特（Herb Sargent）一起将该节目扩展为原长的两倍。

而且，人们常常说《百老汇开放日》节目是《今夜》节目的先驱，这种说法也是错误的。前者是电视综艺的典型例子：它喧闹而狂乱，在制作方面几乎是外行；而由史蒂夫·艾伦主演的《今夜》很流畅，节奏自由，在感觉上有爵士乐倾向，在节目上不仅接近音乐，也接近喜剧和谈话。《百老汇开放日》和《今夜》的唯一共同点是它们都被安排在晚上 11:30 到凌晨 1:00 面向全国播出。由锡德·西泽（他是一位有造诣的萨克斯管演奏家）和史蒂夫·艾伦引领的受舞蹈影响的新一代即兴喜剧演员们，他们现在正崛起成为电视上的大明星。时年 32 岁的史蒂夫·艾伦是一个具有时代精神的人：举止文雅、有风度，他那种实事求是、平易近人的公众形象非常适合于电视。在外表上他显得较古板：身高 6.3 英尺，又高又瘦且动作笨拙，戴着一副具有标志性的仿角质框眼镜。然而他开口说话时却很新潮。《今夜》节目的形式形成于广播电台那种"私人'作坊'程序"，但在艾伦转入电视台后迅速成熟，在电视台中他与其节目制作人员"发现了对他最有效的那些娱乐形式，并逐渐根据那些优势构建出一种新的节目"。[38]在全国广播公司播出的该节目最新版本中，史蒂夫·艾伦自由地将大量的爵士乐、百老汇戏剧、体育和严肃谈话融入一种时髦而新潮的纽约夜总会式氛围之中，偶尔出现一个演播室外的远景或一个不同的地点作为内容转换的标志。

《今夜》节目的形成经过了不断摸索。该节目的开头是一个低调的开场独白，艾伦通常是舒适地坐在一架钢琴旁边发表这一独白。然后他会与他的节目播音员兼伙伴吉恩·雷伯恩（Gene Rayburn）闲聊，并开始与他的乐队领班斯基奇·亨德森（Skitch Henderson）开一些有趣的玩笑。接着，他以不同于以往任何节目的方式将观众正式引入到《今夜》节目。首先，他随手拿起麦克风漫步在剧院——位于纽约市第 44 街的哈德逊剧

院——的走廊上，与在座的友好观众进行即兴表演。例如，在该节目初期有一集中，有一位好奇的先生问他："费城的人能拿到（get）你的节目吗？"艾伦回答说："他们看它，但不去拿（take）它。"这时艾伦会与其余的观众一起爆发出笑声，艾伦的咯咯笑声热烈而音调独特。他也随机接受现场观众提出的问题，这些问题通常写在卡片上，他坐在钢琴旁回答。或者他与吉恩·雷伯恩玩"答问人"游戏，雷伯恩向他提供一个答案，而他则用一个有趣的问题来回答。［约翰尼·卡森（Johnny Carson）来后在《牛极的卡纳克》中恢复了这种滑稽逗笑游戏，而默夫·格里芬（Merv Griffin）后来则将其毫无幽默地改编为他的游戏节目《危险！》中的一段基本内容］。而且，音乐一直是《今夜》节目的重要组成部分，对史蒂夫·艾伦来说也是如此，他创作了几千首歌曲，包括该节目的主题曲《月亮先生》（1954—1956）和《初露端倪》（1956—1957）。他常常让在座的剧院观众说出一些歌曲的名称，看看他们是否能难倒乐队，或者他会亲自来演奏一个的音乐插曲，或是由乐队的某位乐师来演奏，如第一号乐手多克·塞韦林森（Doc Severinsen），或由节目组中一位很有前途的歌手来表演，如史蒂夫·劳伦斯（Steve Lawrence）、艾迪·戈姆（Eydie Gorme）、安迪·威廉斯（Andy Williams）、帕特·柯尔比（Pat Kirby）等。

电视批评家汤姆·谢尔斯（Tom Shales）曾经写道："史蒂夫·艾伦最熟悉的娱乐场所就是电视，他不仅将电视视为一个嬉耍室，还将其视为一个喜剧实验室。"[39]例如，艾伦会朗读一些报纸上的有趣内容（《今夜》节目以后的所有主持人都将这么做）；或是扮成一个生气的新闻记者，头戴一个浅顶软呢帽，帽边插着一个"记者"卡，假装生气地朗读一封封致纽约报纸编辑的信，而他的配角和乐队则怂恿他，异口同声地说："是呀，对呀！"他还会扮成一位深夜摊贩——该角色后来被约翰尼·卡森变成阿特·弗恩（Art Fern）；或是拿着摄像机和麦克风到室外进行"街头"采访——这一做法后来被戴维·莱特曼（David Letterman）吸收。不久后艾伦还模仿他自己和《今夜》节目，让一个假人表演街头采访，而让他自己的剧组成员扮演"普通"人，例如唐·诺茨（Don Knotts）扮成一个说话结巴、忧心忡忡的人，

汤姆·波士顿（Tom Poston）扮成一个头脑迟钝、行为放荡的人，路易斯·奈（Louis Nye）扮成一个活泼而有些女人气的人——其喜剧形象令观众很高兴，戈登·哈撒韦（Gordon Hathaway）扮麦迪逊大街主管——他总是以一种虚拟的流行语向艾伦打招呼说"嘿嗬，史蒂夫里诺！"此外，史蒂夫·艾伦还编制了精制的视觉笑话，称为"疯狂的镜头"——这一做法也被戴维·莱特曼采纳。艾伦与许多固定观众建立了现场直播关系，例如行为古怪的业余爱好者米勒太太（Mrs. Miller）和斯特林太太（Mrs. Sterling），她们在艾伦离开了《今夜》节目后很久还继续参加该节目的现场表演。

然而最重要的是，《今夜》节目的灵魂还是谈话部分。史蒂夫·艾伦进行了名人采访，采访了各种人物，包括娱乐演员，如朱迪·加兰（Judy Garland）、鲍勃·霍普、琼·克劳福德（Joan Crawford）、小萨米·戴维斯（Sammy Davis Jr.）、杰里·刘易斯；体坛人物，如杰基·鲁宾逊、鲍勃·库西（Bob Cousy）；作家，如卡尔·桑德伯格（Carl Sandburg）、田纳西·威廉斯（Tennessee Williams）；还有范围广泛的公众人物和舆论领袖谈论诸如有组织的犯罪和黑名单等问题。他还让一些特殊艺人来表演整台节目，例如弗雷德·艾伦、理查德·罗杰斯、康特·巴锡（Count Basie），就像迪克·卡韦特（Dick Cavett）多年后对待奥森·韦尔斯（Orson Welles）、凯瑟琳·赫伯恩（Katharine Hepburn）一样。根据"额叶行动"的精神——这是全国广播公司所有节目都要贯彻的，艾伦还将整台节目用于展现各种文化的食物、音乐、时装、装潢、手工艺品等。在这方面，他主持了"全日本人之夜"、"全意大利人之夜"、"全以色列人之夜"、"全爱尔兰人之夜"、"全墨西哥人之夜"、"全夏威夷人之夜"、"全中国人之夜"等。而且，艾伦有时将节目带到外地拍摄，去过许多地方，如尼亚加拉瀑布、克利夫兰、迈阿密、好莱坞等；在纽约本地，他和他的节目制作人还请全国广播公司的移动摄制组拍摄纽约市内的景色和声音。例如，在1954年9月27日《今夜》节目开播的那天，节目地点安排在纽约黑人区威利·梅斯（Willie Mays）的家中。当时是在1954年世界职业棒球大赛期间，离威利·梅斯所在的纽约巨人队与克利夫兰印第安人队的比赛还

1954 年，史蒂夫·艾伦与吉恩·雷伯恩最早玩"答问人"游戏。多年后，约翰尼·卡森（右）在《牛极的卡纳克》中恢复了这种滑稽逗笑游戏，由其伙伴埃德·麦克马洪（左）向他提供答案，而他则以有趣的问题作答。（刊载此图获马里兰大学美国广播图书馆的准许）

有两天，史蒂夫·劳伦斯和艾迪·戈姆在这位棒球巨星的前院里对他演唱小夜曲，唱着"《说嘿》，这是描写梅斯向其他球员打招呼的一首歌"[40]。艾伦当时与威利·梅斯友好地谈论在即将开始的比赛中纽约队的前景（结果纽约巨人队横扫克利夫兰印第安人队，在 4 局比赛中大获全胜），之后《今夜》节目突然之间成为一个全国范围的热门节目。

《纽约时报》的电视批评家杰克·古尔德于 1954 年 11 月 3 日极力称赞史蒂夫·艾伦的节目，并推荐读者试看该节目。尽管节目播出的时间很晚，他描写该节目具有"麻醉剂效应"，建议未来的观众说"你们将会一直坐到凌晨 1 点"。古尔德还说"史蒂夫·艾伦的敏捷头脑和创造性智慧需要在《今夜》节目中得到充分发挥，因为他的工作安排对所有名人来说都是耐力考验。他晚上的大部分时间都在舞台上——采访来客、演奏钢琴、使用各种绝招，并随意地四处走动"。就像艾伦每晚与乐队一起的音乐即兴演奏一样，他即兴说出的有爵士乐节奏的顺口溜也同样是一个小创造，这些顺口溜变化微妙，表达流畅，因此能将节目与其演员同伴们、当晚的客人们、现场的观众们、家庭观众们非常友好地联系在一起。古尔德的主要抱怨是关于要观看穿插在节目中的参与式广告，这在当时还是相当新的体验。他说："《今夜》节目被分成许多片段以容纳最大数量的商业广告。

这可能会使史蒂夫·艾伦和全国广播公司在美国国内税务局那里提高几个等级，但这却会让观众感到恼怒。"[41]尽管广告成堆，《今夜》节目在 1954 年底和 1955 年的平均收视率为 4%，可换算成每次节目有 200 万个电视家庭收看，当时整个国家的电视家庭一共才不到 3 100 万个。艾伦每天还要收到 800 封节目爱好者的来信。[42]因此他成为明确证明傍夜和深夜电视节目在娱乐全国观众方面也是可行的第一个电视明星。

正当批评家们开始将史蒂夫·艾伦称为"午夜先生"之际（意指他现在像国王一样统治着深夜节目，就像全国广播公司的米尔顿·伯利以前被冠以"星期二夜先生"之名一样），幕后的谈判也正在进行之中，该谈判最终使他在《今夜》节目上的任期突然缩短。[43]不为公众及大多数业内人士所知的是，西尔威斯特·韦弗在 1954 年的大部分时间中一直在讨好埃德·沙利文，试图将他从哥伦比亚广播公司引诱过来，他在那里主持的节目《城中名人》在 1954—1955 年度终于打入了节目排行榜的前 10 名而居第 5 位。哥伦比亚广播公司立即采取对策，于 1955 年 1 月与埃德·沙利文签订了一个为期 20 年的协议，并同意将他主持的节目更名为《埃德·沙利文秀》。[44]于是韦弗改变策略，在此后的 9 个月中积极寻找一位在星期六晚 8 点能以全新的自制综艺节目与埃德·沙利文匹敌的人。韦弗认为撤换《高露洁喜剧时光》节目的时间到了，因为该节目在经过五年的播出后成本越来越高，而收视率却开始严重下降。韦弗最后选定了史蒂夫·艾伦，于1955年9月与他签订了一个全新的三年协议，其中将他的年薪从25万美元升到150万美元。[45]但全国广播公司的领导层想让艾伦既主持《今夜》节目又在黄金时间里主持《史蒂夫·艾伦秀》。因此有4个月的时间，艾伦在每个星期要主持播出9小时45分钟的节目。但在他的坚决要求下，《今夜》节目于1956年10月29日从90分钟被削减为60分钟，并让厄尼·科瓦奇（Ernie Kovacs）担任该节目星期一和星期二的客座主持人。[46]但这一安排也仅仅只持续到1957年1月25日，从此史蒂夫·艾伦彻底离开了《今夜》节目。

以正常的眼光反而观之，人们一直不时地指责艾伦离开《今夜》节目太早了，但自1953年以来他的事业一直被置于加速档上，因此他需要削减一些他所承担的大量工作安排。[47]例如，他在主持《今夜》节目的同时，还在马克斯·利布曼制作的几部全国广播公司的彩色盛大演出节目中作为幽默演员和音乐家演配角，在环球电影公司的《本尼·古德曼》（1955）中演主角（因此他于1955年夏天将《今夜》节目迁到好莱坞播出了8个星期，期间整个白天演出，而在工作日的晚上则要主持其谈话节目），还创作了多首流行歌曲，其中最著名的是为哥伦比亚电影公司的火爆影片《野餐》（1955）——该电影由威廉·霍尔登（William Holden）、金·诺瓦克（Kim Novak）主演——创作的主题曲。而且在这期间，他还出版了4本书，包括《博普寓言》（Bop Fables），这是他于1955年将他在音乐家杂志《强拍》（Down Beat）上发表的专栏文章编辑而成的书，在其中，他用博普爵士风格重新讲述了古典神话故事；《今夜十四》（Fourteen for Tonight），这是他于1955年出版的短篇小说集；《可笑的人们》（The Funny Men），这是于1956年出版的对美国主要喜剧演员的内行分析；《苦笑的石头》（Wry on the Rocks），这是他于1956年出版的一部诗集。艾伦不能再继续以危险的速度前进并继续其黄金时间的新节目，因此离开《今夜》节目对他来说似乎是最明智的选择。全国广播公司为让他改在黄金时间播出而将他的薪金提高到原来的600%，尽管傍夜与深夜

节目显得越来越重要，但它在1956—1957年时在整个节目时间表上仍然是第二档次的节目。

当史蒂夫·艾伦在主持《今夜》节目2年4个月后于1957年1月最终离开该节目时，全国广播公司取用《今日》节目的资深播音员杰克·莱斯库里（Jack Lescoulie）来接替他，担任杂志型节目《今夜：天黑之后的美国》的名义主持人。可是该节目一开始就显得杂乱无章，并很快地越办越糟。据说莱斯库里指导节目活动时，反复在一批报纸专栏作家中挑来选去，其中包括保罗·科茨（Paul Coates）、鲍勃·康西丁（Bob Considine）、希·加德纳（Hy Gardner）、欧文·库普西内特（Irv Kupcinet）、厄尔·威尔逊（Earl Wilson）等，他们来自全国各地，该节目所提供的东西只不过是一个杂乱混合物，包括消息、名人访谈，以及来自纽约、芝加哥、洛杉矶、迈阿密、拉斯韦加斯及其他城市的流言蜚语，每夜有所不同。《今夜：天黑之后的美国》的收视率在7个月中急剧下跌。在这期间，全国广播公司曾试图聘用厄尼·科瓦奇来主持该节目但没有成功，因为他已经承诺要在两部即将开拍的电影中扮演主角。该公司于是转向杰克·帕尔（Jack Paar），他以前曾主持过游戏节目，当时是《早间秀》——这是哥伦比亚广播公司中类似《今日》的节目——的主持人，有时接替厄尼·科瓦奇担任《今夜》节目的客座主持人。杰克·帕尔接受了聘任并于1957年7月29日正式亮相。帕尔在节目最初的几个月困难重重，因他受到批评家们的"可怕评论"，并且到年底时节目的收视率只有2.6%，即只有110万个电视家庭收看该节目。一位电视批评家观察说："杰克·帕尔是唯一一只待在自己陶瓷店的公牛。"[48]然而其工作逐渐好转，到1959年初时已将《今夜》节目的收视率提高到6%，有将近300万个电视家庭收看该节目，当时全国的电视家庭总数已经上升到4 100万。[49]

在一定意义上，杰克·帕尔是通过改为桌子加沙发式安排和重新以谈话为重点，来使原来的《今夜》节目暂时转危为安的。帕尔是一个独白者，而不是像史蒂夫·艾伦、厄尼·科瓦奇或他的下一任主持人约翰尼·卡森那样是传统的娱乐者。他的优势在于他是一个有趣的健谈者，但他的话太多，情感太丰富，有时喜怒无常，总是容易

176

感情冲动。《杰克·帕尔今夜秀》——有时也被称为《杰克·帕尔秀》——最著名的是其温文尔雅的谈话，以及主持人不时地出岔子和情感爆发。最臭名昭著的是，帕尔于 1960 年 2 月 11 日在讲开场白时突然离开了拍摄现场——他讲的是他与全国广播公司的审查官之间的争吵，因为该审查官在前一个晚上剪除了他的一个很无聊的浴室笑话。他的伙伴休·唐斯像所有人一样，对帕尔突然离开舞台感到震惊，在该晚接下来的时间里，这位播音员尽其所能地完成了这次节目。杰克·帕尔在间断 5 个星期之后又回到了该节目。然而，在帕尔任《今夜》节目的主持人期间，该节目的魅力的很大一部分就在于观看他那容易冲动的、变化无常的行为及其对节目所造成的过山车式的效果。深夜节目的观众永远不知道下一步会发生什么，全国广播公司的主管们也是如此。因此，该公司在 1958 年终于开始将《今夜》节目拍成录像带，将该节目由现场直播改为在晚上黄金时间段先拍录节目，然后在深夜于 11:30 播放录像带。这一做法既可以减轻每晚那令人疲惫的苦差事对帕尔的压力，又可以将录像带贮存起来以备后用。

过了将近 5 年，杰克·帕尔和全国广播公司都想来个改变，因而他于 1962 年 3 月 30 日走下《今夜》节目主持人的位置。该节目的播音员埃德·麦克马洪（Ed McMahon）回忆说："杰克·帕尔裸露的心灵让太多的观众感到不安，当全国广播公司想替换帕尔时，它转向了约翰尼·卡森，他时年 36 岁，其机智风趣是以冷静和镇定的方式来表达的。"[50]全国广播公司在此之前早已雇用了约翰尼·卡森，但因他尚有未完成的合同义务，因此直到 1962 年 10 月 1 日才开始主持《今夜》节目。而在此之前的间歇期里，该电视网只是使用了各种类型的客座主持人，包括乔伊·毕晓普（Joey Bishop）、休·唐斯、阿琳·弗朗西斯、默夫·格里芬（Merv Griffin）、格劳乔·马克斯等。全国广播公司也因此设立了《杰克·帕尔节目》，"这是他以前深夜谈话节目的黄金时间版本"，该节目于 1962 年秋的一个星期五晚上 10:00 首播。[51]《今夜》节目到 1962 年已成为一个可赚大钱的利润中心，并成为电视网与其附属电视台的关系中的一个重要齿轮"，产业分析家埃德·帕帕江（Ed Papazian）记述说，"因此全国广播公司决

定"保护其投资。[52]

《今夜秀：由约翰尼·卡森主演》不久"就成为一个更大的财源，超过了杰克·帕尔主持时期"[53]。更重要的是，卡森让观众回到了新潮的电视夜总会中，在某种程度上使人回想起史蒂夫·艾伦那原版的《今夜》节目的想法和氛围，只不过现在是 20 世纪 60 年代的风格。当该节目再次作为纽约市的化身时，卡森恢复了纽约市那帅气、时尚而又精致的一面，就像艾伦的原版节目在 10 年前的做法一样。然而，总的来说，《今夜》节目的样式已经凝固成为一种已知的娱乐性模式，卡森需要遵循这一点。"我能成为约翰尼的一个成熟的配角，是因为我已花了多年时间研究《今夜》节目之父史蒂夫·艾伦那杰出的机智"，埃德·麦克马洪坦诚地说，"我知道约翰尼也喜爱史蒂夫，因此我们节目的样式也成为这位大师所开创的那种。"[54]但约翰尼·卡森本人也是一位才华卓越的即兴表演者，而《今夜》节目的传统又为他提供了一个可靠的样板，在此他可以充分展现其才艺，如致开场独白，与随从演员开玩笑、与现场观众闲聊，上演一系列的滑稽短剧，再现喜剧角色，每期节目访问两到三位名人等。《今夜秀：由约翰尼·卡森主演》不久就成为电视界广泛认可的一个电视固定节目，尤其是在它于 1972 年 5 月迁到了伯班克演播室之后，该节目随着时间的推移变得更加火爆。

《今夜》节目作为电视行业的一个总的标志，它在经过一个短期的自由创新期（1954—1957）之后，进入了一个时间更长、更具预测性的稳定与标准化时期。在这期间也不时地出现一些调整，例如以桌子和沙发来增强起居室氛围，但任何会威胁到《今夜》节目特许经营权的长期稳定性的骚乱都会被迅速而有效地加以处理，例如让更加镇定、更加亲近观众的约翰尼·卡森替换杰克·帕尔，尽管帕尔的收视率也很好。到 20 世纪 60 年代初，全国广播公司和哥伦比亚广播公司已经形成了相互竞争的一系列可靠而又广受欢迎的电视节目，包括上午、下午、晚上和深夜节目。然而具有讽刺意义的是，尽管全国广播公司和哥伦比亚广播公司统治着电视事业和电视行业，然而与前 10 年不同的是，后来的节目模式和制作趋势却主要是由美国广播公司在西部开创的。当《今夜》

节目于 1954 年开始播出时，纽约是世界的电视生产之都，节目现场直播仍然在各电视网中非常流行并占所有节目制作的约 90%。而到约翰尼·卡森于 1962 年秋接掌该节目时，现场节目制作则成为一种濒危品种，仅占所有节目的 25%，因为节目制作的重心已经决定性地转移到了好莱坞，这里新的系列节目几乎都拍摄在胶卷上。[55]

迫于无奈，美国广播公司的董事会主席兼首席执行官伦纳德·戈登森（Leonard Goldenson）与其管理团队于 1953 年初制订了一个五年业务计划，该计划使濒于破产的美国广播公司电视网起死回生。伦纳德·戈登森此前是联合派拉蒙剧院公司的董事会主席兼首席执行官，他以 2 450 万美元买下了这个为生存而挣扎的二流广播电视网，仅仅是因他打赌认为电视将迅速成为未来的大众娱乐媒体。美国广播公司富有远见的战略包括三个相互关联的基本议程：第一是要建立该电视网与好莱坞电影产业之间的联系；第二是安排另类电视节目，而不是面对面地去与全国广播公司和哥伦比亚广播公司竞争；第三是瞄准那些当时两大电视巨头服务不周的观众群。结果，美国广播公司电视网很快成为年轻家庭及其"婴儿潮的一代"的孩子们的选择。到美国广播公司的五年计划最终完成时，全国广播公司和哥伦比亚广播公司被卷入了一个新的时代，该时代的标志是三大而不再是两大电视网的垄断、电视生产的广泛标准化、所有公司的利润都不断增长。到 1962 年，全国有 90% 的家庭，即几乎有 4 900 万美国家庭拥有自己的电视机。具有重要意义的是，这些家庭的电视机现在平均每天开机时间超过 5 小时。在不到一代人的时间内，电视已经成为美国绝大多数人的全国性休闲方式。电视渗入美国人生活的基本结构中的速度超出了所有人的想象。

电视的新边疆

好莱坞转向电视节目制作——尤其是由那些在旧好莱坞拥有最大投资的制作商制作——标志着电视成为二战后美国主要的文化产业，同时也预示着媒体产业越来越强地走向整合的趋势。

克里斯托弗·安德森（Christopher Anderson），《好莱坞电视》（*Hollywood TV*），1994 年[56]

战后的婴儿潮于 1955 年达到其中间点，该年有 409.7 万个婴儿出生。两年后，婴儿潮达到顶点，该年有 430 万个婴儿出生，此后婴儿潮逐年下降，直到 1964 年，出生的婴儿仍有 402.7 万人。"婴儿潮的一代"是美国历史上队伍最庞大的一代人。从 1946 年到 1964 年，他们的数量膨胀到 7 600 万人。而且，1955 年的出生率比 20 年前处于大萧条低谷时的出生率要高 30%。二战后的经济繁荣是导致出生率高涨的一个主要原因，人们认为他们能比上一代人养活更多的孩子。更加富裕的生活状态也导致电视将新生的年轻人作为一个目标市场。孩子们自一开始就被那些先行的电视管理人员和节目制作人员瞄准为一个单独的观众群。例如，杜蒙公司于 1947 年 3 月 11 日起每晚 7:00—7:30 播出的《小鱼俱乐部》、全国广播公司于 1948 年 11 月 29 日起于晚上同一时间播出的《库克拉、弗兰和奥利》——该节目此前已于 1947 年在芝加哥电视台成为地方性的火爆节目。这两个节目是电视网在儿童节目方面取得的最早成功，这些电视网通过让黄金时间的开头节目更有益于年幼观众并因此更有力地吸引其父母，主要达到推动新电视机销售的目的。不久，儿童电视的经济意义越来越转变为向儿童推销或零售辅助商品，尤其是在全国广播公司的《霍帕隆·卡西迪》、美国广播公司的《孤单巡警》，以及哥伦比亚广播公司的《吉恩·奥特里秀》分别于 1949 年和 1950 年开始播出后。

威廉·博伊德（William Boyd）是最早从电视中获得大笔财富的人之一。从 1935 年起，他主演了 54 部成本低廉的西部片，这些影片都是以虚构人物霍帕隆·卡西迪（Hopalong Cassidy）为基础的。但是他富有远见，于 1948 年初购买了这些影片的电视播出权，而当时好莱坞所有重要电影公司都基本上忽视了电视这一新媒体，它们表现得好像希望电视将会屈从于市场压力并迅速地消失一样。然而电视却在此停留了下来，而博伊德则把自己的老牛仔片重新剪辑成 30 分钟一集的电视连续剧，引起了稚嫩的西部片争先恐后地走上小小的电视屏幕。在黄金时间出现的西部明星最初是银白色头发的霍皮（Hoppy）与他的忠实骏马托佩尔（Topper），但其他二流影片的明星很快就加入到他的行列，包括于 1950 年在哥伦比亚广播公司首次登场的吉恩·奥特里（Gene Autry）、于 1951 年在全国广播公司首次亮相的罗伊·罗杰斯（Roy Rogers）。这三个节目尤其要对在 1949—1951 年出现的主要针对 4～14 岁儿童的西部片产品零售潮"负总的责任"，这期间的西部片产品零售额"估计达 1.5 亿美元"。这些产品被很有策略性地置于全国各地百货商店中的儿童服装区和玩具区，如"皮套裤、印花大围巾、马刺、李维斯牛仔裤、斯泰森毡帽"、靴子，以及玩具枪和橡皮套索等。西部的不拘礼节的行为慢慢成为全美国的生活方式，而不只是地区性生活方式。例如，年轻人穿蓝色牛仔裤在全美国的城市和郊区就像在农场和牧场一样成为一个普遍现象。西部"在好几代人中只具有中等的但却相当稳定的受欢迎度"，《纽约时报》的约翰·沙尼克（John Sharnik）报告说，但随着二战后电视的到来，这种关注达到了新的"难以置信"的水平，尤其是在年轻人中间。一位西部片用具的主要制造商承认说，"从来没有任何事情像这样，这是孩子中的趋势"。[57]

在 20 世纪 50 年代初期和中期，儿童节目就像其目标观众一样发展迅速。有几个儿童节目发展成为不同时间段稳定的火爆节目，如杜蒙公司在黄金时间播出的《视频上尉及其视频巡警》、全国广播公司在傍晚播出的《叮当学校》、哥伦比亚广播公司于星期六上午播出的《温基·丁克和你》。学者利奥·博加特（Leo Bogart）于 1952 年对孩子观看电视的模式进行了第一次系统研究，他发现《豪迪·杜迪》是在 10 岁以下的孩子中间最受欢迎的节目，而令人惊奇的是，《我爱露西》和《德士古明星剧院》则是 11～16 岁的观众最喜爱的

节目。[58]当所有的电视网开始将它们的节目时间表向非黄金时间段扩展时，儿童节目通常是最先被移到其他时间段的节目。一个典型例子就是收视率仍然很高的《库克拉、弗兰和奥利》于 1952 年 8 月被全国广播公司的节目设置人员移到星期六下午，以便在黄金时间段能空出时间来安排数量越来越多的成人节目。忙碌的父母对在工作日下午和周末下午能找到专为他们的幼儿和青少年孩子设计的健康有益的系列节目尤其感到满意。当他们将更多的注意力放在做家务活上时，尤其是他们在准备晚餐时，他们常常把电视当作临时保姆。电视网的管理人员也同样感到高兴，因为他们发现孩子们在黄金时间段观看电视的时间实际上并没有下降，所有的研究都表明年轻人既观看直接针对他们的儿童节目，也观看那些孩子友好型的成人节目。

然而，从 20 世纪 40 年代末直到 50 年代中期，没有任何一个电视角色能像豪迪·杜迪一样让孩子们如此彻底地着迷。豪迪·杜迪起源于 1946 年全国广播公司开设的一个于星期六上午播出的广播电台节目《3B 农场》，该节目的主持"鲍勃大哥"史密斯（'Big Brother Bob' Smith）用不同的嗓音扮演不同的人物，其中一个人物是叫埃尔默（Elmer）的农村乡巴佬。在每一集节目的某个地方，史密斯都会装成埃尔默向现场演播室的观众打招呼，说："噢，豪迪·杜迪男孩和女孩们，哈，哈，哈。"于是那些坐在后排座位上的孩子们就会高兴得完全发疯，拼命尖叫。全国广播公司将该节目改编成电视节目《木偶剧院》，于 1947 年 12 月 27 日星期六傍晚开始播出。该节目的主要内容是笑话、游戏、音乐表演与动物表演，而现在史密斯扮演身着鹿皮衣服的"野牛鲍勃"（Buffalo Bob），他正试着哄劝"极害羞的豪迪·杜迪从桌子抽屉里出来"。全国广播公司委托"一位来自沃尔特·迪士尼影片公司的画家"画一个"友善的、长着红色头发的、牛仔式人物"，该人物当时"是由伯班克演播室的木偶制作者韦尔玛·道森（Velma Dawson）制作的一个木偶"。豪迪·杜迪就是以该木偶为基础塑造出来的，他最终于 1948 年初走出他的藏身处而出现在电视屏幕上，他是一个微笑的、脸上有雀斑的、典型的 10 岁美国男孩，身穿西部衬衫和蓝色牛仔裤，围着一个红色印花

180

181

围巾。全国广播公司于 1949 年将《木偶剧院》更名为《豪迪·杜迪秀》，并将其安排在从星期一到星期五每天下午 5：30—6：00 播出。该节目成为"一个造币机，为全国广播公司创造了几百万美元"，同时，全国广播公司"疯狂的商业主义"还增加了对所有儿童系列节目的赌注。[59]除了该节目的赞助商韦尔奇葡萄汁公司、奇人面包公司、女招待特温基斯饼干公司外，杜迪维尔邦公司也大肆宣传一系列各种各样的豪迪·杜迪商品，如滑稽图书、录音带、T 恤衫、午餐盒、类似该节目的现场演员和木偶穿的西部式衣服，以及数十种其他专利产品。[60]

电视刺激青少年市场的非凡威力在 1955 年引发的戴维·克罗克特（Davy Crockett）狂热中得到空前绝后的展现，这一狂热在不到一年的时间中就在推销方面创造了大约 3 亿美元的收入。[61]这一现象产生于电视产业和电影产业间的协作式结合，该结合是由美国广播公司的伦纳德·戈登森（Leonard Goldenson）与其电视网主管罗伯特·金特纳（Robert Kintner）倡导的。不同于其竞争对手全国广播公司中的戴维·萨尔诺夫和哥伦比亚广播公司中的威廉·S·佩利，伦纳德·戈登森是电影业的老将，而不是广播业的老将。他于 1933 年从哈弗商学院刚毕业，"就被雇用来帮助重组好莱坞派拉蒙电影公司当时濒临破产的连锁剧院"。他在这方面干得如此出色，因此公司于 1938 年要

求他留下来"管理派拉蒙的所有连锁剧院"[62]。戈登森像是命中注定要长期作为一名杰出的电影主管，但是 1948 年的"最高"判决将电影业抛入到一个动乱与重组的时期。在这个里程碑式的案件中，美国最高法院判决好莱坞的五大电影公司，即派拉蒙电影公司、米高梅电影制片公司、无线电—基思—奥菲姆电影公司、20 世纪福克斯公司、华纳兄弟公司，和好莱坞的三个较小的电影公司，即环球电影公司、联合艺术家公司、哥伦比亚电影公司，有非法的卡特尔经营罪，因它们从事一系列的长期垄断活动，如操纵价格、限制预购等。最高法院裁决中的一个关键条款就是派拉蒙电影公司及其他四大电影公司奉命要尽快放弃其放映资产。

其结果是伦纳德·戈登森于 1951 年就任刚刚独立的联合派拉蒙剧院公司的总裁。由于最高法院的裁决禁止联合派拉蒙剧院公司再向电影业投资或加盟到电影业中，戈登森因此转向别处为公司的巨大资本储备寻找投资场所。不久，他将目光锁定在美国广播公司上，当时该公司的主要资产是其处在为生存而挣扎的电视网，该电视网拥有 5 个全资电视台及 8 个附属电视台，可覆盖全国大约 35% 的家庭。"对于这一公司合并，联合派拉蒙剧院公司可以带来大量的有用资本，但却带来一个事业不确定的未来"，埃里克·巴尔诺观察说，"美国广播公司可以带来较少的有用资本，却可以

从 20 世纪 40 年代末直到 50 年代中期，没有任何一个电视角色能像豪迪·杜迪（右）一样让孩子们如此彻底地着迷。他的配角有"野牛鲍勃"史密斯（左）和小丑克拉贝尔（Clarabell，中）。（刊载此图获马里兰大学美国广播图书馆的准许）

带来一个明显光明的未来。这次公司合并预示着电视网之间更加激烈的竞争。"[63]联邦通信委员会经过长时间的审查后，终于在 1953 年 2 月 9 日同意了联合派拉蒙剧院公司并购美国广播公司。现在伦纳德·戈登森可以自由地展施其企业家手腕。他认为，从长期来看，只有三个电视网能够生存下来，于是他提出下一步要实现其公司与杜蒙公司合并，联合派拉蒙剧院公司的巨大资本储备可以同时支持一个联合的美国广播公司—杜蒙公司电视网。然而，由于担心再次遭到反托拉斯制裁，杜蒙公司的一个小股东派拉蒙电影公司拒绝联合派拉蒙剧院公司的这一友好并购。这导致杜蒙公司从此跌入下沉的漩涡，成为远远落后的第四位，再也不能翻身。艾伦·B·杜蒙的开创性电视网，最终于 1956 年 8 月 8 日彻底停止播出。

183

值得注意的是，伦纳德·戈登森在这次暂时受挫后改变了策略，寻找其他的方式来推动美国广播公司前进。他不像戴维·萨尔诺夫和威廉·S·佩利那样喜欢个人炫耀，但他作为一个电视网大亨却一样具有胆略和创见，可能更加具有胆略和创见，因为他坚决致力于证明美国广播公司的价值以及他自己的价值。戈登森首先批准注入 "3 000 万美元到美国广播公司电视网，提出了一个五年计划以促使该公司投入全面竞争。他用 750 万美元来改善电视网的设施，而用 2 250 万美元来直接购买电视节目"[64]。然后他命令美国广播公司的总裁罗伯特·金特纳到好莱坞培植伙伴，最终签订一些影片制作协议，使得美国广播公司的节目产品与其两大竞争对手明显不同。戈登森认识到其电视网既无力与全国广播公司和哥伦比亚广播公司争夺明星，又暂时不能依靠自己生产很多的原创性节目，"美国广播公司默默地承认……它愿意依靠外部资源（甚至是电影公司）来获得主要的节目，从而减少一些电视网控制的损失"[65]。但同时，美国广播公司要比全国广播公司和哥伦比亚广播公司更喜欢赌博，"处在第三位的人们总是愿意冒险"，媒体分析家肯·奥利特（Ken Auletta）在谈论戈登森在 20 世纪 50 年代的管理风格时认为，"他们是那种（在足球赛中）于第三次进攻时抛高球获胜的人"。[66]

在戈登森的领导下，美国广播公司的第一个措施也是其最大胆的措施，就是于 1954 年 4 月 2

日宣布与沃尔特·迪士尼影片公司签署了一个协议，由迪士尼公司制作一部每周播出 1 小时的系列节目《迪士尼乐园》，该节目于该年秋季首播。伦纳德·戈登森在 5 年后把与迪士尼公司的合作描写成美国广播公司的转折点。[67]电影史学家 J. P. 特洛特（J. P. Telotte）赞同说："代价是很高的，但最终是值得的。"当全国广播公司和哥伦比亚广播公司通过了类似的协议后，美国广播公司同意"为一年度的节目向迪士尼公司支付 200 万美元，节目可重播共 7 年；另为取得迪士尼主题公园——该公园仍取名为'迪士尼乐园'——35％的所有权支付 50 万美元，并保证为该公园的建设提供高达 450 万美元的贷款"。[68]就迪士尼公司来说，它开始制作一部 20 集的原创节目，其中每集为时 1 小时的节目都将与它即将建成的主题公园中的某一个分支公园相联系。该主题公园总体上分为四个分支公园：关于西部影片的"西部边疆"、关于科幻片的"未来世界"、关于真人表演片和自然纪实片的"冒险世界"、关于动画片的"梦幻世界"。所有这 20 集节目将重播一次，然后其中的 12 集将再重播一次，以实现该节目一年共 52 个星期的播

184

出。甚至连该系列节目的名称也暴露了沃尔特·迪士尼（Walt Disney）那深藏的动机，即利用《迪士尼乐园》节目来为他即将建成的主题公园作宣传——该主题公园于 1955 年 7 月 17 日开放，并为他最近上映的新影片作广告。当时，迪士尼透露说："通过电视，我可以接触到我的观众，我可以对我的观众讲话。"[69]但不久《迪士尼乐园》节目——它于 1958 年更名为《沃尔特·迪士尼播送》——成为他自己的一个目标，也成为美国广播公司电视的一个目标。

《迪士尼乐园》自一开始就是一个惊人的火爆节目，当它于 1954 年 10 月 27 日开播时，无论是观众还是电视批评家都报以热烈的欢迎。"太刺激了，太精彩了"，杰克·古尔德在《纽约时报》上惊叹说，"沃尔特·迪士尼上了电视！"[70]要夸大这一系列节目对美国广播公司财务状况和职业形象的转折性影响是困难的。例如，"在《迪士尼乐园》播出的第一年度中，它创造的广告收入就占美国广播公司广告总收入的近一半"[71]。在 1954—1955 电视年度结束时，该节目居收视率排行榜的第 6 位，这是美国广播公司的节目到此时为止的最

伦纳德·戈登森（Leonard Goldenson）不像全国广播公司的戴维·萨尔诺夫和哥伦比亚广播公司的威廉·S·佩利那样喜欢个人炫耀，但他作为美国广播公司的电视网大亨却一样具有胆略和创见。（刊载此图获马里兰大学美国广播图书馆的准许）

高纪录；而在1955—1956年度，该节目更攀升到排行榜的第4位。《迪士尼乐园》还因"杰出的青少年节目"于1954年获得著名的皮博迪奖，被称为是"一部改变了全国儿童通常睡觉时间的节目"。美国广播公司总裁罗伯特·金特纳明智地将该节目安排在星期三晚上7:30—8:30，因而获得了比其竞争对手提前半小时的优势，结果，哥伦比亚广播公司的《阿瑟·戈弗雷与其朋友》被赶出了排行榜的前10名，而全国广播公司的《我娶了琼》在播出了3年之后停播了。《迪斯尼乐园》还成为美国广播公司的经济支柱，使该电视网于1955年走向第一个赢利年。该节目还于1954年摘取了三个艾美奖：最佳多样化系列节目奖；最佳个别节目奖——由《海底行动》获得，这是对迪斯尼公司最近一部由柯克·道格拉斯（Kirk Douglas）主演的故事片《海底两万里》的拍摄过程进行幕后解说的节目；最佳电视电影编辑奖，也是

给《海底行动》的，该期节目在业界内被称为"长长的新片预告"。在第二年，沃尔特·迪士尼也因"电影式系列节目（《迪斯尼乐园》）的最佳制片人"获得一个艾美奖，而节目中三集关于戴维·克罗克特（Davy Crockett）的节目则被认为是该年度"最佳动作或冒险系列节目"[72]。

当《戴维·克罗克特：印第安战士》于1954年12月15日播出、《戴维·克罗克特去国会》于1955年1月26日播出、《戴维·克罗克特在阿拉莫》于1955年2月23日播出后，观众对《迪士尼乐园》节目的喜爱飙升到了疯狂的程度。文化批评家玛格丽特·金（Margaret King）宣称："于1955年初出现的现代克罗克特狂热，现在被认为是20世纪50年代最重要的流行文化事件之一，这一狂热是由美国最具威力的媒体力量中的两家——沃尔特·迪士尼和电视——发射出来的，是由新一代的消费者观众——'婴儿潮的一代'——作为催化剂点燃的。"[73]连迪士尼本人也被这一规模空前的现象彻底惊呆了："我们完全没有想到克罗克特将会怎么样，为什么会这样。当第一集开始播出时，我们正在拍摄第三集并在其中让戴维·克罗克特在阿拉莫平静地被杀死。它突然一下子成了电视史上最火爆的节目之一，而在此我们仅仅用了三部影片和一个死去的英雄。"[74]估计有9 000万观众观看了这三集节目的首次播出，然后观众的数量"在这些节目重播时实际上又增加了"[75]。该节目的辅助商品的销售也达到了创纪录的规模，销售额于该年夏末时超过25万美元。人们对"戴维·克罗克特的浣熊皮帽、蓝色牛仔裤、玩具枪、午餐盒以及数十种其他物品"的需求似乎是不可能得到满足的，这驱使《时代》周刊惊呼："戴维·克罗克特比米老鼠更成功，为什么？"[76]然后全国性狂热在10月份突然一下子失去增长的势头，慢慢冷却下来。正值此时，美国广播公司开始播出另一部迪士尼原创系列节目《米老鼠俱乐部》，该节目要比《迪士尼乐园》更加符合10岁以下儿童和中小学生的胃口。

戴维·克罗克特现象比其他任何事情更能说明："婴儿潮的一代"在其出现短短10年之后就已经对美国的全国性文化产生影响。在电视出现之前，孩子们通常是在过生日时或是在特殊节日时才收到礼物，但是现在，经过战后10年的经济繁

当由费斯·帕克（Fess Parker，中）扮演的戴维·克罗克特于1954 年 12 月 15 日首次亮相后，观众对美国广播公司的《迪士尼乐园》系列节目的喜爱飙升到了疯狂的程度。（刊载此图获马里兰大学广播图书馆的准许）

荣之后，"婴儿潮的一代"以及属于"沉默的一代"的青少年们在通常情况下是通过他们所购买的商品或他们的父母为他们购买的商品来表达他们的集体身份的。因此电视或是通过自己制作的节目——例如当时《迪士尼乐园》中的戴维·克罗克特——制造新的时尚和狂热，或是促进在别处出现的生活方式新趋向——例如当时刚刚形成的摇滚乐亚文化——的进一步传播。戴维·克罗克特狂热表明，美国新出现的战后文化既越来越以媒体为中心，又越来越具有青年倾向。这三集戴维·克罗克特"电视系列影片"① 属于整个1954—1955 电视年度收视率最高的节目。它们还催生出了一首火爆歌曲《戴维·克罗克特之歌》，这首歌高居"流行歌曲排行榜首达 13 个星期之久，出售的录音带达 1 000 万盒"。而一部经改编的电影《戴维·克罗克特：野蛮边疆之王》"盈利250 万美元"。大量的关于戴维·克罗克特生平的新书和再版旧刊纷纷出版，例如有一本中青年读物《戴维·克罗克特传》（*The Story of Davy Crockett*），该书于 1955 年销售了 30 万册。还有很多其他的媒体副产品。[77] 在 20 世纪 50 年代中期，电视在大多数儿童和青少年所共享的文化议程方面已成为带动其他大众媒体的必要因素。

当电视媒体于 1956 年向全体美国人介绍摇滚歌星埃尔维斯·普雷斯利（Elvis Presley）② 时，这一趋向再次浮现出来。回顾起来，普雷斯利出现在全国观众面前有一个缓慢而间歇的过程。最初，电视机构不知道拿他和他的音乐怎么办。他最初涉足电视这一新媒体时——他于该年 1 月 28日出现在哥伦比亚广播公司由多尔西兄弟队主演的《舞台秀》节目中，接着又于 4 月 3 日和 5 月 6 日两次出现在全国广播公司的《米尔顿·伯利秀》节目中——情况完全不同。普雷斯利看起来和听起来都像是未来的浪潮，他体形优美，声音具有诱惑力，他边唱热门歌曲如《猎狗》等，边在舞台上快速旋转。但是他的那些主持人都是上一代人中的英才，他们在黄金时间的演出将慢慢地减少。就是当时极富活力的史蒂夫·艾伦——他于 7月 1 日与威望极高的埃德·沙利文在星期六晚的节目上只进行了一个星期的对抗——为了避免显得年老而让可怜的普雷斯利身穿无尾礼服，并让他对着一只真的矮脚猎犬唱小夜曲。不用说，这些伪装的确使普雷斯利的乡村摇滚乐变得柔和，并减弱了他那具有爆炸性的性诱惑力。然而，《新闻周刊》将这个显而易见的黄金时间哑谜游戏描写为"试图对一个爆竹进行防腐处理"，当时《史蒂

187

---

① "电视系列影片"（telefilm）是由好莱坞电影公司为电视网专门制作的电视系列节目。——译者注
② 美国 20 世纪最著名的歌星之一，他被称为"摇滚乐之王"，又被称为"猫王"。——译者注

夫·艾伦秀》的确在收视率上击败了埃德·沙利文的节目,这是他在该年度三次击败沙利文中的第一次。[78]而沙利文,他此前曾公开发誓决不邀请性挑逗者普雷斯利到其综艺节目中来表演,这时突然改变主意,与这位摇滚歌星签约,花15万美元让他在下个年度来其节目表演三次,这一开价是创纪录的。埃德·沙利文在主持了7年的哥伦比亚广播公司星期六晚节目之后,已经牢固地确立了其作为"非官方的美国文化部长"的地位。观众期待《埃德·沙利文秀》成为"最大的全国性综艺剧场",它每周将把演艺界最成功的节目带给美国人民。[79]

即使按照沙利文标准,普雷斯利的受喜爱程度也是空前的。《埃德·沙利文秀》节目于1956年9月9日将普雷斯利作为红角开启了其1956—1957年度的播出,有6 000万观众观看了节目,占当时美国观众总体的82.6%,创下了电视收视率的新纪录。[80]接着,普雷斯利于10月份和第二年1月份的两场表演同样为沙利文赢得了80%的美国观众。[81]二战后的美国正在明显地发生某种代际更替。新闻记者们对在各个年龄的年轻人中所发生的事情感到新奇,想寻找线索来更好地理解那"沉默的一代"和那"婴儿潮的一代"。例如,"少年"(13~19岁)一词到20世纪50年代中期被许多人所接受,该词是在10年前《纽约时报杂志》(New York Times Magazine)于1945年1月7日的一篇封面文章《"少年"权利法案》(A 'Teen-Age' Bill of Rights)中提出来的。该文章描述了后来被称为"沉默的一代",悲悯地写道:各代人都"认为这一代是未来。但对'少年'来说没有什么比找到适合周围生活环境的位置更重要。这是一个严重的问题,常常也是一个令人心痛的问题"。[82]但此前从来没有人比埃尔维斯·普雷斯利更充分地抓住了这一代年轻人的烦恼。他将头发染成乌黑色,将宽大的衬衣敞至胸部,跳着有悖道德的舞蹈,他的反叛如其说是政治性的,倒不如说是情感性的。一位社会评论家于1956年底向这代年轻人的父母以及祖父母保证说:"埃尔维斯·普雷斯利狂热将会过去,少年们只是暂时放纵一下。"[83]但是上一代人哪里知道,年轻人关于摇滚乐的爱情文化才刚刚开始。

在20世纪50年代剩余的几年中,没有任何电

视网能比美国广播公司更符合那些少年及"婴儿潮的一代"的胃口。到20世纪50年代,年轻人已经成长为"一个全新的消费阶层"。例如,"《学者》(Scholastic)杂志的学生思想研究所的研究表明,到1956年初全美国有1 300万少年,他们每年的收入共有70亿美元,这比三年前要多26%。该杂志说,平均每个少年每周有10.55美元的收入"[84]。13到19岁的少年们手中的这种零花钱是一个全新的现象,也是美国变得富裕的标志。美国广播公司立即做出反应,比以前将更加根据十几岁和10岁以下的孩子们的需要来制作节目。1957年10月7日,《美国室外音乐舞台》节目首次在黄金时间播出。该节目本是于1952年在费城开播的一个地方流行音乐节目,它于1957年8月5日加入美国广播公司电视网,播出时间是从星期一到星期五每天下午3:00—3:30和4:00—5:00,在两个月后又增加了星期一晚上的播出。该节目的主持人兼唱片播放员迪克·克拉克(Dick Clark)是课外音乐组方面的时髦人物。他当时27岁,像男孩一样天真烂漫,是一位典型的美国式美男子,他在节目中与少年们保持着良好的关系,他在大多数时候紧跟音乐排行榜的前40首热歌,偶尔停下来评价一下最新发布的45张唱片。《美国室外音乐舞台》播放的"音乐类型是大多数少年们喜爱的,但却是许多成年人憎恶的。通常情况下是播放由埃尔维斯·普雷斯利、法思·多米诺(Fats Domino)、杰里·L·刘易斯(Jerry Lee Lewis)——他们后来成为年轻人的偶像——吼唱的摇滚歌曲"。尽管如此,该节目的所有其他方面都是健康的和体面的,就像迪克·克拉克本人一样。[85]美国广播公司于1958年2月将《美国室外音乐舞台》在黄金时间的节目更名为《迪克·克拉克秀》,并将其改为星期五晚上播出,以与全国广播公司的易听音乐综艺节目《佩里·科莫秀》和哥伦比亚广播公司的权威法律戏剧节目《佩里·梅森》对抗。

尽管美国广播公司多年处于美国电视网的第三位,但它的政策逐渐改变了该电视网的全貌。在《迪士尼乐园》节目取得巨大成功之后,伦纳德·戈登森更加积极地在好莱坞寻求更多的电影制作协议,尤其是与华纳兄弟公司和米高梅电影制片公司之间的协议。一位学者记述说:"美国广

188

189

埃德·沙利文（左）预约埃尔维斯·普雷斯利（右）在1956—1957电视年度举行三次表演，每期节目都吸引了至少80％的美国观众。普雷斯利在1956年10月28日的第二次全国性电视表演时，第一次将头发染成乌黑色。（刊载此图获哥伦比亚广播公司的准许）

播公司与迪士尼公司——它还算不上好莱坞的主要电影公司——之间的电视系列影片交易的重要性在于，它给那些主要的电影公司在为电视网制作电视系列影片方面提供了一个进入模式。"[86] 好莱坞从《迪士尼乐园》节目中认识到，制作电视系列影片具有发意外之财的潜力；而美国广播公司则认识到，好莱坞的节目制作模式提供了一种让其节目区别于全国广播公司和哥伦比亚广播公司的方式。当然，"好莱坞的制作价值将使其系列节目不同于现场直播，然而好莱坞的节目类型可能会对那些不喜欢综艺、情景喜剧、戏剧选集等带有电台风格的节目的观众具有吸引力"[87]。美国广播公司因此迫切地想增加可靠的由电影公司制作的节目数量，就像迪士尼公司和银幕精品公司——它是哥伦比亚电影公司的一个子公司——正在为美国广播公司制作的那种节目，例如银幕精品公司制作了《狗的冒险》。当杰克·华纳（Jack Warner）同意为美国广播公司制作星期二晚上7：30的节目时，事情取得了突破；华纳决定在《华纳兄弟播送》的名义下，轮流播出三个不同的系列节目：《金斯罗镇》、《卡萨布兰卡》、《夏延

族》。这一协议对伦纳德·戈登森来说是一个意义重大的举措，因为它标志着好莱坞的重要电影公司之一首次将剧目扩展到电视系列影片，就像其电影一样。不久，在1955—1956年度，米高梅电影制片公司效法华纳兄弟公司，在美国广播公司开设了《米高梅系列》节目，而20世纪福克斯公司也在哥伦比亚广播公司开设了《20世纪福克斯时光》节目。

　　华纳兄弟公司、米高梅电影制片公司、20世纪福克斯公司向电视业的过渡并不顺利。问题几乎立刻就出现了，因为所有这些电影公司最初都没有像迪士尼公司上一年那样认真地对待电视工作。首先，它们花费太多的播出时间来推销其即将面世的影院影片。它们也没有太多地思考各自的观众是谁、哪种类型的故事最能吸引他们。例如，就《华纳兄弟播送》节目来看，《金斯罗镇》和《卡萨布兰卡》两个系列节目的制作质量要比其原版电影的质量低得多：摄于1942年的原版电影《金斯罗镇》获得了三项学院奖的提名，而摄于1942年的原版电影《卡萨布兰卡》获得了八项奥斯卡奖的提名并获得了三项奥斯卡奖，其中包

括最佳影片奖。而且，这两个经改编的电视系列影片是成人情节剧，重爱情故事而轻动作。另外，《金斯罗镇》和《卡萨布兰卡》已被安排在晚上7:30—8:30，而美国广播公司在这一时段倾向于吸引年龄更小的未成年观众。令事情变得更加糟糕的是，在每一集节目的末尾有 10 分钟被完全用于宣传华纳兄弟公司即将面世的电影。结果，《金斯罗镇》节目因收视率太低而于 1955 年 12 月被取消，几个月后，《卡萨布兰卡》也因同样的原因停播。只有《夏延族》吸引了美国广播公司的夜间观众，该节目是电视网最早的成人西部片之一，但它也很受孩子们的欢迎，最终播出了 8 个年度，在后来几年中与华纳兄弟公司的其他原创系列节目结伴播出，其中包括《冲突》、《糖足》、《野马》等。

在 5 年之中，华纳兄弟公司成为在好莱坞拥有电视系列影片制作经费最多的电影公司，超过 3 000 万美元，它在 1959—1960 年度向美国广播公司提供了其三分之一的黄金时间节目。[88] 到这时，罗伯特·金特纳早已离开了美国广播公司。伦纳德·戈登森对电视网主管金特纳的谨小慎微越来越感到失望。金特纳自 1944 年起开始在美国广播公司工作，在公司官阶上一直攀升，于 1950 年当上了该公司电视网的总裁，仅次于公司的建立者和所有者爱德华·J·诺布尔（Edward J. Noble）。当伦纳德·戈登森于 1953 年对美国广播公司的收购结束时，诺布尔说服戈登森继续让金特纳任电视网总裁。戈登森不久就对这一决定感到后悔，他想让金特纳尝试为美国广播公司获取节目，但发现金特纳不愿意进行这种有计划的冒险。戈登森还认为他的节目主管对早期出现在《华纳兄弟播送》节目中的那些创造性问题的反应太迟钝。因此他于 1956 年 10 月说服其主管者委员会解雇金特纳，于是"戈登森立即将其办公室从联合派拉蒙剧院公司搬入美国广播公司，开始亲自监督该电视网的日常运转，增加奥利弗·特雷茨（Oliver Treyz）和詹姆斯·奥布里（James Aubrey）为公司副总裁，由特雷茨主管电视网络，由奥布里主管节目"。[89] 奥布里是一位非常努力的主管，非常有利于戈登森的管理风格及其对美国广播公司的宏伟设想。而金特纳也谋到新职，于 1957 年 1 月接受了全国广播公司的执行副总裁职位，并成为最终导致该公司总裁西尔威斯特·韦

弗离职的公司大改组的一部分。戴维·萨尔诺夫和罗伯特·萨尔诺夫希望在金特纳的协助下，按照美国广播公司中正在发生的经营转变路线来使全国广播公司的政策与实践实现标准化。金特纳没有让萨尔诺夫父子失望，因此他于 1958 年 7 月被提为电视网总裁。

就奥布里来说，他正是戈登森所寻找的那种企业家式的节目主管，他是戈登森从哥伦比亚广播公司挖过来的，当时他才 37 岁，刚刚为哥伦比亚广播公司开发了一个很快就进入排行榜前 10 名的火爆节目《持枪待发》。作为美国广播公司副总裁，奥布里的主要优势在于具有既在标准节目形式范围内进行创新又从不忽视底线的能力。他尤其善于在美国广播公司紧张的预算框架内做工作。他与戈登森针对年轻家庭、少年和儿童等观众的"面包加黄油"战略完全步调一致。戈登森解释说："我们在寻求特定的观众，年轻的家庭妇女——处于少年之上的层次——拥有两到四个孩子，她得采购衣服、食物、肥皂、家用药物等。"[90] 为了这一目的，奥布里鼓励华纳兄弟公司及其他好莱坞电视系列影片提供商制作一些标准化、公式化的故事，只要在这时附加某种反复出现的东西就可吸引美国广播公司特定的目标观众。例如，奥布里支持其节目制作商罗伊·哈金斯（Roy Huggins）的举措，于 1957—1958 年度以其别具一格的诙谐模仿剧《马弗里克》——由詹姆斯·加纳（James Garner）主演——将成人西部片现代化。哈金斯又提交了《落日街 77 号》，通过让该系列节目以好莱坞为背景并由两个魅力影星小埃弗雷姆·津巴利斯特（Efrem Zimbalist Jr.）和罗杰·史密斯（Roger Smith）主演，另加一位年轻而富有吸引力的配角库基（Kookie）——由埃德·伯恩斯（Edd Byrnes）扮演，他在节目中大多数时间是在说花言巧语并梳理他那鸭尾式头发——来对传统的侦探片进行更新。

詹姆斯·奥布里在美国广播公司任职的两年中开发的其他节目包括如下排行榜前 10 名的火爆节目：有更多暴力因素的成人西部片《步枪手》，由查克·康纳斯（Chuck Connors）和约翰尼·克劳福德（Johnny Crawford）扮演牧场主父子；第一部乡村情景喜剧电视节目是《地道的麦科伊一家》，该节目只是一个先兆。情景喜剧将成为奥布里的特长，他既发展新的系列节目，例如由银幕

精品公司制作的《唐娜·里德秀》，该节目由两位少年保罗·彼得森（Paul Peterson）和谢利·法贝尔斯（Shelley Fabares）合演，作为迎合美国广播公司的核心支持者的一种手段；又对一些经久不衰的情景喜剧进行更新，如已经播出了五年的节目《奥基和哈里的冒险》，该节目在 1956—1957 年度之初开始突出歌手和歌词作者里基·纳尔逊（Ricky Nelson）的摇滚乐天赋。1958 年，威廉·S·佩利又将奥布里引诱回哥伦比亚广播公司，当时佩利许诺向他提供特别丰厚的薪俸，并同意培养他担任这家居美国第一位的电视网的最高职位。当路易斯·G·考恩（Louis G. Cowan）于 1959 年 12 月在全国性竞答节目丑闻达到高潮时被解雇后，佩利实际上比预期更早地提拔了奥布里。于是奥布里在任哥伦比亚广播公司总裁的五年任期内，实际上让公司的年利润翻了一番，从 2 500 万美元增为 4 900 万美元。[91] 到 1960 年，三大广播公司的总裁，即奥布里、金特纳、特雷茨——奥利弗·特雷茨现在是戈登森的新行政主管——"都在美国广播公司的崛起中起了作用"，并且"都致力于推广其成功的模式"。[92]

1957 年是电视网发展的关键年：美国广播公司正在崛起，好莱坞也适应了电视系列影片的生产，而黑名单最终也在减少。当戈登森于 1953 年正式控制美国广播公司时，全国广播公司在年度收视率中领先于其竞争对手，拥有 28.1% 的收视率，哥伦比亚广播公司为 25.5%，美国广播公司为 11.8%。而在四年之后的 1957—1958 年度末，哥伦比亚广播公司上升为第一位，其收视率为 23.5%，全国广播公司为 21.6%，美国广播公司为 16.8%，其中，美国广播公司已经占了很大的比重。[93] 克里斯托弗·安德森记述说："美国广播公司成为黄金时间节目表大部分是由影片节目构成的第一个电视网。"[94] 总之，在 1956—1957 年度开始时，"美国广播公司有 63% 的节目是影片式的，而哥伦比亚广播公司只有 20%，全国广播公司只有 16%"[95] 美国广播公司转入电视系列影片的目的是要让其节目产品不同于其两大竞争对手。而具有讽刺意义的是，在五年的时间之内，全国广播公司和哥伦比亚广播公司都纷纷效仿，结果到 1961—1962 年度时，它们全部黄金时间的节目有四分之三是影片或录像带。这一转变的好处要远远大于其不利因素——必须与好莱坞的大型、小型或独立的节目提供商分享对节目制作过程的控制权。那些电影公司为黄金时间带来了更高的节目价值，但它们也分担了一些经济上的风险。电视系列影片的制作商也使电视节目的制作常规化，并加快了节目制作的步伐，既增加了节目产量，又使首播和联合发售市场更有效地运营、更迅速地扩展。随着时间的推移，电视也成长为比电影更加强大更为繁荣的事业，所有的大型和小型电影公司都从它们早期的错误中吸取了教训。到 20 世纪 60 年代初，好莱坞的节目制作模式在所有三大电视网中已成为定式，实际上已经取代了 10 年前纽约和芝加哥的那种现场直播模式。

同样，好莱坞于 1957—1958 年度也篡夺了纽约作为世界电视生产之都的位置。在 20 世纪 50 年代初期和中期，"尽管来自西海岸的黄金时间节目数量在缓慢增长"，但"在 1957 年它突然从 40% 猛增为 71%"。[96] 全国广播公司是转变最急剧的电视网。在西尔威斯特·韦弗的领导下，该公司的重点是以纽约为基础的现场节目制作，如《今日》、《家》、《今夜》、由马克斯·利布曼与其他人制作的"盛大演出"，以及许多其他严重依赖百老汇人才的戏剧选集等。当罗伯特·金特纳于 1956 年来到罗伯特·萨尔诺夫处并与他联合管理全国广播公司时，行业报纸立即开始将他们俩简称为"鲍勃与鲍勃"，而不再是原来的简称"帕特（指韦弗）与鲍勃"。金特纳给全国广播公司带来了一种节目制作理念，该理念听起来明显像是伦纳德·戈登森在美国广播公司所提出的理念。当他于 1957 年将这种理念告诉《新闻周刊》时，他甚至借用了一个烹饪比喻来增加其雄辩言论的趣味性："全国广播公司的理念就是要创造出一种我们所说的肉加番茄式节目表，包括惊险与侦探节目、成人西部片以及佩里·科莫式的现场综艺节目，该节目表将在每周七天吸引最大数量的观众。"[97] 在罗伯特·金特纳任全国广播公司总裁的 10 年中，他证明该电视网不必更新即可盈利。然而，他在黄金时间上这种安全的中庸之道也使得全国广播公司将在收视率上赶不上哥伦比亚广播公司。在金特纳的领导下，"公司从现场节目转变为占绝大多数的是电视系列影片"。万斯·凯普雷（Vance Kepley）记述说，全国广播公司也"放弃了那种主

193

要以特别节目引人注目的节目表，而实施一种以常规系列节目为特征的节目表"，并"建立了一种从一系列稳定的外部节目提供商那里获得其节目的政策"。[98]

其结果之一，就是《古德伊尔/菲尔科电视剧院》节目中的一个有生力量弗雷德·科"离开了全国广播公司，并说：'我只是对无所事事感到不满。'马克斯·利布曼与全国广播公司也各行其道。每个年度，报纸上都流传着有关杰出戏剧节目被可怕的赞助商和电视网阉割的故事"[99]。实际上到1957—1958年度，黄金时间的节目趋向变得越来越保守，越来越受到控制。而且，人们也需要重新思考一下"黄金时代"这一标签——它通常被用来指在过去15年中的大多数时间里现场戏剧选集经常出现在电视上的情况。总体上看，这一美好名声仍继续存在，尽管事实是大多数原版电视播出已经永久性地失传了。从全国广播公司于1947年首播《卡夫电视剧院》节目起，到哥伦比亚广播公司于1961年取消《剧院90》节目为止，估计各电视网共制作了2 000部现场戏剧，但全国各种档案中现存的可供人们进行批评的戏剧却只有不到100部，仅占其中5%。而且，在这些幸存下来的电视戏剧节目中，有许多是用来评价当时整个戏剧节目品种的最著名例子。因此，对于电视的黄金时代的观点——认为电视媒体早期的现场戏剧是这一时期质量最高的节目——人们最好不要完全相信。这样说并不意味着要贬低像如下一些人所取得的大量成就：创造性的节目制作人如弗雷德·科、沃辛顿·迈纳；导演如约翰·弗兰肯海默（John Frankenheimer）、悉尼·吕梅（Sydney Lumet）、德尔伯特·曼（Delbert Mann）、阿瑟·佩恩（Arthur Penn）、悉尼·波拉克（Sidney Pollack）；作家如帕迪·查耶夫斯基（Paddy Chayevsky）、霍顿·富特（Horton Foote）、雷金纳德·罗斯（Reginald Rose）、罗德·塞林（Rod Serling）、戈尔·维达尔（Gore Vidal）；以及一整代新的年轻而富有才华的演员如詹姆斯·迪安（James Dean）、朱莉·哈里斯（Julie Harris）、格雷斯·凯利（Grace Kelly）、杰克·莱蒙（Jack Lemmon）、保罗·纽曼（Paul Newman）、悉尼·普瓦捷（Sidney Poitier）、乔安妮·伍德沃德（Joanne Woodward），等等。相反，这样说的目的是要给予"黄金时代"这一标签一个更为合理的历史评价。

首先，当这些节目最初被电视播出并以此作为一种更有效的方式推销给早期的电视观众时，人们有意地创造出了关于这些节目的一种氛围：

> 随着国家经济的增长和人口的膨胀，电视主管和广告主管们转向戏剧节目并将其作为一种节目策略，以提高电视的地位和吸引越来越多、越来越重要的郊区家庭观众。"黄金时代"的戏剧很快成为美国主要公司的理想推销工具，这些公司寻求将其产品以令人喜欢的方式展现在全国观众的面前。[100]

其次，这种金色的光环部分来源于所有那些青年人才所留下的惊人艺术遗产，他们从学习这些现场戏剧开始起步，并在舞台上、电影上、系列电视节目上及其他类型的创造性场合中不断地取得成功。回顾起来，现场戏剧如出自《古德伊尔电视剧院》节目的《马蒂》、出自《卡夫电视剧院》节目的《模式》、出自《剧院90》节目的《一个大人物的安魂弥撒》、出自《菲尔科电视剧院》节目的《富裕之旅》、出自《第一演播室》节目的《十二怒汉》等，它们尽管都很好，但也只是相当于而并没有胜过《你的精品秀》（综艺）节目。而情景喜剧节目《我爱露西》、谈话节目《今夜》、成人西部片《硝烟》、法律剧《佩里·梅森》也分别属于各自不同种类中的早期最佳代表。

实际上，从风格的角度看，与人们通常的看法不同，现场戏剧节目更像电视系列影片。人们最初从每周现场戏剧选集中认识到了电视的戏剧潜力，这种潜力最终影响了电视系列影片的审美观。早在1948年，沃辛顿·迈纳的主要"关注就是故事的视觉冲击力"，而不仅仅是写下来的文字。在将哥伦比亚广播公司的《第一演播室》从广播节目改编为电视节目时，"迈纳对电视剧的主要贡献更多的是在于他在观众能看到的而不是听见的镜头技巧方面的试验及其他革新"[101]。他开创了近景的类型、浅近的现场、高亮调的照明策略、简明的编辑风格等，这些融合成为现场戏剧中和电视系列影片中的一种新的电视风格。对他来说，人物的性格刻画仍然要优先于情节结构和场景，以便能让这些现场戏剧更好地适合于黄金时间，适合于那分辨率很低且大小有限的电视屏幕。正如罗德·塞林当时所指出的，"电视剧的关键在于近拍。在很小屏幕上的面部刻画所具有的意义和力量要远远胜过其在电影中的使用"[102]。捍卫这些戏剧质朴的现场美学也是一种抬高纽约派和芝加哥派而贬低好莱坞制作模式的方式。可笑的是，这些戏剧那不够精美的现场常常被颂扬为更加真实、质量更高，甚至说其质量要高于20世纪50年代和60年代初的那些电影和电视系列影片中明显体现出来的较高的制作价值。

相应的，"遵循一种重复而可预期的模式"的节目"并不必然就是差的"。[103]例如，哥伦比亚广播公司的《佩里·梅森》节目是电视史上播出时间最长也是最受欢迎的律师节目，在从1957年到1966年的黄金时间中播出，大多数时候位居排行榜前20名，在1961—1962年度甚至上升到第5名。最初构想出《佩里·梅森》节目的人厄尔·S·加德纳（Erle Stanley Gardner），原是一开始加利福尼亚州的一位律师，但不久他又成为一位畅销小说作家。他创作《佩里·梅森》时主要是以他自己的法庭经历为基础，并融合了低级侦探小说的因素——其中的侦探感情冷漠，还融合了律师探究美国司法体制里里外外的记述。托马斯·利奇（Thomas Leitch）论述说："《佩里·梅森》的成功就是一个公式的成功。"[104]因此，这部271集的系列节目基本上是重复一种程式化的情节结构，即以会导致一个家庭或准家庭破裂的某项犯罪活动为开端，通常是一个谋杀案，接着是一个无辜者被指控为违法，于是佩里·梅森接手该案，他通过哄诱取得某个证人的供认——该证人被他不间断的交互讯问击败，最终确保其当事人获释。该节目在最初的黄金时间播出期间，以其程式化的方式展现了支撑美国司法体系的许多最美好的理想，一整代新的战后观众通过屏幕将这些理想生动化。《佩里·梅森》是由20世纪福克斯公司在半个世纪以前拍摄的，但至今仍然是第一代黄金时间戏剧节目中叙事较好、演得最好的系列电视节目的例子之一。

同样，成人西部片《硝烟》有人们熟悉的故事情节及持续的人物角色，但常常处理的是同时代的问题，例如公司的贪婪、政治的腐败、根深蒂固的种族主义等，尽管它也是以程式化的方式展示的。在1955—1956年度以前，只有两部西部片进入到了排行榜的前10名，即在1950—1951年度《孤单巡警》居第7名而《霍帕隆·卡西迪》居第9名。那些在成长过程中看过"野牛"鲍勃·史密斯和豪迪·杜迪、孤单巡警与通托（Tonto）、霍帕隆·卡西迪的孩子们，他们已准备好接受某些更为复杂的东西，这时哥伦比亚广播公司于1955年9月开播的《硝烟》开启了第二波电视西部片的播出，此外还有美国广播公司的《夏延族》和《怀亚特·厄普的生平与传奇》。当约翰·韦恩（John Wayne）直接向包括成人、少年和儿童在内的范围广泛的观众简单介绍了该节目的第一集后，《硝烟》甚至得到了西部地区的极力支持。当时他说："我认为这是已经出现的同类节目中最棒的。它是诚实的也是真实的。"《硝烟》不仅是1956—1957年度第一个进入排行榜前10名而居第8名的成人西部片，而且它还是从1957年到1961年连续四年在全国排行第一名的节目，那是这种节目品种的全盛时期。《硝烟》也得到了美国重要机构的认可，它于1957年因"具有持续角色的最佳戏剧系列节目"而获得艾美奖。

成人西部片在20世纪50年代末60年代初的受欢迎度在当时是无可匹敌的，并且至今仍一直是其他电视节目品种望尘莫及的。在黄金时间播出的西部片数量，从1957—1958年度的16部，上升到1958—1959年度的24部，于1959—1960年度又上升到28部达到顶点，此后开始缓慢下降，于1960—1961年度减为22部。[105]而且，在这四年中，进入了排行榜前30名的西部片在1957—1958年度有10部，在1958—1959年度有14部，在1959—1960年度有11部，在1960—1961年度有8部。[106]正如西部片在1940—1960年间成为美国电影产业的主打产品一样——西部片在这期间占其年产量的25%，西部片在黄金时间中崛起也明确标志着好莱坞作为一个重要的伙伴进入了电视行业。[107]制作成人西部片的大型和小型电影公司包括：华纳兄弟公司——它生产了《夏延族》、《马弗里克》、《糖足》；20世纪福克斯公司——它生产了《折箭》、《丹尼尔·布恩》、《长矛骑兵》；米高梅电影制片公司——它生产了《旱谷》、《如何征服西部》、《西北走廊》；环球电影公司/美国音乐公司——它们生产了《韦尔斯·法戈的传说》、《弗

《硝烟》不仅是 1956—1957 年度第一个进入排行榜前 10 名而居第 8 名的成人西部片,而且它还是从 1957 年到 1961 年连续四年在美国排名第一的电视节目。詹姆斯·阿内斯 (James Arness,中) 主演警察局局长马特·狄龙 (Matt Dillon),丹尼斯·韦弗 (Dennis Weaver,右) 扮演切斯特·古德 (Chester Goode),是庞大的演员队伍中的成员之一。(刊载此图获马里兰大学美国广播图书馆的准许)

吉尼亚人》、《货运列车》;联合艺术家公司——它生产了《巴特·马斯特森》、《麦肯齐的袭击者》、《斯托尼·伯克》;哥伦比亚电影公司——它生产了《帝国》、《铁马》、《被驱逐者》。[108] 甚至连派拉蒙电影公司也进入到了电视系列影片的生产行列,其制作的《鸿运》于 1959 年 9 月 12 日首次播出,该节目在全国广播公司播出了 14 年,其中在 1964—1967 年连续三年在排行榜上居全国第 1 名。

在詹姆斯·奥布里离开美国广播公司后,奥利弗·特雷茨 (Oliver Treyz) 于 1958 年 2 月 17 日被任命为美国广播公司的总裁。特雷茨一直是一个成功的推销员,"为电视网带来了许多电视系列影片的赞助商",但是现在他将其权限进一步扩大到节目的开发方面。他与伦纳德·戈登森密切配合,在公司此前 5 年的发展势头上又引入了一个

新的势头,即后来人们所称的"特雷茨趋向"(Treyz trend)。[109] 这个以其名字命名的趋向,其含义是美国广播公司将比以前更加依赖于动作片和惊险片系列,尤其是西部片或侦探片节目,这是特雷茨用来对抗全国广播公司和哥伦比亚广播公司的节目安排。而且,"特雷茨趋向"还暗指这样一个事实:动作在美国广播公司正成为暴力的同义词。回顾起来,没有任何系列剧能比德西露制片公司制作的《铁面无私》节目更准确地说明这一模式。《铁面无私》于 1959 年 10 月 15 日开始播出,以对抗全国广播公司的《田纳西·E·福特秀》节目和哥伦比亚广播公司的《剧院 90》节目,并迫使《剧院 90》节目于 1960 年 1 月 21 日由原来每周播出一次削减为每月播出两次。[110] 尽管《铁面无私》也是一个警匪剧,但它那善恶较量的剧情却不同于西部片,而且该连续剧也同样受到少年和青年观众的喜爱。剧中的联邦特工人员在坚强而沉默寡言的埃利奥特·内斯 (Eliot Ness)——由罗伯特·斯塔克 (Robert Stack) 扮演——的领导下成为不可腐蚀的人,因此也是"铁面无私者"。当"铁面无私者"全力以赴地与一系列臭名昭著的匪首们进行决战时,该节目展示了许多粗暴的谈话、开飞车 (车轮发出刺耳的尖叫声)、机枪战等场面。剧中的匪首们都有难忘的绰号,如"刀疤脸"阿尔·卡彭 (Al "Scarface" Capone)——由内维尔·布兰德 (Neville Brand) 扮演,"实施者"弗兰克·尼蒂 (Frank "The Enforcer" Nitti)——由布鲁斯·戈登 (Bruce Gordon) 扮演,"油拇指"杰克·古基克 (Jake "Greasy Thumb" Guzik)——由尼赫迈亚·珀索夫 (Nehemiah Persoff) 扮演,"狂人"莫兰 ("Bugs" Moran)——由劳埃德·诺兰 (Lloyd Nolan) 扮演,"疯狗"科尔 ("Mad Dog" Coll)——由克鲁·古拉格尔 (Clu Gulager) 扮演。

《铁面无私》节目的极端暴力内容使美国广播公司受到很多关注并引起很多争议,到该节目播出的第二年,它上升为美国广播公司的又一个居排行榜前 10 名的火爆节目。实际上,美国广播公司的收视率于 1960—1961 年度达到了顶点,它第一次超过了全国广播公司而居第二位,它终于赢得了其两个更大、更富有的竞争对手的一定程度的尊重,如果还算不上势均力敌的话。该年度哥

198

伦比亚广播公司的收视率为 20.7％，仍然居第一位；美国广播公司为 18.4％，全国广播公司为 18.1％，美国广播公司暂时领先于全国广播公司一年。[111] 但学者哈里·卡斯尔曼（Harry Castleman）和沃尔特·J·波德拉基克（Walter J. Podrazik）指出：“尽管美国广播公司的附属台的数量和力量增长了，但它仍然比全国广播公司和哥伦比亚广播公司要弱小很多。它的新闻节目、公共服务节目、体育节目和白天的节目实际上是不存在的。即使它在黄金时间的成功也几乎完全出自一种节目类型，即动作与惊险片，在其他节目品种方面只是偶尔出现火爆节目。”[112] 实际上，美国广播公司仍然是电视网中的第三位。然而，它在 1954—1961 年迅速从濒临破产的状况恢复成为整个电视行业中最具影响力的节目力量，这一点还是非常引人注目的。威廉·博迪（William Boddy）总结说，“美国广播公司在寻找新的节目资源方面和在重新界定电视网的目标与责任方面曾是一个领导者”，但“到 1960 年，其他电视网的节目理念和黄金时间的节目安排也差不多是一样的”。[113]

然而，于 1958 年夏末突然爆发的竞答节目丑闻把整个电视行业彻底地惊动了，并在此后的两年中继续困扰着全国广播公司和哥伦比亚广播公司。在哥伦比亚广播公司的《6.4 万美元一问》节目于 1955 年夏急升至收视率排行榜的首位时，关于这些超级受欢迎的竞答节目中可能存在作弊行为的谣言也涌现出来。《6.4 万美元一问》节目的制作人路易斯·G·考恩（Louis G. Cowan）在该节目走红后又跟上一个派生节目《挑战 6.4 万美元》，然后才断绝与其独立节目制作公司的所有关系，于 1956 年到哥伦比亚广播公司任主管节目和人才的副总裁。考恩在哥伦比亚广播公司的攀升是闪电式的，他不久就于 1958 年被提升为公司总裁。而与此同时，全国广播公司和哥伦比亚广播公司中带有巨额奖金的游戏节目也急剧增加，提供的奖金也越来越高，这类节目包括：《大游戏》、《连点成像》、《价格合理》、《21 点》、《有奖井字游戏》等等。“竞答游戏与当时的物质主义完美地吻合。战后经济出现繁荣，工资也迅速增长。消费者购买房子、汽车、家用电器、新奇物品和奢侈品。而电视广告不仅赞美而且还煽动购买印象。当竞答节目的赢家带着他们的战利品离开时，他

们将实现其美国梦——一个由电视描绘的梦。”[114]

所有黄金时间的节目品种都经历了一个由繁荣到萧条的演变过程，开始时是白热式的攀升，结束是在数年过程中慢慢地逐渐衰落。到 1958 年夏天，当观众对游戏节目已经开始厌烦之际，它突然像整座纸房子一下了砸到了电视网上。有几位以前的游戏参赛选手公开吐露说他们在比赛之前已经得到了答案。有一个人甚至向联邦通信委员会提出了正式起诉。该起诉所涉及的节目全国广播公司的《连点成像》因此于 1958 年 8 月 12 日立即被取消播出。而且，“在几天的时间内，大约有 20 个竞答节目在电视的第一个重大节目丑闻中停止播出。电视网的官员声称他们不了解情况，节目制作商则说人们不懂商业电视的目的和做法，而那些广告商则什么也不说”[115]。有几位报纸社论作家做出反应，甚至声称这整个肮脏的事件标志着“美国人的天真结束了”[116]。处在这次风暴的中心者叫查尔斯·L·V·多伦（Charles Lincoln Van Doren），他是哥伦比亚大学的一位个子高高、说话温和的 32 岁英语讲师。两年多前，他不可思议地一下子成为电视明星。多伦的出名起源于他于 1956 年 11 月 28 日到 1957 年 3 月 11 日在全国广播公司的竞答节目《21 点》——这是一个基于 21 点纸牌游戏的节目——中为时三个半月的极具戏剧性的表演。他最终在《21 点》节目中赢得了 12.9 万美元，该节目不仅让他发了财，而且也让他出了名。

电视擅长于奇怪的并列。查尔斯·L·V·多伦是那种拉塞尔·莱因斯（Russell Lynes）一眼就会识别出的高雅人士，然而却在黄金时间最庸俗的节目类型中扮演主角。但是多伦一点也不势利，他英俊、聪慧，最重要的是他适合于电视播出。美国的观众立即被他吸引住了。他拥有所有合适的证书和家族背景：出身于有名的文学世家，毕业于长春藤联盟大学。他的父亲马克（Mark）是获得过普利策奖的诗人，他的母亲多萝西（Dorothy）是著名的小说家并曾任《民族》（Nation）杂志的编辑，他已故的伯父卡尔（Carl）是著名的文学批评家并是曾获得普利策奖的传记作家。多伦的生活在此以前是幸运的，而他的前途也是显得要多光明就有多光明。《时代》周刊于 1957 年 2 月 11 日的封面上刊登了一张他脸部的近景特写照片，

查尔斯·V·多伦（右）因于1956 年 11 月 28 日到 1957 年 3 月 11 日在《21 点》节目中为时三个半月的极具戏剧性的表演而不可思议地成为电视明星。《21 点》节目由杰克·巴里（中）主持并合伙制作。（刊载此图获马里兰大学美国广播图书馆的准许）

其标题是"电视上的智力与金钱之战"。在照片中，多伦站在《21 点》节目中的一个封闭个人小间里，头戴耳机，露出一幅注意力高度集中的神情，他明显像是正要给出另一个正确答案。在他出席节目三个多月后，全国广播公司的《今日》节目立即抢先约定他"做一个固定节目……其中他谈论非欧几里德几何，背诵 17 世纪的诗歌。在一个刚刚从对具有颠覆性的秃头学究们的怀疑中恢复过来的时代里，他让大学的知识分子有了典型美国人的面貌"[117]。但结果却是：多伦既是一个骗子，又是一个环境的受害者。

查尔斯·V·多伦丢脸的栽倒是一个缓慢但却是不可避免的结局。当竞答丑闻最初发生时，人们常常问及他出席《21 点》节目的情况。他的通常反应——先是面对新闻界，后是面对大陪审团——是强烈地否认有任何不正当行为。然而真相却是：多伦的确接受过《21 点》节目的合伙制作人杰克·巴里（Jack Barry）和罗伯特·恩赖特（Robert Enright）的辅导，他们事先向多伦提供了答案，还建议他如何在黄金时间面对警觉观众的压力下表演得最好。杰克·巴里和罗伯特·恩赖特是企图让他们的节目尽可能地具有娱乐性，而他们发现多伦是一个天生的表演者。尽管当时还没有通过针对电视竞答节目的刑法，但许多其他的竞答节目参赛选手在被传讯到大陪审团面前时也都作伪证、发假誓，他们像多伦一样想避免公开丢脸。最终国会众议院于 1959 年秋召开了一个众议院立法监督分委员会，以查出已经成为报纸头版报道的问题的真相——该报道表明电视已在一个国家的文化生活中居有越来越重要的地位。查尔斯·V·多伦这位明星证人是听证会中所有参赛选手中最有名的一位，他于该年 11 月 2 日出现在全国人民的面前向他们认罪并忏悔说："我愿意付出几乎所有的东西来倒转我过去三年中的人生道路……我更多地认识了我自己……我也更多地认识了善与恶。它们并不总是像它们看起来的那样。"这一刻对公众来说是具有启示性的，而对整个电视行业来说则是一个高潮。[118]

查尔斯·V·多伦在作了国会证词之后，就立即被哥伦比亚大学开除了，同时，全国广播公司的《今日》节目也取消了他扮演城市文化评论员的角色。他最终服了二级伪证的罪行，并与其他 9 位同犯被告一起被判处缓刑。全国广播公司和哥伦比亚广播公司坚决否认知道任何欺骗公众的情况，将全部责任推给节目提供商。而美国广播公司基本上逃脱了惩罚，因为它的游戏节目太少。然而，这些电视网集体地取消了它们所有尚存的竞答节目，为了可预见的未来而清除黄金时间中现已被玷污的节目品种。尽管全国广播公司是被批评的主要对象，威廉·S·佩利和弗兰克·斯坦

201

顿仍感到有必要清理门户，于 1959 年 12 月 8 日以詹姆斯·奥布里取代路易斯·G·考恩任哥伦比亚广播公司的总裁。同样，杰克·巴里和罗伯特·恩赖特也成为全国广播公司中不受欢迎的人，在十多年中他们无法在这一领域再找到工作。总而言之，"这次丑闻揭示了电视在其越来越大的迷人权力之外的一些东西"。电视媒体那似乎无所不在的力量现在"报道一切它能触及的东西"，从娱乐到新闻，从商业到文化与政治等。"在从这种新的报道要求中最早获益的人中，有一个来自马萨诸塞州的年轻参议员，他像查尔斯·V·多伦一样来自社会上层，年轻、有魅力，且有些胆怯——因为他在一种热媒体上显得很冷静。"[119]

约翰·F·肯尼迪（John F. Kennedy）于 1960 年 11 月 8 日以极微弱的优势——仅仅 0.2%——战胜了理查德·M·尼克松（Richard M. Nixon）成为美国的第 35 任总统。当时，全美国共有约 9 000 万台电视机，差不多每两个美国人就有一台电视机。电视在这次总统竞选中起了决定性作用，它使知名度本来不高的肯尼迪能够以一种亲切而自然的方式直接向美国人民讲话。他也是一位镜头前的天才，那些家庭观众喜欢他们所看到的肯尼迪。在 1960 年 9 月和 10 月的四场所谓"大辩论"中，肯尼迪和尼克松势均力敌。这些辩论是同类竞争中最早的，而且至今仍是历史上收视率最高的总统辩论。第一场辩论的收视率为 60%，可转换为大约 6 040 万观众；第二场和第三场辩论的收视率均为 59%，每场大约有 5 940 万观众；最后一场的收视率为 66%，有 6 650 万观众。[120] 在美国开拓精神和美国西部神秘性的激励下，肯尼迪将其行动主义政府命名为"新边疆"。1961 年 5 月 9 日，肯尼迪总统的那位 35 岁的联邦通信委员会主席牛顿·N·米诺（Newton N. Minow）——他是一位热情的"新边疆主义者"——在华盛顿全国广播者协会年会上对美国电视的现状发表了强烈的指控。米诺质疑电视企业中负责观众的主管是否能"在你们的电视台播出期间在你的电视机前坐下来，待在那里不要看书、杂志、报纸、损益表或评估记录等以免分散注意，将你们的眼睛盯在电视机上直到电视台停止播出为止。我能向你们保证你们将会发现一个辽阔的荒原"[121]。电视史学家玛丽·A·沃森（Mary A. Watson）回忆说，"这

位年轻的主席突然之间成为真正的名人，一位联邦通信委员会主席成为家喻户晓的人物，这是空前绝后的"。而且，"'辽阔的荒原'这个词——它受到了 T. S. 艾略特（T. S. Eliot）诗文的启发——立即进入了美国人的词汇表"[122]。

受到警告对全国广播者协会来说是一个新的体验。而且，全国广播者协会的成员此前从没有听说过任何人在谈论电视时用到过关于艾略特的文学典故。牛顿·米诺就像其上司一样，在品位方面明显是一个上层通俗人士，但是他的讲话却充满了高雅人士的批判主义语气："你们会看到源源不断的游戏节目、暴力节目、观众参与节目、卡通节目、关于完全不可信的家庭的程式化喜剧节目、夸张的通俗剧，节目中充满了混乱、暴力、施虐狂、凶杀、西部不法之徒、西部家长、私人侦探、黑帮等。还有无限的商业广告——其中有许多尖叫、哄骗、冒犯。而最重要的却是，这些令人厌烦。"[123] 只有少数人称他的讲话是"有胆略的"，但绝大多数全国广播者协会的成员仅仅是大吃一惊。杰克·古尔德在《纽约时报》上报告说，"许多广播者承认他们对这个讲话感到愤怒"，只有少数人能就米诺提出的主要论点进行争辩。联邦通信委员会主席牛顿·米诺的立场实际上是响应了西尔威斯特·韦弗于 20 世纪 50 年代初提出的高尚媒体观。总体上说，米诺认为电视是一种如此重要的公共资源，因此不能任其浪费而不管。他认为，全国有近 5 000 万个家庭拥有电视，占全国家庭总数的 90% 以上，因此电视不应"仅仅因为这里的生存和利润来得最容易而让其沦为全国观众的最小公分母。如果电视于 20 世纪 60 年代要在提升文化水平方面和在帮助美国人处理紧急局势方面有所作为，那么就必须要求电视在娱乐、教育、信息方面的引导和成就要有一个上升的曲线"[124]。就像爱德华·R·默罗于 1958 年在美国广播与电视新闻主管协会上的讲话一样，牛顿·米诺在全国广播者协会上的悲叹引起了人们对美国基本断层线的关注，"其中国家的优势利益集团迅速出现了分歧，一方是那些知识分子和贵族精英，另一方是那些力量越来越强大的公司资本主义，而电视企业选择了后者，即一条通往经济霸权而不是文化霸权的道路"[125]。

有趣的是，查尔斯·V·多伦在其个人的生活

中恰恰做出了同样的选择，而在他认识到所发生的事情之前，这一选择已将他的心撕碎。回顾起来，多伦在电视中的堕落，向数百万美国公民揭示了在他们生活的表面下渗透着的广泛意识形态斗争。不幸的是，"新边疆"政府不能解决这一分歧，它于1963年11月22日中午因肯尼迪总统在得克萨斯州达拉斯市遇刺而突然终止。由于对美国未来的构想存在自由主义和保守主义之争，美国社会的裂缝在20世纪60年代进一步扩大。但在此之际，电视在肯尼迪总统的葬礼期间体面而机智地应对了局势，得到了社会各界的赞美和感激。电视曾在肯尼迪在政治上成名并上台执政的过程中起了重要作用，现在，该媒体将在他的安葬方面以及在塑造国民未来对他的记忆方面起到更大的作用。各电视网共享它们的报道，并提供连续四天的无广告服务，从11月22日星期五直到11月25日星期一，它们的大多数时间是在进行现场电视报道，其余时间则重播录像带和胶卷，其间，它们因失去广告收入而花费了大约1亿美元。[126]全体美国人对电视的这次免费服务深表感激，美国近1.9亿公民中有四分之三的人在葬礼过程的某些地方亲身体会到了电视在危机期间的重要作用。电视行业对这次全国性悲剧的反应，要比三大电视网在1961年牛顿·米诺发出觉醒呼吁之后制作的所有其他的公共服务节目、纪实节目，以及

"新边疆"式的戏剧节目——如全国广播公司的《基尔戴尔博士》、哥伦比亚广播公司的《守卫者》及美国广播公司的《本·凯西》——都更有利于电视媒体的声誉。[127]

在11月25日晚上，很少有美国人还在想着电视是一片辽阔的荒原。有超过1亿的美国人惊得发呆地在同时观看着电视节目，收视率在高峰时达到93%，创下历史纪录。另外世界上还有23个其他国家的数千万观众也观看了节目。在面临这个出乎意料的可怕悲剧时，他们用电视媒体来处理这难以置信的事件，集体表达哀悼，应对那淹没了无数人的震惊、怀疑和哀痛。有一系列的形象将永久地铭刻在这个国家的共同记忆之中。首先是哥伦比亚广播公司的沃尔特·克朗凯特（Walter Cronkite），他是第一个宣布肯尼迪总统死亡的新闻播音员，当他宣布以下消息后眼泪立即喷涌而出：下列刚刚抵达的所有简讯"明显是正式的：肯尼迪总统死于中部标准时间下午1:00，东部标准时间下午2:00，大约38分钟以前"；接着是惊慌失措的副总统林登·B·约翰逊于当晚在安德鲁空军基地面对电视摄像头保证说："尽我最大努力，这是我能做的一切，我请求你们的帮助，也乞求上帝的帮助"；然后是全国广播公司现场直播杰克·鲁比（Jack Ruby）于东部标准时间星期六中午12:21在达拉斯城市监狱枪决李·H·奥斯瓦

在1963年11月25日，当约翰·F·肯尼迪总统的送葬行列经过首都东部时，有超过1亿的美国电视观众惊得发呆地观看着节目。(刊载此图获马里兰大学美国广播图书馆的准许)

尔德（Lee Harvey Oswald）的情景；还有数以千计的哀悼者于这一天的下午和晚上在停放于首都圆形建筑中覆盖着国旗的总统灵柩前列队默默经过的情景；最后是在星期一的葬礼完毕后，总统的灵柩由一辆马车拉着庄严地经过街道，慢慢走出城市到阿林顿国家公墓去安葬时，年仅 3 岁的小约翰·肯尼迪向其父亲的灵柩致礼的情景。[128] 在这次令绝大多数人在余生中永远不会忘记的深切个人体验中，电视处于中心地位。而且，尽管美国社会基本结构的裂缝在继续扩大，但在 20 世纪 60 年代剩下的时间里，电视还是成为美国人继续在每天相聚的一个场所。

第6章

电视与总统
艾森豪威尔与肯尼迪

玛丽・A・沃森（Mary Ann Watson）

 艾森豪威尔适应电视时代

在1951年12月7日，即在美国参加第二次世界大战10年之后，曾激励美国人作出如此巨大牺牲的美好生活许诺似乎已经实现。在战争结束时，人们对未来所持的乐观态度是贡献给那些为民主原则而牺牲者的最佳祭品。战后的经济繁荣使美国人民的生活水平稳步提高。

当20世纪下半叶开始时，当在第二次世界大战中领导盟军诺曼底登陆的伟大英雄德怀特・艾森豪威尔打算竞选美国总统时，美国的文化也迅速地繁荣起来。郊区的出现如雨后春笋，新的单户型住宅中不仅充满了孩子，也充满了现代奇迹，如空调、自动洗衣机、烘干机、冷冻食品及带有较大冷藏空间的冰箱，而最奇妙的东西则是电视。

在"珍珠港事件"发生10年后，电视正在成为美国人生活中的固有设施。再过10年，到1961年12月7日，当时约翰・肯尼迪已入主白宫，电视已经成为美国人共同的参照点，成为在最重要的问题上形成全国共识的明显力量，成为国家讨论议程和行动议程的设置者。从艾森豪威尔将军宣布他将竞选总统到约翰・肯尼迪总统被安葬在阿灵顿公墓这个时期，政府首脑与美国民众之间的关系发生了巨大的变化，这一变化是新媒体发展的直接结果。

1952年初，哥伦比亚广播公司著名的新闻记者爱德华・R・默罗奔赴巴黎拍摄一部关于艾森豪威尔将军领导的欧洲盟国最高司令部的纪录片。

艾森豪威尔将军本不想接受电视采访，但他非常尊敬默罗，因为默罗曾在欧洲勇敢地进行战争报道，因此艾森豪威尔勉强同意了。这次采访是灾难性的。艾森豪威尔不愿看镜头，吐字不清，语无伦次，好像对采访情景感到完全不适应。因此

默罗需要对采访结果进行精心编辑予以补救。当胶卷停止转动时，默罗对艾森豪威尔坦言相告，建议他接受一些电视表演方面的辅导，因为这一媒体很快将成为占主导地位的传播方式，现代领导者不应选择拒绝使用这一媒体。[1]

在德怀特·D·艾森豪威尔（右）总统和约翰·F·肯尼迪（左）总统时期，电视使政府首脑与美国民众之间的关系开始发生巨大变化。（刊载此图获约翰·F·肯尼迪图书馆的准许）

　　大约一周后，艾森豪威尔给他熟悉的一位哥伦比亚广播公司通讯记者戴维·舍恩布伦（David Schoenbrun）打电话，问舍恩布伦是否愿意秘密地对他进行现场直播的技能培训。舍恩布伦感到为难，担心他是否越过了职业界限，因为艾森豪威尔不仅是重要的新闻来源，而且也是他发自巴黎的大部分报道的主题。但舍恩布伦还是同意了，因为默罗特地建议艾森豪威尔咨询他。然而最后的决定是让陆军通信兵的摄影人员来负责这一演练过程。如果让民事人员——不论是哥伦比亚广播公司的新闻工作人员还是法国的技术人员——参与，他们将不受军事纪律的约束，可能会将这位五星上将学习电视课程的事告诉他们的家人和朋友。

　　艾森豪威尔并不是一个积极而好学的学生。对他的辅导一般都在工作日结束的时候才开始，而这时他常常比较疲惫且性格比较暴躁。当舍恩

布伦解释说他的秃顶是个问题时，艾森豪威尔厉声说："我知道我是秃顶，你想让我怎么样，带个假发？"解决的办法是让他的头稍微抬起一定角度而不要向下看得太多。他还需要化一点妆、搽一点粉以减少灯光的反射。"你为何不去找个演员？"艾森豪威尔发怒道，"干脆去找个相貌相似的人替我做采访。"[2]在预录阶段，演练过程被录成胶卷，实验室花了 48 个小时来加工这些画面。当艾森豪威尔最终看到自己的形象时，他知道他需要采用被他所拒绝的那些技巧。当他真的做出努力并允许化妆之后，他看到自己的形象有了很大改善。

　　然而，对于舍恩布伦来说，更难办的事情却是艾森豪威尔令人费解的讲话风格。有时候，用少许便笺作为指导，他能做很好的即兴演讲。但通常的情况却是，他的语言不畅，思维纠结，令人费解。尽管艾森豪威尔还没有公开自己的意图，但舍恩布伦知道他指导的这个人是打算竞选总统

的。"如果你不改进你在电视方面的工作",这位新闻记者警告说,"你永远不会当选。"[3]

民主党和共和党这两个主要政党都恳请艾森豪威尔作为其候选人,但是艾森豪威尔最终选择加入共和党。根据1952年3月进行的"罗珀"民意调查,德怀特·艾森豪威尔是最受钦佩的健在美国人。[4]在同一个月,电视首次报道了新罕布什尔州的初选。全国广播公司和哥伦比亚广播公司的摄制组来到这个只选派少数代表的小州,于是观众首次看到了"我喜欢艾克"①的徽标和旗帜。

投票的选民虽然较少,但许多选民放弃了原定候选人而改投了艾森豪威尔的票,因此艾森豪威尔战胜罗伯特·塔夫脱(Robert Taft)——他是来自俄亥俄州的共和党议员,是美国第27任总统威廉·H·塔夫脱(William Howard Taft)的儿子——成为一个特大新闻。从此以后,新罕布什尔州的总统初选就被看作国家选举的领头羊,在每隔四年的选举中得到声势越来越大的报道。电视网聚焦于各州初选过程的重要性在1952年还不能充分显示出来,但这将最终削减政党组织在推选候选人中的权利。

当杜鲁门总统同意艾森豪威尔的请求而解除他作为欧洲最高司令的职务时,艾森豪威尔得以正式开始其总统竞选。他任命詹姆斯·C·哈格蒂(James C. Hagerty)为他的新闻秘书。哈格蒂曾是纽约州州长托马斯·杜威(Thomas Dewey)的新闻秘书,之后又在《纽约时报》任政治记者。哈格蒂像艾森豪威尔一样与广告业界有紧密的联系,而广告业将控制战后美国人的意识。在《推销员的国度》(A Nation of Salesman)一书中,作者厄尔·肖里斯(Earl Shorris)指出,在20世纪中叶,电视广告的增长对美国的文化与民族特性具有深远的影响,它改变着消费主义的性质。[5]节俭不再是美德,而放纵也不再是罪恶。因此,电视广告也开始改变着政治说服的性质。

至于艾森豪威尔对于某些问题持何种立场,选民知之甚少。虽然作为战争英雄,其立场并不重要,但是作为总统候选人,他就必须公开表明立场。艾森豪威尔将军决定从他的家乡堪萨斯州阿比林市出发介绍他的政治立场。哥伦比亚广播

公司决定对这一事件进行现场报道,这对艾森豪威尔的竞选来说是一个好消息,但却好景不长。在镇上用于牛仔竞技、垒球赛和野餐的体育场——它最近被更名为艾森豪威尔公园——大约有1.5万~2万民众聚集于此等待着艾森豪威尔的演说。当他的车到达时,天正下着雨,淋着他的那些忠实支持者。有人建议艾森豪威尔应该站在粮仓里发表演说,电视摄像机就保存在那里,且有足够的灯光可将他的形象转播给全国观众。但是艾森豪威尔断然拒绝与等着见他的友好人民分开。

当这位总统候选人刚一开始演说,倾盆大雨就将一半支持者从看台上驱散。强劲的风吹动着他头上那几缕头发,也吹动着他的演说稿,尽管每页讲稿都有一个保护性封面。他身着一件借来的透明塑料雨衣,他的裤腿也卷起到脚踝以上。有时他的声音被雷声淹没,但是艾森豪威尔还是坚持演说,陈述着他的外交政策理念并概述他对于国内事件的保守主义观念,如要削减政府开支、取缔不必要的联邦政府机构、取消政府干预通货的措施、将公民权利的责任移交给各州负责,等等。不管是否有人赞同他的言论,这次演讲的画面是极差劲的。

第二天,艾森豪威尔安排了一个新闻发布会以便让记者们有机会向他更具体地询问那些问题。但是那天晚上,哈格蒂宣布说不欢迎电视拍摄和灯光,并解释说华盛顿的印刷媒体新闻记者联合报道团对电视的侵入非常反感。但戴维·舍恩布伦——他现在是哥伦比亚广播公司的通讯记者,负责报道艾森豪威尔的竞选——怀疑是艾森豪威尔本人想实行电视封锁。这对所有相关者来说赌注是非常高的。纸媒记者想保持他们的优势地位,而电视网则想取得平等权。艾森豪威尔的竞选组也想控制其候选人的论坛。选民们还没有充分意识到他们在这次摊牌的结果中也有既得利益。

美国三大电视网的最高主管,即哥伦比亚广播公司的威廉·S·佩利、全国广播公司的戴维·萨尔诺夫和美国广播公司的伦纳德·戈登森,都知道这是电视媒介发展的关键时刻,并拒绝被排

---

① "艾克"(Ike)是人们对艾森豪威尔的昵称。——译者注

除在外。因此电视新闻记者在争取报道总统候选人的基本权利时，提出了"哪里有铅笔，哪里就有我们的摄像机"这一口号。[6]只要电视新闻尚未取得第四等级的成员这一合法地位，就必须进行这场战斗。

在广场剧院——它在艾森豪威尔小的时候曾是阿比林市的歌剧院——里面已经安装好了摄像机，但是共和党全国委员会却坚持要将其拿出去。爱德华·R·默罗仍然记得"与由新闻秘书詹姆斯·C·哈格蒂领导的艾森豪威尔团伙之间的争吵，于深夜在竞选列车上的一次激烈口角中达到高潮"[7]。当时默罗警告说，摄像机是非常昂贵而精密的设备，如果不是由哥伦比亚广播公司的技术人员而是由任何其他人员拆除，那么共和党人要对出现的任何损坏负责。

对峙局面直到次日上午仍然没有解决。被选为各电视网共享记者的戴维·舍恩布伦处于一种尴尬的境地，他带着被赶出剧院的风险走进了剧院。电视网给他的指示是他要强行通过任何安全障碍并且拒绝任何要他离开的命令。一个新闻记者被带走的电视画面对于艾森豪威尔成功当选将是不利的，选民们会问为什么不允许他们观看新闻发布会。艾森豪威尔的竞选组开始意识到电视媒体参与政治程序是不可避免的，于是变得温和一些。电视新闻记者接受了共和党全国委员会的挑战，并拒绝作为二等公民。

在 1952 年夏天，广播的受众总量仍然要多于电视。但这一形势转变得很快，在人口稠密的东北部尤其如此。尽管如此，在晚上收看电视的人还是要多于收听广播的人，因为美国人正在适应黄金时间的视频娱乐，如《我的小玛吉》和《我有一个秘密》等。

尽管电视对民主党与共和党于 1948 年的政党提名会议都进行了报道，但于 1952 年芝加哥召开的共和党全国会议才是电视第一次具有深远政治影响的会议，期间电视拥有技术资源并且吸引了足够多的观众。在各电视网的推荐下，这次会议选择在国际圆形剧场召开。根据电视节目制作者的指导，讲台不是放在观众席之前，而是置于剧场的一个角落，而代表们沿对角线就座，以便于在很小的电视屏幕上产生更清晰的画面。[8]演讲者在讲台前的演讲将通过电子提词机得到改进。由

于采用了变焦镜头和一种绰号为"慢行窥摄机"的手持摄像机，报道有了更大的范围和更强的移动性。采访听众席中的代表们和采访试图与这些代表达成协议的政治家，等于是给观众上了一堂行使会议权利的课。

艾森豪威尔争取共和党总统提名的主要竞争对手是参议员罗伯特·塔夫脱，他被人们深情地称为"共和党先生"。塔夫脱宣称有 607 名与会代表将投票给他——这个数字比他获得提名所需的选票还多 3 张。但是他把尚有争议的美国南部三个州的代表也包括在自己的"账目"内。尽管共和党各州委员会选派的是那些要求在全国大会中获得席位的另一批塔夫脱支持者，但是来自得克萨斯州、路易斯安那州和佐治亚州由共和党分区会议选出的代表们则更倾向支持艾森豪威尔。

这一问题将由资格委员会听证会来决定。但塔夫脱竞选组想将电视摄像机排除在听证会之外，认为公开的听证会有可能会使艾森豪威尔占优势。因此，艾森豪威尔竞选组这一次坚持电视摄像机及美国公众有接触秘密的权利。这与共和党在阿比林的立场完全相反。塔夫脱同盟投票决定在回避公众目光的情况下进行商议，这是一场公关灾难。

政治史学家史蒂夫·尼尔（Steve Neal）写道："沃尔特·克朗凯特（Walter Cronkite）作为哥伦比亚广播公司新闻节目的主持人首次亮相，他手持麦克风站在听证会议室紧锁的大门外，不断提及其中的秘密程序。"电视对这次争论的报道影响了家庭观众的观点，他们开始给他们的代表打电话或发电报，对塔夫脱的高压手段表示不满。尼尔评论说，"电视对塔夫脱不友好"，塔夫脱是一位老练的辩论家，其辩论以思维缜密而著名，"但在芝加哥会议中，塔夫脱却以一个防备批评的暴躁形象出现在小小的电视屏幕上"。[9]电视摄像机的出场削弱了一个候选人的支持力，这是电视媒体改变总统提名过程的第一个有力证据。

1952 年参加共和党全国会议和民主党全国会议的代表们被警告说，那窥探的电视镜头会抓拍到一些令人尴尬的瞬间。当演讲人在讲台上讲话时，若有人在观众席里看报纸将被理解为感到无聊，张大嘴打呵欠也是如此。代表们还被提醒要

小心他们在会议观众席中的谈话，以防止观众看口型获知谈话内容。女士们被建议不要穿印有大花的衣服。而豪华的首饰则有疏远工人阶级选民的危险。在电视时代，总统政治的现实就是由电视网的节目制作者而不是由政党官员决定要展现会议的哪些方面。

211

全国广播公司前新闻主管鲁文·弗兰克（Reuven Frank）1952年时是替公司报道政党提名会议的新闻记者。他在其传记中将1952年标识为电视开始主宰政治决策的一年。他谈到那些竞选经纪人时说："老手们仍在学习，而新手们正在崛起并学会懂得人们评价一个决定不是仅仅依据其优点。你首先要问它呈现在电视上会是什么样子。"[10]

对他来说肯定会显得荒唐可笑的是，连国会众议院发言人、1952年民主党全国会议主席萨姆·雷伯恩（Sam Rayburn）也同意精心化妆，因为他秃顶且面孔粗糙。而威斯汀豪斯电气公司的新闻发言人贝蒂·弗内斯（Betty Furness）则习惯了电视台的化妆要求。威斯汀豪斯电气公司购买了哥伦比亚广播公司在1952年对民主党和共和党两党政治会议的电视报道节目，在每次会议期间，她都会循环播放96个现场广告。弗内斯回忆说："我占用的播出时间要比两党的任何一个发言人都要多，因为有大量观众购买电视机是为了观看政党会议，因此我也出名了。"[11]

民主党提名伊利诺伊州州长阿德莱·史蒂文森（Adlai Stevenson）为总统候选人。但他也像其对手一样不喜欢出现在电视上，然而史蒂文森却有不同的缺点。与艾森豪威尔不同，史蒂文森是一个雄辩的知识分子，他不愿意削减并简化自己的讲话以迎合电视媒介的要求。虽然艾森豪威尔远非一个普通人，但是他允许其媒介顾问来设计如何才能更好地传达其平易近人的特点。而史蒂文森则认为这像是骗人的花招，并拒绝采用学习电视技巧的建议。奇幻电视节目《库克拉、弗兰和奥利》的导演卢·戈马维茨（Lew Gomavitz）是史蒂文森的媒体顾问之一，他负责帮助其候选人在摄像机前保持放松状态。他回忆说："阿德莱在没有压力的小群体中间表现得非常棒，但他却不会在电视上讲话，他会浑身哆嗦并且会忘词……阿德莱害怕即兴演说。我没有办法让他放松。"[12]共和党

的媒体战略家特德·罗杰斯（Ted Rogers）简单解释了这两位总统候选人的反差："史蒂文森根本不听人（即他的媒体顾问）劝说，而艾森豪威尔却听。这就是二者的不同。"[13]

在1952年的总统选举中，电视在竞选宣传方面是一个全新的因素，而共和党花在广告方面的钱要比民主党多一倍以上。在竞选宣传初期，史蒂文森就对其支持者说："我毫不惭愧、毫不尴尬地坦言，我认为民主党的全国候选人在竞选经费上绝对不能与共和党相提并论。"[14]它们确实差得太远了。民主党该年在广播和电视方面的花费是120万美元，而共和党的花费是250万美元以上。

212

共和党交给具有重要影响的广告公司巴顿—巴顿—德斯坦—奥斯本广告公司（又译天联广告公司或天高广告公司）两个项目：一是共和党全国会议项目，二是"公民支持艾森豪威尔—尼克松"项目。据该广告公司总裁本·达菲（Ben Duffy）说，其公司竞选宣传的目标"就是要推销艾森豪威尔的坦率、诚实、正直，及他真诚而正当的手段"。布鲁斯·巴顿（Bruce Barton）建议艾森豪威尔模仿富尔顿·J·希恩（Fulton J. Sheen）——他是成功的电视节目《生活值得》中的明星——的现场表演风格。如果艾森豪威尔能像希恩一样只用提示进行演讲，而不是看讲稿演讲，他给人的印象就会是"同人民讲话就像一个坦诚的、不伪装的美国人向其美国同胞讲话一样"[15]。

当艾森豪威尔乘着一辆写有"同胞，展望未来吧"标语的列车开始进行紧张的传统旅行式竞选宣传时，他的媒体顾问则致力于广告战略。史蒂文森的公关队伍来自新闻媒体或在政府信息部门服务过。与此不同，艾森豪威尔的团队则擅长于产品广告并了解黄金时间的情况，他们将艾森豪威尔的竞选广告置于收视率高的节目之前或之后，诸如《杰克·本尼秀》等，因为他们知道在大赞助商的支持下这些节目已经汇集了大批观众。[16]

史蒂文森的竞选宣传犯了一个代价沉重的错误，它不是附在那些受欢迎的节目前后出现，而是取代了原来的整个节目。例如有一个晚上，当观众们打开电视想看美国最受欢迎的情景喜剧《我爱露西》时，结果看到的却是史蒂文森的竞选

宣传节目。该喜剧节目的一个剧迷感到极为失望，向候选人写信说："我爱露西，我爱艾克，你倒毙吧。"[17]

著名广告商罗塞·里夫斯（Rosser Reeves）是艾森豪威尔将军的一位媒体组顾问。当他审阅了这位候选人的所有公开演说后，他总结说艾森豪威尔的演讲涉及的话题太多，以至一个也不能给观众留下印象。乔治·盖洛普（George Gallup）所做的研究表明，美国民众最关心三个问题是朝鲜、腐败和生活费。因此他们将艾森豪威尔的演讲梳理成以这些问题为主题，并为一项名为"艾森豪威尔回答美国"的广告宣传活动准备好了稿件。1952 年 9 月 11 日，艾森豪威尔把这些将被提问和录制的问题的答案记录下来。但这位候选人是近视眼，需要戴眼镜才能阅读这些提示卡。里夫斯认为眼镜必须拿掉，于是他们将稿件改写成标题印在离艾森豪威尔很近的广告牌上，以便他不需眯眼就可以看清楚。

最初的计划是派遣摄像组到全国各地寻找各类公民提出问题，但另一种想法更为有效。在纽约市无线电城音乐厅排队的游客来自全国各地的各行各业，他们操着各种方言，穿着各种风格的衣服。那些符合拍摄要求的人被叫到只有几个街区远的拍摄演播室。他们读提示卡上的问题，而关于这些普通公民的镜头与艾森豪威尔的镜头被编辑在一起，给人的印象好像是他们在同一个房间彼此面对面地对视一样。

但这样做存在的问题是：一方面，电视新闻被用来报道和揭示民主的程序；而另一方面，电视媒介又被用来捏造政治意象。艾森豪威尔对广告宣传的这种人为性感到非常不安，他在录制节目时抱怨说："没想到一个老战士竟然会这样。"[18]

史蒂文森对把总统候选人像早餐米饭和洗涤剂一样进行包装和兜售极为反感。对一般选民来说，这位博学的秃头民主党人——人们称他为"蛋头"——是会令人讨厌的。媒体史学家埃里克·巴尔诺解释说，史蒂文森的"语言才华"在竞选过程中实际上成为一个累赘。他说，这位民主党人"成了反知识分子者的攻击目标，这些反知识分子者鄙视他的文雅语言"[19]。艾森豪威尔也忍不住要强调这一点并嘲讽一下。在一次竞选演说中，艾森豪威尔为自己使用了拉丁语的"现

状"一词表示道歉，他说，史蒂文森才是知识分子候选人。虽然艾森豪威尔曾于 1948—1950 年担任哥伦比亚大学的校长，并且至今仍然住在该大学的校长楼里，但是他却避免任何知识分子的虚饰。

在 1952 年的总统竞选中，大多数美国人心目中的艾森豪威尔形象是由营销人员们塑造出来的。伴随着每四年一次的选举，总统候选人依靠那些精于操纵艺术者的做法将越来越成为值得争论的问题。广告分析师厄尔·肖里斯写道，从事竞选宣传的营销人员"以全体选民的智慧来表述其信念，可以避免与政治有关的道德问题。这是那只'看不见的手'给政治带来的道德慰藉"[20]。

各电视网希望出现一个势均力敌的竞争和一个激烈的选举之夜。全国广播公司和哥伦比亚广播公司都非常自豪地展示其全新的"通用自动计算机"，它可以对选票迅速地进行统计和制表。但是选举的结果没有紧张可言。艾森豪威尔的胜利在报道中早已是显而易见的，他最终获得了 55％的选票，美国当时的 48 个州中有 41 个州支持他。

大约有一半的美国人观看了于 1953 年 1 月 20 日举行的艾森豪威尔总统的就职仪式的部分电视报道。[21]在家电商店、教室、街头酒吧和市政厅，一个新的传统正在形成，即美国人开始把电视作为观看重大公共事件的聚集地。

但在艾森豪威尔任总统的第一年中，他在电视上的表现并不是很优秀。例如在 1953 年 6 月，各电视网现场直播了一个 30 分钟的题为《总统和内阁成员对美国人民的电视报告》的节目。艾森豪威尔总统与其四位内阁成员的会见表面上是想让公众看到总统与其团队进行的一次非正式圆桌会议的内情，但事实上这是一次由巴顿—巴顿—德斯坦—奥斯本广告公司精心策划的事件。

在电视播出的前一天，在白宫会议室里进行了一次秘密排练。《华盛顿邮报》报道说："白宫看起来有些像'无线电城'，电视技术人员和广告公司官员在走廊上跑来跑去地做紧张准备……白宫的记者们都被拦在会议室外，而会议室已经变成了电视演播室。"[22]看来像自发的聊天实际上是有讲稿的，谈话参与者们都已经得到了准备好

的提示卡，结果导致谈话很生硬。该节目的尴尬局面引起了新闻报道的充分注意。该节目的制作人在自我批评中也承认说："该节目实在不太好。"[23]

帮助总统磨炼出更加自然的电视风格需要更多的时间和努力，而这是总统的新闻秘书哈格蒂无能为力的。1953年12月，好莱坞的一位内行人士罗伯特·蒙哥马利（Robert Montgomery）挺身相助。蒙哥马利已经演了40部电影，在电影导演方面富有经验，曾任屏幕演员协会的四届主席，并是全国广播公司戏剧系列节目《罗伯特·蒙哥马利演播》的主持人。他精通化妆、灯光和拍摄

指导。蒙哥马利来到白宫帮助艾森豪威尔准备一个圣诞节的电视播出，结果留了下来当了七年总统特殊顾问。

艾森豪威尔推崇广播与电视明星阿瑟·戈弗雷的乡土风格。因此蒙哥马利致力于将这种民间风格和艾森豪威尔那第二次世界大战英雄的气概结合起来。他从来不关注总统在电视上所讲的内容。他利用一些在身高、外表和肤色上与艾森豪威尔相似的替身来进行演播测试，因此演播室不需要总统花任何时间就能做出关于他的化妆和服装问题的决定。

帮助艾森豪威尔总统（中）磨炼出更加自然的电视风格的是以前的演员、导演和媒体顾问罗伯特·蒙哥马利（左）和新闻秘书詹姆斯·哈格蒂（右）。（刊载此图获德怀特·D·艾森豪威尔图书馆的准许）

在艾森豪威尔任总统的前两年中，他继续执行其前任总统杜鲁门对政府新闻发布会的严格控制政策。未经白宫批准，不得发布任何关于白宫的图片、直接引语、电影或广播报道。新闻历史学家迈克尔·埃默里（Michael Emery）和埃德温·埃默里（Edwin Emery）评论说，这些安全措施可防止杜鲁门那种"信口开河"的倾向。艾森豪威尔也从该安全网中受益。"艾森豪威尔出现了许多口误"，埃默里父子解释说，他"心敏口拙，说话经常会省略一些句子成分，因此其新闻发布会的记录需要经修改才能被理解。尖锐的

私人问题可能会导致艾森豪威尔克制不住而发火。"[24]

到1954年的中期选举时，美国大多数选民都拥有了电视机，而电视新闻节目制作人对用视觉的方式讲述故事也更加感兴趣。对新闻发布会的限制也逐渐地放松了，电影摄像机于1955年1月19日获准录制总统的新闻发布会以供稍后的电视播出。

这是总统传播方面出现重大转变的开端。政府首脑的讲话和思想不再经过记者的过滤或接受政治分析。新闻发布会现在成为总统与美国民众

215

直接沟通的工具。例如，在艾森豪威尔的首次电视新闻发布会上，他利用回答一个关于他再次参加总统竞选的计划问题的机会，花了五分钟的时间向美国 800 万个家庭的观众讲述了他的政府所取得的成功。

216

1955 年 9 月 24 日，关于艾森豪威尔是否再次参加竞选的猜谜游戏突然变得暗淡，艾森豪威尔总统在丹佛度假时突然得了心脏病。此后总统经过了几个星期的康复，在此期间，詹姆斯·哈格蒂成了美国电视屏幕上的熟悉人物，因为他经常报告关于总统康复进展的最新情况。这位新闻秘书试图将公众对艾森豪威尔的印象由一个衰老、脆弱的病人转为一个遇到医疗障碍而正在一天天好转的坚强领导人。

尽管哈格蒂对新闻记者并不是不诚实，但他的做法还是具有战略上的操纵性。刘易斯·古尔德（Lewis Gould）在《现代美国总统》（*The Modern American Presidency*）一书中写道："哈格蒂确信，关于总统的健康状况，新闻界报道了大量的细枝末节，但提供的真实信息却很少。"[25] 大量关于医疗细节的报道——甚至还有一篇关于总统大便的报道——使公众关注的焦点脱离了长期的健康问题。哈格蒂想为其上司再次参加竞选

留下选择余地，因此他没有完全披露有关情况。他告诉新闻界有关总统所吃的食物、所读的书、所听的音乐、睡衣的颜色、房间的装潢等。但是一位研究艾森豪威尔的健康危机的历史学家解释说，哈格蒂非常谨慎，"不透露那些偶然出现的轻微医疗挫折，如短暂的疼痛……或者对心律不齐的担忧等"[26]。

经过数月的恢复之后，艾森豪威尔总统于 1955 年 12 月底回到了白宫的椭圆形办公室里开始工作。尽管他已经完全康复，但他仍然在思考开始另一场艰难的竞选是否明智。可是艾森豪威尔认为在 1956 年的竞选中有可能成为候选人的所有较年轻的共和党人，包括副总统尼克松在内，都存在某些不足。他得出结论是他有责任再次参加竞选，以阻止民主党人当选。总统告诉其新闻秘书说："我只是不想让这个国家返回到诸如史蒂文森、哈里曼、基福弗（Kefauver）之流的手中。"[27]

艾森豪威尔于 1956 年 2 月 29 日宣布了他的意图。同时他认为作为现任总统再像他第一次竞选那样乘列车到全国做巡回演讲是不合适的，电视媒体是 1956 年的一个选择。自他第一次竞选之后的四年中，全国电视机的数量已经增加到原来的 2 倍，而电视台的数量则增加到原来的 4 倍。

艾森豪威尔于 1956 年 2 月 29 日宣布了他竞选连任总统的意图。罗伯特·蒙哥马利（中，用手指者）在向总统（中，坐者）提出一些最后的建议。（刊载此图获德怀特·D·艾森豪威尔图书馆的准许）

　　根据计划，在竞选期间，总统将参加最多6次的全国性电视播出。艾森豪威尔担心选民会将他不做巡回演说解释为不愿意为再次竞选卖力。艾森豪威尔于1956年6月遭受了又一场医疗危机，并因为消化问题做了一次腹部手术，此后低调的方法更具有意义。在几个星期的恢复中，艾森豪威尔的体重下降了，并对于自己正在经历的自然疲乏感到很沮丧。但是到该年8月底于旧金山召开的共和党会议期间，他感觉好多了，看起来也好多了，像是一个准备再工作四年的精力充沛的65岁老人。

　　在1956年，民主党和共和党都重新组织了其会议事项以便能更好地适应电视报道的要求。各政党管理者认识到，电视报道的进度对吸引观众观看报道是至关重要的。说话者的发言时间受到了严格限制，枯燥乏味的介绍和支持副总统候选人的发言被取消了，唱票的效率更高，会议的程序也被淡化。白天的会议被取消了，因此会议全部安排在黄金时间进行。[28]

　　1956年的共和党会议是该党成立100周年的集会，但该会并无惊喜之处，因为共和党的总统提名结果在家庭观众打开电视观看会议报道之前已广为人知，因此电视节目必须以别的方式来制作。例如，当总统抵达旧金山时，其行程被精心安排，以让美国第一家庭在机场、在车队去圣弗朗西斯宾馆的路上受到人群热情欢迎的画面能被现场拍摄下来。数十个便携式摄像机在"奶牛宫殿"的大厅里移动着，它们能拍摄到如此精心安排

的景观，以便在小小的电视屏幕上传达人们对总统的自发情感。

　　在大选期间，共和党对媒介的理解和运用能力要远远超过民主党候选人阿德莱·史蒂文森和埃斯蒂斯·基福弗（Estes Kefauver）。共和党再次利用巴顿—巴顿—德斯坦—奥斯本广告公司的服务，而民主党则很难寻找一个愿意接受其项目的广告公司。据当时的行业报纸报道，民主党遭到冷遇，因为"大型广告公司的人不希望与拥有大量客户公司的共和党商人疏远"。[29]

　　艾森豪威尔竞选宣传的付费广告聚焦于突出个性，比四年前更加强调制作价值。在竞选电视节目中有一个是针对家庭主妇的。节目中总统和他的妻子玛米（Mamie）参加了一个与七位女性——在1956年女性喜欢被称为"女士"——谈话的电视聊天节目。节目的场景看起来像是一个中产阶级家庭中舒适的起居室。男女主人对待客人很随意，客人们不仅想知道一些重大问题——如经济和国家安全等，而且也想知道艾森豪威尔的童年。这个节目在下午播出，使人感觉像是一次愉快的邻里会议。

　　共和党人于1956年的另外一项创新是5分钟"便车式"竞选宣传。艾森豪威尔集团劝说一些深受欢迎的黄金时间30分钟系列节目的赞助商们只提供25分钟的节目，以让共和党全国大会购买剩下的时间。就像1952年的30秒"附带式"竞选广告一样，"便车式"竞选宣传因其安置恰当而赢得了大量观众。[30]

217

218

219

1956年艾森豪威尔竞选宣传的付费广告聚焦于突出个性，例如在家庭式广告《女士问总统》中。（刊载此图获德怀特·D·艾森豪威尔图书馆的准许）

在大选前夕，从白宫播出的一个一小时电视节目专题介绍了总统、第一夫人、副总统尼克松和他的妻子帕特（Pat），该节目由新闻记者约翰·C·斯韦兹（John Cameron Swayze）主持，在三大电视网上同时播出。媒体专家克雷格·艾伦（Craig Allen）评论说，这是"早期电视中电影、现场广播和障眼节目的最精彩展示之一"。该电视节目还包括各城市的记者——艾伦说其中大部分"实际上是受雇演员"——评论艾森豪威尔高涨的支持率，说"好像祝贺已经来临"。[31]这是一个骗人的花招，但是在第一张选票投出之前，所有评论者都指出艾森豪威尔的压倒性优势是既成事实。

在艾森豪威尔任第二届总统的第一年，美国遭遇了几场国内国际危机，这促使总统向各电视网要求免费播出时间以便向美国民众讲话。1957年秋天发生在阿肯色州小石城中心高级中学的废除种族隔离法事件，是电视在现场综合报道的首次种族冲突。该事态令总统进退维谷。就他个人而言，他同情南方白人保持学校种族隔离的要求。但作为国家首脑，他不能容忍不顺从的政府长官和极端主义的暴民抗拒联邦法律。

艾森豪威尔希望全国能普遍做到克制和商议，但这一愿望却落空了。最终他命令美国军队进驻小石城，并通知当地政府和公民要停止抵抗。当天晚上他通过电视解释了他的行动，声明"美国生活方式的基础就是我们全民遵守法律"。艾森豪威尔的传记作者斯蒂芬·安布罗斯（Stephen Ambrose）评论他这次向全国的讲话说："艾森豪威尔只有被逼到墙角时才采取行动，但在关键时刻，他还是实践他的就职誓言。"[32]

1957年秋天，苏联发射"伴侣号"人造卫星成为艾森豪威尔发表四次电视讲话的主题。他试图让美国公民相信美国的防御并没有因此处于危险境地，并平息民众对美国在教育方面和在致力于太空探索方面存在不足的持续担忧。

由于艾森豪威尔总统坐在其椭圆形办公室的办公桌后面发表了如此多的电视讲话，椭圆形办公室似乎成了危机和不祥征兆的标志，因此总统希望未来的电视播出形式有所改变。他向罗伯特·蒙哥马利提出了这一想法，这位媒介顾问最初的直觉是要否决这个计划，但不幸的是他没有。

艾森豪威尔总统与其国务卿约翰·F·杜勒斯（John Foster Dulles）参加完巴黎的"北约"会议一返回美国，就提议他与国务卿一起通过电视向全国作一个报告。艾森豪威尔刚得过一场轻度中风，但并未导致长期后果，他想让美国人民看到他身体很好。罗伯特·蒙哥马利对此想法并无异议，他也知道总统想分享荣誉并让他人受到公众关注，这也是公民们欣赏的美德。但是杜勒斯的公开讲话是使人昏昏欲睡的而非鼓舞人心的，而蒙哥马利没有时间给予他辅导。

艾森豪威尔和其媒介顾问达成的妥协是采用一种互动模式。为了使电视节目更加生动，总统和国务卿将进行有问有答的意见交流。蒙哥马利以为这两人都明白这个安排。但是杜勒斯却发表了一个长达20分钟的电视独白。那位电视导演期待着出现两人间的交流，将摄像机固定为两人特写镜头，可是镜头中的艾森豪威尔则显得无事可做，一直在摆弄他的眼镜，不时改变一下站立姿势。尽管这与他的头脑敏锐度没有关系，但画面显示的艾森豪威尔却是一个不能跟上重要讨论的人。

在接下来的一年中，艾森豪威尔出现在媒体中的机会减少了，因为白宫在1958年遇到了许多困难。经济陷入混乱，失业率与通货膨胀率都在上升。共和党在中期选举中表现很差。在这一年即将结束的时候，古巴革命使反叛者领袖菲德尔·卡斯特罗（Fidel Castro）取得了不容挑战的政府权力，美国政府自然会认为该权力将被凶残地滥用。由于民主党在国会上下两院占多数，艾森豪威尔意识到在他总统任期的最后两年中将很难在国内重要事务方面有所建树。因此现在最重要的是国际事务和他将留下的影响。两项现代技术——喷气式航空旅行和电视——合在一起为艾森豪威尔政府的最后一幕作好了准备。

1959年夏天，可供美国政府首脑使用的第一架喷气式飞机，即被称为"空军一号"的"波音707"型飞机，已处在艾森豪威尔的支配之下，它使旅行变得更快、更容易也更舒适。艾森豪威尔真诚地认为美国总统可通过个人布道来推进世界和平事业。他和他的顾问还认为，这种旅行具有巩固他作为杰出国际领导人形象的潜力。因此在他任期的最后18个月中，艾森豪威尔访问了欧洲、远东和南美洲，电视摄像机拍摄了他旅行的所有阶段。他在罗马会见了教皇约翰 23 世（Pope John XXIII）；在新德里会见了印度总理贾瓦哈拉尔·尼赫鲁（Jawaharlal Nehru），并向大约数百万群众致词；在德黑兰与伊朗国王穆罕默德·R·巴洛维（Shah Mohammad Reza Pahlovi）共进午餐；在马德里与西班牙大元帅弗朗西斯科·佛朗哥（Generalissimo Franciso Franco）共进早餐。在艾森豪威尔的这些访问过程中，他既没有完成什么官方事务，也没有这样的打算。但是美国国内的电视观众却把艾森豪威尔视为一个伟大的政治家。

然而艾森豪威尔在于 1960 年 5 月 10 日举行的一个新闻发布会上却很谦卑，宣布他对在与尼基塔·赫鲁晓夫（Nikita Khrushchev）举行的首脑会谈几周前派 U-2 侦察机到苏联的决定负全部责任。当苏联宣布他们在 5 月 1 日即共产主义节日"劳动节"这天击落了一架美国飞机时，美国政府声称那是一架飞离航线的无人气象飞机。白宫以为从飞机中弹出的飞行员弗朗西斯·G·鲍尔斯（Francis Gary Powers）没有幸存，而那架飞机已经完全毁灭。美国官方的谎言好像很稳妥。但是鲍尔斯并没有死，而且还承认他是在执行间谍任务。赫鲁晓夫参观该飞机残骸的影片在世界各广播网上播出。

1960 年剩余的几个月对艾森豪威尔来说仍是令人沮丧的，因为他看到尼克松在与肯尼迪竞选总统时在基本的媒体战略方面犯了错误。当艾森豪威尔离开政坛回归为一个普通公民时，美国已经与他第一次总统就职典礼时有极大不同，其中主要的文化转型要归因于电视和广告。

在 20 世纪 50 年代末，美国学者和社会批评家中间出现了关于电视上的美国物质主义及其美化问题的争论。1957 年的畅销书《隐形说客》（The Hidden Persuaders）中，作者万斯·帕卡德（Vance Packard）警告说："营销者被训导要让消费者相信享乐主义的生活方式是道德的，而勤俭节约和个人苦修是已经过时的清教主义的残余。"[33] 第二年，约翰·K·加尔布雷思在他（John Kenneth Galbraith）的著作《富裕社会》（The Affluent Society）中论述说，广告创造了综合性需求也损害了美国人的欲望。他声称，当美国人在享受私人昌盛时，公共领域却越来越贫困化。[34] 电视和广告是艾森豪威尔走进白宫的两个关键因素，现在这两个因素正在驱逐节俭、牺牲和守纪律等第二次世界大战期间的价值观。

艾森豪威尔于 1960 年 5 月 10 日面对镜头宣布他对 U-2 侦察机事件负全部责任。（刊载此图获德怀特·D·艾森豪威尔图书馆的准许）

肯尼迪掌控电视媒体

　　年轻的约翰·肯尼迪（John Kennedy）作为政坛上一颗正在升起的明星，在电视方面一点也没有经历过那种紧紧尾随着艾森豪威尔的尴尬局面。[35]他于20世纪50年代初期曾参加过一些新闻组讨论节目，如《面对新闻界》，这些节目并非完美无缺，但他在镜头面前明显是轻松自如的。他于1956年直接领教了电视的巨大影响。虽然这位来自马萨诸塞州的参议员在争取民主党候选人名单中的副总统提名时没有成功，但他得到了一个安慰奖，即他发表了提名阿德莱·史蒂文森为民主党总统候选人的演说。肯尼迪于1956年在民主党会议上的卓越电视表现使这位迷人的战争英雄"一夜之间成为受到全国性喝彩的人物"[36]。他迅速成为民主党中最受欢迎的演说者，并明显是1960年总统选举的有力竞争者。

　　肯尼迪于1958年轻而易举地再次当选为参议院议员。他的著作《勇者传》（Profiles in Courage）于1957年获普利策奖，这提升了他的地位并使他成为电视网公共事务节目中尤其具有吸引力的客人。他明白电视媒介是他的盟友。读者于1959年11月14日出版的《电视指南》（TV Guide）杂志上发现了肯尼迪的一篇署名文章。他在《改变政治景观的力量》（A Force That Has Changed the Political Scene）一文中认为，候选人的电视形象应被视为其领导和管理能力的重要组成因素。"诚实、有活力、有激情和有智慧——这些品质以及其他品质的有无构成了候选人的'形象'"，他写道，"我个人的信念是这些形象或印象很有可能产生神奇的效果。"

　　在1960年总统竞选的整个过程中，肯尼迪对电视制作过程表现出比其竞选对手更强的敏锐性。他们在关注电视细节方面存在很大的差距，一个最关键的例子就是第一次电视大辩论。在该节目播出的前一周，肯尼迪亲自与其广播战略家J·伦纳德·赖因施（J. Leonard Reinsch）拜见哥伦比亚广播公司电视导演唐·休伊特（Don Hewitt）。休伊特回忆说："肯尼迪非常好奇。他想知道'我站在哪里？我需要回答多长时间？当我谈得太远时能否得到提示？'他真的很想知道我们将来工作的具体细节。"[37]他们讨论的事情还包括场景设计和拍摄模式。电视也为尼克松提供了同等的机会，但他却拒绝了，他认为他可以将时间更好地用于研究他的"竞选圣经"——事实和统计数字。[38]"在尼克松那晚进入演播室之前我都从未见过他"[39]，休伊特回忆说。该导演对尼克松的圈内人士总结道："他们只是认为这件事并不是那么重要。"[40]

　　如果共和党的候选人运用了艾森豪威尔从错误中学到的电视经验，那他在1960年9月26日遭遇的形象问题是可以得到挽救的。精湛的化妆本可以改善尼克松带有病容的形象，但是他在听说肯尼迪拒绝化妆之后也拒绝了化妆。一个更合适的衬衫衣领和一件更清新的黑色西装本是一种很容易的着装，但他当时并未将外表作为一个重要的细节来考虑。因此刚刚出院而且体重下降了八磅的尼克松，在现场直播时衣领有点下垂，他的浅灰色西服也与暗灰色的背景融为一体。如果能认识到即使他不讲话也会出现在镜头中的话，尼克松的一些尴尬时刻也是可以避免的。

　　艾森豪威尔总统后来抱怨尼克松没有接受他的建议和帮助，"尼克松从不问我竞选应如何进行。我向他推荐了罗伯特·蒙哥马利，此人绝不会让他看起来再像在第一次电视辩论时那样"[41]。

　　尼克松的另一个错误是他那过时而费力的做法，即他发誓要访问联邦的每一个州。而肯尼迪竞选组则懂得这种策略在电视时代是不必要的，因为全国各地的观众都可以通过电视来了解候选人。民主党的竞选旅行计划则重视那些摇摆不定的州，让肯尼迪的亲自露面有可能产生最大的效果。

　　1960年，民主党更多地利用附在热门节目后的5分钟"便车式"竞选广告，这已被艾森豪威尔竞选证明是行之有效的做法。相反，尼克松则偏好那种装载着更多信息的30分钟节目，但是这些节目抢占了固定娱乐节目的时间并且打乱了观众的收看习惯，不仅对观众缺乏吸引力，而且用于播出的成本也更大。

224　　肯尼迪的广告有意将形象与实质结合在一起，而共和党竞选组则很少利用印象派广告。尼克松更是偏好直截了当的广告，例如在没有任何装饰的背景前，他坐在一张桌子的边上，直面摄像机讲话，回答来自播音员的画外音提问："尼克松先生，我们国防的实情如何？它们将来会有多强大？"[42]

尼克松副总统没有认识到程式化电视意象的威力，这一失误甚至直到竞选的最后阶段也没有改变。尼克松的媒体人员已经准备了一部名为《友谊大使》的影片，旨在塑造一个激励人心的英雄形象，他们计划于选举日之前的星期日紧接在《埃德·沙利文秀》节目之后向全国播出。但是候选人尼克松拒绝了该影片的播出，而是选择让他自己现场清晰地表述他对一些问题的立场。

《形象候选人》（The Image Candidates）一书提供了对尼克松抵制竞选广告——这些广告不仅关注政策，而且还突出个性和品格——的深入理解。该书作者吉恩·威科夫（Gene Wyckoff）是被尼克松断然拒绝的那部形象型节目的电视编剧和制作人。威科夫回忆说，"并不是他不同意该前提，而是他似乎不理解该前提，因此他在竞选中将电视方面的这一努力置于次要地位。"威科夫补充说，助长这一问题的是这样一个事实：尼克松最亲信的顾问"倾向于报纸而非电视"，这使他的媒体顾问们很难"有时间单独与候选人在一起"。[43]

在选举前夜，全国广播公司总裁罗伯特·金特纳召集其新闻工作人员开会，他说："各位，你们或许以为这次选举是肯尼迪和尼克松之间的较量，其实不是，它是一场全国广播公司与哥伦比亚广播公司之间的较量。"[44]当全国广播公司在这次收视率竞争中以较大幅度胜出时，政治竞争的结局却极富戏剧性，令所有电视剧作家都想将其改编为剧本。这就像是一场以摄影定胜负的赛马比赛，双方的差距微乎其微。美国家庭中有90%以上的电视机收看了关于大选的报道。在此后的几天中，对竞选结果而言，电视的重要性成了人们在教室里和办公室饮水机旁广泛讨论的话题。

大部分人得出的结论与当选总统和落选候选人所得出的结论相同，即电视事实上是这次以极微弱优势取得险胜的刀刃。

舆论分析家埃尔莫·罗珀（Elmo Roper）在选举之后进行的民意调查中发现，"57％的选民说他们在一定程度上受到辩论的影响"。在那些"决定以电视表现为依据来投票的人中……他们决定投票支持肯尼迪者与投票支持尼克松者的比率是3∶1，因此为肯尼迪提供了多于他赢得选举胜利所需的万分之二的选票"[45]。

1961年1月20日是肯尼迪总统的就职典礼日，这天充满了引人注目的电视形象：有年迈诗人罗伯特·弗罗斯特在朗读其诗稿时被太阳的强光照花了眼的感人场面；有肯尼迪矜持的妻子和他兴高采烈的姐妹们的形象；有前总统艾森豪威尔那熟悉而和蔼的微笑，他现在突然显得很苍老。225电视画面还展示了约翰·肯尼迪在就职第一天中的一幅精彩而不协调的肖像：他既是一位自由世界的新任领导人，他在发表其措辞高雅的就职演说时，每说完一句就强调性地挥击一下手指，仿佛在给其演说加标点；同时他也是一个普通人，他用一个小梳子梳理他那满头浓密的头发时被摄像机抓拍到了，当时他以为没有人看见。

"新边疆"政府启动并运转起来了，但电视将不只是追随它，而是要做得更多。肯尼迪与电视之间的默契同盟关系已经形成，这是一种共生的关系。美国公众对美国总统及其家庭怀有的前所未有的亲切感和特有兴趣也因电视而得以形成。

在肯尼迪宣誓就职五天后，他举行了第一次总统现场电视新闻发布会。对第35任美国总统来说，在电视与他之间没有设计更多的互惠安排，但对他在20世纪的所有后任总统来说情况并非如此。有些人认为现场电视播出可能有危险，一个口误可能会给美国或其盟国带来麻烦。但是约翰·肯尼迪对他自己的口才和智力非常有把握，因此想进行这种毫无防护的冒险。

现场新闻发布会首播在美国国务院宽阔的礼堂里举行，有400多位新闻记者出席。尽管有许多记者不能如愿地坐在离总统很近的地方，但电视的家庭观众们却都有很好的座位，他们可以详细地观察总统的面容并自由评论他的表达。

经过最初三次现场新闻发布会之后，《电视杂志》很放心地宣称，"事实证明电视对肯尼迪来说就像水对鱼儿一样是没有危险的"[46]。就是最初的那些怀疑者也不能否认，总统在面对压力时的气度和他保留信息的能力是很卓越的。肯尼迪还具有小小电视屏幕所需要的风格优点：他在举止方面并不过分地外露感情。对可放大个性和风格的电视媒体来说，这种矜持被理解为庄重的政治家风度。他还采取了适合于电视的精练语言。他既可以优雅地推托回避，也可以异乎寻常地直率，仅仅只用一个"不"字来回答问题。

肯尼迪在观看了他最初的几次新闻发布会重播后，对光线和镜头角度有些关心。因此著名的

电影与电视导演富兰克林·沙夫纳（Franklin Schaffner）被请到华盛顿来商议调整电视播出装置。肯尼迪对电视细节的理解程度令哥伦比亚广播公司的新闻记者乔治·赫尔曼（George Herman）感到吃惊。肯尼迪在 1961 年 3 月 23 日召开的新闻发布会上一开始就发表了一个关于老挝受共产党支持的反叛活动的声明。赫尔曼观察到，当总统在讲话时，"他不看礼堂中任何一个记者……他不想做出在作新闻发布会的样子；他也不看四周的房间。他直接看向我们的头顶，直接盯着亮着红光的镜头，他知道这个镜头开着。当时我清楚地知道这是一位非常专业的人士，而新闻发布会也是精心安排的，它是要直接面向人民"[47]。

226

约瑟夫·F·肯尼迪尤其擅长用现场新闻发布会来直接向美国人民讲话。（刊载此图获德怀特·D·艾森豪威尔图书馆的准许）

全国广播公司的通讯记者雷·谢勒（Ray Scherer）也注意到肯尼迪懂得图像的力量。在1961年春，肯尼迪刚从维也纳与赫鲁晓夫举行首脑会晤回来，正准备发表他的第一个正式的全国电视讲话。谢勒记得总统评论说他认为他最近的电视露面看起来并不是特别好。肯尼迪说："这些灯有时让我出现双下巴。"总统让《纽约时报》的图片记者坐在他的椅子上，而他则亲自检查拍摄。

谢勒说，"他透过一个摄像机的取景器眯着眼看，他不喜欢他看到的样子。"技术人员建议总统到停在白宫车道上的卡车里去看监视器，而他们则调整灯光以消除代理人下巴下面的影子。"当总统先生走上卡车时"，谢勒解释说，"技术人员将办公室的所有 7 个泛光灯都降低了 6 英寸。总统看着监视器并认为这样要强多了。"[48]

到肯尼迪入主白宫后的第一年底，他已经成

227

为美国家庭熟悉的人物。电视观众对他和他家庭的一切都着迷，而各电视网则源源不断地提供关于他的画面。但这导致了对总统的报道与对国会和最高法院的报道之间的失衡。在肯尼迪的年代，由于电视的作用，行政部分在人们的心理上成了美国政府的中心。在《总统的暮年》（The Twilight of the Presidency）一书中，乔治·里迪（George Reedy）记述说，越来越多关于总统及其家庭的电视报道将"白宫讲坛"变成了一个内容更为丰富的空间——"舞台"。他写道，"讲坛是一个说服和劝诫的平台。"与此不同，舞台则"可作为一个教育和领导的工具，或作为一个引人注意的娱乐工具"。没有任何其他政府官员能享有一个如此直接地联系公民的场合。"作为一个舞台"，里迪写道，"白宫在电子时代成为无可匹敌者。"[49]

肯尼迪总统在任期内最紧急的电视讲话可能是发生在 1962 年秋的那一次。在该年 10 月 22 日上午，白宫新闻秘书皮埃尔·塞林杰（Pierre Salinger）要求各电视网准备播出总统关于最高国家安全的讲话。这天上午富兰克林·沙夫纳也来到白宫，并注意到不同寻常的高度安全戒备。塞林杰召电影导演沙夫纳来帮助总统在电视中显得尽可能地放松。肯尼迪因背痛而服用的药物导致他的脸部有些肿胀。沙夫纳建议调整灯光和镜头以给予总统额外的信心。总统最后梳理了一下自己的头发后，就坐到了他的桌子旁。家庭电视观众这时听到这样的宣告："《难倒明星》节目今晚将不播出。"总统开门见山地说，古巴出现导弹，他们是有意挑衅，这是不能容忍的。这是电视第一次被用作国际外交的讲坛。肯尼迪不是采用传统途径与莫斯科进行磋商，而是发表一个不留商讨余地的公开的最后通牒。

228　　对第 35 任总统约翰·肯尼迪来说，1962 年的度假季节是很欢欣愉快的，因为他的勇气经受了考验并证明是卓越的。由于他频繁地举行新闻发布会，他很谨慎地选择其他的电视露面。他明白领袖的神秘经不起开放性的接触。一般来说，大量的电视采访要求都被拒绝了。但在成功结束古巴导弹危机之后的几个星期中，各电视网吵吵嚷嚷地要求采访总统，这时总统认为采访的时机可能最佳。

每个电视网都要求与肯尼迪进行一场单独的岁末电视讨论。白宫新闻秘书皮埃尔·塞林杰同意总统出席一次 60 分钟的采访节目，由每个电视网提供一名新闻记者来采访。采访将不像新闻发布会那么正式，但该计划必须绝对执行的规定是要先录制 90 分钟的谈话，然后从中再剪除 30 分钟的内容。塞林杰解释说，这一安排可将那些较无趣的评论和较慢的片断删掉，以便让节目更精彩。只有哥伦比亚广播公司的新闻主管迪克·萨伦特（Dick Salant）抗议这一规定并考虑撤出这次冒险活动。但塞林杰向所有参与者保证说，白宫决不干预编辑过程，每个电视网派一名代表组成一个委员会来决定如何编辑。

12 月 16 日，肯尼迪坐在白宫椭圆形办公室中的摇椅上，美国广播公司的比尔·劳伦斯（Bill Lawrence）、全国广播公司的桑德·瓦诺克尔（Sander Vanocur）、哥伦比亚广播公司的乔治·赫尔曼在总统周围亲密地坐成一串。大约交谈了 50 分钟后，肯尼迪建议他们都喝杯咖啡休息一下。然后他们又接着讨论了半小时。该节目于第二天播出，其官方名称是《两年后：与总统的谈话》，但是人们却将其称为"摇椅聊天"。人们很容易发现这是肯尼迪总统任期内最成功的电视表现。他既机智又风趣，既有思想又富有魅力。在回顾其执政的前半期时，他表现出对英语语言的得体运用。他谈到在"猪湾"的惨败时说："成功之父有百人，失败则是无父的孤儿。"而在一次极富洞察力的自我评价中，他扬言说："表可补实。"

在此种情景下，观众们是看不到约翰·肯尼迪实施控制的程度的。在节目录制后，乔治·赫尔曼认识到："每次当我们问一个不友好的问题时，他就给出一个我平生所听说过的最含糊的答案，我们运用某些知识也只能从中得出三分之一的信息……所有这些不友好问题的含糊答案几乎可以肯定都将被删除。这是一个极有趣的技巧演示。"[50]

在 1963 年，非暴力民权运动达到其顶点，而电视成为这一事业的同盟。各电视网的新闻部认识到它们在暴露大规模的非正义行为中具有不可逃避的责任。并不是所有的故事都有优点相当的两面，在涉及人类尊严的事务上平衡并不是新闻　229

报道的前提。恶人理应受到痛斥，好人理应得到同情的报道。

　　尽管肯尼迪总统是民权的强烈支持者，但许多黑人领袖认为他能够并且应该做得更多。在亚拉巴马大学发生废除种族隔离摊牌事件的前两天，小马丁·路德·金（Martin Luther King Jr.）出现在由戴维·萨斯坎德（David Susskind）主持的联合发售谈话节目《结果未决》中。金尖锐地批评肯尼迪，声称其措施是"不充分"的。他呼吁总统在电视上向全国清楚说明民权不是一个政治问题而是一个道义问题。《纽约时报》于第二天在头版上报道了金的言论。

　　1963 年 6 月 11 日，亚拉巴马州的州长乔治·华莱士（George Wallace）站在"校舍大门口"，试图阻止两个黑人学生维维安·马隆（Vivian Ma- lone）和詹姆斯·胡德（James Hood）入学注册。肯尼迪总统将"亚拉巴马国民卫队"纳入联邦政府的管辖之下，最终一位准将要求华莱士"请站开"，这位州长别无选择只得服从。

　　当天晚上，总统异乎寻常地突然决定要发表电视讲话。白宫于晚上 6：00 要求各电视网提供一段为时 15 分钟的节目，于晚上 8：00 开始。在节目中，约翰·肯尼迪花了 12 分钟来发表美国黑人苦等了他三年才听到的讲话：

　　　　自从林肯总统解放奴隶起，100 年的拖延已经过去，而黑人的子孙后代并没有完全获得自由。我们在全世界宣扬自由，并且我们也履行这一原则。我们在本国的土地上也珍视自由。但我们是否能向世界说——更加重要的是对彼此说——除了黑人外，这是一个自由的国度？……现在这个国家实践其诺言的时刻来到了。[51]

　　小马丁·路德·金公开称赞这个不久被称为"电视宣言"的讲话是一个杰作。但是，当时人们还没来得及称赞肯尼迪政府全力以赴为民权而斗争的愿望。在该讲话结束几个小时后，国家有色人种促进协会在密西西比州杰克逊市的当地秘书梅德加·埃弗斯（Medgar Evers）就在其房屋前被枪杀。毫不奇怪，在此后的几周中进行的民意测验表明，总统在南方白人选民中间的反对率很高，然而他在美国黑人中间的支持率却急剧上升。[52]

230

1963 年 6 月 11 日，肯尼迪总统发表了一个关于民权的电视讲话。（刊载此图获约翰·F·肯尼迪图书馆的准许）

1963年9月2日，即美国的"劳动节"，一个将进一步加强电视媒体对政治程序的影响力的历史性事件发生了。"晚上好"，沃尔特·克朗凯特说，"我现在是在哥伦比亚广播公司纽约新闻室主持该电视网的第一个每日半小时新闻节目的首次播出。"[53]在这个特殊节目中，哥伦比亚广播公司请求并得到了对肯尼迪总统的独家采访，而肯尼迪总统也认识到把电视网的15分钟新闻节目时间延长一倍对白宫椭圆办公室现在和将来的主人来说都是一个意义重大的进展。这次预录的总统与克朗凯特间的谈话节目是在肯尼迪位于海因里斯波特市的家中进行的，当时两人坐在户外的柳条椅子上交谈。

经过了夏天的重大民权事件之后，有人提议总统于该年11月到达拉斯去修补一下与南方民主党之间的关系，该建议似乎是一个好主意。当时离下次大选还不到一年，肯尼迪总统正在考虑如何最好地利用电视。他曾看到一个大众汽车的广告说道"想到弱者"，这一奇妙的想法给他的印象十分深刻。他指示妹夫斯蒂芬·史密斯（Stephen Smith）去查问一下制作该广告的那家广告公司，并与其商谈接受民主党项目的问题。肯尼迪确信巴里·戈德华特（Barry Goldwater）将成为共和党的候选人。他与这个人的关系很好，但他俩当时已经决定进行一系列的电视辩论。231

1963年9月2日，哥伦比亚广播公司的主持人沃尔特·克朗凯特在马萨诸塞州海因里斯波特市的肯尼迪大院采访肯尼迪总统。（刊载此图获约翰·F·肯尼迪图书馆的准许）

关于肯尼迪总统遇刺和其葬礼的电视报道，其合乎逻辑的深远影响是各电视网没有想到的。从该年11月22日到11月25日，电视媒体为公众提供了四天丰碑式的服务，不仅让美国公民参与了这次全国性哀悼仪式，而且还为民主党继续执政提供了保证。

 ## 首要因素

从艾森豪威尔将军第一次竞选总统到他再次回到白宫向他那停放在东厅灵柩台上的继任者的遗体告别这段时间——有10年稍多一点——正是电视上升为美国文化的主导性大众媒体的时期。232

在这些年中，总统候选人竞选的方式和其当选后的统治方式发生了深刻的变化。

艾森豪威尔在 1952 年的总统竞选中使用了短小的电视广告，这在政治说服领域开辟了一片全新的土地。在 1956 年竞选来临之际，布鲁金斯研究所出版了一份报告《电视与总统政治：1952 年的经验及未来的问题》（*Television and Presidential Politics：The Experience in 1952 and the Problems Ahead*）。该报告警告说：

> 在处理当代政治问题时，广告公司倾向于强调个人品质而不是国内外问题。此外还存在策划事件的倾向，存在将政府的制度和程序的删减版通过大众媒体提供给公众的倾向，这引起那些对严肃展现真正的政治事件和制度运作感兴趣者的警觉和思考。[54]

从此在每次总统选举中都会有人表达类似的担忧。

电视时代竞选总统的高昂花费，以及电视对民主程序的影响，是 20 世纪五六十年代开始出现的担忧。在 20 世纪下半叶这一争议的激烈程度不断上升。而在 21 世纪逐渐来临时，用来购买广告时间及其他候选人控制节目的播出时间所花费的大量竞选预算依然是全国议事日程上的突出问题。

1952 年，电视对各州初选的报道开始提升了初选在总统提名过程中的重要性。在早期的初选中良好地展现一个有希望的总统候选人成为竞选的一个重要目标。电视机构对初选抱有越来越大的兴趣，其长期效果就是每四年一次的竞选期延长了。候选人在初选开始的前一年就对一些关键州进行初步访问，这到 20 世纪 90 年代已经成为惯例。

初选不断增长的重要性降低了总统提名会议的重要性。1956 年的共和党会议预示着此类会议的未来，即被提名者很可能事先早已为人所知，而提名会议则基本上变成了政党的一个宣传活动，旨在适应电视报道的需要。最终，电视网也将认真地质疑这种提名会议的新闻价值，而用于总统提名会议的播出时间也将明显削减。

艾森豪威尔总统在白宫椭圆形办公室的每一位继任者都像他一样依赖媒体顾问的建议，而这些媒体顾问的主要兴趣则是政府首脑如何更好地出现在电视上。巧妙地使用媒体并不是政治家的一种欺骗手段，它已经成为有效统治的必要手段。尽可能多地控制图像和信息成为总统的一个要务。

约翰·肯尼迪的现场电视新闻发布会是一项发明，它已经成为美国总统的一个传统。现场电视新闻发布会可让政府首脑将情况原原本本、不经篡改地提供给人民。肯尼迪曾经开玩笑地对其朋友、新闻记者本·布拉德利（Ben Bradlee）评论说："当我们不必经过你们这帮家伙时，我们真的可以向美国人民传递我们的故事。"[55]

在艾森豪威尔总统和肯尼迪总统时期，随着电视新闻和纪实节目不断地增多，电视新闻的重要性也呈指数增长。而视频技术和卫星通信的发展又扩大了新闻报道的可能性。美国公众开始将电视作为主要的新闻来源，其结果是使电视成为从结构上和风格上改变总统行为的主要因素。到林登·B·约翰逊（Lyndon B. Johnson）宣誓就任美国第 36 任总统时，电视在形成民意方面的强大力量已经成为所有总统传播战略的基础。

233

第三篇

走向世界

第7章

伟大的觉醒

电视网的黄金时代(1964—1975)

 世界天翻地覆

美国是我从看电视中得出的印象。

艾伦·金斯伯格（Allen Ginsberg），《美国》（America），1956 年[1]

与 20 世纪 60 年代有着特别联系的主要历史和文化潮流——林登·B·约翰逊总统的"伟大社会"构想、民权运动、代沟、摇滚音乐、越南战争、学生抗议浪潮、妇女解放运动、反传统文化的兴起及"沉默的大多数"随后的反应等——似乎都在肯尼迪总统遇刺后不久浮出水面。这些事件与问题无疑在战后美国平静的外表下已经郁积多年，直到最终被压抑的怒火烧得沸腾起来，令许多美国人大吃一惊。丹尼尔·布尔斯廷曾评论说，编排历史时期的"最流行"方法是以一年、十年、"百年为单位。历史学家喜欢用有意义的方式来编排年份，以产生连续性并承古启今"[2]。然

而情况常常是历史并非那么整齐划一。实际上，人们所称的"60 年代"是直到肯尼迪总统去世及整个国家经历了其去世所产生的震惊之后才进入高速发展时期的。这个动荡的变革时期还一直延续到 20 世纪 70 年代初期和中期，在"水门事件"和美军撤离越南期间达到顶点。在这整个时期，电视对大多数美国人来说仍是一个不变的恒定体，他们经常能够打开电视以求得暂时解脱，或透过电视屏幕快速了解一下最新发生的事情。

20 世纪 60 年代中后期的大多数电视娱乐节目是以人们感到熟悉和舒服的各种形式来粉饰当前事务的，有时甚至还诉诸奇怪的幻想，直到 20 世

纪 60 年代末才慢慢增强了相关性和现实性。电视新闻采访也是很晚才开始阐释这一时期那些标志性的重大发展的，在详细地报道民权运动、越南战争和太空竞赛中慢慢进入了繁盛期。电视新闻、纪实片和公共事务节目最初在报道美国的热点问题时还具有尝试性并存在不足。在 20 世纪 50 年代中后期和 60 年代初期，电视网新闻机构尤其是将民权运动基本上作为一种区域性而非全国性的事件来处理。美国最高法院于 1954 年在"布朗对托皮卡教育委员会案"中做出了视国家公立学校中的种族隔离为非法行为的重大决定，此后民权运动才得到电视媒体的报道，例如 1955 年发生在亚拉巴马州蒙哥马利市的抵制公共汽车事件——其中罗莎·帕克斯（Rosa Parks）拒绝给一位白人让座，及 1957 年发生在阿肯色州小石城"中心高级中学"和发生在密西西比大学的联邦民族整合事件。哥伦比亚广播公司的《现在请看》节目于 1955 年讨论了布朗案的判决对北卡罗来纳州的两个城镇的影响。全国广播公司的《面对新闻界》节目于 1956 年接待了国家有色人种促进协会的罗伊·威尔金斯（Roy Wilkins），威尔金斯是出现在该节目上的第一位黑人嘉宾。一年后，该节目的合伙制作人和调解人劳伦斯·斯皮瓦克（Lawrence Spivak）又邀请小马丁·路德·金讨论公民抗议运动的非暴力措施及最近创立的南方基督教领袖联合会。[3]

但总的来说，直到 20 世纪 50 年代末，电视对美国民权运动的报道只是断断续续的，是以一种明显冷漠的旁观者方式来报道的。除了上述罗伊·威尔金斯和小马丁·路德·金在《面对新闻界》节目中亮相外，"电视中极少有黑人为自己说话"或是直接对家庭电视观众讲话。"然而，民权领袖们明白电视曝光对民权运动的胜利来说是何等重要。"[4]紧随 1959 年竞答节目丑闻之后，所有三个电视网都出现了一次纪实节目的小复苏，以恢复电视在联邦政府中和观众中被损坏的名声。这一复苏一直持续到肯尼迪时期，于 1961—1962年达到高潮，期间"三个电视网播出了 250 小时以上的非虚构节目"，包括一些值得注意的关于民权运动的 1 小时纪实片，如全国广播公司的《白皮书》系列节目中的《静坐》，美国广播公司的《特写！》系列节目中的《首先出击》和《体谅

我》。[5]这些黄金时间节目之所以如此独特，是因为它们"从非裔美国人的角度记述了美国的社会问题"。

1963 年是关键的一年，这年"由于电视网新闻展现了警察对消极示威者滥用权利的形象，民权运动的紧迫性引起了全国人民的注意"。从该年 4 月起，南方基督教领袖联合会发动了一次静坐示威，以抗议亚拉巴马州伯明翰市日常生活几乎所有方面广泛存在的种族隔离制度。不久，小马丁·路德·金就因领导这次示威而被捕。在最后的努力中，他指示让年轻人也参加静坐示威。于是，"在 5 月 3 日，伯明翰市的警察动用警犬和高压水枪攻击示威者。生动形象的照片和电视专题片报道激起了全国性和国际性愤怒"[6]。

由于电视的相关报道，全世界人民最终都睁大眼睛关注着美国的民权斗争。"儿童十字军"包括数百名 6～16 岁的孩子，他们由父母陪伴着，身着节日服装；晚间新闻报道展示了他们被伯明翰警察殴打并粗暴对待的情景，警察头子是一个现成的电视恶棍形象，名叫"'公牛'尤金·康纳（Eugene 'Bull' Connor），他是一个夸夸其谈的种族隔离主义者，属于粗暴无礼的旧派恐吓者类型，是一个又矮又胖的中年老板，头戴一顶折边草帽"[7]。要么忽视、要么巧妙应付这种局势的时代已经结束了。肯尼迪总统公开表明立场，与他任联邦司法部长的哥哥罗伯特（Robert）一起，于 6 月以武力威胁亚拉巴马州州长乔治·华莱士，迫使他执行联邦法令撤销亚拉巴马大学的种族隔离——该大学是美国最后一所全白人公立高等教育机构。早已意识到电视媒体的重要性的肯尼迪总统还邀请了罗伯特·德鲁（Robert Drew）和其节目制作小组到白宫拍摄即将举行的一系列复杂商讨，由此制作出一部题为《危机：在总统承诺的背后》的 1 小时纪实片，该节目在 4 个月后于 10 月 28 日首次播出，是美国广播公司的《特写》系列节目的一部分。

在此之际，肯尼迪总统于 1963 年 6 月 11 日向全国发表了一个黄金时间的讲话，宣布他将向国会呈交一份意义深远的民权立法议案。此后于 8 月 28 日，肯尼迪总统和数百万美国观众观看了哥伦比亚广播公司对小马丁·路德·金的现场电视直播，当时金在华盛顿的林荫道上发表题为《我有

一个梦想》（*I Have a Dream*）的演说，该演说不仅激励着站在他面前的 30 万听众，也激励着广大的电视观众。[8]根据一次全国范围的"罗珀"民意调查，电视已经成为美国人最常用、最信赖的媒体。[9]人们在 1963 年相信眼见为实，尽管当时的电视新闻人员刚刚才开始宣称自己是实习新闻记者。1963 年 9 月 2 日，由沃尔特·克朗凯特——他于 16 个月前刚接替道格拉斯·爱德华兹（Douglas Edwards）任节目主持人——主持的《哥伦比亚广播公司晚间新闻》节目由 15 分钟扩版为 30 分钟。全国广播公司的《亨特利-布林克利报道》在一个星期后于 9 月 9 日也跟着学样；该节目于 1956 年 10 月 29 日首播之后迅速成为美国排名第一的新闻节目。对于《美国广播公司晚间新闻》节目而言，它因缺少资源，直到 1967 年才作了类似的扩版。电视新闻播音员在报道 1964 年的"自由之夏"事件时变得更加富有冲击力，尤其是在两名北方白人民权活动家迈克尔·施韦尔纳（Michael Schwerner）和安德鲁·古德曼（Andrew Goodman）以及他们的南方黑人同事詹姆斯·钱尼（James Chaney）失踪整整 1 个月后——他们最终被发现都遭谋杀。"由于无辜白人志愿者的死亡，电视让全国观众相信民权运动也是关系到他们所有人的事。"[10]

240

还有许多其他的类似故事，其中之一就是发生于 1965 年 3 月 7 日的"流血的星期日"事件，这天有许多电视摄像记者来到亚拉巴马州的塞尔马市，拍摄到一连串的黑人游行者在举行示威要求选民登记时遭到一伙白人暴徒和当地警察毒打的场面。因此，"到 1968 年，民权斗争那有力而感人的电视形象很明显早已渗透到美国社会和政治现实的许多层面之中"。电视的影响有助于唤起人们支持 1964 年的《民权法案》（the Civil Rights Act）、1965 年的《投票权法案》（Voting Rights Act）和"反贫困与伟大的社会"政策的其他有关立法，这些立法旨在解决与美国种族有关的长期难以对付的问题。[11]在 20 世纪整个 50 年代和 60 年代初期，对电视网的决策者而言，种族问题只是电视娱乐的第三轨道。自从电视开始播出起，普遍的看法是不论何时何地都要尽可能地回避基于种族的故事和主题，同时也回避有色人种。这一态度在很大程度上导致非裔美国人、拉丁美洲

人、亚裔美国人和土著美国人几乎完全被禁止在电视上出现。而当电视上出现种族描写时，通常是关于非裔美国人的描写，这些画面常常是受到高度控制的、无威胁性的，并能唤起人们传统的刻板印象，如南北战争以前的民间传说和行吟诗人的表演，这些表演包括旧时流行歌曲和种族笑话等。

例如美国广播公司的《比拉》节目复活了一个性情和蔼、身体肥胖的母亲角色，她作为一个认真负责的黑人女佣，为住在郊区的白人中产阶级家庭亨德森一家（Hendersons）服务。比拉在成为以其名字命名的电视剧的中心角色之前，"在广播剧《撒谎者麦吉和莫莉》中演一个配角，扮演一个操黑人方言的白种男人"[12]。《比拉》从 1950 年一直播出到 1953 年，在前两年中由埃塞尔·沃特斯（Ethel Waters）主演，在该剧播出的最后一年中由路易丝·比弗斯（Louise Beavers）主演。

在电视的最初 10 年中最有争议性的电视节目是另一个广播剧《阿莫斯与安迪》的副产品。这部极受欢迎且长期播出的广播情景喜剧是由两名白人创作、制作并表演的，即弗里曼·戈斯登和查尔斯·科雷尔。当哥伦比亚广播公司于 1951 年将《阿莫斯与安迪》改编成全由黑人饰演的电视节目时，该电视网立即被来自全国种族隔离双方的抱怨声所淹没。在南方，哥伦比亚广播公司的一些附属电视台拒绝播出《阿莫斯与安迪》，因为该节目是由黑人演员表演的，尽管他们的表演"采用了肥大裤子、插式帽子、劣质雪茄、咄咄逼人的妻子、失灵的计策和混乱的语法"[13]。与此不同，国家有色人种促进协会也发动全国性的抗议，反对该节目广泛使用种族定型观念，包括如下人们熟悉的陈旧印象，如"'杂种'（Sambo）（傻而无忧无虑的人）、'乌有黑鬼'（Zip Coon）（城市中花花公子式的杂种）、'汤姆叔叔'等等"[14]。"第二次世界大战扩大了黑人的奋斗目标，包括得到完全融入美国生活的可能性"，历史学家托马斯·克里普斯（Thomas Cripps）记述说："《阿莫斯与安迪》带着黑人历史和广播史等旧时代的标志性残余进入美国电视观众的视野之中。由于它牢固地植根于一个种族隔离的世界，该节目的存在，哪怕是在电视上，也似乎会给黑人的社会目标投

241

上阴影，会对已经组织起来的、强大的新兴黑人中产阶级构成嘲弄。"[15] 在来自各方的压力下，尤其是国家有色人种促进协会的反对，哥伦比亚广播公司在该节目仅仅播出两年半后最终将其停播了。

总的来说，电视反映了20世纪整个50年代美国社会总体上的种族隔离实质。在20世纪60年代初期以前，非裔美国人在小小的电视屏幕上极为罕见，他们大多屈居于扮演配角的地位，例如哥伦比亚广播公司的《杰克·本尼秀》节目中的"罗切斯特"埃迪·安德森（Eddie "Rochester" Anderson）；或是注定出现在那些异常短命的节目中，即使按电视的标准来看也是如此，如在1952年10月到12月播出的美国广播公司音乐综艺节目《比利·丹尼尔斯秀》，及在1956年11月到1957年12月播出的全国广播公司《纳特·科尔秀》节目。可以肯定的是，肯尼迪时期的戏剧有时在一次性基础上处理种族性主题或使用黑人演员，如哥伦比亚广播公司的《守卫者》节目和《护士》节目，全国广播公司的《诺瓦克先生》节目和《中尉》节目。第一个重大突破于1963年出现在哥伦比亚广播公司的《东边/西边》节目中，该节目由乔治·C·斯科特（George C. Scott）主演，其中，黑人演员西塞莉·泰森（Cicely Tyson）演一个反复出现的配角，扮演一名生活在纽约贫民区里的年轻黑人社会工作者，负责处理各种类型的问题，如贫困、犯罪、毒品和滥用福利等。

两年后，由于全国广播公司的动作冒险类间谍系列节目《我是间谍》的首播，"每周一期的系列节目经历了最急剧的肤色变革"。比尔·科斯比（Bill Cosby）和罗伯特·卡尔普（Robert Culp）在这部位于排行榜前20名的火爆节目中演主角，他们扮演两位美国秘密间谍和最好的朋友，为了世界民主的安全从一个国家奔赴另一个国家。科斯比的伪装身份是在卡尔普的专业网球队中任教练，他年轻、英俊、老练，是罗氏奖学金获得者，能说七种语言，在工作上是行家。比尔·科斯比因其"在一部戏剧性系列节目中杰出而持续的表演"而于1966年到1968年连续3次获艾美奖。他

在《我是间谍》中作为主角之一所获得的名声和重大成功，使得其他黑人演员此后在其他电视系列节目中扮演长期角色变得更为容易。例如，格雷格·莫里斯（Greg Morris）不久在哥伦比亚广播公司的《不可能完成的使命》节目中扮演了一个电子奇才；迪安·卡罗尔（Diahann Carrol）在全国广播公司的《朱莉娅》节目中扮演一名护士；劳埃德·海恩斯（Lloyd Haynes）和丹尼斯·尼古拉斯（Denise Nicholas）在美国广播公司的《222号房间》节目中扮演教师。回顾起来，"这些新角色是社会进步的标志"，媒体批评家唐纳德·博格尔（Donald Bogle）声称，"不论这些表现最终是多么理想化或模棱两可"。"从性情、形象和态度来看"，博格尔继续说，比尔·科斯比是"在合适的时间和合适的地点出现的合适演员"。杰基·鲁宾逊是"我的偶像"，科斯比在几年后透露说，"他从不以他的愤怒，而是以他的才能，让黑人得以在棒球中表达自己的抑郁。我认为如果我将我的工作做得和鲁宾逊一样好，我也会在前进的道路上将我们推进一程。"[16]

在杰基·鲁宾逊于棒球领域打破肤色界线15年之后，科斯比和一整代新的黑人演员于20世纪60年代中期纷纷进入黄金时间的节目，这一事实充分说明电视作为一种机构和一种产业所具有的内在保守性本质，这在1964—1975年的12年中尤其如此，期间三大电视网对市场的垄断作为一个极为协调、封闭和高度盈利的体系达到了其巅峰时期。从1948年到1963年，美国电视产业的收入呈天文数字增长，从870万美元增至20亿美元。[17] 到了1964年，美国共有564个电视台，其中有93％的电视台分别是全国广播公司（占37％）、哥伦比亚广播公司（占34％）和美国广播公司（占22％）的附属台。[18] 这三家电视网现在是作为一种组织严密、成熟的市场垄断来运营的，它们之间为争夺观众和广告收入而相互竞争，同时他们还控制着电视市场，决定该市场的进入权（决定与哪些公司进行合作）、产品（决定以多少成本制作什么节目）和价格（了解彼此的广告收费并以此制定具体的收费标准）。"三家电视网的利润合计从1962年的3 700万美元上升到1963年

罗伯特·卡尔普（左）和比尔·科斯比（右）在全国广播公司的《我是间谍》节目中扮演两个美国秘密间谍。比尔·科斯比因在这部动作冒险类间谍系列节目中扮演主角而在 1966—1968 年连续 3 次获艾美奖最佳演员奖。（刊载此图获马里兰大学美国广播图书馆的准许）

的 5 600 万美元，到 1964 年达到创纪录的 6 000 万美元"，此后在 1965—1968 年保持基本稳定，但在 1969—1970 年每年的平均利润仍令人瞩目地达到 6 300 万美元。[19]

在 20 世纪 60 年代，电视垄断的底线是所有三家电视网都能从电视垄断市场结构中获得巨大利益。哥伦比亚广播公司在电视网时期成为同类中的老大。《纽约时报》的伦纳德·W·鲁宾逊（Leonard Wallace Robinson）于 1964 年报道说："哥伦比亚广播公司已经是——而且在可预见的未来仍将是——世界上最大的广告媒体，它雇用了大约 13 500 名员工，包括其演艺人才在内。据一位主要商业评论员说，其公司成就几乎可以与通用汽车公司在汽车行业的成就或通用电气公司在电子装备方面的成就相媲美。"[20] 这一类比极形象地描述了哥伦比亚广播公司在当时电视行业中的地位。美国有三家成熟的垄断电视网通过联合发售的方式为数千万国内外的观众大规模制作并发送标准化的、家庭导向的娱乐和信息，其中哥伦比亚广播公司是最大的电视网，就像通用汽车公司和通用电气公司一样。电视产业中的成与败取决于非常简单的黑白分明的条件：即拥有观众最多的电视网（或电视台）能够收取最高的广告费，因而能赚最多的钱。A. C. 尼尔森公司是当时得到广泛认可的美国主要电视观众测评公司，特别是在 1959 年引入了夜间收视率之后。尼尔森公司为电视网和地方电视台提供"收视率"（收看特定节目的观众占观众总体的百分比）和所占"份额"（观看特定电视网或电视台的观众占观众总体的百分比）。哥伦比亚广播公司在 1963—1964 年度连续第 9 年获得第一。此外，它在该年度最受欢迎的 15 个黄金时间电视节目中占 14 个，并有 12 个主要的白天节目。在 1964 年，哥伦比亚广播公司电视网的盈利也是其竞争对手全国广播公司的两倍。

在所有这些成功的面前，哥伦比亚广播公司电视网总裁詹姆斯·奥布里（James Aubrey）在 20 世纪 60 年代既成为电视这一媒体正确的典范，也成为其错误的典范。"在从手鼓到通信卫星的漫长人类传播史中，从没有人能像詹姆斯·奥布里那样锁住了如此众多的观众"，理查德·乌拉汉

244

（Richard Oulahan）和威廉·兰伯特（William Lambert）于 1965 年在《生活》杂志上称赞说："他是世界上的头号娱乐提供商。"[21] 在一个以越来越强地受到数量驱动的产业中，没有任何一个电视网主管能比詹姆斯·奥布里更加坚决地追求收视率和市场份额。他于竞答节目丑闻达到高潮时被任命为电视网总裁，他不是让哥伦比亚广播公司暂时转向播出更加体面的娱乐节目形式直到公众的审视平息为止，而是继续飞奔向前，谋求能够吸引更加广泛的观众，尤其是在刚刚接纳电视的乡村地区。美国广播公司的伦纳德·戈登森曾鼓励詹姆斯·奥布里在该电视网的任期内把目标对准中青年和青少年人群，现在詹姆斯·奥布里不仅把目光盯着这些关键人口，同时他还将哥伦比亚广播公司的覆盖范围扩大到包括被他称作"美国柔软的下腹"部分。[22] 奥布里的战略被应用于面向"最小公分母"的节目之中，如《埃德先生：我最喜欢的火星人》和《芒斯特一家》（The Munsters）。而且，他在哥伦比亚广播公司的长期成功使得全国广播公司和美国广播公司不久也朝类似的方向发展以跟上步伐。

全国广播公司当时负责观众测评的副总裁保罗·L·克莱因（Paul L. Klein）甚至在《纽约人》杂志上撰文将这理念称为"最不讨厌的节目"理论，使该理念在整个电视行业更加流行。[23] 简单地说，该理论假定观众在收看电视时，不管他们看什么，他们通常都会从可收看的节目中选择最不讨厌的节目。而且，该理论还假定可供观众选择的节目数量是有限的，并意味着电视网、广告公司和节目赞助商在制作和播送节目时很少关心节目的质量。在奥布里担任总裁初期，他曾在一个著名的公司便条中命令其管理团队在哥伦比亚广播公司的节目表上要强调"娘们、奶子和乐趣"。[24] 戴维·哈伯斯塔姆（David Halberstam）称詹姆斯·奥布里是"推销员的推销员"，他说："一个人如此赤裸地坦言自己是什么并想要什么——也就是说，电视网那最贪婪的一面如此公开地暴露和展现出来——以致连其他的推销员们都感到害臊。"[25] 詹姆斯·奥布里对哥伦比亚广播公司的节目表产生了直接而深远的影响。他于 1959 年 12 月被任命为 电视网总裁时才 40 岁，他对电视网运作不断加强的控制与他取得的急剧成功成正比。"外行是很难

245

想象在电视节目的管理层中盛行的丛林规则的"，《纽约时报》的杰克·古尔德于 1965 年评论说："没有人能有一年或两年以上的真正安全感，他必须给几十个电视节目投入数亿美元，而这些节目可能成功也可能失败，这取决于节目的内容、明星、在节目表上的安排、竞争对手在同一时间的节目或该节目之前或之后播出的节目。"[26]

哥伦比亚广播公司电视网总裁詹姆斯·奥布里在 20 世纪 60 年代既成为电视这一媒体正确的典范，也成为其错误的典范。（刊载此图获马里兰大学美国广播图书馆的准许）

既然奥布里终于获得了掌管电视网的机会，他是不打算失败的。因此他对他的竞争对手，对为他工作的人才们，最终甚至对他在哥伦比亚广播公司的老板们都表现出强烈的蔑视。然而他比任何同时代的人都更懂得如何制作电视节目才能吸引那不断扩展的美国电视市场，这一市场现在已经超过了全国 90% 的家庭。当奥布里在 20 世纪 60 年代初接任总裁职位时，哥伦比亚广播公司获得的份额已经超过了它 50 年代模式的系列节目，包括西部片，如《硝烟》、《持枪待发》；室内情景喜剧，如《父亲最懂》、《丹尼·托马斯秀》；以及

246　传统综艺节目，如《埃德·沙利文秀》、《雷德·斯凯尔顿秀》。他计划在这些常青火爆节目的基础上，再开发一些更多关注"婴儿潮的一代"的、可与美国广播公司的节目阵容进行有力竞争的系列节目。例如，1960 年 10 月首播的《66 号公路》，描绘了两个富有魅力的年轻人开着一辆红色"克尔维特"折蓬汽车走遍全国寻求冒险的故事。奥布里还对半小时的喜剧节目怀有特殊好感，于 1960—1961 年度首播了 2 个进入排行榜前 10 名的新节目：一是重拍的《袖珍相机》节目，距其上次在黄金时间的最后播出已有近 10 年时间；二是哥伦比亚广播公司当年爆炸式火爆节目《安迪·格里菲思秀》。特别是后者再次证实了公众对乡村情景喜剧似乎怀有强烈的好感，尤其当电视在美国南部、中西部和西部最为偏僻的地区更深入地扩展时。

　　有一个节目后来成为奥布里在哥伦比亚广播公司最具有代表性的系列节目，该节目最初是 1957 年他在美国广播公司开发由欧文·平卡斯（Irving Pincus）和诺曼·平卡斯（Norman Pincus）主演的《地道的麦科伊一家》节目时认识的一位作家向他推荐的。《地道的麦科伊一家》在 1960—1961 年度仍居节目排行榜第 5 位，主要是讲述居住在西弗吉尼亚州的一家人搬迁到加利福尼亚州充满阳光的圣费尔南多河谷牧场定居的经历。保罗·亨宁（Paul Henning）建议拍摄一部类似的乡巴佬进城式的喜剧，讲述奥扎克山区的一个乡村家庭突然发现他们的地产里有石油后赶牛挑桶地举家搬到加利福尼亚州贝弗利山庄①定居的故事。电视史上极少有系列节目像《贝弗利的乡巴佬》节目于 1962 年 9 月首播时那样激起人们的愤怒抗议。尽管该剧遭到了批评性的痛斥，公众还是立即开始观看极不协调的克拉姆佩特一家（Clampetts）在过度奢侈显赫的南加利福尼亚实现其闹剧性豪华版的美国梦。《贝弗利的乡巴佬》在短短 6 个星期就迅速攀升为尼尔森公司收视率排行榜的第 1 名，"自《6.4 万美元一问》开播后再没有新的节目比它更快地达到顶点"[27]。《贝弗利的乡巴佬》的魅力根植于 20 世纪美国文化最深的断层线之中。电视批评家戴维·马克（David Marc）

说："每一集都有一场激烈的论战，一方是克拉姆佩特一家朴素而正直的（乡土）价值观，另一方是城里人所代表的残酷无情、唯利是图的技术专家政治。"[28] 从 1962 到 1964 年，《贝弗利的乡巴佬》的观众每周平均有 5 700 万人（即每 3.3 个美国人中就有 1 个），它成为全国排名第 1 的节目。

　　《贝弗利的乡巴佬》还孵化出了一个附产品节目，即 1963—1964 年度的《长裙相连》，和一个克隆节目，即 1965—1966 年度的《绿色田野》。这些新节目也是由保罗·亨宁在电影之路影视公司——这是好莱坞最火热的一家当时新成立的独立制片公司——创作和制作的。《贝弗利的乡巴佬》是这 10 年中最受欢迎的系列节目，只有全国广播公司的《鸿运》节目可与之匹敌。该节目推动哥伦比亚广播公司在收视率上远远超过了全国广播公司和美国广播公司。《贝弗利的乡巴佬》还 247 为哥伦比亚广播公司在星期三晚上的其他节目带来了数百万的额外观众。例如，卡尔·赖纳（Carl Reiner）更多受到批评性喝彩的自传体情景喜剧《迪克·V·戴克秀》，它在 1961—1962 年度被排在重播的《硝烟》节目之后，于每周星期二晚 8 点播出时变得越来越衰落，最终其收视率在该年度落到令人失望的第 54 位。但詹姆斯·奥布里相信这个节目，因此他于第二年把该节目附在《贝弗利的乡巴佬》之后播出，结果《迪克·V·戴克秀》的收视率立即上升到排名第 9，并在 1966 年结束播出之前一直凭自己的力量保持着作为火爆节目的地位。奥布里还利用《贝弗利的乡巴佬》复活了整个情景喜剧节目类型。自 1956—1957 年度《我爱露西》停止其每周一次的播出而西部片开始兴盛之后，情景喜剧节目类型经历了一个短暂的衰退期。牛顿·米诺于其 1961 年的"辽阔的荒原"演说中特别提到了"关于完全不可相信的家庭的模式化喜剧"。[29] 但是奥布里在 1962 年到 1965 年间还是在哥伦比亚广播公司的节目表中安排了尽可能多的关于乡村及幻想的情景喜剧节目，例如舍伍德·施瓦茨（Sherwood Schwartz）的《吉利根岛》，该节目中失事的特许船只有意用美国联邦通信委员会主席的名字来命名——"S. S. 米诺号"。

　　总之，哥伦比亚广播公司这些极受欢迎的情

---

　　① 贝弗利山庄（Beverly Hills）是美国加利福尼亚州南部的小城，是好莱坞明星的集居地。——译者注

景喜剧以及全国广播公司和美国广播公司在奥布里的影响下制作的克隆节目，如全国广播公司的《我向往珍妮》和美国广播公司的《着魔》等，它们似乎丝毫不受 20 世纪 60 年代社会骚乱的影响。那些有色人种和那些反传统文化类型的人几乎从未在 20 世纪 60 年代黄金时间播出的数 10 部情景喜剧中出现。只是偶尔有那么一次，有几个备用的嬉皮士角色短暂飘过一个滑稽场景，他们蓄着长发、衣着古怪、行为疯癫。而且，他们被描绘成比克拉姆佩特一家和芒斯特一家更加不可容忍的形象，这两家人与嬉皮士相比还显得正常一点。在整个 20 世纪 60 年代，大多数美国人把电视当作一个"心理避难所，一个堡垒"，广播史学家埃里克·巴尔诺论述说：

除了偶尔有一些烦人的纪实片外，晚间电视肯定了普通男人和女人们的世界观。它将美国描绘成人们想要的、信赖的地方，并努力争取成为其中一部分。它充满俊男美女，充满美好生活的标志。它邀请和吸引人们进入其充满魅力的天地。[30]

奥布里在哥伦比亚广播公司开发既能吸引乡村观众又能迎合城市观众和郊区观众的电视节目时，他推动整个电视网对美国采取一种总体上温和的具有共识性的中庸立场，该立场隐藏了那些存在于荧屏之外、难以对付且日益加剧的两极分化现象。尽管全国广播公司和美国广播公司最终开发出一些其他的节目类型，但所有三大电视网都在情景喜剧和动作冒险系列节目方面如日中天，其观众数量到 1969 年也达到了创纪录的程度，这时全美国有 95％的家庭拥有电视，它们平均每天收看 6 小时的电视。[31]

248

即使在《贝弗利的乡巴佬》于 1971 年结束了其黄金时间的播出 10 年之后，"该系列节目有 9 集仍处在电视史上观看最多的 50 个节目中，它们的收视率可与美国足球超级杯大赛的收视率匹敌"。该节目的闹剧结构明显地激起了美国从东海岸到西海岸有着各种年龄和背景的观众的共鸣。这一"共识叙事"在《贝弗利的乡巴佬》连续 9 年播出的 274 集中反复得以运用。其实质就是简洁再现"（健康的、善良的）乡下人与（神经质的、邪恶

的）城里人之间的一种单一而持续的文化冲突。克拉姆佩特一家决不会腐化，德赖斯代尔一家（the Drysdales）决不会净化"[32]。像《贝弗利的乡巴佬》之类的"共识叙事"运作"于人们文化生活的中心，因此在其形式结构上和内容上几乎总是根深蒂固地很保守"，戴维·索伯恩（David Thorburn）阐释说，它们"想诉求并维护的对象是自己的文化整体，或是该整体中得到社会统治力量允许的那一部分"。[33] 20 世纪 60 年代的黄金时间电视节目总是以这种方式反映美国社会和文化中发生的事情，尽管许多最受欢迎的电视节目在叙述方面是极具闹剧性的或极不真实的。绝大多数家庭观众都想尽可能长久地回避这一时代的动乱，尽管他们偶尔会被新闻、纪实片和公共事务节目提醒在全国性共识上，特别是关于民权和越南战争，还存在严重的裂缝。电视的"共识叙事"试图在艰难时期将一个日益分裂的国家聚在一起。三大电视网尽可能长时间地压制对现实问题更加真实的表现，这一事实表明它们在这 10 年中对绝大多数美国人的心灵和思想已经产生了影响。

即使在詹姆斯·奥布里于 1965 被解雇之后，哥伦比亚广播公司仍主要沿着奥布里所确定的路线前进。在 20 世纪 60 年代剩余的时间里，哥伦比亚广播公司继续维持其全国第一大电视网的地位。尽管奥布里成功战胜了全国广播公司和美国广播公司，但他的个人越轨行为最终害了他。他变成了一个越来越难以相处的老板，与哥伦比亚广播公司的一些重要明星发生一系列极为引人注目的争吵，这些明星包括露西尔·鲍尔、加里·穆尔和杰克·本尼等，其中杰克·本尼因为奥布里令人难以忍受的行为而跳槽去了全国广播公司[34]。节目制作人约翰·豪斯曼（John Houseman）给奥布里起的绰号很有名，他称他为"微笑的眼镜蛇"；而著名的导演约翰·弗兰肯海默则公开称他为"野蛮人"。[35] 奥布里甚至对威廉·佩利和"哥伦比亚广播公司如此引以为豪的艺术伪装的外表"也表现出轻视。但这种冒犯也被容忍，"因为利润是如此巨大"。[36] 最终奥布里的个人生活也被庸俗小报报道，事实上报道是如此之多以至于他的阔佬式生活方式后来还刺激了一些劣质简装书的出版，如哈罗德·罗宾斯（Harold Robins）于 1969 年写的《遗产继承人》（Inheritors）和杰奎琳·苏

249

珊（Jacqueline Susann）于 1969 年写的《性爱机器》（*The Love Machine*）。然而到 1964 年夏天，问题已经越界成为违法行为，联邦通信委员会开始对他进行调查，因为有人指控他接收电视电影制片商如电影之路影视公司的回扣作为对优惠交易和有利对待的回报。尽管奥布里从未受到正式指控，但这些指控得到证实，于是威廉·佩利命令弗兰克·斯坦顿立即解雇了奥布里。回顾起来，命运是无情的，就像奥布里所迷恋的哥伦比亚广播公司中的残酷竞争气氛一样。1965 年 2 月 27 日，斯坦顿向报界发布了仅 38 个字的精练声明，其中一部分写道："詹姆斯·奥布里今天辞去哥伦比亚广播公司电视网总裁职务……他在哥伦比亚广播公司电视网总裁的任期内所取得的杰出成就毋须赘言。"[37]

　　20 年来，威廉·佩利和弗兰克·斯坦顿一直在哥伦比亚广播公司中维持着连续性，现在他们再一次引导电视网顺利度过了这个管理过渡与公司扩展的时期。哥伦比亚广播公司现在在机构上已经成长为拥有 7 个不同分部的公司，除了哥伦比亚广播公司电视网（拥有 190 个附属电视台）外，还有：哥伦比亚广播公司广播网（拥有 237 个附属电台）、哥伦比亚唱片部［拥有一系列各种不同类型的热门艺术家几十人，其中包括托尼·本内特（Tony Bennett）］、鲍勃·迪伦（Bob Dylan）、约翰尼·马西斯（Johnny Mathis）、米奇·米勒（Mitch Miller）］、哥伦比亚广播公司新闻部、哥伦比亚广播公司电视台（获准合法拥有并经营 5 个主要市场电视台）、哥伦比亚广播公司实验室（负责研究和开发）和哥伦比亚广播公司国际部（负责世界范围的联合发售）。像 20 世纪 60 年代中期其他极为成功的媒介公司一样，哥伦比亚广播公司也走多样化经营的道路。哥伦比亚广播公司把很大一部分电视利润重新投资于其他一些紧俏公司，从而促进本公司以传播和娱乐为重点的发展。哥伦比亚广播公司进行了一系列快速并购行动，于 1964 年收购了纽约扬基棒球队，于 1965 年收购了芬德电子吉他公司，于 1966 年收购了创新玩具公司（一个教学玩具生产商），于 1967 年收购了图书出版公司霍尔特、莱因哈特及温斯顿公司和归共和国电影公司所有的北好莱坞制片公司。

　　哥伦比亚广播公司将共和国电影公司的那个老电影制片公司改造成一个技术最先进的新机构，并将其更名为哥伦比亚广播公司制片中心。同时，哥伦比亚广播公司还成立了影院中心影片公司，目的在于制作室内电视系列影片、电视电影和影院故事片。在这期间，全国广播公司通过战略性地利用影院电影和在长型节目（即时间超过 60 分钟的节目）方面的革新已经缩小了与哥伦比亚广播公司在收视率上的差距。好莱坞最初曾在 1956—1957 电视年度以其 1948 年前的故事片和短片充斥电视市场。而 1948 年以后的影院电影之所以没有被包括在这些交易中，是因为 1948 年 8 月以后生产的电影要受限制性合同的制约，合同规定要为相应的电视播出向演员支付额外报酬。然而，从 1957 年夏季到 1961 年初秋期间，电影的电视播出在黄金时间迅速下降，因为电视网租用这些影院电影要花相当高的费用，而投资于电视系列影片则会节约更多成本。电视网还受到这样一个错误认识的影响，即认为好莱坞的影片不会吸引大量电视观众，因为许多人以前都已在电影院看过这些电影。这种错误认识在 1961 年 9 月 23 日完全改变了，这一天全国广播公司开设了一个新的系列节目《星期六晚间影院》，播放了 20 世纪福克斯公司于 1953 年生产的由玛丽莲·梦露、劳伦·巴考尔（Lauren Bacall）、贝蒂·格拉布尔（Betty Grable）主演的电影《愿嫁金龟婿》。该电影的电视播出取得惊人成功，并成为一个转折点，从此好莱坞的主要电影公司开始将它们于 1948 年以后生产的电影也提供给电视网播出。

　　首先是全国广播公司，接着是美国广播公司的思想发生了彻底改变，这两家电视网在 1961 年秋季以后开始在黄金时间更加频繁地播出好莱坞电影。美国广播公司于 1962—1963 年度开播了《星期天晚间影院》节目。全国广播公司后来又先后增加了在星期一（1963—1964 年度）、星期三（1964—1965 年度）、星期二（1965—1966 年度）的电影之夜。在詹姆斯·奥布里离开后，哥伦比亚广播公司最终也顺应潮流，于 1965—1966 年度开播了《哥伦比亚广播公司星期四晚间影院》节目。这一潮流的顶点出现在 1966 年 9 月 25 日，这一天，美国广播公司的《星期天晚间影院》节目播出了摄于 1957 年的电影《桂河大桥》。据报道说，"大约有 2 500 万个家庭的 6 000 万观众坐着观

250

看一部电影"，美国广播公司为该电影"向哥伦比亚电影公司支付了 200 万美元"。[38] 即使是如此天价，播出结果仍令美国广播公司大喜过望。由此，全国广播公司、美国广播公司、哥伦比亚广播公司彼此之间展开了激烈的竞价战，以租用尽可能多的预算大、明星多、色彩豪华的影片。其结果是一部影院影片在黄金时间播出一次的平均租赁费从 1961 年的 18 万美元上升到 1964 年的 20 万美元，到 1967 年急剧飙升到 38 万美元，到 1970 年又暴涨到 75 万美元。[39] 为了适应这种急剧上升的

价格，好莱坞积压的旧电影很快就抛空了。专为电视荧幕系统地开发正片长度的电影，其时机已经成熟了。为了应对日益高涨的租赁费和所面临的高质量影院电影荒，全国广播公司最初的做法是采取由环球电视公司的一位主管詹宁斯·兰（Jennings Lang）提出的建议。于是，全国广播公司于 1964 年正式投放了"电视电影"，这一举动很快抬高了所有黄金时间电视节目在生产价值、戏剧情节和主题关注方面的门槛。

251

基于一个真实故事

> 对电视网电影的观察者来说，开始时是电影，然后是非电影，而现在则是电视电影。对于观众来说，这是令人困惑和失望的。对于电视网来说，这是一笔大生意。它到底要走向何方，无人能知。
>
> 朱迪思·克里斯特（Judith Crist），《电视指南》（*TV Guide*），1969 年[40]

电视电影诞生的条件在 20 世纪 50 年代中期开始成形，到 60 年代初期已迫在眉睫。当好莱坞的主要电影公司在 1955 年到 1958 年期间纷纷加入电视系列节目制作的竞争中后，突然增加的竞争给许多较小的独立电视系列影片制作公司造成损失，迫使它们停业或被大公司吞并。美国音乐公司的子公司表演剧公司中的詹宁斯·兰就是这方面具启发性的例子。兰于 1959 年开始提倡更长更新的电视节目形式，作为对抗华纳兄弟公司、20 世纪福克斯公司、米高梅电影制片公司、派拉蒙电影公司进入电视节目生产领域的办法。他的动机是想为表演剧公司创造有利条件，以面对这些主要电影公司带来的新挑战。当詹宁斯·兰开始对两个相互关联的节目形式——长型节目和盛大演出节目——进行革新的时候，他非常理想地处在两个正在融合的传统之间。他于 1950 年进入美国音乐公司时，已经是电影产业中的杰出人才之一。次年，美国音乐公司成立了表演剧公司，兰受命负责电视节目的开发。到 20 世纪 50 年代末，詹宁斯·兰在电视产业和电影产业两方面的经验使他开始考虑制作电影正片长度的电视剧节目，当时正值哥伦比亚广播公司越来越明显地胜过全国广

播公司，这促使全国广播公司电视网投资于詹宁斯·兰提出的电视系列影片建议，即把通常长度的黄金时间节目加以延长。[41]

詹宁斯·兰"是通过为时 1 小时的选集式节目如《艾尔弗雷德·希契科克播送》和《鲍勃·霍普播送克莱斯勒剧院》来开始其 120 分钟或上下集节目的实验的；他还大力参与了第一部 90 分钟的定期播出系列节目《弗吉尼亚人》（The Virginian），该节目于 1962 年 9 月在全国广播公司首播"[42]。正是在这一年，好莱坞当时最强大的人才机构美国音乐公司收购了环球电影公司。其结果是表演剧公司在这次公司并购中被合并为环球电视公司，而詹宁斯·兰则被派来主管这个公司，它迅速成为一家拓展更快、更具影响力的公司。由于詹宁斯·兰来自环球电视公司，因此全国广播公司的节目设置人员更容易接受他提出的计划，即把选集式节目形式复活成为一个系列节目，成为"一部电视史诗（或特别项目），它将用整个晚上来播出一个临时制作的盛大演出"[43]。詹宁斯·兰的整个动议具有继往开来的性质，因为它使人既想起了西尔威斯特·韦弗提出的盛大演出想法，又想起了近期停播的现场选集节目的戏剧传统。

252

但具有重要意义的是，詹宁斯·兰现在建议将这些电视表演拍摄成胶卷。他和其在环球电视公司的同事说服全国广播公司于 1963 年投资拍摄最初被称为"小型电影"的电视电影。就全国广播公司而言，它最初之所以考虑詹宁斯·兰的小型电影的建议，是因为当时剧院电影非常火热，在该电视网两个晚上（星期一和星期六）的黄金时间播出。鉴于剧院电影越来越紧缺，成本也越来越高，电视电影似乎是一个经济的选择，因为只要有大量的观众观看，其投资便是值得的。

《弗吉尼亚人》节目于 1962—1963 年度取得巨大成功，它在全国广播公司每周星期三晚 7：30—9：00 播出。该节目的成功是促成该电视网与詹宁斯·兰及环球电视公司签订合同的最终推动力。根据合同，他们将制作正片长度的自成体系的电影，这些电影适合于 2 小时的电视播出，并暂时安排在 1963—1964 年度一个名为《项目120》的节目中。但《项目120》是一个从没有完全实现的每周系列节目，其名称使人想起前 10 年的现场戏剧选集节目。全国广播公司于 1963 年为其计划的首部电视电影拨款 25 万美元，这笔款与同年度拍摄两集为时 1 小时的黄金时间节目的预算相同。这时环球电视公司雇用了临时人员唐·西格尔（Don Siegel）来导演"《约翰尼·诺思》，它改编自欧内斯特·海明威（Ernest Hemingway）的短篇小说《杀手》（The Killers），由约翰·卡萨维特斯（John Cassavetes）、李·马尔温（Lee Marvin）、安吉·迪金森（Angie Dickinson）和罗纳德·里根（Ronald Reagan）主演"，其中里根扮演了他的最后一个角色。[44]这部电影最终耗资 90 万美元，因此全国广播公司认为它"太粗俗、太昂贵、有太多暴力而不适合电视播出"[45]。在 1964 年初，电影《约翰尼·诺思》被更名为《杀手》（像其在 1946 年的好莱坞旧版电影一样），并于该年春季由环球电影公司在全美电影院上映。全国广播公司纽约电视台当时负责节目的副总裁莫特·沃纳（Mort Werner）回顾整个经历时说："我们学会了控制预算。两部新'电影'将很快启动，系列节目《项目120》可能会于 1965 年开播。"[46]

第一部电视电影《看他们怎么跑》于 1964 年 10 月 17 日首播，比莫特·沃纳在其公告中说的早几个月。电视电影《看他们怎么跑》在美国音乐

公司—环球公司和全国广播公司合办的《项目120》节目中播出，这部电视故事片讲述了一个国际犯罪组织谋杀了一位父亲，然后又追踪他的三个十几岁的女儿，而这三个女儿无意之中发现了一些重要证据的故事。在这部常规的警匪情节剧播出 6 周之后，全国广播公司又接着播出了唐·西格尔在电视电影节目类型方面的又一次尝试《被绞死的人》。唐·西格尔在《项目120》节目中播出的第二部作品《骑着粉红马》像《杀手》一样，也是对拍于 1947 年的同名经典病态电影的重拍。

美国广播公司于 1965—1966 年度开始投资电视电影，于 1966 年 3 月 10 日播出了《头皮发冠》。这部西部片由戴尔·罗伯逊（Dale Robertson）主演，由哥伦比亚电影公司的子公司银幕精品公司制作，讲述的是一个赌徒通过玩扑克牌赢得了一条铁路并取得对其新企业的控制权的故事。《头皮发冠》实际上是其后许多电视故事片的一个代表，因为它既是一个测试节目，又是一部电视电影。这意味着它充当了即将出台的一个黄金时间系列节目——美国广播公司的《铁马》节目——的第一集，它引入了原始故事情节和固定不变的主要角色。这种将电视故事片作为测试节目的策略为黄金时间的节目供应商——例如银幕精品公司——提供了一种挽回更多原始投资的方法，即鼓励电视网更多地资助可用于多种安排目的的节目产品。然后电视节目制作公司将通过电视联合发售和海外影院放映来寻求更多的发行机会。

全国广播公司的节目主管们早在 1966—1967 年度就被提醒要注意电视电影的收视率潜力。1966 年 11 月 26 日星期六晚上，正值感恩节假期的周末，全国广播公司大肆宣传将在《星期六晚间影院》节目中"世界首播"其时长 2 小时的测试节目《游戏的名字是名声》，而不作为《项目120》节目的一部分播出。公司的谋士现在决定，最好不要提醒电视观众剧中的明星和故事类型将不会有规律地重现，即使一个播出次数减半的系列电视故事片是选集节目形式的明显复活。但是广泛的预播测试却促使全国广播公司强调这些电视故事片是第一次面向观众播出的。后来全国广播公司电视网中再没有人去争论这个被证明是吉祥的结果。《游戏的名字是名声》是全国广播公司的系列节目《游戏的名字》的一个测试节目，由托

253

尼·弗兰乔萨（Tony Franciosa）、吉尔·圣约翰（Jill St. John）和苏珊·S·詹姆斯（Susan Saint James）主演，讲述一名事业心很强的记者调查一个妓女被谋杀的故事。令该电视网所有人惊讶的是，这个测试节目竟然吸引了近3 500万观众。更令人震惊的事实是，全国广播公司在1966—1967年度播出的所有9部"世界首播"电视电影在尼尔森公司调查中收视率都在20%以上（这意味着至少有2 500万观众在同时观看一个节目）；而且它们的"平均观众人数比三大电视网播出的所有其他电影——包括142部剧院电影和2部电视故事片——的平均观众人数要多出20%"[47]。与之相比，1967—1968年度的收视率要更好，那些"世界首播"的电影吸引了42.2%的观众，相比之下，同期的剧院电影只有38%。[48]

美国的电视电影在20世纪70年代走向成熟。其成熟过程在几条战线上迅速进行，到70年代中期，电视电影品种已经决定性地成长为既是一种有效的工业产品，又是一种独特的电视节目的形式。在1972—1973年度之前，剧院电影仍然是黄金时间电影类节目的主要选择，但这一年度，在电视上播出的电视电影的数量首次超过了好莱坞故事片的数量。好莱坞的主要电影公司生产的剧院电影实际上从20世纪60年代末平均每年180部暴跌到70年代中期的大约120部。[49]同时，剧院电影要比电视电影更多地被安排在黄金时间播出。当这些剧院电影于1970年到1975年之间首次出现在电视网上之前，它们的平均片龄都在4年以上。[50]而且，自电视电影开始出现起，它和在电视上播出的剧院电影实际上具有相同的收视率；而电视电影的风格和内容更适合于电视，特别是在20世纪60年代末70年代初剧院电影明显充满越来越多的色情和暴力场景的情况下。因此，这些电视电影产品帮助了电视行业中那些公司内部的工作人员。许多更为优秀的制作人、编剧、演员和导演都在这一时期进行电视故事片的实验，并把它作为改进电视系列节目制作中那种严酷的工作安排的方法。不久电视电影的特征形成了，即它是一种有正片长度的电视节目，人格化地、戏剧性地描述高度引人注目的思想理念和热门话题。这一特性是通过全国广播公司的"世界首播"，同样还通过美国广播公司的《本周电影》节目

（1969—1975），以及稍后的《新哥伦比亚广播公司星期五晚间影院》节目（1971—1975）不断的播出而形成的。

哥伦比亚广播公司于1971—1972年度开始也像全国广播公司和美国广播公司一样认真地投资电视电影生产。这时，所有三大电视网都在各自的娱乐管理部门设立了一位专门负责电视电影的副总裁，这标志着电视电影这个新出现的电视节目类型在电视网黄金时间的节目安排中的重要性。回顾起来，全国广播公司和美国广播公司在电视电影的创新方面是毋庸置疑的领导者，尽管在黄金时间的电视节目出现新的重要突破后，三大电视网都能在一两个年度内就迅速模仿这些新的做法。同样，三大电视网之间的电视电影在设计、实施和思想上一直都大同小异。全国广播公司、美国广播公司和哥伦比亚广播公司这种愿意遵循类似节目发展路线的倾向是一种由来已久的行为模式，这种模式产生于它们在寡头垄断内部存在的高度孤立性和相互依存性。各电视网是与同一批节目提供商共同开创电视电影节目品种的，而且它们黄金时间的电视电影又是针对同一批目标受众的，即从18岁到49岁的女性，因为它们当时的研究资料支持这样一种观点，即这一批人作出了美国家庭中绝大多数的购买决定。因此，电视电影就像大多数其他的电视节目品种一样，其整体发展最好可以被理解为是所有电视网的共同经历，它在很大程度上是由各电视网彼此的优先事务决定的，但它允许存在一个短暂的突破期以进行形式上的实验（例如将电视电影的情节主线延长到90分钟或120分钟）和内容上的革新（例如表现相关的，有时甚至是有争议的主题）。这方面的一个典型例子就是电视电影节目品种第一部取得重大成功的作品，即由环球电视公司和全国广播公司联合制作并于1970年1月20日首播的《甜心查利》。

《甜心查利》是一部典型的电视电影，因为它是一部片长120分钟的社会情节剧，其剧情集中于数量不多的几个角色，在该剧中实际上只有两个主要角色主导着整个节目。该剧的情节也是"温和"的，因为剧中没有直露的色情因素，暴力成分也很少，只有极少量需要精美特殊效果的动作老套路。该剧的基础是一部成功的小说和一部百老汇同名戏剧，其主题无疑也是该剧制作时期的

热门话题，因为它表现的是种族关系、离家出走和未婚母亲等问题。《甜心查利》讲述的是一个名叫马琳·钱伯斯（Marlene Chambers）——由帕蒂·杜克（Patty Duke）饰演——的白人女性，迫于形势不得不和一位来自纽约的黑人律师查尔斯·罗伯茨（Charles Roberts）——由小阿尔·弗里曼（Al Freeman Jr.）饰演——同住在得克萨斯州海岸边一个乡村小镇的一栋废弃的避暑别墅里的故事。罗伯茨前不久在纽约附近进行的一场民权示威游行中出于自卫杀死了一名白人男子，而马琳·钱伯斯则因为未婚先孕而被父亲赶出家门。两人出于不同的原因都被迫出逃并藏匿在外。这部电视电影最有趣的方面之一就是该剧颠覆了当时普遍的定型观念，将马琳·钱伯斯塑造成一个来自南方下层社会的又穷又无知的人，而查尔斯·罗伯茨则是一位卓有成就的、老练而睿智的专业人士。马琳·钱伯斯被帕蒂·杜克塑造成一个胆小、易怒而又固执的人。相对于哥伦比亚广播公司的《尽在家中》节目在一年后于 1971 年 1 月 12 日首播之前的黄金时间电视节目的氛围来说，她性格中的敌意也是电视中的一个突破。查利不只是一名高尚的黑人原型，他还是一个自发的种族主义者。帕蒂·杜克和小阿尔·弗里曼的表演都富有张力，他们充满真诚和激情地塑造出两个绝望的角色。

256

理解任何一部电视电影的基本特性的一种方法就是评估它在制作的时候在电视网规定的范围内所取得的创造性发展。独立制片商鲍勃·班纳（Bob Banner）最初是想将《甜心查利》拍摄成一部剧院电影，由悉尼·普瓦捷（Sidney Poitier）和米娅·法罗（Mia Farrow）主演。可是没有一个电影公司对该剧感兴趣，因为其整个情节基本上只是对两个角色的素描，无论如何扩展也只有很少的故事。这个在大屏幕上的明显累赘却正是《甜心查利》吸引电视节目制作人兼编剧理查德·莱文森（Richard Levinson）和威廉·林克（William Link）的原因。他们的共同经验表明，"电视通常在处理隐秘的个人问题方面要比在处理大型事件方面更有优势"。他们在于 1967 年被詹宁斯·兰聘用并与环球电视公司签下合同之前，已是电视领域中有 8 年经验的老将，曾创作了《艾尔弗雷德·希契科克播送》、《伯克的法则》、《逃亡者》等节目。理查德·莱文森和威廉·林克在创作了成功的电视节目《曼尼克斯》后，环球电视公司就奖励他们一个机会，即"从电视系列剧的束缚中解脱出来"以制作他们的第一部电视电影。[51]《甜心查利》就是他们选择为电视而改编和制作的项目。他们为此替环球电视公司从鲍勃·班纳手中取得了作品的版权，当时鲍勃·班纳作为执行制片商还保留着版权。然后他们处理了一系列工作：通过了预算程序、选定了演员和剧组人员、确定了拍摄计划等，所有这些工作都是电视电影打破黄金时间电视节目的制作常规的例子。

257

饰演马琳·钱伯斯的帕蒂·杜克和饰演查尔斯·罗伯茨的小阿尔·弗里曼是《甜心查利》中的主角。（刊载此图获环球影视公司和全国广播公司的准许）

例如,《甜心查利》这部 120 分钟的电视电影的预算达到 45 万美元,按每分钟的成本来算,它等于或超过当时电视中最昂贵的片长 1 小时系列节目两集的费用——如全国广播公司的《迪士尼奇妙世界》节目预算为 45 万美元,哥伦比亚广播公司的《硝烟》节目和《不可能完成的使命》节目预算分别为 43 万和 42 万美元。[52] 理查德·莱文森和威廉·林克还从电视系列影片制作领域吸收了富有创造性的人才,环球电视公司也为他们提供了室内技术和蓝领工作人员。他们首先聘请了经验丰富的电视导演拉蒙特·约翰逊(Lamont Johnson)——他曾导演了数部现场选集式电视节目,如《彼得·冈恩》、《持枪待发》、《黄昏地带》、《守卫者》等;他们钦佩他朴素而亲切的风格、对角色的体悟以及他的自由主义感受力。然后,理查德·莱文森和威廉·林克聘请帕蒂·杜克饰演《甜心查利》的主角,因为她是一位富有才华而又可靠的电视演员,她的声誉来自她曾参演的许多现场戏剧选集和《帕蒂·杜克秀》。对于理查德·莱文森和威廉·林克来说,她在电视领域的资历要比她于 1962 年在电影《奇迹创造者》中因扮演海伦·凯勒(Helen Keller)而获得的奥斯卡最佳女配角奖更为重要。因而帕蒂·杜克成为一批新的土生电视电影明星的代表——这些明星包括简·亚历山大(Jane Alexander)、埃德·阿斯纳(Ed Asner)、理查德·张伯伦(Richard Chamberlain)、哈尔·霍尔布鲁克(Hal Holbrook)、伊丽莎白·蒙哥马利(Elizabeth Montgomery)、斯蒂芬妮·鲍尔斯(Stephanie Powers)、马丁·希恩(Martin Sheen)、罗伯特·瓦格纳(Robert Wagner)、丹尼斯·韦弗(Dennis Weaver)等,他们甚至早在 20 世纪 70 年代初就开始在电视电影的收视率上不断使同等的剧院电影明星们黯然失色。最终,该剧的拍摄时间安排——从 1969 年 5 月 5 日到 5 月 27 日——也比一般的时长 120 分钟的黄金时间戏剧节目的拍摄时间要多出 50%。

《甜心查利》一直被视为一部一流的高质量作品,在资源上远远超过电视网当时开发的任何其他类型的电视节目。《甜心查利》于 1970 年 6 月 7 日成为首部获得电视艺术与科学学会认可的电视电影,同时赢得了三个艾美奖,即帕蒂·杜克所获的女主角最佳单项表演奖、理查德·莱文森和威廉·林克所获的最佳剧本创作成就奖和埃德·艾布鲁姆斯(Ed Abroms)所获的最佳编辑成就奖。这些奖励巩固了电视电影节目类型在电视产业获得的认可和地位。此外《甜心查利》在首播时就吸引了 4 100 万电视观众,这反过来又鼓励了更多戏剧化地描述社会尖锐问题的电视电影的制作。全国广播公司和环球电视公司在确立电视电影的独特声音方面迈出了一大步,同时也让那些热门话题在总体上更加容易地在黄金时间得到公开展现。

258

此后,美国广播公司于 1969 年的 9 月 23 日首播了其星期二晚节目《本周电影》,该节目成为电视史上最受欢迎的正片长度电影系列节目。巴里·迪勒(Barry Diller)——他是前任广告主管,被任命为黄金时间节目主管不久——是美国广播公司设计“本周电视电影”理念的最主要的负责人。他和他的上司、负责节目的副总裁伦纳德·戈德堡(Leonard Goldberg),同环球电视公司商定了一份协议,该协议使其商业电视上播出的电视电影总量实际上仅一年时间就增加了一倍。美国广播公司的《本周电影》“是一个持续 26 周的创新性系列节目,播放专门为电视制作的片长 90 分钟的‘世界首播’原版电影(平均每部电影耗资 37.5 万美元),它获得了极大成功”。在 1970—1971 年度,《本周电影》在全国收视率最高的节目中排名第 6,而在下一个年度又上升到第 5 名。“在开始阶段我们播出了许多垃圾电影,但我们也证明了我们能每周都播出电影”,巴里·迪勒后来回忆说,“我们播出的有些电影是电视史上真正的里程碑,例如电视上第一次反映同性恋的电视电影——1972 播出的《那个无疑的夏天》,第一次反映越南战争的电视电影——1969 年播出的《安迪·克罗克之歌》,第一次反映毒品的电视电影——1973 年播出的《去问艾丽斯》。该节目让人们在电视中找到一种成长的方式”。[53]

在 1971 年到 1973 年间,《本周电影》对电视电影节目类型最有意义的贡献就是它将电视电影的时事性转变成为以事实为基础的“纪实剧”。热门电视故事片的成长的确彻底地改变了电视电影节目类型的娱乐面貌。以前的叙事类型,如西部片和警匪故事片等,不久就被抛弃,以让位于充分反映当前社会现实的故事,如反映社会争端、文化趋向及任何处在国内新闻标题的开头和中心的事件。理念越是崇高，获得更高的收视率和市场份额的可能性也越大，因为电视电影"没有说话的嘴巴"，节目"只能一次性播给观众"。[54]因此，电视网的节目设置人员要四处寻觅"强有力的故事前提和可推销的口号——可以在《电视指南》杂志上只用一行文字就能概括的东西"[55]。而纪实剧的当代性使它能极好地满足这一要求。

美国广播公司的第一部纪实剧是于1971年11月30日首播的《布赖恩之歌》，它是由哥伦比亚电影公司的子公司银幕精品公司制作的。这部以事实为基础的情节剧改编自美国足球巨星盖尔·塞耶斯（Gale Sayers）于1970年出版的回忆录《我是第三》。该书是他与阿尔·西尔弗曼（Al Silverman）合写的。该剧是说明电视纪实剧在纪实传统与叙事传统之间的推力与拉力作用下有时会作出妥协的一个最好例子，这也是电视纪实剧的特有现象。《布赖恩之歌》记录了两名职业足球选手布赖恩·皮科洛（Brian Piccolo）——由詹姆斯·卡安（James Caan）饰演——和盖尔·塞耶斯——由比利·D·威廉斯（Billy Dee Williams）饰演——之间的跨种族友谊，以及皮科洛的癌症缓慢恶化和最后死亡。该剧的脚本是"基于一个真实故事"，这意味着它打算成为一个历史性的、具有社会意义的或具有争议性的故事的真实再现。但不幸的是，《布赖恩之歌》将上述最后一个标准中性化了，即把皮科洛和塞耶斯两人之间的种族关系描写成为没有任何在"真实生活"中存在的不和谐。而皮科洛的疾病也以典型的"本周疾病"的方式表现出来，具有床边告别的特点并充满过多的泪水和伤感。尽管如此，《布赖恩之歌》仍是1971—1972电视年度广受欢迎的节目（观众达4 400万人）并取得了重大成功，获得了当年的艾美奖最佳单项节目奖，同时还是第一个获得令人仰慕的皮博迪奖最佳娱乐成就奖的电视电影。这些嘉奖及压倒性的观众反应鼓励了美国广播公司在1972—1973年度及以后更加积极地寻求具有事实基础的主题。全国广播公司和哥伦比亚广播公司也很快效仿，在1973—1974年度安排了自己的纪实剧。到了1975—1976年度，新制作的电视电影有三分之一以上都是纪实剧。

美国广播公司投资制作其第一批纪实剧有三

方面的原因。首先，美国广播公司率先把目标观众对准了年轻的、城市的和职业性的观众。在1970年后三大电视网也都这样做。"婴儿潮的一代"对更具当代性和相关性的各种特别节目和系列节目尤其感兴趣。就美国广播公司来说，它自20世纪50年代中期起就开始迎合这一群体的口味，它现在仍在继续这样做，通过探究美国的重要新闻和流行文化，来寻找既能吸引注意力又具有时效性的电视电影节目主题。其次，电视电影形式非常适合大多数纪实剧观点的及时性，因为它只有6个月到1年的孕育期。这样一部电视电影可以趁这些具有时事价值的主题在大多数美国人的头脑中仍记忆犹新时就被制作出来以播出。最后，也是最重要的一点，电视电影的产量在20世纪70年代急剧增长，三大电视网都拼命地要在每个年度寻求30到50个可行的电视电影主题，因此电视电影的年产量从1970年的大约50部猛长到1975年的120部以上。美国广播公司的《本周电影》尤其坚决地要求为一年中39周每周制作出一部电视电影，这样做持续了6个年度之久。在这样累人的节目安排下，纪实剧的诞生是出于对更容易制作且更容易获得的电视电影主题的持续需求。电视电影从1964年卑微地诞生起，通过关注每周疾病、每周问题的方式迅速繁荣起来，直到像情景喜剧和警匪型动作冒险系列节目一样成为一种最具适应力也最受欢迎的黄金时间主打节目之一。

电视电影诞生于电视网与好莱坞几家更具雄心和创新性的电视系列影片制作公司之间的创造性合作，并迅速成为一种独具特色的节目：它具有电视屏幕的视觉风格和高度观念化地处理主题事件的方式。早在1969年，电视电影就作为先驱率先闯入对所有黄金时间节目来说无人涉足且更加广泛的主题领域。三大电视网的播出标准部门在习惯上都允许这一节目类型有更多的自由来处理具有争议性的话题，因为该节目类型不具有连续性，而且电视电影在电视产业中居有更高的地位。新闻事件、全国性问题和争端，以及历史传说和传奇的片段，突然之间都成为这一节目类型的原材料。对新闻标题的搜寻甚至孵化出了纪实剧，这是高度观念化模式的一个合乎逻辑的延伸。到20世纪70年代中期，全国广播公司、美国广播公司和哥伦比亚广播公司平均每部典型的黄金时间电视电影都要吸引 3 000 万以上的电视观众。就像电视媒体本身一样，这些既亲切又具有越来越强的相关性的"共识叙事"节目广受欢迎，它仅从观众数量来看就是一个真正的革命。回顾起来，电视电影最大的贡献就是它缩小了 20 世纪整个 60 年代存在于电视新闻节目的时事性与大多数娱乐节目的逃避现实性之间的近似于精神分裂症的鸿沟。到 20 世纪 70 年代初，电视网在总体上对电视屏幕之外的世界有了更多的意识。美国的社会和文化在 1964 年到 1975 年的 12 年中变化迅速。电视也成长为了一种不可缺少的媒体，有数千万美国人在家里打开电视并观看这一变革在他们眼前展现。

从骚乱到平静

　　"1966 年年度人物"——他们是 25 岁及以下的男人和女人——都是一代人……年轻人从来没有如此果断自信，如此能言善辩，如此受到良好教育，如此精于世故。可以预料的是，他们是极为独立的一类人，但在成人的眼中，他们的独立性却使他们变得极为不可预测。这不仅仅只是新的一代，而且还是新类型的一代。

《时代》（*Time*），1967 年 1 月 6 日[56]

261　　　　在肯尼迪总统遇刺后不到 3 个月，20 世纪 60 年代收视率最高的 4 个电视网节目——不包括打破固定节目安排的现场直播电视事件，如肯尼迪总统的葬礼和 1969 年的登月行动等——竟然连续出现在 1964 年 1 月 8 日到 2 月 16 日之间的短短 6 个星期之内。在这 10 年中收视率居第二和第四位的节目分别是于 1 月 8 日和 1 月 15 日播出的《贝弗利的乡巴佬》，这两次播出分别吸引了 7 200 万和 7 000 万观众。这两次电视播出都是大多数电视机构中普遍活跃的逃避主义滑稽逗笑风格的典型体现。例如，于 1 月 8 日播出的《贝弗利的乡巴佬》那一集讲述了因奶奶——由艾琳·瑞安（Irene Ryan）饰演——将一只袋鼠误认为一只大型长耳野兔而引发的一系列愚蠢可笑的遭遇；而 1 月 15 日播出的那一集则讲述了奥扎克山区一个爱占便宜的山民拜访克拉姆佩特一家，试图将自己圆圆胖胖的女儿埃西贝尔（Essiebelle）嫁给杰思罗（Jethro）——由小马克斯·贝尔（Max Baer Jr.）饰演，以便能插手杰德（Jed）——由巴迪·埃布森（Buddy Ebsen）饰演——的部分钱财的故事。

　　与此形成强烈反差的是，在 20 世纪 60 年代收视率居第一和第三位的节目则展现了完全不同的娱乐类型。《埃德·沙利文秀》分别于 1946 年 2 月 9 日和 2 月 16 日第一次向美国广大电视观众呈现了披头士合唱队（Beatles）。该电视网最杰出的演出经理于 4 个月前游历英国时第一次看到了四俊（Fab Four），当时正值英国全国盛行披头士（Beatles）狂热。沙利文与四俊签订了表演合同，以 7.5 万美元约请该合唱队出场表演三次，这个出价只是他于 1956—1957 年度支付给摇滚巨星埃尔维斯·普雷斯利的一半。但这笔钱对披头士合唱队及其经理来说仍是一笔巨款，因此他们欣然同意了。作为回报，约翰（John）、保罗（Paul）、乔治（George）、林戈（Ringo）于 2 月 9 日在美国的电视首演吸引了近 7 400 万观众。一个星期之后，又有 7 100 万美国电视观众看热闹。[57]

　　尽管披头士合唱队最初在从东海岸到西海岸的电视上显得衣着帅气、举止优雅、态度和蔼，然而他们却展示了正在到来的青年反传统文化潮流的一瞥，这个潮流不久就横扫北美和西欧，并一直持续到 20 世纪 70 年代初。激动的、露齿而笑的披头士合唱队站在僵直而拱背圆肩的沙利文周围，显示出代际之间在风格上和感知上的明显冲突。这四位年轻人的发型有些不同寻常，身着皮尔·卡丹式的无领外套，脚穿古巴式高跟靴子。他们的个人魅力大放光彩，与他们在舞台上制造的超强音响交相辉映。不出所料，媒体机构对该乐队及其表演口诛笔伐。《纽约时报》仅仅以一时

262 风尚为由而拒绝接受披头士合唱队；《纽约先驱论坛报》宣称他们 75％是宣传，20％是发型，5％是优美的悲叹；《华盛顿邮报》则费解地将他们称作"无性别特征的和寻常的"人，尽管在沙利文的现场演播室中的观众与此相反不断报以尖叫。[58]全国上下的成人批评家们所表达出的强烈反对只是证明了这样一个事实：披头士合唱队是上一代人既不愿收看也不理解的一种现象。与此不同，年轻的观众却完全被这原创音乐，这彻底的当代外表和这温和的反叛态度给迷住了。作为英国人，披头士合唱队还拥有埃尔维斯所不具备的国际身份。变革的迹象无处不在，属于"沉默的一代"末尾的年轻人以及他们"婴儿潮的一代"的弟弟妹妹们欣然接纳这种新潮的生活方式。

披头士合唱队于 1964 年 2 月 9 日在《埃德·沙利文秀》中第一次出现在美国广大电视观众面前。（刊载此图获哥伦比亚广播公司准许）

　　披头士合唱队及其他反传统文化的娱乐演员为其爱好者们提供了一种不可抗拒的新型选择，这种选择不同于电视机构那大都十分陈旧的传统。《埃德·沙利文秀》是 20 世纪整个 50 年代和 60 年代初定期约请非裔美国艺人表演的唯一一个黄金时间节目场合。实际上有几十个黑人表演者频繁地为沙利文的舞台增光添彩，其中包括路易斯·阿姆斯特朗（Louis Armstrong）、埃拉·菲茨杰拉德

263 （Ella Fitzgerald）、纳特·K·科尔（Nat King Cole）、埃尔萨·基特（Eartha Kitt）、波·迪德利（Bo Diddley）、法思·多米诺（Fats Domino）等。此外，沙利文还经常约请许多非裔美国运动员出席节目，如休格·R·鲁宾逊（Sugar Ray Robinson）、威利·梅斯（Willie Mays）、威尔特·张伯伦（Wilt Chamberlain）等。现在，披头士合唱队在沙利文的节目中以及其他的音乐综艺类节目中为新一代的摇滚和流行表演打开了泄洪的闸门。例如在 1964—1965 年度，戴夫·克拉克五人队（the Dave Clark Five）、沙滩少年队（the Beach Boys）、动物队（the Animals）、滚石队（the Rolling Stones）、佩图拉·克拉克（Petula Clark）以及其他英国和美国的乐队与歌星先后出席了表演。而且电视网还设立了几个新的音乐节目以吸引 25 岁以下的群体，如美国广播公司的《喧闹集会》节目，全国广播公司的《喧嚣》节目和《蒙基斯》节目——后者是在 1964 年上映的由披头士合唱队主演的火爆电影《苦日之夜》的刺激下设立的节目。《蒙基斯》是四俊的廉价仿制品，它使用了一系列类似的"超现实主义电影手法（如快放和慢放镜头、歪曲的镜头、喜剧画面的插播）、俏皮话、自相矛盾的陈述等，这一切都以很快的节奏表演出来"[59]。从 1965 年开始，披头士狂热还导致其他一些英国人进入到美国电视节目中，例如哥伦比亚广播公司的《秘密间谍》中的帕特里克·麦古恩、美国广播公司的《复仇者》中的帕特里克·麦克尼（Patrick Macnee）和黛安娜·里格（Diana Rigg）、全国广播公司的《圣徒》中的罗杰·穆尔（Roger Moore）等。甚至连美国人制作的电视系列节目，如全国广播公司和米高梅电影制片公司—电视公司制作的逗笑间谍剧《来自 U. N. C. L. E. 的人》，也让英国出生的演员担任重要角色，以直接吸引中青年和青少年。戴维·麦卡勒姆（David McCallum）因在《来自 U. N. C. L. E. 的人》中扮演了伊利亚·库里亚金（Ilya Kuryakin）而突然之间成为明星。

　　然而，任何内容上的改变都来得很缓慢，因为电视机构更多的是将反传统文化用作节目风格而不是用作其主要内容。一个最典型的例子就是节目制作人阿龙·斯佩林（Aaron Spelling）制作的《摩登特警队》，该剧于 1968 年 9 月在美国广播

公司首播。斯佩林于 15 年前出演杰克·韦布（Jack Webb）的《法网》并由此进入电视界，现在他自己创作了一部系列节目，该系列节目将警匪剧加以更新以便在适合成年人的同时也迎合青少年。"我想增强我们的节目与旧式警察节目之间的对比"，斯佩林在其 1996 年出版的回忆录中写道，全国广播公司的《法网》及其新版《法网 1967》"都是右翼的，我们是自由主义的。他们认为每个 25 岁以下的人都是极讨厌的人，我们则认为每个 25 岁以下的人都被误解了。"[60] 因此，《摩登特警队》的内容是以三个嬉皮士警察为中心的，正如其广告宣传所说：他们是"一个黑人、一个白人、一个金发美女"；他们的主要目的是"秘密渗入反传统文化运动并查出那些在南加利福尼亚残害青少年的成人罪犯"。[61] 该节目对年轻人很有影响，因为由克拉伦斯·威廉斯三世（Clarence Williams III）扮演的林克（Linc）、迈克尔·科尔扮演（Michael Cole）的皮特（Pete）、佩姬·利普顿（Peggy Lipton）扮演的朱莉（Julie），他们从来不出卖同龄人。同样，"该三人组秘密地为统治机构工作的事实也安抚了那些年长者们"。从表面上看，《摩登特警队》也很时髦，就像林克的非洲发型和黑色太阳镜、皮特的披头士发型和牛仔布外套、朱莉的长而流畅的金发和她色彩明亮的戴花嬉皮士衣着一样。以这种方式，"美国广播公司既可能利用青年反叛行动、滥用毒品、种族冲突等当前问题，又确保合法权威总是在最终获胜"[62]。

264

电视机构借用反传统文化运动的外表特征，而不是表达它对美国保守的社会习俗、对越来越严重的民权缺陷、对美国对越南越来越深入的军事干预的抨击，这一做法的后果在两个电视节目的不同命运中得到空前明显的体现：一是哥伦比亚广播公司的《斯马瑟斯兄弟喜剧时光》，二是全国广播公司的《罗恩和马丁的笑门》。这两个喜剧综艺节目都是年度中期的替换品，它们在 20 世纪 60 年代一个特别的创伤期里首播，两者首播的时间相隔不到一年。《斯马瑟斯兄弟喜剧时光》于 1967 年 2 月 5 日首播，它最近也成为一系列牺牲品中的一个，此前的牺牲品还有《朱迪·加兰秀》、《加里·穆尔秀》等，它们被哥伦比亚广播公司用来

对抗全国广播公司的一个多年强力节目《鸿运》——该系列节目的收视率在 1964 年至 1967 年间连续三个年度排名全国第一。几乎令所有人震惊的是，《斯马瑟斯兄弟喜剧时光》在 1967—1968 年度成为排行榜前 20 名的火爆节目，同时还将《鸿运》节目打落到了排名第 6 位。"我们是如此具有学院外表，如此整洁体面"，汤米·斯马瑟斯（Tommy Smothers）于 1967 年夏季评论说，"因此美国大众喜欢我们，那些左翼分子也是如此。"而且斯马瑟斯兄弟还吸引"年轻一代的各种流派"，而当时整个美国正在发生重要的人口转型，其中"25 岁及以下的人口将超过更年长的人口"，而且到 1970 年将有"1 亿美国人"的年龄在 30 岁以下。[63]

同时，越南战争也在不断升级，随之而来的义务征兵使这场战争成为大多数符合征兵条件的"婴儿潮的一代"的当务之急。例如，"美国（在越南）的兵力从 1965 年底的 18.4 万人上升到一年后的 38.5 万人，到 1967 年底又上升到 48.6 万人。'归根到底'，一位官方军事史学家观察说，'美国的战略只是将更多的美军投放到南越以看结果如何'"[64]。《纽约人》杂志的电视批评家迈克尔·阿伦（Michael Arlen）将越南战争称为"起居室战争"，因为该战争是"第一场主要由电视带给人民的战争"。[65] "在'起居室战争'最初的几年里"，丹尼尔·哈林（Daniel Hallin）补充说："大多数报道是乐观的。"[66] 但媒体的态度于 1968 年 1 月 30 日突然发生大转折，当时有 10 万以上的越共和北越军队挺进南越，袭击了所有主要城市以及许多以前很安全的重要地点，如在西贡的总统府和美国大使馆。北越的"春节攻势"令约翰逊政府和美国公众大惊失色。在听说这次进攻后，哥伦比亚广播公司的新闻节目主持人沃尔特·克朗凯特说出了这样的话："情况到底怎么样？我还以为我们正在取得战争的胜利呢。"[67] 虽然越共和北越遭受了巨大的损失并最终被击退了，但它们却成功地将南越变成了流血的混乱战场，这一事实对美国政府和人民、对世界新闻界产生了重要的心理影响。根据盖洛普机构的调查，认为美国军队卷入越南战争是一个错误的人占美国人口的比率从两年前的 16% 上升到 1968 年 2 月的 45%；与此类

265

似，在同一时期不同意约翰逊处理战争的方式者也从 22％上升到 50％。[68]

"电视新闻在越南战争期间走向成熟"，媒体史学家小查尔斯·帕克（Charles Pach Jr.）记述说，它"真实地展现了这场战争——一场糊涂、零乱而可疑的尝试"。[69]在"春节攻势"之后的 6 个月中，美国的新闻报道很快变得越来越糟。例如在 1968 年 2 月 27 日，全国收视率最高也最受信任的新闻记者沃尔特·克朗凯特在结束他的《来自越南的报道：5W?》节目时说出了如下清醒的结语："我们陷入了僵局……对本记者来说越来越明显的是：走出这场战争的唯一理智办法将是和谈，但不是作为胜利者，而是作为一个可尊重的民族进行和谈，这个民族履行了捍卫民主的誓言，并尽到了自己最大的努力。"[70]"克朗凯特的报道的确改变了事态的结局"，戴维·哈伯斯塔姆在《掌权者》一书中承认说："在美国历史上第一次出现了由一个新闻节目主持人宣布结束一场战争的现象。在华盛顿的林登·约翰逊总统观看了该节目，并告诉其新闻秘书乔治·克里斯蒂安（George Christian）说这是一个转折点，并说如果他失去了沃尔特·克朗凯特，他就失去了'普通公民'。"[71]很快，于 3 月 12 日在新罕布什尔州举行的民主党初选中，林登·约翰逊总统仅以 49％对 42％的结果获胜，差一点被反对越南战争的候选人尤金·麦卡锡（Eugene McCarthy）击败。不到 3 个星期后，三大电视网同时播出了约翰逊总统于 3 月 31 日星期天黄金时间作的关于越南的进展报告，他在结束报告时发出了惊人的宣告："我将不寻求也不接受我们政党的总统提名以竞选下一任总统。"紧接着，林登·约翰逊总统的这一宣告之后发生了一系列重要事件：小马丁·路德·金于 1968 年 4 月 4 日在孟菲斯遇刺，并引发美国 60 多个城市中的种族骚乱；罗伯特·肯尼迪（Robert Kennedy）于 6 月 5 日凌晨被西尔汉·西尔汉（Sirhan Sirhan）枪杀，肯尼迪刚刚于前天晚上在加利福尼亚州的民主党初选中获胜；在民主党全国大会于 8 月 26—8 月 29 日在芝加哥召开期间，芝加哥街头反战示威者们与警察之间发生了连续 4 天的激烈冲突。

266

1968 年 2 月 27 日晚，全国收视率最高也最受信任的新闻记者沃尔特·克朗凯特在结束他的《来自越南的报道：5W?》节目时说出了如下清醒的结语："我们陷入了僵局"。（刊载此图获哥伦比亚广播公司的准许）

文化批评家乔希·奥泽斯基（Josh Ozersky）评论说："回顾起来，很少有事情比这样的事实更引人注目：1968 年黄金时间的电视节目对周围现实世界的骚乱竟然完全置若罔闻。"[72]但一个明显的例外就是《斯马瑟斯兄弟喜剧时光》节目。在 1967 年至 1969 年间的美国文化背景下，这个喜剧综艺节目在政治上并不激进。然而当美国国内的事态急剧发展到失控的程度时，斯马瑟斯兄弟也逐渐更为直言不讳地谈论国内的动乱和他们对越南战争的反对立场。"当该节目在谈论战争、民权甚至毒品时，他们很难算得上是舆论的先锋"，历史学家伯特·斯佩克特（Bert Spector）提醒说，"他们似乎只是反映已经广泛存在于广大民众中的观点，而不是领导舆论。"[73]例如，1968 年 9 月 29 日，该节目在其第三年度也是最后一个年度播出的第一集中，斯马瑟斯兄弟"显得明显与他们以往那干净整洁、短发、深红色西装的形象不同，他俩蓄着长发、留着胡子、身着尼赫鲁式的外套"[74]。除了人们熟悉的滑稽短剧、笑话和歌曲外，两兄弟还邀请了卡利普索①歌星和社会活动家哈里·贝拉方特（Harry Belafonte）来演唱流行歌曲《不要停止狂欢》，演唱的同时播放一个月前民主党全国大会会场外的骚乱场面的录像剪辑作为背景。"《不要停止狂欢》这首歌经过了几次不同的排练，其间斯马瑟斯兄弟与电视网的代表就可用纪录片进行了商谈"，埃尼克·博德罗格科奇（Aniko Bodroghkozy）吐露说，"最终哥伦比亚广播公司简单地删掉了整个滑稽短剧，但斯马瑟斯兄弟则拒绝在这 5 分钟的空档中插入新的内容。"伤害之后又加侮辱的是，该电视网把这 5 分钟的空档时间卖给了共和党全国大会以播放尼克松或阿格纽（Agnew）的总统竞选广告。[75]汤米·斯马瑟斯（Tommy Smothers）和迪克·斯马瑟斯（Dick Smothers）与该电视网节目排练办公室之间的长期激烈争论的最终结果是：哥伦比亚广播公司于 1969 年 4 月 3 日断然取消了该系列节目的播出，其名义是斯马瑟斯兄弟违背其诺言拒不提前提交节目以供预审。

与此不同，《罗恩和马丁的笑门》节目的制作人乔治·施拉特（George Schlatter）却从没有受到来自全国广播公司标准与排练部门任何严重的审查压制。《罗恩和马丁的笑门》本是作为一个 1 小时的特别节目于 1967 年 9 月 9 日首播，观众的反应是如此热烈，以至全国广播公司于 1968 年 1 月 22 日将其设为一个连续的系列节目。这个喜剧综艺节目巧妙地借用了青年文化的外表和活力，但却舍弃了所有带争议性的主题内容。《罗恩和马丁的笑门》包括大量不间断的俏皮话、滑稽短剧、歌曲等，这些内容由 20 名演员组成的乐队以极快的速度表演出来。乐队中包括如下观众特别喜爱的演员：鲁思·布齐（Ruth Buzzi）、戈尔迪·霍恩（Goldie Hawn）、阿特·约翰逊（Arte Johnson）、亨利·吉布森（Henry Gibson）、莉莉·汤姆林（Lily Tomlin）。在本质上，"《罗恩和马丁的笑门》凝结了一种当代的、快速的、无结构的戏剧事件，这正是骚动的美国在 1968 年所需要的东西"[76]。该节目采用了反传统文化运动的风格而舍弃其内容，从 1968 年到 1970 年急剧飙升到电视收视率的顶点成为全国排名第一的节目。"《罗恩和

马丁的笑门》表明'嬉皮士'和'反传统文化'的幽默是一种可控制的商品，只要电视网愿意，它可随时被展示出来以吸引年轻的人口"[77]。

而且，各电视网很快发现《罗恩和马丁的笑门》模式可复制成其他喜剧和音乐形式。例如，哥伦比亚广播公司新的乡村火爆节目《驴鸣》采用了"记忆缺失、疯狂的笑话、各种客座明星出演的片段、一些极陈旧的俏皮话"等作为其惯用手法。[78]具有重要意义的是，哥伦比亚广播公司于 1969 年 6 月 15 日引入乡村节目《驴鸣》作为《斯马瑟斯兄弟喜剧时光》节目的安全替代品。然而这一替代行动只是暂时的，到 20 世纪 70 年代初黄金时间的《驴鸣》节目那"天真无邪式的幽默很快就让位于更为尖刻的讽刺，因为越南战争发展迅速，并不断扩大而没有任何胜利的希望。通过反复调整以应对新出现的各种力量"，电视产业分析师埃德·帕帕江（Ed Papazian）宣称，"电视那大众魅力的外表最终被撕得粉碎"[79]。

然而，在 20 世纪 60 年代结束之前，电视的一个史诗般的壮观场面却吸引了全世界观众的想象力，并为美国和其他地方的国内动乱和国际冲突提供了一个短暂的喘息之机。登月行动就是一个全球性的电视事件，它包括哥伦比亚广播公司、全国广播公司和美国广播公司的新闻部门提供的现场报道和共享文献纪录片。而且，登月行动成了不间断的一系列电视连续短片的高潮集。这些电视连续短片从电视报道 6 次"水星号"飞船发射（1961—1963），到 10 次"双子座号"飞船发射（1965—1966），再到 7 次"阿波罗号"飞船发射（1967—1969），直到 1969 年 7 月 20 日"阿波罗 11 号"（Apollo 11）飞船在距离地球 23.9 万英里的月球上于"静海"区着陆时达到顶点。

整个"阿波罗 11 号"飞船的使命开始于"土星 5 号"火箭于 1969 年 7 月 16 日星期三在佛罗里达州"肯尼迪角"发射升空，结束于飞船的"哥伦比亚号"控制舱于 7 月 24 日星期四在太平洋上溅落并被美国"大黄蜂号"航空母舰回收。在这整整 9 天的时间中，电视和广播对登月行动的重要部分进行了报道，但核心的电视报道发生在 7 月 20 日到 21 日的连续 31 小时期间，这时一架更小的"雄鹰号"月

---

①　卡利普索（Calypso）是西印度群岛的一种歌曲，以时事为主题。——译者注

球舱与"哥伦比亚号"控制舱分离后降落到了月球上。"雄鹰号"月球舱中载有登月指挥官尼尔·A·阿姆斯特朗（Neil A. Armstrong）和飞行员小埃德温·E·奥尔德林（Edwin E. Aldrin Jr.），这两个人在月球表面探索了 2 小时 14 分钟。其间，"哥伦比亚号"控制舱的飞行员迈克尔·科林斯（Michael Collins）继续绕月球飞行，以等待阿姆斯特朗和奥尔德林返回。7 月 21 日，"雄鹰号"月球舱喷射升空离开了月球表面，并与"哥伦比亚号"控制舱对接，于是这三位"阿波罗 11 号"宇航员开始其返航地球之旅。估计全世界有 5.28 亿电视观众观看了登月行动，这是到那时为止拥有观众最多的电视节目。[80]其伴随的广播听众也增长到总数近 10 亿人，估计占地球人口的四分之一。[81]登月行动明显成为人类历史的一个分水岭，它既实现了人类自古以来的梦想，又标志着电视有了空前的超地球性的播出范围和影响力。

当我们从超级大国政治和冷战的角度来观察登月行动时，我们能最清楚地看到登月行动更重大的意义。太空领域所有早期的重要"第一"都是由苏联人取得的。他们于 1957 年 10 月 4 日发射

了"伴侣 1 号"卫星，这是第一颗围绕地球运行的人造卫星。1 个月后，他们又发射了"伴侣 2 号"卫星，它载有一条名叫"莱卡"（Laika）的狗，这是第一个到太空旅行的活的生物。苏联宇航员尤里·加加林（Yuri Gagarin）于 1961 年 4 月 12 日成为第一个进入地球轨道并安全返回的人。美国人于 1958 年成立了国家航空航天局，它在最初几年中的太空项目主要是追赶苏联。1961 年 5 月 25 日，新上任的美国总统约翰·F·肯尼迪在国会联席会议上发起了公开挑战："我认为本国应该致力于实现这一目标，即要在这个 10 年结束之前让一个人在月球上登陆并安全返回地球。"因此太空成为"冷战中的一个新战场"，第一个到达月球的超级大国将在全世界人民的面前明确显示其在科学和技术上胜过了政治对手。太空竞赛也正好适合于电视。尤其是电视对短途的"水星号"飞船和"双子座号"飞船的太空飞行进行了自始至终的报道，有数千万观众通过学校或工作单位的便携式小型电视或家中的落地柜式大屏幕电视全神贯注地观看了报道。

269

估计全世界有 5.28 亿电视观众观看到月球舱飞行员奥尔德林完成了一系列的科学实验，这是 1969 年 7 月 20 日登月行动的一部分。（刊载此图获哥伦比亚广播公司的准许）

270　　每一次太空发射都构成一次电视新闻特别节目，它们大约每过 3 到 6 个月就会出现一次。每次发射都充满一系列戏剧性事件：从精心设计的缓慢倒数计时、爆炸式的发射升空、通过安装在太空舱外部及后来又安装在太空舱内部的摄像机间接体验太空之旅，到通常是愉快的结局——激动人心的海上溅落和回收。使这些电视报道更加激动人心的是太空旅行那明显的危险感。偶尔也的确发生了灾难，如 1967 年 1 月 27 日的"阿波罗 1 号"飞船，当时三个宇航员困在位于肯尼迪角发射台上的庞大"土星 1B 号"火箭顶端的太空舱中，他们实际上被活活烧死。这种时刻存在的危

险感是每一次太空飞行任务的一部分。在观看"阿波罗 11 号"的 5 亿多观众中没有一个人能明确知道这次登月行动最终是成功还是悲剧。这种不确定性也构成一种早期异常激动人心的现实节目类型。登月行动的高潮出现在世界标准时间大约 7 月 20 日晚上 10：17，即美国东部标准时间下午 5：17，这时，尼尔·阿姆斯特朗慢慢放下附在月球舱登陆台上的梯子，然后一步步走下梯子。他在梯子的三分之一处停下来，"拉开一个'D'形的手柄，打开一个储存匣并将一个美国无线电公司的黑白摄像机的镜头露了出来"，于是对他的行动的电视报道从这一刻起开始了。[82]

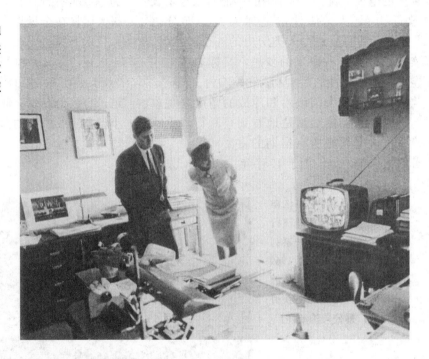

1961 年 5 月 5 日，肯尼迪总统夫妇像数千万其他美国人一样观看美国第一次载人太空飞行的电视报道。（刊载此图获约翰·F·肯尼迪图书馆的准许）

　　在月球上的实际着陆没有被摄像机现场拍摄下来。为此，哥伦比亚广播公司投资制作了"实际大小的控制舱和月球舱模型，由哥伦比亚广播
271 公司的记者和国家航空航天局的顾问操纵着，在一个四分之一英亩的演播室中模仿宇航员们的动作"，以向全世界的观众演示。[83]然而，当阿姆斯特朗一打开"雄鹰号"月球舱上的摄像机，其信号就传到绕月飞行的"哥伦比亚号"控制舱上，然后再传到地球上分别安置在澳大利亚、西班牙和美国加利福尼亚州的三个巨型天线上，它们再将信号转发到美国休斯敦的国家航空航天局，并最终传到各电视网。不到"1.3 秒"钟，阿姆斯特

朗就明亮地出现在一片灰暗的背景上，他身着发亮的白色太空服缓慢地移动着。[84]他下到梯子的底端时轻轻地跳下最后一级横档，当他的靴子安全地落在月球表面时，他评论道："这对一个人来说是一小步，但对人类来说却是一大步。"当阿姆斯特朗在月球表面留下第一批脚印时，美国有 4 000 万电视家庭——占美国家庭总数的近 70%——在收看着登月行动。[85]与这些美国观众一起观看的还有大约 4.25 亿其他国家的观众，他们"分布在 49 个国家，这些观众目不转睛地盯着电视屏幕，看入了迷"[86]。"在巴黎的阔佬聚会上，在赞比亚南部的部落篝火旁，在曼谷佛教寺庙的院落里，在科伦坡的街头，

在都柏林的舒适酒吧里，数百万人拥挤在电视机和收音机旁，人们用几十种语言来解说'阿波罗号'之旅。"[87]

登月行动的戏剧性场面更多地产生于这一事件的异常性，而不是产生于其视觉审美。在实际着陆前于演播室清晰传送的灰黄色"雄鹰号"月球舱的仿制品，与最初从月球表面电视播送的幽灵似的模糊黑白图像形成了强烈对比。由于是用固定镜头和角度拍摄的，这些静态的朦胧图像使人回想起早期实验电视的时代。阿姆斯特朗离开"雄鹰号"月球舱 15 分钟后，奥尔德林成为第二个在月球上行走的人。这两个宇航员花了半个多小时来测试他们在月球引力下的活动性，彼此拍照，检查他们的太空飞船，并在 60 英尺外的地方将第二部美国无线电公司的黑白摄像机安装在一个三脚架上，让镜头对着月球舱。这第二部摄像机及其较近的镜头使登月行动的电视图像质量总体上有了明显改进。阿姆斯特朗和奥尔德林的行于是更为清楚，甚至有时还有他们脸部的瞬间镜头，当时这两个宇航员都在重新学习走路，适应较低的月球重力以及他们大型背包的重量和体积。他们明显地为最基本的任务付出了最多的努力。例如阿姆斯特朗和奥尔德林花了大部分剩余的月球行走时间来收集 20 磅岩石样本，然后一起挣扎着每十多分钟一趟地将这些矿物袋搬上他们的太空飞船并放入活动门里面。

这些单调乏味的工作及它们粗劣的黑白图像本身绝不值得记忆，但是那前所未有的背景和从外部太空现场卫星传送图像的新奇性则使登月行动成为激动人心的电视播出。而且，登月行动的政治性与宣传性也绝对离不开其电视播出。例如，阿姆斯特朗和奥尔德林在全世界数亿观众的注视之下将一面美国国旗插在月球表面，接着出现了对一个电话的"两分钟广播联播"，这是理查德·M·尼克松总统从白宫椭圆形办公室向"阿波罗 11 号"全体工作人员致以衷心的祝贺。[88]同时，尼克松总统的图像也插播在全世界电视屏幕的左上角，当时他向宇航员们说："由于你们所做的工作，太空现在已成为人类世界的一部分。当你们从月球上的'静海'对我们说话时，这'静海'也激励着我们加倍努力给地球带来和平与安宁。"尽管登月行动"使越南战争退出了报纸的头版，

并暂时也退出了人们的脑海"——全世界 5 亿以上观众的脑海[89]，但尼克松总统的评论又间接地提醒人们：虽然"阿波罗 11 号"取得了空前的成就，但是在美国国内并不是一切都是太平和令人满意的。实际上，人们对登月行动的广泛反应就像 20 世纪 60 年代本身一样是复杂的和存在分歧的。"20 世纪 60 年代有一位总统遇刺（即肯尼迪总统），另一位总统则因越南战争而身败名裂（即约翰逊总统）。民事冲突在全国的大学中迅速发展，而种族骚乱又在全国的城市中点燃了烈火"，新闻史学家布鲁斯·埃文森（Bruce Evensen）记述道，"但登月行动似乎表明一个光明的未来仍是有可能的。"[90]

在 1969 年 7 月 16 日，估计"有 100 万地球人拥挤在肯尼迪角附近的海滩，以给'阿波罗 11 号'一个强劲而同心协力的欢送会，创下了发射时人口流出量的纪录"[91]。在这聚集的人海中，有副总统斯皮罗·T·阿格纽（Spiro T. Agnew）、伯德夫人（Bird）、前总统约翰逊，有参议员巴里·戈德华特（Barry Goldwater）、杰克·本尼、约翰尼·卡森，有 200 名国会众议员，有 100 位外交部长，有 275 位工商业界领袖。哥伦比亚广播公司的记者查尔斯·库拉尔特（Charles Kuralt）观察说，美国人得了"月亮疯"[92]。与此不同，《时代》周刊则问道："月亮是白色的吗?"[93]该杂志继续说，"在发射日，要人大看台成了美国有影响力的白人的缩影画；令人不安的是在这幅画中看不到黑人的脸。"[94]在美国的非裔美国人社区中，反对昂贵太空计划的声音尤其强烈。"得克萨斯州有油井、大工厂，现在又是世界的太空中心，它象征着富裕的美国"，国家福利权利组织的黑人区域主管赫伯特·詹姆斯（Herbert James）说，"但是在这个大州却可鄙地存在着大量贫困。在离太空中心几英里的范围内就有饥饿和饿死的现象。"[95]"由拉尔夫·阿伯内西（Ralph Abernathy）领导的'穷人的进军'四轮车队游行"也于 7 月 16 日抵达发射场以抗议登月行动。然而，当这位民权领袖看到"阿波罗 11 号"发射时，"他忘记了贫困并为宇航员们的安全而祈祷"[96]。登月行动至少暂时激起了人们对太空计划的空前兴趣，尽管一些群体明显要比另一些群体对电视报道感到更为激动。"如果对许多人来说月亮似乎是白色的，那么它也似

乎是中年的",《时代》周刊进一步推测说,"那些在电视和太空时代长大的年轻人似乎是所有人中最漠不关心者。"[97]

美国人在登月行动上击败了苏联人以后,美国政府就不再像以前那样支持国家航空航天局未来的计划——它包括"在月球上建立一个美国永久基地,载人火星之旅,建立一个绕地球运行的可容纳100人的空间站",以及许多其他雄心勃勃的目标。[98]在"阿波罗11号"之后,美国按计划又执行了6次"阿波罗号"登月任务,即"阿波罗12号"到"阿波罗17号"的登月,其中5次登月中又有10名新的宇航员在电视摄像机前进行了月球行走。但是后来这些登月报道的电视观众的数量骤减,因为人们对社会问题和拖延的越南战争的忧虑加剧了。政府最终取消了对计划中最后3次"阿波罗号"(即"阿波罗18号"到"阿波罗20号")飞行的资助,导致太空竞赛最终于1972年12月突然终止。然而由于有了电视,"阿波罗11号"为人类提供了一个以全新的方式观看地球的

机会。从浩瀚的太空中观看,人类看到自己的家园只是一个与其他星球相互联系的小小行星。在"雄鹰号"月球舱于月球表面着陆后的第二天上午,《纽约时报》在其第一版上刊载了阿奇巴尔德·麦克利什(Archibald MacLeish)的一首诗《月球之旅》(*Voyage to the Moon*):

> 在我们头顶上,比月亮更漂亮……
> 我们的奇迹,不可企及的奇迹……
> 那是明亮的地球。[99]

电视显然促进了这种越来越强的全球自我意识,即使冷战的紧张关系也在1969年7月的登月行动中表达出来,以供数亿人民观看并在此后静静地思考。而且,这次非凡的电视播出所具有的国际性范围和影响力也预示着电视在未来具有超越自我限制的潜力。在"电视网时代"——从大约1948年一直到1975年期间——这些自我限制一直将电视媒体局限于美国境内。

274

一个时代的终结

> 他们在这一季度没有赢,但他们在他们的季度里赢过。这就是麦克卢汉(McLuhan)所说的"恐龙效应"。哥伦比亚广播公司在灭亡之前已膨胀到了其最大规模。
>
> 全国广播公司副总裁保罗·L·克莱因(Paul L. Klein),《纽约时报》,1969年[100]

哥伦比亚广播公司、全国广播公司和美国广播公司因联合起来成功地报道了登月行动而暴富起来,它们显得好像它们的三网垄断将永远持续下去。尽管保罗·L·克莱因认为哥伦比亚广播公司当时的形式越来越过时的断言有些酸葡萄的意味,但却明显具有预见性。然而当时克莱因和许多其他电视业内行人士都很难过地认识到:他对哥伦比亚广播公司的批评同样也适合于全国广播公司和美国广播公司以及它们三个电视网在总体上对美国电视产业的完全控制局面。克莱因领导着全国广播公司的市场研究部,他是20世纪60年代末向与他打交道的广告公司和节目赞助商们如此强调观众人口结构的第一位高层电视主管。美

国广播公司自20世纪50年代中期起就将目标对准了中青年和青少年观众,但是三大电视网都是一直将它们能够向节目赞助商提供的纯观众数量作为衡量成败的标准。可是在1969—1970年度,克莱因论辩说,虽然哥伦比亚广播公司在该年度以微弱优势获胜,它拥有20%的收视率,全国广播公司为19.9%,美国广播公司为16.4%,但他所在的全国广播公司电视网实际上吸引了更好的人口成分。他向广告商提供的资料表明,全国广播公司的观众以年轻人和城市居民为主体,而哥伦比亚广播公司的观众虽然稍多一点,但却主要是年老的、乡村的、低档的观众,全国广播公司的观众比哥伦比亚广播公司的观众拥有更多可支配

的收入。[101]克莱因的论述非常具有说服力。他有力地论述说，尽管哥伦比亚广播公司在该年度获胜，但全国广播公司却是赞助商们的明智选择。此前从没有电视业内部人士如此有效地质疑电视"大众市场模式"的基本逻辑。这暗示着在电视产业的表面之下正在发生变革。

具有讽刺意义的是，尽管保罗·L·克莱因创造性地解读了那些数字，但对强调观众人口结构的新观点作出战略性反应的第一个电视网却是哥伦比亚广播公司，而不是全国广播公司。由于观众的人口结构原因，哥伦比亚广播公司在罗伯特·伍德（Robert Wood）的领导下彻底地重构了节目表。弗兰克·斯坦顿于1969年刚刚聘任罗伯特·伍德为电视网的新总裁。伍德是从哥伦比亚广播公司内部提升起来的，到1967年，他已经攀升到了该公司电视台部总裁的位置，主管电视网的5个全资电视台，它们分别位于纽约市、费城市、芝加哥市、圣路易斯市和洛杉矶市。他切身感受到作为这家全国第一大电视网的下属电视台，其5个电视台因电视网的节目太老化、太乡村化而不能在美国5个最大的电视市场上很好地适应观众的情况。伍德在销售和推销方面、节目设置方面都颇有经验，因而他在电视网中作出商业决策时，他明白人口因素——如年龄、性别、家庭收入、教育程度、地域分布等——具有越来越突出的重要性。因此他建议哥伦比亚广播公司彻底重构节目表，以将目标锁定于那些广告商们最感兴趣的年轻人、城市职业者。伍德任哥伦比亚广播公司电视网的新总裁时所面临的问题，就是其电视网有十几个收视率最高的黄金时间节目所吸引的观众都是电视网观众中那些最年老、最乡土的观众。他想停播《梅伯里 R.F.D.》、《这是露西》、《贝弗利的乡巴佬》、《雷德·斯凯尔顿秀》、《杰基·格利森秀》、《埃德·沙利文秀》、《格伦·坎贝尔欢乐时光》、《驴鸣》、《戈默·派尔，美国海军陆战队》、《绿色田野》、《长裙相连》，只有《硝烟》除外，即使这些节目的收视率都在排行榜前30名以内。

然而，罗伯特·伍德的节目主管迈克尔·丹恩（Michael Dann）却坚决反对这个孤注一掷的冒险战略，因为这些节目及其明星大部分曾是哥伦比亚广播公司在20世纪60年代的大部分时间甚至

更长时间里的标志。但伍德确信时代已经变了，如果简单地维持现状将很快给哥伦比亚广播公司带来灾难。因此他取得了威廉·佩利对他计划的支持并最终获胜。结果，迈克尔·丹恩于1970年初夏离开了该电视网，由他的一个年方32岁的门徒弗雷德·西尔弗曼（Fred Silverman）接替他的职位。与丹思相反西尔弗曼非常密切地配合伍德在哥伦比亚广播公司开发一代全新的系列节目，这些节目与以前相比更年轻、更时髦、更热门。他俩还一起正式启动了一部情景喜剧，该剧自1968年起就一直在美国广播公司的考虑之中。协力制片公司的诺曼·利尔（Norman Lear）、巴德·约金（Bud Yorkin）曾原创性地开发了一个测试节目《今不如昔》，它是以英国的一个火爆系列节目《至死分离》为基础创作的。美国广播公司两次将该节目忽略过去，直到伍德和西尔弗曼赌博般地将一个像阿尔希·邦克（Archie Bunker）——由卡罗尔·奥康纳（Carroll O'Connor）主演——这样带有缺点的角色引入黄金时间。邦克的一家是纽约市昆斯区的一个中下层家庭，家庭成员包括大嗓门、固执而有家长作风的父亲阿尔希，他长期忍受苦难的可爱妻子伊迪丝（Edith）——由琼·斯特普尔顿（Jean Stapleton）饰演，他的一个刚刚结婚的女儿格洛里亚（Gloria）——由萨莉·斯特拉瑟斯（Sally Struthers）饰演，和他的波兰裔女婿迈克尔·什蒂维克（Michael Stivic）——由罗布·赖纳（Rob Reiner）饰演。每周一次的激烈冲突明显是发生于阿尔希和迈克尔之间，他们一个是老派蓝领码头装卸工人，一个是自由派大学生，后者蓄着长发和胡子，身着扎染的T恤衫和牛仔裤。美国电视上以前从来没有见过像阿尔希·邦克这样的人物，也没有听到过像他与他女婿那样激烈的争执。阿尔希经常称他的女婿为"肉头"；经常说出一连串的带有民族和种族诋毁的话，如称黑人为"丛林兔子"，称犹太人为"女招待"，称波多黎各人为"讲西班牙语的美国佬"；他还说出一些根深蒂固的偏见，即大多数偏执的人也只在自己家中才会说的那些偏见之词。

《尽在家中》节目于1971年1月12日星期二晚首播，被置于不久就被停播的《驴鸣》节目之后播出。令所有人惊异的是，该节目最初几乎没有引起人们的注意，但到5月初，在该节目播出仅

仅 13 集之后，《尽在家中》就获得了几个艾美奖：杰出喜剧系列剧奖、杰出新系列剧奖、系列喜剧女主角杰出持续表演奖（由琼·斯特普尔顿获得）。弗雷德·西尔弗曼于 1971—1972 年度将《尽在家中》改在星期六晚 8：00 点播出，成为哥伦比亚广播公司在整个 20 世纪 70 年代的不可战胜之夜的支柱和象征。《尽在家中》很快上升为排名居全国第 1 的节目，并在此后的 5 个年度中一直保持这一地位。哥伦比亚广播公司中发生的形势转变可以通过两部完全不同的戏剧最好地体现出来，一部是《尽在家中》这部带有挑衅性的热门情景喜剧，另一部是该电视网 10 年前的那个愚蠢可笑的闹剧式火爆节目《贝弗利的乡巴佬》——当罗伯特·伍德于 1971 年 3 月 23 日大胆地决定将这部乡村情景喜剧停播时，它仍高居全国收视率排行榜第 18 位。电视电影于前两年在黄金时间节目中引入的内容革新为《尽在家中》节目奠定了基础。然而《尽在家中》却是处理像越南战争、种族主义、妇女权力、同性恋、性无能、更年期、强奸、酒精中毒及许多其他相关问题的第一个系列节目。《尽在家中》节目惊人的受欢迎度使随后的黄金时间系列节目更加容易地将那些具有争议性的主题纳入故事情节之中，从而改变了电视的面貌。不久，于 1972 年初，弗雷德·西尔弗曼建议诺曼·利尔再制作一部《尽在家中》的副产品系列节目，主要描写伊迪丝的那位极固执己见的中上层自由派表妹莫德（Maude）——由比阿特丽丝·阿瑟（Beatrice Arthur）主演。于是，这位坚定、直率而又武断的女性形象就出现在以她的名字命名的系列节目中，该节目于 1972—1973 年度的收视率居全国第 4 位，并在连续 4 年中一直是排在前 10 位的火爆节目。

诺曼·利尔不久就成为 20 世纪 70 年代最具影响力的节目制作商，其地位无人可比。除了上述节目外，他在这 10 年中还制作了 20 个节目，其中包括为哥伦比亚广播公司制作的《美好时光》、《杰斐逊一家》、《从前有一天》，以及为全国广播公司制作的《桑福德父子》。当时唯一能接近诺曼·利尔的协力/TAT 传播公司的成就的是 MTM 公司，这是另一家独立节目制作公司，由格兰特·廷克（Grant Tinker）和他当时的妻子玛丽·T·穆尔（Mary Tyler Moore）成立于 1970 年。《玛丽·T·穆尔秀》节目于 1970 年 9 月首播，比《尽在家中》节目早 4 个月，它也是过了一段时间才吸引住观众的。格兰特·廷克邀请他以前在拍摄《222 号房间》节目时的同事、节目制作人兼影视编剧詹姆斯·L·布鲁克斯（James L. Brooks）和艾伦·伯恩斯（Allan Burns）来再次合作制作《玛丽·T·穆尔秀》，于是他们将这部由性格驱动的情景喜剧在情感深度和精致度方面提升到一个全新水准。《玛丽·T·穆尔秀》的背景设置为虚构的明尼苏达州明尼阿波利斯市一个 WJW-TV 电视台的新闻编辑室，描写的是一个 30 多岁的独立职业女性玛丽·理查兹（Mary Richards）——由玛丽·T·穆尔饰演、她那脾气很坏但却很关心人的上司洛乌·格兰特（Lou Grant）——由埃德·阿斯纳（Ed Asner）饰演、她最亲密的知己和邻居罗达·摩根斯顿（Rhoda Morgenstern）——由瓦莱丽·哈珀（Valerie Harper）饰演，以及她的一大批同事和朋友。《玛丽·T·穆尔秀》当然不是第一部在工作场所制造家庭气氛的电视系列节目。实际上早在 1952 年，哥伦比亚广播公司的《我们的布鲁克斯女士》就在麦迪逊高级中学取得了类似的效果，剧中由伊芙·阿登主演的康妮·布鲁克斯（Connie Brooks）在该中学任教。然而，《玛丽·T·穆尔秀》却更新并进一步丰富了这一为人熟知的主题，甚至还革新了故事的弧线，这一弧线开始贯穿在一集接一集的节目之中，最终又贯穿在一年度接一年度的节目之中。例如在 1973—1974 年度，洛乌·格兰特的妻子伊迪（Edie）在结婚近 20 年后离开了他，在接下来的几集中，格兰特与伊迪这两个人物形象通过一系列事件得到不断发展和成熟，如离婚诉讼、离婚，以及在两个年度后伊迪最终与另一个人重新结婚。

在 20 世纪 70 年代余下的数年中，MTM 公司另外还为哥伦比亚广播公司制作了多部节目，包括《鲍勃·纽哈特秀》、《辛辛那提的 WKRP 电台》，还包括《玛丽·T·穆尔秀》的两个延伸节目《罗达》和《菲利斯》，以及该公司的第一部 1 小时戏剧《白色的影子》——它后来还制作了很多 1 小时戏剧。当弗雷德·西尔弗曼于 1971—1972 年度将《尽在家中》节目从星期二晚移到星期六晚播出后，《玛丽·T·穆尔秀》因靠近这部全国排名第一的节目而大大获益，并也闯进了排行榜的前 10 名。而且，西尔弗曼还于 1973—1974 年度将《陆军流动外科医院》节目插在《尽在家中》和《玛丽·T·穆尔秀》之间播出，这样为哥伦比亚广播公司产生了又一个爆发式火爆节目。《陆军流动外科医院》是由一个同名的热门电影——导演为罗伯特·奥尔特曼（Robert Altman）——改编成的电视系列节目，它是由剧作家拉里·格尔巴特（Larry Gelbart）创作并由他与吉恩·雷诺兹（Gene Reynolds）一起制作的。当来自越南的新闻变得越来越糟以后，像美国广播公司的《麦克黑尔的海军》、哥伦比亚广播公司的《戈默·派尔，美国海军陆战队》这样的军事情景剧在 20 世纪 60 年代中后期毫无希望地变得过时了。然而到 1972 年，随着战争走向结束，罗伯特·伍德和弗雷德·西尔弗曼认为这是播出反战喜剧的好时机，反战喜剧抓住并表达许多美国人对越南战争所感到的愤怒、沮丧和无可奈何。《陆军流动外科医院》很快成为哥伦比亚广播公司轰动一时的火爆节目，在此后的 11 个年度中有 9 个年度是高居尼尔森公司收视率排行榜前 10 名的节目。

《陆军流动外科医院》的背景表面上被置于 20 世纪 50 年代朝鲜战争的战线后方，描写隶属于第 4077 陆军流动外科医院的霍基·皮尔斯（Hawkeye Pierce）上尉——由艾伦·阿尔达（Alan Alda）主演——及其医生、护士和辅助人员们不受尊重的英勇行为。像 20 世纪 70 年代初期和中期哥伦比亚广播公司许多最新的情景喜剧一样，《陆军流动外科医院》将《尽在家中》节目的时事性和《玛丽·T·穆尔秀》节目的角色喜剧结合起来了。到 1973—1974 年度末，罗伯特·伍德在哥伦比亚广播公司的战略性赌博被整个电视行业广泛承认为真正的成功，因为他的电视网再次决定性地胜过其竞争对手，它拥有 21.1% 的市场份额，而全国广播公司则为 18.7%，美国广播公司为 17.7%。[102] 由于每一个百分点意味着 2 000 万美元的额外广告收入，因此罗伯特·伍德和弗雷德·西尔弗曼在哥伦比亚广播公司中神气十足，一时间他们开发节目的做法在其他两个电视网中被迅速复制。例如，全国广播公司除了安排诺曼·利尔制作的《桑福德父子》外，还安排了相关社会性情景喜剧，如《奇科与老板》（Chico and the

Man）；美国广播公司同样也增加了丹尼·阿诺德（Danny Arnold）的《巴尼·米勒》，以及几个针对"婴儿潮的一代"的 1 小时系列节目，如新时代西部片《功夫》和新潮的都市生活片《巴雷塔》。所有这些节目都针对为三大电视网现在所公认的最理想的人口群体，即年轻的、年龄在 18 到 49 岁之间的城市职业者，尤其是妇女。哥伦比亚广播公司、全国广播公司和美国广播公司的普及度达到了空前绝后的水平，因为它们的三网垄断于 1974—1975 年度达到了顶点，平均收视率达到该年度黄金时间观众的 93.6%。[103] 每一个电视网都高度盈利，它们在基本上封闭的 25 亿美元电视广告市场上仅仅是在彼此之间展开竞争。[104]

然而，在短短的 10 年之内，一切都将变得不同。哥伦比亚广播公司、全国广播公司和美国广播公司为取得短期成功而倾向于选择的战略——将它们的节目只指向特定的人口群体——也为电视行业作为一个整体最终走出其大众市场模式播下了变革的种子。在下一个 10 年中，在技术上、产业上和节目内容上的一系列革新将开启一个新时代，这个时代将以全新的"目标市场理论"为基础，正是这个理论将从根本上把大多数"广播机构"变成"窄播机构"。

同时，美国政府的三个尝试性举措也成为立法，这也反映了美国社会对美国电视现状普遍存在着不满。

第一，国会通过了《1967 年公共广播法案》（the Public Broadcasting Act of 1967）。这一立法产生了一个公共广播公司，旨在推动美国非商业性的广播与电视。联邦通信委员会于 1952 年在取消其为期 4 年的停发电视台执照令时，曾分配了 242 个频道用于非商业性的广播与电视目的。但这一目的在过去 15 年中基本上一直没有实现。国会这一立法的主要动机是"要填补被商业广播机构放弃或还没有发现的空隙"，例如"儿童教育节目，尤其是针对学前儿童；强调实用的'介绍基本知识和技能'的节目（如厨艺、房屋修理）；公共事务节目和纪实节目；高档戏剧节目"。[105] 为了实现这一目的，国家教育电视网于 1969 年 10 月开始每周一期地播出了由英国广播公司制作的 26 集《福赛特传奇》节目，这让美国观众尝试了黄金时间的"电视连续短片",并为 1971 年的《精品剧院》节目最终出台奠定了基础。此外,《芝麻街》于 1969 年首播;朱莉娅·蔡尔德(Julia Child)于 1970 年重拍了《法国厨师》;美国政府于 1973—1974 年度新成立了公共广播网,由于该广播网资深新闻播音员罗伯特·麦克尼尔(Robert MacNeil)和吉姆·莱雷尔(Jim Lehrer)作为搭档在报道参议院"水门事件"听证会时非常成功,于是它于 1975 年开播了《罗伯特·麦克尼尔报道》节目。

第二,联邦通信委员会于 1970 年 5 月 4 日采纳了《黄金时间进入准则》(the Prime-Time Access Rule)。该准则是《关于电视网广播的报告与命令》(Report and Order on Network Television Broadcasting)的一部分,而其又是联邦通信委员会在过去 12 年中的调查结果。联邦通信委员会于 1957 年开始警觉地发现当时全部黄金时间节目中有 28.7% 是由电视网自己制作的。到 1969 年,虽然这一数字下降到了 19.6%,但是联邦通信委员会认为,哥伦比亚广播公司、全国广播公司和美国广播公司在过去 12 年中通过把它们与各种电视系列影片制作商的联合安排从 38.5% 扩大到了 75%,它们实际上加强了对黄金时间的总体控制。而且,在这同一时期内,独立制作的黄金时间节目所占比例从 32.8% 下降到 5.4%。《黄金时间进入准则》于 1971 年 9 月 1 日生效,将哥伦比亚广播公司、全国广播公司和美国广播公司从星期一到星期六在全国 50 个最大电视市场上的黄金时间节目安排由每天 4 小时限制为 3 小时,即从 8:00—11:00;这使三大电视网安排节目的黄金时间由以前的 28 小时减为 22 小时。[106] 联邦通信委员会采纳该《准则》的目的是"要打破电视网对黄金时间的垄断;要为独立节目制作商打开新的市场——这些节目制作商抱怨受到三大电视网的支配;要鼓励新的节目形式创新;要给予各电视台在最恰当的观看时间内安排最有意义的地方节目的机会"[107]。

尽管有最美好的愿望,但当《黄金时间进入准则》于 1971 年秋付诸实施时它几乎在所有方面都遭到失败。该准则对电视网进入黄金时间的限制的确超过 20%,但它实际上没有鼓励任何节目革新和地方节目制作。而且,任何独立制作节目的增加主要局限于改编以前被砍掉的电视网系列节目,如爱德华·盖洛德(Edward Gaylord)的《驴鸣》、

劳伦斯·韦尔克(Lawrence Welk)的《劳伦斯·韦尔克秀》等;或是创作廉价的 30 分钟信息娱乐节目,或是游戏节目,例如 W 组节目制作公司的《PM 杂志》(PM Magazine)、马克·古德森和比尔·托德曼的《家仇》。主宰晚上 7:00—8:00 时间段的是这类首轮播出的联合发售节目,而不是地方制作的节目。

第三,也是最重要的一点,就是《金融权益与联合发售准则》(the Financial Interest and Syndication Rule)的出台。该准则差不多是《黄金时间进入准则》讨论的孪生物,并且也是《关于电视网广播的报告与命令》的一部分。该准则对哥伦比亚广播公司、全国广播公司和美国广播公司无论是在国内还是在国外可以制作和联合发售的原创节目总量设置了严格的限制。《金融权益与联合发售准则》旨在抑制电视产业中的"垂直合并",即三大电视网对节目的制作、批发和零售环节的近乎完全控制。哥伦比亚广播公司、全国广播公司和美国广播公司是批发商,它们已经对自己的附属电视台(即零售商)实施着制约性的于己有利的影响。现在,联邦通信委员会有充分的证据认为它还主宰着电视的制作领域(即制造商)。《金融权益与联合发售准则》极大地削减了电视网的权力,并严格地限制它们在未来成为节目的制作商、合伙制作商和联合发售商。后来的司法行动也进一步加强了这一准则的重要性和可实施性。其结果是,许多独立节目制作公司,如上述的协力/TAT 传播公司和 MTM 公司,还有好莱坞的大小电视节目制作商都因该准则而繁荣起来。

并不奇怪的是,哥伦比亚广播公司、全国广播公司和美国广播公司最初在遵循《金融权益与联合发售准则》方面迟迟不采取行动,尤其是在它们因国会于 1971 年 1 月 2 日开始禁止电视播出香烟广告而一下子就失去 12% 的广告收入之后。[108] 各电视网最初想通过尽可能地无视《金融权益与联合发售准则》,并增加它们在节目联合发售中的参与度和影响力来减少在香烟广告方面的损失。让它们停止此举的是司法部于 1972 年 4 月 14 日提出的诉讼案,控告三网垄断违反了反垄断法。实际上这一指控是完全有根据的。但是被告们迅速反控说,司法部的指控主要是出于政治动机而不是出于司法动机,这一反控也是事实。[109]

281　尼克松政府与三大电视网之间在越南战争的报道问题上存在的对抗是有充分记载的。[110] 在 1968 年"春节攻势"后，电视新闻对在越南的事态进展从原来支持和乐观的立场转变为越来越强烈的批评和反战立场。作为反应，新上任的尼克松政府中的总统助理杰布·马格鲁德（Jeb Magruder）于1969 年 10 月给白宫人事主管 H. R. 霍尔德曼（H. R. Haldeman）发出了如下一个手写的建议：

　　本政府面临的真正问题就是要以如下方式来对付这些不公正的报道，即我们要对电视网的基础施加重要影响，以使电视网……开始对此有不同的看法……我们可以利用反垄断部门去调查各媒体涉嫌违反反垄断法的行为。我认为，即使是反垄断行动的潜在威胁也会有效地让它们改变对上述事件的看法。[111]

　　因此不久之后，司法部就准备了类似的反垄断诉讼案作为未来对付三大电视网报道政府的措施。这些案情摘要可在需要的时候提供。

　　这个时机于 1972 年 4 月中旬到来了，那是在电视网发布了一连串报道越南"复活节攻势"的极坏消息的两周之后，当时北越发动了自"春节攻势"以来最大规模的进攻，跨越了非军事区进入南越。于是国内事务首席顾问约翰·埃利希曼（John Ehrlichman）发出了提起诉讼的指令，因为这时司法部长约翰·米切尔（John Mitchell）已经离开了司法部去担任总统重选委员会主席。尼克松政府的司法部在政治上敏感的选举年是否注意过《金融权益与联合发售准则》和电视网对电视产业生产领域实行垄断性控制的情况，这在今天仍不得而知。但电视对越南战争的报道很明显是激发启动这些诉讼程序的一个重要因素。而且，这些反垄断诉讼一旦启动就难以终止，它们一直持续到尼克松政府结束之后。[112] 这些诉讼后来还有了自己的寿命，它们都以三大电视网签署同意判决书告终：全国广播公司于 1976 年 11 月 17 日签署，哥伦比亚广播公司于 1980 年 7 月 31 日签署，美国广播公司于 1980 年 11 月 14 日签署，每一个电视网最终都承诺接受《金融权益与联合发售准则》的法律约束。[113] 这些妥协进一步削弱了三大电视网的垄断地位。因此，越南战争引起了

许多意料之外的、对美国社会和文化具有重要影响的结果，甚至在那些似乎与越南战争没有任何直接联系的领域也是如此，如美国电视产业。具有讽刺意义的是，电视在越南战争中的角色"在美国改变在越南的路线方面或许与其说是一个领导者，不如说是一个追随者"，就像它在"水门事件"中一样——这一事件开始于 1972 年并在此后的两年中逐渐发展成为一场全国性危机。[114]

　　"水门事件"实际上是一系列逐步展开的事件，开始于 1972 年 6 月 17 日 5 个小偷闯进位于华盛顿特区水门综合建筑群的民主党全国委员会办公室后被捕，结束于 1974 年 8 月 9 日理查德·尼克松总统辞职。尽管共和党人的这一卑鄙行为发生在 1972 年总统大选之前仅仅 20 个星期，但是在该年秋季选举期间"水门事件"与越南战争相比仍是第二档次的关注对象，因为直到尼克松以60％比 38％的选票压倒性地战胜反战候选人乔治·麦戈文（George McGovern）之后很久，大多数涉及该事件的证据还没有浮出水面。1973 年 1月 27 日，美国卷入越南战争因《巴黎和平协定》的签订而正式告终。从此，"水门事件"成为人们关注的中心，为此美国参议院成立了参议院总统竞选活动听证会，该听证会开始于 1973 年 5 月 17日，结束于同年 11 月 15 日，期间有两次休会。在大多数情况下，哥伦比亚广播公司、全国广播公司和美国广播公司每过 3 天就轮流地对听证会进行报道，共报道了 300 多个小时。公共广播网也于每天晚上电视播出当天听证会的录像。据报道，"观众调查发现全国有 85％的家庭观看了听证会的全部或部分报道。哥伦比亚广播公司估计家庭观众通过三大电视网观看白天报道的总时间达 16 亿小时，通过公共广播网在晚上观看的总时间达 4 亿小时"[115]。对大多数美国观众来说，"水门事件"成为一个全国性困惑，他们惊奇地观看着并感到难以置信的是越来越多的证据逐渐表明：非法隐瞒手段的确存在，而且不只是总统的雇员卷入了事件，连理查德·尼克松总统本人也卷入了事件。

　　"'水门事件'的新阶段"开始于 1974 年 2 月6 日，"这时美国众议院以 410 票支持对 4 票反对决定授权众议院司法委员会调查是否有充分理由弹劾尼克松总统"。[116] 这个由 38 人组成的委员会于该年 5 月 9 日开始进行关门辩论，最终决定将最后

282

6天的讨论（开始于7月24日）向电视开放。这些会议的高潮出现在7月30日，这天众议院司法委员会投票以压倒性多数支持向尼克松总统提出三项指控。接着，全体众议院代表投票决定允许电视报道定于8月18日开始的整个弹劾辩论。尼克松总统感到弹劾不可避免，于是于8月8日晚黄金时间向全国发表电视讲话，告诉他的国民说他打算于第二天中午辞职。这16分钟的讲话"有1.1亿人观看，比历史上任何一次总统讲话的观众都要多，其观众数量仅次于观看第一次月球行走的电视观众"[117]。美国人被肯尼迪总统遇刺事件突然抛入到这一个动乱的时代，现在他们希望这一切将随着理查德·尼克松总统的辞职而告终。就像大萧条和第二次世界大战给他们的父辈一代留下了不可抹去的印记一样，越南战争和"水门事件"从此也将成为大多数"婴儿潮的一代"人一生中最重要的两个影响性格形成的事件。《时代》周刊于1966年报道说："他们从电视中首先获得了近乎可怕的感悟能力和早熟，这一点常常令成人们感到震惊。"[118] 10年之后，电视仍然是塑造一代人思想认识的基本因素，这代人因过去10年中发生的所有变革和心灵创伤而变得更少天真而更多谨慎。

283

对大多数美国观众来说，"水门事件"成为一个全国性困惑，他们惊奇地观看着并感到难以置信的是越来越多的证据逐渐表明：非法隐瞒手段的确存在，而且不只是总统的所有雇员卷入了事件，例如前白宫顾问约翰·迪安（John Dean），连理查德·尼克松总统本人也卷入了事件。（刊载此图获马里兰大学美国广播图书馆的准许）

越南战争和"水门事件"的结束标志着美国的一个新起点，也标志着电视产业的一个新起点。美国广播公司在20世纪70年代中后期突然成为一个走在前面的电视网。伦纳德·戈登森于1974年11月提升弗雷德里克·皮尔斯（Frederick Pierce）为美国广播公司电视网的总裁，以期能再次振兴该电视网在电视业中的竞争力。皮尔斯是一个彻头彻尾的美国广播公司人，从1956年起就在美国广播公司服务，先后从事过研究、销售、推销、节目设计等工作。他是当时美国广播公司中最全面的一位电视网总裁。他任总裁后最初的举措之

284

一就是将弗雷德·西尔弗曼——他被普遍认为是最有才华的电视节目设计者——吸引到美国广播公司。在秘密"追求"西尔弗曼几个月之后，皮尔斯终于与他签订了合同，任命他为美国广播公司的新任娱乐部总裁，合同于1975年6月16日生效。皮尔斯与西尔弗曼之间的搭档很快就证明要比此前6年中罗伯特·伍德与西尔弗曼之间的搭档更有活力、更为成功。美国电视这时正处于再创新的过程中，而美国广播公司则是第一个抓住这一浪潮的主要电视网。从许多方面看，1976年是一个转折年。美利坚合众国通过许多"建国200周

年"庆典活动来自我更新。同样，美国广播公司也通过开辟新的道路来给自己的未来注入新的活力，其标志就是它在体育、新闻、娱乐节目方面进行实验、革新和冒险。一开始，"它于建国 200 周年的体育节目表就包括夏季和冬季奥运会和世界职业棒球大赛——它自 1976 年起从全国广播公司手中夺得了世界职业棒球大赛的播出权"[119]。美国广播公司在前进，无论是在国内还是在国外；不久它将走出电视产业大厦的地下室并爬到其尖顶上。

第8章

没有极限

卫星电视、有线电视与电视的再创新（1976—1991）

 美国广播公司的大世界

美国广播公司的突然崛起在广播史上是绝无仅有的，在任何久负盛名的产业中也是极为罕见的。在短短的两年之中，它就像当年克莱斯勒汽车公司将通用汽车公司淹没而将福特汽车公司打回其老家迪尔伯恩市一样。

《时代》，1977年9月5日[1]

在增进美国电视观众越来越强的国内意识和国际意识方面，体育节目是贡献最大的节目类型之一，其地位仅次于新闻节目。直到1957年，即使是美国的民族娱乐活动——棒球运动，实际上也还是一个区域性的联盟体育运动，其中只有圣路易斯队位于密西西比河以西。1958年，沃尔特·奥马利（Walter O'Malley）将布鲁克林道奇队迁到了洛杉矶，而霍勒斯·斯托纳姆（Horace Stoneham）则将纽约巨人队迁到了旧金山，这时美国的职业棒球大联盟才最终扩展到了西海岸。这两个球队的老板于该年都出席了一个调查在职业体育比赛中违反反垄断法的行为的国会分委员会，并证实了刚刚更名的洛杉矶道奇队和旧金山巨人队全力支持暗迹管电视公司发展付费电视系统的计划，以通过电缆在全加利福尼亚州电视播出棒球赛。当地的政治家们最终否决了这一付费电视的尝试，但洛杉矶市和旧金山市的大批居民却热情地接纳他们的新球队，因为道奇队和巨人队自一开始就提供了比赛的广泛电视报道。[2]观看电视比赛刺激了球队的利益，导致了比赛门票收入的增长；然而，这两支球队最终享有的主要收入源自出售它们比赛的地方和全国电视播出权，这意味着在此后的 20 年中电视将为职业棒球大联盟的大多数特许经营者，以及全国足球联盟和全国篮球协会的大多数球队，提供一种大发意外横财的潜力。随着体育节目类型的流行及其影响范围从东海岸扩展到西海岸并遍及世界，电视、体育与广告到 20 世纪 70 年代中期越来越紧密地结合在一起，形成了一个亿万美元的伙伴关系。

286　　　特别是在美国，典型的家庭于 1976 年平均每天观看电视的时间达 6 小时 26 分钟，其中有 20% 的时间用来观看体育节目。就男人和男孩子来说，这一数字要更高，他们观看电视的总时间的 25% 以上被用于观看体育类节目。[3]女人和女孩子也开始更多地关注电视上的体育节目。美国广播公司于 20 世纪 60 年代初将其最后一个在黄金时间定期播出的体育节目——拳击比赛砍掉了，当它后来在黄金时间被重新引入体育节目类型时，它在体育节目方面走到了领先地位，它的措施是将体育节目的重点转移到体育比赛的戏剧性场面和个人维度上，而不是仅仅依靠平淡无趣地描述比赛策略和统计数字。自 1968 年的墨西哥夏季奥运会开始，美国广播公司体育部一直遵循着体育部总裁鲁恩·阿利奇（Roone Arledge）开创的模式，即突出运动员的个人生活以吸引那些非体育爱好者尤其是女性来观看这些电视播出，这一模式在《星期一晚足球》节目于 1970 年 9 月首播时达到高潮。阿利奇让霍华德·科瑟尔（Howard Cosell）和唐·梅雷迪思（Don Meredith）这样生动有趣的名人任体育评论员，这些体育评论员与其实况播音员基思·杰克逊（Keith Jackson），尤其是弗兰克·吉福德（Frank Gifford）一起凭自己的表现成为黄金时间的明星。最初那些体育纯粹主义者批评《星期一晚足球》节目说，他们感到该节目像马戏团式的肥皂剧。很明显，该节目不像他们于星期六和星期天下午所习惯看到的任何大学足球赛或职业足球赛节目。然而阿利奇的目的是要拓展体育节目类型的魅力，因此他为自己的新系列节目辩护说："在星期一晚上我们是在从事娱乐业务，是在与其他电视网争夺黄金时间的收视率。在此我们较少地做武断评价，我们还尝试更具个人风格地记录比赛行动。"[4]

然而，在美国广播公司中或是在全国足球联盟中，没有人就该节目的结果进行争论。《星期一晚足球》节目在第一年度的平均收视率是 18.5%，占 35% 的份额；它不久就确立了自己多年处于收视率排行榜前 20 名的火爆节目地位，直到 20 世纪 70 年代结束。[5]而且，鲁恩·阿利奇还是推动体育电视节目国际化的最主要人物。他在进入美国广播公司之前，曾在杜蒙公司短期工作过，还在全国广播公司工作了数年。他于 1960 年被埃德加·谢里克（Edgar Scherick）雇用到美国广播公司制作大学足球赛节目，这是当时该电视网签约播出的唯一主要体育节目。阿利奇与谢里克创办《体育大世界》节目时才 29 岁，他们将美国广播公司严重亏损的体育节目转变成为一个强势节目。该系列节目彻底刷新了美国体育爱好者的电视观看体验。鲁恩·阿利奇作为该节目的执行制作人，287 改变了当时大多数体育电视节目相当静态而乏味的风格，开创了一种更有新意、更激动人心的节目风格，展现范围更加广泛的体育活动。他于 1961 年给谢里克写了一个公司便条，描述了他为《体育大世界》设想的各种新的节目制作技术，如"吉普车载摄像机、手持式摄像机、改变麦克风的声音效果，甚至使用直升机"，他总结说："我们将把演艺界的手法应用于体育节目。"[6]他播出的第一个重大体育比赛就是美苏莫斯科田径赛：

那是在冷战的高峰，由世界上两个超级大国参加的体育比赛常常变得比整个赛事更加重要，并成为吸引那些平时不看体育节目的观众的一种有效方式，因为现在他们的爱国热情驱使他们观看。在该节目最初的 20 个星期中，包括莫斯科田径赛在内，《体育大世界》节目安排播出了伦敦足球冠军赛、法国莱曼汽车赛、日本明星棒球赛。[7] 288

到 1965 年，鲁恩·阿利奇及其《体育大世界》节目组成为"大西洋卫星的第一批用户，这使他

美国广播公司体育部一直遵循着其总裁鲁恩·阿利奇（右）开创的模式，即突出运动员的个人生活以吸引那些非体育爱好者来观看这些电视播出。阿利奇在其漫长的职业生涯中共获得 37 个艾美奖。站在左边的是 O. J. 辛普森（O. J. Simpson）。（刊载此图获马里兰大学美国广播图书馆的准许）

们能从世界各地制作现场体育节目"[8]。这个杂志型系列节目是当时所有电视网中最具活力、节奏最快的周末下午节目。它很快成为美国广播公司的一个固定节目，并从此开始革新体育电视节目的内容和形式。阿利奇于 1966 年解释说："我们所谋求的就是要让观众满怀激情地卷入进来，即使他们对比赛毫不在乎，他们或许仍然会喜欢该节目。"[9]鲁恩·阿利奇在提升《体育大世界》节目的娱乐价值方面有两个主要措施，即培育明星运动员和率先采用最新的技术和技巧。他把哥伦比亚广播公司的新闻记者吉姆·麦凯（Jim McKay）雇用过来担任这一创新性系列节目的主持人。他俩共同拟写了该节目的标志性开场白，每一集开始时都由吉姆·麦凯朗诵并伴以人们熟悉的喇叭声，开场白说道："囊括全球以向你呈现体育运动的丰

富多彩、胜利的狂喜、失败的巨痛、体育比赛的人间戏剧，这里是美国广播公司的《体育大世界》节目！"接着，阿利奇让两个极引人注目的人物结对出场，一个是重量级拳击冠军穆罕默德·阿里（Muhammad Ali），一个是直率的、反传统的比赛实况解说员霍华德·科瑟尔，他们反复提醒观众说："我如实讲述。"科瑟尔因与阿里结伴而迅速崛起成为明星。当阿里在越南战争期间作为一个认真的反战者因拒绝加入美国陆军而被纽约州拳击委员会剥夺了他的称号时（这一决定后来被美国最高法院推翻），科瑟尔还坚决地为这位拳击手辩护。

阿利奇尽可能地采用具有视觉吸引力的图表，同时也采用慢放和瞬间重放手法，将一些原不重要的体育项目如体操、田径赛、滑降滑雪、花样滑冰、游泳、跳水、牛仔竞技表演、汽车赛等也转变为极受欢迎的电视魅力节目。《体育大世界》节目甚至报道一些异乎寻常的奇特表演，如冒险勇士埃韦尔·克尼韦尔（Evel Knievel）的摩托车跳跃，包括他于 1974 年 9 月 8 日用他自己家制的摩托车尝试跳越爱达荷州斯内克河峡谷的表演，于那个星期天下午吸引了大批电视观众，收视率惊人地达到 22.3%。[10]鲁恩·阿利奇在《体育大世界》节目上的成功导致他于 1965 年被提升为美国广播公司体育部副总裁，接着于 1968 年又升为总裁。他从 1964 年到 1988 年共监制了 10 次夏季和冬季奥运会的电视播出。

美国广播公司体育部在 1972 年慕尼黑夏季奥运会期间表现尤其突出，其间鲁恩·阿利奇从 9 月 5 日到 9 月 6 日到控制室，亲自指导了连续 17 个小时的电视报道。在这两天痛苦的日子里，来自"黑色九月"组织的 8 名恐怖分子闯入了奥运村，在全世界估计 9 亿观众的面前，劫持了 11 名以色列运动员人质作为宣传其政治事业的方式。[11]在阿利奇的全权负责和领导下，美国广播公司的节目制作组迅速地适应紧急情况，吉姆·麦凯一直保持现场直播状态。此举成为国际电视现场持续报道类型的先河，有线电视新闻在 20 世纪 80 年代进一步拓展了这一做法，在 1991 年海湾战争的造势和发动期间这种做法得到充分展现。就慕尼黑人质危机来说，吉姆·麦凯在耳机中一听到阿利奇述说的消息就立即将这最新情况播报出来。当麦

凯最终听到拯救人质失败、导致绑架者与德国警察在慕尼黑机场发生致命的枪战时，疲惫而明显震惊的麦凯转过身来对着摄像机，向当时正在观看的约 1 亿观众（包括美国的近 4 500 万观众）报道说："我们最大的希望和最坏的恐惧是很少真的发生的。他们现在说共有 11 名人质，其中 2 人于昨天早上在他们的房间里被杀，9 人于今晚在机场被杀。他们全没了。"[12]

早在慕尼黑奥运会之前，美国广播公司已经被广泛认可为电视行业中第一大体育电视网。现在，美国广播公司又通过在黄金时间播出 1976 年在奥地利英斯布鲁克市举办的冬季奥运会，尤其是于 5 个月后播出在加拿大蒙特利尔举办的夏季奥运会，将该电视网不可思议地推进到了收视率首位，从而使该电视网在体育节目方面来之不易的声誉和专门知识得到进一步提升。全国广播公司曾于 4 年前为取得 1972 年在日本北海道举办的冬季奥运会播出权支付了 650 万美元，但其毫无生气的报道导致观众和收视率都低于预期，该公司因而赔了钱。尽管如此，鲁恩·阿利奇还是花了 1 000 万美元取得了 1976 年冬季奥运会的播出权。阿利奇对美国广播公司富有经验和才华的《体育大世界》节目制作组怀有信心，该节目后来在 1976 年 2 月连续 12 天的冬季奥运会播出中在与全国广播公司和哥伦比亚广播公司的黄金时间娱乐节目阵容竞争时"在其时间段里基本都获胜了"[13]。

尽管在整个运动会中美国一共只得了 7 枚奖牌，而苏联却得了 27 枚，民主德国得了 19 枚，而且美国只有获得金牌的花样滑冰运动员多萝西·哈米尔（Dorothy Hamill）一人成为突显的明星，但是美国广播公司却为观众提供了大量令人激动、亲切而富有戏剧性的场面。资深节目制作人唐·奥尔迈尔（Don Ohlmeyer）多年后回忆说，在英斯布鲁克市奥运会的最后一天，他们刚完成了"6 个小时的播出就取得了 40％ 的份额，而他们却连一项比赛也还没有放进《体育大世界》节目中（当天的赛项有滑雪射击竞赛以及瑞典和苏联之间的曲棍球比赛）"，他和阿利奇在控制室中开始笑了起来。[14] 美国广播公司体育节目组的人有理由为他们的节目制作能力与叙事能力感到自豪，美国广播公司的总裁弗雷德里克·皮尔斯和

该电视网的新任娱乐主管弗雷德里克·西尔弗曼也是如此。

全国广播公司、哥伦比亚广播公司和美国广播公司在 20 世纪 70 年代中期各自都在提炼自己的广告标语，以此来确定自己既不同于其两个主要竞争对手，也不同于那些新建立的数量越来越多的有线电视公司的独特身份，尽管它们当时还没有称其为品牌打造。全国广播公司、哥伦比亚广播公司和美国广播公司第一次开始播出大量的推销宣传内容，以便在美国年轻的、城市的、专业的观众中培养和巩固更加忠诚的追随者。例如，在美国建国 200 周年时，全国广播公司开始自称是"美国的电视网"，哥伦比亚广播公司则高喊"抓住最耀眼的明星"以宣传它所拥有的众多黄金时间演员。

与此不同，美国广播公司的市场营销人员设计了一个双管齐下的进攻策略。首先，他们直接告知观众说"让我们成为第一"，因为美国广播公司在 1975—1976 年度刚刚攀升到第二的位置，当时其在黄金时间的收视率为 19.0％，而哥伦比亚广播公司为 19.6％，远远落在后面的全国广播公司只有 17.7％。[15] 与该策略相结合的是，美国广播公司还提醒公众说美国广播公司是"奥运会的电视网"。美国广播公司因在英斯布鲁克冬季奥运会上出乎意料的有力表现而突然崛起，"当时鲁恩·阿利奇高超的引人注目技巧和卓越的报道攫取了夜间 34％ 的观众份额，削弱了哥伦比亚广播公司和全国广播公司新闻节目的影响力"。美国广播公司的营销人员于是以奥运会的五环标志为基础设计了一个美国广播公司的标志，其中上面的三个环分别代表 a、b、c 三个字母（即美国广播公司），下面两个环则将整个形象连为一体。[16] 因此，美国广播公司将其身份尽可能地与已经获得广泛认同的、象征团结和国际体育精神的奥运会标志联系起来。接着，美国广播公司准备全力以赴，为数量将比冬季奥运会更多的黄金时间观众制作出一场令人难忘的、为期 16 天的夏季奇观（从 7 月 17 到 8 月 1 日）。虽然它拥有更多的观众，美国广播公司还是打算不间断地大肆宣传它即将推出的秋季节目阵容。美国广播公司将在蒙特利尔奥运会中投入比以往更多的资金、人力和资源。美国广播公司为获得 1976 年夏季奥运会的播出权花费了

2 500 万美元，而 4 年前它为慕尼黑奥运会只付出了 750 万美元。[17]然而这笔投资却为美国广播公司带来了丰厚的回报。

鲁恩·阿利奇组建了"一个奥运会节目队，它除了约 30 名实况解说员外，还有 470 名工作人员，包括导演、摄影师、技术人员，以及节目主持人吉姆·麦凯——《时代》周刊称他是电视体育节目中的沃尔特·克朗凯特。阿利奇将其控制中心建立"在一个隔音的预制电视总部中，它包括两个标准规格的演播室"和几个"控制室"，这里"有 12 个现场直播信号"将同时"通过三个卫星……被提供给 70 多个国家的广播机构"。[18]在第二个夏季奥运会播报期间，一个身材矮小的少年体操运动员成为极受人喜爱的人物，不仅在比赛中很活泼，而且在全世界的电视屏幕上也表现得很活泼。这位年方 14 岁的罗马尼亚运动员纳迪亚·科默内奇（Nadia Comaneci）击败了 1972 年奥运会的三金获得者——来自苏联的奥尔加·科尔布特（Olga Korbut），以前所未有的 7 个满分的成绩主宰了三个项目：个人全能、平衡木和高低杠。更令美国人高兴的是，有 20 多位美国运动员获得金牌，包括如下镜头友好型明星运动员：十项全能冠军布鲁斯·詹纳（Bruce Jenner）和 63.5 公斤级拳击冠军休格·R·伦纳德（Sugar Ray Leonard）。在约两个半星期的报道中，美国广播公司"在每一天的所有时间段都获胜，平均获得了 49% 的观众份额"，这意味着要比全国广播公司和哥伦比亚广播公司的观众之和还要多。而且，美国广播公司从这一"体育重磅炸弹"中获得的能量一直持续到了这年秋季，因为它在下一年度开始后继续增加自己相对于另外两大电视网的优势。[19]具有重大意义的是，美国广播公司对 1976 年夏季奥运会的报道还展示出一个惊人的前景，即电视具有作为国际媒体的巨大潜力，这提升了该电视网在美国国内和国际观众中的声望。

弗雷德里克·皮尔斯为奖励鲁恩·阿利奇多年来所取得的许多成就，尤其是他在奥运会上所取得的胜利，于 1977 年 5 月任命他为美国广播公司新闻部总裁。皮尔斯让阿利奇继续担任美国广播公司体育部总裁，只是将其权限扩大到了新闻部。尽管美国广播公司电视网于 1976—1977 年度终于在娱乐节目方面第一次攀升到了首位，但其

新闻部当时仍在困境中挣扎。而且该电视网的新闻部还深深地陷落在第三位，其平均收视率只有 17%，而行业领袖哥伦比亚广播公司则拥有 30%，全国广播公司也有 26%。[20]新闻部的士气也很低落，尤其是当公司以广受关注的 100 万美元合同将芭芭拉·沃尔特斯（Barbara Walters）从全国广播公司聘请过来作为第一个女主持人共同主持晚间新闻播出之后。沃尔特斯从 1976 年 10 月 4 日开始与长期以来的资深新闻节目主持人哈里·里森纳（Harry Reasoner）结对主持，但是里森纳自一开始就抵制这一做法，导致新闻播出既紧张又不协调。当鲁恩·阿利奇 7 个月后开始着手稳定和改进这一状况时，公司内部和整个行业范围的压倒性反应是"从怀疑到直接地鄙视"[21]。阿利奇的批评者认为他缺乏新闻训练，并预言的《美国广播公司晚间新闻》节目很快将变成一个玩笑节目《新闻大世界》。但对阿利奇来说，他保证将建立起"拥有一流人才的一流新闻机构"[22]。他的这一许诺是经过了很长时间才得以实现的。阿利奇的确立了"大世界"的路径，但他推动美国广播公司新闻部进一步实现国际化的努力实际上是提高了新闻节目的质量，而不是像其诋毁者所预言的那样降低了标准。

鲁恩·阿利奇花了 1 年的时间来思考《美国广播公司晚间新闻》节目，直到 1978 年 7 月 10 日才开启经重组的《今夜世界新闻》，其主持人弗兰克·雷诺兹（Frank Reynolds）位于华盛顿特区，马克斯·鲁宾逊（Max Robinson）位于芝加哥——他是美国第一位非裔节目合伙主持人，彼得·詹宁斯（Peter Jennings）位于伦敦。詹宁斯擅长于国际报道，这使美国广播公司在国际新闻方面获得了超过哥伦比亚广播公司和全国广播公司的重大优势。在 5 年之中，《今夜世界新闻》取得了与《哥伦比亚广播公司晚间新闻》和《全国广播公司夜间新闻》平等的地位。《哥伦比亚广播公司晚间新闻》现在由丹·拉瑟（Dan Rather）主持，他于 1981 年 3 月 9 日接替了沃尔特·克朗凯特；《全国广播公司夜间新闻》由汤姆·布罗考（Tom Brokaw）主持，他于 1982 年 4 月离开了《今日》节目来与罗杰·马德（Roger Mudd）结伴主持该晚间新闻节目，从 1983 年 9 月 5 日起由他单独主持。1983 年 9 月 5 日，也是彼得·詹

宁斯首次成为《今夜世界新闻》的单独主持人的日子，弗兰克·雷诺兹于几个月前英年早逝，死于骨癌。在由鲁恩·阿利奇一个个招揽到的明星人才组成的越来越大的美国广播公司人才星系之中，詹宁斯是当时的群星之首。阿利奇还将新闻部进一步向前推进，设立了几个形式新颖的新闻节目，其播出安排也打破常规。例如，在位于伊朗首都德黑兰的美国大使馆被一批学生军占领 10 天后，阿利奇于 1979 年 11 月 4 日设立了一个 30 分钟的硬新闻节目《美国成为人质》，每周播出 5 个晚上。1980 年 3 月，会说多种语言（英语、法语、德语、俄语）、擅长国际新闻报道的记者特德·科佩尔（Ted Koppel）任《美国成为人质》节目的常任主持人，直到这个持续 444 天的可怕事件结束为止。此后，该系列节目顺理成章地转变为一个深受欢迎且长期播出的深夜固定节目《夜线》。

1981 年，鲁恩·阿利奇将在全国广播公司工作了 38 年之久的戴维·布林克利（David Brinkley）吸诱过来主持《本周新闻》节目，该节目很快成为全国排名第一的星期天上午新闻节目。1984 年，阿利奇让休·唐斯（Hugh Downs）与芭芭拉·沃尔特斯结对主持黄金时间新闻杂志节目《好眼力》。1989 年，他又将黛安娜·索耶（Diane Sawyer）从哥伦比亚广播公司雇用过来与萨姆·唐纳森（Sam Donaldson）共同主持《黄金时间现场报道》。而且，美国广播公司的《今夜世界新闻》节目终于在 1989—1990 年度超过了《哥伦比亚广播公司晚间新闻》节目成为全国排名第一的晚间新闻节目。通过把技术奇迹、功成名就的明星和高质量的新闻相结合，鲁恩·阿利奇将美国广播公司中一个失败的新闻部再次转变为电视行业的标准。他还改变了新闻的面貌，以前新闻常被视为"为电视网招揽顾客的赔钱商品。通过其越来越多的成功新闻节目"，美国广播公司新闻部"到 1990 年也已每年盈利 7 000 万美元"。[23]

当鲁恩·阿利奇于 15 年前接管美国广播公司新闻部时，该电视网中没有任何人预见到他能取得如此水平的成功。然而，美国广播公司的最大希望却是寄托在娱乐节目上。当弗雷德里克·皮尔斯最终说服弗雷德·西尔弗曼接受美国广播公司娱乐部总裁职位时，该公司对西尔弗曼充满了很高的期望，当时，其娱乐部仍处在电视网中的第三位。在 1974—1975 年度，哥伦比亚广播公司是连续第 20 年轻易获胜，其总收视率为 20.9%，而全国广播公司为 19.8%，美国广播公司为 16.6%。[24]西尔弗曼在担任了 6 年的哥伦比亚广播公司电视网负责节目的副总裁之后，于 1975 年 6 月中旬来到美国广播公司担任娱乐部的新总裁。"通过雇用弗雷德·西尔弗曼，我们将拥有电视行业中最有把握、最具活力的一流节目"，弗雷德里克·皮尔斯告诉新闻界说："毫无疑问，他将给予我们所需要的信心。"[25]皮尔斯的话虽然是一种公司口吻，但他说出了西尔弗曼对美国广播公司迅速而深刻的影响。

弗雷德·西尔弗曼"可能是在电视带来的喜怒哀乐中成长起来的第一位电视网节目设计师"[26]。他是纽约市昆斯区一个中产阶级电视修理工的儿子，他记得自己从儿时起就观看电视并喜爱电视。他成为美国广播公司娱乐部总裁时才 38 岁，他不符合人们心目中的那种常春藤联盟学校毕业而穿着入时的电视主管刻板印象。西尔弗曼在锡拉丘兹大学学习广播专业，然后在俄亥俄州立大学获得硕士学位，其硕士论文厚达 406 页，分析了美国广播公司在 1953 到 1959 年间的节目设置。可是这个"衬衫鼓起、体态丰满"、勤奋而又紧张的西尔弗曼一直"被电视公司中的精英们视为外人"[27]。然而弗雷德·西尔弗曼擅长于节目设置，对他的同行来说，他似乎具有预知观众欲求的不可思议的能力。他的一位竞争者曾评价说："并不是西尔弗曼理解观众，他本身就是观众。"[28]西尔弗曼在美国广播公司指导了不少有才华的同事，包括迈克尔·艾斯纳（Michael Eisner）和布兰登·塔蒂科夫（Brandon Tartikoff），他们合作共同进行节目的计划与开发，但是西尔弗曼与其上司弗雷德里克·皮尔斯是美国广播公司电视网的领导力量。西尔弗曼所接手的节目中有不少很有潜力，如《快乐日子》、《身价 600 万美元的男子》，但没有一个是排行榜前 10 名的热门节目。西尔弗曼一来到美国广播公司就开始其创造性的指

导并安排这些节目的位置，而且还从头开始开发
出一批全新的自制系列节目。

　　例如，西尔弗曼让播出了 1 年半之久的《快乐
日子》节目中以前的配角丰齐（Fonzie）——由享
利·温克勒（Henry Winkler）扮演——担任主角，
因此使这个位于节目排行榜前 30 名的节目于
1975—1976 年度上升为第 10 名，而在 1976—1977
年度最终成为第 1 名。他还将《身价 600 万美元的
男子》从星期五晚上移到了星期天，因为它在星
期五晚上面对着全国广播公司两个最强劲系列节
目的竞争，即《奇科与老板》和第一个 30 分钟系
294　列节目《罗克福德档案》。而在新的时间段里，
《身价 600 万美元的男子》于 1975—1976 年度迅速
攀升为排行榜第 8 位。弗雷德·西尔弗曼还将整个
美国广播公司电视网推向一个新的方向，这个方
向不同于他此前 6 年中在哥伦比亚广播公司所开发
的那种更前卫、话题更热门的节目。他感到在越
南战争和"水门事件"结束之后观众的心态发生
了变化，因此他更倾向于一种轻松的逃避现实的
节目，如喜剧《三人为伴》、爱情剧《爱船》、幻
想剧《梦幻岛》、动作冒险剧《查利的天使们》
等，其中动作冒险剧强调全国广播公司的节目主管
保罗·克莱因所说的在暴力面前"徘徊"。西尔弗
曼还培育了一些延伸节目和克隆节目，最著名的
就是源自《快乐日子》的《拉韦恩与雪丽》和源
自《身价 600 万美元的男子》的《仿生女子》。
《拉韦恩与雪丽》于 1976 年 2 月首播时即居收视
率排行榜第 2 位，从 1977 到 1979 连续两个年
度居排行榜第 1 位；而《仿生女子》于 1975—
1976 年度首播时即居排行榜第 4 位。到 1976—
1977 年度，美国广播公司拥有 7 个居排行榜前
10 位的黄金时间节目，该电视网的总收视率为
21.6%，处于决定性的领先地位，而哥伦比亚广
播公司为 18.7%，全国广播公司为 18.2%。[29]不
可思议的事情终于发生了：美国广播公司成为美
国建国 200 周年时的第一大电视网，而弗雷德·
西尔弗曼则成为电视界最近出现的一位著名节目
设计师，达到与享有极高声誉的两位前辈齐名的
地位：一位是 20 世纪 50 年代全国广播公司的西
尔威斯特·韦弗，另一位是 60 年代哥伦比亚广

播公司的詹姆斯·奥布里。

弗雷德·西尔弗曼是 20 世纪 70 年代电视界最引人注目
的著名节目设计师，达到与 20 世纪 50 年代全国广播公
司的西尔威斯特·韦弗和 60 年代哥伦比亚广播公司的
詹姆斯·奥布里齐名的地位。（刊载此图获马里兰大学
美国广播图书馆的准许）

　　既因取得高收视率而受到称赞，又因迎合低　　295
级趣味而受到诅咒；既被颂为革新者，又被鄙为
看护人；既被推崇为节目战略家，又被贬斥为企
业政治家，这位身材敦实、衣着皱乱、面带孩子
气的弗雷德·西尔弗曼具有一种能力，即将电视
的爱好者和批评家们统一于一点——他对电视
的爱。[30]

　　弗雷德·西尔弗曼按自己的规则行事，既将
有 20 世纪 50 年代韵味且具有怀旧风格的系列节目
与曾经吸引观众的盛大演出（如奥运会）相结合，
又怀着持续的热情让英国的电视连续短片（mini-
series）适应美国的电视。电视连续短片的结构和
风格根源可直接追溯到 10 年前英国广播公司所进
行的节目革新探索，这些探索既存在于其原创电

视节目中，也存在于其由小说改编成的电视节目中。自 1971 年 1 月 10 日起，美国公共广播网开始播出其主打系列节目之一——由阿利斯泰尔·库克（Alistair Cooke）主持的《精品剧院》节目，从而将电视连续短片决定性地引入了美国。美国人制作的第一部在范围和风格上接近英国电视连续短片的节目是美国广播公司与环球电视公司联合制作的片长 12 小时的节目《富人，穷人》，西尔弗曼将其分为 6 期播出，每期 2 小时，安排在 1976 年 2 月至 3 月的 7 个星期中播出。《富人，穷人》抓住并转化了英国人创作带有社会历史共鸣的黄金时间肥皂剧的策略，它讲述的是两兄弟鲁迪·乔达克（Rudy Jordache）［由彼得·斯特劳斯（Peter Strauss）扮演］和汤姆·乔达克（Tom Jordache）［由尼克·诺尔蒂（Nick Nolte）扮演］从第二次世界大战到 20 世纪 60 年代末对事业成功的追求和对同一个女人苏珊·布莱克利（Susan Blakely）的追求。

《富人，穷人》巨大的观众群——平均每集达 4 100 万人——鼓励了西尔弗曼和美国广播公司接着从事一项更加雄心勃勃的计划，即与戴维·L·沃尔珀制片公司签约投资 600 万美元将亚历克斯·黑利（Alex Haley）的小说《根》（Roots）制作成一部片长 12 小时的电视连续短片。[31]《根》从 1977 年 1 月 23 日星期天到 1 月 30 日星期天连续播出了 8 个晚上，它描写了一个黑人家庭经过了几代人的奴隶生活的漫长而又艰险的历程。该电视连续短片紧紧地扣住了美国观众的心，8 集中有 7 集进入了到当时为止观众最多的电视节目的前 10 名，另一集也排在第 13 名。在全国范围内，"据 A.C. 尼尔森公司的记录，平均每集有 66% 的观众——约合 1.3 亿人——观看，超过任何时间、任何地方的任何节目的观众数量"[32]。《广播》杂志在报道这一文化现象时宣称"电视可能达到了无以复加的地步"[33]。

然而，电视连续短片不是预示着广播电视会有更美好的未来，相反它却是"电视网时代"最沉重也是最后的一次喘息。美国广播公司、哥伦比亚广播公司和全国广播公司一度无敌的垄断地位已经在其观众基础方面显示出缓慢而稳定的衰落。电视连续短片与其他形式的事件性节目，如每年一次的美国足球超级杯大赛，成为三大电视网暂时对抗观众不断流失的主要节目策略——其观众流失包括白天时间和夜晚时间的观众流失。三大电视网的观众于 1976 年占所有电视观众的 91%，而到 1991 年下降到 61%。这种不断的衰落是由于数量不断增多的有线电视网导致的，1974 年美国只有 4 个有线电视网，到 1980 年增为 28 个，到 1991 年又增为 74 个。[34]与此类似，哥伦比亚广播公司于 1978 年 1 月 15 日播出的第 12 届美国足球超级杯大赛中的达拉斯牛仔队与丹佛野马队之间的比赛成为第一场安排在黄金时间的足球世界冠军赛。实际上，在 20 世纪 60 年代以前，全国足球联盟赛在电视上的受欢迎度排在大学足球赛、拳击赛和职业棒球大联盟赛之后，处于第 4 位。然而，"从 1961 年到 1975 年"，电视与职业足球之间是一种相互支援的关系，期间"全国足球联盟从电视播出权中敛集了 6.06 亿美元的巨款"，同时，职业足球比赛节目也走向繁荣，成为黄金时间和周末时间持续的收视率赢家。[35]

例如，早在 1963 年，在所有时段的电视节目收视率排行榜上居前 10 名的节目中，有 4 个节目是前两年中电视播出的足球赛。于 1967 年首次引入的美国足球超级杯大赛的发展很快就超出了所有人的想象，成为收视率最高的电视节目，也成为电视每年向公司文化的一个献礼，"该比赛推崇 30 秒钟的广告插播如同推崇长篇传奇，推崇比赛赌注经纪人如同推崇神学家。美国足球超级杯大赛使人想起星状的阴阳图，所有那些相等而又对立的力量构成了一种黄金时间的文化：如可口可乐与百事可乐、米勒与巴德、麦当劳与汉堡王"[36]。到 1991 年，到当时为止收视率最高的 20 个电视节目中有 9 个是美国足球超级杯大赛，其比赛的平均观众每年在 8 000 万到 9 000 万人之间。与此相应，在美国足球超级杯大赛期间，一个 30 秒钟的广告费也从 1978 年的 18.5 万美元暴涨到 1985 年的 50 万美元，到 1991 年又涨到 80 万美元。而且，也像所有其他的体育节目一样，全国足球联盟举办的足球赛自 1987 年在娱乐与体育节目电视网首次播出后，于 20 世纪 90 年代初开始定期地在有线电视网上播出。格蒂石油公司于 1979 年 9 月 7 日建立了娱乐与体育节目电视网，1 年后这个同类中的首个全体育节目电视网开始每天 24 小时播出。由于有线电视在整个 20 世纪 80 年代非常兴隆，将全国广播公司、哥伦比亚广播公司和美国广播公司越来越多的观众和利润吸走了，传统的电视网开始做出反应，投资于少数经挑选的这类新型电视公司，以便更好地适应它们在观众中越来越受欢迎的事实。例如，美国广播公司于1984年4月30日从格蒂石油公司手中购得了娱乐与体育节目电视网，但它又于该年将其20％的股份出售给了纳比斯科公司。然而，在1981年到1989年期间，由于里根政府实行放任的解控政策，"随着一个巨型公司吞并另一个巨型公司"，广播电视网也成为"空前的公司合并、借贷购并和恶意接管"的对象。[37]

电视行业分析师莱斯·布朗（Les Brown）于1978年宣称："在商业电视发展的39年中，从来没有1个年度如此混乱、如此荒谬、如此充满剧烈变革。"三大电视网的垄断"于1977年的总销售额为33亿美元，估计获利约4亿美元，其中美国广播公司获利1.75亿美元，哥伦比亚广播公司为1.1亿美元，全国广播公司为1.05亿美元"，这是美国广播公司连续第2个年度高居收视率的榜首——它一共连续3个年度居收视率的榜首。尽管这些数字惊人，但令人担忧的迹象在整个广播电视领域已非常明显：在1977—1978年度，火爆节目的数量减少了，电视网比以前更轻易地砍掉一些系列节目——而在整个秋季的13个星期中不给节目制作商及其节目提供时间来培育观众，而且广播电视网在总观众中所占的份额是连续第3年下降。然而最令人担忧的则是"电视网管理人员的频繁流动"[38]。例如，弗雷德·西尔弗曼让其在美国广播公司的同事们惊呆了，他接受了全国广播公司年薪100万美元的许诺于1978年6月9日起出任该公司电视网总裁兼首席执行官。"西尔弗曼当时是电视行业的神童，他不会出错，而且在节目设置方面似乎具有魔法"，广播史学家克里斯托弗·斯特林与约翰·基特罗斯回忆说，"西尔弗曼是在三大电视网中担任过高级节目主管的唯一一位经理，可是他的最后一次跳槽却是多余的一举。"[39]他在全国广播公司只待到了1981年，这1年，全国广播公司成为近30年来三大电视网中第一个出现亏损的电视网。[40]三大电视网的垄断明显地进入了收缩期，"到1985年，电视网的火车头在进一步地泄气，广告经济也进入一个深深的衰退

期，来自有线电视的竞争更加激烈。华尔街已经变成了猎食者，关于电视网接管的谣言十分猖獗"[41]。

美国广播公司是第一个被兼并的广播电视网，它同意于1985年3月18日卖给首府城市传播公司。"这一惊人交易"首次表明"美国三大电视网中有一个电视网的所有权已经转手了"。这一交易还是"公司历史上除石油行业外最大规模的一次并购"。尽管首府城市传播公司在规模上只是美国广播公司的四分之一，然而它却拥有7个电视台（其中有4个是美国广播公司的附属台）、12个广播电台、10种日报、30种行业期刊，此外还有其他与传播有关的产业。当三大电视网不能再保证它们每年都会自动盈利时，首府城市传播公司却拥有大量的资金。79岁的美国广播公司董事长兼首席执行官伦纳德·戈登森打算不久就退休，因此他亲自与他认识多年的首府城市传播公司老板托马斯·S·墨菲（Thomas S. Murphy）商谈了这一友好接管。首府城市传播公司为购得美国广播公司支付了35亿美元，并将后者更名为首府城市/美国广播公司。戈登森告诉新闻界说："这是我的愿望，我感到我从头建立起来的公司处在很好的管理之下，而且它将延续下去，这对我来说很重要。"[42]就在一个月后，来自亚特兰大的有线电视企业家特德·特纳（Ted Turner）企图恶意接管哥伦比亚广播公司。特纳拥有的特纳广播系统包括有线新闻电视网、有线新闻电视网/新闻摘要、超级电视台WTBS——这是一家通过卫星向全国有线电视系统传送节目的亚特兰大电视台、职业棒球大联盟的成员亚特兰大勇士队、全国篮球协会的成员亚特兰大雄鹰队，以及其他产业。尽管哥伦比亚广播公司通过购回本公司21％的股票避开了这次借贷并购企图，然而此举却使该电视网进一步陷入债务之中，而特纳的并购举动则标志着有线电视具有越来越强的实力和地位。[43]

电视事业现在陷入剧烈变革的阵痛之中。在从家族所有制向连锁经营和向传播联合企业进军的过程中，电视产业正在出现巨型合并，这些合并的规模可与其他行业中巨型合并的规模相媲美。[44]电视网是特别诱人的兼并对象，全国广播公司、哥伦比亚广播公司和美国广播公司仍然具有在不久的未来产生巨额利润的极大希望，而且它

们还是极富有魅力的并购对象，因为它们是娱乐业的一部分。联邦通信委员会刚刚放松了关于所有权的规定，现在它允许一个公司拥有至多 12 个电视台，而不只是 7 个，这使电视网与其他已经进入电视行业的公司（如首府城市传播公司）之间的合并成为可能。最后，到 20 世纪 80 年代中期，所有三大电视网最初的建立者们都要么离世，要么接近退休。例如，戴维·萨尔诺夫于 1970 年 1 月由其儿子罗伯特·萨尔诺夫接替担任美国无线电公司董事长和首席执行官，他本人于第二年去世。接着，美国无线电公司出现一段时间的急剧下滑，于是公司董事会最终迫使罗伯特·萨尔诺夫于 1975 年辞职。10 年之后，全国广播公司成为第二个被友好接管的电视网，业务广泛的电子工业与国防工业联合企业通用电气公司于 1985 年 12 月 12 日以 62.8 亿美元收购了美国无线电公司——它是全国广播公司的母公司。通用电气公司是 1919 年建立美国无线电公司的重要力量，这两家公司一直是一种紧密的联盟关系，直到 1932 年政府的反垄断法行动正式解散了它们之间的联盟。现在的政策环境要比半个世纪前远远宽松得多，因此通用电气公司与美国无线电公司之间的合并很容易就得到了联邦通信委员会和美国司法部的批准。

因此，通用电气公司／美国无线电公司成为"美国第七大工业企业，处在国际商用机械公司与杜邦公司之间"[45]。而且，这个新成立的巨型媒体机构是作为一个现成的世界级联合企业出现在国际舞台上的，它所产生的全球性影响远远超过通用电气公司和美国无线电公司以前各自产生的影响。彻底将旧时三大电视网的垄断改变得面目全非的最后一举是哥伦比亚广播公司的董事长和首席执行官托马斯·H·怀曼（Thomas H. Wyman）于 1986 年 9 月 10 日被撤职。82 岁高龄的公司创立者威廉·S·佩利于 1983 年退休时，由怀曼接替他的职务。在哥伦比亚广播公司整个历史上怀曼只是第二任董事长。然而他在特德·特纳恶意兼并行动期间失去了其公司指导者委员会的信任，因为他最初低估了这一举动的严重性，结果使哥伦比亚广播公司陷入了长达 17 个月的严重财务混乱。

结果，哥伦比亚广播公司内部出现了怀曼与董事会成员劳伦斯·A·蒂施（Laurence A. Tisch）之间激烈的权力斗争。蒂施是洛斯公司的董事长和首席执行官，该公司所持有的资产包括洛斯宾馆、洛里拉德烟草公司、CNA 金融公司、布洛瓦手表公司。蒂施与威廉·佩利和伦纳德·戈登森都是多年的朋友。他于 1986 年购买了哥伦比亚广播公司 25％的股票，成为哥伦比亚广播公司新的首席执行官，而 85 岁高龄的威廉·佩利则重返公司担任代理董事长。佩利特别指出蒂施"持有的价值观和准则与长期以来指导哥伦比亚广播公司的价值观和准则相同。我尊重和钦佩他，并希望与他一起工作"[46]。实际上，佩利的职务只不过是名义上的，他主要是待在幕后当蒂施的顾问，一直到于 1990 年去世为止。而劳伦斯·蒂施在此后的 10 年中一直主管哥伦比亚广播公司，使它避开了其他一些可恶的公司入侵者，但他领导的这个时期该公司也经历了严重裁员，而且该电视网中一度是最好的新闻部和娱乐部也出现了缓慢而萎靡的衰落。

到 1986 年底，三大电视网已经失去了它们对电视市场近乎完全的控制，同时也基本上失去了"它们的狂妄自大、公司特性，或许还有它们奉为神圣的传统"[47]。三大电视网的垄断永远结束了，同样结束的还有这个自下而上的大众市场结构稳定地向全国广播公司、哥伦比亚广播公司和美国广播公司每年所提供的 1 亿多美元的利润。在美国广播公司于 20 世纪 70 年代中后期上升为第一大电视网之后，这三大广播电视网彼此之间已经取得了势均力敌的地位。自 1976 年起它们共同度过了一场深刻的技术与经济变革，这场变革将电视重塑成一个多网络的目标市场产业。在 1976 年，美国估计有 7 050 万个家庭拥有电视，占全国家庭总数的 96.4％；到 1991 年，拥有电视的家庭上升为 9 320 万个，占全国家庭总数的比例上升为 98.2％。（这一比例比美国拥有电话的家庭所占比例还要高 5％）。[48] 具有重要意义的是，典型的美国电视家庭于 1970 年平均收看 7.2 个频道，于 1980 年上升到 10.2 个频道，于 1990 年则上升到 27.2 个频道。[49]

当三大电视网的瓶颈被新崛起的有线电视和卫星电视打得粉碎之后，电视的第二个时代的一个基本特征就是现在有数量越来越多的观看选择。1975 年 10 月 1 日，家庭影院公司通过播出一场拳击赛正式引入了卫星有线电视服务。这场被大肆吹嘘为"马尼拉的颤栗"的重量级拳击赛是由穆罕默德·阿里与乔·弗雷泽（Joe Frazier）在马尼拉进行的，阿里在这场 14 回合的残酷搏击中获胜。这场比赛对所有相关者来说都是一个极受欢迎的成功，尤

其是对从国外现场播出该比赛的这家刚刚建立 3 年、尚处在生存挣扎之中的付费电视公司来说更是如此。就此一举，家庭影院公司成为全国性的电视网，并因此开启了电视的"有线电视时代"，它于 1976 年全年通过卫星传送定期安排的节目。

"有线电视时代"

电视的第二个时代是一个新的时期，期间电视网与有线电视、联合发售机构、磁带录像机、第四网络、按观看次数收费经营者和后院影碟销售商一起争夺同一批观众。

莱斯·布朗（Les Brown），《频道》（Channels），1987 年[50]

家庭影院公司标志着电视作为一种技术和一种产业在 20 世纪 70 年代中后期出现了新的革新。有线电视企业家查尔斯·多兰（Charles Dolan）最初于 1971 年构想了家庭影院电视网，当时被称为绿色频道。多兰是纽约市区一家不断壮大的有线电视公司斯特林传播公司的老板，该公司主要由时代公司资助。多兰于是开始从事绿色频道的创办工作，时代公司为他提供了启动基金，他雇用了华尔街一位 33 岁的律师杰拉尔德·莱文（Gerald Levin）作为最初的伙伴。多兰与助手们将其频道重新命名为家庭影院，这反映了他们抱有剧院式的订阅电视服务理念，即他们将主要向其付费观众提供首轮播出的电影和体育节目。家庭影院频道所依据的经济模式完全不同于三大广播电视网和它们的附属电视台以及美国的那些独立电视台所遵循的那种经济模式，后者将特定的观众（如年轻的、城市的、职业的观众）出售给节目赞助商。与这种广告支持体制不同，家庭影院频道的订阅模式将该频道的全部注意力集中于取悦并留住其观众。家庭影院频道及当时其他 45 个雄心勃勃试图在美国媒体市场上生存下来的地方或地区性的付费有线电视频道，正在将电视产业的重心由广告商更多地转向服务其目标观众。[51]联邦通信委员会、美国广播公司（它曾经多年是第三大电视网）、地方电视台，尤其是电影院老板曾长期抵制订阅电视服务。但是当联邦通信委员会根据其"为创办持久的订阅电视服务打开大门的

《1968 年第四次报告与命令》（1968 Fourth Report and Order）"而"采取了一种'不干涉'措施"时，大多数反对意见平息下来了。[52]这些新创办的订阅电视服务公司最关心的就是向观众提供具有足够吸引力的节目，以使观众订阅、按月付费并长期使用这种服务。

家庭影院公司于 1972 年 11 月 8 日首次播出，向宾夕法尼亚州威尔克斯—巴里市的 365 个有线电视订户播出了《时生宏念》（1971）——由保罗·纽曼主演——和全国曲棍球联盟（National Hockey League）的一场比赛。可是该公司在 3 个月后损失达 100 万美元，于是时代公司解雇了查尔斯·多兰，由杰拉尔德·莱文接替他任家庭影院公司的新总裁。莱文让公司又漂浮了两年，直到他于 1975 年秋季将公司的未来赌在与美国无线电公司签订的一份 750 万美元合同上，该合同允许家庭影院公司使用美国无线电公司新发射的一颗通信卫星"卫星通信 1 号"6 年。于是，家庭影院公司的订户迅速从 15 000 个上升到一年后的 287 199 个。到 1977 年年底，家庭影院公司已有 60 万个客户，使这个付费电视网首次开始盈利。"家庭影院公司迅速成为一个难以置信的摇钱树"，乔治·梅尔（George Mair）在《家庭影院公司内幕》（Inside HBO）一书中写道，在盈利上"最终超过了"时代公司"最重要的期刊部"。[53]

结果，其他基本收费和额外收费的有线电视网纷纷效仿家庭影院公司，选择卫星传送优先于

301

选择地面微波传送。特德·特纳于 1976 年 12 月也通过"卫星通信 1 号"将其 WTBS 电视台推向全国，而位于芝加哥的论坛公司同样也于 1978 年 10 月将其 WGN 电视台变为一个超级电视台。另一个电影频道"放映时间"是由维阿康公司于 1976 年 7 月创办的，该频道也于 1978 年开始卫星传送。在 20 世纪 70 年代末 80 年代初出现了各种各样的目标群体频道，包括 1977 年创办的基督教广播网和美国网——这是一个内容广泛的娱乐频道；1979 年创办的娱乐与体育节目电视网、公共事务有线卫星电视网和五分钱娱乐场——这是一个儿童节目；1980 年创办的有线新闻电视网、黑人娱乐电视节目和学习频道；1981 年创办的音乐电视频道和财经新闻电视网；1982 年创办的有线新闻电视网/新闻摘要和天气频道。

家庭影院公司成为"拉动有线电视的火车头，刺激了各种各样新的卫星电视网的创办"[54]。家庭影院公司自己的订户数量也剧增，到 1983 年达 1 300 万个，并且还推动了采用有线电视的美国家庭占全部电视家庭的比例从 1976 年的 15.3% 上升到 1980 年的 21.7%，到 1983 年又上升到 39.3%。[55] 卫星的加入使有线电视事业变得面目全非。早在 1948 年，有线电视，当时称共用天线电视接收系统，只是向边远乡村和山区传送电视信号的一种方式。到 20 世纪 60 年代中期，共用天线电视接收系统在全国近 40 个州的总数已经增加到 750 多个，因此，联邦通信委员会开始对有线电视实行管制，主要是确保所有地方电视台的信号都能传送到它们各自的市场而不被任何外来电视信号复制。1972 年，联邦通信委员会取消了对共用天线电视接收系统服务进入美国主要城市区域的限制。因此，有线电视不再只是将电视信号传送到国内最偏远地区的最后措施，相反它已经成为一种付费电视类型，这种类型可向城市、郊区和乡村地区的观众提供较以往更多的电视频道和更好的接收效果。杰拉尔德·莱文让家庭影院公司将有线电视与卫星传送相结合的计划，是开启"有线电视时代"所需要的最后一项革新。电视的第二个时代于 1976 年已经正式启程，这时《频道》杂志称莱文是"发动革命的人"[56]。结果，三大电视网的垄断受到有线电视崛起的致命打击。有线电视还给全国的那些独立电视台提供了一个意外的发展

良机，这给全国广播公司、哥伦比亚广播公司和美国广播公司对美国公众的电视观看习惯的长期垄断又增加了一重竞争。

独立电视台长期以来一直是电视行业的二等公民。在《1962 全频电视机法案》（the 1962 All-Channel Receiver Act）颁布之前，美国大多数电视机甚至缺乏接收超高频波段（包括从第 14 到第 83 频道）的能力，而当时美国的 33 个独立电视台中的大多数台的频率却是位于这一区间的。上述法案要求于 1964 年年中开始，美国电视机生产商生产的所有电视机既要有甚高频又要有超高频的调节器。"全频法案并不是一个完整答案，但其帮助却是巨大的"，因为独立电视台的数量在下一个 10 年中缓慢增加到了 83 个。[57] 然而更加重要的是有线电视的发展，"因为它被要求传送所有当地电视信号，将超高频独立电视台置于跟那些电视网的甚高频附属台几乎相同的地位，极大地提高了它们的覆盖范围和接收效果"。在 1978 年底，"美国有 93 个独立电视台；5 年之后，增加为 193 个"。[58] 独立电视台与联邦通信委员会颁布的《黄金时间进入准则》和《金融权益与联合发售准则》共同发挥作用，空前地刺激了美国国内的联合发售市场，因为这些独立电视台专门重播脱离电视网的系列节目、电视电影和剧院电影。独立电视台作为广播电视与有线电视的混血儿，在 20 世纪 80 年代末 90 年代初兴盛一时，其在黄金时间所占份额达 20% 左右，此后才慢慢衰落。到 1988 年，独立电视台已经成为一个成员众多的俱乐部，其中有 7 个全国覆盖或地区覆盖的超级电视台：亚特兰大的 WTBS 电视台和芝加哥的 WGN 电视台面向全国播出；纽约市的 WWOR 电视台和 WPIX 电视台、洛杉矶的 KTLA 电视台、达拉斯的 KTVT 电视台、波士顿的 WSBK 电视台则面向所在地区播出。至此，"有线电视时代"已经进入全盛时期，给全国广播公司、哥伦比亚广播公司和美国广播公司带来了所有形式的挑战，其中还包括福克斯广播公司试图建立一个可行的第四大广播电视网。

"杜蒙公司在 20 世纪 50 年代尝试过，联合电视网在 60 年代尝试过，派拉蒙电影公司在 70 年代尝试过，都市媒体公司在 80 年代初也尝试过"，但是在福克斯广播公司于 1986 年 10 月 9 日成立之

前，建立另一个广播电视网的美梦都没有完全实现。[59]福克斯电视网的起源开始于巴里·迪勒（Barry Diller），他于 1984 年成为 20 世纪福克斯公司的董事长和首席执行官之前，曾担任了 10 年派拉蒙电影公司的主管。迪勒的职业生涯开始于 1966 年他任美国广播公司的节目助理，到 1974 年他被派拉蒙电影公司雇用时，他在美国广播公司已经攀升到黄金时间电视节目副总裁的职位。他在派拉蒙电影公司任职期间，既主管公司的电影部，在这一期间生产了如下火爆电影：《星期六晚上的狂热》、《迷失大船的劫掠者》、《爱称》；又主管公司的电视部，在这一期间制作的电视节目有《拉韦恩与雪丽》、《出租车》、《干杯》等，并度过了一个极为成功、极为盈利的时期。他于 20 世纪 70 年代末在派拉蒙电影公司任职时就对创办第四广播电视网非常感兴趣，他于 1984 年 10 月 1 日来到处于财务困难中的 20 世纪福克斯公司后也将他的这一想法带了过来。他在 1 年之内就复活了 20 世纪福克斯公司的电影部，然后就将他的注意力转向了电视，积极谋求实现他建立另一个广播电视网以同全国广播公司、哥伦比亚广播公司和美国广播公司竞争的宏愿。画龙点睛之笔是 1985 年 3 月鲁珀特·默多克（Rupert Murdoch）的到来并通过其新闻公司花了 2.5 亿美元购买了 20 世纪福克斯公司 50% 的股份，他于 6 个月后又花了 3.25 亿美元购买了 20 世纪福克斯公司剩余的 50% 的股份。默多克在其最初的 5.75 亿美元投资之后，又花了 14 亿美元购买了极成功的都市媒体公司，该公司拥有 6 个主要市场独立电视台：纽约市的 WNEW 电视台（后来更名为 WNYW）、洛杉矶的 KTTV 电视台、芝加哥的 WFLD 电视台、华盛顿特区的 WTTG 电视台、达拉斯的 KRLD 电视台（后被更名为 KDAF）、休斯敦的 KRIV 电视台。

都市媒体公司的电视集团最初起源于失败的杜蒙公司电视网。杜蒙公司电视网是以其在纽约市全资拥有的主力电视台 WABD 电视台（即现在的 WNYW 电视台）及它在华盛顿特区全资拥有的 WTTG 电视台为中心建立起来的。由于鲁珀特·默多克于 1985 年 11 月并购了都市媒体公司，旧时杜蒙公司的基业又回到了原地。这 6 个电视台，加上默多克于 1987 年并购的波士顿 WNXE 电视台

（后被更名为 WFXT），为福克斯广播公司建立第四大广播电视网提供了必要的基础设施。福克斯广播公司在不到两年的时间内就拥有 96 个附属电视台，覆盖了美国 80% 的家庭。在此期间，巴里·迪勒则深深地陷入了为福克斯广播公司开发节目的反复试验过程之中。福克斯广播公司电视网的第一个冒险行动就是于 1986 年 10 月首播的《深夜秀：由琼·里弗斯主演》节目，该节目制作的目的就是要专门同全国广播公司的《今夜秀：由约翰尼·卡森主演》节目竞争。然而经过对观众的简单抽样发现，《深夜秀》的收视率急剧下降了，于是琼·里弗斯于 1987 年 5 月 15 日彻底地离开了该节目。然而迪勒从没有动摇其在周末开设有限的黄金时间节目的计划，他于 1987 年 4 月的星期天开始播出了一个讲述功能不正常的糟糕家庭的情景喜剧《带着孩子结婚》和一个以演员名字命名的喜剧综艺节目《特雷西·厄尔曼秀》（The Tracey Ullman Show）。《特雷西·厄尔曼秀》通过其每周的卡通简介让美国观众体验了辛普森（Simpson）一家，包括巴特（Bart）、霍默（Homer）、马尔杰（Marge）、利萨（Lisa）、玛吉（Maggie）。不久该节目的延伸节目，由马特·格罗宁（Matt Groening）制作的《辛普森一家》作为独立的半小时动画喜剧系列节目于 1989 年 12 月 17 日开始播出，成为福克斯广播公司的标志性节目。此外，福克斯广播公司还有一些其他的年轻人倾向的热门系列节目，如斯蒂芬·J·坎内尔（Stephen J. Cannell）的《21 跳街》——由约翰尼·德普（Johnny Depp）主演，基伦·I·韦安斯（Keenen Ivory Wayans）的《活的颜色》——由达蒙·韦安斯（Damon Wayans）、戴维·A·格里尔（David Alan Grier）、吉姆·卡里（Jim Carrey）、杰米·福克斯（Jamie Foxx）等多才多艺的喜剧演员表演。

福克斯广播公司的日常节目主要是廉价的现实性节目，如通俗小报式的新闻杂志型节目《当前一事》，自称是"每周全国刑事追捕"的节目《美国最大通缉犯》，及"你在那儿"警察纪实节目《警察》。经过 3 年的经营，福克斯广播公司的亏损达 1.36 亿美元。然而该电视网慢慢构建起了一个以备受青睐的 18 至 34 岁城市人口为中心的观众基础，该观众基础也是广告商们自 20

世纪 70 年代末以来越来越钟情的群体。巴里·迪勒与福克斯广播公司娱乐主管杰米·凯尔纳（Jamie Kellner）于 1989 年 8 月开始首播新的节目从而引入了有效的节目表革新，而其他的广播电视网则仍沿着重播旧节目的路线滑行。到 20 世纪 90 年代初，福克斯广播公司已经形成了较其他三大广播电视网更为年轻、时尚、文化更加多元化的特征。

305

马特·格罗宁的《辛普森一家》作为半小时动画喜剧系列节目于 **1989 年 12 月 17 日**首播，成为福克斯广播公司的标志性节目，此外该电视网还有其他一些年轻人倾向的热门系列节目。（刊载此图获福克斯广播公司的准许）

美国的第四大电视网明显在此坚持下来了，它于 1990—1991 年度首次开始盈利，其节目设置也扩展到了每周五个晚上，并在该年度黄金时间观众中所占的份额也缓慢上升到了 6.4％。[60] 恰如 20 世纪 70 年代初期和中期的美国广播公司及数年之后的全国广播公司一样，福克斯广播公司发现处在总收视率排名的末位有一个可取之处，这就是它允许公司的节目设置人员冒更大的风险去开发节目并构建节目表。在弗雷德·西尔弗曼时期，

美国广播公司仍在为广大观众设置节目，而全国广播公司则试图通过吸引更小、更高端的观众群体而不是尽可能多的观众来重新界定广播电视在电视行业中的成功。全国广播公司最初几乎是无意之中偶然发现了这一策略，那是在 1974 年，当时约翰尼·卡森重新商谈其与全国广播公司的合同，要求将星期六晚的深夜节目《卡森精华》——这是《今夜秀：由约翰尼·卡森主演》的重播——移至星期五，以便他能将每周五个晚上主持的《今夜秀》减为每周四个晚上。

306

《星期六晚现场直播》节目于 1975 年 10 月 11 日首播，它不仅标志着电视喜剧发生了更新换代的变化，而且其爆发式的成功还使该节目的观点、手法和思维定式后来在 20 世纪 80 年代初渗入其他黄金时间电视节目类型之中。这个深夜节目立即成为"美国幽默新潮流的开创者，并对美国人的习俗、行为举止方式、音乐、政治甚至时装"都产生了明显影响。[61] 1974 年 8 月，全国广播公司的新总裁赫布·施洛瑟（Herb Schlosser）从美国广播公司体育部雇用了年仅 27 岁的迪克·埃伯索尔（Dick Ebersol）来主管其电视网的周末深夜节目部。接着埃伯索尔又雇用了年仅 29 岁的剧作家兼节目制作人洛恩·迈克尔斯（Lorne Michaels）来开发一个于每周星期六晚上 11：30 播出的 90 分钟喜剧综艺节目，其主要播出对象是 18 岁到 34 岁的观众。设立这样一个系列节目的挑战是相当大的，它根本不能在这一特定的日子和时间里吸引这一特定观众群。全国广播公司的研究部主管比尔·鲁金（Bill Rudin）于 1975 年 4 月告诉埃伯索尔说："我认为它不会成功，因为它所针对的观众绝不会在星期六晚上回到家中观看它。"然而迈克尔斯的设想却是要创办"第一个用时代的语言说话的电视节目"，将原创先锋派喜剧与现场电视直播的不可预测性相结合。这一想法使人回想起电视媒体的第一代人所创办的最具革新意义的综艺系列节目——《你的精品秀》。[62] 洛恩·迈克尔斯出生于加拿大的多伦多市，在加拿大广播公司中学会了广播和电视喜剧的创作与表演，他于 20 世纪 60 年代中期移居美国，曾为伍迪·艾伦（Woody Allen）、全国广播公司的短命节目《美丽的菲利斯·迪勒秀》以及全国广播公司居排行榜第 1 位的节目《罗恩和马丁的笑门》从事过创作。

洛恩·迈克尔斯于 1973 年到 1975 年初因其对莉莉·汤姆林（Lily Tomlin）的三个特别节目具有许多积极的贡献而获得了两项艾美奖，并确立了他作为一名有前途的剧作家和节目制作人的声誉。因此全国广播公司于 1975 年 4 月 1 日与他签订了合同，要他"开发和制作一个深夜喜剧节目"[63]。6 个月后，《星期六晚现场直播》首次播出，该节目共由 7 名演员表演，即丹·艾克罗伊德（Dan Aykroyd）、约翰·贝卢什（John Belushi）、舍维·蔡斯（Chevy Chase）、简·柯廷（Jane Curtin）、加勒特·莫里斯（Garrett Morris）、拉莱因·纽曼（Laraine Newman）、希尔达·拉德纳（Gilda Radner），此外还有在第二年度中接替舍维·蔡斯表演的比尔·默里（Bill Murray），他们绝大多数是"婴儿潮的一代"的演员。这些被称为摇滚喜剧演员的表演风格对当时的电视来说是时髦的、不恭的、也是别致的，因而他们被讽刺地称为"不愿做黄金时间演员"的人。这个表演组擅长于热门话题的幽默，并表现出对电视媒体及其传统所具有的丰富的知识。这一点在《星期六晚现场直播》第一集的开头几分钟里就体现出来，当时"舍维·蔡斯作为舞台监督，头戴耳机，手持书写板，将头探过来，以电视做作的方式开怀大笑并说道：'来自纽约的现场播出，这是《星期六晚》！'这是他第一次说这句话，他在此后多年中还将反复地说这句话达 500 多次"[64]。洛恩·迈克尔斯与他的小型剧团以及由 13 名男性和 3 名女性组成的编剧组想到了位于洛克菲勒中心具有传奇色彩的 8H 演播室。该演播室最初是于 1937 年为阿图罗·托斯卡尼尼（Arturo Toscanini）及全国广播公司交响乐团构建的，但自从《你的至爱系列》节目于 1958 年 6 月离开了全国广播公司电视网之后该演播室一直没有得到充分利用。于是《星期六晚现场直播》节目组重新启用了 8H 演播室，并对纽约派的现场节目制作方式进行更新，而且还从年轻一代的全新视角对喜剧综艺节目类型也进行了更新。

《星期六晚现场直播》前 5 年的明显特征是其尖刻的社会政治讽刺，如舍维·蔡斯滑稽地模仿杰拉尔德·福特（Gerald Ford）总统、丹·艾克罗伊德滑稽地模仿吉米·卡特（Jimmy Carter）总统和理查德·尼克松总统、约翰·贝卢什滑稽地

模仿亨利·基辛格（Henry Kissinger）国务卿等，同时还准确滑稽地模仿电视媒体及其明星，如蔡斯和简·柯廷扮演《周末最新消息》节目的主持人，希尔达·拉德纳扮演《巴巴·瓦瓦》节目的主持人芭芭拉·沃尔特斯，艾克罗伊德扮演令人亢奋的"鲈鱼汁"乐队的歌手，等等。洛恩·迈克尔斯记得当时"我们想以披头士合唱队重新界定音乐的方式来重新界定喜剧"。这样，《星期六晚现场直播》的编剧者和表演者们只想"取悦那些和我们一样的人。我们的假设是有许多人和我们一样。结果的确如此"[65]。《星期六晚现场直播》在 20 世纪 70 年代中后期很快成为中青年中的一种流行现象，尤其是 18 至 34 岁的人，他们成为该节目的核心支持者。随着该节目的目标观众在下一个 10 年中年龄的不断增长，他们的生活方式也发生了变化，因而他们观看的节目特性也随着发生变化。新闻记者 R. C. 朗沃思（R. C. Longworth）是第一个将 18 至 34 岁的人口群体称为"雅皮士"的作者，他于 1981 年在《芝加哥论坛报》（Chicago Tribune）上发表了一篇文章，考察了当时"婴儿潮的一代"的作为一个整体进入职场并改变城市面貌的方式。[66]他在总体上指出，雅皮士拥有专业性的工作，处于稳固的中产阶级和中上层阶级，在生活方式和长期追求方面变得越来越物质主义。1 年后，约瑟夫·爱泼斯坦（Joseph Epstein）在《评论》（Commentary）杂志中补充说："这些人通常受过大学教育，在社会上过得不错甚至非常成功，但仍粘有一点嬉皮士反传统文化的气息，他们被称为雅皮士，这个词是'年轻的'、'城市的'、'专业的'三个词的首字母缩写。"[67]

MTM 公司是 20 世纪 80 年代在其系列节目中既从内容上也从风格上最好地抓住了雅皮士时代精神的独立节目制作公司。该公司的共同创办人和总裁格兰特·廷克在其 1994 年的回忆录中将 MTM 公司恰当地描述为"一个剧作家的公司"，该公司包括如下主要的编剧和节目制作人才：史蒂文·博奇科（Steven Bochco）、乔舒亚·布兰德（Joshua Brand）、詹姆斯·L·布鲁克斯（James L. Brooks）、艾伦·伯恩斯（Allen Burns）、格伦·G·卡伦（Glenn Gordon Caron）、约翰·法尔西（John Falsey）、汤姆·丰塔纳（Tom Fontana）、加里·D·戈德堡（Gary David Goldberg）、迈克尔·科佐尔（Michael Kozoll）、戴维·米尔希（David Milch）、布鲁斯·帕尔特罗（Bruce Paltrow）、吉恩·雷诺兹、杰·塔色斯（Jay Tarses）、马克·廷克（Mark Tinker）、休·威尔逊（Hugh Wilson）、迪克·沃尔夫（Dick Wolf）。[68]例如，布鲁克斯与伯恩斯于 1977 年共同为哥伦比亚广播公司制作了一个与社会相关的 1 小时延伸节目《洛乌·格兰特》，他们得到了戈德堡和雷诺兹在编剧方面的重要帮助；而帕尔特罗于第 2 年为哥伦比亚广播公司制作了一个关于种族混杂型市内篮球队的情节剧《白色的影子》，也得到了布兰德、法尔西和廷克的同样帮助。而且，弗雷德·西尔弗曼在 1978 年夏取代赫布·施洛瑟任全国广播公司电视网总裁兼首席执行官不久，即提议他的管理人员与 MTM 公司的节目制作人员商谈节目开发的问题。两个公司间这种不断发展的关系得到西尔弗曼富有才华的门徒布兰登·塔蒂科夫（Brandon Tartikoff）的全力支持，尤其是在塔蒂科夫于 1980 年初被任命为全国广播公司电视网娱乐部总裁以后。当时，全国广播公司即将以连续第 5 个年度处于收视率的末位而告终，这时弗雷德·西尔弗曼向 MTM 公司的史蒂文·博奇科和迈克尔·科佐尔提供了"自由行动的全权"，以根据他的最初建议为其电视网制作一部警察剧。西尔弗曼希望得到一部将戴维·格伯（David Gerber）主演的《警察故事》中的人际动力、丹尼·阿诺德（Danny Arnold）主演的《巴尼·米勒》中有种族幽默的遭遇、当时即将上映的剧院电影《布朗克斯：地痞的堡垒》（1981）中的纪实风格三者结合起来的电视系列节目。其结果就是《希尔街警察》的问世，这是 20 世纪 80 年代初最具创新性、最有影响力，也是最受颂扬的黄金时间系列节目。

《希尔街警察》作为年度中期的一个替代节目，于 1981 年 1 月在全国广播公司开始首播。观众最初不知道如何评论该节目。它是"一种新型的警察节目，完全脱离了那种模式化的风格"——20 世纪 70 年代那些成功的警察节目的模式，如哥伦比亚广播公司的《科杰克》和美国广播公司的《斯塔斯基与哈奇》。[69]蒂姆·布鲁克斯（Tim Brooks）和厄尔·马什（Earle Marsh）称《希尔街警察》是"一部非常独特的戏剧与喜剧的混合体，节奏快而富有起伏，就像警察局的生活一样（每一集都是以早上 7 点的点名为开端，以深夜为结束，有几条线索交织在一起）"[70]。由于全国广播公司电视网的节目设置人员在该剧开始播出后的 4 个半月中将该节目调换了 3 次位置（从星期四晚调到星期六晚，然后又调到星期二晚），该系列剧到 1980—1981 年度结束时在全国 97 个黄金时间节目的收视率排名中令人失望地居第 83 位。尽管该剧起步很慢，弗雷德·西尔弗曼还是支持布兰登·塔蒂科夫的建议，让《希尔街警察》于 1981—1982 年度重新开始播出，因为他们都相信该剧总的质量，全国电视批评家们绝大多数对该剧也持积极评价。而且，尽管该系列剧在最初的半年中一共只播出了 17 集，《希尔街警察》还是于 1981 年 8 月异乎寻常地获得了 21 项艾美奖提名。1981 年 9 月 13 日，该剧获得了 8 项艾美奖，包括以下荣誉：最佳戏剧系列节目，最佳男主角——由丹尼尔·J·特拉万蒂（Daniel J. Travanti）扮演弗兰克·富里罗（Frank Furillo）上尉，最佳女主角—— 由芭芭拉·巴布科克（Barbara Babcock）扮演格雷斯·加德纳（Grace Gardner），最佳男配角—— 由迈克尔·康拉德（Michael Conrad）扮演菲尔·埃斯特豪斯（Phil Esterhaus）中士，最佳编剧 ——史蒂文·博奇科和迈克尔·科佐尔，最佳导演—— 罗伯特·巴特勒（Robert Butler），最佳电影摄影—— 威廉·H·克龙耶格尔（William H. Cronjager），电影声音编辑最佳成就—— 罗伯特·科尼特（Robert Cornett）、塞缪尔·奥尔塔（Samuel Horta）、丹尼斯·奥尔塔（Denise Horta）、艾琳·奥尔塔（Eileen Horta）。对那些"正想转向收看有线电视和付费电视的、18 到 49 岁的、高收入的、受过良好教育的观众"来说，获得如此认可的《希尔街警察》成为黄金时间的必看节目。[71]格兰特·廷克回忆说："《希尔街警察》是电视网中最罕见的奇鸟，是一个拥有最佳观众人口的排行榜前 20 名节目（1982—1983 年度）。"该系列节目提升了所有黄金时间节目的水准，因为它成为"衡量其他戏剧作品的标准"。[72]

媒体社会学家托德·吉特林（Todd Gitlin）称电视的这种革新方式为"重组法"，并论述说："如果说克隆法是最低级形式的模仿，那么对被证明为成功节目的要素进行重组则是最有趣的"。在

309

310

这个意义上，《希尔街警察》于20世纪80年代初处于'重组法'的先锋地位，它是警察剧、纪实片（因为它使用了手持式摄像机并采用了叠声技术）、肥皂剧（因它有多重故事线索并有大批持续的角色）、情景喜剧〔因为它有布置良好、展示奇异常规角色的喜剧场面，如随便开枪的右翼分子霍华德·亨特（Howard Hunter）少尉——由詹姆斯·西金（James Sikking）扮演，有个脾气火爆的妈妈的米克·贝尔克（Mick Belker）侦探——由布鲁斯·韦茨（Bruce Weitz）扮演〕的结合体。此外，《希尔街警察》的创新还在于它的迅速变脸（从激动到焦虑到幽默再到辛辣尖刻），在于其主题阴郁的复杂性。托德·吉特林宣称，"《希尔街警察》是第一个后自由派警察节目。"该系列节目每周都在探索地方执法官员们在试图对其公民的生活施加积极影响时所面临的极限。《希尔街警察》不像此前的警察节目，它"不仅承认而且还欣然接受不确定性"[73]。无论是在处理那些有死命令的困难问题方面还是在"将问题的性质和范围模糊化"方面，《希尔街警察》都为其他的"混合型系列节目开辟了道路"。例如MTM公司制作的《圣埃尔斯维尔医院》，该剧于1982年10月在"全国广播公司"开始首播，它将医疗剧与纪实片、肥皂剧、情景喜剧相结合。最重要的是，《希尔街警察》还为电视网节目如何构建"由不同市场成分组成的观众"提供了一个有效的模式。该剧作为1982—1985年间居排行榜前20名的重要热门节目，每周吸引了18～49岁的目标观众约1 500万到2 000万人，而它在以18～34岁男性为对象的所有黄金时间系列节目中仍排名第一。[74]

尽管弗雷德·西尔弗曼在开发《希尔街警察》节目中起了关键作用，但是他在全国广播公司的日子已为时不多了，因为该电视网的收视率连续3年下降，并在他的任期内出现了严重的财务亏损。当格兰特·廷克于1981年7月接替西尔弗曼任全国广播公司的董事长和首席执行官时，"他给该电视网的公共形象带来了重要的变化。廷克作为节目制作公司MTM公司的前任总裁，已经确立了作为高质量电视的领导者的声誉"[75]。在他领导MTM公司的12年中，该公司倡导了"以'高质量的电视节目'换取'高质量的观众人口'的业务"。在请求布兰登·塔蒂科夫留下来继续担任其

《希尔街警察》是20世纪80年代初最具创新性、最有影响力也是最受颂扬的黄金时间电视系列节目，剧中丹尼尔·J·特拉万蒂扮演弗兰克·富里罗上尉。（刊载此图获全国广播公司的准许）

节目主管后，廷克领导全国广播公司沿着与MTM公司相似的道路前进，"将该公司由一个'亏损的电视网'形象转变为一个'高质量的电视网'形象"[76]。"深信高质量的节目造就一个强大的电视网，廷克与其节目主管布兰登·塔蒂科夫一起工作，给全国广播公司的黄金时间节目表注入新的活力。"[77]他们在很大程度上依赖由MTM公司的编剧人员和节目制作人员所开发的系列节目，例如，由布鲁斯·帕尔特罗、乔舒亚·布兰德、约翰·法尔西、马克·廷克、汤姆·丰塔纳、约翰·马修斯（John Masius）等人联合制作的《圣埃尔斯维尔医院》，由罗伯特·巴特勒、迈克尔·格利森（Michael Gleason）、格伦·G·卡伦联合制作的《雷明顿·斯蒂尔》；或是依赖由MTM公司的校友所开发的系列节目，例如，由加里·D·戈德堡制作的《家庭纽带》，由格伦·查尔斯（Glen Charles）、詹姆斯·伯罗（James Burrow）、

莱斯·查尔斯（Les Charles）开发的《干杯》。此外，他们还从 MTM 公司以外有创造性的人员那里取得原创节目。例如，塔蒂科夫在看了《今夜秀》中的喜剧演员比尔·科斯比后招募了他及节目制作组成员马西·卡西（Marcy Carsey）、汤姆·沃纳（Tom Werner），并相信科斯比的"家庭式玩笑将构成一部优秀的情景喜剧"[78]。"全国广播公司面向高端观众人口的高档火爆节目"《迈阿密风云》也是由塔蒂科夫提议制作的。[79]"据执行节目制作人迈克尔·曼（Michael Mann）说，娱乐部主管向他提供了一个简短的公司便条，上面写道'《音乐电视》、《警察》'。"[80]

格兰特·廷克扭转全国广播公司的战略是缓慢、稳定而有目的的。他以其公司的节目理念为指导实施了一个对该电视网进行重组的 5 年计划，同时重视追随特定的高端目标观众，即以年轻的、城市的、专业性的人口为主的观众，且比哥伦比亚广播公司和美国广播公司更加重视男性观众。甚至连"《希尔街警察》和《圣埃尔斯维尔医院》也以城市中心的贫困景象，而不是城市的富裕景象来寻求'婴儿潮的一代'"，简·福伊尔（Jane Feuer）在《看透八十年代》一书中写道，"雅皮士的观众地位"是直接通过"诉诸'婴儿潮的一代'在 20 世纪 60 年代的理想"和"通过商业广告"来塑造的。[81]在全国广播公司新一代高质量节目中出现的奢侈类商品广告，如奔驰汽车、宝马汽车、劳力士手表、戈黛娃巧克力、卡尔文·克莱因牌和拉尔夫·劳伦牌服装等，也很少出现在其他地方的 15 秒、30 秒和 60 秒钟的电视节目中。到 1982—1983 年度，廷克与塔蒂科夫培育了一个向 MTM 公司定制的、起步慢的三部曲节目，该三部曲分别成为全国广播公司星期二晚（《圣埃尔斯维尔医院》）、星期四晚（《希尔街警察》）、星期五晚（《雷明顿·斯蒂尔》）的支柱节目。"这三个系列节目，虽然每一个节目在开始时都不是很顺利，但最终都取得了双倍的成功，令电视网的销售部垂涎不已。其良好的收视率和观众人口（即 18～49 岁、受过良好教育、收入高的观众）在同行中居领先地位。"[82]在廷克的领导下，"全国广播公司首先重新获得了受广告商珍视的高档城市观众；接着又重新获得了电视行业的认可和赞许，它获得的艾美奖比哥伦比亚广播公司和美国广播公司两者所

获得的总和还要多；最后，它在 1985—1986 年度重新崛起为收视率排行榜的第 1 位，拥有许多重磅炸弹式节目，像其著名的星期四晚节目阵容——有《科斯比》、《家庭纽带》、《干杯》、《夜间法庭》、《希尔街警察》等——被称为'《电视》上的最佳电视之夜'"。[83]相反，哥伦比亚广播公司则固守其旧派的大众诉求节目战略，其节目吸引的观众也迅速老化，结果是它在 20 世纪 80 年代比所有其他的广播电视网更快地衰落了。

20 世纪 80 年代开始于哥伦比亚广播公司的一个高音。在美国广播公司从 1976 年到 1979 年短期成为第一大广播电视网之后，哥伦比亚广播公司在此后的 6 年（从 1979 年到 1985 年）中重新上升为收视率排行榜的第 1 位并领先于其长期以来的两大竞争对手。哥伦比亚广播公司的节目设置人员通过在节目表中安排"电视网时代"遗留的火爆节目，包括如下常青节目：《60 分钟》、《陆军流动外科医院》、《杰斐逊一家》等，来牢固地保持其第一大电视网的地位。它每年也新增几部属于旧有类型的原创系列节目，同时也在节目内容上增加几道年轮以让其核心支持者（即 18～54 岁的女性）继续收看，例如：有为黄金时间重新设计的肥皂剧，像《达拉斯》和《鹰冠》；有专门以女性为中心的情景喜剧，像《艾丽丝》和《凯特与阿利》；有新开发的展现强势女主角的 1 小时犯罪剧，像《卡格尼与莱西》和《谋杀，她写道》。然而，哥伦比亚广播公司的《达拉斯》节目要比任何其他节目都更典型地体现了老一代节目制作商所怀有的大规模观众理想，这样的节目制作商包括像洛利玛制片公司的李·里奇（Lee Rich）——他制作了《沃尔顿一家》、《达拉斯》、《解开心结》、《鹰冠》等节目，和他的同时代人阿龙·斯佩林（Aaron Spelling）——他制作了《爱船》、《梦幻岛》、《王朝》、《科尔比一家》等节目。尽管《达拉斯》是由一个男人戴维·雅各布斯（David Jacobs）创作的，但在哥伦比亚广播公司这部标志性系列节目的 20 多位主要编剧人员中一直有至少 40％的人是女性，她们此前在制作一些白天播出的肥皂剧中已经取得了声誉，这些肥皂剧包括像由特德·科迪（Ted Corday）和贝蒂·科迪（Betty Corday）主演的《我们生命中的日子》，由阿格尼丝·尼克松（Agnes Nixon）主演的《我所有的

312

孩子》等。近 30 年以来，肥皂剧一直是白天电视的主打节目，甚至在 20 世纪 60 年代末和整个 70 年代变得越来越具有相关性和现实性以跟上其观众的步伐。因此让肥皂剧在黄金时间出场的时机成熟了，这就是于 1978 年开始首播的《达拉斯》节目。《达拉斯》既有连续性的叙事，又有"高于生活的人物形象，以对权力和金钱的争夺为基础"，剧中有许多伴侣交换、丑闻、性阴谋。[84] 从 1980 年到 1985 年，《达拉斯》在全国电视节目收视率排名中不是第 1 就是第 2，在这连续 5 年中平均每周收看的观众有 4 300 万到 5 300 万人，于 1980 年 11 月 21 日播出那扣人心弦的一集《谁枪杀了 J.R.？》甚至还创下了当时收视率的纪录，其收视率达 53.3%，有 9 000 万人观看，占有 76% 的市场份额。[85]

《达拉斯》在整个 20 世纪 80 年代是一个"国际性现象"，它以其描写"权力、竞争、淫欲和贪婪的长篇传奇"吸引了 90 多个国家的观众。然而，哥伦比亚广播公司在 20 世纪 80 年代又因不能更新其暴跌的陈旧大众诉求节目而突然坠落下来。观众的期望因新一代高质量电视剧的出现而提升了。因此《达拉斯》成了"电视剧出了毛病的标志"。《达拉斯》及其他黄金时间肥皂剧的剧迷们"被一系列迅速而熟练的情感操纵引诱到一种强烈的个人认同之中"，戴维·马克和罗伯特·汤普森（Robert Thompson）论述说，他们"只会被困在

313

情感的淤泥之中，一旦感到疲惫时就会离开，在精神宣泄的过程中没有得到什么，甚至没有满足感"。[86] 具有讽刺意义是的，"20 世纪 80 年代的'高质量戏剧'可能是《达拉斯》及其模仿者的最大受惠者"，汤普森在《电视的第二个黄金时代》（Television's Second Golden Age）一书中继续说道："《希尔街警察》、《圣埃尔斯维尔医院》、《而立有成》和《洛杉矶司法》都采用了连续的故事线索"、紧密编织的情节结构和庞大的演出队伍，就像《达拉斯》一样。[87] 然而它们打破了传统模式，将传统节目类型进行混合和匹配，常常努力处理一些复杂的当代问题如种族、性、阶级冲突等，同时也显示出其对电视作为一种媒体及其如何运转的清楚认识。[88] 其结果是，这些高质量戏剧使作为一种叙事艺术形式的电视达到一个全新的情感深度和精致度；它们给观众带来挑战的是它们赤裸的坦诚描述，这些描述有时达到了真正的情感爆发，例如在《圣埃尔斯维尔医院》播出的第二年度期间当"莫里森医生（Dr. Morrison）——由戴维·莫尔斯（David Morse）扮演——的年轻妻子在一次事故中丧生"时。[89] "她的心脏被用于移植，《他失去支柱》这一集结束于一个令人难以忍受的心酸场面：莫里森将头贴在移植病人的胸前，倾听他妻子的心跳。"[90] 这使《达拉斯》那不太揪心的、更为肤浅而定型化的系列情节剧风格显得相形见绌。

314

《达拉斯》在整个 20 世纪 80 年代是一个国际性现象，吸引了 90 多个国家的观众。从左至右分别是：拉里·哈格曼饰 J.R. 尤因、琳达·格雷（Linda Gray）饰休·E·尤因（Sue Ellen Ewing）、帕特里克·达菲饰博比·尤因、查伦·蒂尔顿饰露西·E·库珀。（刊载此图获哥伦比亚广播公司的准许）

哥伦比亚广播公司在 20 世纪 80 年代的缓慢衰落与其一度不可战胜的轰动节目《达拉斯》那逐渐凋零的命运十分相似。最初当《达拉斯》于其播出的第二年度（1979—1980）进入节目排行榜前 10 名而居第 6 位时，哥伦比亚广播公司是第一大电视网，拥有 31% 的黄金时间观众，而当时三大广播电视网共拥有的观众占总观众的 90%。5 年之后，在 1984—1985 年度，《达拉斯》居节目排行榜第 2 位，哥伦比亚广播公司仍是第一大电视网，拥有 27% 的观众，尽管三大电视网共拥有的美国观众已经下降到 77%。到 20 世纪 80 年代末，即在 1988—1989 年度，《达拉斯》跌到节目排行榜第 30 位（很快又在 1990—1991 年度跌至第 61 位），哥伦比亚广播公司也深深地坠落为第三大电视网，这是其历史上第二次居第 3 位，只拥有 20% 的黄金时间观众。全国广播公司、美国广播公司和哥伦比亚广播公司陷入了一种自由落体状态，它们一共只拥有 67% 的美国观众，而它们的下滑还不知尽头在何处。[91]

到 20 世纪 90 年代初，有线电视的崛起和传统广播电视网的衰落已是一个显而易见且不可逆转的定局。有线电视在美国的渗透从 1985 年占 42.8% 的家庭上升到 1991 年的 60.6%。[92] 在 1990—1991 年度，基本收费的有线电视频道能吸引 20% 的所有家庭观众，而像家庭影院频道这样的额外收费频道则可达到 26%。[93] 这些数字在下一个 10 年中将增加近一倍。实际上，大多数美国人的整个电视观看体验正在发生变化。可转移观看时间的磁带录像机（VCR）在 20 世纪 80 年代成为很受大多数电视观众欢迎的一个补充。在 1980 年只有 1.1% 的美国电视家庭拥有磁带录像机，到 1985 年这一数字上升为 20.8%，而到 1991 年则一下子猛增到 71.9%。[94] 伴随磁带录像机（及其他一些新的媒体技术如影碟播放机、视频游戏等）而来的是"遥控器"。这个小小的手持装置最初出现在 20 世纪 50 年代中期，但它在大多数美国家庭中并不普及，直到 20 世纪 80 年代人们广泛采用了有线电视和磁带录像机之后才走向普及。

"毫无疑问，遥控器使我们在 20 世纪 80 年代观看电视的方式发生了革命"，戴维·拉亨布鲁克（David Lachenbruch）于 1990 年 1 月在《电视指南》杂志中写道。到 1991 年，所有家庭观众中至少有 37% 承认他们宁愿浏览频道（即快速地翻动他们当时平均收到的 33.2 个频道）而不愿只是打开电视机观看一个特定节目。[95] 家庭观众的电视观看行为渐渐变得更加主动，而家庭观众采用这些新的电视配件也促进了电视行业的批发业务从"广播"转变为"窄播"。最能体现这一转变的是于 20 世纪 80 年代中期出现的"观众行为记录仪"（people meter），它为测量电视观众提供了新的精度水平。A·C·尼尔森公司最初于 1973 年推出了一种"观众计量器"（audimeter），它可以自动计算某个被观看的频道，但仅此而已。"观众行为记录仪"在系统上增加了一个遥控键盘，这些遥控器事先根据各个家庭成员的人口特征（如包括年龄、性别、种族、教育水平、年收入）进行设置，然后参与者被要求在他们观看电视时按开或按关按钮即可，这些行动准确记录了谁在何时观看什么节目。有两个公司，即 A. C. 尼尔森公司和英国审计公司，于 1984—1988 年在美国测试两种相互竞争的"观众行为记录仪"，它们在相互争夺市场份额的同时也通过反复试验对技术进行微调。A·C·尼尔森公司的"观众行为记录仪"最终于 1989 年被普遍采纳，尽管批评家们仍然抱怨说"观众行为记录仪"过度地偏向于年轻的、城市的、专业的观众。他们是人口中最适宜于定期使用这种高科技遥控器的群体。然而"观众行为记录仪"的这一特定偏见被电视行业所容忍，因为大多数赞助商最感兴趣的就是要接触到这一特定群体。

雅皮士观众在 20 世纪 80 年代末 90 年代初成为决定电视行业成败的关键。如果新的"观众行为记录仪"系统抓住了他们，那将比什么都值得。史蒂文·博奇科于 1986 年 10 月给全国广播公司又带来了一部雅皮士友好型高质量戏剧《洛杉矶司法》。他与特里·L·费希尔（Terry Louise Fisher）共同创作了这部混合型系列剧，它是法律节目、肥皂剧和情景喜剧的结合体。费希尔曾是洛杉矶地区的代理律师，是哥伦比亚广播公司于 1982 年开始首播并获得了艾美奖的系列节目《卡格尼与莱西》的首席编剧与制作人之一。《卡格尼与莱西》连续播出了 6 个年度，它描写了两个务实而果断的女主角——由泰恩·戴利（Tyne Daly）、沙伦·格莱斯（Sharon Gless）扮演——在男性占绝对优势地位的职业（即秘密警察）中克服重重困难取得成功的故事。该剧还是大多数幕后制作人员也都为女性的第一部黄金时间电视节目，包括其创作者芭芭拉·科迪（Barbara Corday）和芭芭拉·埃夫登（Barbara Avedon）也是女性；在这部共125集的系列剧中，女性任每一集的节目制作人，任75集的编剧或合编人员，任21集的导演。[96]由于有如此众多的创造性职位是由女性担任，因此《卡格尼与莱西》标志着电视行业中的一个重要转变，即女性节目制作人员终于闯入了曾经是男性专有的黄金时间，这一点变得越来越常规化。例如，到20世纪80年代中期，女性节目制作人几乎是独立地复活了已经奄奄一息的情景喜剧，这开始于马西·卡西和其伙伴汤姆·沃纳于1984年为全国广播公司制作的《科斯比秀》，后来他们还于1988年为美国广播公司制作了《罗丝安妮》；苏珊·哈里斯于1985年为全国广播公司制作了《绝佳女子》，此前她曾于70年代末为美国广播公司成功制作了一部热门节目《肥皂》；琳达·布拉德沃思-托马森（Linda Bloodworth-Thomason）于1986年为哥伦比亚广播公司制作了《狡猾女人》、黛安娜·英格利希（Diane English）于1988年也为哥伦比亚广播公司制作了《墨菲·布朗》。

《科斯比秀》和《洛杉矶司法》空前地推广了全国广播公司10年来从《星期六晚现场直播》到《希尔街警察》再到《圣埃尔斯维尔医院》这些具有社会进步性的高质量节目设置的传统，同时也远远突破了《星期六晚现场直播》节目第一代人那种明显的"男人俱乐部"氛围（约翰·贝卢什和舍维·蔡斯都顽固地宣称说"女人没意思"）以及MTM公司混合剧那种"男人占优势"的倾向。[97]《科斯比秀》是20世纪80年代无与伦比的最热门的节目，从1985年到1988年连续4个年度居A. C. 尼尔森公司收视率排行榜第1位，到1988—1989年度仍与《罗丝安妮》节目排并列第1位。在1985—1987年其播出的高潮期，《科斯比秀》平均每周拥有的观众在5 800万～6 300万人之间，不仅吸引了高端的目标观众，也吸引了较年老、较不富裕、住在城郊的广大观众。《科斯比

秀》具有真正的跨界限的魅力，将雅皮士——克利夫·赫克斯特布尔（Cliff Huxtable）和克莱尔·赫克斯特布尔（Clair Huxtable）是理想的专业型夫妻——与"赫克斯特布尔一家"快乐、健康、善于适应的四代人所代表的更加保守的家庭价值观结合起来。《科斯比秀》是一个真正的多元文化节目，在政治上得体，在供所有观众消费方面出类拔萃。实际上，从大众型节目设置到目标群体型节目设置的更新换代，明显地体现在里根时期（从1981年到1989年）黄金时间节目对财富和美好生活的描述所发生的转变中。在大多数美国人的印象中，《达拉斯》节目中的尤因一家在达拉斯的上万亩"南叉口大牧场"被赫克斯特布尔一家在纽约市布鲁克林区的时髦褐石房屋所取代；同样，《王朝》节目中的布莱克（Blake）——由约翰·福赛思（John Forsythe）扮演、克雷斯托（Krystle）——由琳达·埃文斯（Linda Evans）扮演、亚历克西斯（Alexis）——由琼·科林斯（Joan Collins）扮演，他们穿的高级晚装，也在《迈阿密风云》节目中的桑尼·克罗克特（Sonny Crockett）——由唐·约翰逊（Don Johnson）扮演、里科·塔布斯（Rico Tubbs）——由菲利普·M·托马斯（Philip Michael Thomas）扮演——所穿的时尚而休闲的阿玛尼套装面前显得黯然失色。以雅皮士为目标的电视不再将其消费幻想和欲望仅仅局限在那些处于个人戏剧与严峻现实之间的广告中——这些严峻现实通过希尔街警察局和圣埃利吉乌斯医院①的日常生活中反映出来。

这种更加具有挑衅性的不寻常消费方式的一个最佳例子就是阿尼·贝克尔（Arnie Becker）——由科尔宾·伯恩森（Corbin Bernsen）扮演——的美洲豹XJ6型汽车有一个特别车牌"洛杉矶司法"，这是《洛杉矶司法》这部当时最新的高质量电视剧第一集片头着意描写的一个画面。《洛杉矶司法》于1986年11月取代了《希尔街警察》于星期四晚10点钟播出，成为全国广播公司有高预约率的星期四晚节目阵容之一。"预约电视"成为"整个好莱坞最新的行流语"，它是指这样一种趋向：那些年轻的、城市的、专业性的观

---

① 《圣埃尔斯维尔医院》一剧中，背景医院的名称是"圣埃利吉乌斯医院"（St. Eligins Hospital），"圣埃尔斯维尔医院"（St. Elsewhere）是该医院的别称。——译者注

众们协调一致地努力在他们忙碌的时间表中找出时间来观看他们最喜爱的黄金时间节目，而不是"仅仅扑通一声坐在电视机前麻木地忍受电视上播出的节目"。[98] 作为一个居于节目排行榜前 15 名的节目，《洛杉矶司法》在 20 世纪 80 年代末 90 年代初平均每周吸引 2 000 万到 2 500 万观众，是当时最成功的高质量电视剧。该电视剧是由 20 世纪福克斯电视公司制作的，史蒂文·博奇科、特里·L·费希尔与该剧的首席编剧戴维·凯利（David Kelley）在《洛杉矶司法》中将男女主角合理地搭配（男女各 4 人），将商业性和公益性的故事情节令人满意地混在一起。罗伯特·汤普森报告说："其主要故事通常是围绕案件进行的，这些案件讲述当代复杂的法律问题，包括从约会强奸到虐待儿童到死刑再到艾兹病病人的安乐死等广泛内容。这类材料属特里·L·费希尔在制作《卡格尼与莱西》时的职责范围，而她作为《洛杉矶司法》的共同创作者，她的影响在该剧中也是很明显的。"[99] 到 1986—1987 年度，全国广播公司已安然地居于全美第一大广播电视网的地位，它一直保持这一地位直到 1991—1992 年度结束。但在通用电气公司接管美国无线电公司后不久，格兰特·廷克就离开了全国广播公司，他于 1986 年 8 月被罗伯特·赖特（Robert Wright）接替了其在全国广播公司电视网中的董事长和首席执行官的职位。从此以后，全国广播公司与其说是一个高质量的电视网，不如说是电视机构统治的标志。而美国广播公司及许多有线电视频道则通过成为以年轻的高端观众为首要目标的最新电视网，一时间填补了高质量节目的空缺。

布兰登·斯托达德（Brandon Stoddard）于 1985 年 11 月被提升为美国广播公司娱乐部总裁。此前他曾在美国广播公司圆圈影片公司工作了 10 年，期间他协助开发了"该电视网某些最杰出的节目"，既包括电视连续短片如《根》、《荆棘鸟》和《战争的趋向》，也包括格伦·G·卡伦的侦探、爱情与喜剧混合剧《夜间行动》——该剧于 1985 年 3 月开始首播。[100] 在斯托达德任娱乐部总裁的 3 年半中，他将该广播电视网中最庸俗的节目安排转变成为黄金时间最新的高质量节目阵容；为此他所采取的措施既包括在公司内部通过长期协议组建了一支富有创造性的节目制作人和创作者队

伍（其中最突出的就是于 1987 年同史蒂文·博奇科签订了协议），也包括他同时培育的稳定而源源不断的个人型与革新型戏剧和喜剧，如马歇尔·赫斯科维茨（Marshall Herskovitz）和爱德华·兹维克（Edward Zwick）的《而立有成》、史蒂文·博奇科和特里·L·费希尔的《胡珀曼》、安德鲁·阿德尔松（Andrew Adelson）于 1987 年制作的《马克斯·黑德鲁姆》等，后来还有小威廉·布罗伊尔斯（William Broyles Jr.）和约翰·S·扬（John Sacret Young）的《中国海滩》、卡罗尔·布莱克（Carol Black）和尼尔·马伦（Neal Marlen）的《美好岁月》，以及马西·卡西和汤姆·沃纳于 1988 年制作的《罗丝安妮》。极重要的热门节目《而立有成》和居排行榜第 1 位的轰动性节目《罗丝安妮》，成为布兰登·斯托达德那虽然较短但却值得记住的节目主管任期内——当时美国广播公司于 1987—1988 年度又上升为美国第二大广播电视网，但还没有对全国广播公司构成严重威胁——阴阳对比的两个节目。这两个节目都吸引了最有价值的观众人口，然而《罗丝安妮》除此之外还吸引了大众观众中的粉领和蓝领阶层。当然，"《而立有成》恰好适合于美国广播公司所追求的那类观众，即那些 30 多岁，正在向上攀爬，最好是有几个孩子、将大量的钱花费在消费品上的观众"[101]。与此不同，罗丝安妮·巴尔（Roseanne Barr）却是一个爱说俏皮话而务实的非雅皮士，她对男人、婚姻、孩子与家务的讽刺性观点使她牢固地处于新一代女喜剧演员的先锋地位。《罗丝安妮》展现的是一个喧闹而顽固的工人阶级家庭，这个家庭似乎陷入了一系列无穷无尽、稳输无赢的选择。而《而立有成》中的那些夫妇们或单身男女们却与此不同，他们时常努力使那些诸多选择变得有意义。

《罗丝安妮》和《而立有成》这两个节目出于不同的原因都激起了美国观众的强烈共鸣。它们于美国广播公司首轮播出之后，还于 20 世纪 80 年代末 90 年代初在电视网之外日益兴旺的联合发售市场上分别找到了各自的目标观众。《罗丝安妮》的发售是沿着《陆军流动外科医院》、《拉韦恩与雪丽》、《科斯比秀》及其他热门的情景喜剧所开辟的道路进行的（这一道路的开辟者还包括一些 1 小时戏剧，如哥伦比亚广播公司 的《私人侦探马

318

格隆》、全国广播公司的《天龙特攻队》、美国广播公司的《坠落男子》等）。所有这些节目都在它们还没有达到通常的 5 年保存期时就早已开始在国内和国际的联合发售市场上销售。当时的标准库存，即"每年平均 26 集×5 年＝130 集"，是所有那些经电视网播出之后的系列节目的典型积压量，因为它要让一个节目被电视网安排从星期一到星期五播出至少一年，即每集允许播出两轮。但在"有线电视时代"有三个因素改变了这一计算方法。第一，新的独立电视台和有线电视网数量不断增多，增加了对脱离电视网的节目产品的需求。第二，这一增加的需求使实际达到 5 年保存期的合适节目数量出现严重不足。第三，在整个"有线电视时代"，黄金时间节目的预算也急剧增长，这主要是受高质量节目兴起的影响。例如，一个 30 分钟的黄金时间节目的平均制作成本从 1975—1976 年度的 11.5 万美元攀升到 1980—1981 年度的 26.5 万美元，到 1985—1986 年度上升为 36.5 万美元，到 1991—1992 年度猛增到 70 万美元。[102] 由于电影公司和独立节目公司的节目预算出现亏损，它们的节目制作成本远远超过了电视网支付给它们的播出许可费，因此这些节目制作商也迫切地想尽快地联合发售其系列节目，以摆脱债务并走向盈利。

319

在这方面，"《陆军流动外科医院》是改变市场的分水岭"，它是第一个在美国国内联合发售中赚得 1 亿美元的节目。接着，当《科斯比秀》于 1990—1991 年度向全美国开始第二个 5 年的联合发售时，它突破了 10 亿美元的大关。在这同一年度，《罗丝安妮》在美国国内以每集 200 万美元的价格出售其播出许可权（这个每集半小时的系列节目最终共达 221 集）。[103] 除了这些国内市场的收入外，1992 年一个节目在海外市场的联合发售平均占到其后期收入的 40%，"全球电视市场在 20 世纪 90 年代正在变得越来越有利可图也越来越复杂，就像 80 年代的美国国内市场一样"。[104] 与以前居排行榜前 10 名的热门节目《罗丝安妮》相比，《而立有成》的目标观众诉求限制了其联合发售的机会。然而，马歇尔·赫斯科维茨和爱德华·兹维克的这部获得艾美奖的"雅皮士烦恼"之赞歌却是有线电视网生活时光频道的最合适节目，就像许多其他的高质量节目一样，包括《洛杉矶司

《罗丝安妮》展现的是一个喧闹而顽固的工人阶级家庭，其主角有罗丝安妮·康纳（由罗丝安妮·巴尔扮演）及她的丈夫丹（由约翰·古德曼扮演）。（刊载此图获派拉蒙电影公司的准许）

法》、《夜间行动》、《中国海滩》等[105]。生活时光频道产生于"属于维阿康公司的有线健康频道，与属于赫斯特/美国广播公司的白天公司（Daytime）之间于 1984 年 2 月的公司合并"[106]。生活时光频道在这次公司交易之后还花了好几年才形成明确的个性特征。例如，这个新的频道到 1986 年仍致力于"一般的观众，尤其是女性"，其节目阵容也有些模糊和漫无目标："致力于健康、科学和美好生活：有关于营养的节目，有关于健康、预防性药品、性、养育孩子的节目，有工作日电影节目"。[107] 然而到 1988 年，"它在行业中的印刷广告"将该电视网描述为"一个独特环境，它致力于吸引容易被忘记的观众"，这些观众主要是"高消费的女性"，她们"对所观看的节目有高度的选择性"。[108] 总的来看，通过生活时光频道联合发售的《而立有成》及其他高档系列情节剧特别适合于这类高端的女性观众。

320

"情节剧无论是虚构还是写实，都明显强烈地吸引着女性观众，并且一直是女性电视节目中的主力"，杰基·拜厄斯（Jackie Byars）、艾琳·米汉（Eileen Meehan）承认说，"生活时光频道可能认为其职业女性观众在经济上是独立的，但在情感上却是离不开男人的。因此该频道着意为那些将晚上时间花在电视机前缠缠绵绵的高端男女们安排其黄金时间的节目。"[109] 同样，以男性为中心的《希尔街警察》和《圣埃尔斯维尔医院》也走上了新成立的文化与艺术频道妙极频道（Bravo）。妙极频道最初是由东北有线电视经营商有线电视系统公司于 1984 年 10 月建立的一个付费电视服务。在此后的 4 年中，妙极频道获得了 50 万个订户，其节目有 70% 是外国电影，有 30% 是特别艺术表演。不久，有线电视系统公司于 1988 年 12 月将其 9 个节目服务的 50% 出售给了全国广播公司，其包括美国经典电影频道、体育频道、妙极频道等。全国广播公司的首席执行官罗伯特·赖特急于在有线电视领域里寻求更多的机会。广播电视网与有线电视之间的这种伙伴关系在里根总统和布什总统执政时期变得越来越普遍。1989 年 4 月实现的这次公司合并有两个直接后果，一是两家公司联合建立了消费者新闻与商业频道，这是一个消费新闻与商业频道；二是将妙极频道从一个额外收费频道转变成为一个基本收费有线电视网。到 20 世纪 90 年代初，妙极频道将播出对象确定为那些年龄在 18～54 岁的富裕而有较高品味的男性和女性观众，提供的节目阵容包括美国和外国电影、表演艺术节目以及经选择的已脱离电视网的系列节目，如全国广播公司推出的混合型系列节目《希尔街警察》和《圣埃尔斯维尔医院》等。妙极频道是这两个开创性高质量节目的理想渠道。而且，电视产业中的有线电视领域已经开始采取措施，除提供脱离电视网的旧节目外，还提供为各自频道的特定目标观众定制的原创节目作为补充。

321　在这方面，家庭影院公司居领先地位，它于 1983 年制作了其第一个原创系列节目《不一定是新闻》和第一个付费电视电影《特里·福克斯传》，接着又于 1984 年制作了其第一个电视连续短片《是河则流》。不久，有线电视"到 20 世纪 80 年代末在资产和收入上超过了广播电视网"。"在

其短短的历史中，有线电视已经重新界定了电视"，沙伦·斯特罗弗（Sharon Strover）论述说，"它既孵化出广泛多样的'窄播'节目业务，又孵化出新的广播诉求业务"，例如美国网，它是第一个联合发售受"音乐电视"影响的热门警察剧《迈阿密风云》的有线电视频道。有线电视"通过为旧节目和新节目开拓新的市场改变了节目产业的结构"。[110]

从 1976 年到 1991 年，有线电视还与数量越来越多的独立电视台一起，将从前被迫收看节目的广播电视网观众夺走了 30% 以上，并迫使广播电视网走上节目设置更加个性化和定制化的道路。这方面的恰当例子就是在 20 世纪 80 年代涌现的新的高质量节目。"无论如何，随着广播电视网吸引的观众份额越来越小，电视节目也变得越来越好"，电视批评家汤姆·谢尔斯（Tom Shales）于 1988 年评论说，"电视网的主管们似乎倾向给予编剧和节目制作人越来越大的灵活性以贯彻某观点，黄金时间的节目受到规范的约束也渐渐地越来越少，变得比以前更加灵活多样。"[111] 因此于 20 世纪 70 年代中期开始，目标市场模式在全美国的经济中取代了旧有的经营方式。就电视来说，由富有创造性的新一代编剧与节目制作人制作的定制系列节目取代了 20 多年来好莱坞电视系列影片那千篇一律的制作模式的统治。对最好且最有影响的新节目无法轻易地进行归类，但它们通过其目标准确而高质量的诉求吸引了年轻的、城市的、专业的观众。分割消费者的更广泛经济利益还使"电视网时代"越来越陈旧的大众市场模式被淘汰。因此，品牌化成为电视网和节目制作公司使自己的节目与竞争对手区别开来的标准方式。

就像美国本身一样，电视也一直处于一种转变的状态，不断地受到技术、经济、社会等各种因素的重塑。美国的电视于 20 世纪四五十年代从地方性媒体成长为地区性媒体，到 60 年代开始时终于成为全国文化的中心。尽管第一颗电视卫星"电星 1 号"于 1962 年 7 月发射成功，但直到 1975 年美国的电视从没有充分实现其国际性媒体的前景。在 1975 年后卫星和有线电视再次更新了电视媒体，美国电视才真正成为国际性媒体。电视由广播转变成"窄播"也标志着三大电视网从前不可战胜的的垄断也急速地衰落了，它到 1991　322

年时受到了 74 家新的有线电视频道、近 300 个独立电视台和第四大广播电视网的侵蚀。[112] 特德·特纳于 1976 年创办了 WTBS 电视台，后来他又先后创办了 5 个有线电视服务：即有线新闻电视网（1980 年）、"有线新闻电视网/新闻摘要"（创于 1982 年）、"特纳网络电视"（1988）、卡通频道（1992）和特纳经典电影（1994）。于是特德·特纳成为有线电视当之无愧的非官方代言人。尤其是有线新闻电视网"可能要算 20 世纪最后的 25 年中在有线电视方面最重要的革新"[113]。它最初被讥称为"鸡肉面新闻"，但它仅在 10 年之后就进入了美国的 6 000 多万个家庭和 140 个其他国家，并成为全世界人们了解最新新闻的第一选择。最能体现"有线电视时代"到来的是有线新闻电视网不间断地现场报道于 1991 年 1 月 16 日爆发的海湾战争："该电视网是华盛顿、巴格达和科威特之间的一个传播环"[114]。据说连布什总统也于当晚连续 12 小时观看有线新闻电视网。[115] 由于特德·特纳引入了有线新闻电视网这一革新，"特德·特纳永远地改变了电视新闻的历史"[116]。他在特纳广播系统中的经历是了解"有线电视时代"电视产业发生质变的一个极佳的实例教材。

第9章

不断变化的电视景观
特纳广播系统

吉米·L·里夫斯（**Jimmie L. Reeves**）、迈克尔·M·爱泼斯坦（**Michael M. Epstein**）

在 20 世纪最后几十年里，没有人比（特德）罗伯特·爱德华·特纳三世［Robert Edward (Ted) Turner III］更能典型地体现电视不断变化的景观。这位上唇留着小胡子、总爱说错话的媒体大亨使特纳广播系统成为有线电视和卫星电视革命的主要受惠者之一——这一革命改变了全球电视体验。虽然特德·特纳的传奇与霍拉肖·阿尔杰（Horatio Alger）的那些白手起家故事有些不同，但他从户外广告业的无名之辈崛起为《时代》杂志的"年度人物"这一显赫地位，使其个人经历占用了成千栏的报纸篇幅并催生了无数的传记作品。我们在此不是去再一次地如实记录特纳那不可否认地充满了引人入胜的幽会、滑稽模仿、成功和不幸的个人生活，而是要对特纳广播系统在电视史上的地位进行专门探讨，并重点考察作为变革力量的特德·特纳。作为变革的力量，特纳的革新将给 20 世纪 70 年代、80 年代和 90 年代的电视留下深刻的印记。

任何关于独立电视台的崛起、关于将脱离电视网联合发售的系列节目作为对抗性节目安排所进行的战略部署、关于在体育节目中形成的新的协同效应、关于另类广告形式的利用、关于卫星发送技术的推广、关于超级电视台理念的形成、关于目标市场型有线电视网的激增、关于电视新闻的国际化（后来又是全球化）等问题的探讨，都必须将特德·特纳的贡献和成就纳入考虑范围。"电视网时代"（1948—1975）在美国媒体史上是一个三大电视网垄断电视广播的时代，特纳广播系统的形成期就出现在"电视网时代"的最后 10 年中。接着，特纳引入了超级电视台的理念，这预示着有线电视大爆炸时期的来临，这一时期广播电视的标准将被新出现的卫星电视与有线电视模式压倒和削弱。特纳广播系统的全盛期大约也是里根总统和布什总统执政的时期，它刚好与

"有线电视时代"（1976—1994）的鼎盛期同步；而在"有线电视时代"，日益衰退的广播电视网系统的那种大众市场营销和大众文化的商业模式逐渐被日益繁荣的有线卫星电视系统的那种目标市场营销和时尚文化的模式取代。最后，特纳广播系统的最新变化以及特德·特纳那日益低落的形象出现在（1995 年至今）"数字时代"到来以后，而"数字时代"在电视史上则是以技术融合、企业合并和品牌营销著称的时代。

324

特纳与"电视网时代"

1963 年，24 岁的特德·特纳在父亲小罗伯特·爱德华·特纳（Robert Edward Turner Jr.）用一把口径为 0.38 英寸的手枪自杀后继承了特纳广告公司。虽然在早期维持父亲的公司是一件困难的事情，但这位年轻的首席执行官度过了逆境并使特纳广告公司成为美国南部最大的广告公司。特纳的公司控制着遍及 8 个州的 10 个关键市场，其广告牌总数居全国第 5 位。在 20 世纪 60 年代末期，特纳利用户外广告业务作为跳板进入了广播业。他于 1968 年收购了查塔努加市的 WAPO 广播电台从而涉足广播业后，很快又购买了夏洛特市和杰克逊维尔市的广播电台。但特德·特纳商业生涯中最重要的时刻也许是在 1970 年 1 月 1 日，这天他收购了 WJRJ 电视台，这是亚特兰大市的一个用超高频第 17 频道播出的独立电视台。[1]

在特纳收购第 17 频道的前一年，该电视台亏损了 90 万美元，而且特纳几乎所有的顾问都坚决反对这一收购。但是要理解为什么说特德·特纳作为一位企业家其最大的业绩也许就是扭转了第 17 频道的命运，有必要首先考查一下当特纳扬帆进入广播这个风高浪急的水域时所面临的那个不公平体系中的运行规则。20 世纪 70 年代初毕竟是"电视网时代"的巅峰期，当时哥伦比亚广播公司、全国广播公司和美国广播公司的观众多少有些被迫收看的性质。这些主要电视网处在其力量的巅峰时牢固控制着 90% 的黄金时间观众，它们所处的地位可与 1946 年好莱坞的主要电影公司所处的形势相媲美，那一年是美国电影业所经历的盈利最丰的一年。电视业已经没有很多的增长空间。尽管美国广播公司还在努力争取获得与哥伦比亚广播公司和全国广播公司平等的地位，然而全国几乎所有的市场都已被电视网的附属台所覆盖，而且每周节目表中可盈利的每一分钟几乎都已被用于谋取广告收入。换句话说，旧的电视网体系，就像它协助维持了这么多年的"福特主义"制造业经济一样，基本上已经走到了尽头。[2]

实际上，要理解"电视网时代"及其最终衰退，最重要的就是把握它和"福特主义"的关系。"福特主义"体现在扩张性的制造业经济之中，这种经济是由推动美国战后经济大发展与普遍繁荣的装配线生产和大众消费构成的。"福特主义"的特征就是其"僵硬性"：长期大规模的固定资本投资、集体协商的长期合同、联邦对关键行业（包括广播业）的持续监管、政府长期履行的福利计划等。作为"福特主义"经济和政治秩序的主要产物和主要生产商，哥伦比亚广播公司、全国广播公司和美国广播公司履行着宣传"福特主义"消费伦理的极重要的意识形态功能。换言之，"福特主义"和美国商业电视在共同致力于产生忠诚的消费者方面是紧密地绑在一起的。由于"福特主义"制造业经济是基于大众消费和大众市场营销的，因此在"电视网时代"的前 20 年中节目的受欢迎度是残酷地按照收视率点数来界定的。其结果是，这一时期所有电视网都会欣然接纳"最小公分母"或"最不讨厌的节目"设置理念，尤其是在电视机渗入到工人阶级家庭之后。[3]

325

然而在 20 世纪 70 年代初，哥伦比亚广播公司因大胆引入背离"福特主义"逻辑的新节目理念而被载入电视史册。作为电视在黄金时间迈向目标市场的第一个大胆步骤，哥伦比亚广播公司砍掉了《梅伯里 R. F. D.》、《驴鸣》、《吉姆·内伯斯时光》和《绿色田野》等节目，并非因为这些节目未能带来很高的收视率，而是因为广告商们不看重这些节目的观众在人口统计上的倾向。与这种清洗乡村节目相对照的是，哥伦比亚广播公司开始寻求"高质量的人口"，就像简·福伊尔所说，这导致情景喜剧的再创新。最引人注目的是，哥伦比亚广播公司通过违反"最不讨厌的节目"的教条而播出了诺曼·利尔的《尽在家中》这部引起争议的系列节目，它找到了金矿。通过利尔这部尖刻的社会喜剧和 MTM 公司那角色驱动的"温馨家庭喜剧"，哥伦比亚广播公司使其节目针对被广告商们如此看重但名气不佳的雅皮士（即年轻的、城市的、向上攀爬的专业人士）。当然在此过程中，哥伦比亚广播公司也疏远了大量的中部美国人，尤其是居住在"梅森—迪克森线"① 以南的美国人。[4]

特德·特纳同样也受到疏远，而他将此视为把观众从电视网引诱走的机会。但特纳对利润的追求却因一个重要的历史性不利因素而变得复杂化，即自 1952 年联邦通信委员会发布《第六次报告与命令》（Sixth Report and Order）以来，超高频电视台一直是电视行业的二等公民。联邦通信委员会的这次行动结束了自 1948 年起实施的对电视台许可的历史性冻结期，同时也在既有的甚高频电视台与新开发的超高频广播服务之间制造了一个不平等的竞技场。需要注意的是，甚高频广播电视机构与其超高频兄弟相比享有"天然"的技术优势。因为甚高频在电磁波谱上位于较低频率的波段（54MHz～216MHz），甚高频信号表现得像声波，它不仅能绕过障碍物，而且也能沿着弯曲的地球表面传播。超高频信号传送器相对来说运转的频率更高（470MHz～890MHz），这意味着它们的信号表现得与其说像声音不如说更像光线，信号要发射到外层空间而不是依附于弯曲的地球表面。对超高频电视台许可证持有者来说，这一技术上的不平等转变成为经济上的不利因素：如果一个超高频信号和一个甚高频信号从同一个发射塔上以同样的有效辐射功率发射出去，甚高频电视台将会覆盖更大的范围，将有更多的人口能够接受到其信号，而该电视台的广告商将有可能让更多的眼球看到他们的商业信息。

拥有一个超高频电视台的技术劣势还因另一个不太"天然"的因素变得更加严重。多年来消费者须投入更多的金钱和付出额外的努力来接收任何特定市场上处于劣势的超高频可用电视台。接收超高频信号需要有一个特殊天线，而且电视机生产商也迟迟未能在生产的新电视机上安装一个超高频调节器标准装置，直到联邦通信委员会于 1962 年干预为止。当特纳最初试图为第 17 频道培植观众时，拥有老式电视机的消费者需额外花钱增加一个超高频调节器。事实上，特纳曾经有一次对广告商吹嘘其观众的智力，他声称："你首先必须很聪明，能弄懂如何用超高频天线接收节目。""蠢人不会这样做"，特纳会说，"你能收到第 17 频道吗？不会？那好，我也不会。我们不够聪明。但我的观众是聪明的。"[5]

虽然特纳在购买 WJRJ 电视台时声称他一点也不懂广播电视业务，但他的确懂得广告业务，而掌握商业广播业务的 90% 就是要掌握广告业务的细节。因此当特纳开始短期紧张地学习广播行业期刊和收视率报告时，他并不是从零开始学起。特纳将其电视台的呼号改为"WTCG"——它代表特纳传播集团，然后列出了一个优先事项单子以指导其战略行动。他称这些优先事项为"5P"，即节目设置（programming）、人员（personnel）、促销（promotion）、渗透（penetration）和利润（profits）。[6] 正是特纳的第一个"P"（即节目设置）最初为他赢得了所谓天才的美誉，但严格地讲特纳在节目设置上的才能还不如他在竞争性节目设置上的才能高。例如，几乎就在哥伦比亚广播公司从其节目表中清除"乡村喜剧"的同时，特纳购买了如下这些最受欢迎的乡村节目：《长裙相连》、《安迪·格里菲思秀》、《戈默·派尔，美国海军陆战队》等。此外，第 17 频道还每天以不间断的"连环形式"安排播出其他脱离电视网的经典系列节目，如《露西秀》、《吉利根岛》、《留给比弗》和《父亲最懂》。因而 WTCG 电视台成了展示被特纳称做"美好往昔"节目的橱窗，这些节目是脱离电视网的 20 世纪 50 年代和 60 年代系列节目，它们是最小公分母理念的遗物。除了再利用这些"过时的"电视网节目外，特纳还在节

---

① "梅森—迪克森线"（Mason-Dixon Line）是位于宾夕法尼亚州和马里兰州之间的边界线，被认为是美国南部和北部的分界线。——译者注

目表中填充了一些动画、乡村音乐系列，以及如下一些永不过时的星期六早上的儿童节目：《三个傻偶》、《小淘气》和《艾博特与科斯特洛》。经典的好莱坞电影也是 WTCG 电视台的一个主要内容。有好几年特纳甚至充当《学院奖影院》节目的主持人，《学院奖影院》是一个星期天上午的电影橱窗节目，以对抗与其竞争的电视台播出的传统宗教内容。显然，特纳的"美好往昔"竞争性节目安排旨在吸引那些被电视网有计划地抛弃的南方观众。[7]

特纳取得了作为世界上第一个 24 小时新闻电视网的创始人的名声和赞誉，但令人感到奇怪的是在他让 WTCG 电视台成为一个盈利企业的计划最初实际上没有新闻的位置。但支持特纳节目设置战略的关键理念依然是对抗性节目安排。向新闻业务投入资源实质上就相当于对它在亚特兰大电视市场上的竞争对手的一个重要优势发起进攻。即使三大电视网中的最弱者美国广播公司的附属电视台最近也进行了一次全面改革，其中包括投资一个"经验丰富的一流新闻节目制作组"。特纳在这场新闻竞赛中不是试图与亚特兰大市资深的电视网附属台进行面对面的竞争，而是决定播出联邦通信委员会当时规定的每天至少 40 分钟的新闻和公共事务节目。但是很少有人会从这种义务性的"公共服务"节目中受益，因为特纳将 WTCG 电视台的新闻报道安排在凌晨 3 点钟于"深深夜电影"之后播出。而在傍晚，当其他亚特兰大电视台播出全国性和地方性的新闻报道时，特纳则对抗性地安排原创性热门电视节目《星际旅行》。[8]

虽然陈旧的节目占据了 WTCG 电视台的大部分节目表，但是该电视台在体育节目方面引起了最大的轰动。特纳最初冒险进入的体育领域是职业摔跤。他前女友的丈夫是亚特兰大市摔跤比赛最大的主办商之一，在这位前女友的帮助下，特纳将一个热门的摔跤比赛节目从美国广播公司的附属电视台吸引过来。特纳在 WTCG 电视台小小的演播室里装备了一个标准规格的摔跤台，每周播放三次摔跤节目，于是该电视台的收视率开始上升。尽管大多数关于特纳成功的故事不再强调并贬低摔跤节目的作用，但在此后的 30 年中职业摔跤一直是特纳广播系统节目武库中的一个重要

武器。就像"美好往昔"系列节目、电视连续剧和电影一样，职业摔跤节目唤起并利用了人们对电视媒体早期的怀旧之情，那时"牛气的"乔治·瓦格纳（George Wagner）是电视上的最大明星之一，而人为的体育形式也不时出现在四个全国电视网（尤其是杜蒙公司）的黄金时间节目里。尽管在 1955 年后摔跤节目从电视网的黄金时间中被驱逐出来，但这项运动仍作为一项地区性的娱乐景观生存下来，出现在地方电视台深夜和周末节目表中极不理想的时间段里。摔跤节目在第 17 频道的节目阵容中取得了一个固定位置，这将是摔跤节目在全国东山再起的第一步。但另一个大胆的企业家小文森特·K·麦克马洪（Vincent Kenneth McMahon Jr.）后来超过了特纳，他在 20 世纪 80 年代和 90 年代把摔跤发展成为有线电视领域的一个主要的极具魅力的节目。[9]

当然，特纳在职业体育领域中最著名的成就是在职业棒球大联盟比赛上。他在职业棒球大联盟比赛上的冒险开始于 1973 年，这年特纳投标压倒了 WSB 电视台（当时是亚特兰大居主导地位的全国广播公司附属电视台）而获得了播出亚特兰大勇士队的比赛的权利。特纳告诉来自《电视与广播时代》（*Television/Radio Age*）杂志的汤姆·布拉德利（Tom Bradley）说，他"知道勇士队和 WSB 电视台对它们的情况都不十分满意"：

他们（WSB 电视台）只播出 20 场比赛。我们与勇士队的管理人员进行了长时间的谈判并且承诺播出 60 场比赛。为此我们花了大约 130 万美元，但我们需要一个强劲的黄金时间体育节目系列来对抗电视网在春季和夏季的重播，并与我们已购买的较老的经典影片系列协同播出。[10]

仅仅过了 3 年，特纳于 1976 年 1 月 3 日花了大约 1 000 万美元从亚特兰大—拉萨尔公司手中购得了为生存而挣扎的勇士队的特许经营权。就像购买第 17 频道一样，特纳收购勇士队似乎也是不明智的。许多人认为他为购买职业棒球大联盟中的一个垫底球队钱花得太多，特纳的诋毁者们不明白的是：对任何其他人来说这个标价也许过高，但对特德·特纳来说勇士队却是个便宜货。这一并购行动使他既拥有一支每年比赛 162 场的运动

队，又拥有一个对定期节目有着巨大胃口的独立电视台，两者的协同作用相得益彰。在这种协同作用下，勇士队与 WTCG 电视台间的整个合作将比两者之和更强大，因为该电视台将成为推销和宣传勇士队的主要工具，反之亦然。这种协同作用一旦运转起来，特纳就把利润再投资于改善该运动队，而该运动队反过来又提高勇士队比赛节目（以及 WTCG 电视台的其他节目）的收视率。而且，收视率的提高又导致更多的球迷进入国内比赛球场，而更高的入场率又导致更多的利润，这些利润又被再投资于球队……当这种协同作用同时增加两者的价值时，在勇士队事实上开始赢得比赛之后特纳不必担心为取得勇士队比赛的播出权而支付越来越高的成本。到 20 世纪 90 年代中期，没有人再嘲笑特纳为勇士队花了那么多钱，因为，由于这种协同作用，该特许经营权已成为全国联盟赛中一个具有长期影响力的东西，其价值大约在 2 亿美元左右。[11]

在特纳任 WTCG 电视台老板的第一年年底，该电视台亏损了 90 万美元，而他的公司——它此前从来没有亏损过——也出现税后净亏损超过 70 万美元的记录。WTCG 电视台在 1971 年只亏损了 50 万美元，尽管形势依然极其严峻，但已有所改善。WTCG 电视台的转折点出现在 1972 年。这一年不仅该电视台的收支持平，而且特纳的命运也从此永远地融入有线电视产业的命运之中。16 年之后，特纳身着牛仔服摆造型为 20 世纪 80 年代一个火爆乡村西部片作海报，海报上写道："当有线电视还不时髦时我就是有线电视。"有线电视业务在 1972 年绝对还不"时髦"，但在 10 年之后，由于政策环境的变化，由于通信卫星时代的到来，由于观众对现存商业电视系统有限的观看选择感到不满，由于日益全球化的大规模经济变革，有线电视成为美国传播业中最火热的增长领域之一。特纳及其亚特兰大这个微不足道的超高频电视台正准备在有线电视革命的浪潮中弄潮，而且他的确弄潮了。[12]

特纳与"有线电视时代"的开端

在 1972 年以前，有线电视基本上是一种公用载体。有线电视于 1948 年诞生于一些偏远地区，如俄勒冈州的阿斯托里亚镇、宾夕法尼亚州的兰斯福德镇等。当地的企业家们，像广播电台经理 L. E. 帕森斯（L. E. Parsons）、家用电器经销商鲍勃·塔尔顿（Bob Tarlton）等，建立了社区天线以截获广播电视信号并传送给那些渴望体验这种令人激动的新传播媒体之魔力的居民。虽然这种共用天线电视接收系统只是提供在附近大城市中可自由收看的内容，但这种寄生业务在整个 20 世纪 50 年代一直处于稳定增长状态。然而为了保护版权所有者和当地广播公司的利益，联邦通信委员会在 20 世纪 60 年代中期制定了许多规定，这些规定一度阻碍了有线电视产业的持续增长。1972 年，在有线电视的利益相关者们同意根据联邦政府委任的特别法庭的决定来缴纳费用从而克服了版权障碍后，联邦通信委员会发布了一项命令，该命令使特德·特纳最终成为亿万富翁。联邦通信委员会的裁决允许有线电视运营商使用一系列微波发射机来引入远方电视台——像特纳的 WTCG 电视台这样处在困境中挣扎的超高频独立电视台——的信号。特纳与安迪·戈德曼（Andy Goldman）同为帆船运动爱好者，在戈德曼的帮助下，特纳很快与电子提词机公司——它是当时美国最大的有线电视运营商——达成协议，以将 WTCG 电视台的信号输入亚拉巴马州的亨茨维尔、马斯尔肖尔斯、塔斯卡卢萨等地。特纳还建立了其他的伙伴关系以将其微波信号传送给佐治亚州南部和佛罗里达州北部那些山区乡镇的有线电视运营商，使 WTCG 电视台在梅肯、哥伦布、塔拉哈西等地有了观众。正如波特·比布（Porter Bibb）所写："特德·特纳跨越了界限，从一个广播公司变成了别的东西，但是连他自己也没有预料到他迈向有线电视这一美好新世界的第一步到底能带他走多远"：

　　特纳知道他的真正市场是一个在亚特兰大之外不断扩展的市场……通过联邦通信委员会的影响，特德·特纳在不到 36 个月里接管了那个衰败的超高频独立电视台并将其变成一个极有价值的地区性特许经营机构，变成电视史上第一个有线电视网。也许更为重要的是，他传送的这些电视信号对 WTCG 电视台那些新扩大的观众来说被证明是极受欢迎的，他们与特纳的逃避主义节目完全协调一致。[13]

　　WTCG 电视台命运的转变的确是令人惊奇的。该电视台于 1972 年即达到收支平衡。第二年，它不仅赢得了"勇士队"的比赛播出合同，而且还破纪录地盈利 100 万美元。到 1974 年，该电视台成为美国第一大超高频独立电视台。[14]

　　当特纳于 1972 年第一次使用地面微波技术向亚特兰大市场以外的地区输出第 17 频道的信号时，美国有 2 841 个有线电视系统在向全国共计 600 万个订户提供基本的公共载体服务。到特纳于 1980 年建立有线新闻电视网（CNN）时，美国运营中的有线电视系统数量已经膨胀到 4 000 多个，有线电视的订户总数则几乎增加到原来的 3 倍，达到了 1 600 万个。而在 1990 年，即有线新闻电视网赢得了"皮博迪奖"的那一年，美国有一半以上的家庭已经接入了近 1 万个有线电视系统，有线电视的订户总数现在已经超过 5 000 万个。尽管"有线电视兴隆"也受到了经济和文化因素的驱动，但是其兴隆的时机主要还是相关的政策和技术（即商用通信卫星的出现）发展的产物。

331

　　1973 年 6 月 18 日，美国全国有线电视协会年会在加利福尼亚州阿纳海姆举行，会议的开幕式被帕特里克·帕森斯（Patrick Parsons）和罗伯特·弗里登（Robert Frieden）称为"专供有线电视系统使用的国内电视信号第一次从东海岸到西海岸的卫星转播"。经电子提词机公司——它是特纳在亚拉巴马州的有线电视伙伴——的安排，这次从麦迪逊广场花园转播到迪士尼乐园酒店会议室的演示是吉米·埃利斯（Jimmie Ellis）和厄尼·谢弗斯（Ernie Shavers）两位拳击手之间糟糕的重量级冠军争夺赛。全国有线电视协会的这次

演示当时被大肆宣传为一个历史性事件，但是其意义与后来家庭影院公司（HBO）那实验性卫星传送的穆罕默德·阿里与乔·弗雷泽之间的另一场重量级冠军赛相比相形见绌。后者在体育历史上被称为"马尼拉的颤栗"，但是来自菲律宾的这次卫星传送将 1975 年 10 月 1 日标为一个分水岭时刻，它永远地改变了有线电视和广播电视的经济状况。虽然只有两个有线电视系统——一个位于密西西比州的杰克森市，一个位于佛罗里达州的皮尔斯堡—维罗海滩——配有装备可接收"马尼拉的颤栗"的现场直播，但这次实验是成功的。"有线电视时代"已经来临，而广播电视网，就像一度辉煌的卫星现在陷入了没落的轨道一样，也开始慢慢地衰落。[15]

　　家庭影院公司的成功为其他卫星有线电视网奠定了基础，最值得注意的是那些与特纳的媒体帝国有关的有线电视网。然而 WTCG 电视台在加入家庭影院公司的行列以使用美国无线电公司的"卫星通信 1 号"之前，尚须克服两个主要障碍。第一，特纳不能得到时代公司的雄厚资金，而需要自己准备资金来建造一个地面传送站。第二，他还必须突破制度迷宫，这些制度既阻碍他取得广播执照，也阻碍他拥有一个类似卫星传输公司的公共载体。因此，尽管特纳和其同事在 1975 年初就已经制定了其超级电视台的蓝图（比家庭影院公司的"马尼拉的颤栗"取得成功早几个月），但超级电视台的概念在两年的时间内不会成为现实。[16]

　　在焦急的等待期间，特纳出席了讨论有线电视未来的众议院通信分委员会。特纳主张让有线电视事业成为一项公共服务，他的证词拥护超级电视台的理念而攻击"广播垄断"："我希望我的电视台成为一个超级电视台"，特纳声明说，"我非常想为有线电视创办一个第四广播网，制作我们自己的节目，而不只是第 57 次播放《我爱露西》和《吉利根岛》。如果我们获准的话，我打算那样做。"1976 年 12 月 17 日，联邦通信委员会批准了南方卫星系统公司申请作为一个公共载体的请求，此前该委员会花了近一年的时间来确定这个派生公司是独立于特纳传播集团的，事实也的确如此。就在这同一天，WTCG 电视台的信号被传送到"卫星通信 1 号"卫星，世界上第一个超级电视台终于

332

诞生了。1979 年 8 月 21 日，特纳重新命名了他的公司和他的旗舰型超级电视台：特纳传播集团从此被称为特纳广播系统，而 WTCG 电视台则更名为 WTBS 电视台。[17]

 ## 特纳与"有线电视时代"的鼎盛期

正如商业电视在"电视网时代"曾是"福特主义"的主要产品和生产者之一，20 世纪 80 年代的有线电视也展示了"后福特主义"服务经济中复杂的产品与生产者关系。"有线电视时代"的卫星加电缆式的联合传输系统——该系统因遥控器、个人电脑和磁带录像机而得到加强——既是被迈克·戴维斯（Mike Davis）称作"后福特特主义"之"过度消费主义"的根源，也是其产物。与"电视网时代"居统治地位的大众市场营销模式不同，"有线电视时代"的美国电视既遵循那种刺激"后福特主义"服务经济的目标市场营销新逻辑，又积极宣传这种新逻辑。尽管广播电视网在 20 世纪 70 和 80 年代也从大众市场营销转向了目标市场营销，但日益兴隆的有线电视产业才是专业化节目服务的真正孵化器。自 1979 年起的 5 年中，有线电视的"基础"服务将利用许多有利可图的专业化节目：有全体育节目（如 1979 年创办的娱乐与体育节目电视网）、儿童节目（1979 年创办的五分钱娱乐场频道）、教育节目（1980 年创办的学习频道）、流行音乐节目（1981 年创办的音乐电视频道/MTV）、天气报道（1982 年创办的天气频道）以及妇女节目（1984 年创办的生活时光频道）等。[18]

特纳的超级电视台理念基本上是复制广播电视网的策略，即安排广泛多样的节目形式以建立一个人口广泛的观众基础（在有线电视方面美国网于 1980 年开始也遵循这一策略）。然而，特纳在有线电视领域的下一个也是最著名的一个冒险遵循的却是"后福特主义"的目标市场逻辑。很明显，是市场因素最初激起了特纳对建立一个全天候有线新闻服务的兴趣。据说特纳在 1978 年 11 月告诉（里斯）莫里斯·W·舍恩菲尔德［Maurice Wolfe（Reese）Schonfeld］说："电视做的事情只有四样：有电影——家庭影院公司已为之；有体育，不幸娱乐与体育节目电视网现已为之；有定期连续剧之类的内容——广播电视网已为之；剩下的只有新闻了。"因此，特纳认识到在新的有线电视环境中，他必须既要与广播电视网进行节目对抗，又要与"后福特主义"媒体市场中的其他有线电视公司进行"目标市场对抗"。[19]

在 1978 年，新闻市场之所以仍然可供特纳来挖掘，资金是一个巨大的因素。一个 24 小时的新闻服务将需要多年的盈利才能补偿其巨额的启动成本，而长期盈利则远非一件有把握的事情。当时三大电视网中没有一个认为观众的需求能够维持每天 1 小时的全国新闻报道（尽管三大电视网每年都花大约 1 亿美元来为它们每天半小时的新闻节目提供新闻）。而且，时代公司已经研究过制作每天仅 8 小时的现场直播新闻节目（它们将每天重复一次）的得与失，但这家在期刊新闻业务方面具有几十年经验的巨型媒体公司也不愿承担启动一个世界范围的电视新闻采访组织所需的费用。特德·特纳迫切想将他相当小的公司的资金投入新闻事业，而这项事业所需要的成本和胆略甚至超出了时代公司的想象，这一情况在特纳广播系统激起了强烈反应。资助这一行动的前景对于威尔·桑德斯（Will Sanders）来说明显是太令人恐惧，于是他于 1979 年 6 月辞去了特纳广播系统首席财务官的职务。在特纳的办公桌上出现过不止一封匿名信，乞求他避免如此大规模的冒险行动，说这会"让整个公司沉没"[20]。

当特纳接受挑战开始构建和装备一个不间断的新闻广播网，为其配备人员和安排节目并维持其运转时，特纳基本上是从零开始的。正如他购买第 17 频道时对电视知之甚少，而他购买勇士队时对棒球几乎一无所知一样，当特纳对新闻事业这一新的梦想变得痴迷时，他对新闻事业也是不太幸运地一无所知。尽管特纳的傲慢无疑使他显得很愚蠢，但神奇的是他却能很明智地知道自己的无知，即他有本领认识到什么是他不知道的，并采取相应行动。虽然在扭转 WTCG 电视台的策略中"节目设置"是最关键的一个"P"，但在争夺有线电视新闻市场方面，"人事"将是他的第一要务。特纳显然需要得到一名经验丰富的新闻专业人士的帮助，而且此人还要和他一样对全新闻频道的理念怀有热情。他在里斯·舍恩菲尔德（Reese Schonfeld）身上发现了这样一位老练的记者。

334　　当舍恩菲尔德同意特纳提出的迫切问题"这能办到吗？"时，他在新闻业务方面已经积累了 20 多年的经验。而当特纳与他洽谈关于从头开始建立有线新闻电视网的时机时，舍恩菲尔德刚刚组建了他自己的卫星传输新闻服务，即独立电视新闻联合社。据汉克·惠特莫尔（Hank Whittemore）说，舍恩菲尔德在独立电视新闻联合社中确立了"电子新闻教父"的名声，"他的才能、经验和能量使他成为迎面挑战广播电视网的第一候选人"。特纳接纳舍恩菲尔德并让他担任领导职务，至少暂时如此，因为舍恩菲尔德不仅懂得新闻采访的经纬和卫星技术的具体细节，而且也像特纳一样厌恶广播电视网和有组织的劳工。[21]事实上，舍恩菲尔德在有线新闻电视网的发展早期的权力是如此之大，以致他甚至否决了特纳为有线新闻电视网安排节目的最初计划。特纳原本设想了一个 2 小时的循环节目，它分成四个部分：新闻、体育、软性报道和财经报道。但舍恩菲尔德却喜欢一种更"流动"、更开放的结构，既能在新闻制作过程中让观众参与，又能利用这一新电视网的现场展开故事的能力。[22]

舍恩菲尔德在筛选、签约聘用并精心安排那些将在新的电视网上露脸的人才方面也起了重要作用。与有线新闻电视网签约的第一个大名鼎鼎的电视新闻记者是丹尼尔·肖尔（Daniel Schorr）。肖尔的电视职业生涯可追溯到 20 世纪 50 年代哥伦比亚广播公司中的爱德华·R·默罗时期。在 20 世纪 70 年代，肖尔作为哥伦比亚广播公司报道"水门事件"的高级记者，成为一个高级俱乐部——尼克松总统的"敌人"名单——的成员。肖尔于 1976 年辞去哥伦比亚广播公司新闻部的工作，因为他认为在新闻自由问题上与国会对抗期间，该电视网没有报道他的立场，此举使他进一步提升了作为一名重要人物的声誉。肖尔是一位体现新闻职业精神最高水准的强硬记者，他使有线新闻电视网立即有了信誉。作为这个新电视网公正的品牌，肖尔的信誉在 1979 年 5 月召开全国有线电视协会会议时立即得到利用，在当时举行的一个新闻发布会上，特纳和舍恩菲尔德向公众介绍说肖尔将出任其未来的新闻网驻华盛顿的高级通讯记者。[23]

肖尔的信誉在舍恩菲尔德招聘其他严肃的电视新闻记者时也被证明是非常宝贵的。伯纳德·肖（Bernard Shaw）是打破肤色障碍进入主流电视新闻的少数非裔美国人之一，他离开美国广播公司加入有线新闻电视网驻华盛顿站。纽约市的 WNBC-TV 电视台《早间新闻》节目主播玛丽·A·威廉斯最近被解雇，她签约担任有线新闻电视网的主播和驻纽约站主管，该站位于世界贸易中心办公室。桑迪·弗里曼（Sandi Freeman）曾是 WLS 电视台（由美国广播公司拥有和经营）《芝加哥上午》节目的合伙主持人，他被选来主持一个晚间电话热线节目。凯思琳·沙利文（Kathleen Sullivan）也离开了盐湖城的 KTVX-TV 电视台，成为有线新闻电视网在亚特兰大主播台上的首批有线电视媒体明星之一。清晨节目主播约翰·霍利曼（John Holliman），商业记者斯图尔特·瓦尼（Stuart Varney）、洛乌·多布斯（Lou Dobbs）和迈伦·坎德尔（Myron Kandel），媒体评论家凯文·桑德斯（Kevin Sanders），夫妻主播组唐·法默（Don Farmer）和克里斯·柯尔（Chris Curle），比赛实况解说员尼克·查尔斯（Nick Charles）和鲍勃·库尔茨（Bob Kurtz），好莱坞流言通信员李·伦纳德（Lee Leonard）等，他们在 1980 年 6 月 2 日有线新闻电视网第一次全天候报道时作为该电视网队伍的一部分全部露面了。[24]

335　　在人事领域，舍恩菲尔德也因"设计了以如此程度防止工会的雇用制度"而受到称赞。最初舍恩菲尔德认识到把有线新闻电视网总部设在亚特兰大而不是纽约和华盛顿特区的主要优点在于，佐治亚州是一个法律禁止强迫工人加入工会的州。舍恩菲尔德作为约瑟夫·库尔斯（Joseph Coors）

从前的一名专业雇员—— 他曾任库尔斯电视新闻公司的经营副总裁，他是狂热的反工会者，而在他以特纳有限的资源建立有线新闻电视网的方案中非工会成员一直是一个关键要素。正如罗伯特·戈德曼（Robert Goldman）和杰拉尔德·J·戈德曼（Gerald Jay Goldman）评论说，"有线新闻电视网肮脏的小秘密就是他们雇用年轻人并让他们做漫长乏味的工作而只付给他们奴隶的工资"。作为美国几乎所有行业中的就业市场都被"后福特主义"的新经济逻辑所改变的一个近乎完美的例子，有线新闻电视网的劳动力呈现出底层厚重的错层式结构：即有一些人是高薪工作，有许多人是低薪工作，却"没有中间层"。换言之，有线新闻电视网盈利的一个重要组成部分，就是以前在电视网中作为制造业经济的熟练工作现在被作为服务经济的不熟练工作来付酬。[25]

虽然舍恩菲尔德在有线新闻电视网中无疑留下了持久的烙印，但是特纳所做的事情远不止于从芝加哥第一国家银行借钱及在于 1979 年在拉斯韦加斯召开的全国有线电视协会会议上发表一个演说。由于特纳的决心和智谋，有线新闻电视网熬过了几次早期危机，这些危机很有可能使舍恩菲尔德的全部创造性管理努力变成徒劳。这些危机中最重要的一次出现在 1981 年 8 月，当时威斯汀豪斯电气公司和美国广播公司宣布了一项协议，要创办一个名为"卫星新闻频道"的合资企业。对这种挑衅性地侵入其有线电视领域的行为，特纳的反应是立即反击，他下令舍恩菲尔德发展第二个新闻频道，该频道将每半个小时一次地提供全面的、最新的新闻报道。不到 6 个月后，新闻摘要频道于 1982 年 1 月 1 日以"第 2 有线新闻电视网"为名首次在 80 多万个有线电视家庭露面。接着发生的特纳广播系统与威斯汀豪斯电气公司/美国广播公司联盟之间的较量使双方都付出了沉重的代价，但特纳在 1983 年秋最终获胜。鉴于出现预计达 4 000 到 6 000 万美元的损失，威斯汀豪斯电气公司/美国广播公司联盟屈服于股东的压力，把卫星新闻频道以 2 500 万美元的价格卖给了特纳。正如《时代》周刊所说："大卫用他的支票簿击败了巨人歌利亚。" 1983 年 10 月 27 日下午 6 点特纳终止了卫星新闻频道在康涅狄格州斯坦福市的高科技新闻业务。[26]

然而，舍恩菲尔德没有在有线新闻电视网总部庆祝卫星新闻频道的终止。早在 1982 年 5 月，特纳广播系统的老板就向这位有线新闻电视网的合伙创办人明确地说，媒体机构中的每一位雇员都是可辞退的。特纳与舍恩菲尔德在人事决定——包括舍恩菲尔德解雇桑迪·弗里曼和雇用迈克·道格拉斯（Mike Douglas）——上发生冲突之后，特纳"决定做一个改变"。舍恩菲尔德被立即解雇（然而他同意暂时担任新组建的有线新闻电视网董事会顾问）。[27] 特纳愿意迅速地做出改变可能是联系其职业转变和个人转变的唯一线索，这些转变在他进入新闻业之后的几十年中已使他的生活具有与众不同的特征。一方面，特纳的电视网将永久性地改变电子新闻的实践，不仅永久性地确立了每条已包装好的新闻作品的商品价值，而且还永久性地确立了新闻制作和新闻采访过程本身的商品价值。另一方面，涉足新闻业也导致特纳自己在思想上和政治上发生深刻变化。最终，特纳和新闻业之间的互动会导致有线新闻电视网既成为电视走向国际化的主要力量，也成为特德·特纳本人走向国际化的主要力量。

特德·特纳最初的思想转变出现在有线新闻电视网于 1980 年 6 月 1 日建立后不久，当时同为佐治亚州人的吉米·卡特总统委托他人写了一个联邦研究报告《致总统的 2000 年全球报告》（The Global 2000 Report to the President），该报告的内容令特纳深感焦虑。发表于 1980 年夏天的这份报告展望了 20 年后的新千年，并恰当地阐明："如果目前的趋势持续下去"，那时的世界将变得比卡特政府满期时的现存世界"人口更加密集、污染更加严重、生态更加不稳定、更容易受到侵扰"。[28] 除了吉米·卡特外，在 20 世纪整个 80 年代还有一批陌生而多样的奇怪联系开始影响特纳。在 1981 年去古巴的一次旅行中，特纳和菲德尔·卡斯特罗总统在古巴南海岸猎鸭时建立起了特殊关系。是这位总统邀请特纳到哈瓦那，因为有线新闻电视网对古巴 1981 年"五一节游行"的公正现场报道给他留下了深刻印象。当特纳旅行回来时，他告诉其保守的朋友们说："卡斯特罗并不是一位共产主义者。他是一位独裁者，就像我一样"，这些朋友被他的新猎伴弄糊涂了。但卡斯特罗并不是与特纳交往的唯一的共产党领袖。苏联共产党政治局成员格奥尔基·阿尔巴托夫（Georgi Arba-tov）和中国大使周伯萍还与阿迦汗（Aga Khan）和美国前总统卡特一起出席了特纳的美好世界协会——组建于1985年以讨论全球的人口和环境问题——的国际董事会。而且在1986年，当特纳在莫斯科出席其第一次"善意比赛"时，他还会见了米哈伊尔·戈尔巴乔夫（Mikhail Gorbachev）。[29]然而，特纳的环境行动主义并没有完全取代经营而居他个人议事日程的首位，而并购哥伦比亚广播公司则在特纳优先考虑的商业和个人事务中排在接近榜首的位置。

尽管哥伦比亚广播公司这条大鲸曾对它被特纳广播系统这条小米诺鱼吞掉的前景报以嘲笑，但是当有人断定特纳的计划的确可行时，这家蒂芙尼式①电视网的公司领导层突然开始认真对待那个来自佐治亚州的暴发户。特纳的这个大胆计划是由E.F.赫顿（E.F.Hutton）领导的合并与购置部设计的，它计划以54.1亿美元攫取哥伦比亚广播公司 而不用现金。与20世纪80年代协同增效的特纳广播系统（其整体大于其各部分相加之和）不同，哥伦比亚广播公司之所以适宜于被恶意接管，是因为其各部分之和削弱了整体。特纳希望通过出售这家巨型公司中所有不能与特纳广播系统产生协同作用的成分来资助这次并购。特纳的目的是想拥有三大广播电视网中的一个，他打算拍卖掉哥伦比亚广播公司的其他一些资产（如各广播电台、一家唱片公司、一家杂志的资产和一个玩具部）以消除由这次交易产生的30亿美元债务。然后其余债务的利息将用来自该电视网及其电视台的现金来支付。[30]

当哥伦比亚广播公司设法通过承担近10亿美元的债务来购回自己21%的股票以回避特纳的并购时，特纳很快地转向了他的商业议程的下一个项目——收购一家好莱坞电影公司。哥伦比亚广播公司于1985年7月3日宣布了其回购计划，仅1个月后特纳和柯克·克科里安（Kirk Kerkorian）就于1985年8月6日签订了以15亿美元购得米高梅电影制片公司/联合艺术家公司的协议。这一交

易刚刚完成不久，特纳就暴露出他承担的债务超过了其清偿能力。到1986年6月初特纳被迫出售部分米高梅电影制片公司/联合艺术家公司的资产。他把该电影公司的制片厂和电影实验室以1.9亿美元卖给洛利玛制片公司。但最困难的交易却是把电影公司和拷贝业务以微不足道的3亿美元又回卖给克科里安。经过这些交易之后，特纳得到的只是米高梅电影制片公司/联合艺术家公司的电影图书馆和超过10亿美元的债务。[31]更为糟糕的是，特纳最初试图利用该电影图书馆的资源时，却在好莱坞被当作一个不受欢迎的乡巴佬对待。在特纳宣布将一批经挑选的经典电影——其中包括《风流的扬基》、《布拉德船长》、《新娘的父亲》、《马耳他雄鹰》、《高山》、《卿何薄命》——实行彩色化的计划后，一些名人如伍迪·艾伦、约翰·休斯顿（John Huston）、比利·怀尔德（Billy Wilder）、伯特·兰开斯特（Burt Lancaster）和吉米·斯图尔特（Jimmy Stewart）等，联合起来对特纳进行痛斥。[32]

特纳的财务状况继续恶化，但是特纳仍持有一张"王牌"，尽管他现在"负有的债务超过了一些中美洲国家"。据罗伯特·戈德堡（Robert Goldberg）和杰拉尔德·J·戈德堡所说，特纳还是"明白他的电视网在全国的价值有多大——相当于萨蒙斯公司、TCI公司、典范公司、考克斯公司、琼斯互联有线电视公司。如果没有他的节目，如果没有有线新闻电视网和WTBS电视台，他们将只有家庭影院公司、娱乐与体育节目电视网及一些很少有人观看的频道来为其观众提供服务"。作为一个可信赖的老朋友，特纳请求他在有线电视行业中的一些地位相当的人向他提供资金以将他从困境中"保释"出来。他们同意照做，然而他们的行为与其说是出于利他主义的动机，不如说是出于传统的自私自利。1987年6月3日，电信公司的约翰·马隆（John Malone）动员和策划了一个由31个有线电视公司组成的财团花了5.62亿美元购买了特纳广播系统37%的股份。虽然这个保释协议让特纳继续持有特纳广播系统的大部分股份，但是他的许多权力现在要与新组建的董事会分享，而那些有线电视财团的代表们在董事

338

---

① 蒂芙尼公司（Tiffany）是美国的一家经营高级珠宝的跨国公司，是珠宝市场中品味和风格的定调者。——译者注

会中占多数。对特纳来说最令人烦恼的规定就是任何 200 万美元以上的开支都必须得到"超级多数"的支持，即要得到 15 个董事中的 12 个的同意。[33]虽然董事会起了约束作用，但它于 20 世纪 80 年代后期在特纳传奇性的财务扭转中还是发挥了决定性作用。具有讽刺意义的是，这次扭转的关键却是米高梅电影制片公司的电影图书馆。不同于电影彩色化的争端（这实际上已经成为特纳广播系统一个有效的营销战略），特纳利用米高梅电影制片公司电影图书馆中的 3 500 部电影（包括出自无线电—基思—奥菲姆电影公司和华纳兄弟公司的 1 450 部电影）的下一个方案却是绝对成功的。1988 年 10 月 3 日，该电影图书馆成为新创办的一个有线电视频道——特纳网络电视——的主要节目资源。特纳网络电视频道的创办是有线电视史上最成功之举，其观众在一年之内就从 1 700 万上升到 5 000 万人。非常令人惊奇的是，特纳网络电视所取得的巨大成功要直接归功于有线电视财团对特纳的"保释"。由于现在有如此多的有线电视系统在财务上持有特纳广播系统的股票，出售这个新的有线频道实际上已成定局。因为特纳网络电视取得了成功，特纳花如此多的钱购买米高梅电影制片公司/联合艺术家公司至少部分地被免除了指责。[34]

尽管特纳成功地并挽回性地创办了特纳网络电视频道，但他在 20 世纪 80 年代最辉煌的成就一直是有线新闻电视网及其派生物。在 20 世纪 80 年代初期，数百万美国人发现了有线新闻电视网并通过它观看了大火席卷米高梅大酒店的现场报道，观看火箭将"哥伦比亚号"航天飞机推入太空开始处女航的现场报道。在 20 世纪 80 年代中期，有线新闻电视网的国际频道成为第一个跨越大西洋的电视频道。由于鲍勃·罗斯（Bob Ross）和鲍勃·伍斯勒（Bob Wussler）所商定的协议，有线新闻电视网进入了许多国家的首都，甚至有一些首都位于"铁幕"的那一边。[35]该电视网的新兴国际观众可以观看对扣人心弦的系列事件的报道，这种系列事件被一位有线新闻电视网爱好者弗兰克·扎帕（Frank Zappa）誉为"变化莫测"。20 世纪 80 年代中期最值得纪念的两个与有线新闻电视网

相关的不同新闻故事最好地记录了这种"变化莫测"。第一个新闻事件发生于 1986 年 1 月 28 日，当时全国各地的教室里聚集着数百万学生，他们正在观看载着新罕布什尔州中学教师克里斯塔·麦考利夫（Christa McAuliffe）的"挑战者号"航天飞机发射升空。当"挑战者号"飞行了 73 秒钟时，欢呼突然变成了惊骇，因为一个"重要故障"将"挑战者号"及其全体人员在佛罗里达州上空寒冷的蓝天上炸得粉碎。第二个故事发生于 1987 年 10 月，持续了 3 天之久，但却有一个令人愉快的结局。这条消息开始于 10 月 14 日，当时世界观众了解到一个被简称为"小杰茜卡"（baby Jessica）的 18 个月女婴被困在了得克萨斯州米德兰市她姑姑家后院中的一个深达 22 英尺的废弃水井中。在这个成为世界性的人情味故事中，有线新闻电视网对紧急救援尝试进行了全天候播报，其高潮是田纳西州的一个公司带着特殊装备乘飞机到达，钻了一个与水井平行的井。经过数小时不停的钻井后，救援缆绳终于从平行井中开始升起，这时在亚特兰大有线新闻电视网中心指挥这次报道的厄尔·梅普尔（Earl Maple）指示记者托尼·克拉克（Tony Clark）说："要让画面来讲述这个故事。"[36]

后来，有线新闻电视网在 1989 年 11 月报道摧毁柏林墙时也继承了这一策略。但许多人认为有线新闻电视网最辉煌的时刻是 1991 年 1 月 16 日。当巴格达受到美国空袭时，彼得·阿内特（Peter Arnett）、伯纳德·肖和约翰·霍利曼（John Holliman）躲藏在巴格达市中心他们旅馆房间里的一张桌子底下，第一时间从敌人后方提供了关于战争进展的现场画面和描述。当时在全世界范围估计有 10 亿人观看了有线新闻电视网关于"沙漠风暴行动"的最初报道，这是历史上吸引电视观众最多的一个非体育类事件。这一时刻确立了有线新闻电视网作为现场播报新闻的全球性电视网的声誉，后来家庭影院公司的《来自巴格达的现场报道》节目也纪念了这一时刻。有线新闻电视网对海湾战争的报道也是特纳当选为《时代》杂志 1991 年"年度人物"的一个决定性因素。

340

没有什么能比有线新闻电视网不间断地现场报道于 **1991 年 1 月 16 日**爆发的海湾战争能更好地说明有线电视的来临了。图中是战地记者彼得·阿内特、伯纳德·肖和约翰·霍利曼。（刊载此图获马里兰大学美国广播图书馆的准许）

特纳与"数字时代"

特德·特纳曾试图变革媒体机构，随着他被公开誉为"年度人物"，他也终于赢得了这些媒体机构的接纳。然而，尽管《时代》断言特纳被他在有线电视方面的成功所驯化，但事实证明自1992年以来的岁月却是他最易被激怒的时期。[37]就像许多具有远见卓识的人一旦成功就失去原来的先见之明一样，特纳在有线电视达到了企业盈利的乐土时，也失去了继续控制自己眼光的能力。从多方面来看，特纳虽然成功地实现了热门内容与有线电视传送之间的嫁接，但他自己却成了这一成功的受害者。在 1992 年，有了特纳广播系统，有线电视产业就有了一个内容提供商来提供观众想看的节目，包括 24 小时的新闻、米高梅电影制片公司和无线电—基思—奥菲姆电影公司的经典电影、职业摔跤和团队体育节目等。在 20 世纪 80 年代，在让美国家庭选订有线电视替代广播电视方面，特纳所起的作用超过了任何其他的人。他们的确选订了有线电视。在特纳建立有线新闻电视网后的 10 年中，有线电视的订户数量大约增加了 3 倍，从 1 760 万人增加到 5 400 万人。[38]

特纳被评为"年度人物"10 个月之后，美国国会通过了《1992 年有线电视消费者保护与竞争法案》（the Cable Television Consumer Protection and Competition Act of 1992）。[39]在让市场来决定有线电视的增长近 10 年之久后，美国国会开始将有线电视对市场的渗透视为反对广播竞争的行为。根据《1992 年有线电视消费者保护与竞争法案》，政府引入的一些规定将减缓有线电视产业的增长并且侵蚀其利润。这个新法律不仅准许联邦通信委员会规定订户价格，而且各广播电视台还获得了可选择向当地有线电视系统免费转播其信号的权力。后一个规定基本上又恢复了 20 世纪 70 年代的"必须承载法则"，特纳于 80 年代中期曾在法庭上成功地质疑了这一法则。无论新版还是旧版的"必须承载法则"都是与特纳控制向有线电视运营商提供内容的频道这一商业模式相对立的。1993 年特纳再次于联邦法庭上以宪法的《第一修正案》为依据对"必须承载法则"质疑。对政府来说，要求有线电视公司免费承载广播电视台的信号是维持广播电视的竞争力和维持节目多样化的适当措施。相应的，有线电视迅速的市场渗透也让这个行业有效地决定着流入大部分美国家庭的电视

341

内容。但对于特纳和特纳广播系统来说，这些新规定等于是政府对私人言论的强制命令，它们要求有线电视运营商为广播电视台留出大量的频道时间，而这些频道时间本可用来提供有线电视节目。例如特纳广播系统在 1991 年购得了汉纳-巴伯拉公司的动画业务，这使特纳广播系统有权使用像《打火石》、《史酷比》、《瑜伽熊》这样的热门动画片。就像他从前许多次的做法一样，特纳将这些受欢迎的内容投入到一个新建立的有线电视频道卡通电视网，并使其可为有线电视系统运营商所利用。然而由于存在"必须承载法则"，各有线电视系统用于非广播电视频道的时间减少了。这不仅对卡通电视网来说是个问题，对特纳广播系统于 20 世纪 90 年代推出的其他频道——包括有线新闻电视网/财经频道、有线新闻电视网/《体育画报》频道、特纳经典电影频道——来说也是个问题。特纳于 1994 年和 1997 年去过两次美国最高法院之后，在其争取言论自由的官司中失败了。"特纳广播系统对联邦通信委员会案"的裁决在今天被视为是支持政府限制有线电视对广播电视构成竞争性威胁的标志。

尽管有"必须承载法则"，特纳在 20 世纪 90 年代仍继续开发新的内容频道，但这次的焦点与以往不同。与美国改变了的管理环境相适应，特纳广播系统积极推动有线新闻电视网和其他特纳品牌走国际化发展道路。在这期间，包括特纳的竞争对手鲁珀特·默多克在内的许多有线电视内容供应商已经在海外市场上建立或并购了一些公司，这些海外市场既已成熟可供开发，又处在美国政府的管辖范围之外。特纳广播系统在欧洲、亚洲和拉丁美洲市场上提供英语版本或外语版本的卡通电视网和特纳网络电视等热门频道，并与国际连锁酒店签署协议来增加其旗舰有线新闻电视网/国际频道的传输。经过几年相当缓慢的增长之后，有线新闻电视网/国际频道于 20 世纪 90 年代已成为世界上主要的英语电视新闻机构。当各广播电视网的新闻部正关闭其海外部门并解雇驻外记者时，有线新闻电视网却在增加其在世界各国首都的活动，开办新的办事处并聘用当地训练有素的节目制作人，招聘了如下具有国际任职资格的记者：如沃尔夫·布利策（Wolf Blitzer）、奥克塔维娅·纳斯尔（Octavia Nasr）、克里斯蒂

亚娜·阿曼普尔（Christiane Amanpour）、尼克·罗伯逊（Nic Robertson）。虽然特德·特纳早在 1985 年就意识到向国际社会输出美国内容对他的公司来说是一个机会，但是特纳广播系统的各机构在 1997 年前也把国外制作的内容输入到美国本土，包括在卡通电视网播放的日本动画，在有线新闻电视网/西班牙语频道上播出的拉丁美洲深度报道，每个周末于《有线新闻电视网世界报告》节目中播出的来自非有线新闻电视网记者提供的海外报道等。甚至在今天，有线新闻电视网的员工仍不许使用"外国"一词来描述国外的观众、客人或问题。特德·特纳很早就认识到好的内容将会吸引不分国界和民族的观众，这一点在今天已被那些内容提供商们视为理所当然。

由于像新闻公司、通用电气公司、沃尔特·迪士尼影片公司和维阿康公司这样的大型联合企业都增加了它们在有线电视方面的赌注，特纳认识到如果没有公司伙伴，特纳广播系统在"数字时代"作为一个独立的公司将不能保持竞争力。对特纳来说，前 20 年的工作是把节目内容带入到有线电视的荒原里。然而到 1995 年，形势已经发生了变化。那些媒体巨头在有线电视还是一潭死水时基本上忽视了有线电视，现在这些媒体巨头不仅生产自己的有线电视内容，而且还发展它们自己的频道，以作为特纳广播系统之外的另类选择。与特纳不同，所有这些媒体巨头都拥有制作电影和电视节目的制片厂，都在广播电视领域拥有一个旗舰机构。由于这些公司都拥有广播电视网，那个引入新版"必须承载法则"的《1992 年有线电视法案》也给广播电视机构提供了有利可图的选择。广播电视网和地方电视台被授予了向那些寻求转播许可的有线电视运营商索取巨额版权许可费的权力。

新闻公司拥有的福克斯广播公司电视网于 1993 年因在争取全国足球联盟的转播权时投标压倒了哥伦比亚广播公司而震惊了各广播电视机构，现在它又对有线电视运营商采取进攻性的战略，甚至从不能满足福克斯广播公司的价格要求的有线电视系统中撤出。尽管有少数地方有线电视系统接受了福克斯广播公司的挑战任其为之，但球迷们对福克斯广播公司电视网的体育和娱乐内容

的需要最终还是将有线电视系统带到了谈判桌上。一旦进入谈判局势，情况就变得很明了，即用现金来支付传输费将是不可能的。有线电视运营商们习惯于为由有线电视公司如特纳广播系统等提供的内容支付很低的费用，它们根本不能产生所需的收入来直接支付给默多克。像特纳一样，默多克已经认识到，尽管内容可能是"王"，但如果不控制渠道，将没有人会看你的内容。在可能会令像特纳这样依赖于有线电视的特立独行者感到恼怒的交易中，默多克进行的是物物交易，以转播许可换取有线电视系统的节目时段，而节目时段在 20 世纪 90 年代是比金钱更有价值的东西，尽管无线电的频带容量在增加，但节目时段仍变得越来越吃香。默多克通过借贷经营其热门的广播电视节目为其"福克斯品牌"的频道取得了进入有线电视市场的通道，这些"福克斯品牌"包括：福克斯家庭频道、FX 电视台、福克斯体育网、各地区性的福克斯体育网、福克斯电影频道、福克斯新闻频道——这是有线新闻电视网的一个迅速崛起的竞争对手。在短短几年中，默多克就在有线电视系统中确立起了其频道地位，而特纳为确立这样的地位花了近 20 年的时间。

到 1995 年，特纳面临一个抉择。他可以试着让特纳广播系统保持独立，但这样他将有被其竞争对手们——它们享有制片设备与广播电视渠道产生协同效应的优势——击退的风险。或者他可以让他的公司与一个同盟公司合并，而这个同盟公司既愿意向特纳广播系统提供协作，同时又尊重特纳对其有线电视业务的管理。而且自从特纳并购了米高梅电影制片公司的电影图书馆后，他就不再享有对特纳广播系统的完全控制权，特德·特纳还害怕像默多克这样在政治上保守的竞争对手会对特纳广播系统采取恶意接管措施。1995 年 9 月 22 日特纳宣布特纳广播系统将与时代华纳公司——它是 1987 年帮助特纳渡过难关的有线电视财团中的盟友之一——合并以解决他的这两种担忧。特纳广播系统与时代华纳公司的联姻于 1996 年 10 月完成，这是于 20 世纪 90 年代末出现的公司合并浪潮中的一部分，当时媒体公司重组它们的业务以在"数字时代"继续保持竞争力。但对特纳来说，仅仅与其他媒体中平行业务或补充性的内容合并是不够的，特纳有线电视品牌增

长的关键是供应链逻辑上的纵向整合。就像特纳对肯·奥莱塔（Ken Auletta）所说的："你想像拥有标准石油公司的洛克菲勒那样。他拥有油田，他拥有加油站，他还拥有输油管道、卡车及能把汽油运到加油站的所有东西。"[40] 时代华纳公司事实上也拥有有线电视的这些对应物，如它拥有一个已经成熟的广播电视网，还拥有电影制片厂、音乐业务和期刊，也是美国地方有线电视系统的主要拥有者，因此它可以在其有线电视系统中为展现特纳的频道提供少量的频道空间，向其订户推销特纳广播系统的服务，同时不让特纳的竞争对手闯入。这也是时代华纳公司的合并不同于 20 世纪 90 年代其他公司合并之所在。事实上，在这次合并中，特德·特纳为他的特纳广播系统的各频道获得了回避几乎所有对手（包括默多克在内）的竞争优势。

在与时代华纳公司合并后，就像理查德·哈克（Richard Hack）所说，特纳对这家联合企业中的其他资产很少有兴趣，而是更喜欢专注于扩大企业的有线电视业务。[41] 在特纳看来，特纳广播系统不仅将成为时代华纳公司有线电视系统的内容供应商，而且也可为时代华纳公司的内容资产——如《人物》（People）、《体育画报》（Sports Illustrated）、《时代》杂志和电影制片厂——提供品牌打造机会和发送渠道。在内容和渠道的协同作用鼓舞下，特纳和时代华纳公司在 20 世纪 90 年代末开始反竞争性地利用他们的供应链优势。现在时代华纳公司在美国拥有数量最多且位置最好的有线电视系统，包括在大部分纽约市区和在洛杉矶的圣费尔南多河谷拥有特许经营权。例如，在这两个市场上，时代华纳公司采取措施将与特纳广播系统的频道直接竞争的那些频道从当地有线电视系统中排除出去。至少在短期内，时代华纳有线电视部在纽约市能够阻止新生的福克斯新闻频道在美国有线电视第一大市场上与有线新闻电视网竞争。特纳不仅想阻止福克斯广播公司接近观众，而且还不让它被位于纽约市曼哈顿区的广告业主管们看到。时代华纳公司在法庭上争论了该问题并最终获胜。[42] 而当纽约市长鲁道夫·朱利亚尼（Rudolph Giuliani）——它是默多克的朋友和盟友——同意允许福克斯新闻频道通过一个市政府拥有的频道传送时，时代华纳公司甚至还准备向

343

344

市长挑战。[43]洛杉矶圣费尔南多河谷的情形与此类似，在时代华纳公司和迪士尼公司就转播许可问题进行谈判期间，时代华纳有线电视部突然从其系统中将美国广播公司的当地电视台切断。[44]在这一事件中，交易破坏者是迪士尼公司，它坚持要求时代华纳公司为迪士尼卡通频道提供一个播出时间段。而时代华纳公司拒绝这一要求则反映它希望让其宝贵的卡通电视网避免直接竞争。直到联邦通信委员会发出公开的强烈抗议和谴责后，时代华纳公司才回到谈判桌上，并为这类竞争打开大门。

　　许多历史都记述一些帝国和伟人们的崛起与衰落历程。但特纳的故事不太符合这个故事弧线。特德·特纳传奇故事的最后一章不是陨落，而是逐渐隐退。起初，特纳在时代华纳公司中的权力和影响是相当大的。然而从长远来看，与时代华纳公司的合并对特纳来说则是一个"浮士德式"的交易。他实在没有钱来控制有线电视产业中的一切，而为实现他的设想，特纳需将他的供应链与不归他拥有的合并公司进行整合。然而这样做又使他最终让出了对他所创立的有线电视业务的控制权。① 在好几年之中，时代华纳公司的格里·莱文（Gerry Levin）让特纳在一定程度自主地经营特纳广播系统。然而时代华纳公司的管理结构是如此的部门割据，以致特纳感到非常沮丧，例如，他自己公司中的一些有线电视系统经营者由于用户需求较低而不愿意承载某些新办的有线新闻电视网品牌频道，这最终导致有线新闻电视网/《体育画报》频道于 2002 年、有线新闻电视网/财经频道于 2004 年分别停办。到时代华纳公司与美国在线公司于 2001 年合并时，特纳是新合并的公司中最大的股东和一个超级亿万富翁。尽管特德·特纳拥有那么多财富，他还是被贬到美国在线/时代华纳公司管理层的边缘。由于他无力保护特纳广播系统不受来自计算机管理人员的文化冲击——这些计算机管理人员决心要在他的有线电视频道和美国在线公司日益衰落的互联网服务提供商之间强制建立不稳定的协同作用，特纳于 2003 年辞去了时代华纳公司副总裁一职——这基本上是个挂名的头衔（因为服务提供商出现巨大

损失，美国在线公司于 2003 年初被从公司名称中删除）。不仅如此，特纳到 2006 年又退出了该联合企业的董事会。有线电视产业不再是一个尚未被发现的领域，在其中，人们以狂妄的自由精神、自我扩张的嗜好和冲动的决策就可大肆盈利。在公司合并时代，有线电视产业现在仅仅只是新兴的数字电视世界中的诸多领域之一。

　　在《公民特纳》（Citizen Turner）一书中，罗伯特·戈德堡（Robert Goldberg）和杰拉尔德·J·戈德堡（Gerald Jay Goldberg）用电影《公民凯恩》作为一个类比来理解特纳的经历。然而更恰当的一个比喻或许是约翰·福特（John Ford）的经典西部片《搜索者》，该影片以伊桑·爱德华兹（Ethan Edwards）——由约翰·韦恩（John Wayne）扮演——在落日的余辉中渐渐离去而告终。爱德华兹在边疆的偏远村落中重新建立了秩序，但是情况很明显，在这个新开化的社区中没有地方能容下一个像他这样的人。当特纳于 2003 年辞去时代华纳公司副总裁职务时，特纳广播系统的网站列出了作为时代华纳公司特纳广播系统业务领域成员的 28 个媒体资产和体育特许经营品牌，它们分别是：特纳广播系统超级电视台、特纳网络电视、卡通电视网、特纳经典电影、特纳南方频道、回飞棒、特纳网络电视/欧洲频道、卡通电视网/欧洲频道、特纳网络电视/拉美频道、卡通电视网/拉美频道、特纳网络电视与卡通电视网/亚太频道、亚特兰大勇士队、亚特兰大雄鹰队、亚特兰大鸫鸟队、善意比赛、卡通电视网/日本频道、有线新闻电视网、有线新闻电视网/新闻摘要、有线新闻电视网/国际频道、有线新闻电视网/财经频道、有线新闻电视网/《体育画报》频道、有线新闻电视网/西班牙语频道、有线新闻电视网/机场电视网、有线新闻电视网/电台通告、有线新闻电视网/互动频道、有线新闻电视网/新来源频道、有线新闻电视网/＋频道、有线新闻电视网/土耳其人频道。这些资产使人想起特纳的全盛时期，那时他作为变革力量对于 1972 年开始崛起的有线电视作出了重大贡献，并且直到 20 世纪 90 年代一直在促进电视的国际化。

---

　　① 浮士德（Faust）是欧洲中世纪的传说人物，为获得知识和权力而将自己的灵魂出卖给魔鬼。——译者注

第四篇

席卷全球

第10章

娱乐业乃美国的生意
全球背景中的美国电视
（1992年至今）

 我要我的对口电视

　　未来的电视节目传送将发生根本性变革，你要么对提供给你的节目选择感到不满，要么对必须在特定时间观看某节目感到不满。有鉴于此，有线电视公司越来越像电话公司一样思考问题……不仅是在公司意识方面，而且也在网络结构方面。

　　　　尼古拉斯·尼葛洛庞帝（Nicholas Negroponte），《数字化生存》（*Being Digital*），1995年[1]

　　正当有线电视的渗透率于20世纪90年代中期达到美国所有电视家庭的三分之二时，电视产业中的这一领域已经成长到不再需要它于20世纪70年代中期从三大广播电视网市场垄断格局中所继承的那种自上而下的传送模式。在20世纪90年代，不仅在主要的广播电视网中，而且也在急速扩展的多频道世界中，目标观众型节目设置已经成为被广为接受的准则。当美国观众浏览他们的电视频道阵容时，他们开始看到各种各样的电视网：有基于传统故事形式的频道，如传记频道、喜剧中心频道、历史频道；有以前在广播和电影中很流行的叙事类频道，如肥皂剧网、西部片频道、科幻片频道；有回归到电视早期的节目形式，如新闻、体育、儿童节目；有专注于特定人口群体的网络，如生活时光频道、黑人娱乐频道、为西班牙语观众服务的"联合电视"；甚至还有为各种各样的生活方式和活动提供有益咨询服务的频道，如家居园艺电视频道、旅游频道、食品电视网。电视网从来没有与节目的开发过程和类型结构如此紧密地联系在一起，它要受到企业、企业的经营与创作人员、他们所制作的电视节目、观众的消费与身份构建行为——电视网主管们对观众的定位一年比一年准确——之间所发生的复杂协商关系的影响。近年来美国电视网的数量从1992年的79个增至1994年的106个，到1996又增加到145个，到2000年达到281个。[2]其中明确的转折点是《1996年电信法案》(the Telecommunications Act of 1996)的通过，该法案不仅刺激了更大规模的跨媒体所有权合并趋势，也加速了由新兴数字革命引起的技术和内容的融合。

1995年从"有线电视时代"向"数字时代"转变的一个关键影响因素是有数百万计的先驱消费者已经广泛采用了互联网，这一广泛采用开始于1994年12月15日引入了第一个商业上可行的图形浏览器"网景领航员1.0"，从而使浏览网页对除计算机科学家和其他高科技专业人士之外的大多数美国民众来说变得相对容易。尼尔森媒体研究公司于1995年11月首次开始评估互联网的使用。最初的"尼尔森"数据显示，有3 700万人或者说有14％的16岁以上美国民众已经接触过互联网。其中，有2 400万人或者说有11％的活跃者每周多次使用互联网。[3]此外，有线电视和卫星电视在这10年间还在继续扩大其影响范围和普及率。2000年在美国的1.008亿个家庭中有83％的家庭或是订购了有线电视——占68％，或是订购了卫星直播电视——占15％。[4]卫星直播电视——也被称为"直接入户卫星电视"——最初于20世纪80年代被接纳的情况远远落后于该产业对它过度乐观的估计，到1989年底大约只有250万个订户，仅占全国电视家庭的2.7％。[5]然而在五年之后，卫星直播电视的使用者数量开始持续攀升，从1995年的450万增长到1997年的840万，到1999年增长为1 230万。卫星直播电视订户急剧增长是使用了高功率卫星的直接结果，这种卫星既能提供更好且更可靠的电视接收信号，又能提供日益增多的频道选择。"直播电视网"——它归通用汽车公司的子公司休斯电子公司拥有，和"碟网"——它是回声之星通信公司的一个部门，控

制了电视产业中的卫星电视这一领域，它们在2000年登记的1 530万个卫星直播电视订户中占99％的份额，其中"直播电视网"占65％，"碟网"占34％。[6]

当电视进入"数字时代"时，有三个相互重叠的传送系统——广播电视、有线电视和卫星电视——使美国的电视网显得与众不同。这一转变的背景开始于第二次公司合并浪潮，它比此前于1985—1986年重塑电视行业的三大公司合并（即首府城市传播公司并购美国广播公司、通用电气公司并购美国无线电公司及全国广播公司、劳伦斯·蒂施接管哥伦比亚广播公司）持续的时间更长，规模也更大。这新一轮的交易开始于1989年时代公司和华纳传播公司之间涉及金额高达152亿美元的合并，并因此产生了时代华纳公司。接着是维阿康公司于1994年以100亿美元收购了派拉蒙传播公司。威斯汀豪斯电气公司于1995年以54亿美元收购了哥伦比亚广播公司（威斯汀豪斯电气公司于1997年将其名称改为哥伦比亚广播公司）；微软公司于1995年出资2.2亿美元与全国广播公司合作成立了微软—全国广播公司；迪士尼公司于1996年以190亿美元接管了首府城市/美国广播公司；时代华纳公司于1996年以63亿美元收购了特纳广播系统；1999年，维阿康公司以360亿美元并购了哥伦比亚广播公司；2001年，网络服务提供商美国在线公司以1 040亿美元并购了时代华纳公司；2004年，通用/全国广播公司以36.5亿美元收购了维文迪—环球公司。在这些巨型合并交易之后，最终产生了三个崭新的兼职广播电视网：首先是时代华纳公司的华纳兄弟电视网和维阿康公司的联合派拉蒙电视网于1995年1月成立，接着帕克森传播公司的帕克斯电视网又于1998年成立。到2000年，6家多媒体跨国公司拥有美国电视行业三大领域（包括广播电视、有线电视和卫星电视）中最重要电视网资产的大部分所有权。7大广播电视网中有6家——美国广播公司、哥伦比亚广播公司、全国广播公司、福克斯广播公司、华纳兄弟电视网和联合派拉蒙电视网——是5个巨型媒介联合企业的子公司：迪士尼公司是美国广播公司的母公司，维阿康公司是哥伦比亚广播公司和联合派拉蒙电视网的母公司，通用电气公司是全国广播公司的母公司；新闻公

司是福克斯广播公司的母公司；时代华纳公司是华纳兄弟电视网的母公司。此外，通用/全国广播公司还拥有帕克斯电视网 32% 的股权。

而且，到 2003 年初，美国最大的 20 个基础有线电视网中有 17 个归上述 5 家跨国公司中的 4 家完全拥有或部分拥有，即迪士尼公司拥有娱乐与体育节目电视网、艺术和娱乐频道、生活时光频道、美国广播公司/家庭频道、娱乐与体育节目电视网第 2 频道和历史频道；维阿康公司拥有五分钱娱乐场、斯皮克电视、音乐电视频道、第一热门视频；通用电气公司拥有美国网、艺术和娱乐频道、消费者新闻与商业频道、历史频道；时代华纳公司拥有特纳网络电视、有线新闻电视网、特纳广播系统、有线新闻电视网/新闻摘要。就四大付费电视频道而言，时代华纳公司拥有家庭影院、影院至尊，而维阿康公司拥有放映时间、电影频道。2003 年 12 月，第五大巨型传媒联合企业鲁珀特·默多克的新闻公司收购了直播电视网，因此一举接管了美国最大的卫星电视公司。随着合并和电视网数量的空前增长（由 2003 年的 339 个电视网增加到 2006 年初的 531 个），"有线电视时代"的目标市场优先权现在已经过度到"数字时代"更加专门化的个人使用市场模式。[7]

这一新焦点的基础是一个压倒一切的设计原则——协同作用，它被业内人士看作利用日益增长的受众细分趋势的最有效方式。由于巨型传媒联合企业变得空前庞大，它们的管理人员试图在尽可能多的发行渠道中让自己的存在最大化。其结果是，电视网在总体上变成了内容提供商，最重要的是它们的节目被改用于尽可能多的发送平台（如电视、录像带、互联网、录音带和印刷品），以为其伞状公司产生多种收益来源。因此"窄播"和观众细分被推到了其逻辑的极点。换句话说，人们根据人口统计、心理和生活方式等一系列复杂的相关特征来对目标观众群进行归类，这一自下而上的方法增加了窄播和观众细分的精确度。

而且，电视频道也追求这些分得越来越细的目标观众群，向观众终年播出并推销它们的品牌个性，每周 7 天、每天 24 小时地提供广泛多样的节目选择以满足消费者的需求；这些节目常常首先在电视上播出，然后很快延伸到一系列相关的

媒体平台，它们通常是在电视网的网站上得到最强劲的宣传。由于出现了数十个微不足道的电视频道而使电视环境变得更加拥挤不堪，品牌化——标识和强化一个电视网的特性——已经成为一个日益重要的战略。随着电视节目内容被改用于公司内部其他印刷的、音频的、视频的和互联网的媒体以推销给电视网的消费者，品牌识别开始成为一个电视频道能够赚取的最宝贵货币。在 1995 年以前，"有线电视只提供一种单一的服务，即清晰的视频画面。但在过去的 10 年间（1996—2005），由于受到竞争的驱动并获得了数 10 亿美元私人资本的支持，这一产业完成了自我更新"，并重塑了电视节目类型用作电视网战略的方式。[8] 电视学者贾森·米特尔（Jason Mittell）说：在"电视网时代，传统的电视网系统通过'最不讨厌的节目设置'这一战略，使用程式化、创新重组和节目克隆等手法试图吸引观众"[9]。电视节目的制作过程在执行司空见惯的节目程式时也鼓励细微的创新，这些创新立即导致所有主要广播电视网中流行节目类型出现明显的兴衰周期。这一模式从 20 世纪 50 年代出现三大电视网的垄断开始，一直到"有线电视时代"（从 20 世纪 70 年代中期到 90 年代初期）的大部分时间内，都普遍而明显地存在并经久不衰。

托德·吉特林将 20 世纪 80 年代称作一个"重组过剩的时代"，其最根本的表现是在电视的经营中而不是在电视的屏幕上。于是他断言"重组的方式不仅决定着新牙膏的推销，而且也决定着高雅文化和流行文化的推销"[10]。吉特林在 20 世纪 80 年代中期作出了这一具有预见性的观察，该观察预料到广告和娱乐将加速融合，而这已成为今天"数字时代"的一个特有现象。最重要的是，普遍致力于将以前成功的电视节目模式进行重组、换位和改变用途的这一做法，正是目前电视网爆炸的要义之所在。"没有任何东西能像电视网一样供给眼球——绝没有"，"真人秀"（或称"真实节目"）制作大亨、制作了哥伦比亚广播公司的《幸存者》和全国广播公司的《学徒》（又译《飞黄腾达》）等节目的马克·伯内特（Mark Burnett）说，"因此（对电视网来说）解决的办法之一就是进行更高明的营销整合。"[11] 在过去的 20 年中，对电视产业而言，节目类型作为营销手段的确已经变得

比作为产品策略更加有用。是节目类型而不是创
新性系列节目已成为构想全新电视服务的起点，
尽管任何新创办的电视网最终都需要生产它自己
的原创节目，如果它希望一个新频道在最初的新
奇性消失以后仍能够保持竞争力的话。电视节目
类型现在是品牌娱乐这一美好新世界的一个必要
组成部分。用电视业的话来说，节目类型最初是
用作"效用品牌"，例如，1980年成立的"有线新
闻电视网"是一个全新闻的频道。然而这种效用
品牌的问题在于这种营销确实太一般化了，因此
很容易被复制仿效。当威斯汀豪斯电气公司和美
国广播公司于1983年开办了短命的卫星新闻频道
时，特纳广播系统和整个电视行业很快就认识到
了这一问题，后来在1996年又出现了微软—全国
广播公司和福克斯新闻频道。

　　"效用品牌呈现一种与观众的功能关系，承诺
将提供有用的信息"，天气频道营销执行副总裁史
蒂文·希夫曼（Steven Schiffman）解释说，"然而
其问题是任何更加有效的竞争者随时都会出
现。"[12]因此电视节目类型现在被转而用来作为打
造电视网"个性品牌"的出发点。与效用品牌不
同，这种更加复杂的品牌致力于挖掘目标观众真
正关心的东西，由此建立一种能够超越任何内容
类别的情感联系。还是以新闻为例，有线新闻电
视网已经成为以一种坚定的中庸观点来报道"硬
新闻"的有线电视网（即"首先报道最新新闻"
并"在新闻节目中使用最可信的人"），而福克斯
新闻频道则明确地将自己塑造为一种保守的类型
（即采用"公正而平衡"的手法）。相反，微软—
全国广播公司在塑造自己的独特个性方面经证实
是远远不如前两者成功，其节目表多由谈话和
"软新闻"构成（其品牌主张从"全面报道"到
"最好的有线电视新闻"再到"美国的新闻频道"
不断地变更，以图最终能找到自己的定位）。"个
性品牌与观众之间存在一种'情感'联系"，希夫
曼接着说，"它们承诺提供'一种体验'和一种感
受，它们在激烈的竞争中可激发观众的忠诚
度。"[13]在"数字时代"，成功的网络致力于加强频
354　道与其目标观众之间的联系。"高度品牌化"（这
一概念现在已被认为是电视流行话语中的一部分）
不仅仅意味着电视网标识、公司口号和节目识别，
还意味着一个频道和其观众之间紧密的联系。麦

迪逊路娱乐公司（一家独立的电视节目制作公司）
的首席执行官亚克·塞弗森（Jak Severson）宣
称："品牌已开始采取一种观众必须真正欢迎你进
入的姿态，这意味着它必须更多的是娱乐性的，
而不能是广告性的。"[14]

　　从电视网的角度来看，品牌运作很像是大
约20年前曾经被文体理论家们使用过的"超级
文本"（supertext）这一关键概念。约翰·卡韦
尔蒂（John Cawelti）记述说："超级文本类型声
称是对许多特定文本的共性或最重要特征的一
个抽象概括。"[15]"超级文本"充当一种理想化
的焦点，分析家们可围绕它想象有效的体裁范
围。与此类似，电视网管理人员也努力使他们
的品牌与他们专门从事的节目类型相似，以使
"频道的倾向性"，而不是任何美学上或叙事上
的革新，成为今天电视节目开发中最具影响力
的决定因素。因此在"数字时代"，一种电视节
目类型要取决于电视网品牌打造的持续要求。
它是电视网节目设计人员建立目标观众的一种
速成战术；由于电视网最重要的终极目标就是
要吸引并且拥有一批特定的观众，因此任何电
视节目类型的传统风格都很容易被以此为目的
进行延伸、重组和改变用途。节目类型实际上
已成为可以与其高度引人注目的电视网品牌进
行互换的东西。例如，纽约市凯莱曼合伙公司
受娱乐与体育节目电视网资助的研究项目《多
频道世界中的电视网品牌打造》（*Television Net-
work Branding in the Multichannel Universe*）获
得了由有线电视和电信营销协会颁发的"2000
年度案例研究奖"。凯莱曼在其研究结果中报告
说，观众在供考虑的8种节目类型中为每一种
特定节目类型"识别出了一些强大的电视网品
牌"，对那些调查对象们来说：娱乐与体育节目
电视网意味着电视体育节目；探索频道意味着
科学与自然节目；家庭影院意味着电视电影节
目；历史频道意味着历史纪录片节目；全国广
播公司意味着一般娱乐节目；有线新闻电视网
意味着新闻和信息节目；家居园艺电视意味着
基础知识和自己动手节目；而艺术和娱乐频道
意味着文化和艺术节目。[16]

　　在20世纪90年代末，全球性品牌打造已成为
基于美国的大多数成功电视网的一种标准战略。

位于所有美国电视频道中前 10％的那些频道当时都忙于在美国国境以外建立自己的势力范围。当世界范围的观众在收看电视时，他们一般都没有注意到服务性广告短片、电视节目与广告之间的区别；因此成功的品牌打造依赖于对电视网进行界定的促销策略（如标识、插播广告和简介），就像依赖于热门节目一样。管理人就像节目制作人员一样战略性地运用节目类型来宣传通过有线或者无线播出的各种电视节目内容。相应的，电视节目类型也比以往任何时候都更加具有灵活性、即兴性和重组性。两个典型的例子就是艺术和娱乐电视网和斯克里普斯电视网。这两个例子特别具有启发性，因为它们在公司规模和收入上包括了各种不同的可能性，但是仍基本上反映了相同的品牌打造模式，这种模式是今天"数字时代"的标准运作程序。

就艺术和娱乐电视网来说，它是由两家巨型媒体联合企业，即迪士尼/美国广播公司和通用电器/全国广播公司环球公司，以及一家较小的公司赫斯特公司共同拥有，其于 2003 年的总收入为 573 亿美元；而斯克里普斯电视网仅由一家较小的公司 E. W. 斯克里普斯公司单独拥有，年收入仅有 15 亿美元。[17] 艺术和娱乐电视网是一家合资企业，其中迪士尼/美国广播公司占有 37.5％的股权，赫斯特公司占有 37.5％，而通用电器/全国广播公司环球公司只占有 25％。艺术和娱乐电视网成立于 1984 年，它拥有"艺术和娱乐频道"——它在 2006 年有 8 900 万家庭订户，传记频道——它于同年有 3 000 万订户，历史频道——它于同年有 8 800 万订户，历史频道国际版——它于同年有 3 800 万订户，同时还拥有当时新开办的艺术和娱乐电视网国际频道、历史频道西班牙语版、历史频道军事版和犯罪与调查频道。在 2005 年，艺术和娱乐电视网的总覆盖范围达 120 个国家的 2.8 亿个家庭，用 20 种语言播出。[18]

而且，各电视服务机构，如组成艺术和娱乐电视网的 8 个电视频道，确定其目标观众的依据是人口构成（以艺术和娱乐频道为例，其目标观众是年龄 25 到 54 岁的高消费女性）、生活方式特征（艺术和娱乐电视网的观众特点是在业余时间对艺术和文化感兴趣的人）和电视管理人员所称的"情感或接触点"（各频道以此与观众建立尽可能

紧密的联系，逐渐增加观众对品牌的忠诚度）。一般来说，情感或接触点需要培育一个或者多个标志性电视节目（通常是原创系列节目），然后将品牌由电视拓展到许多跨媒体业务中（例如相关的网站、家用录像系统/数字影碟和印刷品），并将原始品牌（即基础电视网）的范围扩大到一个或多个派生频道，并且不断努力使电视网品牌始终与细分的目标观众的需求和愿望保持一致。艺术和娱乐频道的标志性节目是《传记》，该节目于 1987 年开始播出，在整个 20 世纪 90 年代其晚间观众平均达 300 万人，它还孵化出了录像带、计算机光盘（CD）、一份名为《传记》的杂志——它拥有 200 万读者，以及传记频道（于 1998 年开办的一个派生电视频道）。2002 年，《传记》特许经营 15 周年庆祝的时候传记频道播出了第 1 000 集。因此艺术和娱乐电视网最初是利用艺术和娱乐频道和《传记》系列节目来建立其品牌（即"传记、戏剧和纪录片的艺术"）的，然后再尝试其他派生业务。因而，艺术和娱乐频道就是一个基础电视网的典型例子，它于 2006 年被宽泛地界定为一个至少拥有 8 000 万订户的频道。

接着，艺术和娱乐频道于 1995 年孵化出了派生电视网历史频道，它专门针对 25～54 岁的男性观众，这些观众在此之前一直是艺术和娱乐有线电视网的目标区域中尚未顾及的部分。无论是在国内还是在国外，"历史频道很快成为发展速度最快的有线电视网"[19]。其增长速度之所以创纪录是因为历史节目经证明是一种能够吸引男性观众定期收看的可靠电视节目类型（此外还有新闻和体育节目）。因此，历史频道很快转变成为一家独立的基础电视网，并推动了历史频道国际版于 1998 年开办，历史频道西班牙语版于 2004 年开办和历史频道军事版于 2005 年开办。具有重要意义的是，电视节目类型今天已发展到与它们各自的电视网品牌相匹配。历史频道和历史频道国际版在三个重要方面为研究这一现象的产生提供了一个理想的案例。

首先，在电视网品牌全球化的努力中，节目的内容被本地化，以吸引快速增长的不同种族、民族和国家的观众。例如，历史频道国际版为任何一个选择接受其信号的新地域"改编节目以适应当地的需要，使用配音或者增加一个新的主持

人"。由于历史频道国际版的覆盖范围在 1998 年以后有了急剧增长，电视网的管理人员们共同努力与加入其电视网的国家建立一系列的"合资企业……收购当地制作的节目"以填满其每周 7 天，每天 24 小时节目表中的空缺部分。[20]尽管其观众基础迅速扩张，但它对各地观众的期望和需求仍密切关注，这种关注也促进了历史节目类型从文化背景千差万别的各大洲——例如欧洲、澳大利亚、拉丁美洲、亚洲和中东——的电视节目制作商那里迅速而自然地吸收了各种另类的风格与观点。

其次，（无论这些内容的变化对于其形式的完整性和可信性是否有意义）在任何时候影响电视其他方面的同一种风格因素，通常也会影响电视的节目类型。例如，历史频道在 2000 年后曾像其他的电视网品牌或节目类型一样易于受到"《幸存者》效应"的影响。"真实历史"最近的一个例子就是《罗杰·多特里与奇异历史》节目，它于 2003 年秋在历史频道开始播出。这个半小时系列节目利用了将历史与摇滚乐一起推销的战略，让一位著名流行歌星充当该节目的特色主持人。该电视网的一份新闻稿甚至说："罗杰·多特里，他是传奇性摇滚乐队'谁人'的主唱……也是一名狂热的历史爱好者，他去实地拍摄外景以展示现存历史中史诗般的冒险、探索和战争的挑战。"[21]该节目中有多特里攀登刘易斯（Lewis）和克拉克（Clark）曾于 1805 年攀登过的蒙大拿州落基山，有他驱赶牛群穿越得克萨斯州和俄克拉何马州的奇泽姆小径，有他像约翰·W·鲍威尔（John Wesley Powell）于 1869 年曾经做过的那样，划着小木船在科罗拉多急流上飞驰。多特里作为一个名人代理人再现历史故事的英勇壮举集中体现了历史频道的品牌主张，即它是一个目标观众电视网——"在这里历史将会复活"。像《罗杰·多特里与奇异历史》这样的"真实历史"也体现了流行节目安排趋势与品牌化冲动之间正在进行协调，也表明节目类型的变化仍然是为目标市场电视网制作任何一类节目的一部分。

最后，电视网品牌塑造还推动了许多跨媒体经营和超文本转化，这些转化在"数字时代"也发生在电视节目类型上。例如，历史频道和历史频道国际版这两个电视网的网站（即 HistoryChannel.com 和 HistoryInternational.com）为观众提供了许多互动的机会，如研究与节目和它们提出的特定话题相关的补充信息，重新播出相关的视频片段，查看即将播出的电视节目表、玩与历史有关的游戏，参加关于电视网或某个特别系列节目的在线讨论组，免费下载课堂教学计划，访问"历史频道商店"以选购上千种外围产品［例如数字影碟（DVD）、录像带、图书、服装、玩具、招贴画、日历、家庭装饰品和特殊礼物等］，甚至还能跟其他的历史频道观众一起游览（这些游览被冠以"刘易斯和克拉克之路"、"内战之路"、"诺曼底登陆与阿登战役"等名称）。

个性品牌打造的底线就是它总是致力于将节目类型构建与接收的重点从观看节目转移到某种消费行为上。这种跨越多种媒体的节目类型转变趋势在任何别的地方都不如斯克里普斯电视网拥有的 5 个电视网中 4 个任务导向模式的电视网更加明显，它们分别是：家居园艺电视频道、食品电视网、自己动手频道和优质生活频道。虽然 E. W. 斯克里普斯公司（它拥有 21 家日报、10 个电视台，以及一些有线电视网）是美国第 25 大传媒集团，但是与合股公司艺术和娱乐电视网的共同拥有者们（它们拥有 24 个广播与有线电视网、10 个电视节目制作公司、63 个电视台、5 个无线电广播网和 75 个广播电台、2 个电影制片厂和 1 条影院链，此外还拥有电子商务与出版，报社、期刊、图书出版，唱片录制与发行公司，体育运动队、主题公园和度假胜地、饭馆和零售商店等）相比，它在公司规模和经营范围上还是不太大的。[22]

E. W. 斯克里普斯公司的资产牢固地建立在位于辛辛那提市的斯克里普斯·霍华德公司的报业链基础上，尽管它的 5 个有线电视频道最近已成为这家不太大的公司中最赚钱的部分。在一次进军有线电视以实现业务多样化的行动中，E. W. 斯克里普斯公司于 1994 年初收购了位于田纳西州诺克斯维尔市的一家独立电视节目制作公司西内特节目制作公司。[23]同年 12 月 30 日，E. W. 斯克里普斯公司向美国 44 个市场的 650 万个家庭推出了家居园艺电视频道，针对的是 25 到 54 岁的成人观众（偏重于女性）。该频道开创了以生活方式为导向，自己动手改善居家生活的节目类型，其节目安排包括 5 个相互重叠的类别（即装潢、园艺、改建、居家和手艺），因而找到了一个现成的目标市场。1997 年，E. W. 斯克里普斯公司一方面将家居园艺电视频道的服务范围扩展到欧洲、日本、澳大利亚和菲律宾，另一方面还从 A. H. 贝洛公司——它也是一家拥有报纸和广播资产的公司——手中购得了食品电视网的控股权。然后在 1999 年，E. W. 斯克里普斯公司从家居园艺电视频道中分离出来了自己动手频道，这是一个无线与有线同时播出的频道，为家庭维修提供更加深入的建议和逐步指导。[24]优质生活频道很快于 2002 年推出，作为家居园艺电视频道向高层次消费者的一种延伸，专门提供关于冒险与旅游的建议、家居升级的建议和高端商品与奢侈品的消费者报告。2004 年，E. W. 斯克里普斯公司从琼斯媒体网公司手中并购了位于纳什维尔市的乡村音乐电视网伟大的美国乡村频道——它有 4 000 万个家庭订户。E. W. 斯克里普斯公司还在 2002 到 2006 年间开办了短命的在家购物电视网，试图参与高度盈利的家庭购物节目类型的竞争，但却无法找到一个立足点以对抗比它更大、更知名，并且早已站稳脚跟的竞争对手质量、价值与便捷频道和家庭购物电视网。

E. W. 斯克里普斯公司的基础电视网——家居园艺电视频道（拥有 8 400 万个订户）和食品电视网（拥有 8 300 万个订户）——都是 20 世纪 90 年代末到 21 世纪初电视产业中发展最快的频道之一，而自己动手频道（拥有 2 300 万个订户）和优质生活频道（拥有 1 900 万个订户）也证明自己是非常有前途的派生电视网。特别是家居园艺电视频道和食品电视网的节目设置人员用具有标志性的节目分别启动了各自的服务，例如，家居园艺电视频道于 1994 年播出了《逐个房间》，食品电视网于 2000 年播出了《怎样烧开水》，这些节目突出以传统的故事情节来展示的自我提升课程。而且，根据贝塔研究公司在 2004 年进行的"品牌识别"年度调查，在美国所有的广播电视网、有线电视网和卫星电视网中，在最具"家庭导向"的品牌中，家居园艺电视频道排名第 9，食品电视网排名第 10；而"在拥有最受欢迎的主持人和名人方面"，食品电视网则名列第 1，家居园艺电视频道名列第 2。[25]特别是最后一项称号，强调了 E. W. 斯克里

普斯公司制作的许多节目都具有与主持人驱动有关的性质。家居园艺电视频道最初自主培养的许多知名主持人依然在上节目并受到欢迎，其中包括卡罗尔·杜瓦尔（Carol Duvall）、乔·鲁杰罗（Joe Ruggiero）和姬蒂·巴塞洛缪（Kitty Bartholomew）；食品电视网从 1994 年以其突现的明星埃默里尔·拉加斯（Emeril Lagasse）开始播出以来，已经围绕大约 30 个名厨制作了烹饪节目。现在家居园艺电视频道的节目——如《世上最美的家》——在 23 个不同国家播出；而食品电视网也同样是全球性定位，播出了像《铁厨》——它是源自日本 90 年代的一个重组式烹饪、喜剧与游戏节目——这样广受欢迎的系列节目。家居园艺电视频道的网站（HGTV.com）也是发展最快的网上企业之一，每月有来自世界各地的不同访问者 300 万人以上。同样，食品电视网的国际爱好者群体还包括食品电视网网站（foodnetwork.com）每年 400 万的使用者。

就像历史频道一样，斯克里普斯电视网的目标观众所采取的互动姿态表明"数字时代"的电视接收模式发生了天翻地覆的变化。今天，电视爱好者比以往任何时候都更加执着地忠于自己选择的电视网，他们也更加愿意将收看节目行为延伸到参与他们喜欢的电视网网站上那些与节目相关的活动。现在以历史频道网站和家居园艺电视网站为中心的网上社区非常繁荣，它们提供了两个具有代表性的例子，这两个例子展示了电视观众如何在彼此之间推销特定的电视节目，如何参与那些在电视网网站上非常容易介入的大量新式或旧式消费实践，尤其是如何有助于历史频道和家居园艺电视频道的品牌塑造。历史频道、家居园艺电视频道以及电视产业所有其他的基础电视网，都将定期利用在线讨论组作为一种普通的"情感点"战略，以与各自的目标观众建立一种更有力、更持久的联系。参与者们利用这些讨论区与其他趣味相投的电视网衷情者以文本为基础展开互动对话。在线聊天已经成为网站参与者们表达自己喜好并与他们选择的网站建立日益密切的私人关系的最直接方式。总之，电视观看体验的范围现在已经延伸到了计算机网络空间，这里的对话在节目、广告与电视网管理者警醒的目光之间来回进行——这些管理者们狂热地工作着，

既要让其核心爱好者满意，同时也要吸引尽可能多的新消费者来尝试他们的品牌与内容。在"数字时代"的第一个 10 年中，电视节目的开发和

节目类型的形成因此构成了一个圆满的制度化程序——从电视网到品牌化，再到消费。

日益贴近和个人化

> 电视人无处不在，无所不看，认识到那经常强加在电视上的高雅与庸俗之分是非常荒谬的（这一点只有那些牢固掌握了美国文化的人才做得到）。这不是"家庭影院"，这是电视。
>
> 卡里恩·詹姆斯（Caryn James），《纽约时报》，2000 年[26]

当《纽约新闻报》（*New York Journal*）于 1897 年错误地宣布马克·吐温（Mark Twain）——原名塞缪尔·克莱门斯（Samuel Clemens）——去世的消息时，他给该报纸写了一个著名的短小声明否认说："关于我死亡的报道是言过其实的。"一个世纪之后关于电视的最初尸体检查，其情况也是如此。[27] 在"数字时代"的第一个 10 年中，美国观众实际上比以前更多地观看电视。根据尼尔森媒体研究公司的报告，美国典型的电视家庭每天观看电视的平均时间在 1995 年是 7 小时 15 分钟，2000 年为每天 7 小时 26 分钟，到 2005 年则猛增为每天 8 小时 11 分钟。[28] 而且，平均每个家庭可以收看到的电视频道的数量也从 1997 年的 43 个激增到了 2005 年的 96.4 个，同时每个观众最喜欢的电视网数量也由 1997 年的 10.3 个增加到了 2005 年的 16.3 个。[29] 尽管在 1996 年美国"婴儿潮的一代"中的年龄最长者已达到了 50 岁，但是由于这一代人规模庞大（有 7 600 万人），让广告业和电视产业不得不重新考虑他们从前痴迷于年龄为 18~49 岁的群体这一神圣不可侵犯的观念。到 2005 年，"美国超过一半的财富掌握在 50 岁以上的人手中，估计他们每年用于购买产品和服务的费用达 2 万亿美元"[30]。一本杂志称赞说"50 年来数量庞大的战后'婴儿潮的一代'驱动着每一个重要的文化和市场趋势——从豪迪·杜迪到披头士合唱队再到福特探索者，市场营销人员无法预料这一代人到底想如何生活，如何购物"。当"婴儿潮的一代"在 2006 年开始进入 60 岁时，这一代人"曾随着大众市场的发展而成长，先后见证了

电视网和互联网的兴起，如今再次迫使市场营销人员从头做起，这一次是要重新思考接触这些年长顾客的准则"[31]。

四大广播电视网的老化就是一个典型的例子。从 1995 年到 2001 年，哥伦比亚广播公司观众的年龄中位数从 48 岁上升到 52 岁以上；全国广播公司的从 39 岁上升到 45 岁以上；美国广播公司的从 35 岁上升到大约 47 岁；福克斯广播公司从 29 岁上升到 36 岁。[32] 在福克斯广播公司短暂的历史中，它曾将十几岁、二十几岁的青少年和少数民族作为目标观众，这些群体现在成为华纳兄弟电视网（其观众的年龄中位数是 29.1 岁）和更不成功的联合派拉蒙电视网（其观众的年龄中位数是 34.1 岁）两者主要关注的人群，因为它们还都在努力争取在日益拥挤和竞争越来越激烈的电视环境中站稳脚跟。美国广播电视网的节目在黄金时间的份额从 1995—1996 年度占全部观众的 70%（其中美国广播公司占 18%、全国广播公司占 17%、哥伦比亚广播公司占 15%、福克斯广播公司占 11%、联合派拉蒙电视网占 6%、华纳兄弟电视网占 3%），骤降为 1998—1999 年度的 61%（其中哥伦比亚广播公司占 14.5%、全国广播公司占 14%、美国广播公司占 13%、福克斯广播公司占 10%、华纳兄弟电视网占 5%、联合派拉蒙电视网占 3%、帕克斯电视网占 1.5%）。[33] 而且，2002 年有线电视在黄金时间的收视率（占全体观众的 48%）最终超过了四大广播电视网（占全体观众的 46.6%），有线电视的相对受欢迎度在 2003 年仍在进一步增长（该年，它与广播电视的收视率分别是 50.3%

和 44.8%）。[34]

公共广播网的故事也与此类似。早在"电视网时代"，公共电视作为不同于哥伦比亚广播公司、全国广播公司和美国广播公司的高品质服务，已经为自己开掘出了一份目标市场，尽管它仍是一个长年资金不足的公司，仅仅从其商业性的竞争对手那里吸引了一小部分观众。而且，公共广播网在"有线电视时代"的表现是喜忧参半。公共电视全天的收视率（包括黄金时间在内）翻了一番，从 1976 年占全体观众的 2% 增加到 1985 年的 4%，全美国电视家庭中累计有 58% 的家庭每周至少收看一次公共广播网，以观看其各类节目中播出的某个主打系列节目，如艺术与文化节目中的《精彩表演》、《来自"林肯中心"的现场直播》，戏剧节目中的《精品剧院》、《谜！》，儿童节目中的《芝麻街》、《电力公司》，新闻与纪录片节目中的《麦克尼尔/莱雷尔新闻时间》、《前线》，科学节目中的《新星》、《自然》，或生活方式节目中的《朱莉娅·蔡尔德与伙伴》、《这幢老房子》。[35]

然而，公共电视对"有线电视时代"的电视网激增和窄播战略的反应很迟钝。与流行的观点相反，"人口统计所描述的公共电视的观众或多或少与整个国家的人口特征相符"，只是在年龄、收入和受教育程度方面微不足道地向上倾斜。[36] 然而，在 20 世纪 80 年代直到 90 年代中期，一大批新的目标市场电视网轻易地将公共广播网那些与众不同的特色领域一个接一个地占领，其中，艺术和娱乐频道、妙极频道占据了表演艺术领域；家庭影院公司和特纳网络电视占据了戏剧领域；五分钱娱乐场和迪士尼频道占据了儿童节目领域；有线新闻电视网和学习频道占据了新闻和纪录片领域；探索频道和动物星球频道占据了科学节目领域；家居园艺电视和食品电视网占据了怎么做和自我提升节目领域，此外还有许多其他的有线电视网。公共广播网还陷入了难以逃脱的两难境地，既必须维持尽可能广泛的服务面以获得公众的支持，又必须转移来自国会中的那些诋毁者们的不停的指责，即说它曲高和寡、精英主义和自由主义的倾向太严重。在必须是广播而不能是窄播的限制下，公共电视显示自己与众不同的最明显方式就是开发出一些曾经轰动一时的电视连续短片作为回应，例如卡尔·萨根于 1980 年制作的《宇宙》、亨利·汉普顿（Henry Hampton）于 1987 年制作的《志在必得：美国的民权年代（1954—1965）》、比尔·莫耶斯（Bill Moyers）于 1988 年与约瑟夫·坎贝尔（Joseph Campbell）一起制作的《神话的力量》等。特别是肯·伯恩斯（Ken Burns）制作的《内战》，成为公共电视史上观众最多的节目。观众对《内战》的广泛回应可谓是空前的。在美国有 3 890 万观众在该节目连续 5 个晚上的电视播出中最少收看了其中一集，在整个播出期间，它的平均观众有 1 200 万人。[37]

《内战》在美国首播时之所以能激起人们异乎寻常的兴趣，有多种相互关联的因素使然，这包括：该电视连续短片总体上的技术和戏剧质量、伴随着它的宣传推广活动、节目安排在从星期天到星期四连续播出的冲力、销售其各种附属产品的协同作用（如诺夫出版社出版了一本相关的书、时代—生活公司发行了一个 9 集的录像带、华纳公司发行了一个电影配乐录音带等），以及讲述这场战争时采用的所谓自下而上的角度（这种角度强调了非裔美国人、妇女、移民、工人、农民和普通士兵在战争中的作用，这给注重伟人、卓越典范、战争策略和统计数据的传统增添了一个更具包容性和人性化的维度）。然而，最重要的是《内战》的首播是在第一次海湾战争爆发之后。伊拉克于 1990 年 8 月 2 日刚入侵了科威特，急剧升级的敌对行动继续占据着大多数美国人的脑海。对海湾地区大规模军事集结的相关电视报道也给在仅仅 7 个半星期之后于 9 月 23 日播出的该系列节目第一集提供了直接的背景。在电视上重温美国的经典战争也意味着重新思考内战的所有基本主题，包括战争的最终损失、种族问题和持续的种族歧视、女人和男人在社会上的角色变化、个人在现代生活中为意义与信仰而进行的斗争等。《内战》在许多方面超越了代际的界限，弥合了第二次世界大战期间成长起来的一代和像肯·伯恩斯一样的"婴儿潮的一代"之间在世界观上的差异。

公共广播网的《内战》节目的作者和主要评论员谢尔比·富特（Shelby Foote，左）与制作人兼导演肯·伯恩斯（右）。（刊载此图获通用汽车公司的准许）

　　然而总的来说，公共广播网在 20 世纪 90 年代其余的年份里几乎全靠高度引人注目的特别节目，而不是同时更新其定期安排的节目。其结果是公共电视每天的电视观众份额到 1995 年已慢慢萎缩到 3% 左右，而当帕特·米切尔（Pat Mitchell）于 2000 年从有线新闻电视网的制作部被聘来任公共广播网的首位女总裁兼首席执行官时，该广播网的核心支持者已变得更加年老，其观众年龄的中位数达到了 56 岁。当时帕特·米切尔发誓说"公共电视将比以前制作出更多的原创节目"，因她注意到"该电视网在过去 15 年中没有一部新的系列节目"。[38]

　　与此不同，在电视产业中的有线电视和卫星电视领域原创节目却空前激增，因为在"数字时代"初期出现了如此之多的新电视服务，它们之间的竞争日益激烈。到 20 世纪 90 年代中后期，家庭影院公司成为节目质量和革新方面的公认领袖。从行业的观点来看，家庭影院公司很像是一只死

了 9 次仍然活着的猫一样，它在复杂的变革环境中屡次灵巧地安全着陆。现在家庭影院公司已经进入它的第三个 10 年，由于它成功利用了它在各种大众媒体之中、之间、之内的位置，它成为"数字时代"中娱乐公司的典范。随着媒体技术在 20 世纪 80 年代和 90 年代出现了融合，家庭影院公司扩展了自己的全部剧目以充分利用这一转变。家庭影院公司是首个采取以下行动的付费有线电视频道：于 1986 年改变自己的信号以打击盗版；于 1994 年开始通过卫星直播电视提供服务；于 1994 年采用了数字压缩传输技术使家庭影院公司能够进行多路传输（即将它的信号分成两个或多个频道，从而可以扩展业务）；于 1998 年进一步将多路传输发展成为超级品牌"家庭影院"系列，它包括了家庭影院/第 2 频道、家庭影院/代表作频道、家庭影院/家庭频道，此后于 1999 年增设了家庭影院/喜剧频道和家庭影院/地区频道，于 2000 年又增设了家庭影院/拉丁频道，于 2001 年还增设了家庭影院/点播频道——视频点播（video on demand/VOD）。

　　同样，早在 20 世纪 70 年代末，领导家庭影院公司的管理团队——杰拉尔德·莱文（Gerald Levin）、弗兰克·比昂迪（Frank Biondi）和迈克尔·富克斯（Michael Fuchs）——在那时就认识到如果将他们自己的活动局限于仅仅作为一个批发商或是居于电影制片公司与美国不断增长的有线电视公司之间的一个中间商，这样的安排对家庭影院公司来说将是一条死胡同。莱文、比昂迪和富克斯一致认为，家庭影院公司需要将自己牢固地建立在内容开发的基础上，而不是建立在传送的业务上。他们三人都明白普通美国观众实际上并不在乎他们是在电影院里、通过广播电视、通过有线电视或者通过录像带（从 20 世纪 70 年代末开始）看电影。消费者们只想以可承受的价格得到方便的娱乐。家庭影院公司既是电视、电影和家庭录像产业中的一部分，又处在它们之间，因而它处在多样化经营的极佳位置，可将业务打入原创电视节目和电影制作、家庭录像带制作和国际播送等领域，即使当这些曾是分散经营的娱乐部门到 20 世纪 80 年代中期开始融合成一个全球性扩张的娱乐产业时也是如此。早在 20 世纪 70 年代，家庭影院公司就是一个以"订阅电视"理念

而著称的品牌，而当时这个说法还远远没有开始流行。更特别的是，家庭影院公司最初的形象或其效用品牌主要是与它向那些待在自己舒适的家中的有线电视观众提供好莱坞电影这一功能相联系的，尽管它偶尔也制作和播出独角喜剧、体育比赛和音乐特别节目。然而将公司品牌的忠诚度建立在它所提供的最重要产品上，这一做法的主要问题是不可避免会出现竞争者，即那些愿意并且能够向公众提供与原卖方相同服务的人。

就家庭影院公司的具体情况来看，就在它成立后不久，维阿康公司于 1976 年创办了放映时间频道，并于 1978 年开始卫星传送；华纳—美国快递公司也于 1979 年推出了电影频道；对此，时代公司/家庭影院公司于 1980 年创办了影院至尊频道作为还击；而时报—镜报公司于 1981 年又开办了聚光灯频道。就在 1981 年，美国司法部以垄断为由禁止 20 世纪福克斯公司、环球电影公司、派拉蒙电影公司、哥伦比亚电影公司和格蒂石油公司建立他们的付费电影频道"首映"。家庭影院公司因此保持了它作为一个观众最常联想到的电影频道这一优势地位，但是到 20 世纪 90 年代它也同样因其原创系列节目、电视连续短片、付费电视电影、纪录片、独角喜剧和体育节目而著称。家庭影院公司还在"数字时代"开始之际就改变了电视的创作景观。它追求的对电视来说是一种不寻常的独特战略，即在节目开发上加大投资（每小时黄金时间节目的投资从 200 万美元上升到 400 万美元）、限制产量（每年每部系列节目为 13 集，而不是通常的 22～26 集）、只出精品（尽其所能只制作最高质量的系列节目、电视连续短片、付费电视电影、纪录片和特别节目）。当家庭影院公司董事会主席和首席执行官克里斯·阿尔布雷克特（Chris Albrecht）最初于 1995 年被提升为节目主管时，经其上司杰弗里·比克斯（Jeffrey Bewkes）同意，他将所有的管理人员召集在一起开了一次为期两天的会议，他问他们说："我们真的相信我们是我们所说的那样吗？我们提供一种与众不同的、高质量的、前位的、值得为之花钱的那种服务吗？"阿尔布雷克特记得房间里安静得令人耳聋。此后，家庭影院公司的管理团队在比克斯的带领下开始缓慢但深思熟虑地建立"一种卓越而独一无二的节目服务"的进程，因为在"数字电视时代"

适者生存的世界中，仅作为一个"偶尔使用"的有线电视频道是"不能再长久维持下去了"。[39]

与音乐电视频道、娱乐与体育节目电视网、有线新闻电视网、福克斯新闻频道及少量其他几个频道一起，家庭影院公司被确立为电视上空前强劲的个性品牌，这一品牌还影响到其海外扩展（于拉丁美洲、欧洲和亚洲），影碟销售，影院上映，在其他有线电视频道上联合发售自己的系列节目——如 2004 年在特纳广播系统上播放的《欲望都市》，为其他广播电视网制作原创节目——如哥伦比亚广播公司从 1996 年到 2005 年播出的《人人皆爱雷蒙德》。1997 年，时代华纳公司时任董事会主席杰拉尔德·莱文还记得，"25 年前，家庭影院公司发明了一种新型电视"。他在回顾了娱乐业的现状后又补充说："家庭影院公司这一品牌如此强大，家庭影院公司这一理念如此具有活力，以致它在进入数字未来时具有在质量上胜过我们竞争对手的创造性优势。"[40]

因此，家庭影院公司也是一种理念或个性品牌。从 1996 年起，家庭影院公司就以"此非电视，此乃家庭影院"作为口号来做市场推广。这个品牌标语的意思是由家庭影院公司制作和播出的系列节目和特别节目在质量上要大大高于人们平时看到的普通电视节目。到 20 世纪 90 年代末，家庭影院公司已经成为一个相当于电视设计师的标志。当 1985 年迈克尔·富克斯就任该电视网最高职位时，他所提出的两个重点是既要增加家庭影院公司原创节目的数量，又要不断增加该电视网在海外的业务。令人钦佩的是，他在这两方面都成功了。莱文、比昂迪和富克斯于 1979 年雇佣希拉·内文斯（Sheila Nevins）来启动该电视网的纪录片部分。作为回应，她在 20 世纪 80 年代中后期监督制作了一系列基于事实的、大胆而引人注目的电视节目，其中包括该电视网于 1987 年首次获得奥斯卡奖的节目《在美国潦倒》和于 1988 年首次获得艾美奖的节目《越南家书》，到家庭影院公司标志性的非虚构系列节目《美国机密》于 1993 开始播出时达到顶峰。

迈克尔·富克斯还与他富有才华的财务副总裁和经理杰弗里·比克斯建立了良好的工作关系，他们一起于 1985 年将克里斯·阿尔布雷克特引入到家庭影院公司。阿尔布雷克特立即向家庭影院公司证明了自己的价值，他于第二年就制作了首个《戏剧场面》特别节目。富克斯支持为家庭影院/电影频道大量增加付费电视电影的制作，同时也支持罗伯特·奥尔特曼（Robert Altman）和加里·特鲁多（Garry Trudeau）的总统竞选仿制纪录片《坦纳的 1988 年》——该节目赢得了广泛称赞并为其电视网又赢得了一个艾美奖。富克斯还投入巨资制作更多的原创喜剧节目，包括了一系列前位的独角喜剧特别节目和少量 30 分钟系列节目，例如绝无仅有的滑稽模仿谈话节目《拉里·桑德斯秀》，该节目于 1992 年首播，持续播出了 6 年，最终赢得了具有崇高威望的皮博迪奖。特别值得注意的是，迈克尔·富克斯还做出协调一致的努力以提高家庭影院公司的品牌意识，于 1989 年发动了公司的首次全国性的形象广告宣传："最好的而已"。这一举动开始了一个漫长的、耗资巨大的过程，以将人们对家庭影院公司的总体印象由一种首轮电影播出服务转变为一个生产和在电视上播出最佳原创节目的优质电视网。在"数字时代"激烈的竞争环境中，电视网谋求加强频道和其目标观众之间的联系。与家庭影院公司致力于制作原创节目的新任务紧密相关，杰弗里·比克斯让其负责营销的执行副总裁埃里克·凯斯勒（Eric Kessler）来创建一个以符合家庭影院公司新焦点的个性品牌。比克斯"仅为了宣传家庭影院公司的品牌每年投入 2 500 万美元"，凯斯勒和他的团队于 1996 年 10 月 20 号开始了一场新的广告宣传运动，由此"电视史上最伟大的口号之一：此非电视，此乃家庭影院"诞生了。[41]

367

5 年之后，家庭影院已成为电视上最热门的频道。从 1996 年到 2001 年，家庭影院公司整个节目安排表上的原创节目由原来的 25％增加到了 40％。[42]这样，"此非电视，此乃家庭影院"这一品牌标语也标志着电视产业出现一个转折时刻，由此，有线电视和卫星电视频道成为在电视上观看首播节目的第一选择，而不再只是传统的广播电视网。家庭影院公司通过播出一些创新性的原创系列节目，如 1998 年的《欲望都市》和 1999 年的《索普拉诺一家》等，已将星期天晚上变成它自己的必看电视之夜。这两部系列节目只是冰山的一角，事后观之，这样的节目还包括《奥兹监

狱》（又译《监狱风云》）、《6 英尺下》、《窃听器》（又译《火线》）和《朽木》等电视剧；《从地球到月球》、《兄弟连》和《天使在美国》等电视连续短片；《抑制你的热情》、《与比尔·马厄实时相伴》（又译《马赫脱口秀》）等喜剧；《布赖恩特·冈贝尔与真实体育》、《与鲍勃·科斯塔斯同秀》等体育节目；仅在 1999—2004 年就有 6 个获得奥斯卡奖的纪录片；还有于 2002 年开播的《拼写比赛》，于 2004 年开播的《美国荣耀》，于 2004 年开播的《万福玛利亚》等影院影片，它们在电影院首轮播放后就进入家庭影院黄金时间的节目阵容。家庭影院成为其大约 3 000 万家庭订户的典型委任电视。在 2005—2006 电视年度，在美国 1.102 亿电视家庭用户中，它是 27％以上的电视家庭选择的电视网之一。家庭影院公司的订户不仅仅是观众，他们还是付费的消费者，他们每月支付约 15 美元以获得这一服务。他们不再满足于他们能找到的最不讨厌的节目，他们在家庭影院公司上寻找一些不同的、有挑战性的原创节目，特别是因为他们只是为了收看节目要每月付费。在这方面，家庭影院公司于 2004 年在获得了空前的 124 项艾美奖提名之后，创纪录地赢得了 32 项艾美奖。

2004 年，家庭影院公司还为它的母公司时代华纳公司提交了 11 亿美元的利润，超过了它于 2003 年创下的 9.6 亿美元纪录和于 2002 年创下的 7.25 亿美元纪录。[43]这些数字是电视史上到当时为止所有电视网年度收益的最高值。而且，家庭影院公司对其他有线电视网和广播电视网的强烈影响也变得很明显，例如 FX 电视台于 2002 年开始播出的《盾牌》，于 2003 年开始播出的《整容室》，于 2004 年开始播出的《火线救援》等系列节目，它们都是福克斯广播公司时任电视网主管、家庭影院公司的原管理人员彼得·利果里（Peter Liguori）培育出来的；此外还有福克斯广播公司于 2001 年播出的《反恐 24 小时》和于 2003 年播出的《发展受阻》。虽然家庭影院公司的订户数还不到美国电视家庭总数的 30％，但它有时吸引的观众数量竟能和广播电视网匹敌。例如，2001—2002 年度所有电视网上播出的最受欢迎的节目包括：全国广播公司的《老友记》，平均每周的观众数为 2 450 万人；哥伦比亚广播公司的《犯罪现场

368

调查》，平均每周观众数为 2 370 万人；以及全国广播公司的《急诊室》平均每周观众数，为 2 210 万人。就家庭影院公司来说，其《索普拉诺一家》于同年度每集吸引了 1 400 万观众，这一观众规模相当于整个广播电视界排名前 10～15 位的节目，而不仅仅是在有线电视和卫星电视界名列前茅。[44] 家庭影院公司不仅在电视屏幕上进行质量创新方面，而且也在通过寻求新的电视商业模式能创造多少收入方面，都开创了新的可行性。与家庭影院公司不同，传统的广播电视网仍然局限于它们旧的经济模式，即依赖"完全以广告为基础的单一收入来源"[45]。

产品植入式广告被重新引入哥伦比亚广播公司取得惊人成功的《幸存者》节目中——该节目由马克·伯内特制作并于 2000 年播出。这个融真实性冒险剧、肥皂剧、游戏节目为一体的节目，其观众人数于该年 5 月 31 日开始播出时就达到引人注目的 1 550 万人，而到它于该年 8 月 23 日播出最后一集时竟惊人地激增到 5 100 万人。从左至右是参赛选手理查德·哈奇（Richard Hatch）和鲁迪·伯施（Rudy Boesch）。（刊载此图获哥伦比亚广播公司的准许）

家庭影院公司通过播出像《欲望都市》这样的创新性原创系列节目，已将星期天晚上变成它自己的必看电视之夜。《欲望都市》于 1998 年开始首播，其演员包括（由左至右）：辛西娅·尼克松（Cynthia Nixon）扮演米兰达·霍布斯（Miranda Hobbes），金·卡特罗尔（Kim Cattrall）扮演萨曼莎·琼斯（Samantha Jones），克里斯廷·戴维斯（Kristin Davis）扮演夏洛特·约克（Charlotte York），萨拉·J·帕克（Sarah Jessica Parker）扮演卡里·布拉德肖（Carrie Bradshaw）。（刊载此图获家庭影院制片公司的准许）

几乎出于偶然，产品植入式广告被重新引入哥伦比亚广播公司取得惊人成功的《幸存者》节目中——该节目由马克·伯内特制作并于 2000 年播出。这个融真实性冒险剧、肥皂剧、游戏节目为一体的节目，其观众人数于该年 5 月 31 日开始播出时就达到引人注目的 1 550 万人，而到它于该年 8 月 23 日播出最后一集时竟惊人地激增到 5 100 万人。[46] 结果发现，《幸存者》不只是一部火爆的电视节目，它还成为一个被《时代》周刊（6 月 26 日）和《新闻周刊》（8 月 28 日）在封面上报道的真正全国性现象。该节目使真实节目成为所有电视网中最热门的节目类型，对 35 岁以下的观众来说尤其如此，他们在该节目的爱好者中占 68％。[47]

"未知的一代"失去了他们最喜爱的在音乐电视频道每年播出的真实节目《真实的世界》，该节目于1992年开始播出，描述了7个年龄在20岁左右的陌生青年作为室友在曼哈顿市中心的一个公寓里一起生活的6个月中所发生的各种故事。此后每年音乐电视频道都更换演员队伍和故事地点（从洛杉矶到伦敦到火奴鲁鲁等），在每一集中都安排通常可识别的一系列人物类型：如"共和党人、同性恋活动家、说唱歌手、亚洲的医学院学生、郊区单纯白人女孩和自由派犹太漫画家"[48]。

370　　伯内特也采用了类似的策略来开发被他称为"无剧本的戏剧或戏剧性"，但他没有用"真实电视"这一包罗万象的标签，他认为这一标签包含了太多"严重的误导"。[49]作为英国的海外侨民和前"红魔团"——精悍的英国陆军伞兵团——成员，伯内特在社会中找到了自己的合适位置，即制作对体力要求很高的极限体育节目，例如于1996年为音乐电视频道和娱乐与体育节目电视网在英属哥伦比亚拍摄的探险式比赛系列节目《环境挑战赛》；后来又于1998年在摩洛哥和澳大利亚，1999年在阿根廷为探索频道拍摄节目；于2001年在婆罗洲①为美国网拍摄节目，而《幸存者》第一集也是以婆罗洲为背景的。1998年，伯内特最初从英国节目制作商查利·帕森斯（Charlie Parsons）手中购买了"幸存"这一理念——它被描述为"成人版的《蝇王》"——在美国的版权。[50]毫无疑问，"在90年代末欧洲是真实电视的最初孵化地"[51]。因此，《幸存者》有着美国有线电视与欧洲电视的混合血统。

　　总的来看，在20世纪90年代中后期，那时来自有线电视和卫星电视领域的影响和来自欧洲的节目创新，成为美国广播电视的节目设置者和制作者普遍的灵感源泉。帕森斯同样也将制作"幸存"节目的许可证授予瑞典的电视节目制作公司斯特里克斯公司，后来该公司将其变成了火爆的系列节目《鲁宾逊探险》——就像《鲁宾逊漂流记》（Robinson Crusoe）小说中一样——从1997年开始播出。帕森斯还将该理念授权给其他30多个国家，其中包括了澳大利亚、巴西、中国、法国、德国、意大利、日本和俄罗斯。在两年中，马

克·伯内特不断地向美国一家又一家的广播电视网——如福克斯广播公司、哥伦比亚广播公司、全国广播公司、美国广播公司——竭力推销其《幸存者》节目，最终又回到了哥伦比亚广播公司，当时哥伦比亚广播公司娱乐部总裁莱斯·穆恩维斯（Les Moonves）最终答应说，如果为期13周的播出总成本975万美元（或者说每集75万美元）的财务风险能够得到缓解，他就让《幸存者》播出。作为回应，伯内特在《幸存者》首播之前就联络了8家赞助商，答应向他们提供产品植入式广告，即他所称的"联合推销"。因此像锐步、塔吉特和百威等品牌就被整合进故事情节之中，因而观众可以看到那些所谓被困在马来西亚某岛屿上的8男8女穿的是锐步牌T恤和网球鞋，有时还挥舞着16盎司的百威牌啤酒罐。当这部长期播放的系列节目的第一版《幸存者：婆罗洲》产生了5 200万美元的利润时（其中他与哥伦比亚广播公司分别得到1 000万美元和4 200万美元），伯内特承认说："我把《幸存者》既看成是一个电视节目，也同样看成是一种营销工具。"[52]《幸存者》371很快取代了美国广播公司的《谁想成为百万富翁?》而居2000—2001年度收视率排行榜首位。

　　《谁想成为百万富翁?》也是一个从国外（英国）引进的节目。它具有高度适应性的形式，到2003年时已被授权给70个国家播出，达到了空前规模。就美国来说，这个由里吉斯·菲尔宾（Regis Philbin）主持的黄金时间竞答节目最初是于1999年8月在美国广播公司开始播出的，它立即成为一个轰动事件，在其播出的第一年度每周吸引的观众达3 000万人，但该电视网在第二年度将它安排为每周播出4个晚上，因而将"百万富翁"的理念发挥得太过头。[53]然而《谁想成为百万富翁?》节目从1999年到2002年还是为美国广播公司创造了超过3亿美元的利润，这标志着广播电视网当时很喜欢真实系列节目，这些节目包括：游戏节目，如全国广播公司于2001年开始播出的《恐惧因素》（又译《冒险极限》），是从荷兰引进的；居家装修节目，如美国广播公司于2002年开

---

　　① 婆罗洲（Borneo），世界第三大岛和亚洲第一大岛，也是世界上独一无二的分属于三个国家的岛屿。这三个国家分别为印度尼西亚、马来西亚和文莱。印尼人称加里曼丹岛。——编者注

始播出的《改头换面》；选才节目，如福克斯广播公司于 2002 年开始播出的《美国偶像》，也是从英国引进的；名人喜剧节目，如福克斯广播公司于 2003 年开始播出的《简单生活》，由帕里斯·希尔顿（Paris Hilton）和妮科尔·里奇（Nicole Richie）主演；求职节目，如全国广播公司于 2004 年开始播出的《学徒》，由唐纳德·特朗普（Donald Trump）主持；体育竞赛节目，如全国广播公司于 2005 年开始播出的《竞争者》，由休格·R·伦纳德（Sugar Ray Leonard）和西尔威斯特·斯塔隆（Sylvester Stallone）主持。这些相对廉价的节目服务至少暂时取代了价格高昂且有剧本的 1 小时戏剧节目（如《急诊室》节目在 1998—1999 年度每集的播出费高达 1 300 万美元）和 30 分钟喜剧节目（如《老友记》节目在 2003—2004 年度每集的播出费为 1 000 万美元）。[54] 美国真实节目的真正顶峰出现在 2003—2004 年度，当时全国所有新系列节目中有 39% 是真实节目；而居全国收视率排行榜前 10 名的节目中有 6 个是真实节目，即于星期二播出的《美国偶像》排第 1，于星期三播出的《美国偶像》排第 2，《幸存者：全明星赛》排第 5，《幸存者：珍珠岛》排第 7，《学徒》排第 8，而《星期一晚足球》排第 10。[55] 在《幸存者》开始播出仅 4 年之后，在所有的电视网中"被好莱坞和麦迪逊大街所委婉称作的'品牌整合'都很难避开"。例如，在每周播出两次的《美国偶像》节目中，三位评委将他们的可乐饮料杯突出地摆放在自己前面，而《学徒》节目中那些希望成功的人将推销一些重要赞助商，如百事、美泰玩具以及宝洁等公司的产品作为他们团队任务的焦点。

据报道，"在 2004—2005 电视年度，六大广播电视网中出现了 10 万个以上的产品安插式广告，比上一年度增长了将近 28%"。位于品牌整合前 10 名的节目全部出自广播电视领域，领先者包括：《竞争者》有 7 521 个产品安插，《学徒》有 3 659 个，《美国偶像》有 3 479 个。[56] 虽然产品安插率先由真实节目发起，但"广告商和他们的代表们也日益加强与作者、制片人以及电视网的广告销售人员合作，将产品纳入有剧本的电视节目的故事情节之中"。[57] 数字录像机或个人录像机于 1999 年开始迅速被采用，它让观众很容易地和习惯性地跳过录像中的广告，这导致在 2000 年之后的五

六年中出现了一场更大规模的产品安插运动，在各种广播电视、有线电视和卫星电视节目中都安插了产品。到 2005 年，数字录像机（或被戏谑地称为"广告跳过机"）已经"进入了 13% 的美国家庭和 7% 的欧洲家庭"。当时业内人士预测到 2010 年美国的数字录像机将达到饱和率的 88%，而整个欧洲也将达到 70%。[58]

而且，在 20 世纪八九十年代，整个欧洲和其他英语国家是美国电视节目联合发售商的最大海外市场。在这 20 年中，法国、德国、英国、澳大利亚和加拿大这五大"富叔"占美国国外联合发售总收入的 75%。法国文化部长雅克·兰（Jack Lang）甚至于 1982 年公开将《达拉斯》斥为美国"文化帝国主义"和"威胁欧洲文化统一"的例子。然而在"有线电视时代"，欧洲的观众以及北美、南美、澳大利亚、亚洲和非洲的观众，他们喜欢美国的电视节目达到如此地步，以致好莱坞有 30% 到 55% "由广告商支持的电视节目收入（因年而异）是来自美国以外的国家"。[59]

"数字时代"开始时的情况也一样，因为"全世界的电视娱乐主要被美国生产的节目所主宰。在新德里播出的是《青春与骚动》，在首尔播出的是巴特·辛普森（Bart Simpson），在华沙电视台播出的是《女医生奎因博士》"。[60] 《海岸救生队》成为 20 世纪 90 年代中后期全球观看人数最多的电视节目，吸引了 130 多个国家的几亿观众。然后出现了一个转变，人们采纳"数字时代"更加定制化、更适合个人使用的市场模式，在美国之外的国家中，当地的电视产业也发展到这样的程度，即它们不再仅仅进口更多的美国电视节目，而是开始采用特许经营电视节目的形式。这样，它们将"幸存"、"百万富翁"等真实节目的理念和以前依照剧本的想法加以改变以适合它们的本土文化。例如德国有"一个长期播放的热门节目叫《梦船》，它是对《爱船》的重拍"。[61] 音乐电视频道"到 2002 年已向全世界 35 个不同的电视频道授予了特许经营权，其中有 15 个频道在欧洲。例如，音乐电视/意大利语频道有 80% 的内容是在意大利制作的"。类似的，当时"有线新闻电视网有 22 个不同版本，包括一个土耳其语版本和两个德语版本。迟至 1996 年，有线新闻电视网/国际频道英语版 70% 的内容是美国的。但 5 年之后，这一比例

已经萎缩到 8%"[62]。2001 年，美国销售商在全球各地的电视节目销售收入"总额仍有 25 亿美元"，但是这一数字仅占该年美国所有联合发售收入的 10%，其余的收入全部来自利润丰厚的国内市场，这是因为在"数字时代"电视网的数量迅速增长。[63] 因此，在进入新千年之际，"本土的节目比美国的节目吸引了更多的眼球。虽然在 2002 年美国电视剧依然占据全世界电视剧出口的四分之三，但大多数国家最受欢迎的节目却是本国产的"[64]。事实上，"尼尔森媒体研究公司的一份调查报告发现，2001 年在 60 个国家中收视率排前 10 名的节目中有 71% 是本土制作的，较过去几年有稳定增长"[65]。

美国电视在全球范围内具有长期受欢迎并继续增长的潜力仍是一个既定事实，但是美国已不太可能再像它在 20 世纪八九十年代那样继续主宰全球的电视市场了。资深的编剧兼制片人诺曼·利尔将"20 世纪 90 年代中期称之为'电视的第三次新生'"，因为美国又有一代人已经成年，同时有线电视革命也自然地过渡到了"数字时代"。[66] "人们很容易将'未知的一代'简单地定义为一个年龄群体，但是这种划分忽视了'未知的一代'都是同一个电视代的成员"，《"未知的一代"电视》（Gen X TV）一书的作者罗布·欧文（Rob

Owen）宣称："'未知的一代'虽然不是随电视成长起来的第一个群体，但他们却是由电视定期充当保姆角色的第一个群体。'未知的一代'也是第一个体验音乐电视频道和福克斯电视网的群体，他们是许多广告商想要接触的观众。"而且，对"未知的一代"的 5 000 万成员来说"电视是标志性的媒体"。[67] 他们的讽刺意识、媒体成熟度以及对相匹配的复合型品味文化的广泛爱好都明显地体现在他们共同选择观看的节目中，这包括：喜剧，如《辛普森一家》、《老友记》；戏剧，如《急诊室》、《X 档案》；重播节目，如《布雷迪一家》、《快乐日子》；甚至有罪的乐趣，如《贝弗利山庄 90210》、《梅尔罗斯苑》（又译《飞跃情海》）。整个美国开始厌倦 20 世纪 90 年代日益逼真和直接的通俗小报式电视环境，这些电视描写一对接一对的错配婚姻，首先是南希·克里根（Nancy Kerrigan）和托尼娅·哈丁（Tonya Harding）两个滑冰比赛对手之间的"冰上荒唐"，接着是涉及丈夫和受虐妻子即 O. J. 辛普森和妮科尔·布朗（Nicole Brown）的谋杀案，最后在比尔·克林顿（Bill Clinton）和白宫实习生莫妮卡·莱温斯基（Monica Lewinsky）间的绯闻中达到高潮，该绯闻最终促成了"时间最长的新闻电视连续短片《弹劾总统》的播出"[68]。

374　　　《X 档案》是一个热门的受宠节目，它建议观众"不要相信任何人"。在该系列节目达到高潮时，它展示了一个令人激动的、具有感染力的情节，尤其受到"未知的一代"的欢迎。（刊载此图获福克斯广播公司的准许）

由于出现长期存在的全球新闻循环，美国将其肮脏丑闻向全国各地然后又向世界各地反复不停地播报。克林顿总统最终经受住了莱温斯基丑闻的考验，于 2000 年 1 月 1 日在华盛顿特区主持了新千年庆典，这是一个全球性电视新闻事件的一部分，其国外观众超过 10 亿人。当天的电视对

全球 24 个时区新年和新千年的到来进行了全天候跟踪报道。这次跨国电视播报既声势浩大又设计巧妙，一系列绚丽多彩的烟火表演一场紧接着一场，先后出现在如下一些著名的景点：从悉尼的歌剧院到香港的空架索道到巴黎的埃菲尔铁塔，再到纽约时代广场上神话般的水晶球坠落。但在两个星期以前，"基地组织"特工艾哈迈德·雷萨姆（Ahmed Ressam）在试图从加拿大进入美国时在华盛顿州安吉利斯港被逮捕。后来他承认并向当局透露存在一个要于新千年前夜炸毁洛杉矶国际机场的恐怖阴谋。然而那天晚上在电视上出现的却是不同年龄、不同民族和不同种族的人们庆祝同一个世界的梦想，并发出和平幸福的新年祝愿。第二天，电视批评家汤姆·谢尔斯（Tom Shales）将这一报道描述为"是电视不间断地进行令人晕头转向的环球报道的一天。这是极为罕见的，电视向我们展示了全世界，让我们感到我们是'地球村'——这是 20 世纪哲学家马歇尔·麦克卢汉所做的预见——的一部分"[69]。那晚不为谢尔斯和广大观众所知的是，被称为新千年的炸弹袭击者却是事变即将来临的一个非常准确的先兆，至少在短期内是如此。

电视播报"9·11 事件"及其后果

　　　　萨达姆·侯赛因（Saddam Hussein）的雕像被推倒的结局；重演《壮志凌云》的激动；由写着"使命完成"的旗帜带来的解脱感。像电视时代所有的战争一样，在伊拉克的战争不仅仅是军队的冲突，而且也是一系列的讽刺图像。谁控制了这些图像及它们所包含的故事，谁就控制了历史，至少在新的事实到来之前是如此。

弗兰克·里奇（Frank Rich），《纽约时报》，2003 年[70]

自 2001 年 9 月 11 日的恐怖主义袭击以来的几年中，美国人仍然在试图理解这一事件的全部意义。这次事件造成来自 61 个国家的 3 000 多人在纽约市曼哈顿南部的世界贸易中心双子塔中，在华盛顿特区的五角大楼中，在宾夕法尼亚州的乡村田野里遇难。"9·11 事件"最初的消息在全美国产生了震骨惊魂的影响，绝大部分公民只是守坐在自己的电视机前，极力想弄清楚传送给他们的这些恐怖画面的意义。对许多人来说，9 月 11 日的袭击及其后几天中的电视广播更像是夏天的灾难电影而不是实时发生的真实事件。当微软—全国广播公司的记者罗恩·安萨纳（Ron Ansana）将 9 月 11 日的曼哈顿南部描述为"《独立日》影片中的一个场景"时，他也代表了许多观众的想法。[71]他在报道中准确记录的那种难以置信感是令人恐惧和迷惑的。"那真的有点像是核冬天"，安萨纳稍后在一个下午接受全国广播公司采访时告诉汤姆·布罗考说，"即你在电影里看到的核冬天：地上、车顶上、警车上、窗户上到处布满灰尘。"[72]从 2001 年 9 月 11 日星期二上午到 9 月 14 日星期五晚上，全球的观众都观看了电视的持续报道，被这不可思议的画面惊呆了。电视尤其让美国人深刻明白了我们"后冷战的世界"两极分化的结果，这包括伊斯兰宗教激进主义的回潮和恐怖分子对美国国内目标发动袭击的灾难性危险。

　　很快，一种公式化但可以理解的描述出现了：普通的警察和消防员率先充当美国的无名英雄，而乌萨马·本·拉登（Osama bin Laden）以及其余的"基地组织"和"塔利班"成员则作为罪人出现。观众的注意力都被引入到熟悉的情节主线之中，即描写英雄般的公仆和罪恶的外国恐怖分子。这些迅速出现的叙事模式通过一次又一次地观看世界贸易中心双子塔燃烧和最终倒塌的画面所不断产生的惊人力量得到进一步加强。"在 20 世纪初期，我们认为历史是发生在不久'之前'并在我们及我们个人的和直接的经验'之后'不久得到再现的某些事情"，维维安·索布恰克（Vivian Sobchack）叙述说，"但在今天，历史似乎就在眼前发生——并被传送、反思、实况展示、充作多个故事和意义的材料，在我们生活的当前临时维度中以各种形式进行'报道'。"[73]电视将发生在纽约市和华盛顿特区的地方性大灾难变成全世界人都亲眼目睹的全球性重大事件，从而将"9·11事件"变成了"即时历史"[74]。米米·怀特（Mimi White）和詹姆斯·施沃赫（James Schwoch）认为："在这个意义上，电视充当了历史和记忆的一个代理人，它记录并保存有关描述以供未来参阅。"[75]在随后的数月和数年中，出自"9·11事件"的实况画面经常被纳入在美国和其他各国制作的无数电视纪录片之中；而各种各样电视节目中虚构的国内恐怖主义场面则被删除，这些节目包括：全国广播公司的《法律与秩序》、《白宫西翼》、《值第三班》（又译《危急最前线》），哥伦比亚广播公司的《特工机构》和福克斯广播公司的《反恐24小时》，以及许多其他系列节目。这是因为，"专门研究大众记忆的历史学家们长期以来坚持认为，我们是通过过去的镜头来体验现在，并且我们也是通过当

今的镜头来形成我们对过去的理解"[76]。

电视对"9·11事件"的最初报道掩盖了一个更深层的现实，这一现实植根于历史、全球政治、西方和中东之间对未来所持的相互冲突的社会宗教愿景。于2001年9月11日发生的恐怖主义行为是迄今为止向所有拥有电视机者揭示全球化的阴暗驱动的最引人注目的例子。在美国航空公司第11航班于早上8：46撞上了世界贸易中心北塔之后的几个小时之内，乌萨马·本·拉登的幽灵就在多个电视广播中现身了。有线新闻电视网、福克斯新闻频道、微软—全国广播公司，以及全国广播公司、哥伦比亚广播公司、美国广播公司三大广播电视网的早间新闻节目，开始了它们对"9·11事件"的报道。15分钟之后，在摄像机的全程摄录下，联合航空公司第175航班直接撞进了世界贸易中心的南塔。哥伦比亚广播公司《早间秀》（The Early Show）的合伙主持人布赖恩特·冈贝尔（Bryant Gumbel）于上午9：03用手机对世界贸易中心附近的一位目击者进行了采访：

377 在摄像机的全程摄录下，联合航空公司第175航班于2001年9月11日上午9：03直接撞进了世界贸易中心的南塔。（刊载此图获路透社的准许）

特里萨·雷诺（Theresa Renaud）：我现在在切尔西，我们在第 8 大道和第 16 街交叉区。我们在本地最高的楼房上，我的窗户是朝南的。大约于 10 分钟前在第 80 层左右发生了一次大爆炸……噢！又有一架——另一架飞机正要撞击（嘘息声——叫喊声）。噢，我的天哪！另一架飞机刚刚撞击——它撞击了另一座楼，正好撞进了它的中部。

冈贝尔：这架是撞进了 2 号塔吗？

雷诺：是的，是的，正好是在楼的中部……那绝对是有意的。[77]

不久，"有线新闻电视网展示了一幅新图片——《对美国的袭击》（Attack on America）；那架刺入世界贸易中心 2 号塔的喷气式飞机出现严重倾斜；全美国人（也可能还有世界上相当一部分人）惊恐地看着双子塔倒塌"[78]。世界贸易中心南塔于上午 9：59 倒塌，半小时之后北塔也于上午 10：28 轰然倒塌了。

378　　在当天上午 10：50，全国广播公司的汤姆·布罗考问专栏作家和恐怖主义专家布赖恩·利文斯顿（Brian Livingston）："有多少组织可能这样做？"利文斯顿回答说："极少数。我们得谨慎，但是我们不得不看到中东……我们不得不看到乌萨马·本·拉登。"到当天上午晚些时候，"本·拉登"这个名字已经出现在所有主要全国性电视网和有线电视新闻频道上。很快，资料片中那个高个子、留着胡子的沙特流亡者和恐怖分子就与"9·11 事件"——它不断地被描绘成当今的"珍珠港"事件——紧密地结合在一起。电视报道因此"启用了一种熟悉的、甚至令人鼓舞的叙事手法：一个沉睡的国家，一次阴险的袭击，为了报复而重振爱国主义和'男子气概'"[79]。美国广播公司、全国广播公司、哥伦比亚广播公司和福克斯广播公司对这次明显的"国家紧急状况"作出回应，于 9 月 11 日上午"放弃了大量的商业广告"，并在此后的 3 天半中主要播出连续报道。[80]四大广播电视网也类似的采取了空前的做法，"将竞争放到一边"，分享"这一悲剧的所有影片"。[81]反过来，全国的观众也发现观看电视有助于他们更好地应对"9·11 事件"带来的集体创伤："那些一再地播放飞机、撞楼和大楼倒塌等恐怖画面的电视频道，现在也播放有关怎样向你的孩子谈论危

机及怎样处理焦虑等问题的专家访谈。"[82]录像制作人兼学者玛鲁夏·博丘基夫（Marusya Bociurkiw）回忆说，"当担架从废墟中被抬出来时，纽约的消防员（即现场的世俗圣徒）立正站立着"，"宗教祈祷也弥漫于最早的"电视广播之中。[83]

"9 月 11 日以后……对总统乔治·W·布什（George W. Bush）及其领导的报道也变得更加阿谀奉承了"，调查记者肯·奥利特评价说。[84]大多数新闻、公共事务，甚至是娱乐节目在外表上、语气上和信息上都变得更加爱国了。"电视网新闻的权威与政治权威之间松散的联系"在此后的 6 个月里逐渐变得更加紧密，因为所有频道的新闻广播都亮出了重新设计的"由电脑制作的标示、铜黄色小喇叭、红白蓝色的图标、自命不凡的新闻播音员等，更不用提对官方发言人表示遵从、排斥异议并采用官方的新闻议程"。媒介批评家帕特·奥夫德海德（Pat Aufderheide）记述说，电视新闻主播、评论员和记者们还开始佩戴国旗胸针，"以示他们不仅要与美国政府，而且也要与那些感到陷入敌人包围且忧心忡忡的美国人民团结一致"[85]。

这一盛行的风气对那些更为随意、在政治上不恭的谈话节目也产生了冷却作用。例如，美国广播公司的《政治上不对》节目于 9 月 17 日星期一播出的一集中，作家迪内沙·德苏杂（Dinesha D'Souza）因不同意布什总统使用"懦夫"一词来描述"9·11 事件"中的恐怖分子而引发了争议。379 主持人比尔·马厄（Bill Maher）立即明显无礼地响应说："我们一直是懦夫，在 2 000 英里以外发射巡航导弹。那才是怯懦。当飞机撞击大楼的时候待在飞机里面，说你想要它怎么样，这并不是怯懦。"[86]结果，比尔·马厄被迫退出这一周的节目。赞助商西尔斯公司和联邦快递公司也暂时撤出了该节目，因为观众对上述言论的抱怨急剧上升。通用汽车公司和先灵葆雅公司则永久性地撤走了它们的广告。更引人注目的是，美国广播公司的 17 个附属电视台都拒绝再播放《政治上不对》节目。[87]到 9 月 21 日星期五，受到责罚的比尔·马厄感到有必要出现在"《杰伊·雷诺今夜秀》节目的舞台上……为可能导致他结束自己职业生涯的失言寻求原谅"[88]。尽管《政治上不对》一直存在到了 2002 年 5 月，而马厄的职业生涯也只是短

暂地受到影响，但白宫的回应则是迅速而明确的。9月26日，星期三，白宫新闻秘书阿里·弗莱舍（Ari Fleischer）称马厄的评论是"极糟糕的说法"，呵斥说"所有的美国人……都要注意他们的言论，注意他们的行为。现在不是发表那种评论的时候，下不为例。"[89]

从电视网新闻来说，在"9·11事件"之后的6个月中，电视网新闻更倾向于避开争议并支持布什政府；而布什总统也做出同样的回应，偏好他最合意的几位电视新闻支持者，例如福克斯新闻频道的布里·休姆（Brit Hume）。布什还公开地"与全国广播公司的汤姆·布罗考、哥伦比亚广播公司的斯科特·佩利（Scott Pelley）和美国广播公司的黛安娜·索耶合作进行长时间的采访"。然而他却拒绝了"美国广播公司的彼得·詹宁斯和哥伦比亚广播公司的丹·拉瑟等电视新闻节目主持人"的类似采访邀请。尤其是詹宁斯还记得在白宫采访一个事件时"被一个高级官员告知说'这最好是好消息'"。"我认为这话相当直露"，这位资深的新闻播音员回忆说，"这虽不是威胁，但也不像是开玩笑。"[90] "媒体似乎认为，对有关'9·11事件'的前因与后果进行批评性分析不仅是非美国式的做法，而且还可能是反美国的做法"，澳大利亚的传播学者利拉·格林（Leila Green）论断说，"而且遵循这一更具共识性的新闻采访方法者非常乐意看到将'敌人'——本·拉登、'塔利班'和'基地组织'——妖魔化。"[91]

美国人在总体上选择观看令人感到安全和宽慰的电视节目，作为从令人极伤脑筋的当前紧急事件中获得短暂解脱的办法，尤其是当反恐战争不断升温到美军于2001年10月7日入侵阿富汗之后。那天（美国东部时间）下午1点，布什总统向全国人民发表了电视讲话，宣布"美国军队开始打击位于阿富汗境内'基地组织'的恐怖分子训380 练营和'塔利班'的军事设施"[92]。此外，电视观众在此后的3个月中通过在全世界播放的四盘录像带断断续续地收看到了乌萨马·本·拉登的形象。前两盘录像带最初是在卡塔尔半岛电视台的阿拉伯语频道中播出的，展现的是看似平静、意志坚定的本·拉登号召世界各地的穆斯林都加入反对美国的斗争中。作为回应，布什政府于12月13日播放了第三盘录像带，这是"由美国中央情报局

在阿富汗贾拉拉巴德市的一个房子中找到的"。这盘录像带展现的是"本·拉登吹嘘其袭击"，同时表明了美国政府试图"在舆论领域赢得打击国际恐怖主义斗争的胜利"。第四盘即最后一盘录像带于12月27日在卡塔尔半岛电视台播出，展现的是面容憔悴但仍然挑衅的本·拉登。这四盘录像带几乎没有改变人们的思想情感，因为人们对于"9·11事件"的态度在几个月之前就已经凝固了，这"在某种程度上是基于双方都需要一种或另一种信仰"[93]。布什总统特将本·拉登描绘成一系列极权主义暴君中的最新一位，在2001年的其余几个月中经常提到他，但同时也唤起人们对"珍珠港事件"的记忆，激励"美国年轻一代坚持他们的'前辈'——参加第二次世界大战的一代——的信念"[94]。

从播放对世界贸易中心（后来被更名为"零号空地"）这一"震源"的最早录像资料开始，电视网和地方电视台都被牢牢地锁定在支持美国的目光之下。在"9·11事件"之后，各种爱国主义381 表示在电视环境中随处可见。全国有许多电视台直接在他们电视画面的右下角插入一个小小的美国国旗图标。星条旗还成为哥伦比亚广播公司火爆的情景喜剧《人人皆爱雷蒙德》中为人们熟悉的固定背景。全国广播公司《法律与秩序》节目的创作者和执行制作人迪克·沃尔夫还于9月26日该节目新一年度首播时加入如下画外音作为介绍：

2001年9月11日，纽约遭到了残酷而罪恶的袭击。尽管没有任何礼物能够治愈那一天的伤痛，但《法律与秩序》的制作者们愿将这一年度的节目奉献给那些遇难者及其家属，奉献给那些消防员和警察，是他们以自己的生命和勇气提醒我们身为一个美国人的真正意义是什么。[95]

《白宫西翼》的创作者和监制者阿龙·索金（Aaron Sorkin）为了应对自己对"为何发生'9·11事件'"这一问题的困惑，创作了一集名为《艾萨克和伊什梅尔》的特别节目，于2001年10月3日播出，吸引了"2 520万观众，是该节目观众最多的一集"[96]。一个批评家认为《艾萨克和伊什梅

世界范围的电视观众断断续续地收看到了卡塔尔半岛电视台的阿拉伯语频道中播放的乌萨马·本·拉登的录像带，其展现的是看似平静、意志坚定的本·拉登号召世界各地的穆斯林都加入反对美国的斗争中。（刊载此图获半岛电视台的准许）

尔》提供了"一堂极佳的、有益的、关于美国与中东关系的公民课"[97]。索金在这一集中讲述了许多极相关的问题，包括本土安全的破坏、意外出现的恐怖威胁、种族形象的描绘等。

其他黄金时间节目也以自己的方式应对"9·11 事件"带来的后果。例如，哥伦比亚广播公司于 2001 年 9 月 27 日将其基于中央情报局反恐调查的虚构系列节目《特工机构》的首播时间推迟，因为该剧的试播节目涉及美国出现炭疽病恐慌的问题（它预计佛罗里达州、新泽西州、纽约市、华盛顿市、密苏里州和印第安纳州在 2001 年 10 月和 11 月将出现大量类似的现实生活情景）。接着于 2001 年 10 月 15 日，全国广播公司的《值第三班》节目采取了一个特殊行动，它让其常规主角演员介绍一系列 10 分钟的片段，其中真正的警官、消防员、护理人员、急救人员和他们的家人自由讲述他们在 9 月 11 日恐怖袭击时及此后的日子里令人激动的工作经历。然后《值第三班》节目的制片人兼编剧将"9·11 事件"中的故事纳入到该系列节目在这一年度此后各集的虚构故事情节之中。与此不同，福克斯广播公司的管理人员则命令删除将于 2001 年 11 月播出的《反恐 24 小时》首集中一个展现飞机里炸弹爆炸的场面。在这些以及其他的自我约束情况中，电视网节目设置人员宁愿谨慎也不愿犯错，以确保他们在黄金时间播出的电视剧不会过度地打扰那些已有心理创伤的观

众。甚至连幽默也暂时被压制。对深夜谈话节目进行的一项研究——"该研究调查了全国广播公司的《杰伊·雷诺今夜秀》、哥伦比亚广播公司的《戴维·莱特曼深夜秀》和全国广播公司的《科南·奥布赖恩深夜秀》"——也发现与"9·11 恐怖袭击"之前的 4 个月相比，"在'9·11 恐怖袭击'之后的一个月里，出场的'严肃'嘉宾的数量是原来的两倍，而笑话的数量减为原来的 54%"。[98]另外，电视"已经将其作为一个惯例，即在足球比赛的中场休息时间播放很长的爱国主义节目，并在棒球比赛第 7 局时播放《天佑美国》的演奏，而不是插播商业广告"[99]。

美国显示出越来越强的决心，并表达出一种全新的目标意识。电视"不断报道关于献血运动、慈善事业的最新消息，而名人募捐节目成为化悲痛为行动的工具，成为释放意志和采取行动的工具"[100]。第一个回应"9·11 事件"的重要电视特别节目是《美国：向英雄献礼》，"它是一个名人募捐节目，于恐怖袭击 10 天后在 30 个不同的频道中播出，观众达 8 900 万人。这个节目筹集到 1.5 亿美元，是历史上其他电视募捐额的 3 倍"[101]。许多其他值得注意的义演活动也接踵而来，于 6 个星期之后的两场盛大电视表演中达到顶峰。《献给纽约市的音乐会》于 10 月 20 日星期六在纽约市麦迪逊广场花园举行，持续了 5 个多小时，其中 4 个小时在"第 1 热门视频"中同步现场直播。这场电视表演活动

明星荟萃：有经典摇滚歌手，如保罗·麦卡特尼（Paul McCartney）、埃尔顿·约翰（Elton John）、米克·贾格尔（Mick Jagger）；有好莱坞明星和电视明星，如哈里森·福特（Harrison Ford）、杰里·塞恩菲尔德（Jerry Seinfeld）、比利·克里斯特尔（Billy Crystal）；有电影制片商，如伍迪·艾伦、斯皮克·李（Spike Lee）、马丁·斯柯席斯（Martin Scorsese），他们每人都制作了一个短片歌颂纽约精神；还有一大批本地和全国的政治家，如纽约市长鲁迪·朱利亚尼（Rudy Giuliani）、纽约州长乔治·帕塔基（George Pataki）、前总统比尔·克林顿等。《献给纽约市的音乐会》的贵宾是约 5 000 名警察、消防员和他们所爱的人，该节目"为'罗宾·胡德救济基金'募集了 3 000 多万美元"，这个基金是专门为帮助"9·11 事件"遇难者的家属而成立的。[102] 第二天，即 9 月 21 日的晚上，"乡村音乐电视频道达到它自创办以来收视率的最高点"，它在纳什维尔"现场直播了 3 个小时的《乡村自由音乐会》，这场义演不仅提高了人们的认识，而且为'拯救军'广泛的灾难救济工作募集到了 510 万美元"。[103]

在"9·11 事件"之后，黄金时间收视行为的一个最明显的变化就是观众突然对竞答节目（尤其是美国广播公司一度极受欢迎的《谁想成为百万富翁？》）失去了兴趣，并突然抛弃了绝大多数真实节目，只有哥伦比亚广播公司的《幸存者》及少数几个其他节目例外。特别是真实节目受到了"负面影响"，广告主管约翰·拉什（John Rash）回忆说，"它们在 9 月 11 日之后开始明显地显得自我放纵"。相反，美国观众开始消费经验证为可靠的令人安慰的电视大餐。例如全国广播公司的《老友记》达到了其开播以来最好的收视率，居黄金时间收视率排行榜第 1 位，在全国的联合发售中也名列第 3，仅次于默夫·格里芬节目制作公司的《幸运轮》和《危险！》这两个长年最受欢迎的节目。其他长盛不衰的火爆节目还包括美国广播公司的《星期一晚足球》和哥伦比亚广播公司的《60 分钟》，它们在 2001—2002 年度仍然像以前一样播出良好；同样，那些专注于怀旧式娱乐的有线电视频道也播出良好，例如美国经典电影、夜间尼克和电视之乡等。在一位批评家看来，

"'9·11 事件'之后一个最令人忧虑的趋势"是"在广告中利用爱国主义……为什么那辆吉普汽车抬高了自由女神雕像的脸？雪佛兰汽车是真的试图'让美国保持运转'吗？"[104] 总的说来，在 15 秒和 30 秒的插播广告中，在电视新闻中和在娱乐节目中广泛表达的爱国热情在"9·11 事件"半年纪念活动之后开始有些降温，因为人们对布什政府处理反恐战争的批评之声逐渐变得更加强劲、更加大胆，也更加频繁。到 2002 年 7 月，"团结在国旗周围的效应减退了"一些，尽管布什总统在民意测验中的支持率仍然达引人注目的 70%，但其支持率却在明显地下降。[105]

到 2003 年 2 月，美国公众对即将到来的伊拉克危机的态度出现了严重分歧。《纽约时报》/哥伦比亚广播公司新闻部进行的一项民意调查显示，"有四分之三的美国人认为战争是不可避免的，有三分之二的人赞成将战争作为一个选择……但是有 59% 的美国人说他们认为总统应该给予联合国更多的时间，有 63% 的人则说如果没有盟国的支持华盛顿不应该采取行动"。更令人吃惊的是，对布什总统的"总体工作的支持率从 1 个月前的 64% 跌至 54%，达到了自 2001 年夏天以来的最低点"[106]。然而，由美国领导的军队还是于 2003 年 3 月 19 日入侵了伊拉克，随军配备有 600 多名"安插式"记者，他们为有线新闻电视网、微软—全国广播公司和福克斯新闻频道从战场传回不稳定的实时视频图像，这三个频道的观众总数平均达 700 万，与它们平时的观众总数 200 万相比是上升了。[107]

在伊拉克发动的这场"震惊和敬畏"战役同样也是一场电视奇观，它旨在像赢得地面战争一样来赢得观众的支持。在"9·11 事件"之后的 6 个月中，布什政府和美国人民一致支持在阿富汗上演一幕"正义之战"。在政府政策与公众舆论之间达成这种默契的共识中，电视是一个关键论坛。现在，在 1 年半之后，电视再次成为最重要的媒体，在电视上人们可以看到"正义之战"的故事情节在重演，只是这次在布什政府和美国人民之间远未达成一致，这不可避免也不可阻止地导致在伊拉克的战争将充满极大的争论和异议。

由美国领导的军队于 2003 年 3 月 19 日入侵伊拉克，刚好 3 个星期后，有线新闻电视网于 4 月 9 日现场报道了伊拉克总统萨达姆·侯赛因在巴格达市中心的菲尔多斯广场的雕像被推倒的过程。（刊载此图获合众国际社的准许）

《商业周刊》的欧洲编辑约翰·罗桑（John Rossant）在"9·11 事件" 1 周年纪念日时写道："那个明白无疑的 9 月早晨几乎已经成为一个历史记忆，就像我们中有些人依然记得在 1963 年 11 月的一天一位年轻的美国总统被枪杀一样——那标志着一个时代的结束和另一个时代的开始。我们感到历史也将被划分为'9·11 之前'的时期和'9·11 之后'的时期。"[108] 当学者芭比·泽利泽（Barbie Zelizer）重新评价新闻记者怎样利用当时肯尼迪遇刺这一悲剧事件来改进自己的日程表和塑造集体记忆时，他同样指出肯尼迪遇刺是上一代人共同经历的一个重大事件。[109] 在过去的 50 年中，许多政治家、社会评论家、作家和艺术家都从许多不同的角度来重新讨论了肯尼迪的遇刺。同样，"9·11 事件"及其后果已经被用到电视上，而且在未来它很可能还会被各种既得利益者继续利用。

这方面的一个典型例子就是造价 1 000 万美元的电视纪实剧《特区 9·11：危机时刻》，它于 2003 年 9 月 7 日星期天首播，并一直到 9 月结束为止在放映时间频道中高频率反复播出。《特区 9·11》由临时编剧和导演莱昂内尔·切特温德（Lionel Chet-wynd）制作，它从布什总统新任命的战时内阁的内部角度重现了恐怖袭击后 9 天中的情况。《华盛顿邮报》的保罗·法赫里（Paul Fahri）注意到，"切特温德是好莱坞中少数坦率的保守主义制片人之一，也是少数与白宫有密切关系的人之一"。因此他在其创作的剧本中毫无廉耻地对布什总统作了圣徒式的美化描写，后来他还"超越了华盛顿那一群保守主义权威，包括弗雷德·巴恩斯（Fred Barnes）、查尔斯·克劳萨默（Charles Krauthammer）和莫顿·康德拉克（Morton Kondracke）"[110]。

《特区 9·11》的高潮场面是由演员蒂莫西·博顿斯（Timothy Bottoms）扮演的乔治·布什大概于 9 月 20 日黄金时间在国会联席会议上发表演讲。博顿斯在讲台前发表演讲的镜头与"9·11 事件"纪录片中令人动情的片段不停地切换，最终以真实的布什总统在实际场合结束这同一场电视演说的镜头告终。总体来说，切特温德和他的制作团队对《特区 9·11》中的事件进行了策划，以使布什总统作为美国的行政首脑的地位得到巩固和合法化。该节目将布什作为总统的表现进行了戏剧化处理——一个由有能力、有才干的顾问们组成的内阁全力支持布什——因此重现了他们共同应对 2001 年 9 月 11 日事件的空前挑战。要是"9·11 事件"进展得像这部电视节目所描述的一样简单和英勇就好了。在《媒体对"9·11"的描述》（*Media Representations of September*）一书中，社会学者史蒂文·彻马克（Steven Chermak）、弗朗基·Y·贝利（Frankie Y. Bailey）和米歇尔·布朗（Michelle Brown）描述了"9·11 事件"是怎样"被媒体叙述成为一个基本的、可识别的过程，它有着清晰的逻辑：一个明确的开端（即

2001 年 9 月 11 日)、一个强有力的中部（即战争）、一个道义的结尾（即胜利）"[111]。尤其是在"9·11 事件"发生后的最初 6 个月中，绝大多数美国人通过他们的电视机看到和听到的只是单方面的新闻报道。而当事情的实际发展与布什政府发言人所描述的官方版本并不完全一致的时候，问题终于出现了。

也许显示布什团队所策划的事件与接着发生的媒体报道之间脱节越来越严重的最明显例子，是布什总统精心设计的如下行动：他于 2003 年 5 月 1 日乘坐"海盗 S-3B 号"飞机抵达加利福尼亚州圣迭戈市海岸边的"亚伯拉罕·林肯号"航空母舰甲板上，宣布盟军在对伊拉克的战争中取得了胜利。在那个阳光明媚的日子，总统穿着绿色飞行服，手臂下夹着一个头盔，神气地站在电视摄像机面前，背后是一面印着"使命完成"几个大字的巨大旗帜。即使是在当时，以一种明显是为电视播出而拍摄的方式这样露骨地将布什总统塑造为领袖角色的做法也受到了批判。

然而在此后的几个月中，所有主要的广播电视网和有线新闻电视网上都出现了更加直接的新闻抨击，因为在伊拉克境内，不仅暴力事件持续不断，而且还没有找到任何大规模杀伤性武器。例如，在 2003 年 9 月 10 日星期三，有线新闻电视网著名的通讯记者克里斯蒂亚娜·阿曼普尔（Christiane Amanpour）在消费者新闻与商业频道的《与蒂娜·布朗的话题 A》节目中承认说："我很抱歉这么说，但电视——而且可能在某种程度上还有我们的台——确实受到政府及其在福克斯新闻频道中的走卒的恫吓。而且在我看来，就我们所做的各种广播工作来说，它的确带来了一种恐惧和自我审查的氛围。"[112]而当布什总统于 10 月 23 号星期四在电视采访中告诉记者说"使命完成"的标志是海军而不是白宫想出来的时，情况进一步恶化。一个星期之后，当记者发现情况并非如此时，白宫新闻秘书斯科特·麦克莱伦（Scott McClellan）不得不对他上司的表述加以限定和说明。[113]

在其他的娱乐和新闻节目中也很快出现了新的不协调。例如，在 2003 年 11 月 9 日星期天，全国广播公司首次播放了"非官方的戏剧改编"《拯

救杰茜卡·林奇》，这部电视电影如此命名显然是为了呼应史蒂文·斯皮尔伯格（Steven Spielberg）于 1998 年导演的第二次世界大战英雄史诗片《拯救大兵瑞恩》。两天之后，在美国"退伍军人节"这天，真人杰茜卡·林奇接受了美国广播公司《黄金时间现场报道》节目主持人黛安娜·索耶的专访。她一开始就告诉索耶说："我不是英雄，我只是一个幸存者。"她指出当战争初期美国军队陷入困境时，她是转机即将来临的令人愉快的征兆："一个 19 岁的女'兰博'（Rambo）① 试图突破敌人的控制"[114]。"他们用我来象征这一内容"，林奇向将近 1 600 万观众吐露说，并以令人惊讶的坦诚总结道，"那是错误的。"[115]

然后，于 2004 年 4 月 28 日，哥伦比亚广播公司的《60 分钟Ⅱ》节目中播出了一个黄金时间报道，节目展示的图片证据记录了伊拉克囚犯在阿布格莱布监狱——它是以前萨达姆·侯赛因政权用来折磨和处决持不同政见者的设施——遭受美国军事人员虐待的事实。通讯记者丹·拉瑟通过卫星对位于巴格达的马克·金米特（Mark Kimmitt）准将就军方 3 个月以来的调查情况进行了采访，请他对哥伦比亚广播公司新闻部掌握的一组照片进行评论，其中一张照片上有一个脸被罩住的人像稻草人一样站在一个箱子上，两臂张开，手指上悬挂着电极。"首先我要说的是我们感到十分震惊"，这位伊拉克"临时权力联盟"的首席军事发言人金米特承认说："这是错误的，是应受到谴责的。但是这并不能代表在这里的 15 万名士兵。"[116]尽管金米特强烈地谴责这种虐囚行为，但仍然无法阻止该照片以及其他相关照片在互联网上被广泛传播。不到 24 小时，这些图像还出现在"全世界报纸的头版上并成为电视报道的头条新闻"。一年多后，文化历史学家梅拉尼·麦卡利斯特（Melani McAlister）认为"阿布格莱布监狱的照片对美国在阿拉伯世界中的声誉所造成的损害是不可估量的"[117]。

事实上，在"9·11 恐怖袭击"三周年纪念日那天，从伊朗、沙特阿拉伯、叙利亚、约旦到埃及，整个中东地区的电视"播放的节目都对美国人民表示非常同情，但是都对布什政府处理反恐

---

① 兰博是美国小说《第一滴血》（First Blood）中的主人翁，是越南战争中的英雄。——译者注

战争的方式予以强烈批评"[118]。美国和阿拉伯世界之间的关系一直以来都很复杂，但是在"9·11事件"之后变得更加复杂。美国时任国务卿科林·鲍威尔（Colin Powell）请求"麦迪逊大街"向整个中东地区投放"亲美广告"，其中包括了"一系列描写微笑着的穆斯林美国人的电视广告"。鲍威尔对于整个中东地区不断加强的反美主义十分关切，说广告的"目标……不亚于'对美国外交政策进行品牌重塑'"。作为从目标市场理念向个人使用市场理念转变的一种标志，国家品牌形象已经成为"数字时代""促进旅游、投资、甚至是国际关系"的一个普遍战略。[119]

然而在仓促地发动伊拉克战争，没能在伊拉克发现大规模杀伤性武器，以及出现"阿布格莱布"丑闻之后，美国声称在中东地区推广自由和民主的口号与实际现实之间存在的认知差距加深了。美国当时的形象问题直接起源于它当时的单边主义政策，同时也起源于中东长期存在的更加体系化的社会政治问题：如阿富汗与苏联的战争在 1989 年结束后出现普遍的不稳定；以色列和巴勒斯坦之间长期未能解决的冲突；美国对以色列的坚定支持；美国在沙特阿拉伯的军事存在；阿拉伯世界大多数国家经济失败而不能为青年男子提供充分的工作机会；全球化在经济、技术和文化上给上一代人带来的深刻变化，等等。

来自美国的电视节目在中东各国怎样理解"美国形象"中仍然扮演着基本角色。[120]除了阿拉伯语的电视网和节目之外，该地区有超过 3 000 万的卫星直播电视家庭用户普遍都能接收到英语的电视网和节目。从 20 世纪 90 年代中期起，免费电视服务和付费电视服务在该地区都发展迅速，包括轨道卫星电视网（拥有 39 个电视频道）和阿拉伯放映时间，后者拥有放映时间、音乐电视欧洲频道、音乐电视印度频道、电视之乡、迪士尼频道中东版、卡通电视网中东频道、五分钱娱乐场中东频道、探索频道中东版、有线新闻电视网国际频道/欧洲版、体育网美国频道以及 33 个其他的电视频道。在过去的 10 年中有数百个美国电视节目在该地区定期播放，其中包括《科斯比秀》、《老友记》、《奥普拉》、《幸存者》和《绝望的主妇》等系列节目，这些节目反映了"美国自身许多有吸引力的主题和传说，如个人主义、财富、进步、宽容和

乐观主义"。然而对当地的宗教保守势力来说，美国的电视节目"仍是巨魔喧闹的电子播卵器，削弱了传统价值观而鼓励了邪恶"。例如，当"塔利班"于 1996 年控制了阿富汗时，他们开始关闭所有地方广播电视台，"但是民众还是继续观看录像带和通过碟形卫星天线收看外国电视频道"。1998 年 7 月，"塔利班"国民自卫队又命令"国家公民抛弃他们的电视机、录像播放机和卫星接收机。这些东西被祛恶扬善部认为在道德上是不能容忍的"。[121]

一些相互冲突的卫星新闻电视网也在整个中东地区发动观念之战，这些电视网包括有线新闻电视网国际频道、英国广播公司新闻频道、欧洲新闻频道，以及现在的 3 个阿拉伯语频道：位于卡塔尔的半岛电视台，位于迪拜的阿拉伯电视台，还有受美国资助的自由电视台。据琳达·蒂施勒（Linda Tischler）说，"虽然最初的阿拉伯语半岛电视台从 1996 年起就已经存在了，但它在大部分美国雷达中第一次注册却是在'9·11 事件'之后，即当该电视台开始播出来自被'塔利班'控制的喀布尔市的内部画面时"。半岛电视台受卡塔尔酋长资助，它目前在全世界有近 5 000 万观众。[122]由沙特阿拉伯拥有的阿拉伯电视台建立于 2003 年，它比半岛电视台更加温和。布什政府于 2004 年建立了自己的自由电视台，它是其政府在整个中东地区竭力恢复已经被破坏的美国政府形象的举措之一。

仅在 15 年之前，《科斯比秀》是"地球上最伟大的电视节目"，它传播了积极进取的家庭价值观、个人自由主义、种族与民族包容性等明显的西方观念。与《科斯比秀》所集中体现的世俗世界主义文化同时出现的是发展迅速的宗教激进主义回潮，这种回潮来自于世界几乎所有地区的传统捍卫者，而不仅仅是中东地区。在一定意义上来说，于 20 世纪 80 年代和 90 年代初让北美和西欧饱受折磨的所谓"文化之战"，现在已成为一种全球性现象，但是和以前有一个重要区别——国际上大多数现行的原教旨主义首先是以宗教正统观为基础的。而且事实证明，与从前西方后工业社会中的"文化之战"相比，当前世界范围内的这些"文化之战"要更加猛烈。美国与其余世界之间的相互依赖性在不断加强，而它在全球化到来和扩张所必然产生的余震面前却具有脆弱性，"9·11 事件"及其余波就是其迄今为止最明确的例证。

第11章

世界上最伟大的电视节目

《科斯比秀》与美国情景喜剧在全球电视市场上的走俏

蒂莫西·J·黑文斯（Timothy J. Havens）

390　　《科斯比秀》（*The Cosby Show*）（1984—1992）是罕见的，也许是永远也不会再有的美国电视连续剧之一。它于黄金时间的播出年复一年地吸引着来自社会各行各业的广大观众。《科斯比秀》是电视史上吸引观众人数最多的一部电视连续剧，在1986—1987年度里吸引的美国观众超过6 300万人，是尼尔森收视率在《鸿运》于1964—1965年度之后从未达到的高度。《科斯比秀》也是盈利空前的电视剧，其国内联合发售的净收益达10亿美元，其在全国广播公司黄金时间播出的8年时间里的广告收入也近10亿美元。大多数观察家一致认为，在当今频道众多、观众市场越来越细分并分别有专门节目服务的情况下，像《科斯比秀》、《尽在家中》（1971—1979）、《贝弗利的乡巴佬》（1962—

1971）以及《拉韦恩与雪丽》（1976—1983）一样具有轰动性火爆电视剧的时代已经永远地一去不复返了。然而，《科斯比秀》对美国电视产生的文化与经济影响远比其自身的寿命更为持久。[1]

　　在创作《科斯比秀》的背后有着一个经典的好莱坞故事：一个富有创见的人在追逐梦想的过程中克服种种困难，其坚持最终获得成功的回报。比尔·科斯比最初设想的电视情景喜剧是关于一个完美的非裔美国家庭的故事，其中他扮演一个看门人，他的妻子扮演一个建筑工人。但在与电视节目制片人马西·卡西和汤姆·沃纳会商之后，大家都认为该剧应设为美国中上层阶级的家庭背景。科斯比把他的想法向当时最大的两个广播电视网——哥伦比亚广播公司和美国广播公司兜售，但是这两家广播公司都不理会，因为科斯比过去在黄金时间系列节目中的记录欠佳，而且情景喜剧在 20 世纪 80 年代初几乎已从电视网的节目表上消失了。尽管科斯比的第一部黄金时间系列节目《我是间谍》（1965—1968）取得了成功，他的星期六早晨的卡通片《胖子艾伯特和科斯比家小孩》（1972—1979）也吸引了很多观众，但他在黄金时间也有一连串的大失败，这包括《比尔·科斯比秀》（1969—1971）、《新比尔·科斯比秀》（1972—1973）以及《科斯》（1976）。最终，在广播电视网收视率排名中连续 9 年垫底的全国广播公司同意在该剧上赌一把。该剧第一集于 1984 年 9 月 20 日播出，其中比尔·科斯比饰演一个妇产科医生希思克利夫·赫克斯特布尔（Heathcliff Huxtable），菲利西亚·拉斯海德（Phylicia Rashad）则饰演他的妻子克莱尔（Clair）律师。该剧几乎是一下子就冲到了收视率排行榜的首位。[2]

《科斯比秀》取得的成就几乎是不胜枚举。该剧使非裔美国人在电视上的形象得以改写。它与其常年的搭档节目《家庭纽带》（1982—1989）一起，将全国广播公司在美国电视网排名中由末位推升到了首位，并连续保持首位达 6 年之久。该剧还凭一己之力使在好莱坞名不见经传的卡西-沃纳节目制作公司迅速成为最受尊重的情景喜剧制作商之一。业内人士称该剧使 20 世纪 80 年代初因肥皂剧的泛滥而几乎消失的情景喜剧节目起死回生。而且，该剧的发行商维阿康公司要求各地方电视台通过竞标来获取该剧的重播权而成为电视史上的先例。[3]

虽然《科斯比秀》在美国电视史上的重要性已得到充分论述，但评论家和学者们对其在国际社会上的成功却关注甚少。事实上，《科斯比秀》在国外像在国内一样大受欢迎，被出口到 70 多个国家。在整个 20 世纪 80 年代，《科斯比秀》在加拿大、澳大利亚和新西兰一直高居收视率排行榜的首位，在欧洲也是最受欢迎的进口美国电视剧，打败了此前在国际上备受欢迎的电视节目如《达拉斯》（1978—1991）、《王朝》（1981—1989）以及《天龙特攻队》（1983—1987）等。《科斯比秀》是一个确定无疑的全球性火爆节目，其成功也改变了国际电视产业的经营。颇具讽刺意味的是，《科斯比秀》在美国是因为它证明描写中上层非裔核心家庭的情景喜剧也可大受欢迎而为人们所熟记，但该剧在国际社会上却为描写美国白人的情景喜剧扩大出口铺平了道路。

国际销售的地位发生转变

在叙述《科斯比秀》在国际上取得成功之前，有必要了解一下在 20 世纪 80 年代中期至 90 年代初期——《科斯比秀》在国外成功的鼎盛时期——美国电视在国内发行与国际发行之间的联系。由于美国国内电视业的变革和欧洲商业电视频道的激增，这个时期美国电视节目的制作商和发行商变得越来越依赖于国际销售收入。随着新兴的有线电视网的崛起，有线电视进入了越来越多的美国家庭，而 20 世纪福克斯公司与此前一些独立电视台拼凑成为一个羽翼已丰的新的广播电视网——福克斯广播公司，这使得美国的三大广播电视网——美国广播公司、全国广播公司、哥伦比亚广播公司——的受众份额在整个 20 世纪 80 年代持续地下滑。因此，这些电视网对运营成本也越来越敏感，这些成本也包括它们为取得黄金时间系列节目的播放权而支付给电视节目制作公司的费用。

从 1970 年开始，根据联邦通信委员会的《金融权益与联合发售准则》，美国主要电视网被禁止拥有它们在黄金时间所播出的大部分节目。其结果是，那些独立于主要电视网的好莱坞电影公司和独立节目制作公司制作了几乎所有黄金时间的电视节目。例如，在卡西-沃纳节目制作公司于 1995 年重新购回《科斯比秀》发行权以前，该剧在美国国内和国外的发行权从 1984 年起一直归维阿康国际公司拥有。从本质上讲，《金融权益与联合发售准则》禁止的是主要电视网从国内联合发售中获利,这种联合发售是向全国各地方电视台出售其节目,然后各地方电视台在非黄金时间里重播这些备受欢迎的电视网系列节目。[4]

美国国内的联合发售模式长期以来一直是电视节目销售的"法宝",它所产生的利润远远超过电视网所支付的节目版权费。这一事实导致了"赤字财政"的普遍做法,其中,电视网为取得某电视系列节目在黄金时间的播出权所支付的费用只是节目制作成本的一部分,之后,节目制作商以联合发售的模式销售该电视系列节目,因此获得了更大的长期利益。但由于美国地方电视台通常想得到至少能播放三年的电视节目,以便它们从星期一至星期五能连续播出这些电视剧,这使电视剧在美国国内的联合发售也会遇到困难。到20世纪80年代中期,出于对观众数量减少和广告收入下降的担心,电视网将电视剧从黄金时间撤下来的速度比以往任何时候都要快,这也威胁到了节目制作商的联合发售收入。与此同时,节目制作商的制作成本也急剧上涨,为了弥补制作成本,许多节目制作商在国内联合发售之前就开始寻求国外的销售收入。[5]

虽然美国的一些公司从20世纪60年代就开始在国外发行电视节目,但是直到80年代中后期国外市场才真正成为收入的重要来源。节目制作资金结构的这一变化的一个主要原因在于新兴卫星

和有线传输系统的发展、广播电视业的解控以及世界范围内公共广播频道的私有化等,这些导致了电视频道和广播时间全球性地激增。这些新创办的频道通常在其开播的最初几年里主要依赖廉价的进口节目,只有当这些频道收视率增加、开始获利之后它们才增加使用成本更高的本地节目。欧洲——这是美国最大的电视节目出口市场——的电视频道数量在1984年到1996年之间增长了近20倍。[6]

贯穿整个20世纪80年代的广播电视业解控也助长了这种频道激增的浪潮。尤其是在欧洲和亚洲,此前由一两个公共频道垄断广播电视业的国家也向商业广播的竞争打开大门。其结果是,许多公共频道都出售给了私有企业,而其他一些仍然维持公有制的公共频道则不得不与商业频道争夺观众。出于经济上的原因和对受众欢迎度的考虑,这些频道都大大增加了对美国进口节目的使用。于是,到了20世纪80年代后期,美国节目制作商开始依靠国外销售收入来弥补电视系列节目制作所产生的赤字。20世纪福克斯公司执行副总裁威廉·桑德斯(William Saunders)于1987年评价国外销售收入快速改变的重要性时说:"三四年前,看到有国外销售收入时,我们会说,'嗯,还不错。'而现在国外销售收入却是我们预算中非常重要的一部分。"[7]

 ## 维阿康公司与《科斯比秀》的发售

《科斯比秀》在国外走红,正好出现在国外销售对美国电视节目制作公司的重要性发生转变之际。通过对维阿康公司的国外市场战略进行仔细考察,不仅可以发现这一转变,而且可以看到人们日益增强的一种认识,即与当时普遍的行业认识不同,情景喜剧也可以在国外市场上受到欢迎。

维阿康公司是在联邦通信委员会公布《金融权益与联合发售准则》之后不久成立的,它是哥伦比亚广播公司将自己的联合发售分支拆分而成的一个独立公司。但是到20世纪80年代中期,维阿康公

司图书馆拥有的哥伦比亚广播公司的早期火爆节目如《玛丽·T·穆尔秀》(1970—1977)趋于陈旧,于是该公司开始寻求新的节目。但在获得《科斯比秀》之前,维阿康公司所网罗到的都是一些不能让人留下深刻记忆的节目,如《亲爱的侦探》(1979)、《拉扎勒斯综合症》(1979),尽管它手里也有一些二流影片和《佩里·梅森》特别节目的播放权。因此,当卡西-沃纳节目制作公司因难以支付《科斯比秀》的高额预算而陷入困境时,维阿康公司同意对其提供额外资金以获得该节目在

全球的发行权。[8]

观察者估计，《科斯比秀》的国外发行收入绝对不会超过 1 亿美元。尽管这个数字与该系列剧超过 10 亿美元的国内联合发售收入相比是微不足道的，但它仍表明该剧在全球市场上具有广泛的吸引力，因为外国的购买者在购买进口节目播出权上的花费要远远低于购买本国节目。而且，当《科斯比秀》攀升至全美收视率排行榜首位时，维阿康公司仍然未收回其对该剧的投资，直到 1987 年该剧有足够的剧集被制作出来并投放到国内联合发售市场中后情况才有所改善。在这三年时间中，当维阿康公司还在期待获得该剧在国内联合发售中的收入时，该剧在国外的销售是它唯一的收益来源。事实上，据报道，维阿康公司于 1987 年仍有 7.7 亿美元的国内发行合同还没有兑现，主要是由于《科斯比秀》的剧集还没有达到足够的数量，因此公司也无法获得该剧的收益。[9]

很难确切地说出维阿康公司在国外发行《科斯比秀》的收入到底有多少，但仔细审察该公司当时的财务报告可让我们充分感知到《科斯比秀》是多么赚钱。虽然在该剧播出的头两年中，维阿康公司在国外的发行收入仍然没有起色甚至稍有下滑，但从 1986 年到 1989 年，该公司出口收入的增长率处在 12.2% 至 29.3% 之间，到 20 世纪 80 年代结束时其国外发行收入总值超过 2 000 万美元。当然，这些收入并不是《科斯比秀》的一己之功，但《科斯比秀》无疑是当时维阿康公司在国外拥有的最受欢迎的节目。[10]《科斯比秀》在国外市场上的业绩超过了其任何一个国内竞争对手。例如，《家庭纽带》节目在美国本土市场上偶尔也会挑战《科斯比秀》的收视率冠军地位，并由派拉蒙电影公司在国外发行。尽管《家庭纽带》的编剧和表演质量都与《科斯比秀》不相上下，而且许多观众也将它视作《科斯比秀》的"白人翻版"[11]，但是《家庭纽带》在国外的销售收入却是寥寥无几。

维阿康公司针对《科斯比秀》的国际发行策略也同样难以描述。无论如何，该剧的发行策略在很大程度上是无计划的和机会主义式的，而非精心策划的，因为该公司对《科斯比秀》在国外市场上的表现期望值很低。维阿康公司的这种低期望值可以从它在《电视世界》（TV World）——这

是当时一份主要的国际电视行业杂志——上投放的节目广告中反映出来。在 1984 和 1985 年，该公司的广告语"全世界向维阿康公司要电视剧佳作"出现在它的几个电视剧广告中，尤其是出现于 1986 年播出的电视连续短片《彼得大帝》的广告中。1985 年 2 月的一个广告才第一次提到了《科斯比秀》，该广告推销的是 4 部电视连续剧，即《我和妈妈》（1985）、《明星游戏》（1985）、《彼得大帝》（1985）和《科斯比秀》，而且是在该广告第二段末尾处才提到《科斯比秀》。[12] 很显然，当时的维阿康公司并没有将《科斯比秀》视为一个能很好营利的国际商品。

在 1984 年和 1985 年，《科斯比秀》主要销往斯堪的纳维亚国家和一些非欧洲国家的公共娱乐电视网。这些市场大多数还被一两个国有广播电视网所垄断，由于国有广播电视网的盈利很少，因而它们为进口节目所支付的播出费也很低。丹麦和荷兰的国家广播机构报道说，《科斯比秀》是 1986 年收视率最高的进口节目。在南非，该剧的收视率一直稳居第一，1985 年南非国家广播机构在一个新推出的频道中也开始播出《科斯比秀》，该频道不同于以往那些只为特定民族和种族服务的频道，它是一个面向大众的频道。波兰居垄断地位的社会主义电视网报道说《科斯比秀》在 1986 年秋季受到广泛欢迎。以色列和黎巴嫩的国营电视频道在 1988 年也有类似的报告：一年多以来，《科斯比秀》一直是绝对成功的节目。[13] 由于这些国家并不是美国发行商在国外的主要市场，因此，维阿康公司的管理者们很容易忽视该节目在这些地区的流行，或者仅将其流行视为观众的好奇。

渐渐地，维阿康公司开始意识到了《科斯比秀》在国外市场上日益显著的成功，特别是在少数欧洲大国开始播放该剧之后。在这些越来越有利可图、竞争也日益激烈的国家，《科斯比秀》在那些刚刚商业化的小型电视台中播出的效果最好。1985 年《科斯比秀》在比利时的播出突然发生转变，该剧在比利时引入商业电视模式之前是在国有广播电视网上播出的。意大利自 20 世纪 70 年代中期起出现了许多非法的私营电视台，《科斯比秀》从 1985 年开始在一个私营电视台第 5 频道上播出良好。西班牙公共电视网于 1988 年播出该剧，

但是该剧在西班牙播放了多久及其收视情况如何，还不得而知。

在法国的私营电视频道取得合法地位之后不久，法国一个致力于大众娱乐的主题频道 M6 频道于 1988 年开始播放《科斯比秀》，并一直保持良好的收视率达连续 6 年以上。英国一家面向富人的商业广播机构第 4 频道于 1985 年也开始播放《科斯比秀》，虽然该剧每集只有两到三百万的狂热观众，但它仍然是第 4 频道中收视率最高的节目之一，并取得了很高的满意度——这是评价观众满意水平的指标。最后，德国的公共广播机构德意志电视二台于 1987 年开始播放《科斯比秀》，但该剧并没有赢得多少观众，直到它于 1989 年转移到商业电视台 Pro7 频道播出后情况才有所改善。[14]

维阿康公司逐渐意识到了《科斯比秀》在欧洲很流行，也认识到欧洲大陆上不断涌现的私营新频道将会需要低廉的美国进口节目来填补他们的节目表，于是该公司采取了更有力的措施来推销《科斯比秀》。到 1986 年，维阿康公司声称《科斯比秀》已销往 60 多个国家。1986 年 2 月，该公司认为在财务上值得为《科斯比秀》在《电视世界》杂志上做一个整页广告，以宣布这部在国内享有盛誉的连续剧已准备好在国外发行。于是到 1986 年 11 月时，《科斯比秀》的一个整页广告出现了，它宣称该剧是"世界上最新的超级大作"，还声称该剧"超越了语言和文化的界限"。尽管在该广告刊登之前，《科斯比秀》就已经克服了一些非欧洲国家的语言和文化障碍，但该剧在西欧市场的销售还是促使维阿康公司修订了它在国外市场上推销战略，并导致它有些夸大的宣传。然而，与国内销售收入相比，国外发行的收入仍然显得很微不足道，即使在最大的国外市场上也是如此，其原因部分在于许多购买该剧的电视频道都是窄播电视频道而不是有更高广告收入的广播电视频道。据报道，英国的第 4 频道购买该剧的价格为每集 1 万到 1.5 万英镑之间（按 1990 年的汇率约合 1.6 万~2.3 万美元），法国的 M6 频道购买的价格为每集 2 万到 3 万法郎之间（按 1990 年的汇率约合 3 000~4 500 美元）。但该剧在美国国内的销售价格却每集高达 400 万美元以上。[15]

当美国其他高收视率电视剧诸如《达拉斯》和《王朝》于此前不久在国外市场异常畅销之际，

为什么维阿康公司最初却对屡破美国国内电视记录的《科斯比秀》抱着如此低的期望呢？其答案在于《科斯比秀》的节目类型，在于当时人们普遍持有的消极观点，即认为情景喜剧在国际市场上缺乏可销售性。

虽然国外销售收入对美国国内的节目制作资金来说意义重大，但公司的高层管理者们还是面临着相当大的不确定性，诸如哪种类型的节目适合于哪些地区的哪些观众。到 20 世纪 90 年代中期，由于缺乏国外的收视率数据，这些不确定性变得更加突出。不确定的销售收入会严重影响节目的国外定价，影响发行商推销节目的努力，影响购买商对节目的态度，影响特定节目在国际市场上的销售收入。因此，在国外销售管理者中间流传着许多关于哪种类型的节目可以流行或者不会流行的说法，这些说法是来自过去的经验、推测和对国外火爆节目的相似性的认识。

电视行业的管理者、评论家，甚至观众认识电视节目最常见的一种方式就是依据节目的类型。节目类型——如游戏节目、警匪剧、肥皂剧等——可以帮助识别不同电视节目的一些共同特征，帮助识别有可能喜爱这些节目的观众。在国际电视界中，人们普遍认为一些类型的节目相对于其他类型的节目来说在国际上具有更广泛的吸引力。华纳兄弟公司国际电视部前总裁迈克尔·所罗门（Michael Solomon）解释说："柔情剧、温馨浪漫喜剧在美国本土以外很难有市场。但如果你有悬念剧、动作冒险剧，那在国外就有市场。"一般来说，人们认为动作冒险剧是在全球范围内最有吸引力的节目类型。正如 W 组节目制作公司前总裁德克·齐默尔曼（Dirk Zimmerman）所说："汽车沿街行驶，汽车拐错了弯，汽车爆炸了……人人都能看懂这些。"[16]

在 20 世纪 80 年代，电视行业的普遍看法是美国的情景喜剧在国外没有市场，其原因在于喜剧具有文化特性，并且很难将言语性喜剧翻译成其他语言。因此，美国情景喜剧一直被这种"纯美国剧"的看法所累。例如，像《尽在家中》和《三人为伴》（1977—1984）这样超级火爆的美国情景喜剧，在国外市场上的销量却很低，尽管它们都改编自英国引进的连续剧并因此具有一定的国际背景。虽然在《科斯比秀》到来之前，《陆军流动外科医院》（1972—1983）和《我爱露西》（1951—1957）已经在国外市场上获得了成功，但它们却被视为例外。正如当时一篇行业杂志文章在文首写道："据专家说，喜剧走不出美国。"[17]美国音乐公司（即现在的环球电影公司）国际电视部前总裁吉姆·麦克纳马拉（Jim McNamara）估计，在 20 世纪 80 年代初只有约 5％的美国情景喜剧在国外找到了买家。[18]

尽管在国外销售情景喜剧具有挑战性，但是从 20 世纪 80 年代中期到 90 年代中期，这一剧种在美国国内的联合发售中却变得越来越流行。《科斯比秀》在这一潮流中扮演了中心角色，因为它的风靡催生出许多模仿者。在美国国内市场上，

情景喜剧吸引着令人满意的年轻观众；它们还易于被电视台安排播出，因为它们每集只有 30 分钟；而且它们在重播时还比任何其他节目类型更能吸引观众。因此，美国发行商的图书馆中都拥有大量的情景喜剧片以供国外买家所需。[19]

到了 20 世纪 90 年代中期，关于情景喜剧在国外销售的消极态度已得到扭转。正如一位评论家写道："关于情景喜剧的国际吸引力的陈旧观念已经改变。并不是情景喜剧没有国际吸引力，而是某些情景喜剧没有国际吸引力。"[20]实际上，在扭转从前认为情景喜剧在国外市场上行不通这一普遍看法方面，《科斯比秀》起了关键性作用。

《科斯比秀》的全球魅力

为何《科斯比秀》能成为空前吸引国外观众的情景喜剧？当然，前文描述的全球电视产业变革有助于解释为何该剧对 20 世纪 80 年代中期开始大量涌现的电视频道具有吸引力。但是《科斯比秀》是如何在如此众多的播出国家中取得观众的高度满意的呢？其答案则在于国外观众自身。[21]

尽管当时并没有人对国外电视观众观看《科斯比秀》的原因进行全面研究，但是确有大量报纸文章报道了世界各地观众的态度。一篇关于加勒比海地区观众接收该剧的学术论文，以及一本包括关于观众满意度的多篇评论和大量报道的书籍，仍可让我们一窥当时观众从收看该剧中获得的愉悦心情。[22]

与以往的绝大多数节目不同，《科斯比秀》呈现的是一幅富有的上层美国非裔家庭的画面——该家庭几乎没有碰到那些存在于其起居室外的让人头痛的问题。在讨论众多来自各个社会经济阶层的黑人和白人焦点群体的基础上，苏特·哈利（Sut Jhally）和贾斯廷·刘易斯（Justin Lewis）在《开明种族主义》（*Enlightened Racism*）一书中宣称：《科斯比秀》没有描绘黑人面临的各种社会与经济苦难，而这些苦难却通常构成美国社会中黑人生活的一部分，因此该剧奏响了政治保守

主义的和弦。这两位作者批判说，该剧忽视了这些棘手的问题，它给白人观众留下的印象是非裔美国人在美国社会中不再面临经济障碍，同时该剧也通过回避黑人传统的小丑角色来取悦黑人观众。[23]无论读者会如何看待这些论述，《科斯比秀》极力避免明显提及美国人的经济困难这一事实，或许使该剧更能为国外观众所接受，因为他们或许对提及此类问题感到陌生和困惑。

当《科斯比秀》涉及政治问题时，所涉及的也通常是那些具有悠久历史和国际共识的问题，诸如民权、教育运动与反种族隔离等。例如该剧有一集中，全家坐在一起收看马丁·路德·金的著名演说《我有一个梦想》的重播。在该剧播出的最初几个年度里，赫克斯特布尔的儿子西奥（Theo）还在他卧室的门上贴着一幅反对种族隔离的海报。教育对于个人和种族地位提升的重要性，特别是历史上黑人学院和大学在教育美国黑人中扮演的角色，成为《科斯比秀》中一个反复出现的主题。由于这些政治问题具有很长的历史，在国际上也很引人注目，因此国外观众理解这些政治问题要比理解那些主导着《墨菲·布朗》（1988—1998）和《白宫西翼》（1999—2006）等剧内容中昙花一现的政治事件更为容易。

399

《科斯比秀》呈现的是一幅富有的上层美国非裔家庭的画面。家庭由以下成员构成：（下一排从左到右）利萨·博内特饰演的丹尼斯，比尔·科斯比饰演的希思克利夫"克利夫"·赫克斯特布尔医生，克夏·K·普利亚姆饰演的鲁迪，菲利西亚·拉莎海德饰演的克莱尔·H·赫克斯特布尔；（上一排从左到右）萨布丽娜·勒博饰演的桑德拉，坦皮斯特·布莱索饰演的瓦妮莎，和马尔科姆·贾迈勒·沃纳饰演的西奥多"西奥"。（刊载此图获马里兰大学美国广播图书馆的准许）

赫克斯特布尔一家的经济状况也表明该剧所反映的是上层非裔美国文化，而不是 20 世纪 90 年代末和 21 世纪初大多数非裔美国情景喜剧中充斥的"嘻哈文化"①。该剧常常展现爵士乐、布鲁斯音乐、节奏布鲁斯音乐。非裔美国画家的作品——其中许多有黑人的肖像和场面——装饰着起居室的墙壁。
400　正如赫尔曼·格雷（Herman Gray）所指出的一样，《科斯比秀》让观众得以了解上层非裔美国人的生活方式，这种生活方式有着上百年的历史但却并未受到流行文化的关注。事实上，该剧的主要政治任务就是努力将非裔美国人的形象与贫穷和流行青年文化分离开来。这样，《科斯比秀》就能够塑造出相对有尊严的美国黑人形象，而摈弃了传统电视节目中常见的黑人刻板印象、贫民区式生活环境和青年文化。并且，正如格雷所说，通过利用非裔美国人的高雅文化，剧中人物角色的种族身份就不可能再被当作"嘲笑和取乐的东西"[24]。和非裔美国人一样，国外的非白人观众也很欣赏和喜欢《科斯比秀》有尊严地描写非白人角色，而不是嘲笑。

尽管《科斯比秀》打破了非裔美国人流行的传统形象，但该剧仍然保留了大量的身体幽默，这是黑人自奴隶时期起就在非裔美国人的文化中流行的幽默。[25]例如剧中有一集，赫克斯特布尔一家为了给祖父母逗乐，全体家庭成员共同表演了雷·查尔斯（Ray Charles）的一个假唱哑剧和雷提斯（Raylettes）的《夜晚好时光》（*Night Time is the Right Time*）。许多笑料都来自于描写比尔·科斯比夸张的面部表情和反应的特写镜头。《科斯比秀》的体态喜剧在国外市场上仍具有其幽默效果，因为它不是通过语言来表达的，而语言表达则在翻译后常会失去其微妙性和幽默效果。

最后，在有线电视频道致力于按照人口特征将家庭成员进行分化的时代，《科斯比秀》却试图满足每一位观众的口味，从而将所有家庭成员都聚集到电视机前。该剧常常展现多重故事情节，或突出家庭生活，或描写克利夫与克莱尔的浪漫史，或描写丹尼斯以及后来西奥和瓦妮莎少年生活的苦恼，或描写鲁迪及后来奥利维娅（Olivia）的童年等。因此各类观众都能在剧中找到与自己的生活或兴趣相应的角色和情节。就像我们经常能看到一些国际性人物角色和故事情节一样，这种多样性的角色和情节也超越了美国的国界。例如，西奥的数学老师韦斯特莱克（Westlake）女士是一个葡萄牙人；而在最后一集中，我们发现丹尼斯生活在新加坡。正如约翰·唐宁（John Downing）所写："这些国际文化特征是赫克斯特布尔一家中理所当然的一部分。"[26]这样一来，我们可以预期该剧会比那些仅仅关注美国生活某个侧面的系列剧更能吸引国外的观众。

世界各地的黑人观众对该剧的反响良好，他　401

---

①　"嘻哈文化"（hip-hop）是 20 世纪 70 年代起源于美国纽约市的黑人社区的一种青年流行文化，包括唱片播放（BJing）、说唱表演（MCing）、街舞（B-boying）和涂鸦（Graffti Writing）四个主要部分。——译者注

们认为该剧通过剧中的幽默和非裔美国人的高雅文化极佳地展现了黑人的尊严。下面是各国黑人观众对该剧的评论：

> 我喜欢该剧，因为它是以一种积极的方式来描写黑人的。我认为科斯比很好。很高兴能看到黑人能成为专业人士。——美国[27]
>
> 黑人在这部剧中不是孤立的，没有人取笑黑人，剧中角色都过着健康体面的生活。——巴巴多斯[28]
>
> 该剧让我为自己是黑人而感到骄傲。——南非[29]

很显然，要体会到这些观众所表达出的种族自豪感，人们都需要认识到这样一点：黑人在历史上一直受到白人流行文化的嘲讽，但《科斯比秀》正在打破这一传统。实际上，这些评论给了我们一个很好的提醒，即国际文化交流已经持续了很多世纪，它并不是电子媒体时代的新现象。而且，自16世纪以来对于黑人（及其他各种非白色人种）的嘲讽已经成为这种交流中的一部分。显然，这个事实并没有被世界各地的黑人所忽视。[30]

黑人观众也能从《科斯比秀》对非裔美国人富裕生活的描述中得到慰藉。南非的一位黑人观众说：

> 《科斯比秀》……似乎在说："得了吧，南非的白人小子们，黑人并不像你们说的那么糟糕。看看我们吧，我们在美国生活得很好，一切正常。给那里的黑人一个机会吧。让我们为了更美好的生活而来一个改变，生活在一起吧，别再隔离。"[31]

对于这位观众来说，《科斯比秀》构想了一个没有种族暴力，没有经济苦难，也没有政治权利被剥夺的世界。根据约翰·唐宁对美国国内电视观众的观察，《科斯比秀》的背景"不只是将持续压迫的丑恶现实抹去的问题，它还为解决美国种族间的怀疑与紧张关系这一残酷现实提供了一些思路"[32]。该剧似乎也给国外的黑人观众带来了类似的慰藉。

观看《科斯比秀》的其他非白人观众也表达了类似的期望和骄傲感。黎巴嫩的一些观众认为，赫克斯特布尔一家"显得很成功很时尚，并没有被白人文化同化"。黎巴嫩的另一位观众评论说："美国黑人与我们有点相似。他们也有一个大家庭。"[33]显然，前一个评论表明：这些观众认为维持自己的文化特性是一个令人崇敬的目标，而剧中对美国黑人高雅文化的体面描写对他们来说意味着科斯比一家拒绝出卖自己。而且，我们还看到《科斯比秀》能够为这些观众创造出一个在文化上完整且在物质上富裕的祥和世界。实际上，这个评论也反映了这样一种认识：对世界范围的非白人来说，物质上成功是一个有可能摧毁本土文化的危险想法。当然，上述两个评论都表明：这些观众之所以喜爱该剧，非裔美国演员的出场及将黑人与高雅文化和物质成功相联系的做法是重要因素。

对于国外的一些白人观众来说，剧中人物的种族身份同样也是该剧魅力的一部分。一个瑞典的新闻记者写道："赫克斯特布尔一家是黑人这一情况也增添了该剧的魅力。他们比白人更有吸引力。"[34]虽然这个评论是赞美性的，但也反映出了白人数百年来对黑人文化的本能偏见。黑人文化很早就在白人社会中激起了恐惧和指责，与此同时白人又被黑人文化所展现的活力、性欲和天性所吸引。许多作者认为，对黑人文化的这种感知更多的是与白人文化中被压抑的东西有关，而不是与黑人文化中实际存在的东西有关，而且这种吸引通常会加深既存的差异，并把黑人定型化而将其视为原始人。[35]

一位南非白人观众也用类似的口吻评论说："你会惊讶地发现科斯比对南非白人来说意味着什么。南非白人不与黑人混在一起，但是电视却把这个黑人的品性直接带到了他们的起居室。"[36]同样，尽管这位观众对黑人的评价也是积极的，但他仍然表明他是希望以不危险的情景喜剧方式来间接地体验黑人"异类"。至少对于一些白人观众来说，《科斯比秀》是由黑人演员主演这一事实也是他们欣赏该剧不可或缺的一部分，因为这使他们得以了解一个在历史上被认为是与他们根本不同的群体的生活方式。

并不是所有的国外观众都认为种族身份是

《科斯比秀》的一个重要特色。譬如，如下两个对该剧非常不同的反应表明，对一些观众来说，该剧的原产国要比该剧的种族内容更加重要。首先，南非的一位赞成种族隔离的观众说：

403 　　在这个国家中黑人和白人之间的最大区别不是一个人的肤色，而是不同种族群体所体现出的第一世界和第三世界的价值观和态度……

　　因此，我们不是将《科斯比秀》视为一个描写黑人的剧目，而是将它视为一部非常具有娱乐性的、展现了我们可以接受的价值观和信仰的情景喜剧。[37]

　　对于这位观众来说，《科斯比秀》主要是一部颂扬美国价值观的西方情景喜剧，剧中角色的种族身份并不是很重要。但莫妮卡·佩恩（Monica Payne）为写《是"理想的"黑人家庭吗？加勒比人看〈科斯比秀〉》（The 'Ideal' Black Family? A Caribbean View of The Cosby Show）一文而采访的几个巴哈马观众却因为该剧的"美国性"而不喜欢它。"我认为，来自该剧的北美影响在总体上是有害的"，一位观众说。"我认为，特别是剧中孩子们的行为方式和他们的衣着打扮对巴哈马的青少年会产生消极影响。"[38]这两种评论或许有些令人惊讶，只有当我们意识到该剧既是一部黑人剧又是一部美国剧的时候，我们才能理解这些评论。

　　正如上文所述，国外观众对《科斯比秀》的反应表明国外观众在该剧中找到了各种不同的乐趣。美国中上层阶级的家庭背景为一些观众提供了令人称颂的价值观，而为另一些观众则提供了田园诗式的梦想，尽管该剧回避了一系列具有争议性的、狭隘的政治话题。这一背景也使该剧具有令国外观众能够认同的国际都市感。该剧对黑人有尊严的描写，特别是剧中对美国非裔高雅文化的暗示和对传统刻板成见的摈弃，吸引了全世界的非白人观众，这些观众都有被欧洲白人丑化和嘲弄的历史。同时，世界上的一些白人观众也发现剧中对黑人生活的描写既陌生得令人感到刺激，又熟悉得让人感到安慰。

　　总而言之，或许《科斯比秀》的最卓越之处就是它能以如此不同的方式取悦如此众多的观众，却没有疏远另外一些观众。当然，并不是每个观众都喜欢该剧，但是即使是那些不喜欢该剧的观众所发表的评论，也能帮助我们了解国外观众从该剧中获得了什么样的信息。尽管我们不能确定当该剧在国外播出时这些态度到底有多普遍，也不能确定是否存在其他更为普遍的看法，但是在这些来自世界不同地方的人的反应中有些是惊人地相似。那么，国际电视的管理者们在多大程度上认识到了该剧在国外流行的这些情况呢？该剧的表现又是如何影响电视行业对情景喜剧，尤其是对非裔美国情景喜剧的态度的呢？

404 ## 电视管理者向《科斯比秀》取经

　　美国音乐公司的吉姆·麦克纳马拉估计，到1996年时，美国主要的电影制片公司——如米高梅电影制片公司、20世纪福克斯公司、派拉蒙电影公司、索尼电影公司、环球电影公司、沃尔特·迪士尼影片公司、华纳兄弟公司——为它们70%的情境喜剧找到了国外买家，而在20世纪80年代初只有5%。吉姆·麦克纳马拉的说法不是孤立的。华纳兄弟公司国际电视部负责营销和调查的前任副总裁利萨·格雷戈里安（Lisa Gregorian）

评论说："我认为，从总体上来讲，喜剧在国外广播电视机构的节目表上具有比10年前更重要的地位。"米高梅电影制片公司/联合艺术家公司国际电视部的前任执行副总裁托尼·林恩（Tony Lynn）也赞同说："在80年代，美国情景喜剧开始为国际广播电视所接受。"[39]

　　在20世纪90年代初期和中期，一些主要的国 405 际电视行业杂志刊载了多篇专题文章，讨论了业界对美国情景喜剧在国外流行的看法之转变，这些杂志几乎都将《科斯比秀》视为改变管理者态度的关键因素。该剧带来的一个主要转变在于人们开始相信那些以家庭生活为基础的情境喜剧也能在国外取得成功。尽管其他一些电视系列节目——包括《满堂欢》（1987—1995）、《贝尔-艾尔宅的新王子》（1990—1996）、《家庭大事》（1989—1998）和《绝佳女子》——对重新认识情景喜剧也做出了贡献，但是《科斯比秀》却是这个方面最早、最成功的例子。[40]

《科斯比秀》具有普遍性的家庭主题使该剧能够克服民族、种族、语言等文化障碍，成为"地球上最伟大的电视剧"。（刊载此图获卡西-沃纳节目制作公司的准许）

实际上，每一个国际电视管理者似乎都认为《科斯比秀》具有普遍性的家庭主题使该剧能够克服民族、种族、语言等文化障碍。譬如，以下这些就是对该剧取得成功所做的具有惊人相似性的解释：

《科斯比秀》是一个全球性火爆节目。它传达的是具有普遍性的家庭价值观和慷慨。人们也许会认为这个家伙是个典型的美国人，但是世界各地并没有这么看。
　　——阿蒂尔·德拉（Arthur Dela），巴黎阿拉索斯公司前任主席，东欧和中欧地区卫星系统的拥有者[41]

《科斯比秀》……是关于一个男人努力地养育孩子这样一种如此具有普遍性的经验……这些像是家庭的普遍话题。
　　——好莱坞一家主要发行公司的国际电视部副总裁

《科斯比秀》是全球性的……它不只是一个由黑人演员演出的纯粹黑人喜剧，它还是一个影响所有文化和每一代人的喜剧，因为他们所面临的问题是每个人每一天都要面临的一般性问题。
　　——杰夫·福特（Jeff Ford），英国第五频道的采购负责人

《科斯比秀》四处畅销。它是全球性的，我的意思是说，它与美国没有关系。发生在科斯比家中的事情，也会发生在每一个家庭。
　　——弗兰克·马尔德（Frank Mulder），荷兰公共广播电视联合企业荷兰广播基金会的节目采购与销售总管[42]

虽然这些评论也许是准确的，然而对国际观众的研究在许多地区是不足的，而且即使是最先进的收视率数据也不能告诉我们观众为何观看某个特定系列剧，而只能告诉我们他们在看什么。此外，关于全球观众因何喜爱该剧的既有调查几乎一致地将种族和民族身份视为重要因素。

电视界的这些管理者们对《科斯比秀》的评论有一个令人惊讶之处：这些评论与美国许多白人观众的评论是如此相似，即认为赫克斯特布尔一家显得不像是黑人。[43]出现这种情况的原因有两　　406

个。第一，就像上述所说，该剧描写美国非裔文化的方式不是沿袭以前电视剧的传统，而是通过暗指美国非裔高雅文化的方式来描述的。第二，因为该剧极力颂扬的是一个中上层家庭背景中的中产阶级价值观，因此很多中产阶级的白人观众很容易产生认同感。在许多方面，美国和欧洲的白人电视管理者们对《科斯比秀》的解释与美国白人观众的解释如出一辙。譬如，一些电视管理者将该剧要么称作"白人的"，要么称作"非黑人的"：

> 我们所着迷的黑人情景喜剧一直是《科斯比秀》。其实它不是一部黑人情景喜剧。
> ——赫布·拉扎勒斯（Herb Lazarus），卡西—沃纳国际公司总裁

> 像……《科斯比秀》等节目取得成功的原因……是这类剧中有许多是很白人化的。
> ——好莱坞一家主要发行公司的国际研究部主管

> 黑人情景喜剧如果能尽可能地白人化，其效果也将最佳，《科斯比秀》就是明确的例证。
> ——一个欧洲电视买家[44]

在上述的每一个评论中，电视管理者们都将该剧缺少流行青年文化和贫困等因素错误地解释为该剧缺少美国非裔文化。通过将该剧称作"白

人的"，这些管理者们否认该剧中美国非裔因素的存在及其重要性，同时他们也暗示说真正"黑人的"节目缺乏对家庭主题及背景的适当关注，而这种关注正是情景喜剧在国际市场上需要的。而且这类经验被明确地界定为"白人的"。

回顾起来，《科斯比秀》对促进美国白人情景喜剧的出口所做的贡献似乎要大于其对黑人情景喜剧所做的贡献。首先，电视行业的管理者们将该剧对中上阶层美国非裔生活方式的描写错误地解释为是对美国白人文化的描述。其次，大部分美国非裔电视系列剧是面向青少年和中青年观众的，因为人们认为，各民族中这个年龄段的观众在其电视和流行文化的消费方面很容易跨越种族的界限。因此，当前制作的绝大多数美国非裔情境喜剧都是以这个年龄段的人口为目标观众的，这些节目具有青年定位的背景、主题、情节和角色，却没有家庭的主题和情节——而这是管理者们认为适合国际市场销售的要素。

这些观察的目的不是要去批评那些电视管理者们固有的种族偏见。所有的人都带有一张由文化假设、经验和盲点构成的复杂网络，这些网络就像有色眼镜一样会影响人们理解各种现象。国际电视的管理者们也不例外，不同之处在于他们的文化世界观会决定流行文化在全世界的流动。

 ## 《科斯比秀》在全球电视市场上的持续影响

《科斯比秀》让国际电视管理者们确立了这样一种信念：一些聚焦于中产阶级家庭问题的美国情景喜剧能够在世界范围内克服文化上的差异并取得成功。更让人印象深刻的是，该剧的发行商维阿康公司几乎没有采取太多的促销活动就实现了这一伟绩。然而，由于受到当时人们对情景喜剧的普遍态度的影响，维阿康公司甚至还认为该剧的国外销售前景会很渺茫。已发表的观众评论表明，与《科斯比秀》在国内市场上的情形相似，在国外其吸引力的核心是它能够笼络各种不同类型的观众而不疏远任何人。这种能力使该剧能够

吸引来自各种不同民族、种族、宗教和经济背景的电视观众，以前很少有节目能做到这一点。

然而，真正使《科斯比秀》成为全球最卓越的电视节目的因素，是它既具有与全球广泛多样的电视观众对话的能力，又具有服务于美国电视产业——它在20世纪80和90年代迅速走向国际化——的经济需要的能力。从1988年到1998年，好莱坞的主要电影公司对国外电视频道的销售收入增长了近四倍，从不足10亿美元增加到近40亿美元。[45]尽管通常的估计是全世界大约有10亿观众至少看过一集《我爱露西》节目，因此它成为

407

美国电视史上收看观众最多的电视系列剧，然而它发行的时间却是国际电视节目的销售对国内电视产业来说是微不足道的时期，因此它对国际电视节目的运营几乎没有产生什么影响。

　　然而，《科斯比秀》是在电视全球化发展速度最快的时期播出的。该剧不仅在国内市场上的情景喜剧正在兴起之际成为改变国际电视专业人士对待情景喜剧的普遍态度的关键因素，而且还催生出现在流行的一种做法，即自一开始就把国际销售收入考虑在情景喜剧的国内制作预算之内。

408　　如今，电视管理者们在向一个情景喜剧项目投入巨额资金之前，必须考虑这部情景喜剧的国际销售潜力。《科斯比秀》还证明，每一个具有高收视率的美国电视网系列节目，不论它是什么节目类型，或许都能在国外受到广泛的欢迎。在《科斯比秀》出现之前，大多数电视专业人士从《达拉斯》和《王朝》在全球流行的情况中得出的结论是，戏剧是唯一在国外具有强烈吸引力的电视节目类型。可是现在，由于《科斯比秀》明确地证明情景喜剧也可以在国外广为流行，美国的节目发行商和国外节目买家们都认为，任何高收视率的美国电视系列节目都能在国际上表现良好。

　　尽管《科斯比秀》革新了国际电视发行的融资方式和理念，但是电视管理者们却忽视了对全球发行电视节目的一些更加深入的认识，尤其忽视了这样一个事实，即人物角色的民族和种族出身是该剧获得国外观众喜爱的核心因素。在《科斯比秀》取得成功后不久，有少数几个美国非裔情景喜剧也在国际市场上开始取得引人注目的成功。《家庭大事》、《默莎》（1996—2001）、特别是《贝尔-艾尔宅的新王子》在欧洲及欧洲以外的地区都取得了令人羡慕甚至是令人惊叹的销量额。华纳兄弟公司国际电视部的利萨·格雷戈里安也明确指出，美国非裔情景喜剧在国际电视销售市场上日益走俏是一个重要的新趋向，而这主要应归功于《贝尔-艾尔宅的新王子》的成功。她在1997年评论说："人们认为是科斯比开创了这一切"，"毋庸置疑他也推动了这一发展。但《贝尔-艾尔宅的新王子》却突破了许多地区上的障碍，而这些地区此前是不涉足这种喜剧的。"[46]尽管有格雷戈里安的观察，但是无论在她之前还是之后，其他电视管理者们都没有类似的看法。相反的，以家庭为主

题的情景喜剧能够在国外热销这一新观念之所以能够确立，主要应归功于如下一些白人主演的电视系列剧：《罗丝安妮》（1988—1997）、《家居装饰》（1991—1999）、《小女巫萨布丽娜》（1996—2003）等，这些电视剧在欧洲和拉丁美洲市场上都表现得非常出色。正如好莱坞一家主要电影公司的一位高层管理者所言："我认为人们有一个共识，即如果一个节目过于局限于美国非裔的生活经验，那么它在国际市场上就不会成功。"[47]

　　为什么电视专业人士在讨论《科斯比秀》这部系列剧取得全球成功的原因时要贬低种族和民族身份呢？尽管这是一个复杂的问题，但是美国是一个以白人为主的市场，而它又主要向其他以白人为主的市场出口电视剧，这一事实是构成这个谜团的一个重要因素。在20世纪80年代后期，从事美国电视和电影出口的两个主要行业组织——电影出口协会和美国电影营销协会——报告说它们有60%以上的收入是来自在欧洲的销售。**409**而占美国音像制品出口额近四分之三的"精英八国"主要是以白人为主的国家，如加拿大和澳大利亚等。由于美国电视网的主要观众与它们盈利最多的国外市场上的主要观众享有相同的种族和阶级身份，同时鉴于美国制作和销售的大多数节目都是以白人为角色和主题的，所以美国电视发行商们都非常不愿意考虑《科斯比秀》对黑人生活的描写对其在国外取得成功有怎样的帮助。相反，我们可以预期这些发行商们还会高声否认种族是《科斯比秀》在国外大受欢迎的重要因素，事实上他们也的确这样做了。[48]

　　尽管认为"普遍的家庭主题"有助于《科斯比秀》的国际成功这一想法貌似有道理，但它却是以至少仍有争议的关于跨文化贸易的"自由人文主义"假设为基础的。法国符号学家罗兰·巴尔特（Roland Barthes）写道："'古典人文主义'假设：对人类历史的表面稍加探讨……人们就很快触及人类本性中的坚固岩石部分；相反的，'进步人文主义'则必须始终……搜索人类的本性、其'规律'和'极限'以便在那里发现历史。"[49]换言之，如果说人们这样认为——普遍的人类经验可以解释像《科斯比秀》这样的电视剧在全球流行——或许是很自然的事，那么世界各地的观众会因他们所处的社会与帝国主义、种族主义、资本主义等

有关系而在引进的电视剧中的不同部分里找到共鸣,这也同样是有可能的。然而,由于认为所有的文化都具有普遍相似性的假设是西方现代性中的一种处于支配地位的论调,因而在西方电视专业人士的评论中充斥着这种论调也就不足为奇了。还有,由于这些专业人士的主要职责就是尽可能广地推销他们制作的节目产品,因此他们有相当充分的理由来推销这样一种观念,即认为世界上的所有文化都基本相同。

然而,由于美国电视产业无论是在国内还是在国外都面临着一个文化日益多元化的世界,电视专业人士将不得不重新思考他们关于美国中产阶级白人价值观的普遍吸引力的一些最基本的假设。《科斯比秀》作为地球上迄今为止最伟大的电视节目,它的国际性成功为电视专业人士提供了一个独特的机会去了解世界范围内的种族和民族差异如何与流行电视节目的发行有关,以及如何与观众从这些进口电视节目中得到的欢乐有关。有太多时候,这些经验基本上没有得到学习。

第12章

本土收看，全球观看
互联网时代电视的未来

透过镜头一片朦胧

我们是在一个全球性的大同社会中生活的第一代人，目前我们还只能模糊地看到这个社会的轮廓。

安东尼·吉登斯（Anthony Giddens），《失控的世界》（*Runaway World*），2000 年[1]

全球化及支撑它的新媒体技术是相当新的现象。安东尼·吉登斯在《失控的世界：全球化如何重塑我们的生活》（*Runaway World：How Globalization is Reshaping Our Lives*）一书中观察说："在 20 世纪 80 年代末，不管是在学术文献中还是在日常语言中，'全球化'一词几乎还没有人使用。它来路不明，却几乎无处不在。"[2] 在这里，全球化指的是自冷战结束以来形成的一系列情形，这些情形包括：电子货币对全球经济的影响、跨国公司的兴起（其中包括为数极少的巨型媒体联合企业的崛起），以及伴随着国际贸易、旅游的发展和全球通信系统的扩展而出现的世界的日益缩小。大多数当代分析家们，如吉登斯，一般认为全球化主要受到了经济的驱动。而且，他和其他社会评论家也认识到全球化在很大程度上同样受到新媒体技术（尤其是互联网）的影响——这些新媒体技术已经重新界定了全球市场和世界经济，因此全球化具有深远的文化意义。"全球化是政治上的、技术上的、文化上的和经济上的全球化"，他继续说道，"它首先受到 20 世纪 60 年代以来通信系统发展的影响。"[3] 吉登斯特别提到那 200 多个轨道卫星——目前每个卫星承载着数路电视信号和数万路电话呼叫，以及那自 1995 年开始空前发展的互联网——今天在万维网（一种基于超文本的信息检索系统）上漫游亦成为大多数美国人日常生活中理所当然的一部分，世界各地能够找到并接入万维网的数以亿计的人们也是如此。

411　　与以往的所有媒体不同，互联网自它诞生之日起就是全球性的。虽然互联网的起源可追溯到 20 世纪 60 年代后期，但是直到 1995 年当网景公司的图形浏览器使人们得以广泛接入万维网以后，互联网才真正开始在美国的一般民众中流行起来。从此以后，互联网比人类历史上任何其他传播媒体的发展速度都要快。比较来说，无线电广播花了 50 年的时间才进入 5 000 万个美国家庭；电视花了 20 年的时间；个人电脑花了 15 年的时间；而互联网只花了 4 年时间。到 1998 年时，全世界有 1.75 亿个互联网用户（即联网计算机），其中 67％位于美国（包括工作地点和家庭）；到 2001 年 9 月 11 日，全世界互联网用户的数字已增长到 4.3 亿，其中仍有 40％位于美国，尽管这种全球性不平衡在逐年降低。[4] 而在 2005 年，虽然美国仍是世界上联网率最高的国家（进入了 69％的家庭），但在全世界互联网用户总数中亚洲占有 35.6％，欧洲占有 28.5％，而整个北美只占有 22.2％。在互联网方面，世界上其他地方正在赶超美国。而且到 2006 年，全世界有 12.2 亿人，或者说有 15.7％的全球人口（共 65 亿），是互联网的常规用户。[5] 这已是当时每日电视观众总数的二分之一。当 1962 年第一颗通信卫星"电星 1 号"开始向全世界传送电视和电话信号时，世界上每 20 个人拥有一台电视机；到 2000 年时已是每 4 个人拥有一台电视机，而且电视在全世界的发展并没有减缓的迹象。[6] 此外，在 2006 年时，全世界有 10 亿个电视家庭用户，而其中美国仅占 11％多一点。[7]

　　早在"电视网时代"之前的 1945 年，科幻小说作家兼发明家阿瑟·C·克拉克（Arthur C. Clarke）就率先在一篇《无线世界》（Wireless World）的文章中提出，"世界不同地区的电视服务"可由一些"地球外转播站"连接起来。克拉克也承认他的建议也许"过于遥不可及而不能当

真"，但在仅仅 30 年之后，即在"有线电视时代"开始时，已有 40 颗地球同步卫星在绕地飞行，而且还另有 160 颗直播广播卫星即将在 1976—1994 年间发射。[8] 在这期间，美国国会也定期提出要对几乎过时的《1934 年通信法案》（Communication Act of 1934）进行修改，并最终在克林顿执政初期开始认真考虑修改该法案。在修改法案的动议中，阿尔·戈尔（Al Gore）成为总统的首要发言人。1996 年 2 月 8 日在美国国会图书馆的圆形大厅里举行的签字仪式上，戈尔扮演了重要的角色。签字仪式上群星荟萃，其中有媒体巨头，如特纳广播系统的特德·特纳和不久成为时代华纳公司股东的杰拉尔德·莱文等；有各种各样的民主党和共和党政治家；还有大量的说客、律师和联邦通 412 信委员会的管理者。戈尔亲切地与女喜剧演员莉莉·汤姆林交谈。汤姆林在互联网声频—视频联播中以她扮演过的一个标志性角色——那个说着俏皮话、嚼着口香糖的话务员欧内斯廷（Ernestine）——的形象出现。汤姆林将欧内斯廷演到了极致，以确保副总统戈尔"不像他看起来的那么呆板。当戈尔先生很礼貌地谢谢她时，她哼着鼻子说道：'你不过是一个技术迷'"[9]。为了强调"信息高速公路"——这是 20 世纪 80 年代末加利福尼亚"硅谷"居民最初给互联网起的绰号——在技术上、商业上和社会文化上的巨大潜力，"比尔·克林顿总统用德怀特·艾森豪威尔总统于 1957 年批准建设洲际高速公路时使用过的那只钢笔签署了《1996 年电信法案》"[10]。

　　这项立法与强劲的经济相结合，推动了美国乃至全世界的"电视繁荣"。"互联网狂热"引起了电视的大规模革新，其中电视媒体在如海啸般到来的互联网的冲击下得到重新塑造。[11] 简而言之，《1996 年电信法案》"引发了一场'数字大战'，这是马萨诸塞州民主党人、众议院议员爱德华·J·马基（Edward J. Markey）的说法，他是从 20 世纪 80 年代末起就推动对通信法进行彻底修改的立法者之一"[12]。这项立法继续了于 20 世纪 80 年代初里根政府初期开始的放松政府管制趋向。各个电信领域——如广播、有线电视、本地与长途电话、高速数据传输等——之间的障碍被清除，电信行业中每一领域都获准在商业上与其他领域进行融合，例如，一家有线电视公司现在可以自

行提供电视、电话和互联网服务，反之亦然。立法者企图刺激竞争从而在降低价格（这没有实现）的同时也增加消费者的选择（这已经实现）。无论是在地方层面还是在国家层面上，对所有权的限制都得以放宽。在地方层面上，允许同时拥有电视台、广播电台和报纸；而在国家层面上，将电视集团所有者所允许的总覆盖率从此前占美国人口的 25% 提高到了 35%。此外，对无线电广播的一切所有权限制都取消了，这导致了巨型连锁企业的形成，例如高清频道通信公司在不到 10 年的时间里拥有的广播电台从 43 个增长到了 1 200 个。

413 最后，《1996 年电信法案》命令电视行业在一年之内制订出其自己的节目评价体系，否则联邦通信委员会将会介入并为其创制一个；该法案还要求所有在 2000 年以后于美国生产的 13 英寸及以上的电视机必须配备一个"观众芯片"——这是一种可让家长屏蔽暴力或色情内容的观众控制式电脑芯片；该法案还将所有针对未成年人的下流互联网内容视为非法（该条款很快在 1997 年被美国最高法院以违犯宪法为由否决了）。[13] 反观之，《1996 年电信法案》的长远效果与其说是在于刺激行业竞争、降低消费成本和清除国内电视和电脑屏幕上的各种有害内容，不如说是在于促进巨型媒体联合企业的利益并为过渡到数字电视铺平道路。虽然产业联合的急流在这项立法通过之前早就开始了，但在这次签字仪式上，友好的联邦通信委员会还是对迪士尼公司与首府城市/美国广播公司之间的合并以及时代华纳公司与特纳广播系统之间的合并进行了审核，并通过了各自预定的决议。政府实质上是在为美国的大媒体成长为全国性甚至是全球性的更大媒体创造条件。一年前，联邦通信委员会还废除了实施了 23 年之久的《金融权益与联合发售准则》，"因此准许电视网拥有它们播出的全部或部分的节目，并且准许电影公司拥有自己的电视网"。几乎与此同时，维阿康姆公司"创办了联合派拉蒙电视网，时代华纳公司创办了华纳兄弟电视网，迪士尼公司购买了首府城市/美国广播公司，而 20 世纪福克斯公司则将福克斯广播公司发展成为一个羽翼丰满的电视网"[14]。尽管有电视最终会消亡的不成熟预测，但事实证明，电视在"数字时代"表现得比以往更有弹性。[15]

"传统媒体"，如电视，"没有死亡"，新闻公司的董事长兼首席执行官彼得·彻宁（Peter Chernin）于 2006 年在《华尔街日报》（Wall Street Journal）的一篇社论中断言说，"实际上，我们的公司（包括他在 20 世纪 80 年代末和 90 年代初掌管的福克斯广播公司）正引领着奔向网络化数字未来的冲刺。"[16] 从前鼓励成立像 TAT 传播公司和 MTM 公司这样独立拥有电视节目制作公司的思潮，而今已成为过去的古老遗迹。诺曼·利尔于 1985 年出售了 TAT 传播公司，而 MTM 公司则被宗教广播商帕特·罗伯逊（Pat Robertson）的国际家庭娱乐公司于 1993 年购得。在 1995 年以后，传统的广播电视网又重新开始制作"更多自己的节目"，而"电影公司想通过购买和创建它们自己的电视网来确保它们节目的发行"。[17] 在近 20 年中，美国主要的广播电视网第一次获准再次垂直整合，这意味着它们将制作自己的电视节目，在黄金时间里播放这些节目，然后在国内和国际市场上不受任何限制地联合发售这些节目。例如，414 到 1998 年时，美国广播公司有 30% 的黄金时间节目是由迪士尼公司联合企业内部制作的，而福克斯广播公司有 45% 的系列节目产自新闻公司内部。而到 2001 年，美国广播公司中企业内部制作的节目上升到了 50%，福克斯广播公司则上升到了 62%。在维阿康公司于 1999 年购得哥伦比亚广播公司之前，这家广播电视网已经制作了自己黄金时间节目的 60%，这一比例相当高。然而当这两家公司间的合并一旦实现，这个数字就在 2001 年猛增到 81%。[18] "数字时代"既彻底改造了电视产业，又使电视产业获得了新生："电影或许仍将充满魔力，但是电视作为一种商业让故事片相形见绌，即便在美国也是如此：（2002 年）电视拥有 1 000 亿美元的营业额，这大约是电影业的 6 倍。"[19]

"数字时代"电视的七大趋势

开启电视未来的关键是不再把电视当成电视。从"比特"① 的角度来思考电视，电视将获益最大。

尼古拉斯·尼葛洛庞帝，《数字化生存》，1995 年[20]

随着"数字时代"的到来，电视作为一种技术、一种产业、一种制度力量第三次受到彻底改造。由于电视信号被转换成"1"和"0"（即二进制代码），它比以前更好、更快、更便宜和更有效了。电视信号不再像从前那样以类似无线电波的形式在空中传播，也不像它在最初的"电视网时代"和"有线电视时代"那样通过电缆传输。相反，电视的数字化再生是以光速演变成为某种近乎"随时、随地、随形的电视"[21]。这一描述意味着电视发展到比其历史上的任何时候都更加个人化、更具适应性、更易得、更便携和更普及。自1995 年以来电视在"数字时代"的急剧转变出现了以下七大趋势。

第一，电视（像互联网一样）现在在背景上和文化影响上具有全球性。自 20 世纪 90 年代中期以来真正全球性电视文化的形成深刻地影响着全世界的所有国家。媒体社会学家托德·吉特林以及挪威传播学者黑尔格·朗宁（Helge Rønning）与克努特·伦比（Knut Lundby）认为：一度居统治地位的美产流行文化（尤其是电视）导致了一种"文化双语主义"，即来自美国的电视节目并没有太多地取代"本土文化"，但对世界各地的大多数人来说，"美国的节目通常是最受欢迎的第二选择"。[22]在"数字时代"，电视在大城市中心异常繁荣，因为城市比以往发展得更快，2005 年全球有近 50％的人口生活在城市。[23]因此，从纽约到布宜诺斯艾利斯、东京、约翰内斯堡再到巴黎，人们轻而易举地从《音乐电视》和《芝麻街》等节目的特许经营版本转向《科斯比秀》和《老友记》等节目的重播，转向下载《犯罪现场调查》和《绝望的主妇》等节目，转向访问数以千计容易获

得且在全球流行的相关电视网站和博客。这些跨国接收的常规方式现在已被理所当然地被视为 21 世纪全球电视文化的一部分，它将"大多数国家的都市族联络成为一个联邦文化区"（尽管这种联络很薄弱无力）。[24]譬如，《芝麻街》现已成为一种全球性现象，它被改编成 20 多个国外版本，在 120 多个国家的电视上定期播放。

第二，电视与互联网是高度兼容的媒体。在任何一种新的大众媒体出现时，常见的历史叙述是：这种新生技术将对它的前辈发起达尔文式的猛烈攻击，先是为了生存，然后是为了在传播市场上取得全面的主宰地位。根据这一剧情的早期版本，"电视网时代"美国的电视预计将会取代广播。为了应对电视在整个 20 世纪 50 年代从大西洋沿岸到太平洋沿岸的快速增长，美国国内的广播的确将其重点由全国性媒体转为地方性媒体。尽管如此，美国的广播仍然兴旺，它在 2005 年仍是一个资产达 210 亿美元的产业（当然必须承认这个资产价值不到当时电视产业的 20％）。同年，广播平均每周仍吸引 2 亿听众（几乎占美国人口的 69％）。[25]与此类似，很多权威人士最近声称互联网必将在全国范围的家庭中取代电视。例如，"皮尤互联网与美国人的生活项目"于2004 年对 1 286 位媒体专家做的一份调查发现：有 53％的被调查者认为互联网将"取代电视在家庭中的中心地位"，这将导致电视到 2014 年时不可避免地出现衰落。但宾夕法尼亚州立大学信息政策研究所主任豪尔赫·R·舍门特（Jorge Reina Schement）却告诫说："对互联网做的预测与在电视早期所作的那些类似预测一样是不可能实现的。"[26]由于数字的融合，当前电视与互联网之间的交融远远多于

_____

① "比特"乃电脑信息的最小单位。——译者注

竞争。他们作为美国最受欢迎的媒体共享着媒体的中心舞台。2005 年，美国人口统计局的数据显示，普通美国人一年要花 77 整天的时间看电视，要花 9 整天的时间上网。[27]

"电视仍像是一只 800 磅的大猩猩，因为普通人花在电视前的时间是如此之多。然而，这将很快发生演变"，鲍尔州立大学媒体设计中心的罗伯特·佩珀（Robert Papper）辩解说："大多数电视将通过互联网传播的日子正在到来。我们将不再把这两者看作是不同的媒体。"[28]

第三，电视和互联网共同产生的最重要的感性效果是环境性的。今天，有一种观点认为存在媒体环境这一现象，尤其是认为电视从环境上影响人们并在社会上构建了人们视为理所当然的现实中的大部分内容，这种观点已经不再是什么激进的观点。马歇尔·麦克卢汉首先于 20 世纪 50 年代在其讲座中提出了这个观点，然后在整个 60 年代又在他的一系列著作中论述了这个观点。在那个时候，他把电子媒体视为一种新型环境的想法是远非常识所能理解的。反而观之，麦克卢汉不论是在观察上还是在表达其观察的方式上，都要远比他同时代的人更有先见之明。他与众不同的散文风格或许可称为数字式的，文中将一些风趣的格言式"探针"（probes）并不连贯地加以并置（他用"探针"一词来描述他在写作上的一种探索意识，而不是遵循几乎被普遍接受的那种严格按线性形式进行的逻辑论证方法，即一个观点紧跟另一个观点）。麦克卢汉是第一个将电视描述成不仅仅是一个媒体、一个产业或一种机构的媒体评论家。他相信电视的范围和影响比这三种角色中的任何一种都要大得多、微妙得多。1964 年他在《理解媒介》一书中说，"电视是环境性的、难以察觉的，就像所有其他环境一样。"对他来说，电视是直到当时为止的关键媒体，它宣告"在电子时代，一种全新的环境已经被创建出来"[29]。

4 年之后，麦克卢汉在 1968 年出版的《地球村的战争与和平》（*War and Peace in the Global Village*）一书中进一步写道："电视环境是总体性的，因此也是无形的。它与电脑一起已经改变了美国人视野和个性的每一个方面。"[30] 加上他把"电脑空间"也纳入讨论，他经常论辩说，这些新型电子媒体作用的一个结果就是"西方世界正在

发生内爆"[31]。不久，东半球也开始内爆。麦克卢汉于 1980 年逝世，所以他只能感知到未来的模糊轮廓，而从没有亲眼见到"数字时代"媒体融合将带来的全面变革性影响。然而他有一个著名的论断："电子媒体，尤其是电视，正在将世界变成一个'地球村'。"[32] 早在 1967 年他就推测说："下一个媒体，无论它是什么——也许是人类知觉的延伸，它都将把电视纳入其中。"[33] 以这种方式，"互联网实现了他的'地球村'比喻，使它成为现实"，保罗·莱文森（Paul Levinson）在其《数字麦克卢汉》（*Digital McLuhan*）一书中总结说，对于"网上的地球村居民来说……将他们禁锢在起居室里没有输入方式的电视屏幕前的障碍被互联网给粉碎了"[34]。然而，21 世纪的电视正在变得更加个人化、更具移动性和互动性。

第四，数字融合通过多元化平台提升和拓展了电视的相关性、盈利性和影响力。多元化平台包括传统的电视机、DVD 光碟、互联网、MP3 音频播放器、手机、单机式和便携式数字录像机等。在"数字时代"，思考电视的关键是要从屏幕的角度（各种形状和大小的屏幕）来重新构想电视，而不是仅仅从家庭的角度（家庭已不再能够提供关于电视渗透力的完整而精确的景象）。

到 2002 年，一部 30 分钟的有剧本原创黄金时间系列节目一集的售价是在 100 万到 200 万美元之间，价格取决于广播电视网。因此，巨型媒体联合企业希望"把节目成本分摊到尽可能广的基点上"[35]。于是在 21 世纪最初的几年中，"改变用途"成为美国电视行业中的一个口号，意指电视的内容被改编和使用于公司内部尽可能多的平台这样一个过程。到 2005 年前后，美国已处在向"按需播放国"转变的开端，通过互联网或电缆一对一地播送电视节目的时代已经到来，这在广告商赞助模式之外又提供了一种新的选择（此外还有付费电视和 DVD 光碟零售）。按照这种方式，到 2005 年左右，支撑个人用户市场的基础技术设施已准备就绪。环绕美国的有线和无线网络正在实现完全数字化，而所有的"模拟信号"定于 2009 年新年这一天将彻底关闭。到 2005 年 11 月，有 3 800 万美国家庭已经接入了高速宽带；有 2 400 万家庭享有有线视频点播服务；有 1 000 万家庭拥有数码录像机，所有这些数字预计到 2008 年 12 月

31 日模拟信号停止日那天至少要增加一倍。[36]更为重要的是，到 2006 年 3 月美国预订具有视频功能的手机的人数达到了 200 万。[37]全世界也有"20亿手机用户，或者说是电视家庭用户的 2 倍"，他们作为一个整体代表着一个未来市场，即能够接受"直接传送到他们手机上的最新新闻、体育赛事得分、娱乐节目等"。[38]对美国最年轻的一代人来说——他们被社会学家和流行报纸称为"千禧的一代"或"网络的一代"，"手机成为与电视和电脑并列的第三屏幕"。[39]新的"按需娱乐"的"数字时代"正预示着"电视末日"的开始（即大多数人在 1995 年之前所知道的那种电视）。[40]

第五，尽管"未知的一代"和"婴儿潮的一代"也欢迎"数字时代"的变革，但"千禧的一代"却是电视从目标市场模式向个人使用市场模式过渡的弄潮儿。弗兰克·N·马吉德联合公司是半个多世纪以来"最成功、最有影响力的电视和娱乐咨询公司之一"，它于 2004 年 9 月 21 日公布了一项比较美国各代人媒体偏好的研究。[41]这份白皮书发现，"千禧的一代"（出生于 1984—2002年）、"未知的一代"和"婴儿潮的一代"——马吉德联合公司的这次调查没有包括"沉默的一代"和"大兵的一代"——都把电视和互联网作为他们最爱的两项选择，但"千禧的一代"对互联网最为钟爱，而"婴儿潮的一代"却最偏爱电视。[42]总而言之，"千禧的一代"是在数字革命中成长起来的第一代人，因此"他们随身携带着一套电子装备，越便携越好。在信息的枪林弹雨中长大，他们能同时应对'即时信使'上的聊天、网上冲浪和苹果播放软件（iTunes）的节目表"。苹果播放软件节目表上的电视节目比重日益增长，包括像美国广播公司的《绝望的主妇》、喜剧中心频道的《乔恩·斯图尔特每日秀》和科幻片频道的《银河战星》（又译《太空堡垒卡拉狄加》），此外还有数以千计的媒体文件可供视频播客点播。[43]例如，"美国广播公司的宽带工程直接瞄准'千禧的一代'，这包括在苹果播放软件上出售 1.99 美元的节目，在美国广播公司网站上播出由广告商资助的节目，为手机、数码录像机、个人电脑和笔记本提供每月 4.95 美元的《美国广播公司此时新闻》的订阅服务"。美国广播公司在 2006 年的头 6 个月中通过苹果播放软件售出了 500 万个下载节目。[44]

就手机而言，它们"不会取代电视或电脑，但它们会成为一种补充性的媒体资源"，经济学者丹·斯泰因博克（Dan Steinbock）断言，"手机或许有可能被用来发送短小的突发信息，这些信息再促使人们去通过电视或电脑屏幕寻找更深入的信息。"[45]同样的，前文提到的弗兰克·N·马吉德联合公司于 2004 年的调查发现：美国最年轻的三代人都偏好在电视上观看 30 分钟以上的节目，而不愿通过电脑或手机屏幕观看。而"千禧的一代"却最喜欢"在互联网上观看视频剪辑"[46]。为了满足这种日益增长的消费需求，到 2006 年 6 月已有美国广播公司、哥伦比亚广播公司、全国广播公司、福克斯广播公司和"至少 34 个有线电视网在提供宽带视频服务"。"电视网的网站不再仅仅是事实、图片和特写报道的大仓库——它们宣传电视节目以让人们去观看电视"；它们也播出"数量不断增长的视频节目"，首先是针对"千禧的一代"，当然也包括"未知的一代"和"婴儿潮的一代"。"现在的年轻人从很小就开始使用个人电脑"，娱乐与体育节目电视网 360 的宽带频道总经理塔尼娅·范考特（Tanya VanCourt）解释说，"现在这已成为当前已成年的一代人的一种生活方式。"[47]而且，全球有"数量庞大的青少年——世界上有 8 亿青少年，比以往任何时候都多——他们既有钱又有时间，这使得他们成为最强劲的驱动力之一"，推动着"数字时代"电视和互联网的持续扩张。[48]"千禧的一代"是极端的"空间转换者"，无论走到哪里，他们都会随地观看电视和享用其他媒体。"未知的一代"和"婴儿潮的一代"也像"千禧的一代"那样离不开媒体，但他们是贪婪的"时间转换者"。尤其是数字录像机给予"消费者一定程度的自主性，即他们不再受到广播节目表或磁带录像机的限制，现在能够成为他们自己的电视节目设置者，可在自己方便的时候安排节目，暂停直播的电视节目，还可以轻易地跳过商业广告"[49]。

第六，在"数字时代"，火爆节目比以往更加重要。在这个"即时媒体充斥的时代"，"内容仍然是王"，美国喜剧中心频道和斯皮克电视频道（两者都是维阿康公司的子公司）的总裁道格·赫尔佐格（Doug Herzog）强调说。[50]由于过去电视的神圣商业模式已分裂为多种不同的选择方案，除了以前仅

2005 年 10 月，美国广播公司的《绝望的主妇》节目成为可通过苹果播放软件以每集 1.99 美元的价格下载的第一批电视系列剧之一。（刊载此图获路透社的准许）

420 靠广告商赞助的节目以外，还包括产品安插、订阅服务（从 24 小时的电视网，如家庭影院，到临时内容供应商，如《美国广播公司此时新闻》）、DVD 光碟零售、节目下载等，因此爆炸式的标志性节目是推动这种新兴的、多维的、个人使用的市场结构走向繁荣的最基本要素。例如，观众并不会花钱去下载那些平庸的普通节目，而火爆节目则有助于塑造电视网的品牌，形成口碑，最终创造出多重收入来源。最重要的是，广播电视、有线电视、卫星电视和现在"数字时代"的在线电视都是内容提供商，它们投放节目并鼓动观众去观看这些节目的首播，然后当这些节目转到公司内部或外部其他的发行窗口后再让消费者为这些节目直接付费。例如，乔尔·苏尔诺夫（Joel Surnow）与罗伯特·科克伦（Robert Cochran）创作的《反恐 24 小时》——由想象娱乐公司为 20 世纪福克斯电视网制作——于 2001 年 11 月 6 日在福克斯广播公司首演。一年以后，该系列剧已准备向全世界联合发售了，并且它在第一年度播出的节目还通过 DVD 光碟在北

美和欧洲市场上发行。到 2006 年，《反恐 24 小时》（其制作耗资 3 亿美元，至今已有 120 集，每集预算为 250 万美元）已经从福克斯电视网获得了 1.56 亿美元的播出许可费，从国际联合发售中收入 1.2 亿美元，从第一至第四年度的 DVD 光碟销售中收入 2 亿美元。同时，该节目还是苹果播放软件和"我的空间"网站上下载最热门的新节目之一。[51]

而且，在 1995 年之后，广播电视领域里的火爆系列节目，如全国广播公司的《白宫西翼》和《学徒》，哥伦比亚广播公司的《幸存者》和《犯罪现场调查》，美国广播公司的《谁想成为百万富翁？》和《绝望的主妇》，福克斯广播公司的《反恐 24 小时》和《美国偶像》，联合派拉蒙电视网的《星际旅行：航海家号》和《人人皆恨克里斯》，以及华纳兄弟电视网的《灭鬼者巴菲》（又译《吸血鬼猎人巴菲》）和《吉尔莫女孩》，它们都在巩固和重塑各自的电视网品牌特性上起了重要的作用。帕克斯电视网险些破产，最终于 2005 年重组并更名为独立电视网，随后又于 2007 年年初更名为约恩电视网，之所以如此，是因为它从来没有制作过任何有名的火爆节目，因而它在成立以后 7 年的大多数时间中是亏本的。[52]同样的，联合派拉蒙电视网和华纳兄弟电视网在过去的 10 年里合计损失达 10 亿美元之后，也于 2006 年合并成哥伦比亚—华纳电视网，它是由哥伦比亚广播公司与华纳兄弟娱乐公司——这是时代华纳公司的一个子公司——各持股 50% 的一家合资公司。联合派拉蒙电视网和华纳兄弟电视网损失的原因在于它们是非全天候电视网，缺少足够品种和数量的热门节目同全国广播公司、哥伦比亚广播公司、美国广播公司和福克斯广播公司进行正面竞争。[53]

实际上，在"数字时代"，没有内容创新的公司合并被证明是有缺陷的商业战略。这方面的一个典型案例就是维阿康公司与哥伦比亚广播公司于 1999 年的联姻最终在 2006 年 1 月 3 日又以离婚的方式告终，尽管萨姆纳·雷德斯通（Sumner Redstone，又译萨默·雷石东）仍然担任这两家联合企业的执行董事长。维阿康公司和哥伦比亚广 421 播公司协作的意愿以及其"让广告商从摇篮到坟墓一站式购物"的设想从来就没有充分实现过。[54]于是，一个新的维阿康公司独立出来，以统率那些较年轻的、成长较迅速的子公司，诸如"音乐

电视"电视网部——包括"音乐电视"、"喜剧中心"、"五分钱娱乐场"、"斯皮克电视"和"第一热门视频"等有线电视网，和电影制片厂——包括派拉蒙电影公司和梦工厂；而哥伦比亚广播公司则仍然统率着那些较老的、增长较慢的资产，

如哥伦比亚广播公司/电视网、联合派拉蒙电视网（不久成为哥伦比亚—华纳电视网 50％ 的资产）、哥伦比亚广播公司/广播网、西蒙与舒斯特出版公司、哥伦比亚广播公司/户外广告部。[55]

在"数字时代"，内容依然是王。没有任何一个电视系列剧能比福克斯广播公司的《美国偶像》更好地说明了这一趋向。节目中有三位著名评委（坐者，从左到右）：西蒙·考埃尔（Simon Cowell）、葆拉·阿卜杜勒（Paula Abdul）、兰迪·杰克逊（Randy Jackson），还有渴望成功的参赛选手，如第三年度冠军凡塔西亚·巴里诺（Fantasia Barrino）（站立者）。（刊载此图获路透社的准许）

类似的，1996 年迪士尼公司与美国广播公司的合并以及 2001 年美国在线公司与时代华纳公司的合并也经历了初期日益增长的阵痛，然而这两个联姻最终还是维持下来（当网络泡沫于 2001 年彻底破裂并持续到 2002 年时，美国在线公司这个互联网服务提供商的市值暴跌了 350 亿美元，于是时代华纳公司在 2003 年初甚至将美国在线公司从公司名称里删除）。[56] 在 2004—2005 年度，美国广播公司实际上成为十多年来在同一年度里推出两部爆炸性火爆节目的第一个广播电视网，即由马克·彻里（Marc Cherry）制作的《绝望的主妇》和由 J. J. 艾布拉姆斯（J. J. Abrams）、戴蒙·林德勒夫（Damon Lindelof）和杰弗里·利伯（Jeffrey Lieber）制作的《迷失》。自从全国广播公司在 1994—1995 年度首播了它的二连击节目，即由戴维·克兰（David Crane）和玛尔塔·考夫曼（Marta Kauffman）制作的《老友记》及由迈克尔·克赖顿（Michael Crichton）和约翰·韦尔斯（John Wells）制作的《急诊室》以后，四大广播电视网中再没有哪一个电视网在一个秋季的新品

推出中享有像这样的成功（尽管在"电视网时代"和"有线电视时代"在一个年度中推出多个火爆节目是相当普通的事）。然而事实上，在 1995 年以后那些热播节目更可能出自电视行业中的有线电视和卫星电视领域。如此众多的电视服务不仅是为了生存，而且也是为了让自己在竞争如此激烈的环境中显得与众不同，它们之间展开了相互争斗，这导致原创电视节目出现史无前例的繁荣，其中时代华纳公司这个联合企业旗下的家庭影院公司作为最具创造性和盈利性的明星公司而在这方面居于领导地位。当时，"家庭影院公司的成就给整个媒体文化带来戏剧性的影响，其创造性让其竞争对手蒙羞"，《综艺》杂志的编辑彼得·巴特（Peter Bart）于 2002 年公开地说。这个付费电视频道的成功要归结于"多方面因素的有效结合：稳定的管理、精明的地毯式节目推销、依靠订阅而不是广告的商业模式"[57]。具有重大意义的是，"电视节目制作的传统商业模式被改写了"，而在20 世纪 90 年代中后期最先以独特的突破性节目来启动这整个过渡过程的电视网正是家庭影院

公司。[58]

　　在电视史上，高品质节目的选择第一次不是哥伦比亚广播公司（它在 20 世纪 70 年代初期曾经是）、全国广播公司（它在 20 世纪 80 年代的初期和中期曾经是）、美国广播公司（它在 20 世纪 80 年代晚期曾经是），也不是公共广播网。"家庭影院公司也许是整个英语世界中最伟大的高品质电视剧和喜剧制作商"，英国电视评论家戴维·赫尔曼（David Herman）于 2004 年承认说。"美国的电视正接二连三地取得巨大成就"，他接着说，"其中大多数节目，尤其是最近的大多数节目，如《拉里·桑德斯秀》、《欲望都市》、《索普拉诺一家》、《抑制你的热情》、《六英尺下》和《朽木》，都是由一家公司制作的，即家庭影院公司。"[59] 从直接收视率的压力下解脱出来，家庭影院公司将其相当一部分的订阅费储备投资到雇用可得到的最优秀人才上，给予他们更多的时间来制作系列剧，每年度要求提交更少的节目集数，以便在不断演变的定制电视市场让自己的节目与竞争对手

的节目区别开来。家庭影院公司还深深植根于创新性群体之中。它的人才库包括如下一些编剧家兼节目制作人：汤姆·丰塔纳，他制作了《圣埃尔斯维尔医院》、《凶杀：街头生涯》、《奥兹监狱》；达伦·斯塔尔（Darren Star），他制作了《贝弗利山庄 90210》、《梅尔罗斯苑》、《欲望都市》；戴维·蔡斯（David Chase），他制作了《流落北方》、《我要飞去》、《索普拉诺一家》；艾伦·鲍尔（Alan Ball），他制作了《西贝尔》、《美国丽人》、《六英尺下》；戴维·米尔希，他制作了《希尔街警察》、《纽约重案组》、《朽木》。家庭影院公司吸引娱乐业中顶级创新人才的能力是其他任何广播电视网、有线电视网或付费电视网所无法企及的。例如，《塞恩菲尔德》（又译《宋飞正传》）的创作者拉里·戴维（Larry David），也是《抑制你的热情》的制作者和演员，"他把该项目带到了家庭影院公司"。人人都说："该电视网允许创作自由的倾向，使它像磁铁一样吸引着那些正为自己所痴迷的作品寻找出路的富有经验的节目制作人、导演和编剧。"[60]

423

《纽约时报》称赞家庭影院公司播出的《索普拉诺一家》可能是"过去 25 年里美国流行文化中最杰出的作品"。它或许是 21 世纪最初的 10 年里英语国家中高品质电视剧的最佳典范。（刊载此图获家庭影院制片公司的准许）

　　在 2005 年左右，家庭影院公司由于不能足够快地制作出更多热门节目而引起它的竞争对手和一些电视评论家的强烈反应，然而其节目所产生的影响却在众多其他电视网的节目制作和品牌战略中明确体现出来，例如福克斯广播公司的《反恐 24 小时》（这方面仅举其一个相关的系列剧为

例）、FX 电视台的《盾牌》、美国网的《神探阿蒙》、特纳网络电视的《罪案终结》、"放映时间"的《单身毒妈》。甚至美国广播公司也不例外，例如，当马克·彻里创作《绝望的主妇》时，"他决定'写一部《家庭影院》式节目'——有些像他喜欢的那些，也许是'《欲望都市》加《六英尺

下》'"[61]。《绝望的主妇》充其量是一种不容易分类的用户定制式节目。观众最初弄不清它到底是一部阴暗的戏剧性情景喜剧还是一部时尚的讽刺性肥皂剧。从商业的角度来看,《绝望的主妇》比广播电视领域中在受广告商赞助的情况下通常获得成功的那些标准化节目要更加前位、更加具有特性。《绝望的主妇》立即成为美国广播公司的一部轰动性火爆节目,它不仅提升了美国广播公司的名气,也让观众为迎接该剧最终在多种后期平台——包括联合发售、DVD 光碟和快速增长的点播窗口——上发布做好了准备。据凯林(Cherin)说,"过去 10 年中大规模的数字化转型"将消费者置于日益个人化的电视商业环境的核心。[62]根据 2005 年有线电视和电信营销协会的一项追踪研究,虽然仍有"超过四分之三(占 77%)"的观众是按照"节目表上的日期和时间"来收看广播电视网的节目[63],但是在全国观众中却有日益增大的一部分(占 23%)正在尝试转换观看的时间和地点,"已从模拟信号的旧世界束缚中解放出来"。[64]

同样令人惊奇的是,观众观看电视的时间比电视史上以往任何时期都要多。根据上述 2005 年的报告,"美国观众平均每星期花 30.6 个小时观看电视,比 5 年前增加了 10%"[65]。也就是说,他们每天要花 4 小时 37 分钟①看电视。[66]他们每天使用互联网的时间另外占 1 小时 33 分钟,这还不计使用所有"电子邮件和互动软件"的时间。[67]

第七,也是最后一点,不管是电视还是互联网都拓展了"文化素质"一词在 21 世纪的含义。既然那个受到高度吹嘘和期待已久的拥有 500 多个电视频道的世界已经到来,观看电视就成为普通美国人"仅次于睡觉和工作"的"第三活动"。[68]2005 年,在"18 岁及以上"的美国人中,每天使用电视的人数所占比例是 90.6%,然而对于互联网来说这一数字为 68%。[69]美国人几乎毫无例外地都是媒体中心主义者,而且有趣的是,他们大都没有意识到他们在电视上实际花了多少时间。鲍尔州立大学"媒体设计中心"的学者们撰写的《2004 年中型城市媒体报告》(the 2004 Middletown Media Report)的首要发现就是,"人们实际花费在媒体上的时间是他们所认为的两倍以上

（即每天 11.7 小时）"。当"多重操作"(即同时使用两种媒体)的情况也被考虑进来时,人们每天使用媒体的总时数则上升到 15.4 小时。"电视不仅是一只 800 磅的一级大猩猩",鲍尔州立大学媒体设计中心的主任罗伯特·佩珀及其同事写道:"它也是一只 800 磅的二级大猩猩,当人们正在使用其他媒体时电视通常也是开着的。"[70]因此,总的来看,有 96% 的美国人"使用媒体的时间中有大约三分之一"都是在进行多重操作的。[71]而且,"多重操作最多的是边看电视边做另一件事",如浏览网页、查收电子邮件或是打电话(按降序排列)。[72]因此,在"数字时代",电子媒体过剩是史无前例的,同样,电视和互联网在大多数美国人的生活中共同扮演的亲密角色也是空前的。

生活在由微软公司创建人比尔·盖茨(Bill Gates)命名的"数字年代",就意味着不仅要适应由电视和电脑空间所带来的快如闪电的迅速变化,而且也要能够以尽可能全面的文化技能来适应这些变化。[73]个人电脑在 20 世纪 80 年代被引入到大多数职业场所后,极大地延伸了大多数美国人的媒体消费,使其不再仅仅是一种休闲工具。而在 20 世纪 90 年代个人电脑被引入家庭用于网上冲浪和收发电子邮件后,又导致了预言家们所称的"整日整周"效应,即在美国当时活跃的生活周期中极少甚至是没有关机时间。21 世纪第一个 10 年中多重操作的兴起,进一步促进了当时这个"整日整周"世界的全面繁荣。早在 1935 年,作家兼认知心理学家鲁道夫·安海姆(Rudolf Arnheim)就预言说:"电视将是对我们智慧的新一轮高难度考验。如果我们能成功地掌控这个新媒体,那么它将丰富我们的思想。但它也会让我们的大脑昏睡起来。"[74]20 年后,在"电视网时代",出现了担忧"为什么约翰尼不会阅读"的大量文章和广播电视节目。

今天的孩子和成人生活在由数字化的电视和网络空间构成的快节奏环境中,已经培养出了一套全新的大众媒体认知。因此,今天的"文化素质"已远不止于具有流利地读、写、说的能力。媒体(包括电视)素质虽说是个人权利和公众福利问题,但它并不是那种能够通过立法来解决的

---

① 原文如此。——编者注

424

425

事。研究表明，只有 52％的公众知道电视评价系统，而把"观众芯片"纳入家庭收看习惯的公众更是微不足道，仅占 5％ 。[75]因此，我们每个人都需要认识和思考正在进行的传播革命所产生的影响。我们还应该加深我们对电视和互联网的历史性理解，并提高我们批判性地收看和收听的技能。[76]提高媒体素质是一个持续发展的过程，改善我们所处的电子媒体生态环境也将是一个长期任务。

参考文献

序言

[1] Caryn James, "To Get the Best View of Television, Try Using a Wide Lens," *New York Times*, I October 2000, sec. 2, p. 39.

[2] Erik Barnouw, *A History of Broadcasting in the United States*, Volume 1: *A Tower of Babel*: To 1933 (New York: Oxford University Press, 1966); Erik Barnouw, *A History of Broadcasting in the United States*, Volume 2: *The Golden Web*: 1933-1953 (New York: Oxford University Press, 1968); Erik Barnouw, *A History of Broadcasting in the United States*, Volume 3: *The Image Empire*: From 1953 (New York: Oxford University Press, 1970).

[3] Christopher H. Sterling, "An Appreciation of Erik Barnouw's *A History of American Broadcasting in the United States*" *Film and History* 21. 2-3 (May/September 1991), p. 45.

[4] For example, Gleason L. Archer Jr. , *History of Radio to* 1926 (New York: American Historical Society, 1938); Gleason L. Archer Jr. , *Big Business and Radio* (New York: American Historical Society, 1939); Orrin E. Dunlap, *The Story of Radio* (New York: Dial Press, 1935).

[5] Asa Briggs, *The History of Broadcasting in the United Kingdom*, Volume 1: *The Birth of Broadcasting*: To 1926 (London: Oxford University Press, 1961); Asa Briggs, *The History of Broadcasting in the United Kingdom*, Volume 2: *The Golden Age of Wireless*: 1926-1939 (London: Oxford University Press, 1965). See also Asa Briggs, *The History of Broadcasting in the United Kingdom*, Volume 3: *The War of Words*: 1939-1945 (London: Oxford University Press, 1995).

[6] Edwin Emery and Henry L. Smith, *The Press in America*: *An Interpretive History of the Mass Media* (Englewood, N. J. : Prentice Hall, 1954); Lewis Jacobs, *The Rise of the American Film* (New York: Harcourt Brace, 1939); Arthur Knight, *The Liveliest Art* (New York: Macmillan, 1957); Kenneth MacGowan, *Behind the Screen* (New York: Delacorte, 1965); Frank Luther Mott, *American Journalism* (New York: Macmillan, 1965); Terry Ramsaye, *A Million and One Nights* (New York: Simon and Schuster, 1926).

[7] Erik Barnouw, *Tube of Plenty*: *The Evolution of American Television*, 2nd Revised Edition (New York: Oxford University Press, 1990).

[8] Christopher H. Sterling and John M. Kittross, *Stay Tuned*: *A History of American Broadcasting*, 3rd Edition (Mahwah, N. J. : Lawrence Erlbaum, 2002).

[9] Erik Barnouw, *Media Marathon*: *A Twentieth-Century Memoir* (Durham, N. C. : Duke University Press, 1996).

[10] Sterling and Kittross, *Stay Tuned*, p. 16.

[11] Ibid. , p. xx.

[12] For broadcasting, see Robert C. Hilliard and Michael C. Keith, *The Broadcast Century and Beyond*: *A Biography of American Broadcasting*, 4th Edition (Boston: Focal Press, 2004). For radio, see Michele Hilmes, *Radio Voices*: *American Broadcasting* 1922-1952 (Minneapolis: University of Minnesota Press, 1997); J. Fred MacDonald, *Don't Touch That Dial*! *Radio Programming in American Life from* 1920 *to* 1960 (Chicago: Nelson-Hall, 1979). For television, see Barnouw, *Tube of Plenty*; J. Fred MacDonald, *One Nation under Television*: *The Rise and Decline of Network TV* (Chicago: Nelson-Hall, 1994); Mary Ann Watson, *Defining Visions*: *Television and the American Experience since* 1945 (New York: Harcourt Brace. 1998); Michele Hilmes, *Only Connect*: *A Cultural History of Broadcasting in the United States* (Belmont, Calif. : Wadsworth, 2002); David Marc and Robert J. Thompson, *Television in the Antenna Age*: *A Concise*

History (Maiden, Mass.: Blackwell, 2005).

[13] Hilmes, *Only Connect*, pp. xvi-xvii.

[14] For aesthetic, see Jane Feuer, Paul Kerr, and Tise Vahimagi, eds., *MTM: "Quality Television"* (London: British Film Institute, 1984). For biographical, see David Marc and Robert J. Thompson, *Prime Time, Prime Movers: From I Love Lucy to LA. Law—America's Greatest TV Shows and the People Who Created Them* (Boston: Little, Brown, 1992). For cultural, see Cecelia Tichi, *Electronic Hearth: Creating an American Television Culture* (New York: Oxford University Press, 1991). For industrial, see William Boddy, *Fifties Television: The Industry and Its Critics* (Urbana: University of Illinois Press, 1993). For intellectual, see Daniel J. Czitrom, *Media and the American Mind: From Morse to McLuhan* (Chapel Hill: University of North Carolina Press, 1982). For international, see Anthony Smith, ed., *Television: An International History*, 2nd Edition (New York: Oxford University Press, 1998). For political, see Craig Allen, *Eisenhower and the Mass Media: Peace, Prosperity, and Prime-Time TV* (Chapel Hill: University of North Carolina Press, 1993). For social, see Lynn Spigel, *Make Room for TV: Television and the Family Ideal in Postwar America* (Chicago: University of Chicago Press, 1992). For technological, see Brian Winston, *Media Technology and Society: A History from the Telegraph to the Internet* (New York: Routledge, 1998).

[15] Hilmes, *Only Connect*, p. 2.

[16] Susan Douglas, Listening In: Radio and the American Imagination from Amos 'n' Andy and Edward R. Murrow to Wolfman Jack and Howard Stern (New York: Times Books, 1999); Robert Sklar, Movie-Made America: A Cultural History of American Movies, Revised and Updated (New York: Vintage, 1994).

第1章

[1] David Sarnoff, "The Birth of an Industry," in *Pioneering in Television: Prophecy and Fulfillment* (excerpts from speeches and statements), 3rd Edition (New York: National Broadcasting Company, 1947), p. 40.

[2] Sarnoff, "The Promise of Intercity Networks," in *Pioneering in Television*, p. 38.

[3] Jeff Kisseloff, *The Box: An Oral History of Television*, 1920-1961 (New York: Penguin, 1995), p. 6.

[4] Louise Benjamin, "David Sarnoff," in Horace Newcomb, ed., *Encyclopedia of Television*, Volume 3 (Chicago: Fitzroy Dearborn, 1997), p. 1434.

[5] Sarnoff, "Progress Here and Abroad," in *Pioneering in Television*, p. 31.

[6] Kenneth Bilby, *The General: David Sarnoff and the Rise of the Communication Industry* (New York: Harper and Row, 1986), p. 133.

[7] Erik Barnouw, *A History of Broadcasting in the United States*, Volume 1: *The Golden Web*: 1933-1953 (New York: Oxford University Press, 1968), p. 125.

[8] Michael Ritchie, *Please Stand By: A Prehistory of Television* (Woodstock, N.Y.: Overlook Press, 1994), p. 48.

[9] John Western, "Television Girds for Battle," *Public Opinion Quarterly* 3 (October 1939), p. 552.

[10] Christopher H. Sterling and John M. Kittross, *Stay Tuned: A History of American Broadcasting*, 3rd Edition (Mahwah, N.J.: Lawrence Erlbaum, 2002), p. 164.

[11] Sarnoff, "Program Service to the Public," in *Pioneering in Television*, pp. 35-36.

[12] Bilby, *The General*, pp. 132-133.

[13] Norman Siegel, "Television Near, But It's Still a Problem Child," *New York World-Telegram*, 1 January 1938, p. 1.

[14] Western, "Television Girds for Battle," pp. 547-548.

[15] Kisseloff, *The Box*, p. 52.

[16] "Television II: 'Fade in Camera One!'" *Forbes*, May 1939, p. 69.

[17] David E. Fisher and Marshall Jon Fisher, *Tube: The Invention of Television* (San Diego: Harvest, 1996), p. 278.

[18] Erik Barnouw. *Tube of Plenty: The Evolution of American Television*, 2nd Revised Edition (New York: Oxford

University Press, 1990), p. 89.

[19] Eugene Lyons, *David Sarnoff* (New York: Pyramid Books, 1966), p. 255.

[20] Sarnoff, "The Birth of an Industry," in *Pioneering in Television*, p. 41.

[21] Barnouw, *Tube of Plenty*, p. 89.

[22] Orrin E. Dunlap, "Ceremony Is Carried by Television as Industry Makes Its Formal Bow," *New York Times*, 1 May 1939, p. 1.

[23] Ritchie, *Please Stand By*, p. 60.

[24] Dunlap, "Ceremony Is Carried by Television," p. 1.

[25] Quoted in "One Family in Eight Eager for Television," *New York Times*, 30 April 1939, p. 36.

[26] National Broadcasting Company, "NBC Television Schedule Begins with Variety Show," 4 May 1939, Press Release, Library of American Broadcasting, University of Maryland, College Park.

[27] "April 1939 Television Is Introduced at the New York Worlds Fair by RCA and NBC," *TV History through Visual Images*, at http: //framemaster. tripod. com/1939wf. html.

[28] "Quick Facts—1939," *Television History—The First 75 Years*, at http: //www. tvhistory. tv/1939%20QF. html.

[29] Iain Baird, "Television in the World of Tomorrow," *Echoes*, Winter 1997, at http: //members. attcanada. ca/~antennai/Baird/RCA. html.

[30] Kisseloff, *The Box*, p. 52.

[31] Dunlap, "Ceremony Is Carried by Television," p. 1.

[32] Ritchie, *Please Stand By*, p. 59.

[33] Charles H. Sewall, "The Future of Long-Distance Communication," *Harper's Weekly*, 29 December 1900, p. 1263.

[34] Ibid. ; Judy Wajcman, *Feminism Confronts Technology* (University Park: Pennsylvania State University Press, 1991), p. 43.

[35] Daniel J. Czitrom, *Media and the American Mind: From Morse to McLuhan* (Chapel Hill: University of North Carolina Press, 1982), p. 3.

[36] Ibid. , pp. 4-5.

[37] Albert Abramson, "The Invention of Television," in Anthony Smith, ed. , *Television: An International History*, 2nd Edition (New York: Oxford University Press 1998), p. 9.

[38] Ibid. See also Albert Abramson, *The History of Television*, 1880-1941 (Jefferson, N.C. : McFarland, 1987).

[39] Leo Marx, *The Machine in the Garden: Technology and the Pastoral Ideal in America* (New York: Oxford University Press, 1964), p. 197.

[40] Henry David Thoreau, "*Walden*, 1854," in Carl Bode, ed. , *The Portable Thoreau*, *Revised Edition* (New York: Viking, 1964), p. 306.

[41] Lee de Forest, "Doubts about Television," *Literary Digest*, 6 November 1926, pp. 73-74. See also Lee de Forest, *Father of Radio: The Autobiography of Lee de Forest* (Chicago: Wilcox and Foller, 1950). De Forest's 1906-1907 discovery of the audion, or three-element vacuum tube, made radio-wave detection, rudimentary amplification, and reception possible, thus auguring the birth of modern electronics.

[42] Bilby, *The General*, p. 8.

[43] Henry James, *The American Scene* (London: Penguin, 1991), p. 151.

[44] Mark Twain and Charles Dudley Warner, *The Gilded Age: A Tale of Today* (New York: Penguin, 2001).

[45] James W. Carey, with John J. Quirk, "The Mythos of the Electronic Revolution," in James W. Carey, *Communication as Culture: Essays on Media and Culture* (Boston: Unwin Hyman, 1989), p. 121.

[46] Gerald Mast, revised by Bruce F. Kawin, *A Short History of the Movies*, 5th Edition (New York: Macmillan, 1992), p. 22.

[47] Carolyn Marvin, *When Old Technologies Were New: Thinking about Electric Communication in the Late Nineteenth Century* (New York: Oxford University Press, 1988), p. 3.

[48] Quoted in Fisher and Fisher, *Tube*, pp. 13-14.

[49] Remy Chevalier, "Robida, The Future Man!" *World Explorer Magazine* 2. 4 (1995), pp. 24-29, at http: // www. remyc. com/ robida. html.

[50] Albert Abramson, *The History of Television*, 1880 to 1941 (Jefferson, N.C.: McFarland, 1987, pp. 5-20; Fisher and Fisher, *Tube*, pp. 16-20.

[51] Abramson, "The Invention of Television," p. 11; Fisher and Fisher, *Tube*, p. 29.

[52] The telephone business was formally established with the creation of the Bell Telephone Company in 1877.

[53] James Gleick, *What Just Happened: A Chronicle from the Information Frontier* (New York: Pantheon, 2002), p. 6.

[54] C. Fred Post, "Television: Will It Be the Century's Wonder Industry?" *Printer's Ink Monthly*, May 1939, p. 4.

[55] Marvin, *When Old Technologies Were New*, p. 154.

[56] Ibid. , p. 175.

[57] Ibid. , p. 157.

[58] Marshall McLuhan, *Understanding Media: The Extensions of Man* (Cambridge, Mass. : MIT Press, 1994), pp. 8-9.

[59] "The Problem of Television," *Scientific American Supplement* 63. 1641 (15 June 1907), p. 26292.

[60] Fisher and Fisher, *Tube*, p. 120.

[61] Evan I. Schwartz, *The Last Lone Inventor: A Tale of Genius, Deceit, and the Birth of Television* (New York: HarperCollins, 2002), p. 20.

[62] "Hugo Gernsback Is Dead at 83: Author, Publisher and Inventor," *New York Times*, 20 August 1967, p. 88.

[63] Hugo Gernsback, "Editorial," *Radio-Craft* 19. 4 (January 1948), p. 7.

[64] "Hugo Gernsback Is Dead at 83," p. 88.

[65] Daniel Stashower, *The Boy Genius and the Mogul: The Untold Story of Television* (New York: Broadway Books, 2002), pp. 17, 60.

[66] *Answering Your Questions Regarding Radiovision* (Jersey City, N. J. : Jenkins Television Corporation, 1930), p. 3.

[67] Stashower, *The Boy Genius and the Mogul*, p. 60.

[68] Quoted in Fisher and Fisher, *Tube*, p. 41.

[69] Donald G. Godfrey, "Radio Finds Its Eyes," *Television Quarterly* 35. 2 (2005), p. 51.

[70] Steve Runyon, "Charles Francis Jenkins," in Horace Newcomb, ed. , *Encyclopedia of Television*, Volume 2 (Chicago: Fitzroy Dearborn, 1997), p. 857.

[71] " 'Radio Vision' Shown First Time in History by Capital Inventor," *Washington Sunday Star*, 14 June 1925, p. 1.

[72] Stashower, *The Boy Genius and the Mogul*, p. 61; Fisher and Fisher, *Tube*, p. 41.

[73] Ritchie, *Please Stand By*, p. 23.

[74] A. Dinsdale, "And Now, We See by Radio!" *Radio Broadcast* 10. 2 (1926), p. 140.

[75] "John Logie Baird: 1888-1946," *Adventures in Cybersound*, at http: //www. acmi. net. au/AIC/BAIRD _ BIO. html.

[76] Dinsdale, "And Now, We See by. Radio!" p. 140.

[77] "John Logie Baird: 1888-1946"; John Baird, "Television To-day and Tomorrow," *Baird Television News Letter*, August 1939, p. 1.

[78] Christopher H. Sterling, "John Logie Baird," in Horace Newcomb, ed. , *Encyclopedia of Television*, Volume 1 (Chicago: Fitzroy Dearborn, 1997), p. 137.

[79] Godfrey, "Radio Finds Its Eyes," p. 52.

[80] "Home Televisor Will Entertain Ten Persons: Latest Jenkins Invention Will Prove Practical, Declare Sponsors," *New York Evening World*, 15 December 1929, p. 26.

[81] Fisher and Fisher, *Tube*, p. 91.

［82］James Von Schilling，*The Magic Window：American Television*，1939-1953（New York：Haworth，2003），p. 4.

［83］"Far-Off Speakers Seen as Well as Heard Here in a Test of Television," *New York Times*，8 April 1927，p. 1.

［84］Ibid.

［85］Erik Barnouw，*A History of Broadcasting in the United States*，Volume 1：*A Tower in Babel：To* 1933（New York：Oxford University Press，1966），p. 185.

［86］Ibid. ，pp. 161-162.

［87］Quoted in Kisseloff，*The Box*，p. 24.

［88］Russell B. Porter，"Play Is Broadcast by Voice and Acting in Radio-Television," *New York Times*，12 September 1928，p. 1.

［89］Orrin E. Dunlap Jr. ，*The Outlook for Television*（New York：Harper and Row，1932；reprint. New York：Arno Press，1971），p. 88.

［90］Quoted in "Radio-Movies in the Home," *Literary Digest* 98. 9（1 September 1928），pp. 18-19.

［91］Quoted in Porter，"Play Is Broadcast by Voice and Acting in Radio-Television"，p. 1

［92］C. E. Huffman（Chief Engineer of the Jenkins Television Corporation），"Visit to GE Television Demonstration and Laboratories," Report，24 May 1930，pp. 2-3. File 142-473A，National Museum of American History，Smithsonian Institution Archives.

［93］"Tips to Televisionaries," *Outlook and Independent* 155. 5（4 June 1930），p. 179.

［94］Fisher and Fisher，*Tube*，pp. 197，360.

［95］Ibid. ，p. 36.

［96］Quoted in Kisseloff，*The Box*，p. 29.

［97］Ibid. ，p. 31.

［98］Nathan Miller，*New World Coming：The 1920s and the Making of Modern America*（New York：Scribner，2003），p. 150.

［99］Quoted in Stashower，*The Boy Genius and the Mogul*，pp. 15-16.

［100］Fisher and Fisher，*Tube*，pp. 126-127.

［101］Donald G. Godfrey，*Philo T. Farnsworth：The Father of Television*（Salt Lake City：University of Utah Press，2001），p. 11.

［102］Claire Noall，"From Utah Farm Boy to Inventor of Television：Fascinating Story," *Deseret News*（Salt Lake City），14 November 1948，p. F3.

［103］Fisher and Fisher，*Tube*，p. 127.

［104］Neil Postman，"Electrical Engineer：Philo Farnsworth," *Time* 100 153. 12（1999 Special Issue），p. 92.

［105］Noall，"From Utah Farm Boy to Inventor of Television," p. F3.

［106］Quoted in Mitchell Wilson，"Strange Story of Birth of Farnsworth Television," *Rigby Star*（Idaho），29 January 1953，p. 1.

［107］Quoted in Stashower，*The Boy Genius and the Mogul*，p. 22.

［108］Noall，"From Utah Farm Boy to Inventor of Television," p. F3.

［109］Godfrey，*Philo T. Farnsworth*，p. 31.

［110］Evan I Schwartz，*The Last Lone Inventor：A Tale of Genius，Deceit，and the Birth of Television*（New York：HarperCollins，2002），p. 127.

［111］Godfrey，*Philo T. Farnsworth*，pp. 34，36.

［112］"S. F. Man's Invention to Revolutionize Television," *San Francisco Chronicle*，3 September 1928，sec. 2，p. 11.

［113］Godfrey，*Philo T. Farnsworth*，p. 36.

［114］Daniel J. Kevles，"SciTech：The Forces Are with Us" *Chronicle of Higher Education*，1 August 2003，P. B11.

［115］Jack Nachbar，"Introduction," in Jack Nachbar，ed. ，*Focus on the Western*（Englewood Cliffs，N. J. ：Prentice Hall，1974），p. 3.

［116］Kevles，"SciTech," p. B11.

[117] Donald G. Godfrey, "Philo Farnsworth," in Horace Newcomb, ed. , *Encyclopedia of Television*, Volume 1 (Chicago: Fitzroy Dearborn, 1997), p. 596.

[118] Stashower, *The Boy Genius and the Mogul*, p. 16.

[119] Albert Abramson, *Zworykin, Pioneer of Television* (Urbana: University of Illinois Press, 1995), p. 16.

[120] Fisher and Fisher, *Tube*, p. 123.

[121] Abramson, *Zworykin*, pp. 42, 50-51.

[122] "Radio-Movies in the Home," p. 18.

[123] Fisher and Fisher, *Tube*, p. 137.

[124] Abramson, *Zworykin*, pp. 76-77.

[125] Bilby, *The General*, pp. 121-122.

[126] Ibid. , p. 121.

[127] Fisher and Fisher, *Tube*, p. 198; Kisseioff, *The Box*, p. 24.

[128] Kisseioff, *The Box*, p. 24.

[129] Fisher and Fisher, *Tube*, pp. 197-198.

[130] Barnouw, *A Tower in Babel*, p. 252.

[131] Bilby, *The General*, p. 105.

[132] Erik Barnouw. Tube of Plenty: *The Evolution of American Television*, *2nd Revised Edition* (New York: Oxford University Press, 1990), p. 72.

[133] Fisher and Fisher, *Tube*, p. 220.

[134] Bilby, *The General*, p. 122.

[135] George Everson, *The Story of Television: The Life of Philo T. Farnsworth* (New York: W. W. Norton, 1949; reprint, New York: Arno Press, 1974), p. 125.

[136] Thomas Ropp, "The Real Father of Television," *Arizona Republic Magazine*, 6 May 1984, p. 6.

[137] Abramson, *Zworykin*, pp. 90-91.

[138] Godfrey, *Philo T. Farnsworth*, p. 46.

[139] Quoted in Donald G. Godfrey and Michael D. Murray, "Introduction: Origins of Innovation," in Michael D. Murray and Donald G. Godfrey, eds. , *Television in America: Local Station History from Across the Nation* (Ames: Iowa State University Press, 1997). P. xvi.

[140] Kisseioff, *The Box*, p. 31.

[141] Ibid. , p. 33.

[142] Abramson, *Zworykin*, p. 118.

[143] Gleick, *What Just Happened*, p. 264.

[144] Quoted in Kisseioff, *The Box*, p. 33, 37.

[145] Schwartz, *The Last Lone Inventor*, p. 196.

[146] Godfrey, *Philo T. Farnsworth*, p. 61.

[147] "Moon Makes Television Debut in Pose for Radio Snapshot," *Christian Science Monitor*, 25 August 1934, p. 1.

[148] "Tennis Stars Act in New Television; Instrument Demonstrated at Franklin Institute Said to Be Most Sensitive Build," *New York Times*, 25 August 1934, p. 14.

[149] National Broadcasting Company, "The Birth of an Industry," 1939, Press Pamphlet, Library of American Broadcasting, University of Maryland. College Park, pp. 6-7.

[150] Orrin E. Dunlap, "First Field Test in Television, Costing $1 000 000, to Begin Here," *New York Times*, 8 May 1935, p. 1.

[151] Elmer W. Engstrom, *Television: An Experimental Television System* (New York: RCA Institutes Technical Press, 1936), pp. 253-254.

[152] National Broadcasting Company, "The Birth of an Industry," p. 9.

[153] Fisher and Fisher, *Tube*, p. 220.

[154] Abramson, *Zworykin*, p. 105.

[155] Godfrey, *Philo T. Farnsworth*, p. 75.

[156] Ibid. , p. 85.

[157] Quoted in Kisseloff, *The Box*, pp. 40-41.

[158] Godfrey, *Philo T. Farnsworth*, p. 141.

[159] "New Television Station Planned for Philadelphia," *New York Times*, 13 December 1936, p. X14.

[160] Quoted in Kisseloff, *The Box*, p. 41.

[161] Ibid. , pp. 35, 39.

[162] Stashower, *The Boy Genius and the Mogul*, p. 243.

[163] Everson, *The Story of Television*, p. 245.

[164] Quoted in Kisseloff, *The Box*, p. 39.

[165] Stashower, *The Boy Genius and the Mogul*, p. 244.

[166] Fisher and Fisher, *Tube*, p. 229.

[167] Sarnoff, "The Birth of an Industry," in *Pioneering in Television*, p. 41.

[168] Godfrey, Philo T. *Farnsworth*, p. 128.

[169] "Communications," *Time*, 20 February 1939, p. 62.

[170] Godfrey, *Philo T. Farnsworth*, p. 128.

[171] Abramson, *Zworykin*, p. xiv.

[172] For example, ibid. ; Godfrey, *Philo T. Farnsworth*; Stephen F. Hofer, "Philo Farnsworth: Television's Pioneer," *Journal of Broadcasting* 23. 2 (Spring 1979), pp. 153-165; Frank Lovece, "Zworykin v. Farnsworth," *Video* 9. 9 (September 1985), pp. 96-98; Thomas Ropp, "Philo Farnsworth: Forgotten Father of Television," *Media History Digest* 5. 2 (Summer 1985), pp. 42-58; Schwartz, *The Last Lone Inventor*; Stashower, *The Boy Genius and the Mogul*. The documentary is titled *Big Dream, Small Screen: The Story behind Television* (Public Broadcasting System, 1997), produced by Windfall Films for *The American Experience* at WGBH in Boston, 60 minutes.

[173] Quoted in Kisseloff, *The Box*, p. 40.

[174] Abramson, *Zworykin*, p. xiv.

[175] Sterling and Kittross, *Stay Tuned*, p. 165.

第 2 章

[1] "Home Televisor Will Entertain Ten Persons: Latest Jenkins Invention Will Prove Practical, Declare Sponsors," *New York Evening World*, 15 December 1929, p. 26.

[2] Alva Johnston, "Television's Here," *Saturday Evening Post*, 6 May 1939. p. 8.

[3] "TELEVISION: Only Expense Keeps It 'Just around the Corner," *Newsweek*, 16 February 1935, p. 28.

[4] "Television in the Home Is Brought Closer to Reality by Marketable Set," *Newsweek*, 23 May 1938, p. 21.

[5] Market Research Corporation of America, "Television-Receiving-Set-Market Survey," February 1935, Report, Library of American Broadcasting, University of Maryland, College Park, pp. 6, 9.

[6] Owen P. White, "What's Delaying Television?" *Collier's*, 30 November 1935, p. 10.

[7] "Movies by Air," *New York World-Telegram*, 9 January 1936, p. 1; "Television," *Variety*, 15 January 1936, p. 1.

[8] Norman Siegel, "Television Near, but It's Still a Problem Child," *New York World-Telegram*, 31 January 1938, p. 1.

[9] Don Wharton, "Television in America," *Scribner's Magazine*, February 1937. p. 64; "Will Television Be with Us This Year, Next Year, or When?" *Radio Jobber News*, March 1937, pp. 1-2.

[10] Wharton, "Television in America" p. 64; "Will Television Be with Us?" pp. 1-2.

[11] Wharton, "Television in America," p. 62.

[12] William S. Paley, *As It Happened: A Memoir* (New York: Doubleday, 1979), pp. 200-201.

［13］ "Hatching Television Eggs," *Broadcasting* 12. 8 (15 April 1937), p. 44.

［14］ James Von Schilling, *The Magic Window: American Television*, 1939-1953 (New York: Haworth, 2003), p. 36.

［15］ Quoted in Jeff Kisseloff, *The Box: An Oral History of Television*, 1920-1961 (New York: Penguin, 1995), p. 72.

［16］ Quoted in David E. Fisher and Marshall Jon Fisher, *Tube: The Invention of Television* (San Diego: Harvest, 1996), pp. 305-306.

［17］ Joseph H. Udelson, *The Great Television Race: A History of the American Television Industry*, 1925-1941 (University: University of Alabama Press, 1982), p. 148.

［18］ "New Television Service; Supplementary Sound Program Offered by NBC," *New York Times*, 20 March 1940, p. 20.

［19］ Kenneth Bilby, *The General: David Sarnoff and the Rise of the Communication Industry* (New York: Harper and Row, 1986), p. 135.

［20］ Roy Norr, "Confidential Memorandum on the Public Relations Aspects of the Television Problem," 1 May 1940, Report for Ames and Norr, New York, Library of American Broadcasting, University of Maryland, College Park, p. 5.

［21］ James Lawrence Fly, "Regulation of Radio Broadcasting in the Public Interest," *Annals of the American Academy of Political and Social Science* 213 (January 1941), p-102.

［22］ "FCC Stays Start in Television, Rebukes R. C. A. for Sales Drive," *New York Times*, 24 March 1940, p. 1.

［23］ Norr, "Confidential Memorandum," p. 6; "FCC Head Explains Television Delay; Order Suspending Large-Scale Output of Receivers in Public Interest, J. L. Fly Says," *New York Times*, 3 April 1940, p. 21.

［24］ U. S. Senate Committee on Interstate Commerce, Development of Television, 76th Congress, 3rd Session, *Congressional Quarterly*, April 10-11, 1940, pp. 59-61.

［25］ Bilby, *The General*, p. 135.

［26］ Norr, "Confidential Memorandum," p. 6.

［27］ Fisher and Fisher, *Tube*, p. 291.

［28］ Ibid. , p. 295.

［29］ Bilby, *The General*, p. 135; Christopher H. Sterling and John M. Kittross, *Stay Tuned: A History of American Broadcasting*, 3rd Edition (Mahwah, N. J. : Lawrence Erlbaum, 2002), pp. 210-211.

［30］ J. Fred MacDonald, *One Nation under Television: The Rise and Decline of Network TV* (Chicago: Nelson-Hall, 1994), p. 25.

［31］ Harry Castleman and Walter J. Podrazik, *Watching TV: Six Decades of American Television*, 2nd Edition (Syracuse, N. Y. : Syracuse University Press, 2003), pp. 12-13.

［32］ Quoted in Kisseloff, *The Box*, pp. 62, 558.

［33］ Fisher and Fisher, *Tube*, p. 295; David Weinstein, *The Forgotten Network: DuMont and the Birth of American Television* (Philadelphia: Temple University Press, 2003), p. 14.

［34］ Weinstein, *The Forgotten Network*, p. 14.

［35］ Castleman and Podrazik, *Watching TV*, p. 13; Johnston, "Television's Here," p. 42.

［36］ Castleman and Podrazik. *Watching TV*. p. 42.

［37］ Ted Nielsen, "A History of Network Television News," in Lawrence W. Lichty and Malachi C. Topping, eds. , *American Broadcasting: A Source Book on the History of Radio and Television* (New York: Hastings House. 1975), p. 421.

［38］ Bilby, *The General*, p. 138.

［39］ *The Story of Television* (Clifton, N. J. : Allen B. Du Mont Laboratories, 1953), p. 31.

［40］ Kisseloff, *The Box*, p. 93.

［41］ Quoted in Bilby, *The General*, p. 138.

［42］ Sterling and Kittross, *Stay Tuned*, p. 827.

［43］MacDonald，*One Nation under Television*，p. 31.

［44］"Re Television," *Broadcasting* 8. 10（15 May 1935），p. 30.

［45］"Television Tasks," *Business Week*，8 June 1935，p. 20.

［46］Hugo Gernsbeck，"IsTelevision Here?" *Radio-Craft* 7. 2（2 August 1935），p. 69.

［47］William Schrage，"Television in Foreign Lands," *New York Sun*，18 February 1939，p. 1；Sterling and Kittross，*Stay Tuned*，p. 864；Weinstein，*The Forgotten Network*，p. 14.

［48］Von Schilling，*The Magic Window*，p. 44.

［49］National Broadcasting Company，"NBC's Major Role in Television," December 1956，Press Release，Library of American Broadcasting，University of Maryland，College Park，p. 4.

［50］*The Story of Television*，p. 31.

［51］Quoted in Kisseloff，*The Box*，pp. 93，557.

［52］Ibid. ，p. 93；Von Schilling，*The Magic Window*，p. 49.

［53］Quoted in Kisseloff，*The Box*，p. 96.

［54］Fisher and Fisher，*Tube*，pp. 281-283.

［55］Quoted in Kisseloff，*The Box*，p. 97.

［56］Von Schilling，*The Magic Window*，pp. 48-49.

［57］Robert Dallek，*An Unfinished Life：John F. Kennedy*，1917-1963（Boston：Little. Brown，2003），pp. 106-107.

［58］Bilby，*The General*，p. 143.

［59］Louise Benjamin，"David Sarnoff," in Horace Newcomb，ed. ，*Encyclopedia of Television*，Volume 3（Chicago：Fitzroy Dearborn，1997），p. 1435.

［60］Bilby，*The General*，p. 138.

［61］Von Schilling，*The Magic Window*，p. 48.

［62］Bilby，*The General*，pp. 141，151.

［63］Von Schilling，*The Magic Window*，p. 48.

［64］Robert Sobel，*RCA*（New York：Stein and Day，1986），p. 139.

［65］Donald G. Godfrey，*Philo T. Farnsworth：The Father of Television*（Salt Lake City：University of Utah Press，2001），pp. 139，153-155.

［66］Paley，*As It Happened*，pp. 154-158.

［67］Kisseloff，*The Box*，p. 94.

［68］Sterling and Kittross，*Stay Tuned*，p. 253.

［69］Ibid. ，p. 255.

［70］MacDonald，*One Nation under Television*，p. 36.

［71］Robert Pepper，"The Pre-Freeze Television Stations," in Lawrence W. Lichty and Malachi C. Topping，eds. ，*American Broadcasting：A Source Book on the History of Radio and Television*（New York：Hastings House，1975），p. 140.

［72］Sterling and Kittross，*Stay Tuned*，p. 255.

［73］Ibid. ，p. 256；MacDonald，*One Nation under Television*，p. 37.

［74］Erik Barnouw，*Tube of Plenty：The Evolution of American Television*，2nd Revised Edition（New York：Oxford University Press，1990），p. 99.

［75］Bilby，*The General*，p. 172.

［76］Fisher and Fisher，*Tube*，pp. 309，312.

［77］Von Schilling，*The Magic Window*，p. 48.

［78］Barnouw，*Tube of Plenty*，p. 100.

［79］Garth Jowett and Laura Ashley，"Frank Stanton," in Horace Newcomb，ed. ，*Encyclopedia of Television*，Volume 3（Chicago：Fitzroy Dearborn，1997），p. 1569.

［80］Sterling and Kittross，*Stay Tuned*，p. 303.

［81］Henry R. Luce，"The American Century," *Life* 10. 7 (17 February 1941)，p. 64.

［82］Barnouw，*Tube of Plenty*，p. 103.

［83］Gilbert Seldes，"The 'Errors' of Television," *Atlantic Monthly* 176. 6 (May 1937)，p. 541.

［84］Michael Kammen，*The Lively Arts：Gilbert Seldes and the Transformation of Cultural Criticism in the United States* (New York：Oxford University Press，1996)，p. 446；Gilbert Seldes，*The Seven Lively Arts* (New York：Harper and Brothers，1924).

［85］Quoted in Kisseloff，*The Box*，pp. 73，75，77，558.

［86］Kammen，*The Lively Arts*，p. 251.

［87］Kevin Dowler，"Worthington Minor," in Horace Newcomb，ed.，*Encyclopedia of Television*，Volume 3 (Chicago：Fitzroy Dearborn，1997)，p. 1054.

［88］Kammen，*The Lively Arts*，p. 274.

［89］Amy Henderson，*On the Air：Pioneers of American Broadcasting* (Washington，D. C.：Smithsonian Institution Press，1988)，p. 133.

［90］MacDonald，*One Nation under Television*，p. 16.

［91］I am following the lead of David Weinstein in *The Forgotten Network：Du-Mont and the Birth of American Television* (Philadelphia：Temple University Press，2003)，who explains that "Allen B. Du Mont spelled his name 'Du Mont. ' I have retained this 'Du Mont' spelling when referring to Allen Du Mont…Allen B. Du Mont's company was generally spelled 'DuMont' in the contemporary press，and historians have continued to use the 'DuMont' spelling for DuMont Laboratories and the DuMont Television Network" (p. vi).

［92］Kisseloff，*The Box*，pp. 63，68，556.

［93］Weinstein，*The Forgotten Network*，p. 15.

［94］Castleman and Podrazik，*Watching TV*，pp. 15-16.

［95］"Bust by Television," *Newsweek*，29 April 1946，p. 61.

［96］Castleman and Podrazik，*Watching TV*，p. 29.

［97］Ibid.，p. 15.

［98］Von Schilling，*The Magic Window*，p. 73.

［99］Castleman and Podrazik，*Watching TV*，p. 20.

［100］Tim Brooks and Earle Marsh，*The Complete Directory to Prime Time Network and Cable Shows*，1946-*Present*，7th Edition (New York：Ballantine，1999)，pp. 122-123.

［101］"First Television of Baseball Seen," *New York Times*，19 May 1939，p. 29.

［102］"Collegians Play Ball as Television Mirrors the Game," *New York Times*，21 May 1939，p. 10.

［103］Quoted in Kisseloff，*The Box*，pp. 135-137，560-561.

［104］Quoted in "Sports Coverage，Then and Now：A Far Cry from the Flatbush Safari," *TV Guide*，28 November 1959，p. 19.

［105］National Broadcasting Company，"Milestones NBC Television，1928-1956," December 1956，Press Release，Library of American Broadcasting，University of Maryland，College Park，p. 7.

［106］"Short Stops on Video," *Variety*，8 October 1947，p. 1.

［107］Castleman and Podrazik，*Watching TV*，p. 30.

［108］Von Schilling，*The Magic Window*，pp. 94，95.

［109］Castleman and Podrazik，*Watching TV*，p. 35.

［100］Brooks and Marsh，*The Complete Directory to Prime Time Network and Cable Shows*，p. 469.

［111］Timothy Scheurer，"The Variety Show," in Brian G. Rose，ed.，*TV Genres：A Handbook and Reference Guide* (Westport，Conn.：Greenwood，1985)，p. 308.

［112］Jack Gould，"The Paradoxical State of Television," *New York Times Magazine*，30 March 1947，p. 14.

［113］Scheurer，"The Variety Show," p. 308.

［114］Quoted in Kisseloff，*The Box*，p. 112.

［115］Von Schilling，*The Magic Window*，p. 80.

［116］Quoted in Kisseloff，*The Box*，p. 112.

［117］Brooks and Marsh，*The Complete Directory to Prime Time Network and Cable Shows*，p. 550.

［118］Ned E. Hoopes，"Introduction," in William I Kaufman，ed.，*Great Television Plays* (New York：Dell，1969)，p. 9.

［119］Douglas Gomery，"Finding TV's Pioneering Audiences," *Journal of Popular Film and Television* 29. 3 (Fall 2001)，p. 127.

［120］Donald G. Godfrey and Michael D. Murray，"Introduction：Origins of Innovation," in Michael D. Murray and Donald G. Godfrey，eds.，*Television in America：Local Station History from Across the Nation* (Ames：Iowa State University Press，1997)，p. xxvii.

［121］Gomery，"Finding TV's Pioneering Audiences," p. 125.

［122］Von Schilling，*The Magic Window*，p. 103.

［123］Philip Hamburger，"Television：The World of Milton Berle," *New Yorker*，29 October 1949，p. 91.

［124］Arthur Frank Wertheim．"The Rise and Fall of Milton Berle," in John E. O'Connor，ed.，*American History/American Television：Interpreting the Video Past* (New York：Frederick Ungar，1983)，p. 69.

［125］Jack Gould，"Family Life，1948 A. T. (After Television)," *New York Times Magazine*，1 August 1948，p. 12.

［126］Sterling and Kittross，*Stay Tuned*，pp. 864，867.

［127］Gomery，"Finding TV's Pioneering Audiences," p. 122.

第 3 章

［1］M. C. Faught，"Television：An Interim Summing Up," *Saturday Review of Literature*，26 August 1950，quoted in Gary A. Steiner，*The People Look at Television：A Study of Audience Attitudes* (New York：Alfred A. Knopf，1963)，p. 4.

［2］Dorothy Barclay，"A Decade since 'Howdy Doody,'" *New York Times Magazine*，21 September 1958，p. 63.

［3］Henrietta Battle，"Television and Your Child," *Parents*，November 1949，pp. 45，56-58.

［4］Bianca Bradbury，"Is Television Mama's Friend or Foe?" *Good Housekeeping*，November 1950，pp. 58，263-264.

［5］Karen E. Altman，"Television as Gendered Technology：Advertising the American Television Set," *Journal of Popular Film and Television* 17. 2 (1989)，pp. 46-56；Richard Butsch，*The Making of American Audiences：From Stage to Television*，1750-1990 (New York：Cambridge University Press，2000).

［6］Lynn Spigel，*Make Room for TV：Television and the Family Ideal in Postwar America* (Chicago：University of Chicago Press，1992)，p. 1.

［7］Ibid.，pp. 2，44；Carolyn Marvin，*When Old Technologies Were New：Thinking about Electric Communication in the Late Nineteenth Century* (New York：Oxford University Press，1988)；Brian Winston，*Media Technology and Society，a History：From the Telegraph to the Internet*，Revised Edition (New York：Routledge，1998).

［8］Spigel，*Make Room for TV*；Douglas Gomery，*Shared Pleasures：A History of Movie Presentation in the United States* (Madison：University of Wisconsin Press，1992).

［9］Spigel，*Make Room for TV*，p. 3.

［10］Barclay，"A Decade since 'Howdy Doody,'" p. 63.

［11］Florence Brumbaugh，"What Effect Does Advertising Have on Children," in Erna Christiansen，ed.，*Children and TV：Making the Most of It*，Bulletin 93 (Washington，D. C.：Association for Childhood Education International，1954)，pp. 22，20.

［12］*Christian Century*，26 December 1951，p. 499.

［13］James Miller，"TV and the Children," *Nation*，22 July 1950，p. 87.

［14］Josette Frank，"On the Air：And Now—Television," *Child Study*，Winter 1948，p. 19.

［15］Dorothy Diamond and Frances Tenenbaum，"Should You Tear'em away from TV?" *Better Homes and Gardens*，September 1950，p. 56.

［16］Spigel，*Make Room for TV*，p. 280.

［17］Paul Witty，"Children and TV：A Fifth Report," *Elementary English*，October 1954，p. 349；Paul Witty，"Children and TV," in Erna Christiansen，ed.，*Children and TV：Making the Most of It*，Bulletin 93 (washington，D. C.：Association for Childhood Education International，1954)，p. 7 See also Lynn Spigel，"Seducing the Innocent：Childhood and Television in Postwar America," in William S. Solomon and Robert W. McChesney，eds.，*Ruthless Criticism：New Perspectives in U. S. Communication History* (Minneapolis：University of Minnesota Press，1993)，pp. 259-290；James Gilbert，*A Cycle of Outrage：America's Reaction to the Juvenile Delinquent in the* 1950s (New York：Oxford University Press. 1986)；Ellen Wartella and Sharon Mazzarella，"A Historical Comparison of Children's Use of Leisure Time," in Richard Butsch，ed.，*For Fun and Profit：The Transformation of Leisure into Consumption* (Philadelphia：Temple University Press，1990).

［18］Mary Ann Watson，*The Expanding Vista：American Television in the Kennedy Years* (New York：Oxford University Press，1990)，p. 9；Anna McCarthy，*Ambient Television：Visual Culture and Public Space* (Durham，N. C.：Duke University Press，2001).

［19］Russell A. Jenisch and Wasue Kuwahara，"The Nation's Station：WLW-TV，Cincinnati," in Michael D. Murray and Donald G. Godfrey，eds.，*Television in America：Local Station History from Across the Nation* (Ames：Iowa State University Press，1997，p. 160.

［20］Jenisch and Kuwahara，"The Nation's Station：WLW-TV," p. 160；Watson，*The Expanding Vista*，p. 9；Tom Genova，"Television History：The First 75 Years—1947 Quick Facts," 9 April 2001，at http：//www. tvhistory. tv/1947％20QF. htm (accessed 26 December 2006).

［21］Frank. "On the Air," p. 19.

［22］A 1950 survey claimed that twenty million people who did not yet own a set nevertheless still viewed TV in public places such as stores，bars，or someone else's home. Craig Allen，"Tackling the TV Titans in Their Own Backyard：WABC-TV，New York City," in Michael D. Murray and Donald G. Godfrey，eds.，*Television in America：Local Station History from Across the Nation* (Ames：Iowa State University Press，1997)，p. 10.

［23］Jack Alicoate，ed.，1957 *Film Daily Yearbook of Motion Pictures* (New York：Film Daily，1957)，p. 923.

［24］Susan Douglas，*Listening In：Radio and the American Imagination，from Amos ' n' Andy and Edward R. Murrow to Wolfman Jack and Howard Stern* (New York：Times Books，1999).

［25］Lynn Spigel and Denise Mann，eds.，introduction to *Private Screenings：Television and the Female Consumer* (Minneapolis：University of Minnesota Press，1992)，p. vii.

［26］Michael D. Murray and Donald G. Godfrey，eds.，introduction to *Television in America：Local Station History from Across the Nation* (Ames：Iowa State University Press，1997)，pp. xxiv，xxii. Stations padded out the afternoons with inexpensive，old Hollywood products from the early 1930s，such as old black and white westerns，serials，"Our Gang" comedy shorts，ancient cartoons，and even silent films.

［27］Spigel，*Make Room for TV*，pp. 78，81. Audience reception studies have made important differentiations between the way that viewers watch movies in a theater and television at home in their living rooms，noting the small size of the screen；the greater use of real-life-size heads in close-ups；and how "active" viewers watch in a distracted manner while playing，talking，or doing other things；and talking back to the set. See also Will Booker and Deborah Jermyn，eds.，*The Audience Studies Reader* (New York：Routledge，2003)；David Morley，*TV，Audiences and Cultural Studies* (New York：Routledge，1992).

［28］Spigel，*Make Room for TV*，38；Jim Heimann，*All-American Ads of the 40s* (Berlin：Taschen，2002)，pp. 228-229，235.

［29］Arthur Asa Berger，*The TV-Guided American* (New York：Walker，1976)，p. 2.

［30］Watson，*The Expanding Vista*，p. 11.

［31］Spigel，*Make Room for TV*，p. 73.

［32］Jeff Miller，"US Television Chronology 1875-1970," 2004，at http：//members. aol. com/jeff560/chronotv. html (accessed 26 December 2006)；Lisa Parks，"Cracking Open the Set：Television Repair and Tinkering with Gender，1949-1955," in Janet Thumim，ed.，*Small Screens，Big Ideas：Television in the* 1950s (London：IB Tauris，2001)，

p. 224. Radio had grown from being in 0. 2 percent of U. S. homes in 1922 to 46 percent in 1930 to 81 percent in 1940 and 95 percent in 1950, while television's adoption was twice as fast, over merely a ten-year period (Spigel, *Make Room for TV*, p. 29; Steiner, *The People Look at Television*, p. 25).

[33] Jack Alicoate, ed. , 1951 *Film Daily Yearbook of Motion Pictures* (New York: Film Daily, 1951) pp. 764-765; Roland Marchand, *Advertising the American Dream: Making Way for Modernity*, 1920-1940 (Berkeley: University of California Press, 1986).

[34] Douglas Gomery, "Finding TV's Pioneering Audiences," *Journal of Popular Film and Television* 29. 3 (2001), p. 123; Ginger Rudeseal Carter, "WSB-TV, Atlanta: The "Eyes of the South," in Michael D. Murray and Donald G. Godfrey, eds. , *Television in America: Local Station History from Across the Nation* (Ames: Iowa State University Press, 1997), p. 89; Tom Genova, "Television History: The First75 Years—1948 Quick Facts," 9 April 2001, at http://www. tvhist0ry. tv/1948%20QF. htm (accessed 26 December 2006).

[35] Alicoate, 1951 *Film Daily Yearbook*, pp. 764-765; Spigel, *Make Room for TV*, p. 32.

[36] Figures calculated from data at Genova, "Television History—1948 Quick Facts. "

[37] Gomery, "Finding TV's Pioneering Audiences," pp. 122-123; Alicoate, 1951 *Film Daily Yearbook*," pp. 764-765.

[38] Even while TV reception was limited to urban audiences, movie attendance across the nation plummeted, from a weekly high of ninety million viewers in 1947 to only fifty-one million in 1952. Nighttime radio listening fell as well; for example, the Bob Hope show's ratings dropped in half from 1949 to 1951 (Alicoate. 1957 *Film Daily Yearbook*, pp. 111-112; Gomery, *Shared Pleasures*).

[39] Quoted in Michael Woal and Linda Kowall Woal, "Forgotten Pioneer: Philco's WPTZ in Philadelphia," in Michael D. Murray and Donald G. Godfrey, eds. , *Television in America: Local Station History from Across the Nation* (Ames: Iowa State University Press, 1997), p. 48.

[40] Allen, "Tackling the TV Titans," pp. 6-7; Douglas Gomery, "Rethinking Television Historiography," *Film and History* 30. 2 (2000), pp. 17-28; Genova, "Television History—1948 Quick Facts. "

[41] Douglas Gomery, "Rethinking TV History," *Journalism and Mass Communication Quarterly* 74. 3 (1997), p. 511; Margot Hardenbergh, "The Hustler: WTNH-TV, New Haven," in Michael D. Murray and Donald G. Godfrey, eds. , *Television in America: Local Station History from Across the Nation* (Ames: Iowa State University Press, 1997), p. 21.

[42] Carter, "WSB-TV Atlanta," pp. 79. 89; Fran Matera, "WTVJ-TV, Miami: Wolfson, Renick, and 'May the Good News Be Yours,'" in Michael D. Murray and Donald G. Godfrey, eds. , *Television in America: Local Station History from Across the Nation* (Ames: Iowa State University Press, 1997), p. 110.

[43] Jenisch and Kuwahara, "The Nation's Station: WLW-TV," pp. 160-163; Mary E. Beadle, "In the Public Interest: WEWS-TV, Cleveland," in Michael D. Murray and Donald G. Godfrey, eds. , *Television in America: Local Station History from Across the Nation* (Ames: Iowa State University Press, 1997), pp. 273-274.

[44] Murray and Godfrey, introduction to *Television in America*, p. xxiv; David Weinstein, "Capitalizing on the Capital: WMAL-TV," in Michael D. Murray and Donald G. Godfrey, eds. , *Television in America: Local Station History from Across the Nation* (Ames: Iowa State University Press, 1997), pp. 69-70.

[45] Gomery, "Finding TV's Pioneering Audiences," pp. 122-123.

[46] Don Caristi, "First in Education: WOI-TV, Ames, Iowa," in Michael D. Murray and Donald G. Godfrey, eds. , *Television in America: Local Station Historyfrom Across the Nation* (Ames: Iowa State University Press, 1997), p. 201.

[47] Miller, "US Television Chronology 1875-1970. "

[48] Interview with W. D. Rogers, April 1992, quoted in Jay A. R. Warren, "A West Texan Fulfills His Dream: KDUB-TV, Lubbock," in Michael D. Murray and Donald G. Godfrey, eds. , *Television in America: Local Station History from Across the Nation* (Ames: Iowa State University Press, 1997), pp. 172-174, 185; also, pp. 273-274.

[49] Data calculated from the number of TVs shipped to local dealers from 1945 to 1953 as a percentage of households in each state, October 1953. Jack Alicoate, ed. , 1954 *Radio and Television Yearbook* (New York: Radio Daily Corporation, 1954), pp. 296, 828.

[50] Ibid. Radio ownership in the Deep South lagged 15 percent behind the rest of the nation, as well.

[51] Lynn Spigel, "Installing the Television Set" in Lynn Spigel and Denise Mann, eds., *Private Screenings: Television and the Female Consumer* (Minneapolis: University of Minnesota Press, 1992), p. 3.

[52] Steiner, *The People Look at Television*, p. 4; Michael Curtin, "From Network to Neo-Network Audiences," and Justin Lewis, "From Mass to Meanings," both in Michelle Hilmes, ed., *The Television History Book* (London: British Film Institute, 2003), PP-122-125 and 126-129.

[53] Steiner, *The People Look at Television*, p. 17.

[54] Ibid., p. 228.

[55] Ibid., p. 25.

[56] Paul Lazarsfeld, "Afterword: Some Reflections on Past and Future Research on Broadcasting," in Gary A. Steiner, *The People Look at Television: A Study of Audience Attitudes* (New York: Alfred A. Knopf, 1963), p. 411-412.

[57] Horace Newcomb, "The Opening of America: Meaningful Difference in 1950s Television," in Joel Foreman, ed., *The Other Fifties: Interrogating Mid-Century American Icons* (Urbana: University of Illinois Press, 1997), pp. 103-104.

[58] Battle, "Television and Your Child."

第 4 章

[1] Quoted in John Lahr, "The C. E. O. of Comedy," New Yorker, 21 December 1998, p. 76.

[2] "The Child Wonder," *Time*, 16 May 1949, p. 70.

[3] Harry Castleman and Walter J. Podrazik, *Watching TV: Six Decades of American Television*, 2nd Edition (Syracuse, N. Y.: Syracuse University Press, 2003), p. 36,

[4] Frank Rich, "TV Guy: Born in Vaudeville, He Lived in Television," *New York Times Magazine*, 29 December 2002, pp. 22, 24.

[5] "The Child Wonder," p. 70.

[6] Joe Cohen, "Vaude's 'Comeback' Via Vaudeo: Talent Agents Hopping on TV," *Variety*, 26 May 1948, p. 1.

[7] Richard Corliss, "Tuesdays with Uncle Miltie: Mr. Television, the Pioneer of a New Medium, Says Goodnight," *Time*, 8 April 2002, p. 71.

[8] Franklin J. Schaffner, *Worthington Minor* (Lanham, Md.: Scarecrow Press, 1985), p. 185.

[9] William S. Paley, *As It Happened: A Memoir* (New York: Doubleday, 1979), pp. 238-239.

[10] Quoted in Ron Simon. "The Ed Sullivan Show," in Horace Newcomb. ed., *Encyclopedia of Television*, Volume 3 (Chicago: Fitzroy Dearborn, 1997), p. 547.

[11] Tim Brooks and Earle Marsh, *The Complete Directory to Prime Time Network and Cable Shows. 1946-Present*, 7th Edition (New York: Ballantine, 1999). p. 299.

[12] Jack Gould, "Television Review," *New York Times*, 4 July 1948, p. X7.

[13] Quoted in Amy Henderson, *On the Air: Pioneers of American Broadcasting* (Washington, D. C.: Smithsonian Institution Press, 1988), p. 137.

[14] Brooks and Marsh, *The Complete Directory to Prime Time Network and Cable Shows*, p. 847.

[15] Ibid.

[16] Paley, *As It Happened*, p. 200.

[17] Christopher H. Sterling and John M. Kittross, *Stay Tuned: A History of American Broadcasting*, 3rd Edition (Mahwah, N. J.: Lawrence Erlbaum, 2002), p. 297.

[18] James Von Schilling, *The Magic Window: American Television*, 1939-1953 (New York: Haworth, 2003), p. 115.

[19] Erik Barnouw, *Tube of Plenty: The Evolution of American Television*, 2nd Revised Edition (New York: Oxford University Press, 1990), p. 104.

[20] James L. Baughman, "Nice Guys Last Fifteen Seasons: Jack Benny on Television, 1950-1965," in Gary R. Edgerton and Peter C. Rollins, eds., *Television Histories: Shaping Collective Memory in the Media Age* (Lexington: University Press of Kentucky, 2001), p. 314.

〔21〕Sterling and Kittross, *Stay Tuned*, p. 298.

〔22〕Ed Weiner and the Editors of *TV Guide*, "Milton Berle," *The TV Guide TV Book* (New York: HarperPerennial, 1992), p. 130.

〔23〕Brooks and Marsh, *The Complete Directory to Prime Time Network and Cable Shows*, p. 11.

〔24〕Lawrence W. Lichty and Malachi C. Topping, eds., *American Broadcasting: A Source Book on the History of Radio and Television* (New York: Hastings House, 1975), p. 440.

〔25〕Henderson, *On the Air*, p. 78.

〔26〕Ted Sennett, *Your Show of Shows*, Revised Edition (New York: Applause Theatre and Cinema Books, 2002), pp. 11-12.

〔27〕Castleman and Podrazik, *Watching TV*, p. 39.

〔28〕Sennett, *Your Show of Shows*, p. 18.

〔29〕Brooks and Marsh, *The Complete Directory to Prime Time Network and Cable Shows*, p. 1145.

〔30〕Quoted in Max Wilk, *The Golden Age of Television: Notes from the Survivors* (Chicago: Silver Spring Press, 1999), pp. 167-168.

〔31〕Von Schilling, *The Magic Window*, p. 146.

〔32〕Brooks and Marsh, *The Complete Directory to Prime Time Network and Cable Shows*, p. 1145.

〔33〕Lichty and Topping, *American Broadcasting*, p. 440.

〔34〕Erik Barnouw, *The Sponsor: Notes on a Modern Potentate* (New York: Oxford University Press, 1978), p. 47.

〔35〕Pat Weaver, with Thomas M. Coffey, *The Best Seat in the House: The Golden Years of Radio and Television* (New York: Knopf, 1994), pp. 197-198.

〔36〕Barnouw, *The Sponsor*, p. 47.

〔37〕Brooks and Marsh, *The Complete Directory to Prime Time Network and Cable Shows*, p. 665.

〔38〕Sterling and Kittross, *Stay Tuned*, pp. 827, 864.

〔39〕Henderson, *On the Air*, p. 136.

〔40〕Arthur Frank Wertheim, "The Rise and Fall of Milton Berle," in John E. O'Connor, ed., *American History/American Television: Interpreting the Video Past* (New York: Frederick Ungar, 1983), pp. 70, 75.

〔41〕Rich, "TV Guy," p. 24.

〔42〕Mary Ann Watson, "And They Say Uncle Fultie Didn't Have a Prayer," *Television Quarterly* 30.2 (Fall 1999), pp. 84-85.

〔43〕Jack Gould, "TV Transforming U. S. Social Scene; Challenges Films," *New York Times*, 24 June 1951, p. 1.

〔44〕Mortimer W. Loewi, "New York TV Will Pass A. M. by Fall," *Television*, July 1949, p. 9; Jack Gould, "TV Makes Inroads on Big Radio Chains," *New York Times*, 27 June 1951, p. 20.

〔45〕"This Week's Cover," *Saturday Evening Post*, 5 November 1949, p. 3.

〔46〕"The Younger Generation," *Time*, 5 November 1951, pp. 45, 50.

〔47〕William Manchester, *The Glory and the Dream: A Narrative History of America*, 1932-1972 (Boston: Little, Brown, 1973), pp. 576, 580.

〔48〕Douglas Tallack, *Twentieth-Century America: The Intellectual and Cultural Context* (New York: Longman, 1991), p. 221.

〔49〕Charles McGrath, "Big Thinker: His Book Crowned an Age When Eggheads Had the Answers," *New York Times Magazine*, 29 December 2002, p. 34.

〔50〕David Riesman with Nathan Glazer and Reuel Denney, *The Lonely Crowd: A Study of the Changing American Character* (New Haven, Conn.: Yale University Press, 1989), pp. 20-21, 25.

〔51〕Stephanie Coontz, *The Way We Were: American Families and the Nostalgia Trap* (New York: Basic Books, 1992), p. 24.

〔52〕Elaine Tyler May, *Homeward Bound: American Families in the Cold War Era*, Revised and Updated Edition (New York: Basic Books, 1999), p. 166.

［53］Coontz，*The Way We Were*，p. 24.

［54］Daniel J. Boorstin，*The Americans：The Democratic Experience* (New York：Vintage，1973)，pp. 1，290，370-393.

［55］Lynn Spigel，*Make Room for TV：Television and the Family Ideal in Postwar America* (Chicago：University of Chicago Press，1992)，p. 101.

［56］David Halberstam，*The Fifties* (New York：Fawcett，1993)，p. 195.

［57］George Lipsitz，*Time Passages：Collective Memory and American Popular Culture* (Minneapolis：University of Minnesota Press. 1990)，pp. 41-42.

［58］Ibid.

［59］Kathleen Brady，*Lucille：The Life of Lucille Ball* (New York：Billboard Books，2001)，p. 226.

［60］Ibid. ，p. 213.

［61］Jack Gould，"TV's Top Comediennes," *New York Times Magazine*，27 December 1953，pp. 16-17.

［62］Michele Hilmes，*Radio Voices：American Broadcasting*，1922-1952 (Minneapolis：University of Minnesota Press，1997)，pp. 131，146-147，271-272.

［63］William Boddy，*Fifties Television：The Industry and Its Critics* (Urbana：University of Minois Press，1993)，p. 51.

［64］J. Fred MacDonald，*One Nation under Television：The Rise and Decline of Network TV* (Chicago：Nelson-Hall，1994)，p. 59.

［65］*Broadcasting Yearbook* 1963 (Washington，D. C. ：Broadcasting Publications，1963)，p. 20.

［66］Thomas Doherty，*Cold War；Cool Medium：Television，McCarthyism，and American Culture* (New York：Columbia University Press，2003)，p. 2.

［67］Barnouw，*Tube of Plenty*，pp. 102-103.

［68］Kristine Brunovska Karnick，"NBC and the Innovation of Television News，1945-1953 " *Journalism History* 15. 1 (Spring 1988)，p. 26.

［69］Ann M. Sperber，*Murrow：His Life and Times* (New York：Freundlich Books，1986)，p. 314.

［70］Quoted in Don Hewitt，*Tell Me a Story：Fifty Years and Sixty Minutes in Television* (New York：Public Affairs，2001)，p. 105.

［71］David Halberstam，*The Powers That Be* (New York：Knopf，1979)，p. 38.

［72］Quoted in Alexander Kendrick，*Prime Time：The Life of Edward R. Murrow* (Boston：Little，Brown，1969)，p. 86.

［73］Jack Gould，"Murrow's This Is Korea' Film over CBS Captures Poignancy and Frustration of Life in Battle," *New York Times*，29 December 1952，p. 25.

［74］J. Fred MacDonald，*Television and the Red Menace：The Video Road to Vietnam* (New York：Praeger，1985)，p. 22.

［75］Daniel J. Leab，"See It Now：A Legend Reassessed," in John E. O'Connor，ed. ，*American History/American Television：Interpreting the Video Past* (New York：Frederick Ungar，1983)，p. 13.

［76］Quoted in *American Masters：Edward R. Murrow—This Reporter*，Part 1 (PBS，30 July 1990)，58 minutes.

［77］Jack Gould，"Murrow vs. McCarthy：'See It Now' on CBS Examines Senator and His Methods," *New York Times*，11 March 1954，p. 38.

［78］Quoted in "Report on Senator Joseph R. McCarthy," *See It Now*，9 March 1954.

［79］Jack Gould，"TV and McCarthy," *New York Times*，14 March 1954，p. 2.

［80］Quoted in Fred W. Friendly，*Due to Circumstances beyond Our Control* (New York：Vintage，1968)，p. 43.

［81］Joseph E. Persico，*Edward R. Murrow：An American Original* (New York：McGraw-Hill，1988)，p. 380.

［82］Quoted in *American Masters：Edward R. Murrow—This Reporter*，Part 2 (PBS，6 August 1990)，58 minutes.

［83］Quoted in "Reply by Senator Joseph R. McCarthy," *See It Now*，6 April 1954.

［84］Helen Dudar，"A Post Portrait：Ed Murrow," *New York Post*，1 March 1959，p. 23.

［85］Barnouw，*Tube of Plenty*，p. 182.

［86］R. D. Heldenfels, *Television's Greatest Year*: 1954 (New York: Continuum, 1999), p. 132.

［87］Ronald Garay, "Army-McCarthy Hearings," in Michael D. Murray, ed., *Encyclopedia of Television News* (Phoenix: Oryx Press, 1999). p. 11.

［88］Doherty, *Cold War*, *Cool Medium*, p. 260.

［89］Erik Barnouw, *A History of Broadcasting in the United States* Volume 3: *The Image Empire*: *From* 1953 (New York: Oxford University Press, 1970), p. 54.

［90］Friendly, *Due to Circumstances beyond Our Control*, p. 77.

［91］Manchester, *The Glory and the Dream*, p. 516.

［92］Sperber, *Murrow*, pp. xvii-xviii; Persico, *Edward R. Murrow*, p. 434.

［93］Friendly, *Due to Circumstances beyond Our Control*, p. 69.

第 5 章

［1］Pat Weaver, with Thomas M. Coffey, *The Best Seat in the House*: *The Golden Years of Radio and Television* (New York: Knopf, 1994), pp. 210-211.

• ［2］Russell Lynes, "Highbrow, Middlebrow, Lowbrow," *Harper's Magazine*, February 1949, p. 19; Russell Lynes, "The Taste-Makers," *Harper's Magazine*, June 1947, pp. 481-491.

［3］Michael Kammen, *American Culture*, *American Tastes*: *Social Change and the 20th Century* (New York: Basic Books, 1999), p. 95.

［4］"High-brow, Middle-brow, Low-brow," *Life*, 11 April 1949, pp. 99-102.

［5］E. B. White, "One Man's Meat," *Harper's Magazine*, October 1938, p. 553.

［6］James L. Baughman, "The Promise of American Television, 1929-1952," *Prospects*: *An Annual of American Cultural Studies* 11. 1 (1987), p. 129.

［7］Lynes, "Highbrow, Middlebrow, Lowbrow," p. 26.

［8］Thomas Whiteside, "Profiles: The Communicator (Part I)" *New Yorker*, 16 October 1954, pp. 40, 55.

［9］Quoted in ibid. , p. 36.

［10］Quoted in William Boddy, "Operation Frontal Lobes versus the Living Room Toy: The Battle over Program Control in Early Television," *Media*, *Culture*, *and Society* 9. 3 (July 1987), p. 348.

［11］Whiteside, "Profiles (Part I)," p. 40.

［12］Pamela Wilson, "NBC Television's 'Operation Frontal Lobes': Cultural Hegemony and Fifties' Program Planning," *Historical Journal of Film*, *Radio and Television* 15. 1 (March 1995), p. 90.

［13］Whiteside, "Profiles (Part I)," pp. 40, 50-51.

［14］Weaver, *The Best Seat in the House*, pp. 4, 6.

［15］"The Chicago School," *Time*, 11 September 1950, p. 73.

［16］Ted Nielsen, "Television: Chicago Style," *Journal of Broadcasting* 9. 4 (Fall 1965), p. 306.

［17］Ibid. , pp. 311-312.

［18］Michael Curtin, "Organizing Difference on Global TV: Television History and Cultural Geography," in Gary R. Edgerton and Peter C. Rollins, eds. , *Television Histories*: *Shaping Collective Memory in the Media Age* (Lexington: University Press of Kentucky, 2001), p. 346.

［19］Robert Lewis Shayon, "Chicago's Local TV Corpse," *Saturday Review*, 11 October 1958, p. 32.

［20］Vance Kepley Jr. , "From 'Frontal Lobes' to the 'Bob-and-Bob' Show: NBC Management and Programming Strategies, 1949-65," inTino Balio, ed. , *Hollywood in the Television Age* (Boston: Unwin Hyman, 1990), p. 47.

［21］Quoted in Vance Kepley Jr. , "The Weaver Years at NBC," *Wide Angle* 12. 2 (April 1990), pp. 53-54.

［22］Bernard M. Timberg, with "A Guide to Television Talk" by Robert J. Erler and Foreword by Horace Newcomb, *Television Talk*: *A History of the TV Talk Show* (Austin: University of Texas Press, 2002), p. 35.

［23］Harry Castleman and Walter J. Podrazik, *Watching TV*: *Six Decades of American Television*, 2nd Edition (Syracuse, N. Y. : Syracuse University Press, 2003), p. 48.

[24] Thomas Whiteside, "Profiles: The Communicator (Part II)," *New Yorker*, 23 October 1954, p. 70.

[25] Bernard M. Timberg, "Why NBC Killed Arlene Francis's Home Show," *Television Quarterly* 30. 3 (Winter 2000), p. 81.

[26] Castleman and Podrazik, *Watching TV*, p. 86.

[27] Timberg, "Why NBC Killed Arlene Francis's *Home* Show," p. 82.

[28] Amy Henderson, *On the Air: Pioneers of American Broadcasting* (Washington, D. C.: Smithsonian Institution Press, 1988), p. 54; Vance Kepley Jr., "Sylvester (Pat) Weaver," in Horace Newcomb, ed., *Encyclopedia of Television*, Volume 3 (Chicago: Fitzroy Dearborn, 1997), p. 1814.

[29] Kepley, "The Weaver Years at NBC," p. 59.

[30] Weaver, *The Best Seat in the House*, pp. 259-260.

[31] Kenneth Bilby, *The General: David Sarnoff and the Rise of the Communication Industry* (New York: Harper and Row, 1986), pp. 255-256.

[32] Weaver, *The Best Seat in the House*, p. 209.

[33] Richard A. Peterson and Roger M. Kern, "Changing Highbrow Taste: From Snob to Omnivore," *American Sociological Review* 61. 5 (October 1996), pp. 900-907; Herbert J. Cans, *Popular Culture and High Culture: An Analysis and Evaluation of Taste*, Revised and Updated Edition (New York: Basic Books, 1999), p. 12.

[34] Whiteside, "Profiles (Part I)," p. 38.

[35] Steve Allen, *Hi-Ho, Steverino! My Adventures in the Wonderful Wacky World of TV* (Fort Lee, N. J.: Barricade Books, 1992), p. 96.

[36] For example, Erik Barnouw, *A History of Broadcasting in the United States*, Volume 3: *The Image Empire: From 1953* (New York: Oxford University Press, 1970), p. 60; Erik Barnouw, *Tube of Plenty: The Evolution of American Television*, 2nd Revised Edition (New York: Oxford University Press, 1990), p. 190; Les Brown, *Les Brown's Encyclopedia of Television*, 3rd Edition (Detroit: Gale Research, 1992), p. 308; Kepley, "Sylvester (Pat) Weaver," p. 1814; Robert Metz, *The Tonight Show* (New York: Playboy Press, 1980), p. 26; Bilby, *The General*, p. 254; Christopher H. Sterling and John M. Kittross, *Stay Tuned: A History of American Broadcasting*, 3rd Edition (Mahwah, N. J.: Lawrence Erlbaum, 2002), p. 308; Timberg, *Television Talk*, pp. 45, 213.

[37] Quoted in Ben Alba, *Inventing Late Night: Steve Allen and the Original Tonight Show* (Amherst, N. Y.: Prometheus Books, 2005), pp. 56-57.

[38] Allen, *Hi-Ho Steverino!* p. 67.

[39] Tom Shales, "Steve Allen, Television's Font of Wit," *Washington Post*, 1 November 2000, p. C1.

[40] " 'Big Town' Press Set to Roll on TV," *New York Times*, 27 September. 1954, p. 29.

[41] Jack Gould, "Television in Review: Allen's Tonight' Goes Well on Network," *New York Times*, 3 November 1954, p. 41.

[42] Gilbert Millstein, "Portrait of an M. A. L. (Master of Ad Lib)," *New York Times Magazine*, 9 January 1955, p. SM17.

[43] "Steve Allen," in *Current Biography Yearbook* (New York: H. W. Wilson, 1982), p. 1

[44] Val Adams, "News of TV and Radio: NBC Seeking Show to Rival Sullivan-Items," *New York Times*, 9 January 1955, p. X13.

[45] Val Adams, "New 3-Year Pact for Steve Allen; NBC Signs TV Performer as Show's Revenue Rises—Coast Move Still in Air," *New York Times*, 26 September 1955, p. 42.

[46] Richard F. Shepard, " Tonight' Weighs Adding Saturday; Steve Allen Show on NBC May Expand TV Week—Kovacs Sought to Fill In," *New York Times*, 15 October 1955, p. 33.

[47] Metz, *The Tonight Show*, pp. 82-93.

[48] Ibid. , p. 124.

[49] Ed Papazian, *Medium Rare: The Evolution, Workings and Impact of Commercial Television*, Completely Revised and Updated (New York: Media Dynamics, 1991), p. 382.

［50］Ed McMahon, *Here's Johnny*! (Nashville: Rutledge Hill Press, 2005), p. 40.

［51］Tim Brooks and Earle Marsh, *The Complete Directory to Prime Time Network and Cable Shows*, 1946-Present, 7th Edition (New York: Ballantine, 1999), p. 502.

［52］Papazian, *Medium Rare*, p. 383.

［53］Barnouw, *Tube of Plenty*, p. 350.

［54］McMahon, *Here's Johnny*! pp. 34-35.

［55］*Broadcasting Yearbook* 1963, p. 20; *Broadcasting Yearbook* 1966 (Washington, D. C.: Broadcasting Publications, 1966), p. D37.

［56］Christopher Anderson, *Hollywood TV: The Studio System in the Fifties* (Austin: University of Texas Press, 1994), p. 5.

［57］John Sharnik, "It's Go Western for Young Men," *New York Times Magazine*, 24 September 1950, pp. SM9, SM16.

［58］Leo Bogart, *The Age of Television*, 2nd Edition (New York: Frederick Ungar, 1958), p. 253.

［59］Howard L. Davis, "The Rise and Demise of Howdy Doody: A Backstage Story by a Real Insider," *Television Quarterly* 30. 3 (Winter 2000), pp. 71-73, 78.

［60］Suzanne Hurst Williams, "The Howdy Doody Show," in Horace New-comb, ed. , *Encyclopedia of Television*, Volume 2 (Chicago: Fitzroy Dearborn, 1997), p. 803.

［61］"Mr. Crockett Is Dead, Shot as Salesman," *New York Times*, 1 June 1955, p. 38; Peter T. White, "Ex-King of the Wild Frontier," *New York Times Magazine*, 11 December 1955, p. SM27.

［62］Douglas Gomery, "Leonard Goldenson," in Horace Newcomb, ed. , *Encyclopedia of Television*, Volume 2 (Chicago: Fitzroy Dearborn, 1997), p. 704.

［63］Barnouw, *Tube of Plenty*, p. 116.

［64］Anderson, *Hollywood TV*, p. 138.

［65］Castleman and Podrazik, *Watching TV*, p. 94.

［66］"Leonard Goldenson, Force behind ABC, Is Dead at 94," *New York Times*, 28 December 1999, p. Bio.

［67］"The abc of ABC," *Forbes*, 15 June 1959, p. 17.

［68］J. P. Telotte, *Disney TV* (Detroit: Wayne State University Press, 2004), p. 8.

［69］Quoted in Janet Wasko, *Understanding Disney: The Manufacture of Fantasy* (Maiden. Mass. : Blackwell, 2001), p. 21.

［70］Jack Gould, "Television in Review: Disney Brings His Band to the Home Screen," *New York Times*, 29 October 1954, p. 34.

［71］Telotte, *Disney TV*, p. 9.

［72］Kathy Merlock Jackson, *Walt Disney: A Bio-Bibliography* (Westport, Conn. : Greenwood, 1993), pp. 88, 302.

［73］Margaret J. King, "The Recycled Hero: Walt Disney's Davy Crockett," in Michael A. Lofaro, ed. , *Davy Crockett: The Man, the Legend, the Legacy*, 1786-1986 (Knoxville: University of Tennessee Press, 1985), p. 143.

［74］Quoted in Leonard Maltin, *The Disney Films*, Updated Edition (New York: Crown, 1984), p. 122.

［75］Bill Cotter, *The Wonderful World of Disney Television: A Complete History* (New York: Hyperion, 1997), p. 64; Castleman and Podrazik, Watching TV, p. 95.

［76］"The Wild Frontier," *Time*, 23 May 1955, p. 92.

［77］Jackson, *Walt Disney*, p. 56; King, "The Recycled Hero" p. 148; Enid LaMonte Meadowcroft, *The Story of Davy Crockett* (New York: Grosset and Dunlap, 1952).

［78］John Lardner, "Devitalizing Elvis," *Newsweek*, 16 July 1956, p. 59.

［79］David Halberstam, *The Fifties* (New York: Fawcett Books, 1993), p. 475.

［80］Karal Ann Marling, *As Seen on TV: The Visual Culture of Everyday Life in the* 1950s (Cambridge: Harvard University Press, 1994), p. 180.

［81］Castleman and Podrazik, *Watching TV*, p. 110.

［82］Elliot E. Cohen，"A 'Teen-Age' Bill of Rights," *New York Times Magazine*，7 January 1945，p. SM9.

［83］"Presley Termed a Passing Fancy," *New York Times*，17 December 1956，p. 28.

［84］Halberstam，*The Fifties*，p. 473.

［85］John P. Shanley，"Dick Clark: New Rage of the Teenagers," *New York Times*，16 March 1958，p. X13.

［86］William Boddy，*Fifties Television: The Industry and Its Critics* (Urbana: University of Illinois Press，1993)，p. 147.

［87］Anderson，*Hollywood TV*，p. 141.

［88］Ibid.，p. 255; Boddy，*Fifties Television*，p. 148.

［89］Anderson，*Hollywood TV*，p. 223.

［90］Boddy，*Fifties Television*，pp. 149，155.

［91］2000 *Report on Television: The First 50 Years* (New York: Nielsen Media Research，2000)，p. 18.

［92］Barnouw，*Tube of Plenty*，p. 262.

［93］David Gunzerath，"James T. Aubrey," in Horace Newcomb，ed.，*Encyclopedia of Television*，Volume 1 (Chicago: Fitzroy Dearborn，1997)，pp. 103-104; Boddy，*Fifties Television*，p. 155; "The abc of ABC," p. 17.

［94］Anderson，*Hollywood TV*，p. 138.

［95］Ibid.，p. 309.

［96］Castleman and Podrazik，*Watching TV*，p. 121.

［97］Quoted in "Topside TV Talk,," *Newsweek*，22 April 1957，p. 72.

［98］Kepley，"From 'Frontal Lobes' to the 'Bob-and-Bob' Show."p. 41.

［99］Quoted in Castleman and Podrazik，*Watching TV*，p. 121.

［100］Anna Everett，" 'Golden Age' of Television Drama," in Horace Newcomb，ed.，*Encyclopedia of Television*，Volume 2 (Chicago: Fitzroy Dearborn，1997)，p. 699.

［101］Brooks and Marsh，*The Complete Directory to Prime Time Network and Cable Shows*，p. 980.

［102］Quoted in Ned E. Hoopes， "Introduction," in William I. Kaufman，ed.，*Great Television Plays* (New York: Dell，1969)，p. 10.

［103］Castleman and Podrazik，*Watching TV*，p. 129.

［104］Thomas Leitch，*Perry Mason* (Detroit: Wayne State University Press，2005)，p. 5.

［105］J. Fred MacDonald，*Who Shot the Sheriff? The Rise and Fall of the Television Western* (New York: Praeger，1987)，p. 58.

［106］Brooks and Marsh，*The Complete Directory to Prime Time Network and Cable Shows*，pp. 1245-1246.

［107］John C. Cawelti，*The Six-Gun Mystique*，2nd Edition (Bowling Green，Ohio: Bowling Green State University Press，1984)，p. 2.

［108］MacDonald，*Who Shot the Sheriff?* pp. 49-50.

［109］Barnouw，*Tube of Plenty*，pp. 262，264.

［110］Brooks and Marsh，*The Complete Directory to Prime Time Network and Cable Shows*，p. 811.

［111］2000 *Report on Television*，p. 18.

［112］Castleman and Podrazik，*Watching TV*，p. 136.

［113］Boddy，*Fifties Television*，p. 149.

［114］Sally Bedell Smith，*In All His Glory: The Life of William S. Paley* (New York: Simon and Schuster，1990)，pp. 377-378.

［115］Sterling and Kittross，*Stay Tuned*，p. 377.

［116］Halberstam，*The Fifties*，p. 664.

［117］Thomas Doherty， "Quiz Show Scandals," in Horace Newcomb，ed.，*Encyclopedia of Television*，Volume 3 (Chicago: Fitzroy Dearborn，1997)，p. 1331.

［118］Halberstam，*The Fifties*，p. 663.

［119］Ibid.，p. 665.

[120] Sterling and Kittross, *Stay Tuned*, p. 861.

[121] Newton N. Minow, "Television and the Public Interest," text of speech delivered at the National Association of Broadcasters Convention in Washington, D. C. , 9 May 1961, p. 2.

[122] Mary Ann Watson, *The Expanding Vista*: *American Television in the Kennedy Years* (New York: Oxford University Press, 1990), p. 23.

[123] Minow, "Television and the Public Interest," p. 2.

[124] Jack Gould, "TV Spectacular: The Minow Debate," *New York Times Magazine*, 28 May 1961, pp. SM14-SM15.

[125] Wilson, "NBC Television's 'Operation Frontal Lobes'," p. 101.

[126] Jack Gould, "Millions of Viewers See Oswald Killing on 2 TV Networks," *New York Times*, 25 November 1963, p. 10.

[127] For example, Michael Curtin, *Redeeming the Wasteland*: *Television Documentary and Cold War Politics* (New Brunswick, N. J. : Rutgers University Press, 1995); Watson, *The Expanding Vista*, pp. 43-45.

[128] Thomas Doherty, "Assassination and Funeral of President John F. Kennedy," in Horace Newcomb, ed. , *Encyclopedia of Television*, Volume 2 (Chicago: Fitzroy Dearborn. 1997), pp. 880-883.

第 6 章

[1] Joseph E. Persico, *Edward R. Marrow*: *An American Original* (New York: McGraw-Hill, 1988), p. 315.

[2] Quoted in David Schoenbrun, *America Inside Out*: *At Home and Abroad from Roosevelt to Reagan* (New York: McGraw-Hill, 1984), p. 265.

[3] Ibid. , p. 266.

[4] Kathleen Hall Jamieson, *Packaging the Presidency*: *A History and Criticism of Presidential Campaign Advertising* (New York: Oxford University Press, 1996), p. 41.

[5] Earl Shorris, *A Nation of Salesmen*: *The Tyranny of the Market and the Subversion of Culture* (New York: Avon Books, 1994), p. 11.

[6] Schoenbrun, *America Inside Out*, p. 271.

[7] Quoted in A. M. Sperber, *Murrow*: *His Life and Times* (New York: Freundlich Books, 1986), p. 384.

[8] Steve Neal, *Harry and Ike*: *The Partnership That Remade the Postwar World* (New York: Touchstone, 2001), p. 247.

[9] Ibid. , p. 248, 249.

[10] Reuven Frank, *Out of Thin Air*: *The Brief Wonderful Life of Network News* (New York: Simon and Schuster, 1991), p. 53.

[11] Quoted in Robert L. Hilliard and Michael C. Keith, *The Broadcast Century*: *A Biography of American Broadcasting* (Boston: Focal Press, 1992), p. 143.

[12] Quoted in Jeff Kisseloff, *The Box*: *An Oral History of Television*, 1920-1961 (New York: Viking, 1995), p. 399.

[13] Quoted in ibid. , p. 399. See also Jamieson, *Packaging the Presidency*, pp. 58-68 and pp. 82-89.

[14] Quoted in *The First 50 Years of Broadcasting* (Washington, D. C. : Broadcasting Publications, 1982), p. 109.

[15] Quoted in Edwin Diamond and Stephen Bates, *The Spot*: *The Rise of Political Advertising on Television* (Cambridge, Mass. : MIT Press, 1984), p. 52.

[16] Ibid. , p. 47.

[17] Erik Barnouw, *Tube of Plenty*: *The Evolution of American Television* (New York: Oxford University Press), p. 210.

[18] Quoted in Jamieson, *Packaging the Presidency*, p. 85.

[19] Barnouw, *Tube of Plenty*, p. 136.

[20] Shorris, *A Nation of Salesmen*, p. 175.

［21］Joseph Laffan Morse, ed. , *The Unicorn Book of* 1953 (New York: Unicorn Books, 1954), p. 370.

［22］Robert Donovan, *Eisenhower: The Inside Story* (New York: Harper and Brothers, 1956), p. 146.

［23］Critique of President Eisenhower's Telecast of June 3, 1953, sent to Gabriel Hauge, Dwight D. Eisenhower Library Files, Abilene, Kansas.

［24］Michael Emery and Edwin Emery, *The Press and America: An Interpretive History of the Mass Media* (Englewood Cliffs, N. J. : Prentice Hall, 1992), p. 366.

［25］Lewis L. Gould, *The Modern American Presidency* (Lawrence: University Press of Kansas, 2003), p. 116.

［26］Clarence G. Lasby, *Eisenhower's Heart Attack: How Ike Beat Heart Disease and Held on to the Presidency* (Lawrence: University Press of Kansas, 1997), p. 191.

［27］Quoted in Michael R. Beschloss, *Eisenhower: A Centennial Life* (New York: HarperCollins, 1990), p. 140.

［28］For example, Sharon jarvis, "Presidential Nominating Conventions," in Horace Newcomb, ed. , *Encyclopedia of Television* (Chicago: Fitzroy Dearborn, 1997), p. 1284.

［29］Diamond and Bates, *The Spot*, p. 79.

［30］Barnouw, *Tube of Plenty*, p. 210.

［31］Craig Allen, *Eisenhower and the Mass Media: Peace, Prosperity, and Prime-Time TV* (Chapel Hill: University of North Carolina Press, 1993), p. 148.

［32］Stephen E. Ambrose, *Eisenhower: The President* (New York: Simon and Schuster, 1984), p. 421.

［33］Vance Packard, "Resurvey of '*Hidden Persuaders*,'" *New York Times Magazine*, 11 May 1958, p. 10.

［34］Discussed in Allen J. Matusow, *The Unraveling of America: A History of Liberalism in the* 1960s (New York: Harper and Row, 1984), p. 9.

［35］Some passages on the history of the television and the Kennedy presidency originally appeared in somewhat different form in Mary Ann Watson, *The Expanding Vista: American Television in the Kennedy Years* (New York: Oxford University Press, 1990).

［36］Theodore C. Sorensen, *Kennedy* (New York: Bantam Books, 1965), p. 102.

［37］Quoted in Joe Garner, *Stay Tuned: Television's Unforgettable Moments* (Kansas City: Andrews McMeel, 2002), p. 65.

［38］Robert H. Sanders, *The Great Debates*, Freedom of Information Center Publication No. 67 (Columbia: University of Missouri, 1961), p. 11.

［39］Quoted in Garner, *Stay Tuned*, p. 65.

［40］Quoted in Kisseloff, *The Box*, p. 401.

［41］Quoted in Ambrose, *Eisenhower*, p. 604.

［42］Diamond and Bates, *The Spot*, p. 102.

［43］Gene Wyckoff, *The Image Candidates: American Politics in the Age of Television* (New York: Macmillan, 1968), pp. 44-45.

［44］Quoted in "Television: The Vigil on the Screen," *Time*, 16 November 1960, p. 15.

［45］Earl Mazo, *The Great Debates*, Occasional Paper (Santa Barbara, Calif. : Center for the Study of Democratic Institutions, 1962), pp. 4-5.

［46］"The President and TV," *Television Magazine*, May 1961, p. 48.

［47］George Herman, Oral History Collection, John F. Kennedy Library, Boston, Massachusetts.

［48］Ray Scherer, "What You Can't See: How Three Presidents Came to Grips with Television in the White House," *TV Guide*, 13-19 January 1962.

［49］George E. Reedy, *The Twilight of the Presidency* (New York: New American Library, 1970), p. 104.

［50］George Herman, Press Panel Oral History, John F. Kennedy Library, Boston, Massachusetts.

［51］Quoted in Carl M. Brauer, *John F. Kennedy and the Second Reconstruction* (New York: Columbia University Press, 1977), p. 260.

［52］Brauer, *John F. Kennedy and the Second Reconstruction*, p. 263.

[53] The CBS Evening News with Walter Cronkite, videotape, 2 September 1963, available for viewing at the John F. Kennedy Library, Boston, Massachusetts.

[54] Charles A. H. Thomson, *Television and Presidential Politics: The Experience in* 1952 *and the Problems Ahead* (Washington, D. C. : Brookings Institution, 1956), p. 158.

[55] Quoted in Ralph C. Martin, *A Hero for Our Times: An Intimate Story of the Kennedy Years* (New York: Ballantine, 1983), p. 288.

第 7 章

[1] Allen Ginsberg, *Howl and Other Poems* (San Francisco: City Lights Books, 1956), p. 34.

[2] Daniel J. Boorstin, "The Luxury of Retrospect," *Life, Special Issue: The 80s*, Fall 1989, p. 37.

[3] Taylor Branch, *Parting the Waters: America in the King Years*, 1954-1963 (New York: Touchstone, 1988), p. 203.

[4] Anna Everett, "Civil Rights Movement and Television," in Horace Newcomb, ed. , *Encyclopedia of Television*, Volume 1 (Chicago: Fitzroy Dearborn, 1997), p. 370.

[5] Tom Mascaro, "Documentary," in Horace Newcomb, ed. , *Encyclopedia of Television*, Volume 1 (Chicago: Fitzroy Dearborn, 1997), p. 519.

[6] Linda M. Perry, "Civil Rights Coverage," in Michael D. Murray, ed. , *Encyclopedia of Television News* (Phoenix: Oryx Press, 1999), p. 45.

[7] Marshall Frady, *Martin Luther King, Jr.* (New York: Viking, 2002), p. 100.

[8] Branch, *Parting the Waters*, p. 881.

[9] Christopher H. Sterling and Timothy R. Haight, eds. , *The Mass Media: Aspen Institute Guide to Communication Industry Trends* (New York: Praeger, 1978), pp. 273-274.

[10] Everett, "Civil Rights Movement and Television," p. 372.

[11] Ibid.

[12] Jannette L. Dates and William Barlow, eds. , *Split Image: African Americans in the Mass Media*, 2nd Edition (Washington, D. C. : Howard University Press, 1993), p. 284.

[13] Thomas Cripps, "*Amos 'n' Andy* and the Debate over American Racial Integration," in John E. O'Connor, ed. , *American History/American Television: Interpreting the Video Past* (New York: Frederick Ungar, 1983), p. 39.

[14] Christopher D. Geist, "From the Plantation to the Police Station: A Brief History of Black Stereotypes," in Christopher D. Geist and Jack Nachbar, eds. , *The Popular Culture Reader*, 3rd Edition (Bowling Green, Ohio: Bowling Green State University Press, 1983), p. 157.

[15] Cripps, "*Amos 'n' Andy* and the Debate over American Racial Integration," p. 50.

[16] Quoted in Donald Bogle, *Primetime Blues: African Americans on Network Television* (New York: Farrar, Straus and Giroux, 2001), pp. 6, 115, 125.

[17] Leonard Wallace Robinson, "After the Yankees What? A TV Drama," *New York Times Magazine*, 15 November 1964, p. SM44.

[18] Christopher H. Sterling and John M. Kittross, *Stay Tuned: A History of American Broadcasting*, 3rd Edition (Mahwah, N. J. : Lawrence Erlbaum, 2002), p. 834.

[19] Ed Papazian, *Medium Rare: The Evolution, Workings and Impact of Commercial Television*, Completely Revised and Updated (New York: Media Dynamics, 1991), p. 49.

[20] Robinson. "After the Yankees What?" p. SM44.

[21] Richard Oulahan and William Lambert, "The Tyrants Fall That Rocked the TV World: Until He Was Suddenly Brought Low, Jim Aubrey Ruled the Air," *Life*, 10 September 1965, p. 90.

[22] Jack Gould. "TV: In the Wake of Aubrey's Dismissal at C. B. S. ," *New York Times*, 2 March 1965, p. 71.

[23] Discussed in Les Brown, *Les Brown's Encyclopedia of Television*, 3rd Edition (Detroit: Gale Research, 1992), p. 300.

[24] Quoted in "Networks Offer Definition of Sex," *New York Times*, 12 May 1962, p. 51.

［25］David Halberstam，*The Powers That Be*（New York：Knopf，1979），p. 252.

［26］Gould，"TV：In the Wake of Aubrey's Dismissal at C. B. S.，" p. 71.

［27］Harry Castleman and Walter J. Podrazik，*Watching TV：Six Decades of American Television*，2nd Edition（Syracuse，N. Y.：Syracuse University Press，2003），p. 156.

［28］David Marc，*Demographic Vistas：Television in American Culture*（Philadelphia：University of Pennsylvania Press，1984），p. 56.

［29］" 'Vast Wasteland' Speech Holds True after All These Years，" Chicago Tribune，24 April 2001，p. 17.

［30］Erik Barnouw，*Tube of Plenty：The Evolution of American Television*，2nd Revised Edition（New York：Oxford University Press，1990），p. 403.

［31］Sterling and Kittross，*Stay Tuned*，pp. 864，867.

［32］Marc，*Demographic Vistas*，p. 40.

［33］David Thorburn，"Television as an Aesthetic Medium，" *Critical Studies in Mass Communication* 4. 2（June 1987），pp. 167-168.

［34］Val Adams，"Benny to Return to N. B. C. Network，" *New York Times*，26 September 1963，p. 71.

［35］Andrew Grossman，"The Smiling Cobra，" *Variety*，7 June 2004，p. 68.

［36］Halberstam，*The Powers That Be*，p. 253.

［37］Val Adams，"Unexplained Move Stuns Industry：Post Goes to John A. Schneider，" *New York Times*，1 March 1965，p. 1.

［38］Charles Champlin，"Can TV Save the Films?" *Saturday Review*，7 October 1967，p. 11.

［39］"Table 36：Network TV Programming Summary，" in Lawrence W. Lichtyand Malachi C. Topping，eds.，*American Broadcasting：A Source Book on the History of Radio and Television*（New York：Hastings House，1975），p. 440.

［40］Judith Crist，"Tailored for Television，" *TV Guide*，30 August 1969，p. 6.

［41］"Specials，Specials，" *Hollywood Reporter：Television's Fall Issue*，September 1978，pp. 29-30.

［42］Bill Davidson，"Every Night at the Movies，" *Saturday Evening Post*，7 October 1967，p. 32.

［43］Henry Ehrlich，"Every Night at the Movies，" *Look*，7 September 1971，p. 62.

［44］"Johnny North，" *TV Guide*，2 May 1964，p. 8.

［45］Henry Harding，"First Attempts at Making Movies for TV，" *TV Guide*，4 July 1964，p. 14.

［46］Quoted in "Johnny North，" p. 9.

［47］Davidson，"Every Night at the Movies，" p. 32.

［48］Crist，"Tailored for Television，" p. 7.

［49］Thomas Guback，"Theatrical Film，" in Benjamin M. Compaine，ed.，*Anatomy of the Communication Industry：Who Owns the Media?*（White Plains. N. Y.：Knowledge Industry，1982），p. 247.

［50］Sterling and Haight，*The Mass Media*，pp. 297-298.

［51］Richard Levinson and William Link，*Stay Tuned*（New York：Ace，1981），pp. 4，28.

［52］Cobbett Steinberg，*TV Facts*，Revised and Updated（New York：Facts on File，1985），pp. 79-81.

［53］Quoted in Patrick Milligan，"Movies Are Better Than Ever—On Television，" *American Film*，March 1980，p. 52.

［54］"Movies on the Tube，" *Newsweek*，10 April 1972，p. 87.

［55］Milligan，"Movies Are Better Than Ever，" p. 52.

［56］"Man of the Year：The Inheritor，" *Time*，6 January 1967，p. 18.

［57］Sterling and Haight，*The Mass Media*，p. 377.

［58］Bob Spitz，*The Beatles：The Biography*（New York：Little，Brown，2005），p. 473.

［59］Tim Brooks and Earle Marsh，*The Complete Directory to Prime Time Network and Cable Shows*，1946-Present，7th Edition（New York：Ballantine Books，1999），p. 679.

［60］Aaron Spelling and Jefferson Graham，*Aaron Spelling：A Prime Time Life*（New York：St. Martin's Press，1996），pp. 66-67.

［61］Brooks and Marsh，*The Complete Directory to Prime Time Network and Cable Shows*，p. 675.

[62] Castleman and Podrazik, *Watching TV*, p. 202.

[63] Quoted in "Mothers' Brothers," *Time*, 30 June 1967, p. 41; "Man of the Year: The Inheritor," p. 18.

[64] Chester J. Pach Jr. , "And That's the Way It Was: The Vietnam War on the Network Nightly News," in Michele Hilmes, ed. , *Connections: A Broadcast History Reader* (Belmont, Calif. : Wadsworth, 2003), p. 189.

[65] Michael J. Arlen, *Living-Room War* (New York: Penguin, 1982), pp. 6, 83.

[66] Daniel C. Hallin, "Vietnam on Television," in Horace Newcomb, ed. , *Encyclopedia of Television*, Volume 3 (Chicago: Fitzroy Dearborn, 1997), p. 1767.

[67] Quoted in Don Oberdorfer, *Tet!* (New York: Da Capo, 1984), p. 158.

[68] George Gallup, *The Gallup Poll: Public Opinion*, 1935-1971 (New York: Random House, 1972), pp. 1967, 2074, 2099, 2105.

[69] Pach, "And That's the Way It Was," pp. 187-188.

[70] Walter Cronkite, "We Are Mired in Stalemate," in *Reporting Vietnam: Part One. American Journalism* 1959-1969 (New York: Library of America, 1998), p. 582.

[71] Quoted in Halberstam, *The Powers That Be*, p. 514.

[72] Josh Ozersky, *Archie Bunker's America: TV in an Era of Change*, 1968-1978 (Carbondale: Southern Illinois University Press, 2003), p. 1.

[73] Bert Spector, "A Clash of Cultures: The Smothers Brothers vs. CBS Television," in John E. O'Connor, ed. , *American History/American Television: Interpreting the Video Past* (New York: Frederick Ungar, 1983), p. 181.

[74] Aniko Bodroghkozy, *Groove Tube: Sixties Television and the Youth Rebellion* (Durham, N. C. : Duke University Press, 2001), p. 140.

[75] Ibid. , p. 145.

[76] Brooks and Marsh, *The Complete Directory to Prime Time Network and Cable Shows*, p. 875.

[77] Ozersky, *Archie Bunker's America*, p. 41.

[78] Brooks and Marsh, *The Complete Directory to Prime Time Network and Cable Shows*, p. 437.

[79] Ed Papazian, *Medium Rare: The Evolution, Workings and Impact of Commercial Television*, Completely Revised and Updated (New York: Media Dynamics, 1991), p. 169.

[80] "Awe, Hope and Skepticism on Planet Earth," *Time*, 25 July 1969, p. 16.

[81] "Man Walks on Another World: Historic Words and Photographs by Neil A. Armstrong, Edwin E. Aldrin, Jr. , and Michael Collins," *National Geographic* 136. 6 (December 1969), p. 738.

[82] Andrew Chaikin, *A Man on the Moon: The Voyages of the Apollo Astronauts* (New York: Viking, 1994), p. 2.

[83] Barnouw, *Tube of Plenty*, p. 424.

[84] Bruce J. Evensen, "Moon Landing. " in Michael D. Murray, ed. , *Encyclopedia of Television News* (Phoenix: Oryx Press, 1999), p. 153.

[85] Barnouw, *Tube of Plenty*, p. 425.

[86] "The Moonshoot: Watching It All at Home, the Astronauts' Families Coaxed Them On," *Life*, 1 August 1969, p. 29.

[87] "Threshold of a New Age," *U. S. News and World Report*, 28 July 1969, p. 21.

[88] William E. Farrell, "The World's Cheers for American Technology Are Mixed with Pleas for Peace," *New York Times*, 21 July 1969, p. 10.

[89] Walter Rugaber, "Nixon Makes Most Historic Telephone Call Ever," *New York Times*, 21 July 1969, p. 2.

[90] Barnouw, *Tube of Plenty*, p. 427.

[91] Evensen, "Moon Landing," p. 154; "The Moon: A Giant Leap for Mankind," *Time*, 25 July 1969, p. 12b.

[92] Quoted in Evensen, "Moon Landing," p. 153.

[93] "Awe, Hope and Skepticism on Planet Earth," *Time*, 25 July 1969, p. 16.

[94] "The Moon: A Giant Leap for Mankind," p. 13.

[95] Quoted in "The Watchers," *Newsweek*, 28 July 1969, p. 28.

［96］ Barnouw, *Tube of Plenty*, pp. 427-428.

［97］ "Awe, Hope and Skepticism on Planet Earth," p. 16.

［98］ "What's Next in Space: 9 More Flights to the Moon," *U. S. News and World Report*, 4 August 1969, p. 28.

［99］ Quoted in "Men Walk on the Moon," *New York Times*, 21 July 1969, p. 1.

［100］ Quoted in Seth Schiesel, "Paul L. Klein, 69, a Developer of Pay-Per-View TV Channels," *New York Times*, 13 July 1998, p. B9.

［101］ 2000 *Report on Television: The First 50 Years* (New York: Nielsen Media Research, 2000), p. 18.

［102］ Ibid.

［103］ Leonard Sloane, "ABC on Its Way out of the Cellar," *New York Times*, 9 November 1975, p. F1.

［104］ Les Brown, "Fred Silverman Will Leave CBS-TV to Head ABC Program Division," *New York Times*. 19 May 1975, p. 46.

［105］ Patricia Aufderheide, "Public Television," in Horace Newcomb, ed., *Encyclopedia of Television*, Volume 2 (Chicago: Fitzroy Dearborn, 1997), p. 1316.

［106］ *FCC Report and Order on Network Television Broadcasting*, adopted 4 May 1970. 23 FCC 2d, pp. 382, 384, 389.

［107］ Brown, *Les Brown's Encyclopedia of Television*, p. 434.

［108］ David J. Londoner, "The Changing Economics of Entertainment," Report for Wertheim and Co., Toronto, 1978, p. 11.

［109］ "Justice vs. the Networks," *Newsweek*, 24 April 1972, p. 55.

［110］ For example, William B. Blankenburg, "Nixon vs. the Networks: Madison Avenue and Wall Street," *Journal of Broadcasting* 21. 2 (Spring 1977), pp. 163-175; Edith Efron, *The News Twisters* (Los Angeles: Nash, 1971); Erwin G. Krasnow and Lawrence D. Longley, *The Politics of Broadcast Regulation*, 2nd Edition (New York: St. Martin's Press, 1979).

［111］ Quoted in Paul Laskin, "Television Antitrust: Shadowboxing with the Networks," *Nation*, 14 June 1975, p. 715.

［112］ Gary Edgerton and Cathy Pratt, "The Influence of the Paramount Decision on Network Television in America," *Quarterly Review of Film Studies* 8. 3 (Summer 1983), pp. 9-23.

［113］ *United States v. National Broadcasting Company*, No. 74-3601-RJK (C. D. Col. 14 November, 1976); *United States v. CBS*, Inc., No. 74-3599. RJK (C. D. Col. 31 July 1980); *United States v. American Broadcasting Company*, No. 74-3600-RJK (C. D. Col. 14 November, 1980).

［114］ Hallin, "Vietnam on Television," p. 1768.

［115］ Brown, *Les Brown's Encyclopedia of Television*, p. 605.

［116］ Ronald Garay, "Watergate," in Horace Newcomb, ed., *Encyclopedia of Television*, Volume 3 (Chicago: Fitzroy Dearborn, 1997), p. 1803.

［117］ Brown, *Les Brown's Encyclopedia of Television*, p. 605.

［118］ "Man of the Year: The Inheritor," p. 20.

［119］ Sloane, "ABC on Its Way out of the Cellar," p. F2.

第 8 章

［1］ "The Man with the Golden Gut: Programmer Fred Silverman Has Made ABC No. 1," *Time*, 5 September 1977, p. 46.

［2］ Donald Parente, "A History of Television and Sports," Ph. D. diss., University of Illinois at Urbana-Champaign, 1974, pp. 65-67; Christopher H. Sterling and John M. Kittross, *Stay Tuned: A History of American Broadcasting*, 3rd Edition (Mahwah, N. J.: Lawrence Erlbaum, 2002), p. 355.

［3］ Christopher H. Sterling and Timothy R. Haight, eds., *The Mass Media: Aspen Institute Guide to Communication Industry Trends* (New York: Praeger, 1978), p. 375.

［4］ Quoted in Bruce Berman, "TV Sports Auteurs," *Film Comment* (March-April 1976), p. 35.

［5］Marc Gunther and Bill Carter, *Monday Night Mayhem：The Inside Story of ABC's Monday Night Football* (New York：Beech Tree Books, 1988).

［6］Quoted in Bill Carter, "Roone Arledge, 71, a Force in TV Sports and News, Dies," *New York Times*, 6 December 2002, p. A1.

［7］Joe Garner, *Stay Tuned：Television's Unforgettable Moments* (Kansas City, Mo.：Andrews McMeei, 2002), p. 127.

［8］John C. Tedesco, "Roone Arledge," in Horace Newcomb, ed., *Encyclopedia of Television*, Volume 1 (Chicago：Fitzroy Dearborn, 1997), p. 81.

［9］Quoted in Carter, "Roone Arledge, 71, Dies," p. Ai.

［10］Garner, *Stay Tuned*, p. 128.

［11］Simon Reeve. *One Day in September：The Full Story of the* 1972 *Munich Olympics Massacre and the Israeli Revenge Operation "Wrath of God"* (New York：Arcade Publishing, 2000), p. ix.

［12］"News of Olympic Drama：22 Hours of Uncertainty," *New York Times*, 7 September 1972, p. 18; John J. O'Connor, "TV：'Real World' Proves to Be Curiously Elusive; McKay quoted in A. B. C. Munich Report Raises New Questions," *New York Times*, 7 September 1972, p. 87.

［13］Harry Castleman and Walter J. Podrazik, *Watching TV：Six Decades of American Television*, 2nd Edition (Syracuse, N. Y.：Syracuse University Press, 2003), pp. 230, 259.

［14］Quoted in Julian Rubinstein, "The Lives They Lived; The Emperor of the Air," *New York Times*, 29 December 2002, sec. 6, p. 36.

［15］2000 *Report on Television：The First* 50 *Years* (New York：Nielsen Media Research, 2000), p. 18.

［16］"The Hot Network," *Time*, 15 March 1976, p. 82.

［17］Jennifer Moreland, "Olympics and Television," in Horace Newcomb, ed., *Encyclopedia of Television*, Volume 2 (Chicago：Fitzroy Dearborn, 1997), p. 1197.

［18］"Brought to You by…" *Time*, 19 July 1976, p. 62.

［19］Castleman and Podrazik, *Watching TV*, p. 259.

［20］"ABC's Wider World of News," *Time*, 16 May 1977, p. 79.

［21］Carter, "Roone Arledge, 71, Dies," p. A1.

［22］"ABC's Wider World of News," p. 80.

［23］Carter, "Roone Arledge, 71, Dies," p. A1.

［24］2000 *Report on Television*, p. 18.

［25］Quoted in Les Brown, "Fred Silverman Will Leave CBS-TV to Head ABC Program Division," *New York Times*, 19 May 1975, p. 46.

［26］"The Man with the Golden Gut," p. 51.

［27］Lawrence Van Gelder, "TV's Man for All Networks," *New York Times*, 21 January 1978, p. 38.

［28］Les Brown, "Silverman, Who Led ABC to Top, Will Leave to Head Rival NBC," *New York Times*, 19 May 1975, p. A1.

［29］2000 *Report on Television*, p. 18.

［30］Van Gelder, "TV's Man for All Networks," p. 38.

［31］Stephen Zito, "Out of Africa," *American Film*, October 1976, pp. 8-17.

［32］Dwight Whitney, "When Miniseries Become Megaflops," *TV Guide*, 19 July 1980, p. 3.

［33］"The Effects of 'Roots' Will Be with TV for a Long Time," *Broadcasting*, 7 February 1977, p. 52.

［34］Douglas Gomery, "The Television Industries," in Benjamin M. Compaine and Douglas Gomery, eds., *Who Owns the Media? Competition and Concentration in the Mass Media Industry*, 3rd Edition (Mahwah, N. J.：Lawrence Erlbaum, 2000), p. 208.

［35］Robert Campbell, *The Golden Years of Broadcasting：A Celebration of the First* 5o *Years of Radio and TV on NBC* (New York：Scribner's, 1976), p. 84.

[36] Mark Kriegel, Namath: *A Biography* (New York: Viking, 2004), p. xii.

[37] Erik Barnouw, *Tube of Plenty: The Evolution of American Television*, 2nd Revised Edition (New York: Oxford University Press, 1990), p. 509.

[38] Les Brown, "The Networks Cry Havoc," *New York Times*, 12 February 1978, pp. F1, F7.

[39] Sterling and Kittross, *Stay Tuned*, p. 511.

[40] Jeri Baker, "Can the Cost-Cutters Beat the System?" *Channels: '87 Field Guide to the Electronic Environment* 6. 11 (December 1986), p. 41.

[41] Les Brown, *Les Brown's Encyclopedia of Television*, 3rd Edition (Detroit: Gale Research, 1992), p. 229.

[42] Quoted in N. R. Kleinfield, "ABC Is Being Sold for $3. 5 Billion; 1st Network Sale," *New York Times*, 19 March 1985, p. A1.

[43] Sally Bedwell Smith, "Turner Makes Offer for CBS; Wall St. Skeptical on Success," *New York Times*, 19 April 1985, p. Ai; "At CBS News, a Feeling of Relief; 19 Months of Upheaval," *New York Times*, 11 September 1986, p. D6.

[44] Alex S. Jones, "And Now, The Media Mega-Merger," *New York Times*, 24 March 1985, sec. 3, p. 1.

[45] John Crudele, "GE Will Purchase RCA in a Cash Deal Worth $6. 3 Billion," *New York Times*, 12 December 1985, p. A1.

[46] Quoted in Geraldine Fabrikant, "Company News; Head of CBS Quits under Pressure; Paley in Key Role," *New York Times*, 11 September 1986, p. A1.

[47] Les Brown, "Looking Back: Five Tumultuous Years," *Channels: '87 Field Guide to the Electronic Environment* 6. 11 (December 1986), p. 9.

[48] Sterling and Kittross, *Stay Tuned*, p. 864; George Gilder, *Life after Television: The Coming Transformation of Media and American Life* (New York: W. W. Norton, 1990), p. 22.

[49] Ed Papazian, *TV Dimensions '97* (New York: Media Dynamics, 1991), p. 21.

[50] Brown, "Looking Back," p. 9.

[51] Janet Wasko, *Hollywood in the Information Age: Beyond the Silver Screen* (Austin: University of Texas Press, 1994), p. 75.

[52] David Gunzerath, " 'Darn That Pay TV!': STV's Challenge to American Television's Dominant Economic Model," *Journal of Broadcasting and Electronic Media* 44. 4 (2000), p. 670.

[53] George Mair, *Inside HBO: The Billion Dollar War between HBO, Hollywood, and the Home Video Revolution* (New York: Dodd, Mead, 1988), pp. 26, 30-31, 53.

[54] Brown, *Les Brown's Encyclopedia of Television*, p. 316.

[55] Craig Leddy, "Cable TV: The Tough Get Going," *Channels of Communications: The Essential* 1985 *Field Guide to the Electronic Media* 4. 11 (December 1984), p. 35.

[56] Brown. *Les Brown's Encyclopedia of Television*, p. 316.

[57] Sterling and Kittross, *Stay Tuned*, pp. 454, 834.

[58] Ben Brown, "Broadcast TV: Making Money the Old-Fashioned Way," *Channels of Communications: The Essential* 1985 *Field Guide to the Electronic Media* 4. 11 (December 1984), p. 26.

[59] Jeri Baker, "Target Practice: The Networks under the Gun," *Channels: The* 1988 *Field Guide to the Electronic Environment* 7. 11 (December 1987), p. 66.

[60] 2000 *Report on Television*, p. 18.

[61] Tom Shales and James Andrew Miller, *Live from New York: An Uncensored History of Saturday Night Live* (Boston: Little, Brown, 2002), p. 3.

[62] Ibid. , pp. 19-20, 27.

[63] George Plasketes, "The Rise and Fall of *Saturday Night Live*: Lome Michaels as a Television Writer-Producer," in Gary R. Edgerton, Michael T. Marsden, and Jack Nachbar, eds. , *In the Eye of the Beholder: Critical Perspectives in Popular Film and Television* (Bowling Green, Ohio: Bowling Green State University Press, 1997), pp. 27-33.

[64] Shales and Miller, *Live from New York*, pp. 52-53.

［65］Ibid. , p. 69.

［66］R. C. Longworth，"Chicago：City on the Brink," *Chicago Tribune*，13 May 1981，p. A1.

［67］Joseph Epstein. "Why John Irving Is So Popular," *Commentary* 73. 6 (June 1982)，p. 61.

［68］Grant Tinker and Bud Rukeyser, *Tinker in Television：From General Sarnoff to General Electric* (New York：Simon and Schuster, 1994)，p. 96.

［69］"All-Time Best Cop Show：*Hill Street Blues*" TV Guide，17 April 1993. p. 38.

［70］Tim Brooks and Earle Marsh, *The Complete Directory to Prime Time Network and Cable Shows*，1946-Present，7th Edition (New York：Ballantine, 1999)，p. 451.

［71］Jane Feuer，"MTM Enterprises：An Overview," in Jane Feuer，Paul Kerr，and Tise Vahimagi，eds. f MTM：*"Quality Television"* (London：British Film Institute, 1984)，p. 25.

［72］Tinker and Rukeyser, *Tinker in Television*，pp. 135-136.

［73］Todd Gitlin, *Inside Prime Time* (New York，Pantheon, 1983)，pp. 75，279-295，307-310.

［74］Robin Nelson，"*Hill Street Blues*" in Glen Creeber, ed. , *Fifty Key Television Programmes* (London：Arnold, 2004)，p. 104.

［75］Castleman and Podrazik, *Watching TV*，p. 299.

［76］Jane Feuer，"The MTM Style," in Horace Newcomb, ed. , *Television：The Critical View*，4th Edition (New York：Oxford，1987)，pp. 52，54.

［77］Susan McLeland，"Grant Tinker," in Horace Newcomb, ed. , *Encyclopedia of Television*，Volume 3 (Chicago：Fitzroy Dearborn, 1997)，p. 1679.

［78］Michael B. Kassel，"Brandon Tartikoff," in Horace Newcomb, ed. , *Encyclopedia of Television*，Volume 3 (Chicago：Fitzroy Dearborn, 1997)，p. 1625.

［79］Tinker and Rukeyser, *Tinker in Television*，p. 177.

［80］Kassel，"Brandon Tartikoff," p. 1626.

［81］Jane Feuer, *Seeing through the Eighties：Television and Reaganism* (Durham，N. C. ：Duke University Press, 1995)，p. 62.

［82］Tinker and Rukeyser, *Tinker in Television*，p. 171.

［83］McLeland，"Grant Tinker," p. 1679.

［84］Brooks and Marsh, *The Complete Directory to Prime Time Network and Cable Shows*，p. 228.

［85］2000 *Report on Television*，pp. 19-20.

［86］David Marc and Robert F. Thompson, Prime Time, Prime Movers：From I Love Lucy to L. A. Law—America's Greatest TV Shows and the People Who Created Them (Boston：Little, Brown, 1992)，p. 202.

［87］Robert J. Thompson, *Television's Second Golden Age：From Hill Street Blues to ER* (Syracuse. N. Y. ：Syracuse University Press, 1996)，p. 35.

［88］Robert J. Thompson, "Television's Second Golden Age：The Quality Shows," *Television Quarterly* 27. 3 (Winter 1996)，pp. 75-81.

［89］Thomas Schatz, "*St. Elsewhere* and the Evolution of the Ensemble Series," in Horace Newcomb, ed. , *Television：The Critical View*，4th Edition (New York：Oxford，1987)，p. 98.

［90］"All-Time Best Drama：*St. Elsewhere* " TV Guide，17 April 1993，pp. 11-12.

［91］J. Max Robins，"The Four Networks：Bang the Drum Slowly," *Channels：1990 Field Guide to the Electronic Environment* 9. 11 (December 1989)，p. 73.

［92］Sterling and Kittross, *Stay Tuned*，p. 871.

［93］2000 *Report on Television*，p. 17.

［94］Sterling and Kittross, *Stay Tuned*，p. 866.

［95］David Lachenbruch，"Television in the '90s：The Shape of Things to Come," *TV Guide*，20 January 1990，p. 13.

［96］Thompson, *Television's Second Golden Age*，p. 108；Julie D'Acci, *Defining Women：Television and the Case of Cagney & Lacey* (Chapel Hill：University of North Carolina Press, 1994)，p. 207.

[97] Shales and Miller, *Live from New York*, pp. 144-146; Schatz, "*St. Elsewhere* and the Evolution of the Ensemble Series," p. 92.

[98] Tom Shales, "ABC's Triple Threat; *Life Goes On*, *Chicken Soup*, *Roseanne*: Hot Shows, Hot Fun," Washington Post, 12 September 1989, p. E1.

[99] Thompson, *Television's Second Golden Age*, p. 108.

[100] Brown, *Les Brown's Encyclopedia of Television*, p. 537.

[101] Brooks and Marsh, *The Complete Directory to Prime Time Network and Cable Shows*, p. 1020.

[102] "Prime-Time Programming Costs: A Three-Decade Analysis," *Media Matters: The Newsletter for the Media and Advertising Industries*, August 1986, pp. 8-9; "The Returning Shows," *Channels*, September 1986, pp. 58-59; "Can the Major Networks Curb Prime-Time Program Costs over the Long Haul?" *Media Matters: The Newsletter for the Media and Advertising Industries*, November 1989, pp. 8-9; "The Rise and Rise of Program Prices," *Broadcasting*, 23 September 1991, p. 44.

[103] Tinker and Rukeyser, *Tinker in Television*, pp. 175-177.

[104] Timothy Havens, *Global Television Marketplace* (London: British Film Institute, 2006), p. 28.

[105] Patricia Hersch, "thirtysomethingtherapy: The Hit TV Show May Be Filled with 'Yuppie Angst,' but Therapists Are Using It to Help People," *Psychology Today* 22.10 (October 1988), p. 62.

[106] Jackie Byars and Eileen R. Meehan, "Once in a Lifetime: Constructing The Working Woman' through Cable Narrowcasting," in Horace Newcomb, ed., *Television: The Critical View*, 6th Edition (New York: Oxford, 2000), p. 154.

[107] "A Guide: Satellite Channels—Basic Channels," *Channels of Communications: The Essential* 1985 *Field Guide to the Electronic Environment* 5.11 (December 1985), p. 57.

[108] Byars and Meehan, "Once in a Lifetime," p. 154.

[109] Ibid., pp. 148, 155.

[110] Sharon Strover, "United States: Cable Television," in Horace Newcomb, ed., *Encyclopedia of Television*, Volume 3 (Chicago: Fitzroy Dearborn, 1997), p. 1721.

[111] Tom Shales, "Dark, Potent China Beach: On ABC, A Drama Series about Women in Vietnam," *Washington Post*, 26 April 1988, p. B1.

[112] Sterling and Kittross, *Stay Tuned*, p. 502.

[113] Douglas Gomery, "Cable News Network," in Horace Newcomb, ed., *Encyclopedia of Television*, Volume 1 (Chicago: Fitzroy Dearborn, 1997), p. 271.

[114] "The Best of the Rest: Cable Television—CNN," *TV Guide*, 17 April 1993, p. 92.

[115] Bruce J. Evensen, "Persian Gulf War," in Michael D. Murray, ed., *Encyclopedia of Television News* (Phoenix: Oryx Press, 1999), p. 188.

[116] Gomery, "Cable News Network," p. 272.

第 9 章

[1] Robert Goldberg and Gerald Jay Goldberg, *Citizen Turner: The Wild Rise of an American Tycoon* (New York: Harcourt Brace, 1995), pp. 100-101, 116-117; Eric Guthey, "Ted Turner's Media Legend and the Transformation of Corporate Liberalism," *Business and Economic History* 26.1 (Fall 1997), p. 185; Eric Guthey, "Of Business Biography, Media Romance, and Corporate Family Drama," *Business and Economic History* 26.2 (January 1997), p. 290.

[2] Goldberg and Goldberg, *Citizen Turner*, pp. 121-125.

[3] Jimmie L. Reeves, Mark C. Rogers, and Michael M. Epstein, "Rewriting Popularity: The Cult Files," in David Lavery, Angela Hague, and Maria Cartwright, eds., "*Deny All Knowledge*": *Reading* The X Files (Syracuse, N.Y.: Syracuse University Press, 1996), pp. 24-26.

[4] Jane Feuer, "Genre Study and Television," in Robert C. Allen, ed., *Channels of Discourse, Reassembled: Television and Contemporary Criticism* (Chapel Hill: University of North Carolina Press, 1992), p. 152.

[5] Quoted in Goldberg and Goldberg, *Citizen Turner*, p. 131.

[6] Tom Bradshaw, "How an Indie 'U' Made It Big with 'Good Old Days' Programming," *Television/Radio Age*, 24 June 1974, p. 26.

[7] Ibid. , p. 51.

[8] Goldberg and Goldberg, Citizen Turner, p. 133; Bradshaw, "How an Indie 'U' Made It Big," pp. 50-51. The quasi-newscast featured the eccentric performances of Bill Tush, a weatherman inherited from WRJR who Turner transformed into a news director/anchor and a local cult figure. See Porter Bibb, *It Ain't as Easy as It Looks: Ted Turner's Amazing Story* (New York: Crown, 1993), PP- 84-85.

[9] Bibb, *It Ain't as Easy as It Looks*, p. 79.

[10] Quoted in Bradshaw, "How an Indie 'U' Made It Big," p. 51.

[11] Goldberg and Goldberg, *Citizen Turner*, pp. 175-177.

[12] Bibb, *It Ain't as Easy as It Looks*, pp. 85-87; Bradshaw, "How an Indie 'U' Made It Big," pp. 25-26.

[13] Bibb, *It Ain't as Easy as It Looks*, pp. 87-88.

[14] Bradshaw, "How an Indie 'U' Made It Big," p. 25.

[15] Patrick R. Parsons and Robert M. Frieden, *The Cable and Satellite Television Industries* (Boston: Allyn and Bacon, 1998), pp. 53-54.

[16] Goldberg and Goldberg, *Citizen Turner*, pp. 158-173.

[17] Ibid.

[18] Mike Davis, *Prisoners of the American Dream: Politics and Economy in the History of the U. S. Working Class* (London: Verso, 1986), p. 156; Reeves, Rogers and Epstein, "Rewriting Popularity," p. 29.

[19] Hank Whittemore, *CNN: The Inside Story* (Boston: Little, Brown, 1990), p. 34.

[20] Bibb, *It Ain't as Easy as It Looks*, pp. 151—153; Goldberg and Goldberg, Citizen Turner, p. 242; Whittemore, CNN, pp. 29-31.

[21] Whittemore. , *CNN*, p. 28.

[22] Reese Schonfeld, *Me and Ted against the World: The Unauthorized Story of the Founding of CNN* (New York: Cliff Street, 2001), p. 5.

[23] Whittemore, CNN, pp. 46-49; Goldberg and Goldberg, *Citizen Turner*, pp. 235-237; Bibb, *It Ain't as Easy as It Looks*, pp. 162-165.

[24] Schonfeld, *Me and Ted against the World*, p. 84; Whittemore, CNN, pp. 142-164.

[25] Schonfeld, *Me and Ted against the World*, p. 382; Goldberg and Goldberg, Citizen Turner, pp. 285-286; Davis, *Prisoners of the American Dream*, p. 220; Barry Bluestone and Bennett Harrison, *The Deindustrialization of America: Plant Closings, Community Abandonment, and the Dismantling of Basic Industry* (New York: Basic Books, 1982), p. 95.

[26] Goldberg and Goldberg. *Citizen Turner*, pp. 295-296; Whittemore. , CNN, pp. 254-256.

[27] Schonfeld, *Me and Ted against the World*, p. 291.

[28] Gerald O. Barney, ed. , *The Global 2000 Report to the President: Entering the 21st Century* (Washington, D. C. : Seven Locks Press, 1988), pp. 2-3.

[29] Goldberg and Goldberg, *Citizen Turner*, pp. 284-285, 327-331, 367-368.

[30] Ibid. , p. 345.

[31] Ibid. , pp. 352-360, 363.

[32] Richard Hack, *Clash of the Titans: How the Unbridled Ambition of Ted Turner and Rupert Murdoch Has Created Global Empires That Control What We Read and Watch* (Beverly Hills: New Millennium Press, 2003), pp. 242-243.

[33] Goldberg and Goldberg, *Citizen Turner*, pp. 378, 379.

[34] Bibb, *It Ain't as Easy as It Looks*, pp. 319-320; Goldberg and Goldberg, *Citizen Turner*, pp. 396-398.

[35] David Kohler and Steve Korn, former TBS lawyers, personal interview by the author, Los Angeles, 22 February 2006.

[36] Quoted in Joe Garner, *Stay Tuned: Television's Most Unforgettable Moments* (Kansas City: Andrews McMeel,

2003)，pp. 96-99.

[37] Priscilla Painton, "The Taming of Ted Turner," *Time*, 6 January 1992, pp. 35-37.

[38] National Cable and Telecommunications Association, citing Nielsen Media Research, at http：//www. ncta. com/industry_ overview/indStats, cfm?statID=1 (accessed 24 February 2006).

[39] Cable Television Consumer Protection and Competition Act of 1992 (1992 Cable Act), codified at U. S. Code 47 (1992)，§§521-573.

[40] Quoted in Ken Auletta, *Media Man* (New York：W. W. Norton, 2004)，p. 63.

[41] Hack, *Clash of the Titans*，p. 348.

[42] *Fox News Network*, L. L. C. v. Time Warner Inc. , 962 F. Supp. 339 (E. D. N. Y. , 1997)；Hack, *Clash of the Titans*，pp. 349-356.

[43] *Time Warner Cable of New York City v. City of New York*，943 F. Supp. 1357 (S. D. N. Y. , 1996).

[44] "Time Warner Cable Violated Communications Act and FCC Rules by Deleting ABC Television Stations during Nielson Audience Rating Sweeps Period, FCC Cable Services Bureau Rules," *Entertainment Law Reporter* 21. 12 (May 2000)，at http：//web. lexis-nexis. com. proxy. lib. odu. edu/universe/document?_ m = 5e0502d3604a1cc94a9627402477b992&_ docnum = 1&-wchp=dGLbVlz-zSkVA&_ md5=202d360b44e7b42e80b96a8ie2bf8463 (accessed 20 April 2006).

第 10 章

[1] Nicholas Negroponte, *Being Digital* (New York：Vintage, 1995)，p. 34.

[2] Mavis Scanlon, *2006 Industry Overview* (Washington, D. C. ：National Cable and Telecommunications Association, 2006)，p. 14.

[3] Julian Dibbell, "Nielsen Rates the Net," *Newsweek*, 13 November 1995, p. 121；1998 *Report on Television* (New York：Nielsen Media Research, 1998)，p. 46.

[4] Christopher H. Sterling and John M. Kinross, *Stay Tuned：A History of American Broadcasting*，3rd Edition (Mahwah, N. J. ：Lawrence Erlbaum, 2002)，p. 871；Scanlon, *2006 Industry Overview*，p. 8.

[5] Scott Chase, "The FCC Sends DBS Flying," *Channels*：1990 *Field Guide to the Electronic Environment* 9. 11 (December 1989)，p. 97.

[6] Sterling and Kittross, *Stay Tuned*，p. 874.

[7] Scanlon, 2006 *Industry Overview*，p. 14.

[8] Ibid. , p. 5.

[9] Jason Mittell, "Genre Cycles：Innovation, Imitation, Saturation," in Michele Hilmes, ed. , *The Television History Book* (London：British Film Institute, 2003)，p. 48.

[10] Todd Gitlin, *Inside Prime Time* (New York：Pantheon, 1983)，p. 79.

[11] Quoted in Sara Jacobs, "Branded Entertainment," *Hollywood Reporter*，4 May 2004, at http：//209. 11. 49. 186/thr/television/feature_ display. jsp?vnu_ content_ Id=1000502256 (accessed 4 May 2004).

[12] Quoted in Louis Chunovic, "Topic of Branding Is Red-Hot at CTAM," *Television Week*，30 July 2001, at http：//www. tvweek. com/advertise/073001ctam. html (accessed 21 February 2004).

[13] Ibid.

[14] Quoted in Jacobs, "Branded Entertainment. "

[15] John G. Cawelti, "The Question of Popular Genres Revisited," in Gary R. Edgerton, Michael T. Marsden, and Jack Nachbar, eds. , *In the Eye of the Beholder：Critical Perspectives of Popular Film and Television* (Bowling Green, Ohio：Bowling Green State University Press, 1997)，p. 68.

[16] ESPN Press Release, "ESPN Research Study Honored by CTAM：Network Branding Survey Singled out as Top Case Study of the Year," 14 March 2000，at http：//www. sportsticker. com/ESPNtoday/2000/mar_ 00/CTAMAward. htm (accessed 21 February 2004).

[17] Kim McAvoy, "Special Report：The B&C 25 Media Groups," *Broadcasting and Cable*，12 May 2003, p. 12.

[18] "A&E Television Network," 31 December 2005, at http：//www. answers. com/ topic/a-e-television-network (ac-

cessed 22 May 2006).

[19] "Making History with History," *Reveries*，March 2001，at http：//www. reveries. com/reverb/media/scheflf (accessed 23 March 2004).

[20] "The History Channel：Making the Past Come Alive," *Video Age International* 17. 4 (March-April 1997)，pp. 22-23.

[21] "*Extreme History with Roger Daltry*：Surviving History's Epic Challenges...One Day at a Time," Press Release, History Channel，14 July 2003，at http：// www. prnewswire. com/cgi-bin/stories. pL?acct=104&story=/www/story/07-14-2003/0001918305&edate (accessed 6 May 2004).

[22] McAvoy，"Special Report," pp. 12，14.

[23] E. W. Scripps Corporation，"Our History," 2003，at http：//www. scripps. com/corporateoverview/history/index. shtml.

[24] Home and Garden Television，"Background Information on HGTV," Press Release，16 September 2002，at http：//www. hgtv. eom/hgtv/about _ us/article/0，1783，HGTV _ 3080 _ 1420294，00. html.

[25] Mike Reynolds，"Study：Several Cable Nets Are 'Family-Oriented,'" *Multichannel News*，14 April 2004，p. 16；Jim Forkan，"Fox News Scores Branding points," *Multichannel News*，22 April 2002，p. 12.

[26] Caryn James，"To Get the Best View of Television，Try Using a Wide Lens," *New York Times*，1 October 2000，sec. 2，p. 39.

[27] For example，most notably，George Gilder，*Life after Television*：*The Coming Transformation of Media and American Life* (New York：W. W. Norton，1992).

[28] 2000 *Report on Television*：*The First* 50 *Years* (New York：Nielsen Media Research，2000)，p. 14；Sterling and Kittross，*Stay Tuned*，p. 867；Scanlon，2006 *Industry Overview*，p. 15.

[29] Ed Papazian，*TV Dimensions* '97 (New York：Media Dynamics，1991)，p. 21；"Nielsen Report：Americans Have More TV Channels，Watch Less of Them," *Media Buyer Planner*，14 March 2006，at http：//www. mediabuyerplanner. com/2006/03/14/ nielsen _ report _ americans _ have _ m/index. php.

[30] Meg James，"Over 50 and Out of Favor：Advertisers and Thus Networks Are Fixated on 18-to-49-Year-Olds，but Aging Baby Boomers Say They Shouldn't Be Taken for Granted," *L. A. Times*，10 May 2005，at http：//www. latimes. com/business/ la-fi-fifty10may10，0，1745275. story? coll=la-home-headlines.

[31] Louise Lee，with David Kelly，"Love Those Boomers：Their New Attitudes and Lifestyles Are a Marketers Dream," *Business Week*，24 October 2005，p. 94.

[32] Rob Owen，*Gen X TV*：The Brady Bunch to Melrose Place (Syracuse，N. Y.：Syracuse University Press，1997)，p. 58；Steve McClellan，"The Graying of the Networks," *Broadcasting and Cable*，18 June 2001，p. 32.

[33] Morrie Gelman，"ABC Picked to Repeat in Prime Time," *Broadcasting and Cable*，31 July 1995，p. 25；1998 *Report on Television*，p. 25；2000 *Report on Television*，p. 18.

[34] Allison Romano，"Cable's Big Piece of the Pie," *Broadcasting and Cable*，30 December 2002，p. 8；Michael McCarthy，"TV Watchers Can Tune in to Wider Selection of Channels," *USA Today*，12 April 2004，p. 2B.

[35] J. J. Yore，"Public Television：An Institution on Hold Recalls Its Great Hopes," *Channels*：The 1988 *Field Guide to the Electronic Environment* 7. 11 (December 1987)，p. 85；1998 *Report on Television*，p. 20.

[36] Patricia Aufderheide，"Public Television," in Horace Newcomb，ed.，*Encyclopedia of Television*，Volume 1 (Chicago：Fitzroy Dearborn，1997)，p. 1316.

[37] Statistical Research Incorporated (Westfield，New Jersey)，"1990 Public Television National Image Survey," commissioned by the PBS Station Independence Program，28 September 1990，pp. 2. 1-2. 8.

[38] 1998 *Report on Television*，p. 20；quoted in Marilyn S. Mason，"PBS Faces up to the Competition," *Christian Science Monitor*，4 May 2001，p. 13.

[39] Bill Carter，"He Lit up HBO：Now He Must Run It," *New York Times*，29 December 2002. sec. 3，p. 1. quoted in Carla Power，"Art of the Tube：Market This：HBO Has Put America ahead of Britain as the Leader in Quality TV，and It's Rolling in Profits to Boot," *Newsweek International*. 1 December 2004，p. 77.

［40］Quoted in Cynthia Littleton, "Net Still Growing Strong," *Variety*, 3 November 1997, p. 35.

［41］Elizabeth Lesly Stevens, "Call It Home Buzz Office: HBO's Challenge—To Keep the High-Profile Programs Coming," *Business Week*, 8 December 1997, p. 77; Verne Gay, "What Makes HBO Tick?" *Cable World*, 4 November 2002, p. 2.

［42］"Jeffrey L. Bewkes: Home Box Office," *Business Week*, 14 January 2002, p. 62.

［43］John Dempsey, "Billion Dollar Baby: Cable Fees, DVDs Drive HBO's Profits," *Daily Variety*, 23 December 2004, p. 1 Thane Peterson, "The Secrets of HBO's Success," *Business Week*, 20 August 2002, at http://www.businessweek.com/bwdaily/dnflash/aug2002/nf20020820_2495.htm.

［44］Polly LaBarre, "Hit Man: Chris Albrecht (Part 1)," *Fast Company*, September 2002, p. 90.

［45］Bill Carter, *Desperate Networks* (New York: Doubleday, 2006), p. 1.

［46］Bill Carter, "And Then There Were 16," *New York Times*, 28 January 2001, sec. 13, p. 4.

［47］James Poniewozik, "We Like to Watch: Led by the Hit *Survivor*, Voyeurism Has Become TV's Hottest Genre," *Time*, 26 June 2000, pp. 56-62.

［48］Owen, *Gen X TV*, p. 126.

［49］Bill Carter, "Survival of the Pushiest," *New York Times*, 28 January 2001, sec. 6, p. 22.

［50］Carter, *Desperate Networks*, pp. 74, 79.

［51］Doreen Carvajal, "In Europe, Reality TV Turns Grimmer," *New York Times*, 27 December 2004, p. C6.

［52］Quoted in Carter, "Survival of the Pushiest," p. 22.

［53］Joel Stein, "*Going Millionaire Crazy?*" *Time*, 17 January 2000, pp. 80-85.

［54］Gloria Goodale, "TV Feeds Hunger for Real Stories," *Christian Science Monitor*. 11 September 1998, p. 1; Carter, *Desperate Networks*, pp. 198, 334.

［55］Carvajal, "In Europe, Reality TV Turns Grimmer," p. C6; Marc Peyser, "Family TV Goes down the Tube," *Newsweek*, 23 February 2004, p. 54.

［56］Lome Manly, "On Television, Brands Go from Props to Stars," *New York Times*. 2 October 2005, sec. 3, p. 6; Brooks Barnes, "Product Placement Big Business for 'Apprentice,'" *Wall Street Journal*, 5 September 2004, at http://vh10066vi.mocgbahn.net/apps/pbcs.dll/article? AID=/20040905/BUSINESS/409050308/1014.

［57］Manly, "On Television, Brands Go from Props to Stars," p. 1.

［58］"Big Brother Is You, Watching," *Economist*, 11 April 2002, at http://www.economist.com/printedition/displayStory.cfm? Story_ID=1066250; Daren Fonda, "The Ad Zappers," *Time*, 10 June 2002, Inside Business Section, pp. Y25-Y26; David Kiley and Tom Lowry, "The End of TV (As You Know It)," *Business Week*, 21 November 2005, p. 44; Brad Stone, "The War for Your TV," *Newsweek*, 29 July 2002, pp. 46-47.

［59］Todd Gitlin, "The Adorable Monsters of American Culture: Mickey Mouse. Bruce Willis, and the Unification of the World," Sources 6. 1 (Spring1999). pp. 75-76.

［60］Paul Farhi and Megan Rosenfeld, "American Pop Penetrates Worldwide," *Washington Post*, 25 October 1998, p. A1.

［61］Suzanne Kapner, "U. S. TV Shows Losing Potency around the World," *New York Times*, 2 January 2003, p. A8.

［62］"Think Local: Cultural Imperialism Doesn't Sell," *Economist*, 11 April 2002, at http://www.economist.com/printedition/displayStory.cfm? Story_ID=1066620.

［63］Kapner, "U. S. TV Shows Losing Potency around the World," p. A8.

［64］Philippe Legrain, "Cultural Globalization Is Not Americanization," *Chronicle of Higher Education*, 9 May 2003, p. B9.

［65］Kapner, "U. S. TV Shows Losing Potency around the World," p. A8.

［66］Quoted in Daniel B. Wood, "At Dawn of Television's 'Third Era,' Networks Already Feel the Heat," *Christian Science Monitor*, 22 May 1995, p. 10.

［67］Owen, *Gen X TV*, pp. xii, 5.

［68］The headline on the January 24, 1994, cover of *Time* magazine was "Ice Follies: The Strange Plot to Cripple Nancy

Kerrigan; Frank Rich," What O. J. Passed to the Gipper," *New York Times*, 20 June 2004, sec. 2, p. 1; the Clinton quote is also from Rich.

［69］Tom Shales, "As the Century Turns: Technicolor Wonders Linking the World," *Washington Post*, 1 January 2000, p. C1.

［70］Frank Rich, "Pfc. Jessica Lynch Isn't Rambo Anymore," *New York Times*, 9 November 2003, sec. 2, p. 1.

［71］Ron Ansana, *MSNBC News Broadcast*, 11 September 2001.

［72］Ron Ansana, *NBC News Broadcast*, 11 September 2001.

［73］Vivian Sobchack, ed., *The Persistence of History: Cinema, Television, and the Modern Event* (New York: Routledge, 1996), p. 5.

［74］Daniel Dayan and Elihu Katz, "Political Ceremony and Instant History," in Anthony Smith and Richard Paterson, eds., *Television: An International History*, 2nd Edition (New York: Oxford University Press, 1998), pp. 97-106.

［75］Mimi White and fames Schwoch. "History and Television," in Horace New-comb, ed., *Encyclopedia of Television*, Volume 2 (Chicago: Fitzroy Dearborn, 1997), p. 771.

［76］Emily S. Rosenberg, "September 11, through the Prism of Pearl Harbor," *Chronicle of Higher Education*, 5 December 2003, p. B13.

［77］Transcript of Bryant Gumbel, CBS News, *What We Saw: The Events of September 11, 2001—In Words, Pictures, and Video* (New York: Simon and Schuster, 2002), p. 18.

［78］William Uricchio, "Television Conventions," *Television Archive: A Library of World Perspectives Concerning September 11th*, 2001, at http: //tvnews3. televisionarchive. org/tvarchive/html/article_wu1. html.

［79］Rosenberg, "September 11," p. B13.

［80］Felicity Barringer and Geraldine Fabrikant, "As an Attack Unfolds, a Struggle to Provide Vivid Images to Homes," *New York Times*, 12 September 2001, p. A25.

［81］Lisa de Moraes, "Putting Rivalries Aside, TV Networks Share All Footage of Tragedies," *Washington Post*, 12 September 2001, p. C7.

［82］Pat Aufderheide, "Therapeutic Patriotism and Beyond," *Television Archive: A Library of World Perspectives Concerning September 11th*, 2001, at http: //tvnews3. televisionarchive. org/tvarchive/html/article_pa1. html.

［83］Marusya Bociurkiw, "Homeland (in) Security: Roots and Displacement, from New York, to Toronto, to Salt Lake City," *Reconstruction* 3. 3 (Summer 2003), at http: //www. reconstruction. ws/033/bociurkiw. htm.

［84］Ken Auletta, "Fortress Bush: How the White House Keeps the Press under Control," *New Yorker*, 19 January 2004, p. 61.

［85］Aufderheide, "Therapeutic Patriotism and Beyond."

［86］Bill Maher, *Politically Incorrect*, 17 September 2001.

［87］Matthew Nisbet, "Economically Incorrect: The Real Reason Bill Maher Got Canned," *American Prospect*, 3 June 2002, at http: //www. prospect. org/ webfeatures/ 2002/06/nisbet-m-06-03. html.

［88］Ciro Scotti, "Politically Incorrect Is Downright American," *Business Week*, 26 September 2001, at http: // www. businessweek. com/bwdaily/dnflash/sep2001/ nf20010926_1917. htm.

［89］Office of the Press Secretary, "Press Briefing by Ari Fleischer," White House, Washington, D. C. , 26 September 2001, at http: //www. whitehouse. gov/news/releases/2001/09/20010926-5. html♯BillMaher-Comments.

［90］Quoted in Auletta, "Fortress Bush," p. 64.

［91］Lelia Green, "Did the World Really Change on 9/11," *Australian Journal of Communication* 29. 2 (2002), p. 3.

［92］President George W. Bush, "Presidential Address to the Nation," Treaty Room, White House, Washington, D. C. , 7 October 2001, at http: //www. whitehouse. gov/news/releases/2001/10/print/20011007-8. html.

［93］Howard LaFranchi, "US Strengthens Its Case against bin Laden," *Christian Science Monitor*, 13 December 2001, p. 3.

［94］Denise M. Bostdorff, "George W. Bush's Post-September 11 Rhetoric of Covenant Renewal: Upholding the Faith of the Greatest Generation," *Quarterly Journal of Speech* 89. 4 (November 2003), p. 294.

[95] *Law & Order*, "Who Let the Dogs Out?," 26 September 2001.

[96] Mark Armstrong, "Viewers Flock to Preachy 'West Wing,'" *E! Online News*, 4 October 2001, at http://www. eonline. eom/News/Items/0. 1, 8920, 00. html.

[97] Marilyn S. Mason, "TV's Changing Landscape," *Christian Science Monitor*, 7 December 2001, p. 13.

[98] Matthew T. Felling, "Late Night Humor Bounces back from September 11th," *Center for Media and Public Affairs*, 20 February 2002, at http://politicalhumor. about. com/gi/dynamic/offsite. htm? site=http%3A%2F%2Fwww. cmpa. com%2Fpr essrel%2 F2001latenightjoke. htm.

[99] Citizens Union Foundation, *Gotham Gazette: NYC News and Policy*, 11 September 2002, at http://www. gothamgazette. com/rebuilding_nyc/topics/culture/ television. shtml.

[100] Aufderheide, "Therapeutic Patriotism and Beyond. "

[101] Citizens Union Foundation, *Gotham Gazette*.

[102] Jon Wiederhorn, "Concert for New York City Raises over $30 Million," *VH1 Music News*. 2 November 2001, at http://www. vh1. com/news/artides/1450485/11022001/mccartney_paul. jhtml.

[103] CMT: Country Music Television, "Six Million Viewers Watch The Country Freedom Concert' on CMT to Set a Network Ratings Record," 25 October, 2001, at http://www. findarticles. com/cf_dls/m4PRN/2001_Oct_25/79441943/p1/article. jhtml.

[104] Mason, "TV's Changing Landscape," p. 13.

[105] Peter Crier and Abraham McLaughlin, "America Anxious on Many Fronts," *Christian Science Monitor*, 12 July 2002, p. 1.

[106] Patrick E. Tyler and Janet Elder, "Threats and Responses: The Poll; Poll Finds Most in U. S. Support Delaying a War," *New York Times*, 14 February 2003, p. A1.

[107] Project for Excellence in Journalism, "Embedded Reporters: What Are Americans Getting?" *Journalism*, 3 April 2003, at http://www. journalism. org/resources/research/reports/war/embed/default. asp; Associated Press, "Study: TV Viewers Experience Combat Fatigue," *Salon*, 28 March 2003, at http://www. salon. com/ent/wire/2003/03/28/TV/; Brian Lowry and Elizabeth Jensen, "The 'Gee Whiz' War," *Los Angeles Times*, 28 March 2003, p. E1. Embedded reporters are newspeople attached to a military unit that is involved in an armed conflict.

[108] John Rossant, "Special Report: A Fragile World—September 11 Shattered the Old Certainties. What Will Arise in Their Place?" *Business Week*, 11 February 2002, p. 24.

[109] Barbie Zelizer, *Covering the Body: The Kennedy Assassination, the Media, and the Shaping of Collective Memory* (Chicago: University of Chicago Press, 1992).

[110] Paul Farhi, " 'D. C. 9/11' Spins Tale of President on Tragic Day: Showtime Docudrama Depicts a Defiant, Decisive Bush," *Washington Post*, 19 June 2003, p. C1.

[111] Steven Chermak, Frankie Y. Bailey, and Michelle Brown, eds., *Media Representations of September 11* (Westport, Conn.: Praeger, 2003), p. 5.

[112] Christiane Amanpour, CNBC's *Topic A with Tina Brown*, 10 September 2003.

[113] Office of the Press Secretary, "Press Briefing by Scott McClellan," White House. Washington, D. C., 29 October 2003, at http://www. whitehouse. gov/news/releases/2003/10/20031029-2. html#6.

[114] Rich, "Pfc. Jessica Lynch Isn't Rambo Anymore. "

[115] Jessica Lynch, *Prime Time Live*, 11 November 2003.

[116] Brigadier General Mark Kimmitt, *60 Minutes II*, 28 April 2004.

[117] Melani McAlister, *Epic Encounters: Culture, Media, and U. S. Interests in the Middle East since* 1945, Updated Edition with a Post-9/11 Chapter (Berkeley: University of California Press, 2005), pp. 297-299.

[118] Jalal Ghazi, "How Arab TV Covered the Third Anniversary of 9/11," *NCM* (New California Media—a Project of the Pacific News Service and WorldLink TV), athttp://news. ncmonline. com/news/view_article. html? article_id=ac411c66ac4ebb7498f66cf20489a585.

[119] Clay Risen, "Re-branding America: Marketing Gurus Think They Can Help 'Reposition' the United States—and

Save American Foreign Policy," *Boston Globe*, 13 March 2005, p. D1.

[120] Simon Anholt with Jeremy Hildreth, *Brand America*: *The Mother of All Brands* (London: Cyan Books, 2004).

[121] Farhi and Rosenfeld, "American Pop Penetrates Worldwide," p. A1.

[122] Linda Tischler, "Al Jazeera's (Global) Mission," *Fast Company*, April 2006, p. 42.

第 11 章

[1] Janet Staiger, *Blockbuster TV*: *Must-See Sitcoms in the Network Era* (New York: New York University Press, 2001).

[2] Brian Lowrey, " 'Cosby' Finale End of an Era for Television" *Variety*, 30 April 1992. p. 1; Virginia Mann, "Cosby Exits Laughing" Record, 30 April 1992. p. D1; Wayne Walley. "Carsey-Warner: Cosby's Co-Pilots Stay Small and Lean," *Advertising Age*, 16 June 1986, p. 38.

[3] Michael Eric Dyson, *Reflecting Black*: *African American Cultural Criticism* (Minneapolis: University of Minnesota Press, 1993); Herman Gray, *Watching Race*: *Television and the Struggle for "Blackness"* (Minneapolis: University of Minnesota Press, 1995); Lowrey, " 'Cosby' Finale End of an Era for Television. "

[4] Lawrence Bams, "TV's Drive on Spiraling Costs," *Business Week*, 26 October 1981, p. 199; Peter J. Boyer, "Production Cost Dispute Perils Hour TV Dramas," *New York Times*, 6 March 1986, p. C26; "FCC Repeals Remaining Financial Interest and Syndication Rules," *Entertainment Law Reporter* 17.5 (1995), at http: //web. lexis-nexis. com (accessed 4 January 2007); Paul Richter, "Networks Get the Picture of Cost-Cutting," New York Times, 26 October 1986, sec. 5, p. 1.

[5] Bruce M. Owen and Steven S. Wildman, *Video Economics* (Cambridge: Harvard University Press, 1992); Richter, "Networks Get the Picture of Cost Cutting. "

[6] "Europe's 'Other' Channels: Numbers Double Every Three Years," *Screen Digest*, 1 March 1997, pp. 57-64.

[7] Quoted in Richard W. Stevenson, "TV Boom in Europe Is Aiding Hollywood," *New York Times*, 28 December 1987, p. D1.

[8] Paul Richter, "Viacom Quietly Becomes a Major Force in TV," *Los Angeles Times*, 22 September 1985, sec. 5, p. 1.

[9] James Flanigan, "The American Dream Is Best Export U. S. Has," *Los Angeles Times*, 9 September 1987, sec. 4, p. 1; John Lippman, "Banking on the Huxtables," *Los Angeles Times*, 30 April 1992, p. D1, Richter, "Viacom Quietly Becomes Major Force in TV"; Viacom, *Securities and Exchange Commission Form* 10-K, 1987, at http: //web. lexis-nexis. com (accessed 4 January 2007).

[10] Viacom, *National Automated Accounting Research System Annual Report*, 1985, at http: //web. lexis-nexis. com (accessed 4 January 2007); Viacom, *Securities and Exchange Commission Form* 10-K, 1987; Viacom, *Securities and Exchange Commission Form* 10-K, 1991, at http: //web. lexis-nexis. com (accessed 4 January 2007).

[11] Ella Taylor, *Prime-Time Families in Post-War America* (Berkeley: University of California Press, 1989), p. 163.

[12] Viacom advertisement, *TV World*, February 1985, p. 116.

[13] Linda Fuller, The Cosby Show: *Audiences*, *Impact*, *and Implications* (West-port, Conn. : Greenwood, 1992); "What's Hot on TV Worldwide," *Advertising Age*, 1 December 1986, Global Media section, p. 60; Carla Hall, Victoria Dawson, Jacqueline Trescott, Desson Howe, and Megan Rosenfeld, "Thursday Night at the Huxtables," *Washington Post*, 6 November 1986, p. D1; Steve Mufson, "The 'Cosby Plan' for South Africa," *Wall Street Journal*, 30 July 1986, sec. 1, p. 17; Marilyn Raschka, "Hold Your Fire, It's 'Cosby' Time: TV Show's Popularity Cuts across All Factions in Beirut," *Chicago Tribune*, 19 June 1988, sec. 5, p. 1.

[14] "Belgian Parliament Adopts TV Law as Flanders Socialists Withdraw Ban," *New Media Markets*, 26 November 1986, at http: //web. lexis-nexis. com (accessed 4 January 2007); James Buxton, "Italy's Private Television Networks Become Legal," *Financial Times*, 6 February 1985, p. 12; Fuller, *The Cosby Show*; Greg Henry, "Why Is It That a Show Which Pulls a Massive 51 Per Cent Following in Its Home Country Can Only Muster a Measly Three Million Viewers Here?" *Televisuality*, 21 April 1986, pp. 33-34; "La Cinq and M6 Still Not Meeting Obligations," *New Media Markcets*. 24 May

1989. at http：//www. lexis-nexis. com (accessed 4 January 2007).

[15] Henry，"Why Is It?"；"La Cinq and M6 Not Meeting Obligations"；Viacom advertisement，*TV World*，February 1986，p. 25.

[16] Both quoted in Mark Schapiro，"Lust-Greed-Sex-Power：Translatable Anywhere," *New York Times*，2 June 1991，p. B29.

[17] Betsy Tobin，"The Language of Laughs," *TV World*，October 1990，pp. 29.

[18] Richard Huff，"Sharing the Joke," *Television Business International*，October 1996. p. 52.

[19] Cheryl Heuton，"An Enviable Situation：The Format Once Declared Dead Now Rules Syndication," *Channels*，17 December 1990，pp. 36-38.

[20] Greg Spring，"Why Some U. S. Sitcoms Can Conquer Europe," *Electronic Media*，5 October 1998. p. 6.

[21] Fuller，*The Cosby Show*，reports on audience surveys in thirty countries that verify that the show was an audience favorite in virtually every market.

[22] Monica Payne，"The 'Ideal' Black Family? A Caribbean View of *The Cosby Show*," *Journal of Black Studies* 25 (1994)，pp. 231-249；Fuller，*The Cosby Show*.

[23] Sut Jhally and Justin Lewis，*Enlightened Racism* (San Francisco：Westview，1992).

[24] Gray，Watching Race，p. 81. The political consequences of *The Cosby Show's* efforts to connect racial dignity with upper-class life and culture have been widely debated in the books and articles cited earlier in this chapter.

[25] Mel Watkins，*On the Real Side：Laughing，Lying，and Signifying—The Underground Tradition of African American Humor That Transformed American Culture from Slavery to Richard Pryor* (New York：Simon and Shuster，1994)；Shane White and Graham White，*Stylin'：African American Expressive Culture from its Beginnings to the Zoot Suit* (Ithaca，N. Y.：Cornell University Press，1998).

[26] John Downing，"'The Cosby Show' and American Racial Discourse," in G. Smitherman-Donaldson and T. A. Van Dijk，eds.，*Discourse and Discrimination* (Detroit：Wayne State University Press，1988)，p. 62.

[27] Quoted in Jhally and Lewis，*Enlightened Racism*，p. 81.

[28] Quoted in Payne，"The 'Ideal' Black Family?" p. 235.

[29] Quoted in Fuller，*The Cosby Show*，p. 111.

[30] For an overview of the history of ridiculous black stereotypes in white Western culture，see，in particular，Jan Nederveen Pieterse，*White on Black：Images of Africa and Blacks in Western Popular Culture* (New Haven，Conn.：Yale University Press，1992).

[31] Quoted in Fuller，*The Cosby Show*，p. 114.

[32] Downing，"The Cosby Show' and American Racial Discourse," p. 70.

[33] Quoted in Raschka，"Hold Your Fire," p. 16.

[34] Quoted in Fuller，*The Cosby Show*，p. 107.

[35] For good discussions of the history of white portrayals of black culture in the Western Hemisphere，see Pieterse，*White on Black*，and Eric Lott，*Love and Theft：Blackface Minstrelsy and the American Working Class* (New York：Oxford University Press，1993).

[36] Quoted in Mufson，"The 'Cosby' Plan," p. 17.

[37] Quoted in Fuller，*The Cosby Show*，p. 114.

[38] Quoted in Payne，"The 'Ideal' Black Family?" p. 284.

[39] Gregorian quoted in Huff. "Sharing the Joke," p. 52；Lynn quoted in Richard Mahler，"What Sells Best Overseas," *Electronic Media*，15 January 1990，p. 82.

[40] Hillary Curtis，"Have Comedy，Will Travel?" *TV World*，August/September，1997，pp. 31-36；Huff，"Sharing the Joke；" Spring，"Why Some U. S. Sitcoms Can Conquer Europe；" Tobin. "The Language of Laughs."

[41] Quoted in Mahler，"What Sells Best Overseas," p. 82.

[42] The preceding three quotations are taken from personal interviews that I conducted with international television executives in 1999；some of these interviews were granted on condition of anonymity.

[43] Jhally and Lewis, *Enlightened Racism*, pp. 36-48.

[44] Herb Lazarus, president, Casey-Werner International, personal communication, 11 May 1999; anonymous director of international research at a major Hollywood distributor, personal communication, 11 May 1999; anonymous European television buyer, personal communication, 11 May 1999.

[45] Ann S. Dinerman and Dom Serafini, "The World's 95 Power TV Buyers," *Video Age International*, June 16, 1997, p. 1; William Dawkins, "US Film Makers Step up Attack on EC Television Proposals," *Financial Times*, August 1, 1989, p. 12.

[46] Quoted in Curtis, "Have Comedy, Will Travel?" p. 36.

[47] Anonymous vice president of international sales at a major Hollywood distributor, personal communication, 28 June 1999.

[48] Dinerman and Serafini, "The World's 95 Power TV Buyers," p. 1.

[49] Roland Barthes, "The Great Family of Man," in *Mythologies*, trans. Annette Lavers (New York: Hill and Wang, 1972), p. 101.

第 12 章

[1] Anthony Giddens, *Runaway World: How Globalization Is Shaping Our Lives* (New York: Routledge, 2000), p. 37.

[2] Giddens, *Runaway World*, p. 25.

[3] Ibid., p. 28.

[4] "Millennium in Maps: Cultures," *National Geographic* 196. 2 (August 1999), p. 140; A. C. Nielsen, "429 Million People Worldwide Have Internet Access, According to Nielsen/NetRatings," Press Release, 11 June 2001.

[5] Miniwatts Marketing Group, "World Internet Users and Population Statistics," *Internet World Stats*, June 2006, at http://www.internetworldstats.com/stats.htm.

[6] "2000: Globalization Realized? —A Small World after All," *National Geographic* 196. 2 (August 1999), p. 140.

[7] Peter Chernin, "Golden Oldies," *Wall Street Journal*, 9 February 2006, p. A12.

[8] Arthur C. Clarke, "Extra-Terrestrial Relays: Can Rocket Stations Give Worldwide Radio Coverage?" *Wireless World*, October 1945, p. 305.

[9] Edmund L. Andrews, "Communication Bill Signed, and the Battles Begin Anew," *New York Times*, 9 February 1996. p. A1.

[10] Steve Rosenbush and Peter Elstrom, "8 Lessons from the Telecom Mess," *Business Week* 13 August 2001, at http://www.businessweek.com/magazine/content/01_33/b3745001.htm.

[11] "Power in Your Hand," *Economist*, 11 April 2002, at http://www.economist.com/printedition/displayStory.cfm? Story_ID=1066262.

[12] Edmund L. Andrews, "Communication Reshaped: A 'Digital Free-for-All'; A Measure's Long Reach," *New York Times*, 2 February 1996, p. A1.

[13] Fritz J. Messere, "Telecommunication Act of 1996: U. S. Communications policy Legislation," in Horace Newcomb, ed., *Encyclopedia of Television*, Volume 3 (Chicago: Fitzroy Dearborn. 1997), pp. 1740-1744.

[14] Elizabeth Lesly, with Ronald Grover and I. Jeanne Dugan, "*Seinfeld*: The Economics of a TV Supershow and What It Means for NBC and the Industry," Business Week, 2 June 1997, p. 120.

[15] Especially, George Gilder, *Lile after Television: The Coming Transformation of Media and American Life* (New York: W. W. Norton, 1992); George Gilder, *Telecosm: How Infinite Bandwidth Will Revolutionize Our World* (New York: Free Press, 2000).

[16] Chernin, "Golden Oldies," p. A12.

[17] Lesly, with Grover and Dugan, "*Seinfeld*," p. 121.

[18] "All in the Family: In Television, It's Best to Be Big," *Economist*, 11 April 2002, at http://www.economist.com/printedition/displayStory.cfm? Story_ID=1066632.

[19] "Power in Your Hand," at http：//www. economist. com/printedition/displayStory. cfm? Story＿ID＝1066262.

[20] Nicholas Negroponte, *Being Digital* (New York：Vintage，1995)，pp. 48-49.

[21] Ibid. ，p. 174.

[22] Todd Gitlin, "The Adorable Monsters of American Culture：Mickey Mouse，Bruce Willis，and the Unification of the World," *Sources* 6. 1 (Spring 1999)，p. 76；Helge Rønning and Knut Lundby，*Human Communication in Media and Communication* (Oslo：Norwegian University Press，1991)，

[23] "A More Urban World：The Ascent of Cities," *National Geographic* 196. 2 (August 1999)，p. 140.

[24] Todd Gitlin, "Who Are the World?" paper presented at the American Enterprise Institute Conference：The New Global Popular Culture—Is It American? Is It Good for America? Is It Good for the World? in Washington，D. C. ，10 March 1992，p. 1.

[25] Heather Green，Tom Lowry. and Catherine Yang, "The New Radio Revolution," *Business Week*，3 March 2005，p. 32，

[26] Quoted in Susannah Fox，Janna Quitney Anderson，and Lee Rainie，*The Future of the Internet：Technology Experts and Scholars Evaluate Where the Network Is Headed in the Next Ten Years* (Washington，D. C. ：Pew Internet and American Life Project，2005)，pp. 37-39.

[27] U. S. Census Bureau, *Statistical Abstract of the United States* (Washington，D. C. ：U. S. Government Printing Office，2006)，pp. 845-847.

[28] Quoted in Howard Wolinsky, "Breaking Down Our Wired World," *Chicago Sun-Times*，15 January 2006，p. A26.

[29] Marshall McLuhan, *Understanding Media：The Extensions of Man* (New York：Signet Books，1964)，p. ix.

[30] Marshall McLuhan and Quentin Fore，with coordination by Jerome Agel，*War and Peace in the Global Village* (New York：Bantam Books，1968)，p. 134.

[31] McLuhan, *Understanding Media*，p. 19.

[32] Paul Levinson, *Digital McLuhan：A Guide to the Information Millennium* (New York：Routledge，1999)，pp. 6-7.

[33] Eric McLuhan and Frank Zingrone. eds. ，*Essential McLuhan* (New York：Basic Books，1995)，p. 296.

[34] Levinson, *Digital McLuhan*，p. 7.

[35] "All in the Family：In Television，It's Best to Be Big. "

[36] David Kiley and Tom Lowry, "The End of TV (As You Know It)," *Business Week*，21 November 2005，p. 44；Alex Pham and Claire Hoffman, "Broadcasters Agree to Go All Digital：After Resisting for Years，TV Stations Agree to Stop Transmitting Analog Signals in 2009," *L. A. Times*，13 July 2005，at http：//www. latimes. com/business/la-fi-dtv13jul13，0，7634224. story? track＝tottext；Barry Fox, "Television's Big Switch," *The Economist：Intelligent Life*，Summer 2005，at http：//www. economist. com/intelligentlife/ leisure/displayStory. cfm? Story＿ID＝3930878.

[37] Glen Dickson, "ABC：Millennial and Mobile Key for New Media," *Broadcasting and Cable*，24 May 2006，at http：//www. broadcastingcable. com/index. asp? layout＝articlePrint&articleID＝CA6337518.

[38] Chernin, "Golden Oldies," p. A12.

[39] Gregory M. Lamb, "It Rings, It Plays, It Has TV," *Christian Science Monitor*，21 July 2005，p. 14.

[40] Kiley and Lowry, "The End of TV (As You Know It)," p. 40.

[41] Eric Rothenbuhler, "Frank N. Magid Associates," in Horace Newcomb, ed. ，*Encyclopedia of Television*，Volume 2 (Chicago：Fitzroy Dearborn，1997)，p. 982.

[42] Frank N. Magid Associates, Inc. ，"Generational Media Study," 21 September 2004，M http：//www. online-publishers. org/pdf/opa＿generational＿study＿sep04. pdf.

[43] Scott Carlson, "The Net Generation in the Classroom," *Chronicle of Higher Education*，7 October 2005，p. A34.

[44] Dickson, "ABC：Millennial and Mobile Key for New Media," at http：//www. broadcastingcable. com/index. asp? layout＝articlePrint&artideID＝CA6337518.

[45] Quoted in Lamb, "It Rings, It Plays, It Has TV," p. 14. See also Dan Stein-bock, *The Mobile Revolution：The Making of Worldwide Mobile Markets* (London：Kogan Page，2005).

［46］Frank N. Magid Associates，"Generational Media Study."

［47］Quoted in R. Thomas Umstead，"Broadband Channels： Ready for Primetime," *Multichannel News*，5 June 2006，at http：//www. multichannel. com/index. asp? layout＝articlePrint&articleid＝CA6340644.

［48］Erla Zwingle，"Goods Move. People Move. Ideas Move. And Cultures Change," *National Geographic* 196. 2 （August 1999），p. 17.

［49］Maureen Ryan，"6 Ways TV Is Changing Your Life," *Chicago Tribune*，1 May 2005，at http：//www. chicagotribune. com/news/local/chi-0505010466may01，0，926375. story? page＝1&coll＝chi-news-hed.

［50］Quoted in Lome Manly and John Markoff，"Steal This Show," *New York Times*，30 January 2005，sec. 2，p. 1; Ryan，"6 Ways TV Is Changing Your Life."

［51］Jacques Steinberg，"Digital Media Brings Profits （and Tensions） to TV Studios," *New York Times*，14 May 2006，sec. 3，p. 1.

［52］Bill Carter，"Deal Brings an End to NBC-Paxson Feud," *New York Times*，8 November 2005，p. C7.

［53］John Eggerton，"WB, UPN Fold Shocks NATPE in Vegas," *Broadcasting and Cable*，24 January 2006，at http：//www. broadcastingcable. com/article/CA6301540. html? display＝Breaking＋News; Allison Romano，"The Mating Game： Orphaned Stations Consider a New Option," *Broadcasting and Cable*，27 February 2006，at http：//www. broadcastingcable. com/article/CA6310996. html? display＝Feature.

［54］Karl Taro Greenfeld，"A Media Giant," *Time*，20 September 1999，p. 53.

［55］"Viacom Completes Split into 2 Companies," *New York Times*，2 January 2006，p. C2.

［56］David D. Kirkpatrick and Jim Rutenberg，"AOL Reporting Further Losses; Turner Resigns," *New York Times*，30 January 2003，p. A1.

［57］Quoted in "Up the Tube," *Economist*，11 April 2002，at http：//www. economist. corn/printedition/displayStory. cfm? Story＿ID＝1066319.

［58］Steinberg，"Digital Media Brings Profits （and Tensions） to TV Studios," p. 1.

［59］David Herman，"Thank God for HBO," *Prospect*，November 2004，at http：// www. prospect-magazine. co. uk/article＿details. php? ID＝6510.

［60］"The Way of Success： A Bent toward Counterprogramming Informs Much of the Original Programming on HBO," *Multichannel News*，4 November 2002，p. 6.

［61］Bill Carter，*Desperate Networks* （New York： Doubleday，2006），p. 162.

［62］Chernin，"Golden Oldies," p. A12.

［63］Linda Haugsted，"Making Sense of New Tech," *Multichannel News*，15 May 2006，at http：//www. multichannel. com/index. asp? layout＝articlePrint&articleid＝ CA6334322".

［64］Chernin，"Golden Oldies," p. A12.

［65］R. Thomas Umstead，"Cable Follows Script for Summer Success," *Multichannel News*，22 May 2006，at http：// www. multichannel. com/index. asp? layout＝articlePrint&artideid＝CA6336344.

［66］Shelly Freierman，"Drilling Down： We're Spending More Time Watching TV," *New York Times*，9 January 2006，p. C3.

［67］Howard I. Finberg，"Our Complex Media Day," *Poynieronline* （Poynter Institute），26 September 2005，at http：//www. poynter. org/content/content＿view. asp? ID＝89510.

［68］Bradley Johnson，"How U. S. Consumers Spend Their Time： A U. S. Government Study of a Day in the Life of America," *Advertising Age*，2 May 2005，at http：// www. adage. com/news. cms? newsid＝44895.

［69］Wolinsky，"Breaking Down Our Wired World," p. A26.

［70］Robert A. Papper，Michael E. Holmes，and Mark N. Popovich，"Middletown Media Studies： Media Multitasking and How Much People Really Use the Media," *International Digital Media and Arts Association Journal* 1. 1 （Spring 2004），pp. 5，29，37.

［71］Sharon Waxman，"Hot on the Trail of Consumers： At an Industry Media Lab, Close Views of Multitasking," *New York Times*，15 May 2006，p. C1.

[72] Finberg, "Our Complex Media Day."

[73] Edward C. Baig, "Gates Foresees Digital Decade," *U.S.A. Today*, 8 January 2002, at http://www.usatoday.com/tech/news/2002/01/08/gates-interview.htm.

[74] Rudolf Arnheim, *Film as Art* (Berkeley: University of California Press, 1957), p. 195. Originally published 1935.

[75] Kathy Roeder, "Technology Is Changing How Americans Watch TV. Says TV Watch," TV Watch Press Release, 8 March 2006, at http://releases.usnewswire.com/GetRelease.asp? Id=62036.

[76] For example, Patricia Aufderheide, *Media Literacy: A Report of the National Leadership Conference on Media Literacy* (Washington, D.C.: Aspen Institute, 1993); David Bianculli, *Teleliteracy: Taking Television Seriously* (New York: Continuum, 1992); David Buckingham, *Media Education: Literacy, Learning and Contemporary Culture* (Cambridge, U.K.: Polity Press, 2003); James A. Brown, *Television "Critical Viewing Skill" Education: Major Media Literacy Projects in the United States and Selected Countries* (Hillsdale, N.J.: Lawrence Erlbaum, 1991); Peggy Charren and Martin W. Sandler, *Changing Channels: Living (Sensibly) with Television* (Reading, Mass.: Addison-Wesley, 1983); Robert Kubey, ed., *Media Literacy in the Information Age: Current Perspectives* (Somerset, N.J.: Transaction Publishers, 2001); Janette K. Muir, *Introduction to Media Literacy* (Dubuque, Iowa: Kendall/Hunt, 1998); W. James Potter, *Media Literacy*, 3rd Edition (Thousand Oaks, Calif.: Sage, 2005); W. James Potter, *Theory of Media Literacy: A Cognitive Approach* (Thousand Oaks, Calif.: Sage, 2004); Art Silverblatt, *Media Literacy: Keys to Interpreting Media Messages* (West port, Conn.: Praeger, 1995); Kathleen Tyner, *Literacy in a Digital World: Teaching and Learning in the Age of Information* (Hillsdale, N.J.: Lawrence Erlbaum, 1998).

---

① 本书正文中此人名为吉米·斯图尔特（Jimmy Stewart）。——编者注

---

①　疑为 W2XWV 电视台。——编者注

电视节目索引

(带引号者表示节目的某一集，所注页码为英文原书页码，即本书边码)

译 后 记

我作为一名外国新闻传播史的教学和研究者，在讲授和研究美国新闻事业史时，常常因为缺乏相关原版教材、论著和资料素材而苦恼。我于2007—2008年到美国威斯康星—麦迪逊大学访问期间，发现了加里·R·埃杰顿刚刚出版的著作《美国电视史》，立即被它精彩的内容吸引住了。我在回国后向中国人民大学出版社推荐了该书，中国人民大学出版社高度重视，经调查研究后，于2010年向原出版公司取得了该书在中国的版权，并邀请我翻译该书。我认为翻译该书对我国新闻传播专业的教学和研究将是一个重要贡献，因此欣然领命。尽管教学任务较重，我还是独自一人承担了该书的翻译任务，在近一年的时间里完成了该书的翻译。由于未找到合作者，我只好请我的夫人、华中师范大学文学院的英美文学教授兼《外国文学研究》杂志副主编苏晖博士帮忙校译。

我翻译该书的首要原则是力求准确，因此我在翻译时绝不望文生义和牵强附会，而是要弄清每个词在该句话中的正确含义，以及每句话在文中的正确含义。尤其是一些电影或电视节目名称，我基本上都查阅了其剧情介绍后再确定其译名，如果我的译法与国内已有的译法不一致，我基本都将已有译法附于其后以供参考。对中国人比较陌生的一些现象，我也给予了相应的注解。我在翻译时不仅遵循"信达雅"的传统，而且还重视体现作者的语言风格，以及书中人物各自的语言风格。

本书的翻译和出版还得到了原书作者加里·R·埃杰顿的支持，他不仅解答了我在翻译中遇到的一些疑问，而且还对原书中存在的一些错误提出了更正意见，在此向他表示感谢。

在翻译的过程中，我在武汉理工大学文法学院的研究生，如易楚君、陈梦丽、宋蕾等曾协助核查人名，我的妹妹、南开大学周恩来政府管理学院讲师李霞博士也曾协助整理书后的索引，在此向她们表示感谢！

本书的翻译和出版得到了中国人民大学出版社的领导和诸位编辑的支持和帮助，他们为此付出了辛勤的劳动，在此向他们致敬！

由于译校者的水平有限，译本中的错误在所难免，恳请国内同行和广大读者批评指正。

李银波

2012年1月6日

图书在版编目（CIP）数据

美国电视史／（美）埃杰顿著；李银波译. —北京：中国人民大学出版社，2012.6
（新闻与传播学译丛·国外经典教材系列）
ISBN 978-7-300-15292-9

Ⅰ.①美… Ⅱ.①埃…②李… Ⅲ.①电视史-美国-现代-教材 Ⅳ.①G229.712.9

中国版本图书馆 CIP 数据核字（2012）第 047720 号

新闻与传播学译丛·国外经典教材系列
美国电视史
［美］加里·R·埃杰顿 著
李银波 译
苏 晖 校
Meiguo Dianshishi

出版发行	中国人民大学出版社		
社　　址	北京中关村大街 31 号	**邮政编码**	100080
电　　话	010 - 62511242（总编室）	010 - 62511398（质管部）
	010 - 82501766（邮购部）	010 - 62514148（门市部）
	010 - 62515195（发行公司）	010 - 62515275（盗版举报）
网　　址	http://www.crup.com.cn	
	http://www.ttrnet.com（人大教研网）	
经　　销	新华书店	
印　　刷	涿州市星河印刷有限公司	
规　　格	215 mm×275 mm　16 开本	**版　次**	2012 年 6 月第 1 版
印　　张	22.5 插页 2	**印　次**	2012 年 6 月第 1 次印刷
字　　数	607 000	**定　价**	48.00 元